Die Autorin

Linda Tucker wuchs in Südafrika auf und studierte an den Universitäten von Kapstadt und Cambridge Psychologie. 1991 wurde sie in der Nähe von Timbavati (Südafrika) von einem Löwenrudel angegriffen und von einer afrikanischen Schamanin gerettet. Diese Nahtoderfahrung veränderte ihr Leben. Tucker ließ sich von afrikanischen Stammesältesten und Medizinfrauen ausbilden. Sie gründete – in ihrer tiefen Zuneigung zu den Weißen Löwen Südafrikas – den *Global White Lion Protection Trust*.

Linda Tucker

DIE LÖWENFRAU

Das Geheimnis der Weißen Löwen

Aus dem Englischen von
Sabina Trooger und Vincenzo Benestante

Ullstein

Besuchen Sie uns im Internet:
www.ullstein-taschenbuch.de

Allegria im Ullstein Taschenbuch
Herausgegeben von Michael Görden

Ullstein Taschenbuch ist ein Verlag der Ullstein Buchverlage GmbH, Berlin.
Erstausgabe im Ullstein Taschenbuch
1. Auflage November 2011
© der deutschsprachigen Ausgabe 2010 by Ullstein Buchverlage GmbH, Berlin
© der Originalausgabe 2010 by Linda Tucker
Umschlaggestaltung: FranklDesign, München
Titelabbildung: John Liebenberg
Gesetzt aus der Goudy Old Style
Satz: Keller & Keller Gbr
Papier: Pamo Super von Arctic Paper Mochenwangen GmbH
Druck und Bindearbeiten: GGP Media GmbH, Pößneck
Printed in Germany
ISBN: 978-3-548-74530-5

Für
Ingwavuma, Sternentier,
und
Maria, Löwenkönigin

DANKSAGUNG

Mein aufrichtiger Dank gilt den vielen Menschen mit Löwenherz, die dieses Buch und auch den damit verbundenen Fortschritt zum Schutze der Weißen Löwen ermöglicht haben.

Allen voran danke ich Jason Turner, meinem Partner, einem Umweltschutzexperten und Biologen, der sein Leben und seine Forschung dem Erhalt der Weißen Löwen mit seiner wissenschaftlichen Arbeit widmet, um dieses seltene und wertvolle Lebewesen wieder in sein ursprüngliches Umfeld zu integrieren. Jen and Pat Turner für ihre bedingungslose Unterstützung zu jedem Zeitpunkt. Meiner Schwester Mae und meiner Familie für ihren unverwüstlichen Enthusiasmus und ihren Beistand über all die Jahre.

Sheryl Leach und Mireille Vince, meiner Großmutter, für ihre Unterstützung der *Foundation of the White Lion sanctuary and Heritage Lands*, auch für die finanziellen Mittel, mit denen wir viele dieser heiligen Tiere freikaufen konnten.

Ray und Liz Vince für ihre Hilfe bei der Gründung meiner Stiftung. Organisationen und Einzelkämpfern, wie Howard Rosenfield, Brad Laughlin und Lesley-Temple Thurston (Corelight), Ruth Underwood, Jen Gardy, Mike Booth (Aurasoma), Gillian Keane (Dandelion Trust), Vance Martin (Wild Foundation), Stephen Pomeroy (Remarkable Group), Stephen Leigh (Leigh Group), Paul Saayman – Richtungsweisende unter all jenen, die dieses Buch und die Idee unterstützten, einen sicheren Hafen für die Weißen Löwen in ihrer natürlichen und spirituellen Heimat zu schaffen. Ileen Maisel, Jane McGregor, Andrew Harvey und Jill Angelo dafür, dass sie das wichtige Anliegen dieses Buches als solches erkannt haben und es mit ihrem Knowhow einem großen Publikum zugänglich machten.

Es gibt so viele Menschen, die mir und meiner Arbeit selbstlos beistehen. Unter ihnen geht mein ganz spezieller Dank an die Berater des *Global White Lion Protection Trust*, Dr Ian Player, Don MacRobert, Harold Posnik, Marianne van Wyk, Coenraad Jonker, Adv Nkosi Pathekile Holomisa, MP Mninwa Mahlangu, Hosi Solly Sekhororo und andere traditionelle Oberhäupter in Südafrika. Unter ihnen viele eingeborene Stammesälteste von anderen Kontinenten, die ebenfalls ihr

Wissen zum Entstehen dieses Buches beigesteuert haben, und im Einzelnen und auf ewig dankbar bin ich hier: Dr Apela Colerado (Oneida People, Hawaii) Retired High Chief Francois Paulette (Dene People, Kanada), Dr E. Richard Atleo (Nuu-chah-nul People, Kanada), Mother Moon (Chippewa People, Ojibwa Nation, für die Ureinwohner der USA), Jan Si Ku (Ku Koi San People, südliches Afrika), Angaangaq Lyberth (Inuit People, Grönland) und Ilarion Imerculieff (Aleut People, Alaska). Mein ewiger Dank den Schamanen, allen voran Maria Khosa, Credo Vusamazula Mutwa, Baba Mathaba, Selby Gumbi, Mathabi Nyedi, Wilberforce Maringa und anderen, die ihre Stimme dem Schutz der Weißen Löwen als eines heiligen Tieres mit weltweiter Bedeutung leihen. Wynter Worsthorne, Anna Breytenbach, Amelia Kinkade, Jackie Freemantle und anderen, die dieses Projekt und seine Prinzipien immer unterstützt haben, indem sie den verantwortungsvollen Umgang mit den Tieren auf dem Territorium der Weißen Löwen propagierten und praktizierten. Coco Lores, Wendy Strauss, Karen-Jane Dudley, Berit Brusletto, Philippa Hankinson, Alison Effting, Jane Bell, Steffie Betts, Connie Neubold, Wendy Hardie, Linda Hall, Kathy Pierce, Mary Selby, Lianne Cox, Sharon Brett, Michelle Stewart und dem großen Kreis selbstloser Löwinnen, die dieses Projekt von verschiedenen Ecken der Welt aus betreuen. Nelson Mathebula, Nelias und Winnah Ntete, Xolani Ngewu, Amon Mashile und Patrick Mkansi, den Sicherheitsleuten und unserem gesamten Team, welche sich dem Schutz der Weißen Löwen hier vor Ort verschrieben haben. Rob Thompson, Chris Job, Lindie Serrurier, Leander Gaum und den vielen engagierten Umweltaktivisten und -anwälten, die mir großzügig ihre Zeit und ihren fachmännischen Rat in allen Fragen zum Erhalt der Weißen Löwen gegeben haben. Mein unermüdlicher Dank gilt den vielen Einzelnen und Organisationen, die sich über all die Jahre hinweg einsetzten für das Verbot des »canned hunting«, unter ihnen Gareth Patterson, Karen Trendler, Paul Hart, Greg McKewen und Mike Cadman.

Zu guter Letzt gilt mein Dank Michael Görden, Patricia Kasimir und dem Team des Ullstein Verlages dafür, den Stellenwert des Schutzes der Weißen Löwen erkannt zu haben und die Botschaft meines Buches von Deutschland aus in die Welt zu tragen.

INHALT

Vorwort 11
Einleitung 13

TIMBAVATI

1. Timbavati 19
2. Maria, Löwenkönigin von Timbavati 33

DIE VERGANGENHEIT

3. Löwen Gottes: Menschen mit Löwenidentität 50

CREDO MUTWA

4. Löwenpriester Afrikas 67
5. Credo: das Wort Afrikas 91

STERKFONTEIN

6. Jäger oder Gejagte? 111
7. Große Jäger und mächtige Raubtiere 125
8. Symbol der Evolution 143

DIE WEISSEN LÖWEN

9. Die Weißen Löwen dem Großen Wissen zufolge 165
10. Die Genetik der Weißen Löwen 189

GROSS-SIMBABWE

11. Groß-Simbabwe: Ruhestätte des Löwen 201
12. Simba: goldener Löwenschrein 217

AFRIKANISCHER SCHAMANISMUS

13. Löwenpriester und Adlerschamanen 233
14. Unterirdischer Goldfluss 253
15. Der geflügelte Löwe von Timbavati 263

LAS VEGAS

16. Das Spiel der Allmacht mit den Kindern des Sonnengottes 279
17. Weiße Löwen und Zauberer 289

ÄGYPTEN

- 18 Löwe, Tier der Sterne 309
- 19 Geburtsstätte der Götter 327
- 20 Löwe der Wüste, Löwen der Steppe 355
- 21 Der Nilmeridian: heiliges Land im Norden, heiliges Land im Süden 375

BARBERTON

- 22 Gold: unterirdische Sonne 399

RÜCKKEHR NACH STERKFONTEIN

- 23 Tendile, Weiße Löwenmutter 417

DIE GEGENWART

- 24 Trophäenjagd 431
- 25 Weiße Löwen: Propheten der Zukunft 439

DIE ZUKUNFT

- 26 Eiszeiten und Schneelöwen 457
- 27 Der Löwe von Juda 467

Nachsatz 483
Nachwort des Verlegers: Marahs Geschichte 485

Anmerkungen 487
Glossar 521
Bibliografie 527
Namen- und Personenregister 543

Vorwort
von Credo Mutwa

Eine Stimme erhebt sich über den ausgedörrten Tälern meines uralten Mutterlandes, eine einsame Stimme aus den Hügeln des ewigen Afrikas, ein Hilferuf an jene ohne Mitgefühl, an jene, die keine Ohren haben. Ein verzweifelter Notschrei an alle, die es vorziehen, angesichts einer ungeheuerlichen Bosheit nichts zu tun:

Lasst die Löwen von Timbavati in Ruhe. Vernichtet die heiligen Löwen der Götter Afrikas nicht.

Dies ist das Buch, das Linda Tucker geschrieben hat.

Niemand, der bei Trost ist, würde nach Indien reisen und die weißen Brahman-Rinder, die dort durch die überfüllten Straßen streifen, niedermetzeln. Niemand, der bei Trost ist, würde nach Thailand reisen, um dort die seltenen Weißen Elefanten zu ermorden, die man in diesem Land findet. Aber es kommen Menschen in mein Heimatland, es kommen Menschen nach Südafrika, um die Weißen Löwen von Timbavati im Namen der Männlichkeit und des Jagdsports brutal zu ermorden. Die geheiligten Symbole anderer Rassen und Nationen dieser Welt werden respektiert, verehrt und beschützt. Doch die Symbole Afrikas werden mit kalter Gleichgültigkeit abgeschlachtet – manchmal sogar unter Mithilfe von Afrikas eigenen Kindern.

Ich weiß zu meinem größten Leidwesen, dass es in der Wildnis keine frei lebenden Weißen Löwen mehr gibt. Und ich frage mich: Haben wir dafür unsere Freiheit gewonnen? Für diese stillschweigende Ausrottung der heiligsten Tiere unseres Landes? Haben wir uns, als wir uns den demokratischen Nationen der Welt zugesellten, zugleich auch mit jenen verbrüdert, die ihre Aufgabe darin sehen, alles Leben auf diesem Planeten auszulöschen? Ich möchte mich dem Aufruf Linda Tuckers anschließen. Ich sage:

Bitte, lasst die Weißen Löwen Afrikas in Ruhe. Lasst sie sich wieder vermehren. Lasst sie stolz durch die Wildnis streifen, die ihre Mutter ist.

In den vergangenen zweihundert Jahren hat die menschliche Rasse viele Dinge verloren, die in Afrika wichtig waren. Und sie verliert weiterhin, sie verliert immer noch mehr. Aber das Tragischste daran ist die Tatsache, dass sie nicht einmal weiß, was sie verloren hat. Eines

Tages in den dunklen Tälern der Zukunft werden die Menschen versuchen umzukehren, und sie werden sich bemühen, nachzuforschen, und mit weit offenen Augen in die Vergangenheit der afrikanischen Menschheit blicken; doch sie werden nur sehr wenig finden, denn vieles ist ausgelöscht worden.

Wenn in Afrika ein Tier getötet wird, reißt dieses Tier einen großen Teil des afrikanischen Wissens mit in die ewige Vergessenheit. Denn das meiste Wissen, das die Afrikaner besitzen, ist untrennbar sowohl mit der Flora als auch mit der Fauna dieses Kontinents verwoben.

Möge die Welt den Aufruf dieser jungen Frau zur Erhaltung der Weißen Löwen von Timbavati hören. Ich bete und hoffe, dass die Leser sich dieses Buch zu Herzen nehmen und dass sie viele Dinge, die hier aufgedeckt werden, selbst untersuchen. Denn der Diamant, den Sie selbst gefunden haben, den Sie hier im roten Geröll Afrikas entdeckt haben, bedeutet Ihnen unendlich viel mehr als der Diamant, den Sie auf dem Markt ergattert haben. Die Wahrheit, die Sie selbst entdecken, ist einprägsamer als eine Wahrheit, die vom Stift eines Fremden an Sie oder für Sie geschrieben wurde.

Nehmen Sie sich dieses Buch zu Herzen und lassen Sie sich von ihm zu immer tieferen Wahrheiten Afrikas führen – noch tiefer als die Wahrheiten, die hier aufgedeckt wurden.

Für weitere Informationen über den Global White Lion Protection Trust (IT 8575/02), gegründet 2002 von Linda Tucker, schreiben Sie bitte an:

Global White Lion Protection Trust
c/o Linda Tucker

PO Box 858
HOEDSPRUIT
1380
South Africa

e-mail: *www.whitelions.org*

Einleitung

Normalerweise würde man es wohl als Fehler werten, wenn eine Autorin das Ende ihrer Geschichte bereits in der Einleitung verrät, aber diese Geschichte aus dem wirklichen Leben kann eigentlich durch nichts ruiniert werden. Das außergewöhnliche Ende macht den Anfang sogar umso interessanter – machen Sie sich also bereit! Ich werde Ihnen nun erzählen, wie diese Geschichte endet!

Am 10. November 1991 veränderte eine Nahtoderfahrung mein Leben für immer. Ich wurde von einer eingeborenen Schangaan-Medizinfrau, Maria Khosa, auch bekannt als »die Löwenkönigin von Timbavati«, vor einem wütenden Löwenrudel gerettet. In der Folge gab ich mein Leben in London – wo ich in der Mode- und Werbebranche tätig war – auf und kehrte nach Afrika zurück, um dieses bizarre und unglaubliche Einschreiten zu verstehen. Ich traf Maria, die meine Schamanenlehrerin wurde, und mit ihr begab ich mich auf eine ungewöhnliche Entdeckungsreise. *Die Löwenfrau. Das Geheimnis der Weißen Löwen* fasst beinahe ein Jahrzehnt Forschungsarbeit zusammen, um Licht auf die Bedeutung der Weißen Löwen zu werfen, die auf dem afrikanischen Kontinent für die heiligsten Tiere gehalten werden.

Geprägt durch einen skeptischen akademischen Hintergrund, stand ich der Weisheit, die Maria mit mir teilte, zunächst argwöhnisch gegenüber, aber schließlich gab ich ihrer beweiskräftigen und reinen Wahrheit nach. Und sobald ich diesen Schritt getan hatte, wurde mir immer mehr geheimes Wissen anvertraut. Maria machte mich mit anderen afrikanischen Medizinmännern und Medizinfrauen vieler Traditionen bekannt, unter anderem mit dem herausragenden Hohepriester Baba Credo Mutwa, wohl die größte Quelle des afrikanischen Kulturwissens und der sogenannte Hüter des *Umlando*, des geheimen Wissens Afrikas.

Das meiste Material in diesem Buch wurde noch nie zuvor schriftlich niedergelegt. Vielmehr wurde es jahrhundertelang von einer eingeweihten Priesterschaft Afrikas beschützt, die einer Tradition entsprechend geheime Informationen mündlich und für die Außenwelt unzugänglich weitergab. Mir wurde die hohe Ehre zuteil, Bestandteile dieses behüteten Materials – auch als das »Große Wissen« bekannt – anvertraut zu bekommen. Andere Informationen hingegen empfing ich direkt aus Löwenahnenquellen.

Begleiten Sie mich bitte auf meiner Reise, um dem großen Geheimnis der sogenannten Kinder des Sonnengottes, der Weißen Löwen – der heiligsten und geheimnisvollsten Tiere, die in der heutigen Zeit leben – auf die Spur zu kommen. Aber bevor Sie sich darauf einlassen, möchte ich Sie an die Worte erinnern, die Gottes Sohn in Markus 6,4 spricht: »Überall wird ein Prophet geehrt, nur nicht in seiner Heimatstadt, seiner Verwandtschaft und seiner Familie.« Tragischerweise könnte nichts zutreffender sein für diese gesegneten Löwen des Lichtes. Die Wildnis Timbavatis ist das einzige Gebiet auf Erden, in dem Weiße Löwen in freier Natur geboren werden. Sie ist aber auch das Gebiet, in dem sie unbarmherzig verfolgt werden.

Wie es sich herausstellte, ereignete es sich in dem Jahr – möglicherweise genau an dem Tag – meiner Rettung das letzte Mal, dass ein Weißer Löwe in Timbavati, einem abgelegenen Buschland nahe des Kruger-Nationalparks in Südafrika, geboren wurde. Nach der ersten Veröffentlichung dieses Buches verstrich beinahe ein ganzes Jahrzehnt, ohne dass diese seltenen Tiere in ihrer angestammten Heimat Timbavati geboren wurden. Der Grund für diese Tragödie hängt damit zusammen, dass viele Weiße Löwen gewaltsam aus ihrer natürlichen und spirituellen Heimat entfernt und in Zoos und Zirkussen in der ganzen Welt untergebracht wurden, und, was am entsetzlichsten ist, in »Gatterjagd«-Einrichtungen, wo sie zum Zwecke der Trophäenjagd gezüchtet werden.

Nach fast zehn Jahren, in denen ich mich auf die Bedeutung der Weißen Löwen und ihre größere Verbindung in der Welt konzentrierte, trat ein Ereignis ein, das Marias Lehren und meine eigenen Erfahrungen auf unheimliche Weise sinnvoll machte. Maria hatte mich informiert, dass trotz der Versuche des Menschen, das Heilige in der Natur zu zerstören, Gottes »Erleuchtungsträger« weiterhin erscheinen würden, und sie sagte die Geburt einer heiligen Weißen Löwin an einem Ort großer symbolischer Bedeutung für die Menschheit voraus.

Ihre Prophezeiung erfüllte sich kurz vor der ersten Drucklegung meines Buches: *Am ersten Weihnachtstag, am 25. Dezember 2000, wurde eine Weiße Löwin an einem Ort namens Bethlehem geboren.*

Die afrikanischen Stammesältesten nannten diesen kleinen Welpen Marah – »Mutter des Sonnengottes« – und teilten mir mit, dass sie »Die Eine« sei, auf die sie gewartet hatten. Ihre Geburt bedeutete für mich den Beginn einer ganz neuen Lebensanschauung. Von dem Augenblick an lag der Schwerpunkt all meiner Untersuchungen über die mythischen und legendären Aspekte der Weißen Löwen nicht mehr auf der bloßen Theorie, vielmehr ging es nun um die konkrete Praxis. Ich fing an, mich für eine bessere Gesetzgebung zu engagieren, und ließ mich auf den sehr realen Kampf für den Schutz, das Überleben und die Anerkennung der Weißen Löwen ein. Marahs Befreiung aus dem grausamen Gatterjagdcamp, in dem sie gefangen gehalten wurde, und ihre Einbürgerung in die Wildnis ihrer angestammten Heimat, um dort mit ihren Welpen frei umherstreifen zu können, bestimmten mein Leben in jeder Minute eines jeden Tages seit ihrer heiligen Geburt – und ihr Vermächtnis bleibt auch heute noch bestehen.

Marahs Erscheinen war der Höhepunkt all dessen, was ich auf meiner schamanischen Odyssee mit Maria Khosa, zweifellos dem mutigsten Menschen, dem ich je begegnet bin, erfahren hatte. Marahs Geburt wird im allerletzten Kapitel dieses Buches beschrieben. Jedoch um zu verstehen, was diese Weiße Löwin und ihre Jungen für die Menschheit in dieser Zeit der ökologischen Krise bedeuten, müssen Sie vorne anfangen zu lesen.

Ich hoffe, dass Sie die Reise der Entdeckung und Erkenntnis genauso genießen, wie ich es tat.

Mit Liebe und Wertschätzung für all das Gute, zu dem wir Menschen fähig sind.

Linda Tucker
März 2010

ANMERKUNG DER AUTORIN

Diese Untersuchung ist fächerübergreifend. Beim Aufspüren der Geheimnisse der Weißen Löwen wurde ich dahin gebracht, mich an der Nahtstelle zwischen Wissenschaft und dem, was ich inzwischen als heilige Wissenschaft bezeichne, zu bewegen. Um die Bedeutung der Weißen Löwen zu verstehen, die in unserer Zeit auf der Erde leben, kann man durchaus zusätzliche Beweise heranziehen, die Genetik, Paläoanthropologie, Taphonomie, Klimakunde, Geologie und andere wissenschaftliche Bereiche liefern, doch die wahre Inspiration entspringt heiligen Wissenssystemen. Meine Reise in die Welt des Löwenschamanismus war weder ein Akt blinden Vertrauens noch ein Akt des »blinden Pragmatismus«. Ich bin nach und nach dahin gekommen, Gegensätze wie Glaube und Tatsache, Mythos und Realität sowie Wissenschaft und Religion auf eine sinnvolle und zusammenhängende Weise zu vereinen, die hoffentlich verdeutlicht, dass sie niemals hätten getrennt werden sollen.

Dieses Buch zielt darauf hin, früher geheim gehaltene Informationen über die einzigartigen Weißen Löwen Timbavatis der Öffentlichkeit preiszugeben, weil diese von entscheidender Bedeutung für die ökologische und psychologische Krise sind, in der sich die Menschheit heute befindet.

Aus genau diesem Grund brach Vusamazulu Credo Mutwa das »Schweigegelübde«, das ihn und andere hohe Schamanen an eine geheime mündlich überlieferte Tradition gebunden hatte. Als Afrikas herausragender »Hüter des *Umlando*« ist Mutwa der Auffassung, dass wir in prophezeiten Zeiten leben, in denen es zwingend erforderlich ist, der Menschheit im Allgemeinen Wissen zu übermitteln, weil es, einfach ausgedrückt, *die Welt retten könnte*.

Mutwa hat mich aufgefordert, die Veröffentlichung dieses Buches auf keinen Fall hinauszuzögern. Angesichts der dringlichen Inhalte war es also mein wichtigstes Anliegen, dieses Buch baldmöglichst zu veröffentlichen. Ich habe die Ereignisse, soweit ich mich erinnere, in der Reihenfolge aufgezeichnet, in der sie geschehen sind, und faktische und wissenschaftliche Beweise eingefügt, wo immer dies möglich war.

Wenn Mutwa mich bat, seine Worte genau so niederzuschreiben, wie er sie äußerte, habe ich seinem Wunsch entsprochen und ihn wörtlich zitiert. Die Geschichte der Weißen Löwen wird hier Wort für Wort genau so wiedergegeben, wie sie ursprünglich überliefert wurde; nur ein unwesentlicher Teil, der sich auf Königin Numbis Sohn bezieht, wurde mit Mutwas Einwilligung weggelassen.

Was unsere verschiedenen Zusammenkünfte betrifft, die hier beschrieben werden, habe ich mir gewisse dichterische Freiheiten erlaubt, um den Erzählfluss nicht zu beeinträchtigen. Abgesehen davon hat Credo Mutwa die Endfassung dieses Werkes selbst autorisiert.

1

Timbavati

Und ich fragte die Menschen von Timbavati: Wo sind eure Weißen Löwen?
Wo sind die heiligen Kinder des Sonnengottes? Denn so werden sie genannt.
Ich erhielt niemals eine klare Antwort.
– Credo Mutwa

Obwohl ich es zu diesem Zeitpunkt nicht wusste, begann die wahre Magie für mich am 10. November 1991.

Es war eine mondlose Nacht in der Steppe und Andries' Geburtstag. Andries ist inzwischen mein Schwager und war damals einfach ein Freund meiner Schwester Serena. Wir saßen zusammen mit anderen Leuten nach dem Sonnenuntergang in der milden Luft um ein Lagerfeuer, tranken Bier der Marke »Lion Lager« und erzählten einander Geschichten.

Ich erinnere mich, dass aus der brennenden Glut in der Mitte der Schilf-*Boma* Funken in die Dunkelheit aufstiegen wie Glühwürmchen, die sich zu den Sternen erheben. Unsere einzige Lichtquelle war das offene Feuer, und unser Gespräch war locker und entspannt, während über unserer kleinen Gruppe die strahlenden Sternbilder den ganzen endlosen Horizont von Timbavati vom Osten bis zum Westen umspannten.

Timbavati ist ein so alter Name, dass die heutige Bevölkerung vergessen hat, was er bedeutet. Seit unsere frühesten Vorfahren über die Erde wanderten, scheint sich die Landschaft nicht verändert zu haben. Auf dem ausgedörrten Boden findet man immer noch uralte Spuren früher Metallverarbeitung. Und der Geist der legendären Weißen Löwen geht immer noch in der Steppe um.

SIND DIE WEISSEN LÖWEN GESCHICHTE?

Die Weißen Löwen sind eine einzigartige Rasse, die in der Geschichte der Zoologie nie zuvor aufgetreten war, und man hielt sie schlichtweg für eine spontane Mutation des bekannten Löwen (*Panthera leo*), die zufällig in Timbavati erschienen war. Erstaunlicherweise wurde ihr Erscheinen jedoch von Stammesschamanen lange vor ihrer tatsächlichen, physischen Ankunft vorhergesagt. Für die Einwohner dieser Gegend sind sie die heiligsten Tiere unseres Planeten, und man versteht ihr Erscheinen als Prophezeiung, die ein neues Zeitalter auf Erden ankündigt. Seit ich zum ersten Mal nach Timbavati gekommen war, spürte ich jedes Mal, wenn von den Weißen Löwen die Rede war, eine geheimnisvolle Aura über dem ganzen Gebiet. Nach den eindrucksvollen Beschreibungen der Schangaan-Fährtensucher George Matabula und seinem Bruder Jack schienen diese Löwen keine gewöhnlichen Tiere zu sein. Die Fährtensucher glaubten, dass die Weißen Löwen Geschenke Gottes sind. Andererseits gibt es Menschen, die sie einfach als äußerst lukratives Naturprodukt betrachten. Sie wurden in den 1970er-Jahren erstmalig gesichtet, und in der kurzen Zeit, die seitdem verstrichen ist, haben Großwildjäger sie in Timbavati bis zur Ausrottung gejagt.

Noch seltener als der Afrikanische Leopard oder sogar der legendäre Schneeleopard des Himalaja, schneeweiß wie der antarktische Eisbär, war der Weiße Löwe von Timbavati eine *Rara Avis*, ein »seltener Vogel«, der aus dem Nichts erschien und auch wieder spurlos ins Nichts verschwand.

RACHEN DES TODES

Zu unserer Gruppe gehörte auch der Wildhüter Leonard, mit dem ich seit meiner Kindheit befreundet war. Sein Vater besaß ein Stück Land im Reservat von Timbavati. Leonard war einer der wenigen Menschen, die das Glück hatten, den Weißen Löwen auf Safarifahrten durch das Gebiet in der Wildnis zu begegnen. Ich hatte ihn im Lauf der Jahre immer wieder in Timbavati besucht, aber ich hatte nie einen Weißen Löwen gesehen. Und wir dachten, dass die Chance, je wieder einen zu sehen, nun vorbei war, da seit fast zehn Jahren kein einziges Exemplar mehr gesichtet worden war.

An diesem bestimmten Abend, als sich unsere Freundesgruppe vor dem Essen zu einem Drink niedergelassen hatte, schien die Erde unweit von uns zu grollen. Leonard identifizierte das Geräusch als das Gebrüll eines Löwen, der sich nördlich von uns in der Nähe eines ausgetrockneten Flusses namens Machaton befand. Das Machaton-Rudel besteht aus ockerfarbenen Timbavati-Löwen, von denen man annimmt, dass sie immer noch das weiße Gen tragen. Die meisten Leute in unserer Gruppe waren zum ersten Mal in der Steppe, und wir alle lauschten voller Ehrfurcht dem urtümlichen Gebrüll. Leonard erklärte uns, dass ein Löwe nicht brüllt, wenn er jagt, denn das würde seine Beute verscheuchen. Von allen furchterregenden Geräuschen in der Natur war das Brüllen, das wir soeben gehört hatten, tatsächlich das archetypischste: Es erinnerte uns daran, welches Raubtier letzten Endes zum König der Tiere gekrönt wurde. Auf einmal veränderten sich die Laute der Löwen; sie wurden dringlich und überschwänglich. Leonard vermutete, dies könne bedeuten, dass eine der trächtigen Löwinnen des Machaton-Rudels gerade geworfen hatte.

»Lasst uns hinfahren!«, sagte er spontan.

Die Vorstellung, neugeborene Löwenwelpen zu sehen (und vielleicht bestand sogar eine hauchdünne Chance auf einen weißen Welpen?), erregte unsere achtköpfige Gruppe sehr; gespannt kletterten wir in den offenen Landrover, der zur Wildbeobachtung benutzt wurde, und fuhren in die Sommernacht.

Der Landrover hatte vorn hinter der Windschutzscheibe zwei eingelassene Sitze und hinten drei höhere Bänke. Mein Mann John und ich saßen ganz hinten, wo die festgeschweißten Sitze über die Räder hinausragten. Während der Fahrt zauste der Wind mein Haar und hüllte uns in den frischen, sonnengebackenen Geruch der Steppe. Vor uns saß meine Schwester Serena neben Andries, einem dunklen, schweigsamen Afrikaner, der seinen Geburtstag im Frieden der Steppe feierte. Vor ihnen saßen zwei Touristen, die sich auf ihrer ersten Safari befanden. Ein auf dem Kotflügel des linken Vorderrads befestigter Sitz war für den Fährtensucher reserviert, aber heute Abend hatte George, der die Tierfährten kannte wie seine Hosentasche, frei. Leonard saß am Steuer neben seiner zierlichen Frau und lenkte den Landrover von der ungepflasterten Straße in die Steppe. Die Steppe war Leonards Spielplatz. Er liebte sie leidenschaftlich, aber er war noch jung, ein bisschen zu temperamentvoll und meinte immer noch, sie beherrschen zu können.

Er war unser Wildhüter, unser Führer, und damals vertraute ich seiner größeren Erfahrung in der Steppe völlig. Noch war ich keiner sensibleren und harmonischeren Methode, mit der Natur zu arbeiten, begegnet. Wir alle wurden von Leonards Enthusiasmus angesteckt, während sich das allradbetriebene Gefährt von der Straße entfernte und durch die hohen Grashalme und verlassenen Ameisenhügel einen Pfad in die dichte Dunkelheit wühlte.

Wenn ich mich heute daran erinnere, spüre ich noch den Adrenalinrausch, den ich empfand, als die Scheinwerfer abwechselnd gen Himmel und wieder zu Boden zuckten und der Landrover über das raue Gelände holperte. Auf einmal, genau in dem Moment, in dem wir die glühenden Augen eines Löwen in der Dunkelheit ausmachten, gab es einen schleifenden Laut und das Gefährt stand still.

Jemand schlug mit bereits leicht hysterischer Stimme vor, wir sollten »hier abhauen«. Die Löwen waren irritiert und gefährlich nahe. Im gleißenden Scheinwerferlicht erblickte ich schemenhafte Gestalten und funkelnde Augen im Busch. Einen der Schatten erkannte Leonard sofort, denn er kannte die dominierenden Männchen der Gegend: Es war Ngwazi, dessen Augen geradezu loderten. Hinter ihm, in ihrem Versteck in den bogenförmigen Wurzeln eines wilden Feigenbaums lauernd, erblickte ich den Umriss einer knurrenden Löwin, die mit ihrem Körper mehrere sich windende Pelzknäuel zu beschützen schien: die neugeborenen Welpen. In diesem Augenblick fragte sich allerdings keiner von uns, ob eins von ihnen vielleicht weiß war.

Leonard bereitete sich auf einen schnellen Rückzug vor, doch dann fanden wir heraus, warum der Landrover ursprünglich überhaupt angehalten hatte. Nun war der Rückwärtsgang eingelegt, doch das Gefährt schaukelte nur heftig, denn ein Baumstamm war unter der Vorderachse eingeklemmt. Wir wurden in unseren Sitzen abwechselnd nach vorn und nach hinten geschleudert. Ich erinnere mich, dass ich sah, wie sich das Lenkrad sehr schnell unter Leonards Händen drehte, bevor er uns schließlich eröffnete, dass wir nicht weiterkamen. Die Lenksäule war gebrochen. Wir saßen fest!

Wir waren mit Fotoapparaten, Blitzgeräten, Ferngläsern und Weitwinkelobjektiven ausgerüstet, denn wir waren davon ausgegangen, dass wir zum Spaß Tiere beobachten würden. Wir waren in unseren Landrover gesprungen und rücksichtslos über die Grenze in das Territorium der Löwen eingedrungen. Ihre Welpen waren gerade erst geboren worden, aber dennoch kamen wir nicht einmal auf die Idee, dass sich die Löwen durch unser brutales Eindringen in ihre Intimsphäre gestört fühlen könnten. Unser einziger Gedanke war, dass die Biester uns jeden Moment angreifen würden.

Wir warteten, gestrandet und schutzlos, inmitten eines Rudels wütender Löwen.

Leonards Frau Lena hielt die einzige Taschenlampe, einen kleinen Scheinwerfer, der von der Batterie des Landrovers gespeist wurde. Leonard befahl ihr, das Licht zu löschen, und wir waren plötzlich von Finsternis umgeben. Es war 20:15 Uhr an einem Sommerabend. Die letzten Spuren des Tageslichts waren vom Horizont verschwunden.

»Wenn die Batterie leer ist, kommen wir niemals weg«, erklärte Leonard sachlich. In diesem Moment hörte ich hinter mir ein Rascheln und rief nach Licht. Lena drehte sich blitzschnell um und zielte den Scheinwerfer auf das Gebüsch. Ich starrte direkt in die wilden bernsteinfarbenen Augen einer weiteren, wütenden Löwin. Ein Laut kam von links, das Licht wandte sich dorthin – und wir sahen zwei weitere Raubtieraugenpaare. Wir waren umzingelt.

»Licht aus, Lena«, wiederholte Leonard seinen Befehl. »Du entlädst die Batterie – wir werden den Motor nicht anwerfen können.« Zum ersten Mal hörte ich Angst in seiner Stimme.

Lena schaltete den Scheinwerfer aus, und wir erstarrten in angsterfülltem Schweigen.

Es ist schwierig, die Größe eines Löwen zu beschreiben, der sich in unmittelbarer Nähe befindet. Die ockerfarbenen Löwen, die unser Licht enthüllt hatte, waren ehrfurchtgebietend. Die beiden Männchen mit ihren gewaltigen dunklen Mähnen, die wie dunkle Sonnen im Licht unseres Scheinwerfers geschimmert hatten, erinnerten uns augenblicklich daran, wie lächerlich schwach die menschliche Spezies ist. Ohne Licht war die Gegenwart der Löwen noch eindrucksvoller. Alle Insassen des Landrovers starrten hilflos in die Dunkelheit und suchten Trost in der Gegenwart der anderen.

Wie zum Hohn flackerten die Lichter unseres Lagers am Horizont, aber die Fährtensucher hatten an diesem Tag frei, und wir konnten aus dieser Richtung keine Hilfe erwarten.

Eine plötzliche Bewegung zwang Lena, das Licht erneut einzuschalten, und ich sah einen weiteren, ausgewachsenen Löwen, der weniger als zehn Meter von uns entfernt hockte, die Augen funkelnd vor Zorn. Er sah uns direkt in die Gesichter, zog seinen Bauch ein und stieß einen jener erderschütternden Rufe aus, die wir vom Lager aus gehört hatten – nur waren wir jetzt mittendrin. Der Laut begann tief in seinem Bauch und wuchs zu einem ohrenbetäubenden Brüllen an, um dann in einer Reihe gutturaler Grunzlaute auszulaufen. Das Geräusch ließ mich buchstäblich bis zu den Zehenspitzen erzittern. Sogar der Landrover erbebte. Mir drehte sich der Magen um, und ich dachte, mir würde schlecht werden.

Leonard befahl uns, ruhig zu bleiben. Er erklärte, dass wir das Auto weder lenken noch vorwärts bewegen konnten. Doch er sagte, dass wir geradeaus nach hinten fahren konnten, um uns aus der Gefahrenzone zu bringen.

Lena löschte das Licht wieder, und wir warteten atemlos, während er den Zündschlüssel drehte.

Klick.

Wir alle hörten das Geräusch, aber Leonard musste die Worte aussprechen, um uns die Hiobsbotschaft klarzumachen. Im Flüsterton gab er zu: »Der Motor ist tot...«

»Sagten Sie, to-ot?« Das war die Stimme meines Mannes. John ist der König aller Panikmacher, und ich kannte ihn gut genug, um zu wissen, was er dachte: Diese Nacht würde unsere letzte sein.

Dennoch brachte Johns Fähigkeit, das Leben mit dem trockenen Witz eines Akademikers zu sehen, ein Element des Absurden in das Drama der Wirklichkeit ein.

Die Situation war wirklich absurd. Einer der Touristen stieß hysterisch hervor: »Wir können uns nicht bewegen, wir sind in einer offenen Schlachtbank gefangen!«

Das Lager war wahrscheinlich noch weniger als einen Kilometer von uns entfernt, aber zwischen uns und seinem Schutz lag der sichere Tod. Leonard schaltete das Radio ein. Es knisterte und dann verstummte es.

»Ich nehme an, es ist auch tot.« Johns Stimme hatte wieder ihren typischen trockenen Unterton.

Leonard erklärte, dass der Landrover sich in einer Senke befand und dass das Radio offenbar keinen Kontakt herstellen konnte. Ich spürte, dass er angestrengt nachdachte. Das Radio war nicht gewartet worden, und in seiner Aufregung hatte Leonard nicht an die Konsequenzen gedacht. Dies bedeutete, dass jegliche Hilfe außerhalb unserer Reichweite lag. Leonard bemühte sich, konstruktiv zu denken, und erklärte, dass wir etwa noch eine halbe Stunde Licht von dem Scheinwerfer erwarten konnten, bis die Batterie leer sein würde. Schon während er die Worte aussprach, büßten sie jeglichen Trost ein. Kein Radio, kein Motor, kein Licht, und niemand wusste, wo wir waren. Es gab nur das wütende Gebrüll, das den Boden unter unseren Füßen erbeben ließ, und das bedrohliche Rascheln im Busch, als sich die Löwen näherten. Ein Stern war am östlichen Horizont aufgestiegen: der Sirius. Er schimmerte in mitleidlosem, intensivem Rot.[1]

Wir hatten Angst, waren der Panik nah und verzweifelt. Trotzdem stammelten wir alle hoffnungsvolle Vorschläge zu unserer Rettung.

Jemand schrie: »Wir müssen einfach losrennen!«

»Bitte nicht«, konterte Leonard. »Wenn Sie rennen, werden die Löwen Sie reißen.«

Jemand anders äußerte einen vermeintlich genialen Plan: Wir sollten eine Kette bilden und uns langsam vorwärts bewegen wie ein Nashorn. Ich erinnere mich, dass ich dies für einen guten Plan hielt. Leonard versuchte, sich dazwischenzuschalten, und befahl uns, ihm zuzuhören. Er erinnerte uns daran, dass Löwen nachtaktive Raubtiere sind.

Plötzlich schien die allgemeine Stimmung umzuschlagen. Einer der Touristen meinte, er stimme mit Leonard überein. »Ja, wir werden es nie im Dunkeln bis zum Lager schaffen«, schrie er. »Wir werden stolpern und hinfallen!«

»Ich für meinen Teil bleibe, wo ich bin«, sagte ich. »Im Landrover sind wir sicher.«

Der Tourist schrie zurück, dass wir keineswegs sicher seien. Unser Fahrzeug war offen und bot keinerlei Schutz für uns; nicht einmal ein Stoffdach nannten wir unser Eigen. Er wurde von Panik überwältigt, stand auf, gestikulierte mit den Armen in der Dunkelheit und schrie mit heiserer Stimme: »Hier ist es doch genauso gefährlich wie da draußen!«

Leonard befahl ihm, sich sofort hinzusetzen. Der wild herumfuchtelnde Mann bot den Raubtieren bestimmt ein sehr verlockendes Ziel. Wir alle verhielten uns lächerlich und waren völlig unfähig, mit der Situation fertig zu werden. Aus heutiger Sicht weiß ich, dass wir niemals hätten hinausfahren sollen.

Jemand anders stand auf und flüsterte verzweifelt, dass er einen Fluchtversuch starten wolle.

»Mach das bloß nicht«, schrie ihn jemand an. »Allein bist du nur ein wandelndes Stück Fleisch. Wir müssen entweder alle zusammen gehen oder gar nicht.«

Was mich betraf: Ich hätte nirgendwohin gehen können. Meine Beine fühlten sich an wie Gelee.

Die Situation hatte sich in die schwärzeste aller schwarzen Komödien verwandelt. Ich hätte gelacht, aber mein Magen war vor Angst völlig verknotet. Noch vor wenigen Minuten waren wir Städter gewesen, die ein Wochenende im Busch verbringen und die schönen Tiere in ihrer natürlichen Umgebung beobachten wollten. Nun waren wir zu ihrer Beute geworden.

Leonard riet uns, Ruhe zu bewahren und abzuwarten, denn die Raubtiere würden sich im Lauf der Zeit wieder zurückziehen, aber wir spürten dennoch seine Angst. Die Tatsache, dass selbst unser Wildexperte, unser Anführer, die Nerven verlor, hatte zur Folge, dass wir anderen jegliche Hoffnung aufgaben.

Irgendjemand bemerkte, dass sich die Löwen nicht entfernten, sondern sogar näher kamen. Dann brachte uns das Gebrüll eines Löwen in nächster Nähe zum Schweigen.

Ich hatte nie zuvor so intensive Angst erlebt wie in jener Nacht, und seitdem auch nie wieder, nicht einmal annähernd. Persönliche Angst scheint auf ein Vielfaches anzuwachsen, wenn mehrere Menschen sie gleichzeitig erleben. Wir zitterten in der Dunkelheit, spürten nur unsere Angst und den Blutdurst der Löwen. Ich erinnere mich, dass ich daran dachte, wie sinnlos es gewesen wäre, in der afrikanischen Wildnis um Hilfe zu schreien.

»Und wenn wir einen Schuss in die Luft abfeuern...?«, schlug ich flüsternd vor.

»Es sind nur vier Patronen im Gewehr«, entgegnete Leonard, »und die werden wir vielleicht noch brauchen.«

»Oh nein!« Ich hörte ein verängstigtes Stöhnen von John, einer zusammengekrümmten Gestalt neben mir.

Aufgrund der Meinungsverschiedenheiten in der Gruppe wurde jeder geäußerte Vorschlag von allen anderen sofort niedergeschrien. Wir waren erschöpft und verwirrt. John quetschte sich auf dem Boden des Landrovers tief in die Ecke und hielt den Kunststoffdeckel der Kühlbox wie einen Schutzschild über seinem Kopf. »Möchte jemand einen Drink?«, fragte er fröhlich. Trotz seiner Angst versuchte er, die Absurdität unserer Situation hervorzuheben. Er erntete nur Schweigen.

»Darf's vielleicht ein Lion Lager sein?«, witzelte Leonard und nahm Johns Tonfall auf.

Wieder erstarrtes Schweigen. John streckte seine Hand hinter seinem Kunststoffschild hervor und griff Trost suchend nach meinem Bein, doch er stellte lediglich fest, dass meine Knie vor Angst schlotterten. Das war's also. Alles war verloren. Ich erkannte an seinem Gesichtsausdruck, der im Dunkeln gerade noch sichtbar war, was er dachte: Jeder Einzelne von uns war zum Tode verurteilt.

Die riesige, gewaltige Steppe war voller unsichtbarer Augen und pulsierte schweigend. Irgendjemand äußerte die brillante Idee, dass wir uns alle unter den Landrover legen sollten, wo wir nicht zu sehen sein würden, worauf John, die Stimme triefend vor beißender Ironie, zurückfragte, wer sich da soeben freiwillig gemeldet hatte, um sich draußen hinzulegen.

Dies machte die Gefahr nur noch spürbarer. Der Gedanke, dass Löwen uns abschnupperten und ihre Klauen in unser Fleisch schlugen wie eine Katze, die nach der Maus greift, war zu grauenhaft, um ihn zu Ende zu denken. In den letzten schwachen Strahlen des Lichts unserer kostbaren Lampe konnte ich sehen, dass noch ein Löwenmännchen begonnen hatte, uns zu umkreisen.

Leonard versicherte uns eindringlich, dass er sein Gewehr immer noch hatte, und befahl uns, einfach still sitzen zu bleiben. Er sagte, uns würde schon nichts geschehen, aber es klang nicht besonders überzeugend. Wir alle spürten, dass er allmählich die Kontrolle über die Situation verlor.

»Nicht ohne das Licht!«, platzte jemand aufgewühlt heraus. »Wir könnten den Löwen nicht einmal sehen, bevor er uns anspringt.«

Es ist wohl die tiefste Angst eines jeden Menschen, von einem Raubtier gefressen zu werden, und plötzlich erlebten wir diesen Albtraum in Wirklichkeit. Wir saßen noch keine zwanzig Minuten an dieser schicksalhaften Stelle fest; aber nun verstand ich, warum die Gefangenen in den Todeszellen immer von Ewigkeit sprechen. Es war ein unfassbarer Horror, zitternd in der schier endlosen Nacht zu hocken und auf den Tod zu warten. Wir hatten nicht mal genügend Licht, um den Ursprung der raschelnden und knackenden Geräusche im Gebüsch ringsum auszumachen, bevor uns die Raubtiere holen würden, einen nach dem anderen. Doch es kam erst recht nicht infrage, zu versuchen, uns in der mondlosen Nacht, von unsichtbaren Augen beobachtet, durch das dichte Unterholz zu schlagen.

Irgendein Intelligenzbolzen schlug vor, dass wir ein Feuer machen sollten, um die Löwen zu vertreiben. Diese Idee wurde im Landrover von hysterischen Jubelrufen der Erleichterung begrüßt: »Ja! Ein Feuer! Das ist unsere Rettung!«

Das Schlimmste war die Gewissheit, dass Leonards Angst nur allzu berechtigt war. Wenn er schon die Nerven verloren hatte, welche Hoffnung hatten wir dann noch? Nachdem das allgemeine Entsetzen einmal entfacht war, breitete es sich unter uns aus wie ein Steppenbrand und unterminierte den letzten Rest der Autorität, die unser Anführer noch aufbringen konnte. Leonard versuchte, uns davon zu überzeugen, dass es unmöglich gewesen wäre, in der Dunkelheit, von Löwen umgeben, nach Brennholz zu suchen. Doch daraufhin schrie der hysterische Wahnsinnige von vorhin, dass wir einfach den Landrover in Brand setzen sollten: ihn in die Luft sprengen, das Gebüsch entzünden, einen Steppenbrand entfachen.

Es dauerte nicht lange, bis ein anderer bemerkte, dass wir dadurch alle im Feuer umkommen würden. Es sei also besser, bei lebendigem Leib gefressen zu werden! Leonard schrie uns an, nicht so laut zu sprechen – mit unserem Geschrei regten wir die Löwen nur noch mehr auf. Wir schwiegen. Ein fürchterliches Gebrüll erklang, so nah, dass es von innerhalb des Fahrzeugs zu kommen schien.

Mein Kopf dröhnte wie eine Trommel. Die kristallklaren Sterne waren aufgegangen, und die laue Wärme der afrikanischen Nacht verwandelte sich auf unserer Haut in kalten Schweiß. In diesem Moment hatten wir absolut keine Chance mehr.

ÜBERGANGSRITEN

Dann schlug die Stimmung unseres Dramas plötzlich um.

Als unsere Hysterie ihren Höhepunkt erreicht hatte, veränderte sich auf einmal die Situation. Langsam näherte sich uns aus der Finsternis eine geisterhafte Gestalt, die zunächst wie ein vierköpfiges Tier aussah. Inzwischen war mir vor Angst so schwindlig, dass ich dachte, es sei eine Halluzination. In der Dunkelheit konnte ich lediglich schemenhafte Umrisse ausmachen. Zuerst kam eine alte Frau. Später erfuhr ich, dass es Maria Khosa war, eine Schangaan-Schamanin. Unglaublicherweise trug sie ein Baby auf dem Rücken. Ihr folgten ein junges afrikanisches Mädchen und schließlich ein großäugiger Junge. Sie gingen wie in Trance und hielten sich aneinander fest.

Genau wie alle anderen Insassen des Landrovers starrte ich sie fassungslos an.

»Wir sind gerettet!«, war mein erster Gedanke. Es schien ein Wunder zu sein. Endlich die Erlösung! Mir zersprang fast das Herz in der Brust – doch dann sank es wieder wie ein Stein, als mir klar wurde, dass diese bunt zusammengewürfelte Gruppe nicht das Geringste für uns tun konnte. Ich dachte, dass die Neuankömmlinge die Gefahr eher noch vergrößerten: noch mehr Fleisch für die Schlachtbank. Ganz langsam, Schritt für Schritt, näherten sie sich uns und kletterten – immer noch scheinbar im Trancezustand – wortlos zu uns in den Landrover, wo sie sich wie Phantome neben uns setzten. Sie alle starrten ausdruckslos in die Dunkelheit, hinaus in die Gefilde der Löwen, aus denen sie soeben gekommen waren.

Ich erinnere mich, dass ich spürte, wie sich eine andere Art von Schweigen um uns herum ausbreitete. Aber meine Instinkte sagten, dass es jetzt noch schlimmer sei. Genau wie John wartete ich resigniert auf das Ende. Ich bemühte mich nicht einmal zu verstehen, was diese Fremden hier taten oder wie sie bis zu uns vorgedrungen waren. Die alte Frau war neben Andries geklettert, und die anderen zwängten sich in die vorderen Sitze. Ich erinnere mich lediglich an den eigenartigen Gegensatz der beiden Silhouetten vor mir: Andries' Schultern breit und zusammengesackt, ihre verhutzelt, aber voll intensiver Anspannung.

Im tiefsten Herzen muss ich gewusst haben, was wir brauchten: eine echte Heldentat.

Einen Moment später sprach Andries zum ersten Mal in diesem schicksalhaften Landrover, mitten in der Wildnis Afrikas. Plötzlich angespornt, als sei er von einem neuen Geist beseelt, schob sich das Geburtstagskind an Maria vorbei, berührte den großäugigen Jungen und sagte: »*Kom, laat ons waai!*« (Komm, lass uns gehen!)

Als Andries hinaus in die Nacht sprang – er plante, zum Lager zurückzugehen, dort das andere Fahrzeug zu holen und uns alle zu retten –, sah er einen Augenblick lang meine Schwester Serena an. Sie saß mit dem Rücken zu mir, also konnte ich ihren Gesichtsausdruck nicht sehen. Aber ich erinnere mich deutlich an den seinen: Er war feurig und entschlossen, als er sagte: »Haltet das Gewehr bereit, *miskien het jy dit nodig* (vielleicht braucht ihr es).«

Andries muss angenommen haben, dass ihm der Junge den Weg zurück zum Lager zeigen konnte. Er ließ Maria, das Baby und das junge Mädchen bei uns zurück. Als die beiden Gestalten in der Finsternis verschwanden, saßen wir wie versteinert in dem Landrover, viel zu verängstigt, um zu sprechen. Wenn die Löwen angriffen, würden wir dann einen letzten Schrei hören, einen erstickten Laut, das Knacken von Knochen? Ich versuchte, nicht zu denken. Wie es wohl war, gefressen zu werden?

Eigenartigerweise verlor die Nacht plötzlich ihre Hysterie, und wir alle saßen ruhig und gefasst da. Ich hielt den Atem an und betete. In der Stille spürte ich eine seltsame Ruhe, die ich noch nie zuvor erlebt hatte. Man konnte unmöglich feststellen, wo genau sich jedes der Raubtiere positioniert hatte. Auch sie waren jetzt totenstill geworden. Ich betete dafür, dass die anderen nicht ebenfalls an Leonards Worte dachten: »Kein Löwe brüllt, wenn er sich an seine Beute anschleicht.«

Andries ging unversehrt durch die von Löwen wimmelnde Dunkelheit zurück zum Lager. Er holte das andere Fahrzeug, kam zurück und rettete uns.

Später in dieser Nacht, als wir alle angespannt und voll unverbrauchtem Adrenalin auf unseren Pritschen lagen, spazierte Ngwazi, das Alphamännchen, mitten durch unser Lager, als wollte er seine Vorherrschaft demonstrieren. Leonard entdeckte am nächsten Tag seine Spuren im Sand. Wir anderen erwachten bleischwer und waren kaum in der Lage, einen einzigen Muskel zu regen – bis auf Andries, der frisch wie eine Wüstenrose aussah.

Es heißt, eine Katze habe neun Leben. Falls das auch für Menschen gilt, zweifele ich nicht daran, dass jeder von uns in jener mondlosen Nacht in Timbavati in dem Landrover ein Leben verlor. Auf jeden Fall betrachtet jeder von uns seit dieser Nacht die Sterblichkeit in einem ganz anderen Licht.

Serena heiratete bald darauf Andries, den löwenherzigen Helden des Tages. Andries war ohne jeden Zweifel wirklich heroisch. Seitdem trägt er den Spitznamen »der Held«; und die Erzählung unseres Abenteuers stand nicht nur im Mittelpunkt der Rede, die John auf der Hochzeit der beiden hielt, sondern lieferte seither auch auf zahlreichen Partys spannenden Gesprächsstoff. Was lediglich beweist, wie wenig wir alle den anderen Helden beziehungsweise die Heldin des Dramas begriffen: Maria, die Sangoma, die Medizinfrau, die die wütenden Löwen offenbar beruhigt hatte und mitten durch das Rudel geschritten war, um zu uns zu kommen.

Mein Leben hat sich seitdem völlig verändert. Ich hatte Timbavati auch vor diesem Ereignis schon oft besucht, doch von jenem Tag an hatte der Ort für mich eine ganz andere Bedeutung. Die Erfahrung hatte so wenig mit meiner Auffassung der Alltagsrealität zu tun gehabt, dass ich nicht einmal den Versuch unternahm, sie zu analysieren. Erstaunlicherweise konnte ich mir erst drei Jahre später, nachdem ich eine sehr langwierige Krankheit durchgemacht hatte und gezwungen gewesen war, mein ganzes Wertsystem zu überprüfen, über die Implikationen von Marias mutiger Tat Gedanken machen.

1994 kehrte ich mit einem neuen Lebensziel nach Timbavati zurück. Zum ersten Mal fühlte ich mich bereit, der Medizinfrau gegenüberzutreten und ihre Version der Geschichte zu hören. Vielleicht war ich davor einfach noch nicht in der Lage gewesen, die Wahrheit zu erkennen.

2

MARIA, LÖWENKÖNIGIN VON TIMBAVATI

Lass Maria nicht allein sterben... so viele Heiler sind gestorben, ohne dass die Welt sie verstand.
– Credo Mutwa

Die großen Heiler waren mein Ehemann und zwei andere Männer: Beide gaben mir n/um (übernatürliche Kraft). Alle drei sind nun tot. Keiner von ihnen wurde von Gott getötet. Alle wurden von Menschen getötet.
– Wa Na Goshe (Frau eines Buschmann-Löwenschamanen)

Wie es sich herausstellte, wurde ausgerechnet 1991, im Jahr meiner Nahtoderfahrung, in Timbavati eine Weiße Löwin geboren. Leider verschwand sie zwei Jahre später, und seit 1993 wurde dort kein Weißer Löwe mehr gesichtet.

Drei Jahre nach seinem Auftauchen kehrte ich zum Schauplatz unserer Begegnung mit den Timbavati-Löwen zurück. Seit meiner Kindheit ist Timbavati einer meiner Lieblingszufluchtsorte, und ich bin regelmäßig immer wieder dorthin gefahren. Doch diesmal war etwas anders als sonst. Mein Bewusstsein hatte sich verändert. Dennoch war mein Leben inzwischen wie gewohnt weitergegangen. Das Erlebnis mit Maria und den Löwen war so außergewöhnlich gewesen, dass ich nicht gewusst hatte, wie ich es in meine Alltagsrealität integrieren sollte. Dann kam eines Tages auf einmal alles zum Stillstand. Mitten in der Hektik des Arbeitslebens war mir, als hätte ich die Knöpfe eines Videogeräts gedrückt: Pause. Zurückspulen. Was war damals eigentlich los gewesen? Ich musste dorthin zurückkehren und verstehen, was in jener Nacht in Timbavati wirklich geschehen war.

Geprägt von einem akademischen Werdegang, war ich es gewohnt, Ereignisse nüchtern und logisch zu erklären. Ich besaß keinen religiösen Glauben, der übernatürliche Phänomene oder »Wunder« beinhaltet hätte. Meine Mutter ist Atheistin und mein Vater ist zwar Jude, praktiziert seine Religion aber nicht. Doch die Umstände zwangen mich schließlich zu einer neuen Art der Wahrnehmung. Ich hatte in London gelebt und in der hektischen Atmosphäre der Werbebranche gearbeitet. Nach einer Phase intensiver, ungemein kräftezehrender Aktivität erreichte ich einen Zustand, den man im Allgemeinen als »ausgebrannt« bezeichnet. Ich fühlte mich total erschöpft und kündigte meinen Job. Während ich mich in den darauf folgenden Monaten langsam erholte, war ich gezwungen, über die Natur von Wirklichkeit und Scheinwirklichkeit, von Wahrheit und Illusion nachzudenken. Ich stellte meine Rolle als Schöpferin von falschen Images infrage: Ich entwarf Marketingstrategien, die auf die psychologische Manipulation der Bevölkerung und auf materiellen Gewinn abzielten. In dieser Zeit plagten mich ständig unbeantwortete Fragen über die Begegnung mit den Timbavati-Löwen und insbesondere über die dramatische Rettung durch die Sangoma, eine Schamanin. Zum ersten Mal kam mir in den Sinn, dass ich auf diese Fragen nie eine Antwort erhalten und, um ehrlich zu sein, noch nicht einmal die Fragen richtig gestellt hatte.

Als ich nun nach Timbavati zurückkehrte, nahm ich mir vor, mich ganz unvoreingenommen mit diesen Themen zu befassen. Im Rückblick weiß ich, dass mir meine Gemütsveränderung Marias Welt zum ersten Mal zugänglich machte. Dies war eine völlig neue Einstellung für jemanden, der noch nie zuvor mit alternativen Formen des Bewusstseins in Berührung gekommen war, noch nie einem Hellseher, Wahrsager oder Schamanen begegnet war und sich noch nicht einmal auf einem Jahrmarkt von einer Zigeunerin die Handlinien hatte lesen lassen. Ich ahnte, dass das, was Maria repräsentierte, die Grundlagen der bequemen Wirklichkeit erschüttern würde, in der ich lebte, aber ich wusste auch, dass ich nicht länger in sorgloser Unwissenheit leben konnte.

Als die Nacht über Timbavati hereinbrach, schlenderte ich auf dem trockenen Sandpfad zu der Schilf-*Boma*, wo Leonard in seiner Khakikluft stand und sich mit einem Bier in der Hand mit einer Gruppe neu angekommener Gäste unterhielt. Statt mich zu der Gruppe am Lagerfeuer zu gesellen, blieb ich im Schatten außerhalb des Lichtkreises und lauschte den Ziegenmelkern, deren Ruf sich anhört, als würde man Wasser aus einem Krug gießen. Rings um mich herum senkte sich die geräuschvolle und zugleich harmonische afrikanische Dunkelheit herab. Es war schwer zu glauben, dass ich nur einen Tag zuvor in London gewesen war, in den vor Hektik pulsierenden Straßen der Großstadt. Dort werden die Menschen in U-Bahnen gestopft, stehen in Verkehrsstaus und Warteschlangen, werden in Fahrstühle gezwängt und um Konferenztische versammelt; sie erklimmen gesellschaftliche Leitern und Karrierestufen, jonglieren mit den Börsenkursen und sind in einer Kultur des ständigen Zugzwangs gefangen.

1991, zur Zeit unseres Erlebnisses mit den Löwen, lebte Leonard in einem primitiven Hüttenlager mitten in der Wildnis. Inzwischen hatte er ein kommerzielles Safarihotel aufgebaut, das sechzehn Gäste aufnehmen konnte und einen Stab von rund zwanzig Personen beschäftigte. Maria, die Medizinfrau oder Sangoma, war eine der Angestellten. Eine der negativen Folgen der alten südafrikanischen Politik ist der Zusammenbruch der Stammessysteme, die einst die Heiler im Herzen der Gemeinschaft unterstützten. Maria war zu einem Dienstmädchen degradiert worden, aber trotzdem war sie für das Einkommen dankbar. Sie war zu alt zum Schrubben oder Putzen, und Leonard hatte für sie eine eher symbolische Stellung geschaffen. Ich vermutete, dass auch er das Gefühl hatte, ihr etwas zu schulden.

Nichtsdestoweniger ist Leonard Pragmatiker. Er legt Wert auf die praktische Seite eines lukrativen Unternehmens: Er kümmert sich um die Ausbildung der Wildhüter und Fährtensucher, um den Aufbau der Zeltunterkünfte, um die Ernährung der Gäste, die Wartung der Landrover; kurz, um den ganzen Alltag einer wirtschaftlich gesunden Firma. Trotzdem hatte er im Lauf der Jahre gelernt, Marias subtiles Buschwissen zu respektieren. Nun konsultierte er sie vor jeder wichtigen Entscheidung, die mit dem Safarihotel zusammenhing. Er hatte beobachtet, dass aus der ganzen Gegend Menschen mit ihren Krankheiten zu Maria kamen; also ging auch er zu ihr, wenn er krank war. Er gab mir gegenüber zu, dass er manchmal wünschte, sie früher aufgesucht zu haben – zum Beispiel als er einmal unbedingt Wasser finden musste. Timbavati ist ein trockenes Land, bedeckt mit dichter Steppe, und die Flussbetten sind fast immer leer – außer an einigen wenigen Tagen im Jahr, wenn der Regen zu einer Überschwemmung führt und sie mit Hochwasser füllt. Wasser ist ein äußerst rarer Rohstoff. Nachdem er ein Dutzend gähnend leere Wasserlöcher gebohrt hatte, suchte Leonard endlich Maria in ihrer Eigenschaft als Rutengängerin auf. Die Stelle, die die Sangoma fand – eine Nadel im Heuhaufen des 50 000 Hektar großen Gebiets von Timbavati –, befand sich nur wenige Meter von einem Ort entfernt, der in einem aus der Luft fotografierten Vermessungsgutachten identifiziert worden war. Hier stieß die Bohrmannschaft endlich auf Wasser.

Als er erfuhr, dass ich Maria wiedersehen wollte, warnte Leonard mich, dass sie kein Englisch spräche, sondern lediglich eine Mischung aus Pidgin-Afrikaans und Schangaan. Ich musste also einen eingeborenen Dolmetscher mitnehmen. Dies wurde arrangiert, und ich ging nicht ohne Nervosität zusammen mit dem Schangaan-Übersetzer zu Marias Unterkunft. Ich hatte keine Ahnung, was mich erwartete.

Ich hatte Sangomas immer als Überbleibsel eines primitiven Aberglaubens betrachtet. Ich war davon ausgegangen, dass sie unzeitgemäße Produkte der afrikanischen Stammesmentalität waren, die leichtgläubige, ungebildete Stammesmitglieder in ihren Bann zogen, und dass ihre Macht auf Illusionen beruhte. Ich sollte bald lernen, dass diese Auffassung auf völlig falschen Informationen beruhte.

Auch hatte ich mir eine traditionelle Rondavel-Hütte aus sonnengebackenem Lehm vorgestellt. Stattdessen wohnte Maria nun mit dem anderen Personal zusammen in einer Baracke. Als ich ankam, stand sie barfuß im Türrahmen auf der Betonschwelle: eine breitschultrige Gestalt in bunten Gewändern und mit farbigen Glasperlen um die Fußknöchel. Weitere Perlen schmückten eine Kette, die von ihrer rechten Schulter über die Brust bis zur Taille reichte. Sie sah uns aus der Entfernung näher kommen und blieb unbeweglich stehen, bis wir so nah waren, dass sie und der Dolmetscher einander höflich begrüßen konnten.

Von Schangaan-Wildhütern und Fährtensuchern hatte ich gehört, dass Menschen große Entfernungen zurücklegten, um von Maria Heilung zu empfangen, und dass sie im ganzen Gebiet als Maria, die Mutter der Löwen, die Löwenkönigin von Timbavati, bekannt war.

Deshalb war ich erstaunt, sie in einer so bescheidenen und spartanischen Unterkunft zu sehen. Doch die Haltung des Dolmetschers ließ keinen Zweifel daran aufkommen, dass er die Sangoma tief verehrte. Er sagte ihr, dass ich gekommen sei, um sie zu sehen, und sie schien sich an mich zu erinnern. Sie begrüßte mich mit einem knappen Kopfnicken.

»Erklären Sie Maria bitte, dass ich gern mit ihr über die Nacht vor einigen Jahren reden würde, als sie uns rettete«, bat ich den Dolmetscher.

Marias Gesicht schien leise Zweifel auszudrücken, als er ihr meinen Wunsch erklärte. Sie zuckte die Achseln und deutete auf die Grasmatten neben dem Feuer. Dort setzten wir uns hin.

Ich schätzte Maria auf über siebzig, dennoch strahlte sie große Kraft und beinahe Jugendlichkeit aus. Sie war auf einem Auge blind, und der Dolmetscher erklärte, eine Kobra habe hineingespuckt, als sie ein Kind war. Mir fiel jedoch ein, dass es vielleicht kein bloßer Zufall ist, dass »Seher« oft im gängigen Sinn sehbehindert sind: Symbolisch gesprochen, haben sie die Fähigkeit, woandershin zu blicken. Die milchige Netzhaut von Marias blindem Auge war nicht mehr schwarz, sondern es war ein trübes Hellblau; aber dennoch hatte ich den Eindruck, dass dieses Auge sah, wenn schon nicht nach außen, so doch in irgendeinen inneren Bereich.

Als ich ihr nun wiederbegegnete, war mein erster Gedanke, dass sie genau an diesen Ort auf der Erde gehörte. Dies konnte ich noch nicht in Worte fassen, doch mir fiel diese Ausstrahlung Marias wieder ein, als ich endlich Credo Mutwa, den Hochschamanen Afrikas, kennenlernte. Er drückte es kurz und präzise aus: »Maria besitzt den Schutz von Timbavati. Unantastbarkeit. Sie sollte diesen Ort niemals verlassen.«

Da Maria nur schweigend wartete, dachte ich, es sei am besten, direkt auf mein Anliegen zu sprechen zu kommen. Ich sagte dem Dolmetscher, dass ich wissen wollte, warum Maria in der Nacht durch ein Rudel wütender Löwen gegangen war, um eine Gruppe wildfremder Menschen zu retten. Warum hatte sie nicht nur ihr Leben, sondern auch das Leben von drei anderen Menschen riskiert, darunter das ihres Enkelkindes im Säuglingsalter, nur um Unbekannte in Sicherheit zu bringen? Woher hatte sie gewusst, dass sie nicht bei lebendigem Leib aufgefressen werden würde?

Ich beobachtete sie gespannt, während meine Worte übersetzt wurden. Maria hörte zu und gab dann ein kurzes Schnauben von sich. Ihr Gesichtsausdruck verdunkelte sich, als sei zwischen uns ein Vorhang gefallen. Dennoch schien mir, dass eine Kommunikation zwischen uns hergestellt worden war. Ich spürte eine stillschweigende Verbundenheit.

Ich formulierte meine Frage um und hoffte, der Dolmetscher würde dies in seiner Übersetzung berücksichtigen. »Bitten Sie Maria, an die Nacht zurückzudenken, in der wir alle mitten im Löwenrudel festsaßen – warum kam sie und rettete uns?«

Er stellte ihr diese Frage, und sie zuckte abermals die Achseln und antwortete sehr kurz, als läge die Antwort auf der Hand. »Sie sagt, Sie haben gerufen; Sie brauchten Hilfe.«

»Aha«, sagte ich und war wieder überrascht, wie sehr ihre Selbstlosigkeit mich berührte. »Aber jetzt fragen Sie Maria bitte, woher sie wusste, dass es nicht gefährlich war, zu kommen und uns zu retten.«

»Sie sagt, sie hat niemals Angst vor Löwen.«

»Niemals?«, fragte ich.

»Sie sagt, wenn sie die Löwen brüllen hört, ist sie glücklich.«

»Löwen sind aber doch gefährlich...« Ich konnte nur sagen, was auf der Hand lag.

Wieder spürte ich ihre Abneigung zu sprechen. Sie machte eine umfassende Geste, während sie redete, und ihr Ausdruck war streng und abweisend.

»Sie sagt, wenn jetzt ein Löwe hier säße«, der Dolmetscher deutete mit einer dramatischen Geste auf eine Gruppe Mopane-Bäume direkt neben uns; dieselben Bäume, auf die auch Maria gedeutet hatte, »dann hätte sie keine Angst.«

»Wirklich?«, sagte ich und beobachtete Maria genau, um zu sehen, ob das eine aufrichtige Antwort gewesen war. »Fragen Sie sie, ob das wirklich wahr ist.«

Überraschenderweise reagierte sie mit einem perlenden Lachen auf meine Frage. Und wieder verblüffte mich die unwahrscheinlich jugendliche Wirkung ihrer Mimik. Ihre Wangen waren voll und rund, trotz des feinen Faltennetzes, von dem sie gezeichnet waren. Tiefer in der Haut, unter den dichten Runzeln, entdeckte ich tätowierte Symbole: eine Gruppe von drei tiefblauen Kreisen. Sie waren auf beiden

Wangen und auf ihrer Stirn sichtbar. Während sie sprach, hielt sie den Blick gesenkt, aber als sie aufblickte, waren ihre Augen ganz hell, fast leuchtend. Es kam mir sehr passend vor, dass die milchige Farbe ihres blinden Auges der Oberfläche einer Kristallkugel ähnelte.

»Sie sagt, sie kann mit Löwen sprechen«, antwortete der Dolmetscher. »Sie hat keine Angst, auch nicht, wenn sie ganz nah sind. Sie werden nicht aufstehen, aber sie zucken mit den Ohren. Dann weiß sie, dass sie ihr zuhören.« Diese Erklärung erklärte Marias Geste – sie hatte beide Hände gedreht, und dies beschwor ein seltsames Bild herauf: Löwen ruhten im Gras und lauschten ganz entspannt der Medizinfrau, die mit ihnen plauderte.

»Wollen Sie damit sagen, dass sie tatsächlich mit den Löwen redet?«, wiederholte ich und versuchte, nicht skeptisch zu wirken. Ich war immer noch nicht sicher, ob sie sich nicht über mich lustig machte.

»Ja. Sie sagt Ja, und sie antworten ihr auch. Sie sagen: ›*Famba kahle*, Maria‹, geh in Frieden, Maria.«

»Und ist das auch in der Nacht geschehen, als sie kam, um uns zu retten?«, fragte ich. »Hat sie irgendwie mit den Löwen kommuniziert? Warum haben sie ihr nichts getan?«

Er wandte sich an Maria und übersetzte dann abermals. »Sie kommunizierte mit den Vorfahren. Als sie euch rufen hörte, nahm sie Schnupftabak[1] und sprach mit den Ahnen. Diese baten die Löwen, sie sicher passieren zu lassen...«

Also gewährten ihr die Vorfahren Schutz. Deshalb wusste sie, dass es sicher war, mitten durch die Löwen hindurchzugehen. Ich versuchte, mir diesen seltsamen Vorgang vorzustellen.

»Hat sie deshalb das Baby mitgenommen?«, fragte ich.

»Sie sagt, sie hat das Baby mitgenommen, weil sie wusste, dass sie nichts zu befürchten hatte.«

»Als ein Glaubenszeichen?«, riet ich. Genau so war es mir damals vorgekommen. Die absurde Handlung, einen Säugling durch die Finsternis in den Rachen des Todes zu tragen, konnte nur ein Akt des blinden Glaubens gewesen sein. »Sie hat also nicht direkt mit den Löwen gesprochen?«, wandte ich mich an den Dolmetscher.

Fälschlicherweise ging ich immer noch davon aus, dass die Löwen und die Ahnen voneinander getrennte Wesen seien. Erst viel später sollte ich allmählich begreifen, dass für Löwenschamanen wie Maria die Ahnen nur durch einen hauchdünnen Schleier von den echten Löwen getrennt sind.

Manchmal schien sich Marias Gesicht mir gegenüber zu verschließen, doch dann gab es wieder Momente, in denen sie mir ihr Antlitz strahlend öffnete. Nun antwortete sie mir ausführlich und mit lebhaften Gesten, energisch und anmutig zugleich. Es fühlte sich wie ein Durchbruch an, aber ich war immer noch frustriert, weil mir durch die Übersetzung wahrscheinlich eine Menge entging.

»Nein, sie sprach nicht direkt mit den Löwen«, kam die Antwort, »sie verfiel in *twasa*...«

»*Twasa?*«, fragte ich.

Die komplizierte Erklärung, die folgte, half mir kaum, dieses Konzept zu verstehen. Ich nahm an, *twasa* sei eine Art Traumzustand, eine selbst initiierte Trance, die Schamanen herstellen, um Zugang zu höheren Kräften zu erhalten. In diesem Zustand hatte Maria, wie sie sagte, mit ihrem toten Vater und ihrem toten Großvater gesprochen, und diese hatten die Löwen beruhigt. Marias Vorfahren hatten in ihrem Interesse mit den Löwen gesprochen, und diese hatten daraufhin ihre Sicherheit gewährleistet.

»Übersetzen Sie mir bitte, was Maria jetzt sagt«, hakte ich nach, immer noch frustriert über meine Unfähigkeit, diese Erfahrung zu verstehen.

Marias Sprache hatte eine rhythmische, fast hypnotische Eigenschaft; sie war melodisch und zugleich eindringlich. Ein Wort, das ich immer wieder heraushörte, war *matimba*, »Mah-Tiembah!« ausgesprochen, und Maria benutzte es mit großem Nachdruck. Die Übersetzung, die der Bedeutung am nächsten kam, war »Macht«. Maria hörte zu, als mir der Dolmetscher dies übermittelte, und fing das englische Wort »power« auf. Von nun an benutzte sie dies in ihren Beschreibungen; doch in ihrer Aussprache klang das Wort stets wie »Pau-ah!«.

Auch verwendete sie das Afrikaans-Wort *sterk*, das »stark« oder »machtvoll« bedeutet – allerdings sprach sie es sehr plastisch – »ster-aa-kah!« – aus.

»*Ngala moya... ster-aa-kah!* (Der Geist im Löwen ist gut und machtvoll!)«, sagte sie, und ihre Hand zeichnete ein Machtsymbol, bei dem die obersten Fingersegmente nach innen gebeugt wurden. Dies war ihre Antwort auf meine Frage, warum sie die Löwen nicht fürchtete.

»*Ngala yina matimba yinga hi pfuna* (Der Löwe hat Macht und kann helfen)«, erklärte sie weiter.

So hörte ich zum ersten Mal von der Idee des Löwen als Helfer oder Beschützer. Das kam mir im ersten Moment so unwahrscheinlich vor, dass ich es vorerst einfach ignorierte.

Mittelhandknochen eines Löwen, für die Weissagung verwendet

»Wie hat sie also mit den Ahnen gesprochen?«, fragte ich stattdessen und versuchte, meine Verblüffung zu verbergen.

»Die Ahnen sprachen zu ihr durch die Knochen«, sagte der Dolmetscher.

Dieser Hinweis war mir zumindest ein bisschen vertraut. Er spielte auf das Knochenorakel an, das afrikanische Schamanen dazu benutzen, die Ursachen für Krankheiten herauszufinden oder in die Zukunft zu sehen. Ich wollte wissen, was Maria in jener Nacht gespürt hatte, als sie die entfernten Schreie menschlicher Stimmen hörte. Was hatten ihr die Knochen gesagt?

Zur Antwort auf meine Frage leerte Maria ihr Körbchen voll Knochen in ihre Hände. Sie hielt sie fest und schlug damit rhythmisch auf die Grasmatte neben sich. Dann warf sie sie vor sich auf den Boden. Mithilfe meines Dolmetschers verstand ich, dass sie das Muster wiederherstellte, das die Knochen gebildet hatten, als sie sie in jener Nacht vor drei Jahren geworfen hatte.

Unter Marias Knochen befanden sich zwei, die mir sofort ins Auge fielen. Es stellte sich heraus, dass dies Knochen von Raubkatzen gewesen waren, die den Tieren ähnelten, von denen sie stammten. Aus einem bestimmten Winkel ähnelte ihr Umriss dem einer Löwin, die mit lang gestrecktem Rücken dalag wie die Sphinx – nur dass sie aussah, als sei sie zum Sprung bereit, obwohl sie auf ihren Tatzen ruhte. Aus einem anderen Winkel glich derselbe Knochen einer auf dem Rücken ruhenden Löwin, die ihre Tatzen in die Luft reckte.

Durch die Übersetzung des Dolmetschers erfuhr ich dann, dass die ruhende Löwin ein Symbol für Gefahrlosigkeit und Sicherheit war, während die sprungbereite Löwin unmittelbare Gefahr signalisierte. Landeten beide Knochen auf dem Rücken, nachdem Maria sie geworfen hatte, war dies ein Zeichen dafür, dass besonderes Glück bevorstand. Fielen die Knochen dagegen in die Kauerstellung, bedeutete dies Gefahr. Doch dies war für sich genommen eine viel zu einfache Erklärung. Zumindest begriff ich allmählich, dass innerhalb von Marias Lehren die Begriffe der Gefahr und der Macht praktisch austauschbar waren.

Zur Antwort auf meine Frage, was die Knochen ihr in jener Nacht gesagt hatten, zeigten die soeben geworfenen Knochen, dass die beiden Löwenknochen wie Wächter zu beiden Seiten einer anscheinend langen Passage standen, die sich zwischen den übrigen geworfenen Knochen gebildet hatte. Verblüfft sah ich, dass dies ein perfektes symbolisches Abbild von Marias sicherem Weg durch die Timbavati-Löwen war, wobei die Ahnen der Löwen den Pfad offenbar persönlich beschützten.

Ich entdeckte, dass mein Studium alter Symbolik es mir erleichterte, Marias Interpretationen nachzuvollziehen und zu verstehen, denn die Sprache der Symbolik ist in allen Jahrhunderten und auf der ganzen Welt überraschend einheitlich.

Maria warf die Knochen noch einmal, um zu zeigen, was geschehen war, nachdem sie damals bei uns angekommen war. Nun lag der kleinere Löwenknochen auf dem Rücken und der große verband sich mit einem anderen, der sich als Knochen eines Pavians herausstellte. Der Pavianknochen war eindeutig phallisch und somit das Symbol eines männlichen Wesens. In diesem Fall stellte er meinen Schwager Andries dar. Neben ihm lag nun der Löwenknochen in Kauerstellung, was die heroische, »löwenhafte« Kraft repräsentierte, die Andries in jener Nacht bewiesen hatte. Indem er die Löwen konfrontierte, hatte er sich als Held mit einem Löwenherzen gezeigt.

Allmählich begriff ich, wie subtil dieses Orakelsystem arbeitete. Jede Stellung, jede Kleinigkeit, jede Beziehung zwischen den Knochen zählte. Das dadurch entstandene Bild war auf der Matte ausgebreitet, als betrachte man ein Fotoalbum aus der eigenen Vergangenheit – oder aus der Zukunft. Es war tatsächlich ein System: eine durchdachte, schlüssige und kohärente Methode, die Wirklichkeit zu symbolisieren. Letztlich war es überdies zuverlässig. Man konnte darauf zurückgreifen, genau wie auf ein Lexikon. Die Botschaft war klar und eindeutig und, was am erstaunlichsten war: Man konnte sie offenbar sogar wiederholen. Ich fragte Maria nochmals nach der Nacht unserer Rettung, und erneut fielen die Löwenknochen in die gleiche Wächterhaltung wie beim ersten Wurf. Das erstaunte mich.

Die verschiedenen Knochen waren durch die ständigen Berührungen von Marias Händen poliert worden. Soweit ich dies alles bisher verstand, ging man davon aus, dass die Knochen die Energie ihres Besitzers in sich trugen. Später erfuhr ich, dass Maria diese Gegenstände schon seit ihrer Einweihung als junges Mädchen benutzt hatte – also, wie ich annahm, seit etwa sechzig Jahren. Als ich jedoch versuchte festzustellen, an welchem genauen Datum sie die Knochen erstmals in Besitz genommen hatte, entdeckte ich, dass Marias Zeitgefühl möglicherweise anders funktionierte als das unsrige.

»Maria sagt, sie ist nie zur Schule gegangen und weiß nicht, wie alt sie ist«, sagte mir der Dolmetscher.

»Aber sie weiß doch bestimmt, wann und wo sie die Knochen bekommen hat?«

»Sie sagt, sie stammen aus der Zeit des *twasa*, als ihre Vorfahren ihr die Knochen gaben.«

Twasa war also nicht nur der Bewusstseinszustand, durch den die Sangoma in das Reich der Ahnen vordrang, sondern schien außerdem den Augenblick zu bezeichnen, in dem die Sangoma zum ersten Mal das symbolische Werkzeug erhalten hatte, nämlich den Satz Knochen. Diese waren »Geschenke des *twasa*«, die sie von ihrem Urgroßvater nach seinem Tod erhalten hatte. Von da an benutzte dieser sie als symbolisches Medium, um mit ihr von der Ebene der Geister zu kommunizieren. Später erfuhr ich, dass *twasa* auch mit der charakteristischen »Krankheit« verbunden war, die Schamanen als wichtiger Teil ihrer Einweihung in die höheren Ebenen überfällt. Schamanen wählen ihren Beruf nicht selbst aus, sondern werden vom Geisterreich gewählt und sind somit »die Auserwählten«.

Ich saß im rechten Winkel neben Maria, und mir fiel mehrmals auf, dass, wenn die Knochen geworfen wurden, ein bestimmter von der Matte herunter auf mich zurollte. Ich fragte sie, ob dies eine bestimmte Bedeutung hatte.

»Ja. Maria sagt Ja«, kam der Bescheid des Dolmetschers. »Große, große Wichtigkeit.«

Ich wartete auf die Antwort, doch es kam nichts weiter.

Es blieb ein Geheimnis, warum der Knochen in meine Richtung gezogen wurde. Die Knochen enthielten offenbar Marias Energie, und nun spürte ich, dass meine eigene Energie ebenfalls eine Rolle zu spielen begann. Ich musste allerdings akzeptieren, dass Maria mich offensichtlich noch nicht für bereit hielt, den Grund dafür zu erfahren.

Genau wie die Knochen mit der Energie der Sangoma aufgeladen waren, die sie benutzte, schien in den Löwenknochen auch ein Echo der Löwenenergie zu wohnen. Mit der Zeit begann ich mich stark mit diesen beiden polierten Knochen zu identifizieren. Sie entstammten dem Mittelhandknochen eines Löwen und enthielten symbolische Löwenkraft.[2] In symbolischen Systemen steht ein Teil stets für das Ganze. Da ein Teil des Löwen den ganzen Löwen bezeichnet, ist es schlüssig, dass ein Löwenknochen zum Symbol des ganzen Tieres wird. Das Gleiche galt auch für die anderen Knochen. Der Dolmetscher erklärte mir, dass jeder Knochen von einem anderen Tier stammte. Mit der Zeit würde ich lernen, die Unterschiede festzustellen und das Tier, von dem jeder Knochen stammte, zu identifizieren. Auch würde ich einige der symbolischen Bedeutungen begreifen, die jedem Stück anhafteten. Doch schon bei dieser ersten Begegnung mit Maria drängten sich die Löwenknochen sofort in mein Bewusstsein, ganz anders als die anderen Knochen. Dies zeigte in deutlicher symbolischer Sprache, was ich mithilfe der verbalen Übersetzungen verstehen wollte.

»Dann waren das also ganz gewöhnliche Löwen, mit denen sie damals sprach?« Als das Bild nun vor mir auf der Matte ausgebreitet lag, kehrte ich zu meiner Hauptfrage zurück.

Maria lachte, als ihr der Dolmetscher meine Frage stellte.

»Sie sagt: Ja, es waren gewöhnliche Löwen, aber nein, es waren keine gewöhnlichen Löwen.«

»Dann fragen Sie Maria, was an diesen Löwen Besonderes war.«

Maria legte den Kopf schief und sah mich mit immer noch lachenden Augen an. »Sie sagt, das waren Löwen, die von Gott kamen.«

»Löwen, die von Gott kamen...« Ich überlegte. Je mehr ich von Maria erfuhr, desto mehr faszinierte mich ihre Auffassung der Wirklichkeit. Im Übrigen hatte ich schon immer das Gefühl gehabt, dass der Hauch eines Geheimnisses die einzigartigen Weißen Löwen von Timbavati umgab. »Dann fragen Sie Maria, was sie über die Weißen Löwen weiß. Was bedeuten sie ihr?«

»Sie sagt, dies ist der Knochen eines Weißen Löwen«, erklärte er und deutete auf den größeren der beiden Raubkatzenknochen, an dem mein Blick zuerst hängen geblieben war.

»Wo hat sie diesen Knochen eines Weißen Löwen her? Hat sie diese Löwen etwa tatsächlich selbst gesehen?«, fragte ich.

»Maria sagt, der Mann, der die Geschichte der Weißen Löwen kennt, ist Mutwa.«

Dies war die erste Erwähnung Credo Mutwas, des Mannes, der später bei der Entfaltung des Mysteriums der Weißen Löwen von Timbavati die entscheidende Rolle spielen sollte. Mein erster Eindruck war jedoch, dass Maria versuchte, mich abzuwimmeln, und ich war fest entschlossen, nicht so schnell aufzugeben.

»Maria hat den Knochen eines Weißen Löwen in ihrer Sammlung. Ich möchte wissen, ob sie die Weißen Löwen tatsächlich schon gesehen hat.«

»Sie ist mit ihnen aufgewachsen. Ich soll Ihnen sagen, dass Maria sie immer noch sieht.«

»Sie sind aber ausgestorben«, bemerkte ich.

»Nein, nicht hier, sagt Maria. Sie sagt, die Weißen Löwen besuchen sie in ihren Träumen.«

»Ah, ich verstehe: nicht im Leben, sondern nur in Träumen«, antwortete ich enttäuscht. Noch war mir nicht klar, wie wichtig die Traumwelt für die Orakelmethoden der Sangoma ist.

»Was ist mit den wirklichen Weißen Löwen, die bis vor Kurzem hier in Timbavati existiert haben?«, hakte ich nach, obwohl ich einen Widerwillen gegen diese Frage spürte. »Jeder weiß, dass Maria ihr ganzes Leben in Timbavati verbracht hat. Viele Generationen ihrer Familie haben ebenfalls in dieser Gegend gelebt. Was weiß sie über die Weißen Löwen?«

Der Dolmetscher übermittelte diese Frage lang und ausführlich – anscheinend wiederholte er sie mehrmals. Als die Antwort kam, war ich enttäuscht, dass sie so knapp war.

»Sie sagt, sie sind sehr gefährlich. Alle Löwen sind gefährlich, aber die Weißen blieben immer unter sich. Sie waren einzigartig und wurden am meisten gefürchtet.«

»Sind sie deshalb getötet worden? Weil die Menschen Angst vor ihnen hatten?«

»Nein, nein«, protestierte der Dolmetscher, der offensichtlich zögerte, Maria eine solch blasphemische Frage überhaupt zu stellen. »Töte niemals, niemals einen Weißen Löwen...!«

Offensichtlich gab es gar keinen direkten Zusammenhang zwischen der wirklichen Gefahr, die die Weißen Löwen darstellten, und der ihnen unterstellten Gefahr. Ich konnte das Signal, dass dies von kritischer Bedeutung war, kaum übersehen. Nun begriff ich, dass »Gefahr« mit »Macht« gleichzusetzen war. Das wichtige Wort *matimba* tauchte wiederholt in Marias Beschreibungen der Weißen Löwen auf, doch in der Übersetzung wurde das ungenügende Wort »gefährlich« daraus. Als ich fragte, ob diese gefährlichen Tiere gut oder böse seien, war Marias Antwort eindringlich: »Gut.«

»Wenn Sie den Weißen Löwen schaden«, übersetzte der Dolmetscher ihre Worte, »dann schaden Sie auch dem Land; wenn Sie die Weißen Löwen töten, töten Sie auch das Land.«

Nachdem dies ausgesprochen worden war, kam ich erneut und später noch ein drittes Mal auf diese Bemerkung zurück, denn sie ergab im ersten Moment keinen Sinn. Ich hoffte auf eine ausführlichere Erklärung, doch die Antwort blieb stets die gleiche.

»Maria sagt, sie kann es nicht deutlicher sagen«, schloss der Dolmetscher schließlich. »*Loko u dlaya ngala yo basa u dlaya tiko* (Wenn du einen Weißen Löwen tötest, tötest du die Welt).« Es gab keine weitere Erklärung.

Ich komme aus skeptischen, akademischen Kreisen und konnte das, was ich gesehen hatte, nicht einfach in Bausch und Bogen akzeptieren. Ich musste es analysieren, sezieren und infrage stellen. Dennoch dämmerte mir allmählich, dass ich der Wahrheit vielleicht näher kommen würde, wenn ich es vermied, allzu analytisch vorzugehen.

Ich merkte, dass sich Maria nun distanzierte, und konnte an ihrem stoischen Gesichtsausdruck ablesen, dass mir dieser wichtige Punkt wirklich hätte einleuchten sollen. Erst später begann ich zu verstehen, wie einleuchtend und klar Marias symbolische Logik war; sogar auf der grundlegendsten ökologischen Ebene. Der Löwe steht natürlich ganz oben in der Nahrungskette, er ist der König der Tiere. Wenn man den König vernichtet, sind seine Untertanen in Gefahr. Wenn man das Gleichgewicht der Macht stört, fallen alle Glieder in der Nahrungskette auseinander. Doch damals war dieser Zusammenhang zwischen den Löwen und der Erde eine völlig neue und schwer verständliche Vorstellung für mich.

Maria erklärte nun, dass jeder Mensch, der einem Weißen Löwen etwas antut, zu Schaden kommt, und beschrieb bestimmte Pechsträhnen, die gewisse Individuen und ihre Familien erlebt hatten, an deren Händen das Blut Weißer Löwen klebte. Die Weißen Löwen sind zwar gefährlich, werden aber nicht als Bedrohung aufgefasst, sondern man ehrt sie als höchste Beschützer des Landes, als heilige Wächter unserer Erde.

»Sie sagt, dass das Land ihnen gehört. Sie sind die Wächter von Timbavati.«

»Timbavati...?« Ich ergriff diese Gelegenheit, eine Frage zu stellen, die mir seit langer Zeit durch den Kopf ging. »Kann Maria mir sagen, was der Name bedeutet?«

»Timba-waati.« Maria sprach die Worte andächtig aus, bevor sie antwortete, dass der Name viel älter sei als sein Gebrauch in der heutigen Schangaan-Sprache. Wieder verwies sie mich an den Schamanen Credo Mutwa und erklärte, dass nur er die Antwort kannte.

Das verwirrte mich. »Maria weiß also nicht, was der Name des Ortes bedeutet, an dem sie immer gelebt hat?«

Ich beobachtete, wie sich Marias Gesichtsausdruck humorvoll aufhellte, und sie erklärte, Timbavati bedeute »der Fluss, der niemals austrocknet«. Dies schien ein eigenartiger Name für einen Ort zu sein, der aus trockenen Flussbetten und unfruchtbarem, staubigem Boden bestand. »Sie sagt, es bedeutet ›Sternenfluss‹«, fuhr der Dolmetscher fort.

Ich dachte darüber nach. Mir schien, sie meinte damit die Milchstraße, die schließlich tatsächlich noch nie ausgetrocknet war wie die Flussbetten von Timbavati.

»Sie sagt, es ist derselbe Fluss, von dem die Weißen Löwen stammen.« Nun war ich wieder ratlos. Ein Feuer loderte in Marias milchigem Auge. Sie sah mich direkt an, sodass ich die Kraft ihrer Kommunikation spürte, obwohl ich sie nicht identifizieren konnte.

»Bitten Sie Maria, das näher zu erklären«, bat ich den Dolmetscher. »Ich komme nicht mehr mit...«

Nachdem sie die Übersetzung meiner Worte gehört hatte, wies Maria mit einer kurzen, weit ausholenden Geste auf den Himmel über unseren Köpfen. Dann unterhielt sie sich mit dem Dolmetscher.

Sie wiederholte die Geste, und die beiden redeten weiter. Offensichtlich hatte er nun Schwierigkeiten mit ihrer Botschaft. Er übersetzte zwar weiter für mich, aber ich verstand den Sinn nicht. Die Übersetzung lautete in etwa: »Maria sagt, ihre Ahnen haben ihr erzählt, dass vor langer Zeit, als der Fluss noch am Himmel war, viele Menschen starben. Wenn der Fluss wieder in derselben Position ist, werden die Menschen wieder das Gleiche erleben.«

Dies war zwar nicht besonders verständlich, aber irgendwie hatten die Worte einen unangenehmen Beigeschmack von Endzeit.

Ich fragte mich, was ich als Nächstes tun sollte. Einen Augenblick lang schien die Zeit stillzustehen. Ich konnte den gurgelnden Ruf eines Ziegenmelkers und die lang schallenden *Hu-hup*-Schreie der Hyänen hören, die in einer tiefen Stimmlage anfingen, zu hohen, rhythmischen Tonfolgen aufstiegen und sich dann wieder zu einem tiefen Stöhnen senkten. Über uns strahlte der klare Nachthimmel wie ein von feinen, hell funkelnden Wassertröpfchen bedeckter Teppich: Die Milchstraße, der ewige »Fluss«, wölbte sich über den trockenen Steppen von Timbavati, und aus ihm strömten die geheimnisvollen Legenden um die Weißen Löwen. Hier draußen unter dem leuchtenden Sternenhimmel begann ich, die trivialen Aktivitäten der Menschheit aus einer eher kosmologischen Sichtweise zu begreifen.

Maria saß unbewegt vor mir, den Kopf leicht schräg geneigt, als lauschte sie auf irgendetwas in der Ferne. Ihrem verschlossenen Gesichtsausdruck entnahm ich, dass es Zeit war, zu gehen.

Ich war mit einer klaren Absicht hergekommen: Ich wollte erfahren, was diese Frau dazu motiviert hatte, uns in jener dunklen Nacht vor den Löwen zu retten. Es war eine persönliche Frage, und ich hatte auch eine persönliche Antwort erwartet. Als ich mich aus der mächtigen Gegenwart der Schamanin entfernte, ahnte ich zum ersten Mal, dass Marias Auffassung der Löwen mir meinen Pfad in die Zukunft weisen sollte – genau wie sie bereits meine Vergangenheit verändert hatte. Die Löwenkönigin von Timbavati schien meine bequeme Auffassung der Wirklichkeit herauszufordern und meine persönliche Frage auf eine urtümlichere, archetypische Sichtweise zurückzuführen. Ich hatte keine Ahnung, dass Maria und alles, wofür sie stand, mich letztlich über meine persönliche Suche und die Gegenwart hinaus bis zurück zu den Ursprüngen der Menschheit führen würden.

3

LÖWEN GOTTES:
MENSCHEN MIT LÖWENIDENTITÄT

Der Löwe ist das heilige Totem meiner Familie... Weil Löwen großväterlicherseits meine Familiengötter sind, muss ich sie beschützen...
– Credo Mutwa

Nach diesem ersten Besuch kehrte ich noch oft zu Maria zurück. Außerdem begann ich, die südafrikanischen Bibliotheken nach Informationen über den Schamanismus zu durchforsten, insbesondere über die eigenartige Löwe-Mensch-Tradition. Ich dachte, dass ich Marias Worte besser verstehen würde, wenn ich Hintergrundinformationen sammelte. Ich hoffte, dadurch früher oder später besser begreifen zu können, was für eine Art von Macht die afrikanischen Schamanen besaßen, dass sie den archetypischen Feind der Menschheit – den Löwen – in unseren mächtigsten Verbündeten verwandeln konnten.

Der Schamanismus ist mit Heilern und Heilerinnen beziehungsweise Medizinmännern und -frauen verknüpft. Diese uralte Tradition der instinktiven, primitiven Magie findet man auf allen fünf Kontinenten. Sie ist ein weltweites Phänomen und wurzelt in der grauen Vorzeit der Menschheit. Neben den Häuptlingen sind in den traditionellen Gemeinschaften die Schamanen die mächtigsten Personen. Die Dorfbewohner betrachten sie als Mittler zwischen dieser und der jenseitigen Welt, und ihre Macht beruht auf der Verknüpfung dieser Welten.

Aufgrund der Ehrfurcht und der Affinität des Schamanen zur Tierwelt gelten Schamanen auch als Inkarnationen gewisser Tiere. Ihre direkte Kommunikation mit anderen Spezies, die nicht zur Gattung Mensch gehören, führt zu scheinbar übermenschlichen Fähigkeiten, wie ich sie auch bei Maria erlebt hatte. Ihre Fähigkeit, Tiergeister heraufzubeschwören und wirkliche, gefährliche Raubtiere wie Löwen zu besänftigen, repräsentiert offenbar ganz direkt und in einem sehr positiven Sinn die Frühform des »Löwenbändigens«.

Viele Menschen glauben, dass sich Schamanen die wilden Bestien zu Dienern und Untertanen machen, aber durch Maria begann ich zu verstehen, dass die wahre Macht des Schamanen nicht in der Unterwerfung liegt, sondern in der Fähigkeit, in Harmonie mit den Gesetzen der Natur zu wirken.

Man geht heute allgemein davon aus, dass die Höhlenmalereien aus der Steinzeit von Schamanen geschaffen wurden, die zuvor in selbst herbeigeführten Trancezuständen Weisheit empfangen hatten. Viele Malereien sind mit einem Prozess verknüpft, den Anthropologen als »Jagdmagie« bezeichnen. Es sind symbolische Illustrationen der Jagd, die mit der Absicht gemalt wurden, der realen Jagd zu einem magischen Erfolg zu verhelfen.[1] Gewisse Schamanen-Jäger haben den Ruf, in den Verstand gefährlicher Raubtiere eindringen oder ihre Beute durch schiere konzentrierte Willenskraft erlegen zu können. Dieser ungewöhnliche Glaube wirkt vielleicht naiv, aber im Lauf der Zeit sollte ich zu der Ansicht gelangen, dass er einen unendlich komplexeren Prozess repräsentiert als alles, was der moderne Mensch bewirken kann.

Gelehrte verwenden im Allgemeinen den Begriff »therianthropisch«, um teils menschliche, teils tierische Gestalten zu bezeichnen. Dieser Begriff kann auch das Bewusstsein beschreiben, das der Schöpfung dieser uralten Malereien zugrunde lag: ein teils menschliches, teils tierisches Bewusstsein, das auch heute noch den Schamanismus charakterisiert.[2] Nach und nach merkte ich, dass meine Frage an Maria, ob ihr nun eigentlich ihre Vorfahren oder die Löwen geholfen hatten, innerhalb ihres Weltbildes schlichtweg unsinnig war. Aus therianthropischer Sicht lassen sich Mensch und Löwe nicht im üblichen Sinn unserer Wahrnehmung voneinander trennen.

Maria handelte mit dem Bewusstsein einer Frau, die buchstäblich ein Löwenherz besitzt.

Ich war zu dieser Löwenpriesterin gekommen, weil ich hoffte, klare Antworten auf die Frage nach der Quelle ihres selbstlosen Muts zu erhalten; doch allmählich begriff ich, dass Maria in Bezug auf sich selbst keinerlei Objektivität besaß. Sie hielt niemals inne, um ihre Handlungen infrage zu stellen oder zu analysieren, und aus diesem Grund hatte sie in jener Nacht so gehandelt. Erst als ich dies endlich verstand, begriff ich ihre Motivation: Sie war im wahrsten Sinne des Wortes einfach Maria. Ihre mutige Tat entsprang der fraglosen geistigen Harmonie mit der Umwelt, in der sie lebte. In dieser sensiblen Handlungsweise lag ihre unglaubliche Macht.

Eines der Haupthindernisse meiner Kommunikation mit Maria war der Vorgang des Übersetzens. Häufig war sie bereit, meine Fragen mit einer umfassenden, dramatischen Erklärung zu beantworten, doch der Übersetzer gab dann nur einen knappen Satz wieder. Noch frustrierender war es, wenn sie eine bündige, präzise Antwort gab und der Übersetzer diese dann mit seiner eigenen aufwendigen Version ausschmückte. Die Übersetzungsprobleme hatten jedoch noch tiefere Ursachen. Nach und nach begriff ich, dass ich es hier mit zwei verschiedenen Auffassungen der Wirklichkeit zu tun hatte.

Die löwenhafte Handlungsweise Marias wurzelte zwar vollständig in der Gegenwart, doch zugleich schien sie etwas unendlich viel Älterem zu entstammen: der Verbundenheit ihrer Ahnen mit einer Tradition, die die Geburt ihres Kontinents geformt hatte. Es gibt in Afrika zwei geistige Nachlässe, die einander ergänzen und beide von der beeindruckenden Macht des Löwen inspiriert werden. Der eine Aspekt ist die Tradition des Löwenhelden, der andere die Tradition des Löwenschamanismus.

In manchen afrikanischen Traditionen werden männliche Jugendliche durch einen Kampf gegen einen Löwen in die Gemeinschaft der Männer eingeweiht. Dadurch werden sie zu »Löwenhelden«. Im Gegensatz dazu töten die Schamanen ihren Löwen-Avatar nicht. Stattdessen freunden sie sich mit ihm an und erkennen, dass die Löwen nicht ihre Feinde sind, sondern ihre Schutzgeister.

Vor Jahren, bevor Leonard ihr eine alternative Einkommensquelle angeboten hatte, lebte Maria von den natürlichen Reichtümern des Landes; und in Zeiten der Dürre oder anderer Entbehrungen halfen ihr die Löwen von Timbavati. Sie erklärte, dass sie sie um Hilfe bat, indem sie über Nacht eine Gabe an einen bestimmten Ort legte, der für die Ahnen eine spezifische Bedeutung besessen hatte. Sie brachte etwa einen Krug mit selbst gebrautem Bier oder Brot auf einem Teller dorthin und bat die Löwen im Gegenzug um Hilfe, Fleisch zu bekommen. Nachdem die Löwen dann am nächsten Tag ein Beutetier gerissen hatten, ging sie hinaus in die Steppe und schnitt sich unter den wachsamen Augen der Raubkatzen eine Portion Fleisch ab.

Dies erinnerte mich an ein seltsames Ereignis, das ich einige Jahre zuvor beobachtet und nie ganz verstanden hatte. Während einer unserer Safarifahrten waren wir einer Gruppe unbewaffneter Schangaans begegnet, die zu Fuß unterwegs waren. Allein dies war in einem dicht von Raubtieren besiedelten Gebiet höchst ungewöhnlich. Noch verblüffender war die Tatsache, dass sie direkt auf ein von Löwen gerissenes Beutetier zuhielten. Im Vorbeifahren entdeckten wir einige Löwen, die eine Impala fraßen, die sie gerade gerissen hatten. Fasziniert beobachteten wir, wie die Menschen direkt auf die Löwen zugingen. Dabei schlugen sie Trommeln und sangen Lieder, die sich wie Lobgesänge anhörten. Daraufhin zogen sich die Raubtiere ein wenig zurück, und die Menschen nahmen sich eine Portion von der Löwenbeute. Als ich jetzt diese Begebenheit genauer untersuchte, erfuhr ich, dass diese Menschen von Maria persönlich ausgesandt worden waren. Sie hatte sie angewiesen, Fleisch von den Löwen zu holen, und ihnen versichert, dass sie nicht in Gefahr seien, denn sie stünden unter dem Schutz von Marias Ahnen. Dies war ein weiterer Beweis für Marias Macht und für den Ruf, den sie in der Gegend genoss.

Bestimmt hatten der Junge und das junge Mädchen, die Maria in der Nacht unserer Rettung begleitet hatten, aus dem gleichen Grund so viel Vollmacht und Vertrauen gehabt, fiel mir ein. Dem Säugling war nichts anderes übrig geblieben, aber der Junge und das Mädchen hätten allen Grund gehabt, angesichts dieser Gefahr die alte Frau nicht zu begleiten. Dennoch hatten auch sie offensichtlich in jener Nacht freiwillig ihr Leben riskiert; im vollen Vertrauen darauf, dass Maria, die Löwenmutter, wusste, was sie tat.

Vor längerer Zeit hatten die Beamten der Naturschutzbehörde von Timbavati entdeckt, dass Maria die Beute der Löwen teilte. Sie nannten den Vorgang »Kadaverraub« und untersagten es ihr. Das ärgerte mich ungemein. Meiner Ansicht nach waren die Behörden im Unrecht. Für mich war sonnenklar, dass dieser Austausch zwischen Mensch und Löwe eine außergewöhnliche, praktische Demonstration des gegenseitigen Respekts zwischen der Löwenkönigin von Timbavati und dem König der Tiere war und dass dies keineswegs als »Mundraub« einzustufen war, bei dem man die Löwen um ihr Futter brachte.

Dank meiner Forschungen wusste ich nun, dass Maria ein Glied in der Kette einer langen und eindrucksvollen Tradition war. In ganz Afrika gibt es gut dokumentierte Berichte über ein wechselseitiges Abkommen, das einst zwischen Menschen und Löwen existierte: Es handelte sich um nichts Geringeres als einen von beiden Seiten respektierten Vertrag. Augenzeugenberichte schildern, dass Löwen in Ernteritualen eine Rolle spielten und dass man sie unmittelbar mit der Erde assoziierte, von der die Menschen ihre Nahrung bezogen. Alle diese Geschichten untermauerten Marias Bezeichnung des Löwen als Wächter der Erde.

Auf dem ganzen Kontinent kursieren außerdem zahlreiche Berichte über abgerichtete Löwen, die Stammesmitglieder vor marodierenden Feinden beschützten. Die Voraussetzungen für das Wohlergehen der Stämme, sowohl ihre Ernährung als auch ihr Schutz, sind mit wohlgesinnten Löwen verknüpft. Ich lernte außerdem, dass laut einem der wichtigsten Mythen Afrikas die Seelen verstorbener Könige und Helden nach dem Tod zu Löwen werden.[3]

Zwar halfen mir diese dokumentierten Berichte nicht dabei, die Kommunikation zwischen den beiden Spezies zu erklären, aber sie machten dennoch einige Geschichten Marias, die ich eher für unwahrscheinlich gehalten hatte, glaubwürdiger.

Eines Abends erzählte mir Maria die Geschichte des großen Königs Magigwana und seines verehrten Kriegers Giriwana. Magigwana war der stärkste aller Krieger und tötete viele Feinde in einer grausamen Schlacht um die Vorherrschaft, nachdem er sich zuvor in einem Baumstamm versteckt hatte, um ihnen aufzulauern. Als er starb, lebte sein Geist als Löwe weiter. Giriwana, der Nachbar des Königs Magigwana, besaß ein eigenes Löwenrudel, das in seinem *Kraal* wohnte. Als er angegriffen wurde, ließ er seine Kriegerlöwen los, die mit dem Feind kurzen Prozess machten. Als Giriwana starb, wurde er ebenfalls zum Löwen. Damals fand ich diese Geschichte zwar faszinierend, aber kaum glaubhaft.

Diese »Löwen« leben heute noch, informierte mich Maria, obwohl Magigwana und Giriwana als Menschen schon vor langer Zeit starben. Normalerweise beträgt die Lebenserwartung eines wilden Löwen weniger als zwanzig Jahre, aber man glaubt, dass die Geister der großen Könige stets vom Löwenvater zum Welpen wiedergeboren werden, unaufhörlich durch das ganze Löwengeschlecht. Maria erklärte weiter, dass man ein bestimmtes Ritual durchführen musste, wenn man einen Ort betrat, an dem die Geister Löwenform angenommen hatten: Man musste Blätter in einem bestimmten Muster auslegen und ein Speiseopfer aus gesegneter Nahrung darbringen, sonst wurde man von den Löwen gefressen. Auf meine bohrende Frage versicherte mir Maria, dies geschähe nicht etwa, weil diese Löwen bösartig seien, vielmehr seien sie sehr mächtig und verdienten deshalb großen Respekt.

Es stellte sich heraus, dass Maria mit diesen heldenhaften Löwenmenschen verwandt war, wenn auch nicht blutsverwandt. Ihr Mann war der Bruder des Häuptlings Kapama gewesen, des direkten Nachkommen des löwenherzigen Magigwana. In der alten afrikanischen Tradition sind Löwenpriester und Löwenkriegshäuptlinge eng miteinander verbunden und die Könige folgen dem Rat der Löwenschamanen, da diese für die Vorfahren sprechen.[4] Anscheinend führt diese enge Verbindung manchmal dazu, dass der Häuptling sowohl die Eigenschaften des Löwenschamanismus als auch des Löwenheldentums in sich vereinigt. Dann besitzt er nicht nur große Stärke im Kampf, sondern auch die Gabe der Prophezeiung und in Friedenszeiten Erleuchtung. Maria stammte aus einer Kaste priesterlicher Löwenschamanen und heiratete dann in eine königliche Linie von Löwenhäuptlingen ein.

Bezeichnenderweise werden nicht alle Häuptlinge nach ihrem Tod zu Löwen, sondern nur die allergrößten. Als ich sie nach Kapama fragte, dem ehemaligen Häuptling der Region, antwortete Maria, dass er leider den Löwenstatus nicht erreicht hatte. Was berühmte Häuptlinge wie Schaka, Dingane oder Dinizulu anging, meinte Maria, dass sie die Antwort nicht kannte und ich die Zulu-Sangomas aus den entsprechenden Gegenden danach fragen sollte. Ihr Zögern überraschte mich zunächst: Ich hatte angenommen, dass die berühmtesten Könige von Natur aus mit Löwen gleichgestellt seien. Doch dann erinnerte ich mich an mein ursprüngliches Gefühl, dass Maria untrennbar zu diesem Ort auf der Welt gehörte, genau wie ihre Vorfahren. Dies war ihr Territorium, ihr Reich – und darum wusste sie mit Sicherheit nur über die beiden kühnen Figuren aus der Umgebung von Timbavati Bescheid, die nach ihrem Tod als Löwen wiedergeboren worden waren; und sie war nicht dazu ermächtigt, über andere Gebiete zu sprechen.[5]

Nur ein hauchdünner Schleier schien Maria sowohl von den Löwen als auch von den Kräften der Ahnen zu trennen. Maria hatte die Ahnen um sicheres Geleit durch das Löwenrudel gebeten, doch es waren die Löwen, die ihr gestatteten, unangetastet durch ihre Mitte zu wandern. Sie hatte den Vorfahren ein Bieropfer gebracht, doch es waren wiederum die Löwen, die ihr dafür Fleisch gaben. Sie konnte mit ihren Ahnen kommunizieren und ihre Antwort hören, doch sie konnte auch einen freundlichen Gruß an die Timbavati-Löwen richten und einen Gruß von ihnen empfangen. Sangomas neigen dazu, in Rätseln zu sprechen. Erst jetzt entdeckte ich allmählich einen Sinn in Marias paradoxer Äußerung: »Ja, es sind gewöhnliche Löwen, aber nein, es sind keine gewöhnlichen Löwen.«

Einmal hatte ich die seltene Gelegenheit, Maria zu begleiten, als sie ihre Familie besuchte, die etwa sechzig Kilometer entfernt lebte. Zu den Familienmitgliedern gehörte auch Sarah Khosa, die Tochter von Marias Schwager, ebenfalls eine bekannte Sangoma dieses Gebiets. Außerdem lebte dort ein sehr gut aussehender Mann namens Axon Kapama Khosa, der älteste Sohn des Häuptlings Kapama. Er sollte bei diesem Anlass als mein Dolmetscher fungieren. Als ich Maria bei der Interaktion mit ihren Verwandten beobachtete, öffnete sich mir allmählich ein tieferes Begreifen ihrer Glaubenssätze und ihrer Fähigkeit, sich in Löwen hineinzuversetzen.

Wir wurden mit einem traditionellen Mittagsmahl willkommen geheißen: Mealie-Brei, gesottenes Fleisch mit Butternussoße und ein scharf gewürztes spinatähnliches Gemüse, das sich *Maroche* nannte. Die sengende Sonne buk draußen die Erde, während wir in einem kühlen runden Lehm-Rondavel aßen.

Obwohl das Gespräch größtenteils auf Schangaan geführt wurde, merkte ich, dass die Familie fragte, wie Maria und ich einander kennengelernt hatten, und dass Maria mit einem detaillierten Bericht über die Geschehnisse jener geheimnisvollen Nacht mit den Timbavati-Löwen antwortete.

Interessanterweise stellte es sich dabei bald heraus, dass Maria über die Begebenheit eher amüsiert berichtete. Der jugendliche Schimmer, den ich an ihr inzwischen schon kannte, strahlte geradezu, als sie die Geschichte erzählte. Im Gegensatz zu ihrer Unbekümmertheit reagierten die anderen alle mit Ehrfurcht. Ich spürte die allgemeine Spannung. Immer wieder riefen die von Marias Bericht gebannten Zuhörer staunend im Chor »Schuuu!«, »Haaa!« und »Hawuuu!«, und ich hätte zu gern genau gewusst, was sie sagte. Ich bat Axon, für mich zu übersetzen.

»Sie sagt, dass sie im Dunkeln ohne Taschenlampe durch die Steppe lief«, dolmetsche Axon.

Ein weiterer Pfiff der Verblüffung zischte aus den Mündern der Zuhörer. Maria lachte vergnügt, während sie sprach, doch alle anderen waren von ihrer Geschichte sichtlich ergriffen.

»Das ist unglaublich! Sensationell!«, meinte Axon und schüttelte den Kopf.

»Was hat sie gesagt?«, fragte ich begierig.

Der Häuptlingssohn war wieder wie hypnotisiert, als Maria fortfuhr, und machte überhaupt keine Anstalten, zu übersetzen. »Sensationell...«, wiederholte er und schüttelte abermals den Kopf.

Schließlich gab ich auf und kämpfte nicht mehr um einzelne Brocken einer Übersetzung, während Maria ihre Version des Hergangs erzählte, denn Axon ging so sehr in der Geschichte auf, dass ich nicht mehr zu stören wagte. Stattdessen beobachtete ich die kontrollierten und zugleich lebhaften Gesten Marias und lauschte ihrem gelegentlichen überschäumenden Gelächter und den feurigen Reaktionen ihrer Zuhörer. Ich sah Bewunderung in den Augen ihres Publikums und dachte an die edlen Löwenheldinnen aus den Mythologien der ganzen Welt, die in meinen Forschungen immer wieder auftauchten. Anders als in der männlichen Heldentradition, wo die Männer stets im Ringkampf mit Löwen dargestellt werden, sieht man weibliche Gottheiten aus der klassischen Mythologie wie Atamgatis und Kybele meist auf Löwen reiten. Rhea, die große Mutter Kleinasiens, Göttin der Erde und der wilden Tiere, wird unweigerlich mit Löwen dargestellt: Entweder sitzt sie auf einem Löwen oder sie steht in einem von Löwen gezogenen Kampfwagen, oder Löwen stehen an ihrer Seite. Monjubosatsu, die japanische Personifizierung der höchsten Weisheit und Mutter der Erleuchtung, reitet auf dem Rücken eines Löwen. Ebenso wird auch die germanische Göttin Freya, die Anführerin der Walküren, rittlings auf einer Raubkatze dargestellt; und Ischtar, ihr babylonisches Gegenstück, reitet zum Zeichen ihrer raubkatzenhaften Macht auf mächtigen Löwen.[6] In allen Epochen und auf allen Kontinenten erscheinen solche Darstellungen weiblicher löwenhafter Figuren immer wieder.

Im Gegensatz zur Tradition des Löwenhelden, die mit männlichen Initiationsritualen verknüpft ist, offenbaren diese Göttinnen stets, dass die physische Beherrschung der Löwen und die Freundschaft mit den Tieren zwei Aspekte ein und desselben Vorgangs sind. Dies sieht man deutlich auf der Tarotkarte »Kraft«. Hier wird (statt einer männlichen) eine weibliche Figur gezeigt, die einen Löwen beherrscht – und zwar nicht, indem sie das Tier tötet, sondern indem sie im Einklang mit seiner Kraft wirkt.

Als ich Maria in der dämmrigen Atmosphäre der Rundhütte beobachtete, verwandelte sich Timbavatis Löwenkönigin allmählich in eine dieser mythologischen Löwenheldinnen. Zum ersten Mal trug sie in meiner Gegenwart die komplette Sangoma-Tracht der Schangaan: Sie war in vielfarbige Stoffe gehüllt und trug einen reich mit Glasperlen und Federquasten besetzten Rock. Verglichen mit den eher hellen Farben ihrer Kleidung wirkten ihr Gesicht und ihre Glieder schwarz wie Ebenholz, und ihr ganzer Körper schien von Elektrizität durchströmt zu sein, während sie den anderen berichtete. Nach kurzer Zeit kam sie zum Ende ihrer Geschichte.

»Was hat sie gesagt, Axon?«, drängte ich. »Bitte, wiederholen Sie es mir.«

»Sie sagte, sie hörte an den Schreien, dass sich die Menschen am selben Ort befanden wie die knurrenden Löwen.«

»Das stimmt!«, stellte ich fest. »Und was hat sie dann gesagt?«

»Sie sagte, dass sie mit den Ahnen sprach und dann einfach losging – *famba, famba, famba* – sie kann sich an nichts erinnern.«

Die Tatsache, dass Maria keine Erinnerung an den Fußmarsch besaß, bestätigte meine Ahnung, dass sie sich in einem veränderten Bewusstseinszustand befunden hatte, als sie die scheinbar wunderbare Tat vollbrachte.

»Aber als sie die Geschichte erzählte«, hakte ich nach, »meine ich herausgehört zu haben, dass sie die Namen Magigwana und Giriwana erwähnte...« Obwohl ich die Antwort instinktiv ahnte, sträubten sich mir die Haare, als sie erfolgte.

»Das sind die Namen der Vorfahren, mit denen sie sprach...«, erwiderte Axon.

Marias Ahnengeister waren also dieselben Menschen, die nach ihrem Tod den Löwenstatus errungen hatten. Diese »Löwenmenschen« kommunizierten mithilfe der Orakelknochen mit ihr aus dem Reich der Ahnen, und in jener schicksalhaften Nacht hatten sie ihr sicheres Geleit durch das Löwenrudel gewährt.

»Was hat sie danach gesagt?«, fragte ich erwartungsvoll.

»Sie sagte, dass der Mann Leonard sie anschrie, sie sollte einsteigen, als sie beim Landrover ankam. Er war böse, weil sie zu Fuß gekommen war; er hatte Angst, sie würde vor den Augen aller Gäste aufgefressen.«

Ich lachte. »Hätten Sie nicht auch Angst davor, aufgefressen zu werden, Axon?«, fragte ich ihn.

»Ich? Doch! Aber Maria sagte Nein – sie sagte, inzwischen habe sie sich mit den Löwen angefreundet.«

»Angefreundet« – was für ein positiver Ausdruck. Inzwischen wusste ich, dass Marias freundschaftliche Beziehungen zu den Löwen von Timbavati nicht nur ein kultisches Hirngespinst waren. Löwenpriestertum und Löwenheldentum wirkten Hand in Hand; sie definierten die Prinzipien, auf denen die afrikanische Kultur basierte.

LÖWENPRIESTER UND LÖWENHELDEN

Zwar ist die »therianthropische Interaktion« zwischen Mensch und Raubkatze, die ich bei Maria erlebt hatte, inzwischen so gut wie ausgestorben; aber sie wurde nicht nur in Afrika dokumentiert, sondern auch auf allen anderen Kontinenten. Der südafrikanische Schriftsteller Laurens van der Post beschreibt ein Prachtbeispiel für den in Asien heute noch lebendigen Tigerschamanismus. In einem Vortrag, den er in Südafrika hielt, erzählte er von seiner persönlichen Begegnung mit einer Raubkatze, die er vor vielen Jahren erlebt hatte. Es geschah während des Krieges, als van der Post das Glück hatte, einige Ureinwohner Javas vom Stamm der Badoeis kennenzulernen. Eines Morgens war er auf Patrouille im Dschungel und wurde nur von einem Badoeis-Führer begleitet. Sie gingen auf einem schmalen Dschungelpfad mit hohem Bambus zu beiden Seiten, wo jeder Fluchtversuch unmöglich gewesen wäre, als plötzlich ein Tiger van der Post direkt gegenüberstand. Er beschrieb, wie der Tiger langsam auf dem Pfad auf sie zukam, stehen blieb, sie anfunkelte und wütend fauchte. Er dachte: »Tja, das war's dann.« Doch da fiel der Badoeis, der vor ihm ging, zu seiner Verblüffung in einer dankbaren Gebetshaltung auf die Knie und begann, rhythmisch zu dem Tiger zu beten. Van der Post konnte die Sprache nicht verstehen, er erkannte nur den häufig wiederholten Begriff »Tuan Tiger« (»Herrscher Tiger«). Fasziniert beobachtete er, wie sich der Tiger allmählich beruhigte und aufhörte, mit dem Schwanz hin und her zu peitschen. Erst hörte das Fauchen auf, dann verschwand der aggressive Gesichtsausdruck und das Gesicht des Tigers wirkte »wie von Licht erfüllt«. Van der Post geht sogar so weit, einen Augenblick zu beschreiben, in dem »ein Anflug von etwas, was ich nur als Lächeln beschreiben kann« über die Züge des Tigers huschte. Schließlich drehte sich die Raubkatze um und ging in die Richtung zurück, aus der sie gekommen war.

Nach dieser aufschlussreichen todesmutigen Erfahrung kam van der Post zu dem Schluss, dass die Begegnung ein Beispiel dafür war, »dass es durch eine echte Wahrnehmung der Wildnis möglich ist, mit Tieren zu kommunizieren und unsere Verwandtschaft gemeinsam anzuerkennen...« Er erklärte: »Nie werde ich die erste große Lektion der Badoeis vergessen... eine Art der Wahrnehmung, die Menschen einhüllt und beschützt, wenn sie so hilflos sind wie wir an diesem Morgen angesichts des Tigers, und die wirksamer ist als jedwede Rüstung, die der Mensch anfertigen könnte.«[7]

Dies war eine erstaunliche Geschichte, doch sie stimmte sowohl mit meiner eigenen Erfahrung überein als auch mit dem anderen Dokumentationsmaterial, das ich allmählich ausfindig machte. Bald sollte ich mich deutlich an van der Posts Beschreibung vom Gesicht des Tigers erinnern, das »wie von Licht erfüllt war« – als ich nämlich entdeckte, dass Raubkatzen auf der ganzen Welt Symbole der Erleuchtung sind. Ich fand die Vorstellung, dass Raubkatzen großmütig sind, dass sie Schutz und sogar Erleuchtung gewähren, seltsam erhebend. Respektvolle Kommunikation, in diesem Fall Gebet, war der Schlüssel zum Überleben. Laut van der Post war der Raubkatzenpriester also nicht wie die Löwenhelden durch eine »schimmernde Rüstung« vor dem Rachen des Todes geschützt, sondern durch gegenseitigen Respekt, der eine Art geistige Rüstung erzeugte.

Zum Zeitpunkt meiner eigenen Begegnung mit dem Tod lag eine derartige Auffassung über Raubtiere weit jenseits meines Begreifens, doch mein Kontakt mit Löwenschamanen wie Maria lehrte mich allmählich eine neue Betrachtungsweise, die mir später fast selbstverständlich werden sollte.

LÖWENWÄCHTER

Seit meiner neuerlichen Begegnung mit Maria hatte ich ein sonderbares symbolisches Erlebnis nach dem anderen. Zum Beispiel hatte ich plötzlich einen immer wiederkehrenden Albtraum, in dem ein Löwe erschien und mir ins Gesicht brüllte – und zwar nicht etwa aus einer Entfernung von einem Meter, sondern unmittelbar vor mir. Jedes Mal riss mich dann mein eigener entsetzter Schrei aus dem Schlaf, und ich lag danach zitternd und mit wild pochendem Herzen schlaflos im Bett. Natürlich lag es auf der Hand, dass dieser Traum durch meine Erforschung des Löwensymbolismus ausgelöst wurde, aber an dem Traumerlebnis selbst war überhaupt nichts Theoretisches. Jedes Mal, wenn ich es erlebte, wieder und wieder, packte mich nacktes Grauen.

Endlich beschloss ich, Maria wegen dieser Träume zu befragen, und war überrascht über ihre Antwort. Sie nickte langsam, als ihr der Dolmetscher meine Worte übersetzte, und sagte, dies sei ein sehr gutes Zeichen. Sie deutete auf den Horizont und erklärte, dass mein Löwenvorfahr endlich gekommen sei, um mich zu begrüßen. Er war nicht mehr weit entfernt, er war endlich zu mir gekommen, und zwar als mein bester Freund. Ich betonte, dass dies kein freundlicher Traum sei, vielmehr würde er mich mit nackter Furcht erfüllen. Sie lächelte wissend und antwortete, dass mein Beschützerlöwe als mein Lehrer gekommen sei und mich dazu einlüde, unsere Kräfte auszutauschen – »*chicha matimba ni nghala*« – kehre seine Energie um und werde zum Löwen.

Eindeutig war damit ein mächtiger übersinnlicher oder übernatürlicher Prozess gemeint, den ich gerade erst anfing zu begreifen. »Übersinnlich« und »übernatürlich« (engl.: psychic) beschreiben normalerweise »Phänomene, die scheinbar außerhalb der Gesetze der Physik oder der Natur stattfinden«. Das Wort »Psyche« bedeutet jedoch »die menschliche Seele«.[8] Diese im Englischen vorhandene Doppelbedeutung sollte für mein Begreifen der Beziehungen zwischen Mensch und Tier als wichtiges Bindeglied dienen und hat für die Beziehung zwischen Menschen und Löwen eine ganz besondere Bedeutung.

Psychologen haben erkannt, dass Traumzustände als entscheidende Weisheitsquellen dienen können. Schamanen auf der ganzen Welt haben sie seit eh und je so aufgefasst; nur gehen die Schamanen einen Schritt weiter und benutzen Träume und andere bewusstseinsverändernde Zustände wie Meditation oder Trance dazu, andere Realitätsebenen zu erreichen.

Da meine Nächte nun tatsächlich durch Visionen von Löwen heimgesucht wurden, fiel mir wieder ein, dass Maria von Träumen, in denen die legendären Weißen Löwen vorkamen, im selben Atemzug gesprochen hatte wie über Löwen von Fleisch und Blut – als seien die beiden Phänomene gar nicht voneinander zu trennen. Eine der schamanischen Künste besteht darin, Traumwahrheiten in die physische Welt zu integrieren.

Was die Löwenträume anging, wusste ich von einer weiteren skeptischen Akademikerin, die wider Erwarten im Traum Kontakt mit einem Löwen aufgenommen hatte. Kate Turkington war Dozentin, Radio-Talkmasterin und Autorin; und sie beschrieb diese Erfahrung in ihrem 1997 erschienenen Buch *There is More to Life than Surface* (zu Deutsch etwa: »Das Leben ist mehr als nur eine Oberfläche«). Sie berichtete, wie sie in Peru von einer Schamanin durch ein Meditationsprogramm geführt worden war und zum Abschluss mit ihrem »Machttier« Kontakt aufgenommen hatte. Dieses Tier entpuppte sich als goldene Löwin, die sie in ihrer Vision liebevoll begrüßte und ihren Schwanz um Turkingtons Beine wand, bevor sie wieder verschwand.

Das interessante Nachspiel zu diesem übersinnlichen Erlebnis fand statt, als Turkington nach Südafrika zurückkehrte und dort dem »Löwenmann« Gareth Patterson begegnete. Nach der Ermordung von George Adamson hatte Patterson die Pflege für dessen Löwen, die durch das Buch *Frei geboren* berühmt geworden waren, übernommen. Doch genau wie George Adamson und seine Frau Joy, die beide allzu früh starben, ereilte auch ihre Löwen Furaha und Batian ein tragisches Schicksal. Beide wurden von Menschen getötet, nachdem Gareth Patterson sie in die Wildnis entlassen hatte.

Als ich Gareth Patterson 1998 kennenlernte, erzählte er mir, dass seine Löwin Furaha die Gewohnheit gehabt hatte, ihren Schwanz liebevoll um seine Beine zu wickeln. Als er von Kate Turkingtons »Begegnung« mit einer Löwengeistführerin in Peru hörte, hielt er dies für einen erstaunlichen Zufall und war davon überzeugt, dass es sich dabei um die Seele seiner toten Löwin handelte, die noch einmal mit der physischen Welt Kontakt aufnahm. Patterson vertraute mir später an, dass auch er mit seinen Löwen übersinnliche Erfahrungen gemacht hatte, obwohl er in seinen bisher veröffentlichten Büchern davor zurückgescheut hatte, dies zu erwähnen. Doch in seiner jüngsten Veröffentlichung *With My Soul Amongst Lions* (zu Deutsch etwa: »Meine Seele unter Löwen«) beginnt er, die seelische Verknüpfung der Menschheit mit dem König der Tiere zu dokumentieren.[9]

Diese Berichte aus erster Hand von übersinnlichen Erfahrungen mit Löwen erklärten zum Teil, warum Schamanen die heiligen Raubkatzen für so mächtig halten, dass der bloße Vorgang, von ihnen zu träumen, bereits physiologische Veränderungen im Menschen hervorrufen kann.[10] Angeblich können sich Löwenschamanen sogar eine Mähne wachsen lassen und körperlich die Identität eines Löwen annehmen, mit der sie sich sogar in echten Löwenrudeln aufhalten können.

WERLÖWEN

Im Lauf meiner Forschungen war ich auf ein Konzept gestoßen, von dem ich noch nie gehört hatte: Im alten Afrika herrschte der Glaube, dass die mächtigsten Schamanen eine Löwenidentität annehmen und vielleicht sogar mit echten Löwen auf die Jagd gehen konnten.

Danach kehrten sie zurück und nahmen wieder ihre menschliche Gestalt an. Ich fragte mich, ob es in der wirklichen Welt eine Entsprechung für den Inhalt dieser Erzählungen gab. Warum ist die Idee des Astralreisens mit der Idee einer angenommenen Löwenidentität verknüpft? War dieses Phänomen real und physisch oder existierte es lediglich in der Fantasie der sogenannten primitiven Völker überall auf der Welt? Wie sah die Wahrheit hinter dem Mythos aus?

Ich begriff, dass wir hier über die Vorstellung von »Werlöwen« sprechen, ganz ähnlich dem der Werwölfe. »Were« entstammt dem altenglischen Wort *wer*, das »Mann« oder »Mensch« bedeutet; mit anderen Worten: Mensch-Löwe. Konnten Menschen tatsächlich diese Transformation herbeiführen?

Natürlich waren diese Berichte von Menschenlöwen gelinde gesagt bizarr, doch viele Indizien wiesen darauf hin, dass sie für einen früher in ganz Altafrika weit verbreiteten Glauben standen. Oft wird ein Schamane, der diese Macht anwendet, als »Löwe Gottes« bezeichnet.

Als ich Maria fragte, ob auch sie die Fähigkeit besaß, Löwengestalt anzunehmen, antwortete sie, dass sie die Macht des Löwen – *matimba* – in ihrer Arbeit als Heilerin benutzte. Offenbar war ihr die Idee der Verwandlung in einen Löwen durchaus vertraut. *Va sangoma lava tichichaka va va ti nghala* war ihre Bezeichnung für eine Sangoma, die Löwengestalt annimmt. Das Wort *chichaka* sollte ich immer wieder im Zusammenhang mit Veränderung, Evolution oder Transformation hören. Mit der Zeit lernte ich, dass man die Idee dieser Gestaltveränderung vom Menschen zum Löwen am besten als »Annahme« oder »Übernahme« beschreibt: Der Schamane nimmt die Identität des Tieres an beziehungsweise er übernimmt sie. Doch wie man dies genau herbeiführte, blieb unklar. Wollte sie mir etwa weismachen, dass gewisse Schamanen sich tatsächlich Mähnen, Krallen und Schwänze wachsen lassen konnten?

In diesem Zusammenhang fiel mir mein immer wiederkehrender Traum ein. Als Maria mich dazu aufforderte, Macht mit meinem Löwenbeschützer auszutauschen, also seine Energie umzukehren und selbst zur Löwin zu werden – wie hatte sie das eigentlich gemeint? Sollte ich etwa selbst die Gestalt einer Löwin annehmen?

Wenn Maria während unserer verschiedenen Treffen ihre Orakelknochen warf, beobachtete ich sie genau und dachte über meine Untersuchungen der uralten Kultur der Löweninkarnationen nach. Dass Maria eine Frau mit einem Löwenherzen war, stand außer Frage – das Bild von ihrem Spaziergang mitten durch das Löwenrudel von Timbavati wird mir immer in Erinnerung bleiben. Aber konnte sie wirklich eine Löwin werden?

Ich folgerte, dass sie dies nicht konnte, und ließ die Frage auf sich beruhen. Was hier gemeint war, konnte nur eine Art psychologische Macht sein, durch die ein Mensch die Charaktereigenschaften eines Löwen annahm: Mut, Wahrheit, Weisheit, Großzügigkeit und Schutz. Diese Analyse schien mir akkurat zu sein. Erst nach weiteren Nachforschungen begann ich zu ahnen, wie dürftig diese Erklärung war.

Weil ich persönlich durch diese außergewöhnliche Löwenfrau gerettet worden war, hatte ich angenommen, dass der Löwenschamanismus eine Quelle der Heilung und Erleuchtung ist. Leider ist dies jedoch nicht immer der Fall. Es gibt eine Menge Berichte darüber, dass man sich des therianthropischen Mensch-Löwe-Austausches auch für ruchlose Taten wie Mord und Kannibalismus bedienen kann. Wie jede andere Art von Macht schien man auch die Löwenmacht sowohl zum Guten als auch zum Bösen benutzen zu können.

Als ich Maria mit einigen dieser beunruhigenden Berichte konfrontierte, die ich im Lauf meiner Nachforschungen über den Löwenschamanismus aufgedeckt hatte, und ihr auch die schauerlichen Berichte zitierte, die sogar heute noch in Zeitungen abgedruckt werden, hörte sie mir ernst zu.[11] Sie bestätigte, dass es immer noch böse Sangomas gibt – Zauberer oder Hexer, die in einen Löwen eintreten und ihn für ihre dunklen Zwecke benutzen können; beispielsweise um einen Mord zu begehen. Diese bösen Hexer bezeichnete sie als *rigedle*. Wie sie sagte, konnten manche die Löwengestalt annehmen, während andere einfach Spuren auf der Erde hinterließen, die den Abdrücken von Löwentatzen ähnelten, um ihre Missetaten zu kaschieren.

Diese dunklen Mächte hat es in Afrika immer gegeben, doch erst jetzt begriff ich, dass es außerdem ebenso starke Mächte des Lichts gab, die sie bekämpften. Dies sind die unbekannten Heldinnen und Helden unserer Tage: heilende Vertreter des Guten auf Erden, eine priesterliche Kaste von Stammesschamanen, die auf einer Ebene arbeiten, die die meisten von uns nicht einmal annähernd begreifen und überhaupt nicht wahrnehmen können. Es ist äußerst wichtig, diesen Unterschied zu verstehen. Die Begriffe »Heiler« und »Heilerin« oder »Medizinmann« und »Medizinfrau« beschreiben sehr treffend diejenigen Schamanen, die mit der Macht des Lichts arbeiten, während die »Zauberer« oder »Hexer« sich die dunklen Kräfte zunutze machen.

Obwohl der Begriff »Löwen Gottes«, den Maria verwendete, in Berichten über Menschen, die Löwengestalt annehmen können, immer wieder vorkommt, darf er eigentlich nur in Verbindung mit Schamanen verwendet werden, die mit den Mächten des Lichts wirken.

Die Existenz der dunklen Mächte erklärte, warum Maria Schutztalismane trug, genau wie so viele heldenhafte Göttinnen aus der Weltmythologie. Zum Beispiel steht die asiatische Göttin Ischtar mit Pfeil und Bogen bewaffnet in kriegerischer Haltung auf einem Löwen und trägt als schützenden Talisman auf ihrem Helm einen Stern oder eine Sonne.[12]

Normalerweise war Maria eher schlicht angezogen, doch jede Einzelheit ihrer einfachen Kleidung hatte symbolische Bedeutung. Um die Hand- und Fußgelenke trug sie jeweils einen einzelnen Strang aufgefädelter Samenkapseln, die ihren Rang als Sangoma signalisierten, und außerdem gab es noch andere Accessoires, die mit dem Wirken der Mächte des Lichts gegen die dunklen Mächte zu tun hatten. An einer Perlenschnur, die sie über beiden Schultern trug, befanden sich mehrere Streifen einer getrockneten Substanz, die wie Leder aussah, sich jedoch als Baumwurzeln entpuppte. Jede Wurzel stammte von einer anderen Baumart, doch der Dolmetscher kannte ihre englischen Namen nicht und konnte sie mir folglich auch nicht übersetzen. Ich entdeckte, dass der Zweck dieser aufgereihten Streifen darin bestand, die Trägerin vor bösen Geistern oder Zauberern, die sich der dunklen Mächte bedienten, zu beschützen. In der Mitte des Wurzelstrangs, der Marias Herz kreuzte, befand sich ein verknotetes Kerngehäuse, an dessen Ende ein spitzes Stück Elfenbein befestigt war. Dies war, wie ich erfuhr, der Zahn eines Krokodils, der *muti* oder Medizin enthielt und ebenfalls schützende Kräfte besaß. Maria erzählte mir, dass sie diese Amulette vor dem Schlafengehen auszog und unter ihr Kopfkissen legte, um sich ihres Schutzes während der Nacht zu versichern.

Sohn der Sonne

Eines Tages trug Maria eine neue Halskette, an der geschnitzte und bemalte maskenähnliche Perlen hingen. Auf meine Frage antwortete sie, dass diese Kette ein »Machtgeschenk« von Credo Mutwa sei und dass sie sie immer über ihrem Kopf aufhängte, während sie schlief. Sie erzählte mir auch, dass sie es heute brauchte, aber sie verriet mir nicht, warum.

»Dieser Mann namens Mutwa, von dem Sie immer mit so viel Respekt sprechen, Maria – wer ist er eigentlich?«, fragte ich sie.

»Maria sagt, Mutwa ist der mächtigste aller Löwen-Sangomas – *Inyanga ya Nghala*«, erklärte der Dolmetscher, »aber er ist nicht einer, der Menschen tötet.« Wieder stiegen sehr gemischte Gefühle in mir auf angesichts dieser Information: einerseits Faszination, andererseits Furcht.

Maria erklärte, dass nun die Zeit für mich gekommen sei, Mutwa kennenzulernen. Ich wusste zwar noch immer nicht genau, wer Credo Mutwa eigentlich war, doch ich hatte inzwischen erfahren, dass sein Name in Südafrika weithin bekannt war und dass er oft im Blickpunkt der Öffentlichkeit stand. Ich sagte ihr, dass ich ein Treffen mit ihm arrangieren wollte, ohne zu ahnen, welche Anstrengungen es mich kosten würde, dieses Versprechen zu erfüllen.

»Er ist ein Sohn Gottes«, übersetzte mir der Dolmetscher die Worte Marias. »Er ist ein Sohn der Sonne. Er kennt die Geschichte der Löwen Gottes...«

4

LÖWENPRIESTER AFRIKAS

Wenn der Geist eines Sangoma krank ist, muss er sich wieder mit dem großen Erdgeist vereinigen. Es gibt sehr heilige Orte von großer Energie. Es gibt Orte der Erdenergie. Es gibt Orte der Wasserenergie. Und schließlich gibt es auch Orte der Sternenenergie. Timbavati ist ein Ort der Sternenenergie.
– Credo Mutwa

*Weil wir Sterne sind,
müssen wir am Himmel gehen.*
– Traditionelles Lied der Buschmann-Löwenschamanen[1]

Fast zwei Jahre nachdem ich angefangen hatte, mich um einen direkten Kontakt mit Credo Mutwa zu bemühen, lernte ich den Löwenweisen Anfang 1996 endlich kennen. Von Maria hatte ich Hinweise auf die große afrikanische Tradition erhascht, die sich *Umlando* (»das Große Wissen«) nannte: eine mündlich überlieferte Geschichte Afrikas, die durch die Jahrhunderte hartnäckig behütet wurde und heute noch im Gedächtnis einer Gruppe auserwählter Eingeweihter unangetastet erhalten ist. Die höchstrangigen Schamanen werden Sanusis genannt. Aus diesen wählt man einige wenige zu Stammesgeschichtenerzählern und verehrt sie als die sogenannten »Hüter des *Umlando*«. Einer von ihnen war Credo Mutwa – und außerdem war er bekanntermaßen der einzige Hüter, der jemals mit der Tradition gebrochen und die Geheimnisse der mündlichen Überlieferungen der Öffentlichkeit preisgegeben hatte. Im Lauf meiner Bemühungen, diesen außergewöhnlichen Mann kennenzulernen, stellte ich fest, dass er selbst ebenfalls »behütet« wurde, zumindest auf alltäglicher Ebene; und zwar durch eine Vielzahl von Bewachern und Helfern, die ihn anscheinend alle vor der Außenwelt abschirmen wollten.

HÜTER DES UMLANDO

Da man Mutwa enteignet und von seinem eigenen Land vertrieben hatte, war er ständig unterwegs und hatte keinen festen Wohnsitz. Ich gewann außerdem den Eindruck, dass er kein Talent dafür besaß, den Alltag zu bewältigen. Er war von Menschen umgeben, die behaupteten, sich um ihn zu kümmern und ihn vor weltlichen Dingen abschirmen zu wollen, doch in der Folge merkte ich, dass ihre eigentliche Absicht darin bestand, ihn zu isolieren. Keine der Nachrichten, die ich bei diesen Leuten für ihn hinterließ, hat ihn jemals erreicht. Ich war meinem Ziel, ihm zu begegnen, keinen Deut näher gekommen als schon nach Marias ersten Hinweisen. Die von mir gesammelten Kontakt-Telefonnummern von verschiedenen Leuten, die ihn angeblich kannten, waren alle nutzlos. Nun blieb mir nichts anderes mehr übrig, als einen direkten Weg zu diesem Hochschamanen zu finden.

Die Gelegenheit ergab sich ganz unerwartet an einem Wochenende, als ich eine der Telefonnummern anrief, die in der Vergangenheit eine Niete gewesen waren. Credo Mutwa selbst war am Telefon! Später erfuhr ich, dass er sich rein zufällig in dem Johannesburger Vorort Soweto aufgehalten hatte; und da der Besitzer des Telefons gerade in diesem Augenblick den Raum verlassen hatte, ging Mutwa, was völlig untypisch war, selbst ans Telefon. Ich erklärte, dass ich schon seit langer Zeit versucht hatte, ihn zu erreichen. Zu meiner großen Erleichterung erklärte er sich bereit, mich am folgenden Tag zu treffen – wenn auch nicht ohne eine Spur von Skepsis in der Stimme.

Ich hatte mich so lange nach diesem Treffen gesehnt, doch als es nun näher rückte, spürte ich einen Anflug nagender Furcht. Ich hatte Fotos des zeremoniellen Rondavels gesehen, das Mutwa in der nördlichen Provinz selbst gebaut hatte. Die Wände hatte der Medizinmann höchstpersönlich mit symbolischen Motiven bemalt, und die Tore waren mit überlebensgroßen Lehmskulpturen von Löwenahnen dekoriert. Falls Mutwa wirklich der große Löwenschamane war, als den ihn andere bezeichneten, dann erwartete ich, ihm in einer solchen Umgebung zu begegnen. Doch der tatsächliche Ort unseres Treffens war keineswegs das, was ich erwartet hatte. Als weiße Südafrikanerin war ich verunsichert und fürchtete mich, in das schwarze Township Soweto vorzudringen, wo es in der Zeit der Apartheid so viele Aufstände gegeben hatte. Als ich auf das typische Soweto-Haus zuging, eins von Tausenden ähnlicher »Schachteln« entlang der staubigen Straße, wusste ich überhaupt nicht, was ich zur Begrüßung sagen sollte. Mir wurde erst jetzt bewusst, dass ich keine Ahnung hatte, was die korrekte Form war: Weder wusste ich, mit welchem Titel ich ihn ansprechen sollte, noch, ob ich Mutwa die Hand geben sollte oder nicht.

Ich entdeckte die richtige Hausnummer auf einem Fertighaus, das mit den anderen völlig identisch war. Ein staubiger Pfad führte zur Vordertür. Ich klopfte, und eine auffallend schöne schwarze Frau, die farbige Perlen in ihre Zöpfe eingeflochten hatte, öffnete mir. Sie ließ mich ohne Kommentar eintreten.

»*uBaba?*«, rief sie, die afrikanische Bezeichnung für »Vater« oder »Patriarch« – und Credo Mutwa erschien aus einem anderen Zimmer. Er war ein großer Mann mit grauen Haaren und einer dicken Brille.

Die Frau setzte sich auf eine Bank in der Ecke, wo sie ihre Arbeit wieder aufnahm: Sie nähte bunte Glasperlen auf eine traditionelle Stoffpuppe. Neben ihr saß eine weitere große schwarze Frau, die geduldig das Gleiche tat und meine Anwesenheit ignorierte. Beide schienen Mutwas Abneigung, Besucher zu empfangen, widerzuspiegeln.

Credo Mutwa und ich standen in der Mitte des Zimmers. Ich wusste aufgrund meiner Forschungen, dass das Händeschütteln in Afrika wesentlich mehr bedeutet als in der westlichen Begrüßung durch einen Händedruck. Zum Beispiel berührt man niemals die Hand eines älteren Menschen, wenn man nicht ausdrücklich dazu eingeladen wird. Also streckte ich Mutwa nicht meine Hand entgegen, als ich ihn kennenlernte, sondern stellte mich einfach vor.

Ich sprach ihn mit »Mr Mutwa« an, aber nachdem ich diese Anrede ein paar Mal benutzt hatte, verbesserte er mich und sagte: »Nennen Sie mich einfach Credo.«

»Dann nennen Sie mich bitte Linda«, antwortete ich. Doch ich merkte bald, dass er immer wieder darauf zurückfiel, mich mit dem formellen »Madam« anzusprechen.

Abgesehen von seiner unerwartet gewaltigen Größe war mein erster Eindruck von Credo Mutwa eine eigenartig androgyne Qualität. Ich meine dies nicht im modernen Sinn des »Unisex« – dies war etwas Uraltes, Unbekanntes. Ich musste an Tiresias denken, den blinden Seher aus der klassischen Mythologie, der beide Geschlechter in sich vereinigte. Ich hatte das unheimliche Gefühl, mit einem Mann und einer Frau zugleich zu sprechen.

Er war in etwas gekleidet, was wie ein voluminöser Kittel aus Jeansstoff aussah. Darüber war eine nahtlose dicke Lederschürze geschnürt, die einer kompletten Tierhaut ähnelte. Er fing unser Gespräch an, indem er sich für seine »Arbeitskleidung« entschuldigte – und ich hatte das Gefühl, etwas Wichtiges unterbrochen zu haben.

»Maria Khosa lässt Sie grüßen«, richtete ich ihm aus.

»Ich danke Ihnen, Madam, danke.« Trotz seiner überwältigenden starken Präsenz wirkte er bescheiden.

Er setzte sich und ließ seine großen Hände fast spröde in seinem Schoß ruhen. Als ich diese sanften Hände betrachtete, erinnerte ich mich an Marias Beschreibung des Händedrucks der Hochschamanen: des »Händedrucks der Macht«. Sie hatte mir diesen mit Gesten demonstriert und es dem Schangaan-Dolmetscher überlassen, mir zu erklären, wie ein Schamane seine rechte Hand mit der Handfläche nach oben ausstreckt, während die Finger zu »Klauen« gebogen sind. Darauf greift der andere Schamane danach, die Handfläche nach unten und die Finger ebenfalls zu Klauen geformt. Die Finger der beiden haken sich ineinander, und jeder Schamane zieht, sodass es einen kurzen Ruck gibt, bevor sie einander wieder loslassen.[2]

»Wie kann ich Ihnen helfen, Madam?«, fragte Mutwa, als ob er die Dringlichkeit meiner noch gar nicht geäußerten Fragen spürte.

»Die Weißen Löwen von Timbavati, Credo – ich muss mehr über sie erfahren. Maria sagte mir, dass Sie der einzige lebende Mensch sind, der die Geschichte ihres Ursprungs kennt.«

»Das ist nicht wahr, Madam. Viele von uns kennen die Geschichte, doch sie sind zum Schweigen verpflichtet. Nur ich bin so unvernünftig, über solche Dinge zu sprechen.«

Trotz seiner Bescheidenheit konnte ich keinen Augenblick lang vergessen, dass ich mich in der Gegenwart eines äußerst mächtigen Mannes befand. Viele sehen in ihm den mächtigsten Schamanen des ganzen afrikanischen Kontinents. Doch in seiner Ausstrahlung spürte ich außerdem die Atmosphäre eines Mannes, der tiefes Leid erträgt.

Maria hatte mich gewarnt, dass Credo Mutwa den Blutschwur gebrochen hatte, der jeden Eingeweihten zum Stillschweigen über die Inhalte der mündlichen Tradition verpflichtet. Dadurch hat er ein Leben voller Unglück auf sich geladen. Als ich ihn allmählich besser kennenlernte, erfuhr ich, dass Mutwas persönliche Geschichte von einer ganzen Reihe tragischer Ereignisse geprägt war. In dem Moment, in dem er vor etwa vierzig Jahren begann, die »uralte Erinnerung« niederzuschreiben, wurde er zu »Wusamazulu, dem Verstoßenen«. Danach folgte eine Tragödie auf die andere: unter anderem der kaltblütige Mord an seinem Sohn, dem auserwählten Erben seines Rangs als Schamane.

Ich holte tief Luft und überlegte, wie ich meine nächste Frage formulieren sollte.

Ich war gekommen, um zuzuhören, um zu erfahren, was Credo Mutwa wusste. Als ich mich nun zum ersten Mal in seiner Gegenwart befand, spürte ich neben der Tiefe seines Leids auch das schwere Gewicht einer metaphysischen Last: die Last des Wissens. Was war dieses »Große Wissen«, von dem er sprach? Was war so wichtig, dass er bereit war, sein Leben für die Veröffentlichung dieser Informationen zu opfern?

Wenn Mutwa tatsächlich der Mann war, für den Maria ihn hielt, würde er mir wohl kaum eine einfache Antwort geben.

Wächter der heiligen Relikte

Maria hatte auch erwähnt, dass Mutwa der Wächter einiger der heiligsten Artefakte des afrikanischen Kontinents war. Im Lauf unserer weiteren Treffen zeigte mir Mutwa über fünfzig Gegenstände, die sich in seinem Besitz befanden: großartige Kunstwerke aus Kupfer, Bronze, Verdit und Kristall. Einige davon hatten einst den mächtigsten Königen gehört, und in einige waren seltsame Symbole eingraviert. Viele stammten aus einer Zeit, in der laut Credo Mutwa eine uralte Seefahrer-Zivilisation, die nicht afrikanischen Ursprungs war, an afrikanischen Ufern landete.[3]

Wie mir Maria durch den Schangaan-Dolmetscher erklärt hatte, war Mutwa jedoch der Überzeugung, dass man die lebendigen Kräfte dieser Gegenstände nicht in Glaskäfigen in Museen oder an ähnlichen Orten einsperren sollte, wo Neugierige sie angaffen würden. Da er keinen Nachfolger hatte, war es nun seine Pflicht als »Hüter der heiligen Relikte«, diese kostbaren Artefakte vor seinem Tod zu begraben.

Keiner dieser Gegenstände war in dem schmucklosen Zimmer in Soweto zur Schau gestellt, in dem wir uns zum ersten Mal begegneten. Das karge und unwirtliche Zimmer bildete den denkbar stärksten Kontrast zu dem lebendigen Schatz, den Credo Mutwa verkörperte.

Mir war bewusst, dass seine Zeit kostbar war, doch ich wusste nicht, wie ich beginnen sollte, also saß ich eine Weile in angespanntem Schweigen da.

Schließlich machte ich den Versuch, ihm meine Glaubwürdigkeit zu belegen, und erzählte ihm, wie uns Maria in jener unvergesslichen Nacht in der Steppe vor den wütenden Löwen gerettet hatte. Dies erwies sich als der richtige Ansatz, denn obwohl Mutwas Blick starr zu werden schien, merkte ich, dass er mir nun seine volle Aufmerksamkeit widmete.

Während ich sprach, nickte er langsam, als sei er keineswegs überrascht. Als ich allerdings erwähnte, dass Maria in der finsteren Nacht das Baby mitgebracht und mitten durch das wütende Löwenrudel getragen hatte, holte er hörbar Luft. Ich konnte sehen, dass sogar er von Marias Mut beeindruckt war.

»Lassen Sie Maria nicht allein sterben«, war sein Kommentar, als meine Geschichte zu Ende war.

»Meinen Sie damit, dass ich ihre Tat nicht verschweigen darf?«

»Ja, Madam. So viele Heiler sind gestorben, ohne dass die Welt sie verstand.«

»Ich verstehe...«

»Maria sollte das Land Timbavati niemals verlassen«, fuhr Credo fort, »denn dort wird sie behütet.«

Da war er wieder, der Gedanke des Schutzes. Meinte er etwa, die Löwen seien ihre Vorfahren und Beschützer, was auch Maria mehrmals angedeutet hatte? Maria war in der Nähe von Timbavati zur Welt gekommen, genau wie die vielen Generationen ihrer Familie vor ihr, und sie war in der wilden afrikanischen Steppe aufgewachsen. Sie musste besser als jeder andere wissen, welche konkrete Gefahr die Löwen darstellten. Ich wollte unbedingt verstehen, wie sie und andere Menschen ihrer Art diese Macht über den König der Tiere errungen hatten.

»Ich möchte wissen, Credo, welche übernatürliche Eigenschaft Schamanen besitzen, dass sie in der Lage sind, in die Köpfe der Löwen einzudringen«, sagte ich geradeheraus.

»Es gibt nichts Übernatürliches. Alles ist natürlich«, antwortete er. »Ihr im Westen sagt, dass der Mensch fünf Sinne besitzt. Das ist nicht wahr. In Wirklichkeit besitzt der Mensch zwölf Sinne. Einer dieser Sinne ist die Fähigkeit, auf Wunsch den eigenen Körper zu verlassen und in einen anderen Raum einzutreten. Das ist nicht übernatürlich. Es ist ein natürlicher Vorgang.«

»Aber wir anderen sind nicht in der Lage...«

Mutwa lächelte. »Der Mensch hat die Fähigkeit, nicht nur Tiere, sondern auch leblose Gegenstände zu beeinflussen.«

Der Schamane schien anzudeuten, dass wir alle das Potenzial besitzen, diese »gottgegebenen Talente« in Anspruch zu nehmen. Er behauptete weiterhin, dass die meisten von uns kleine Einblicke in diese anderen Sinne erhascht hätten, besonders in kritischen Momenten. In solchen Augenblicken verändert sich unsere Auffassung der Zeit. Uns werden plötzlich eigenartige Zufälle bewusst, oder wir spüren Zukunftsahnungen, oder wir besitzen die unheimliche Fähigkeit, Gegenstände in unserer Nähe zu beherrschen.

Mutwa sagte mir, er habe schon lange, noch bevor er Schamane wurde, geahnt, übersinnliche Fähigkeiten zu besitzen – schon als Straßenjunge in Sophiatown, wo er in den 1930er-Jahren mit kriminellen Elementen zusammenlebte. Er entdeckte, dass er beim Glücksspiel auf der Straße die Würfel kontrollieren konnte – natürlich sehr zum Verdruss seiner Mitspieler. Allerdings, fügte er hinzu, wirkte diese unerwartete Gabe nur, wenn er sich in Schwierigkeiten befand und dringend Hilfe brauchte, um eine brenzlige Situation zu vermeiden. Er konnte diese Fähigkeit nicht auf Kommando abrufen. Ich folgerte daraus, dass das Zügeln und Zähmen der Macht das Ergebnis der langen und oft qualvollen Reise in den Schamanismus war.

Ich fragte, wie man sich diese Macht, die jenseits unserer vertrauten fünf Sinne liegt, aneignen konnte.

»Wir dürfen nicht über solche Dinge wie Macht sprechen«, sagte er. Trotz all seiner Höflichkeit ließ er mich unmissverständlich wissen, dass er sich nicht dazu nötigen lassen würde, mir zu erklären, wie der Löwenschamane die Gaben erhält, die wir Normalsterbliche für übernatürlich halten. In diesem Augenblick wurde mir wie so oft während unserer ersten Begegnung bewusst, dass ich mich bemühte, Dinge zu hören, die nicht für meine Ohren bestimmt waren, und ich tadelte mich selbst für meine Dreistigkeit.

»Es gibt Dinge, Madam, über die wir nicht sprechen dürfen. Sogar ich, der so viele Tabus gebrochen hat – was mir sehr geschadet hat –, sogar ich werde nicht oder, besser gesagt, ich darf nicht über gewisse Dinge reden. Mein Volk glaubt, dass jemand, der der Allgemeinheit große Geheimnisse enthüllt, für immer verflucht sein wird. Verstehen Sie das, Madam?«

Hinter seiner dicken Brille schien er nicht nach außen zu blicken. Wie bei Maria schien auch sein Bewusstsein in einer tieferen Region seines Inneren zu wohnen. Er sprach langsam und rhythmisch und schien kurzatmig zu sein. Obwohl ich es nicht ganz fassen konnte, kam mir der Gedanke, dass der Mann, der vor mir saß, auf den Tod wartete. Ich zügelte mich und ließ das Thema fallen.

Im Lauf unseres Gesprächs erhaschte ich jedoch die ersten Hinweise auf die Prozesse, mit deren Hilfe man diese übersinnlichen Fähigkeiten entwickeln konnte. Mutwa erklärte, dass viele Produkte unserer modernen Technologie, wie zum Beispiel Fernseher, Computerbildschirme und Mobiltelefone, die Entwicklung erhöhter Sinneswahrnehmungen stören. Er sagte, dass selbst erfahrene Schamanen ihre Fähigkeiten verlören, wenn sie zu oft in Kontakt mit dieser Technologie kämen. Ich dachte an Maria unter dem klaren Nachthimmel Timbavatis und an die Schärfe ihrer Wahrnehmung, eingestellt auf die Rhythmen und Klänge der Steppe, die sie in allen vier Himmelsrichtungen umgab.

Offensichtlich hatte diese Fähigkeit der gesteigerten Sinneswahrnehmung auch etwas mit einer Konzentration des Willens zu tun. Mutwa schilderte, auf welche Weise die Benutzung der heiligen Trommel im Schamanenritual ebenfalls dazu dient, das Bewusstsein auf einen bestimmten Brennpunkt zu konzentrieren. Das Trommeln sorgt dafür, dass die Kraft der Konzentration durch nichts unterbrochen wird. Seine Beschreibung dieses Prozesses ließ mich an ein Vergrößerungsglas denken, das die Kraft des Geistes wie einen Sonnenstrahl bündelt, bis die so entstehende Hitze das Objekt, auf das es gerichtet ist, entzündet. Konnte die konzentrierte Gedankenkraft auf ähnliche Weise auf leblose Gegenstände wirken?

Ich bedrängte ihn. »Ich muss es wissen, Credo: Wie konnte Maria dieses Risiko eingehen, um uns in Sicherheit zu bringen?«

»Die Löwen brachten Sie in Sicherheit. Maria hat mit ihnen kommuniziert. Sie glauben, die Löwen hätten Sie bedroht. Tatsache ist aber, dass sie Sie beschützten. Genauso glauben Sie, dass Sie für Ihre Hauskatze sorgen. Sie glauben, dass Sie sie zähmen und füttern und sich um sie kümmern. Was Sie nicht wahrnehmen, ist, dass sich die Katze um Sie kümmert.«

In diesem Augenblick leuchteten mir seine Worte ein, obwohl es mir schwergefallen wäre, dies zu erklären. Anscheinend wurzelten sie in einem Begreifen der Wechselbeziehungen zwischen allen Dingen. Unser Fehler ist, dass wir glauben, wir seien anders als alles andere auf diesem Planeten und von allem anderen abgetrennt. Durch Maria hatte ich bereits begonnen zu verstehen, dass Schamanen auf irgendeine Weise die Grenzen überschreiten können, während wir sie als Mauer wahrnehmen, die uns von den anderen Lebewesen trennt.

»Sie kommunizierte also mit den Löwen«, wiederholte ich seine Worte.

»Das ist die größte Kunst, Madam, denn der Löwe ist der König der Tiere«, erklärte er. »Aber wir Menschen können mit allen Tieren kommunizieren, und auch mit den Pflanzen.«

Ich versuchte, meinen Unglauben zu unterdrücken.

»Wissen Sie, Madam, die heutigen Statistiken über wilde Tiere besagen, dass Nilpferde die größten Killer in Afrika sind. Das sollte nicht so sein. Als ich ein Kind war, gab es eine Dürre und unsere Mütter wuschen die Wäsche in einem Fluss, den sie mit den Nilpferden teilten. Keine einzige Frau wurde jemals von den Nilpferden verletzt.«

»Und nun haben wir unsere Kommunikationsfähigkeit mit der Natur verloren«, bemerkte ich.

»Leider.« Es folgte ein ausgedehntes Schweigen.

»Ich habe von meinem Großvater gelernt, wie man mit Tieren kommuniziert, egal ob sie wild oder domestiziert sind, und auch mit Pflanzen, egal ob sie essbar oder giftig sind«, fuhr Mutwa fort. »Haben Sie gewusst, Madam, dass unser Volk in uralten Zeiten regelmäßig für die Maisfelder sang, zum Dank für die Nahrung, die der Mais uns gab?«

Ich fürchte, ich starrte ihn sprachlos an – es war mir unmöglich, dies mit meiner westlichen Erziehung in Einklang zu bringen.

»Ich sehe, dass Sie lächeln, Madam. Es ist nicht leicht für Sie, so etwas in unserer heutigen Zeit zu verstehen. Auch ich hatte Schwierigkeiten, diese Lektion zu lernen, aber ich werde sie niemals vergessen. Wissen Sie, ich hatte einen sehr strengen Lehrer, nämlich meinen Großvater – und nach ihm hatte ich noch viele andere strenge Lehrer aus allen Teilen Afrikas.«

Während meiner Nachforschungen hatte ich erfahren, dass Credo Mutwa der Enkel eines Zulu-Krieger-Schamanen namens Ziko Schezi war, eines Überlebenden der Zulukriege, der an der letzten blutigen Schlacht von Ulundi teilgenommen hatte. Maria hatte mir erklärt, dass Mutwas Großvater während der Herrschaft Königs Dingane ein traditioneller Heiler gewesen war, der den König selbst betreut hatte und ein hoher Sanusi war, ein Wächter der Stammesreliquien und Hüter der Stammesgeschichte (*Umlando*): ein Auserwählter, dessen Rang nach seinem Tod an den jungen Mutwa überging.

»Als ich ein kleines Kind war, Madam, diente ich meinem Großvater als Assistent und durfte seinen Medizinbeutel tragen«, erklärte Mutwa. »Dadurch teilte ich einige seiner verbotenen Geheimnisse. Doch dann wurde ich von dort weggebracht und sah ihn viele, viele Jahre lang nicht wieder. In dieser ganzen Zeit wusste ich nichts von den Dingen, die große Heiler tun.«

Er sah auf den Boden, während er sprach. Die dicken Brillengläser verzerrten seltsam sein Gesicht.

»Mein Großvater, Madam, war der einzige Mensch, der mich heilen konnte, als ich an einer unheilbaren Krankheit litt, die mich drei Jahre lang bewusstlos ans Bett fesselte – hier in Soweto. In dieser Zeit hatte ich viele schreckliche Visionen, Madam. Manche davon nennen wir Sangomas ›heilige Träume‹, und sie treten auf, bevor man Sangoma wird. Ich hatte eine Vision von der Erde, die wie ein Löwenfell ausgebreitet und an allen vier Ecken festgepfählt war: im Norden, Süden, Osten und Westen. Vier Löwenbrüder zerrten in allen vier Richtungen daran. Wir nennen diesen Traum ›den heiligen Traum der Endzeit‹, Madam, *Ndelo Ntulo*. Aufgrund unserer Tradition glauben wir, dass das Universum durch vier große Mächte erhalten wird, und in der Mitte ist die fünfte Macht, *Nxaka-Nxaka*, was Verwirrung oder Chaos bedeutet. Aus dieser Macht kommt Ordnung, und von der Ordnung kommt wieder Chaos – und so weiter, in alle Ewigkeit.«

Er hielt inne und blickte kurz auf.

»Es gibt ein Steinartefakt, es ist ein runder Stein mit vier Löchern und einem weiteren Loch in der Mitte, er sieht fast aus wie ein großer Knopf, Madam. Unsere Sanusis benutzen ihn zur Zeit der Tagundnachtgleiche in ihren heiligen Riten, um das Wirken des Universums darzustellen – aber das ist eine andere Geschichte. Nach meiner Heilung, Madam, zeigte mir mein Großvater, wie ich die Kraft meiner Wahrnehmung kontrollieren und meine Sinne schärfen und akkurater machen konnte: wie der Pfeil aus dem Bogen eines Jägers.[4] Er lehrte mich die Kunst des Rhythmus und die geheime Kunst, mein Bewusstsein mit den großen Göttern der unsichtbaren Welt zu verbinden. Er lehrte mich, sie nicht zu fürchten, sondern vielmehr mit ihnen zusammenzuarbeiten und sie als hilfreiche Führer zu sehen, die meine Wahrnehmung schärfen und erweitern würden – nicht nur die Wahrnehmung dieser Welt, sondern auch vom ganzen Kosmos.«

Ich lauschte jedem Wort Mutwas, aber gleichzeitig brannte ich darauf, ihm andere, direktere Fragen über meine eigenen Erfahrungen zu stellen. Wir hatten die Fragen über Timbavati und die Weißen Löwen noch nicht einmal berührt. Mutwa erzählte mir mehr über seinen Großvater, und zwar im Stil einer sich langsam am Lagerfeuer entfaltenden Geschichte: der Technik eines professionellen Geschichtenerzählers, die für mich noch sehr ungewohnt war. Ich musste erst lernen, dass Mutwa stets zum richtigen Zeitpunkt auf meine Fragen eingehen würde. Inzwischen wohnte den Geschichten, die er über seine persönlichen, prägenden Erfahrungen mit seinem Großvater erzählte, eine eigene, seltsame Magie inne.

»Anfangs konnte ich nicht verstehen, auf welche Weise der Geist der Sternengötter in allem lebt«, fuhr Mutwa fort. »Ich war damals noch sehr dumm. Als ich meinen Großvater zum ersten Mal fragte, wie es kommt, dass alles und jedes Gott in sich trägt, konnte er sein Zulu-Temperament kaum im Zaum halten. Er führte mich aus unserem Rondavel und zeigte mir seinen Lieblingsbaum, einen hohen Feigenbaum, der Früchte trug und den er als junger Mann gepflanzt hatte. Er herrschte mich an, ihm zu sagen, was der Baum meiner Meinung nach war. ›Ein Baum, Großvater.‹

Daraufhin schlug mich mein Großvater ins Gesicht und sagte: ›Das ist kein Baum, du Hund, sondern eine Person.‹«

Mutwa bemerkte mein überraschtes Amüsement.

»Ich sehe, dass Sie lachen, Madam. Nun, ich hätte vielleicht auch gelacht, wenn ich nicht den ungeheuren Zorn meines Großvaters gespürt hätte. Er erzählte mir, dass man Bäume in der Zeit, als er selbst noch ein Kind im alten Afrika war, und auch in all den Jahrhunderten davor, in der Zeit unserer Zuluvorfahren, nicht als ›Bäume‹ bezeichnete, sondern als ›wachsende Leute‹.

Manchmal hatte ich gesehen, wie er neben diesem Baum stand. Ich hatte beobachtet, wie er die Borke des Baumes berührte, und einmal sah ich zu, wie er ein Ritual durchführte, bei dem er den Schnupftabak aus seinem Tabakshorn nahm und zu Füßen des Baumes verstreute. Mein Großvater fragte mich mit grimmiger Stimme, was er meiner Meinung nach da tat. Dachte ich etwa, dass er den Baum anbetete? ›Nein, Großvater‹, sagte ich.

Wieder schlug er mich wütend und sagte: ›Ich betete ihn doch an, du blöder Junge! Ich sprach mit ihm und ich teilte meinen Schnupftabak mit ihm. Ich rede oft mit ihm, singe für ihn und teile ihm meine guten Nachrichten mit. Ich ehre ihn und danke ihm für die saftigen Feigen, die er uns gibt, denn ich glaube, dass er eine Person ist. Verstehst du das jetzt?‹ ›Ja, Großvater!‹, sagte ich.

Aber in Wirklichkeit verstand ich es überhaupt nicht, und er wusste es. ›Du verstehst nichts‹, sagte er mir an diesem Tag. – Tja, Madam«, schloss Mutwa ernst, »es sollte noch sehr lange dauern, bis ich das Wissen aufnehmen konnte, das die Erde erschüttert und das mein Großvater mir beibrachte; aber bald begann ich, seine Lehren begierig in mich aufzunehmen, denn ich bin durstig, Madam, ich habe eine wahnsinnige Neugierde, ich will so viel wissen wie nur irgend möglich. Das war bei mir immer so, solange ich mich erinnern kann. Dieser Wissensdurst brachte mich schließlich zu Fall, aber ich hätte nichts anderes tun können, als das Wissen in großen Zügen zu trinken.«

Anstatt irgendwelche Bemerkungen über Dinge zu machen, von denen ich nichts verstand, schwieg ich, denn ich ahnte, dass er kurz davor stand, auf meine Frage nach der engen Verbindung einzugehen, die zwischen Schamanen wie Maria und den Löwen bestand.

»Anfangs verstand ich die Worte meines Großvaters nicht ganz«, fuhr er fort, »aber ich sollte noch oft im Leben Gelegenheit haben, mich auf sie zu berufen.

Von meinem Großvater lernte ich die erste Lektion des Löwenschamanen: die Überwindung der Angst. Ein Großteil der Gewalt und Dummheit in unserer Welt kommt daher, dass die Menschen immer noch von diesem Ding namens Angst versklavt werden und darum die Verbindung zwischen allen Dingen nicht sehen.« Mutwa hielt inne. »Einmal begegnete ich einem menschenfressenden Löwen, Madam.«

Jetzt konnte ich mich nicht länger beherrschen. »Menschenfressend?«, wiederholte ich ein wenig nervös.

»Ja, Madam. Ich war damals noch ein junger Mann und arbeitete in Kenia in einem Wildreservat als Führer für Touristen auf Safari. Ich schlug gerade ein Zelt für das Lager auf, und auf einmal krachte das ganze Ding über mir zusammen und ich wurde von etwas sehr Schwerem fest auf den Boden gedrückt. Alles war voll Staub, und ich konnte eine Weile lang nichts sehen, doch plötzlich entdeckte ich unter der Zeltplane das fürchterlichste Gesicht, das ich jemals gesehen hatte. Es war ein riesiger, aber sehr alter Löwe, und er knurrte und versuchte, mich zu packen. Er war so nah, dass ich sehen konnte, dass alle seine Zähne kaputt waren.

Ein Löwe ist ein wunderschönes Tier, Madam, aber wenn er nur wenige Zentimeter von Ihnen entfernt ist und versucht, Sie zu fressen, dann ist er das schrecklichste Lebewesen der Welt. Später erfuhr ich, dass dieser Löwe für den Tod von mehreren Kindern und Frauen in der Gegend verantwortlich war.«

Ich wartete gespannt.

»Der Löwe war riesig, Madam, und er hielt mich am Boden fest und starrte mir ins Gesicht. Aus seinem Maul tropfte mir sogar der Speichel ins Gesicht. Ich hatte entsetzliche Angst. Um die Wahrheit zu sagen, ich machte mir die Hose nass. Inzwischen zerfetzte der Löwe die Zeltplane, die uns trennte. Ich war von Furcht erfüllt und versuchte, mich zu befreien. Ich konnte mein linkes Bein nicht bewegen und hatte große Schmerzen. Später stellte ich fest, dass der Löwe mir das Bein gebrochen hatte, als er mich angesprungen hatte.

Dann versuchte ich, mich zu beruhigen. Das Tier hielt mich mit allen vier Tatzen fest. Ich schwitzte und biss die Zähne zusammen und konzentrierte mich mit aller Kraft, meine Angst zu zügeln, denn ich wusste, dass meine Angst das Tier nur noch mehr dazu anstachelte, mich zu fressen. Ich hatte versucht, zu schreien und den Löwen zu bekämpfen, aber jetzt kämpfte ich gegen meine Angst. Dann ging der Löwe zu meiner großen Verblüffung einfach weg und blieb ein wenig von mir entfernt stehen und beobachtete mich.«

Ich war gebannt von Mutwas Geschichte und lachte unwillkürlich erleichtert auf.

»Doch dies ist nicht das Ende der Geschichte«, fuhr Mutwa fort. »Als ich sah, dass sich der Löwe entfernte, kämpfte ich mit der Zeltplane, um mich zu befreien. Da kam der Löwe natürlich zurück, um mir den Garaus zu machen. Nun benutzte er seine Vordertatzen, um die Zeltplane zu zerreißen, damit er mich unter der Plane packen konnte. Ich konnte das furchtbare Kratzen der Klauen auf der Zeltplane spüren. Da kämpfte ich erneut um Ruhe. Ich erinnerte mich an die Worte meines Großvaters und versuchte, sie jetzt in die Praxis umzusetzen. Ich sagte zu dem Löwen: ›Du bist mein mächtiger Bruder. Ich respektiere dich.‹ Ich sprach zu ihm in Gedanken, Madam, verstehen Sie? Mit meinem ganzen Willen. ›Ich bin nicht deine Nahrung‹, sagte ich zu ihm. ›Bitte, friss mich nicht. Ich hege keine Bosheit gegen dich. Ich lächle dich an. Ich habe keine scharfen Zähne, mit denen ich dich verletzen könnte. Bitte, lass mich in Frieden.‹

Und dann, Madam, sah ich, wie der Löwe einfach wegging. Ich verlor das Bewusstsein und wurde einige Zeit später unter dem Zelt gefunden und ins Krankenhaus gebracht.

Diese Lektion lehrte mich, Madam, dass wilde Tiere, wie auch wilde Menschen, vom Geruch der Angst angestachelt werden. Sie lehrte mich auch, dass man keiner Gewalt begegnet, wenn man die Angst besiegen kann. Wenn es uns Menschen gelingt, dieses Ding namens Angst zu besiegen, können wir die Übel dieser Welt bezwingen und in Harmonie leben. Die Kunst, Madam, besteht darin, dass Sie Ihrer Angst begegnen und ihr ins Gesicht blicken, als sei sie das Gesicht Ihres Geliebten.«

Einen Moment lang flackerte die Erinnerung an meinen Löwentraum in mir auf.

»Unser Fehler ist«, sagte Mutwa, »dass wir vergessen, dass Löwen, genau wie alle Tiere, ein Segen Gottes sind.

Unsere Tradition lehrt uns, dass die große Erdenmutter Nomkhubhlwane die Fähigkeit besitzt, sich in jedes Tier zu verwandeln. Am wichtigsten ist ihre Fähigkeit, sich in eine Löwin oder einen Löwen zu verwandeln. Ihr Name bedeutet ›Sie, die die Identität eines Tieres annimmt‹; das ist das Zuluwort für ›Gestaltwandler‹. Sehen Sie, Madam, unser Glaube, dass die höchsten Götter teils menschlich und teils tierisch waren, lehrt uns, die Tiere mit großer Ehrfurcht zu behandeln. Da unsere Götter zum Beispiel den Kopf eines Löwen und den Körper eines Menschen annehmen können, behandeln wir alle Löwen mit Liebe und Respekt.«

»Und warum werden anscheinend alle geistigen Führer mit Löwen assoziiert, Credo?«, fragte ich und grübelte über die immer wiederkehrenden Beispiele nach, die meine Forschungen allmählich ans Licht gebracht hatten.

»Madam, Sie stellen da eine sehr wichtige Frage. Glauben Sie, dass Sie für die Antwort bereit sind?«

Seine Erwiderung war so ernst, dass ich zusammenfuhr. »Credo, ich muss es einfach wissen«, sagte ich. »Ich muss es verstehen. Je mehr ich forsche, desto mehr Fragen tauchen auf.«

Mutwa lächelte. »Auch heute noch gibt es Einweihungsschulen in verschiedenen Teilen unseres Kontinents, wo die spirituellen Geheimnisse Afrikas gelehrt werden. Dort lernen wir, wie unsere Göttinnen und Götter die Gestalt wandeln konnten und warum sie teils menschlich und teils tierhaft erscheinen. Wir lernen auch, wie wir Menschen uns bemühen können, die gleichen Fertigkeiten zu meistern. Unsere afrikanischen Vorfahren gaben uns diese Weisheit, weil sie verstanden, was wir niemals vergessen sollten: In der Ganzheit des menschlichen Wesens existieren das Tier und die Gottheit zusammen.« Er schwieg eine Weile. »Warum dies so ist, Madam, ist wahrlich ein sehr tiefes Geheimnis.«

»Das würde also teilweise den Glauben erklären, dass sich Könige nach dem Tod in Löwen verwandeln?«

»Ja, Madam, ja. Aber dieser Glaube selbst ist nur ein Anzeichen eines tieferen Geheimnisses.«

Ich wartete schweigend.

»Der Löwe ist sowohl das Symbol als auch der Stellvertreter des Königs. Er ist sein Totem. In Afrika baut unser ganzes Denken auf dem Glauben an die Wiedergeburt und die Seelenwanderung auf. Wenn man stirbt, glauben wir, dass man als Totemtier des Stammes wiedergeboren wird. Aus diesem Grund töten die Zulu den Löwen niemals freiwillig: Er ist ein heiliges Tier, das Symbol ihres Königs.«

»Aber, Credo, stimmt es nicht, dass ein Jugendlicher einen Löwen töten muss, um ein Mann zu werden und ein Löwenherz zu bekommen – und zwar nicht nur beim Volk der Zulu, sondern in fast allen afrikanischen Traditionen?«, fragte ich. »Und danach trägt er auch das Fell eines Löwen.«

»Ja, Madam, das stimmt. Aber es stimmt nicht ganz. Der wahre Löwenkampf ist der Austausch der Seelen. Kein Löwe darf getötet werden, es sei denn, er ist ein Menschenfresser. Nicht einmal unsere größten Könige töteten einen Löwen, der in der Steppe lebte und keine Menschen angriff. Nur wenn er aufgrund von Krankheit, Verletzungen, seines hohen Alters oder aus anderen negativen Gründen zum Menschenfresser wurde. Das ist eins der ältesten Gesetze Afrikas.«

»Soweit ich es verstehe, Credo, gibt es in ganz Afrika zwei Traditionen: die des Löwenhelden und die des Löwenpriesters. Ist das richtig? Im Westen würden wir dies mit den sehr unterschiedlichen Geschichten von Herakles und Androkles vergleichen. Der eine tötet den Löwen, während der andere sich mit ihm anfreundet.«

»In der großen afrikanischen Tradition, Madam, trennen wir den Löwenhelden und den Löwenpriester nicht voneinander«, antwortete er.

»Ich fürchte, ich verstehe nicht ganz, Credo.«

Mutwa atmete langsam ein und fuhr fort. »Lassen Sie mich Ihnen eine Geschichte erzählen, Madam. In der Geschichte der Zulu gab es einen König namens Mageba. Er war ein großer Löwenkrieger, aber er besaß auch die Weisheit eines Hohepriesters. Er hatte die Sterne studiert und wusste, was die Götter von ihm wollten.

Als er noch ein Prinz war, ehrte man ihn mit dem formellen Kopfschmuck und dem Fell eines Löwen, der viele Jahre lang über sein Gebiet gewacht hatte und endlich alt geworden war. In dieser Phase, Madam, in dem Stadium, wenn die Mähne eines Löwen vor Alter schwarz wird, hatten Magebas Krieger den alten Löwen erlegt. Mageba verstand die Zeichen und wusste, dass dies seine Krönung zum Löwenkönig symbolisierte. Denn es ist ein alter afrikanischer Glaube, dass die Eigenschaften eines bestimmten Tieres auf einen übergehen, wenn man die Haut dieses Tieres trägt. Dies verstand Mageba, aber er verstand noch viel mehr. Denn zusammen mit dem Löwenfell brachten die Krieger auch einen gesunden Löwenwelpen, den sie auf der Jagd gefangen hatten. Der junge König vernarrte sich in den Löwenwelpen und sorgte für ihn, als sei er sein eigener Sohn, und in der Tat war er ein Familienmitglied geworden. Wo auch immer Mageba hinging, begleitete ihn der Löwe. Wenn er auf seinem Häuptlingsthron saß, setzte sich der Löwe an seine Seite.«

Mutwas Geschick als Geschichtenerzähler war beachtlich. Vor meinen Augen entfaltete sich ein Stück der mündlich überlieferten Geschichte in Form von Bildern. Es spielte keine Rolle mehr, dass ich immer noch keine direkte Antwort auf meine Frage erhalten hatte.

»Der junge Löwe wuchs zu einem prachtvollen Tier heran«, fuhr er fort und neigte den Kopf in seiner typischen Art schräg in den Nacken. Seine Augen waren hinter seiner dicken Brille verborgen, aber seine Augenbrauen hatten einen fragenden Ausdruck. »Nur ein winzigkleiner Makel störte den sonst perfekten Körperbau des Löwen: die Narbe einer alten Verletzung an der Tatze, die er sich zugezogen hatte, als die Krieger ihn als Welpe eingefangen hatten. Doch als ihm die ersten Anzeichen einer Mähne zu wachsen begannen, befahl König Mageba, dass er in die Wildnis freigelassen werden sollte, damit er mit den anderen Löwen die Steppe durchwandern konnte.

Er sagte seinen Kriegern: ›Ich kann keinen König als Sklave in meinem Dorf halten. Er muss in sein eigenes Reich zurückkehren, wie es der Wille des Großen Schöpfergeistes uNkulunkulu ist.‹

Einige Jahre gingen ins Land, nachdem der Löwe befreit worden war, und eines Tages brach ein schrecklicher Krieg zwischen dem Volk der Zulu und dem Mangwani-Volk aus. Zu dieser Zeit trieben die Zulu mit den Portugiesen Handel. König Mageba war ein mächtiger und furchtloser Krieger, doch einmal wurde er von seinen Männern strategisch getrennt, gefangen und fast tödlich verwundet. Sein Schild war völlig zerhauen, da die Mangwani-Streitäxte auf ihn eindroschen, und sein Körper war nass von Blut – sowohl vom Blut seiner Feinde als auch von seinem eigenen Blut.«

Mutwa machte eine dramatische Pause, aber ich traute mich nicht, ihn zu unterbrechen.

»Dann, kurz vor seinem Tod, als er glaubte, seinen letzten Atemzug zu tun, sprang ein Rudel Löwen aus dem Unterholz und zerriss einige der feindlichen Krieger in Fetzen. Der Rest der Mangwani-Armee floh in alle Richtungen. Die Löwen wurden von einem stolzen jungen Männchen angeführt, das Mageba an dem kleinen Makel an seiner Vordertatze sofort erkannte. Es war derselbe Löwe, den er eigenhändig aufgezogen hatte.«

Mein Herz tat an dieser Stelle von Mutwas Geschichte einen Sprung. Obwohl der Zulukönig mit dem Löwenkopfschmuck traditionell als Löwenheld gekrönt worden war, bestand kein Zweifel: Dies war das vertraute Schamanenthema – ein Mensch mit einem Löwenherzen, dessen Liebe zu einem Löwen ihn vor dem Tod rettete. Mutwas Geschichte erklärte mir, wie die Zwillingsthemen vom Löwenhelden und Löwenpriester sich zu einer Einheit vereinigen konnten. Maria, die wohl heldenhafteste aller Frauen, hätte niemals einem Löwen etwas zuleide getan, um ihre Überlegenheit zu demonstrieren.

»Siegreich«, schloss Mutwa, »kehrte Mageba mit völlig unversehrter Armee wieder nach Hause zurück. Alle seine Männer sahen, wie sein Freund, der Löwe, dem das Rudel der Löwinnen folgte, ihm den ganzen Weg zurück zu seinem Dorf folgte, um die Sicherheit des Königs zu gewährleisten. Man sagt, dass der Löwe König Mageba später auf vielen seiner Expeditionen begleitete, wenn er mit den Portugiesen Handel trieb.«

Der alternde Schamane beendete seine Erzählung und sah mich an.

»Dies, Madam, ist lediglich eine der vielen mir bekannten Geschichten, die erzählen, wie ein König der Wildnis einen menschlichen König beschützen kann. Bis heute verehrt das Volk der Zulu seinen König als Löwen und nennt ihn Ingonyama.«[5]

»Also«, folgerte ich, »zeigt diese Geschichte, dass gewisse Männer gleichzeitig Löwenpriester und Löwenkrieger sein können?«

»Ja, Madam, ja. Und schließlich auch Löwenkönig. Der Löwenpriester ist der wahre Löwenkrieger des Geistes. Von solchen Individuen wird erzählt, dass sie in der Gestalt eines Löwen weiterleben.«

»Ich verstehe, ich verstehe...« Allmählich begannen einige unklare Äußerungen Marias einen Sinn zu ergeben.

»Meinen Sie damit, dass ein Mensch, wenn er die Eigenschaften eines Löwen besitzt, schließlich auch ein Löwe werden kann?«

»Es ist eine Frage des Geistes, Madam. Im Geist sind sie ein und dasselbe.«

Er beobachtete mich intensiv, während ich darüber nachdachte.

»Wissen Sie, Madam, wir glauben, wenn Sie einem Tier im Geist sehr nah sind, kann dieses Tier Ihre Gedanken lesen. König Mageba rief um Hilfe, und der Löwe hörte ihn – auch wenn er vielleicht kein einziges Wort gesprochen hat. Genau so sprach Maria zu den Löwen von Timbavati. Sie mögen dies vielleicht ›Telepathie‹ nennen; wir nennen es ›Gedankenruf‹.«

»Ich beginne zu verstehen, Credo.«

»Vergessen Sie nicht, was Sie gesehen haben – es gibt viele Menschen, die Ihnen nicht glauben werden.«

»Wie könnte ich das vergessen?« Ich lächelte bei der Erinnerung. »Ich habe selbst gesehen, wie Maria unversehrt mitten durch die Löwen von Timbavati schritt – und ein paar andere Menschen sahen es ebenfalls.«

»Viele Menschen sehen Dinge, an die sie sich ungern erinnern.«

Ein kurzes Schweigen senkte sich über uns herab.

»Sie sind selbst in Timbavati gewesen, Credo, nicht wahr?«, fragte ich ihn.

»Ja, Madam, ja. Ich ging nach Timbavati in der Hoffnung, einen Weißen Löwen frei durch die Steppe streifen zu sehen. Ich habe keinen einzigen gesehen. Falls ich doch einen gesehen hätte, Madam, dann hätte mir das dabei geholfen, eine sehr wichtige persönliche Lebensentscheidung zu treffen. Doch ich sah keinen. Ich sah keinen einzigen Weißen Löwen; und deshalb traf ich nie die ungeheuer wichtige Entscheidung, die mich von allem Unsinn befreit hätte. Und ich fragte die Leute von Timbavati: ›Wo sind eure Löwen? Wo sind die heiligen Kinder des Sonnengottes?‹ So nennt man sie nämlich. Ich bekam nie eine klare Antwort.

Stattdessen, Madam, hörte ich eine seltsame Nachricht. Ein Löwe, von dem angenommen wurde, dass er der Vater eines der weißen Welpen war, wurde von Trophäenjägern bedroht. Sie wollten Ngwazi erschießen.«

»Ja!«, unterbrach ich. »Credo, ich habe Ngwazi gesehen!«

»Dann lebt er also noch?«, fragte der Schamane mit einem eigenartigen Lächeln.

»Und ob!«, sagte ich, während ich mich an seine dominierende Gegenwart in Timbavati erinnerte.

»Das ist gut, Madam, sehr gut. Wissen Sie, als ich von der Trophäenjägerexpedition hörte, wurde ich so wütend, dass ich verlangte, direkt zu Ngwazi gebracht zu werden; ich war nur wenige Meter von ihm entfernt. Da saß er, ein herrliches und schönes Wesen. Ein gewöhnlicher südafrikanischer Löwe, ja, aber ein wunderschönes Wesen. Wir glauben, dass Löwen heiliger und einzigartiger sind als alle anderen Tiere, Madam. Ist Ihnen jemals aufgefallen, dass ein Löwe den Körper eines Fleischfressers besitzt, aber den Schwanz eines Pflanzenfressers – wie den Schwanz eines Esels, Madam?«

»So habe ich das noch nie betrachtet, Credo.«

»Das ist ein Teil eines sehr großen Geheimnisses. Aber, um meine Geschichte fortzusetzen: als ich diesen großartigen Afrikanischen Löwen sah, stand ich in dem Jeep auf und segnete ihn. Dann sagte ich zu den Leuten, die bei mir waren: ›Erzählt bitte allen und jedem, dass der Mann, der Ngwazi erschießt, bis in die sechzehnte Generation verflucht sein wird, und er wird von seiner eigenen Kugel getötet werden.‹« Er legte eine dramatische Pause ein. »Dies, Madam, hat Ngwazi gerettet.«

Abgesehen von Mutwas Macht des Schutzes schien mir dies ein brillanter taktischer Zug.

»Wissen Sie, warum Menschen Tiere zum Vergnügen jagen, Madam?«, fragte mich der Schamane.

»Ich weiß es nicht, Credo. Mir scheint, es ist eine egoistische Machohandlung. Die Männer versuchen, ihre Männlichkeit zu beweisen oder so etwas. Sie scheinen zu glauben, dass sie die Kraft eines Löwen bekommen, wenn sie einen Löwen töten.«

»Da liegen sie falsch, Madam.« Er hielt inne. »Man erhält nicht die Kraft eines Wesens, indem man es tötet. Man bekommt die Kraft, indem man es berührt.« Mutwa hielt abermals inne, und ich wartete gespannt.

»Sie bekommen nicht die Kraft eines Stiers, wenn Sie ihn töten. Sie bekommen seine Kraft, wenn Sie ihn an den Hörnern packen und über ihn hinweg einen Purzelbaum schlagen. In der Tradition unserer

Buschmänner, Madam, taten unsere tapfersten Krieger genau dies mit der heiligen Elenantilope. Erhalten Sie die Macht eines Königs, wenn Sie ihn töten?«, fragte er rhetorisch. »Nein. Sie bitten ihn höflich und respektvoll, ob Sie einen Teil von sich gegen einen Teil von ihm eintauschen dürfen.« Die Worte klangen edel und dramatisch, aber sie kamen von Herzen.

»Wissen Sie, Madam, der Löwe ist das heilige Totem meiner Familie großväterlicherseits. Nicht nur bin ich durch einen Eid verpflichtet, Frauen jeder Rasse und jedes Stammes zu beschützen – ich muss sogar weibliche Paviane ehren –, sondern auch Löwen, denn sie sind großväterlicherseits meine Familiengötter.«

Er schwieg und sah auf einmal tief erschöpft aus. »Ich habe dies alles durch Leid gelernt, Madam. Ich glaube, mein Leben ist ein solches Durcheinander, weil ich früher in meinem Leben oft dabei war, wenn Löwen erschossen wurden. Und manchmal nahm ich sogar unwissentlich teil am Erschießen dieser heiligen Tiere.«

Mutwa hatte schon vorher erwähnt, dass er als Jugendlicher in Kenia in einem Safaricamp gearbeitet hatte, und ich nahm an, dass diese Aussage sich auf seine Tätigkeit als Fährtensucher für die Jäger bezog. Ich fragte mich, wie er dies mit der Initiation durch seinen Großvater in den Löwenschamanismus hatte vereinbaren können, und hätte ihn gern weiter darüber befragt, aber der Zeitpunkt dafür schien noch nicht gekommen zu sein.

Mutwa saß mit gesenktem Kopf vor mir, die Augen hinter seinen dicken Brillengläsern verborgen. Ich begriff, dass ich dieses Treffen nicht noch weiter in die Länge ziehen sollte.

»Sie sind müde, Credo?«

»Ja, Madam, ich bin müde.«

»Soll ich also meine Fragen lieber vertagen?«

»Ja, wenn Sie so gut wären, Madam.«

Dennoch musste ich die wichtigste Frage stellen: »Und die Weißen Löwen? Wie sind sie überhaupt nach Timbavati gekommen?«

»Das, Madam, ist eine ganz andere Geschichte. Ich merke, dass ich bereits zu viel gesagt habe, Madam. Das ist das Problem in meinem Leben. Man bringt uns Sanusis bei, das Schweigen zu respektieren. Doch sie legt mir andauernd nahe, dass es an der Zeit ist, das Große Wissen an die Welt weiterzugeben, bevor es zu spät ist.«

»Wer ist sie, Credo?«, fragte ich.

»Sie ist Amarawa, Madam, die Frau, der alle meine Lehren gewidmet sind.«

Natürlich war meine erste Vermutung, dass dies eine Frau von Fleisch und Blut war; eine Muse, die den Schamanen zur Erleuchtung inspiriert hatte. Doch dann erinnerte ich mich, dass Maria mir erzählt hatte, Mutwa würde stets von der Großen Mutter des Ersten Volkes begleitet, einer uralten Göttin aus der Geisterwelt, die sein ganzes Leben lang seine Geistführerin gewesen war. Maria hatte erklärt, dass diese Göttin ihm zum ersten Mal während seiner Zeit des *twasa* oder der Krankheit vor seiner Einweihung erschienen war, als er von immer wiederkehrenden Visionen geplagt wurde. Amarawa erschien ihm und erklärte, er solle keine Angst vor den seltsamen Dingen haben, die ihm widerfuhren. Sie beruhigte ihn und sagte ihm, ihr Name sei Amarawa und sie sei gekommen, um seine »Braut« zu werden.

Ich hatte noch so viele Fragen, aber Mutwa war müde. Doch bevor ich ging, musste ich unbedingt noch etwas mehr über Amarawa erfahren, die große Inspiration seines Lebens.

Mutwa lehnte es ab, mir zu antworten. »Ich kann nicht – ich darf nicht über Amarawa sprechen!« Er lachte nervös und schüttelte den Kopf, als hätte er Angst vor den Konsequenzen. »Sie hat mir alles beigebracht, was ich weiß«, erklärte er, »aber sie kann auch sehr rachsüchtig sein!«

Trotz seiner Unruhe schien ihn die bloße Erwähnung ihres Namens zu animieren.

»Wissen Sie, Madam, Amarawa bringt Erleuchtung und Weisheit auf diese Welt. Wissen Sie, dass sie mich lehrte, ein Teleskop zu bauen? Das war zur Zeit der ersten Mondlandung, und unser Volk wollte das sehen. Vielleicht haben Sie gehört, Madam, dass die afrikanischen Buschmänner so scharfe Augen haben, dass sie die Berge auf dem Mond sehen können, und ihr Gehör ist so gut, dass sie die Geräusche hören können, die die Himmelskörper verursachen, wenn sie um die Sonne kreisen. Haben Sie das gewusst, Madam?«

»Nein, Credo, ich fürchte nicht.«

»Nun, es ist wahr, Madam, aber die Buschmann-Schamanen wollten noch mehr sehen. Sie wollten sehen, wie das Raumschiff auf dem Mond landet. Amarawa gab mir die nötigen Kenntnisse, um ein Teleskop zu bauen, das die Größe des Mondes für das Auge vervielfachte. Und wissen Sie, welche Werkzeuge ich dazu verwenden sollte? Die Böden von gewöhnlichen Glasflaschen. Und wissen Sie was, Madam? Ich habe dieses Teleskop heute noch.«

»Darf ich dieses Teleskop eines Tages sehen?«, fragte ich, überrascht von meiner eigenen Kühnheit.

»Vielleicht, Madam, vielleicht. Zurzeit befindet es sich an einem geheimen Ort.«

Seiner eigenen Aussage zum Trotz hatte Mutwa nun doch begonnen, über Amarawa zu sprechen. Und jetzt sagte er mir außerdem, dass sie zwar ein Geist sei, aber auch durchaus real – und zwar so real, dass sie sich auch für andere Menschen sichtbar machen konnte. Er sagte, Amarawa sei der eigentliche Grund für das Scheitern seiner ersten Ehe gewesen. Er sagte, seine erste Frau habe sich eingebildet, dass er eine Liebesaffäre mit einer anderen Frau gehabt hatte, doch das sei überhaupt nicht der Fall gewesen. Das gleiche Missverständnis hätte fast auch seine zweite Ehe mit Cecilia zerstört, aber inzwischen wusste er, wie er ihr das Ganze erklären konnte. Cecilia war in Tränen zu ihm gekommen und hatte ihn beschuldigt, weil sie eine andere Frau in ihrem Ehebett liegen sah. Er hatte sie beruhigt und gesagt: »Mein Liebling, haben echte Frauen grüne Haare und rote Haut? Die Frau, die du gesehen hast, war Amarawa. Eines Tages wirst du vielleicht verstehen...« Und so hatte Cecilia gelernt, diese Erscheinung als unvermeidlichen Teil ihres Zusammenlebens zu akzeptieren.

Als er mir dieses Ereignis beschrieb, bemerkten Mutwa und ich gleichzeitig, wie komisch diese Situation, als seine Frau eine Geistererscheinung mit einer wirklichen, lebendigen Frau verwechselt hatte, eigentlich gewesen war, und wir lachten beide.

»Ich weiß nun, dass ich ohne Amarawa nicht leben kann«, fuhr er ernüchtert fort, »aber ich habe Ehrfurcht vor ihr und fürchte sie sehr.«

»Warum?«, fragte ich.

»Sie besitzt große Kräfte der Erleuchtung und der Vergeltung«, sagte er. »Und dabei wollte ich lediglich ein Leben als ganz gewöhnlicher Gemüsehändler an der Straßenecke führen, Madam.«

Ich gluckste unwillkürlich über seine Bescheidenheit.

»Oh ja, Madam! Manchmal glaube ich immer noch, dass ich nicht mehr will, aber es soll nicht so sein. Als Amarawa zum ersten Mal in mein Leben trat, Madam, fürchtete ich sie genau so sehr wie diesen menschenfressenden Löwen in Kenia. Ich kämpfte gegen sie und leistete ihr Widerstand; ich dachte, sie sei nicht meine Hüterin, sondern meine Gegnerin!«

Er erklärte weiter, wie er jahrelang mit der Anwesenheit Amarawas in seinem Leben gerungen hatte. Er hatte alles Mögliche versucht, um sie loszuwerden. Er betete darum, von ihr befreit zu werden. Er versuchte, sie durch einen Willensakt zu verscheuchen, aber sie kehrte immer wieder zurück. Schließlich reiste er sogar nach Ostafrika, wo er in Dar es Salaam einen berühmten Exorzisten aufspürte und sich seiner Hilfe versicherte, um den Geist Amarawas zu verjagen. Er bezahlte diesem berühmten Mann eine große Summe, und dieser vollzog die entsprechenden Rituale. Nach dem Exorzismus stellte er zu seiner Erleichterung fest, dass Amarawa tatsächlich fort war, und kehrte nach Südafrika zurück, um sein Leben dort wieder aufzunehmen.

Mutwa lächelte grimmig, als er diesen Teil der Geschichte erzählte.

»Ungefähr sechs Monate danach, Madam, erhielt ich eine Botschaft durch eine Person, die ich nie kennengelernt hatte und die in einem ganz anderen Land lebte. Diese Person erzählte mir, dass eine Frau namens Amarawa eine Nachricht für einen Mann namens Mutwa habe. Die Botschaft lautete: ›Leg dich nicht mit mir an. Ich bin wieder da!‹«

Er seufzte. »Seit diesem Tag ist sie untrennbar mit meiner Existenz verbunden, und ich habe endlich gelernt, Madam, mich mit den großen Freuden und Leiden, die sie mir bringt, abzufinden.«

Ich war von dieser erstaunlichen Geschichte sehr berührt, aber ich wusste zu wenig über Schamanismus und überhaupt über spirituelle Angelegenheiten und hatte keine Ahnung, wie ich reagieren sollte.

Daraufhin trennten wir uns. Ich war bereit, gleich am nächsten Tag wiederzukommen, aber leider sollte bis zu unserem nächsten Treffen eine lange Zeit vergehen.

5

CREDO: DAS WORT AFRIKAS

Unsere Weisen verbargen ihre Weisheit in Erzählungen, die dem Anschein nach Kindergeschichten sind, um sie zu behüten... Es ist wahr, der schwarze Mann Afrikas besaß keine mächtigen Schriftrollen, auf die er die Geschichte seines Landes hätte schreiben können. Es ist wahr, die schwarzen Stämme Afrikas besaßen keine Pyramiden, in die sie die Geschichte hätten einmeißeln können... Doch dies haben sie getan und dies tun sie heute noch!

– Credo Mutwa über die große Tradition der mündlichen Überlieferung

Trotz häufiger Versuche konnte ich Credo Mutwa die nächsten sechs Monate lang nicht erreichen. Am Tag nach unserem ersten Treffen sagten mir seine Assistenten, dass er sich nicht wohl fühlte. Ein paar Tage später gab es dann eine andere Geschichte, und ich wurde von einer anonymen Person zur nächsten weitergereicht – und alle behaupteten, keine Ahnung zu haben, wo er sich aufhielt. Bald begriff ich, dass er offenbar nicht wünschte, kontaktiert zu werden, also stellte ich meine Versuche ein, ihn zu finden.

Die folgende Zeit schien sich lange hinzuziehen; ich dachte intensiv über alles nach, was ich aus seinem Mund gehört hatte, und versuchte zu entscheiden, was ich glauben konnte und was nicht. Wo die Information Lücken aufwies, versuchte ich diese zu füllen, indem ich mir die Zeit nahm, Mutwas Bücher zu lesen. Eigentlich war sein vorübergehendes Verschwinden ein Glück für mich: Ich bezweifele, dass ich weitere Offenbarungen hätte verdauen können, wenn ich mehr erfahren hätte. Die Tatsache, dass er noch nicht einmal angefangen hatte, auf die Frage einzugehen, die mich ursprünglich zu ihm geführt hatte – die Geschichte der Weißen Löwen von Timbavati –, war gar nicht so wesentlich. Seine anderen Enthüllungen und die aufregenden Fragen, die diese aufgeworfen hatten, reichten völlig, um meine Neugierde auf den Löwenschamanismus zu wecken.

Als ich Kollegen gegenüber erwähnte, dass ich Credo Mutwa persönlich kennengelernt hatte, warnte man mich davor, mich den Hirngespinsten eines »alten Scharlatans« zu öffnen – doch diese Ratschläge stammten stets von Menschen, die selbst noch nie einen direkten Kontakt zu ihm gehabt hatten. Offenbar war Mutwas Ruf in den Augen des Establishments bereits unwiderruflich ruiniert. Nach diesem ersten Treffen mit ihm standen mir lediglich meine eigenen Instinkte und die schamanische Führung Marias als Unterstützung zur Verfügung. Was mich betraf, sprachen Marias inspirierte Handlungen lauter als alle Worte. Die Wertschätzung, die sie für Credo Mutwa empfand, war mir Empfehlung genug.

Trotzdem war das schamanische Material, das mir Mutwa großzügig kundgetan hatte, so beunruhigend und fremd, dass die Andeutungen und ihre Konsequenzen mich nachts manchmal nicht schlafen ließen.

Amarawa – Erleuchtungsträgerin

In erster Linie faszinierte mich diese Vorstellung von Amarawa. War sie lediglich ein Fantasieprodukt Mutwas? Es war einfach, sie aus jungscher Sicht zu betrachten: als verborgenen weiblichen Archetyp, als »Animagestalt«, die in der männlichen Psyche wohnt und mit der er in einer weit intimeren Ehe lebt als mit seiner Ehefrau von Fleisch und Blut. Doch selbst Jungs umfassende psychologische Erklärung war ungenügend. Sie konnte zum Beispiel nicht erklären, wieso dieser Archetyp sich in der stofflichen Wirklichkeit so zu manifestieren vermochte, dass auch andere Menschen ihn sehen konnten.

Mir fiel auf, dass Amarawa nicht nur menschliche Gestalt annehmen konnte, sondern auch andere Formen: Manchmal konnte sie in halb menschlicher, halb tierischer Gestalt erscheinen, insbesondere halb als Löwin.

In einem von Mutwas Büchern, einem diktierten Werk mit dem Titel *Song of the Stars* (»Gesang der Sterne«), beschreibt der Löwenschamane eine beängstigende Phase seelischer Erregung, in der ihm Amarawa mehrmals erschien:

> Genau in diesem Moment veränderte sich Amarawa. Ihre Farbe wechselte von Rot zu Gold, ihre Brüste wurden zu Zitzen, ihre Hände zu schrecklichen Klauen. Ein Löwenschwanz wuchs aus ihrem Gesäß und peitschte wütend hin und her...[1]

Falls ich Credo Mutwa richtig verstanden hatte, entstammten seine Schwierigkeiten seiner Abneigung, seine höhere Berufung anzunehmen. Vielleicht hatte er Angst davor gehabt, vielleicht wollte er tatsächlich lieber nur ein ganz gewöhnlicher Gemüsehändler an der Straßenecke sein. Dies würde seine Bemühungen erklären, sich Amarawas Macht zu entziehen. Es erklärte auch den Stress und die Krankheit, die er sich während seiner Verweigerungsversuche zugezogen hatte.

In seinen Schriften beschreibt Mutwa, wie seine Einweihung in den Schamanismus durch eine plötzlich auftretende Krankheit initiiert wurde. Diese wichtige Einzelheit erinnerte mich daran, wie gut dieser große afrikanische Medizinmann in die unermesslich lange Tradition des Schamanismus passte. In *Schamanism* (»Schamanismus und archaische Ekstasetechnik«), einer wissenschaftlichen Studie zu dieser Thematik, erklärt Mircea Eliade, dass Schamanen nach einer pathologischen, oft fast tödlichen Krankheitsphase in das tiefe Wissen eingeweiht werden. Credo Mutwa war keine Ausnahme.

Man ist oft versucht, diese typische schamanische Erfahrung als »Nervenzusammenbruch« abzutun, doch die klinische Terminologie kann die großen Kräfte, die letztlich aus diesem Zustand hervorbrechen, nicht erklären. Erforscher der schamanischen Praktiken wie Eliade und Giorgio de Santillana helfen uns zu verstehen, dass solche psychischen Turbulenzen keineswegs eine Geisteskrankheit sind, sondern eine Vorbedingung, die dem Eingeweihten Zugang zu den höheren Bewusstseinsebenen verschafft. Ich wusste nun, dass Maria von Timbavati diese Erfahrung als *twasa* bezeichnet hatte.

Das Problem entsteht anscheinend dadurch, dass man die Rolle des Schamanen nicht aufgrund einer freien Willensentscheidung übernimmt, sondern dass sie ein Schicksal ist, das man erfüllen muss.[2] Die betreffenden Individuen leiden genau wie wir alle unter Angst und Zweifeln und wehren sich gegen das unvermeidliche Endergebnis, wodurch sie sich den Übergang erst recht erschweren. Aus diesem Grund wird die Berufung zum Schamanen oft vom plötzlichen Ausbruch eines unerwarteten und ungewollten Leidens begleitet; doch anschließend beginnt eine Phase der Rekonvaleszenz, die damit endet, dass der werdende Schamane Fähigkeiten entwickelt, die über das menschliche Vermögen hinausgehen: ein gutes Beispiel für das Evolutionsprinzip »Was mich nicht umbringt, macht mich stärker«.

Sobald sich das Individuum von dieser »psychischen Krankheit« erholt hat und nun mit »ungewöhnlichen Kräften« ausgestattet ist, um Carlos Castanedas Begriff zu verwenden, wird es von älteren traditionellen Heilern in ihre Geheimnisse eingeweiht. Da der- oder diejenige nun seine oder ihre persönliche Folter überlebt hat, übernimmt er oder sie die Rolle des »verwundeten Heilers«. Nachdem er 1937 von seiner schamanischen »Krankheit« genesen war, kam Mutwa im Alter von 16 Jahren wieder mit seinem Großvater zusammen. Er löste sich von seiner christlichen Erziehung, um sich der sogenannten »Reinigungszeremonie« zu unterziehen: dem ersten Schritt auf dem Pfad des Schamanismus. Von diesem Zeitpunkt an war die Erdgöttin Amarawa die geistige Führerin, die hinter all seinen Handlungen stand.

Sogar schon als Knabe vor seiner Krankheit wurde Mutwa wiederholt von hellseherischen Visionen seiner löwenhaften Animagestalt geplagt. Er erklärte: »Ein äußerst seltsamer Teil meines Lebens hat mit Amarawa zu tun.«

> ... In meiner Jugend wusste ich nicht allzu viel über sie, aber in meinen Träumen und Visionen gab es eine Gestalt, die mir immer wieder erschien, eine Gestalt mit roter Haut und grünen Haaren. Ich wusste nicht, was ich tun sollte. Ich wollte, dass diese Frau wegging und mich in Ruhe ließ. Aber ich habe niemandem davon erzählt. Ich betete darum, von diesen störenden Visionen befreit zu werden ...[3]

Als ich dies las, fiel mir ein, was er mir während unseres Treffens gesagt hatte: wie sehr er sich vor Amarawa gefürchtet hatte, als sie zum ersten Mal in sein Leben gekommen war – genau so sehr wie vor dem menschenfressenden Löwen in Kenia. Und wie er sich ihrer Führung widersetzt hatte, weil er sie als Gegnerin statt als Beschützerin gesehen hatte. Und wieder musste ich über meinen sich so oft wiederholenden Traum nachdenken – den Traum von dem Löwen, der mir ins Gesicht brüllte.

Anscheinend beginnt der schamanische Heilungsprozess erst, wenn der Novize oder die Novizin aufhört, gegen die Löwenkräfte in sich selbst zu kämpfen, und sie stattdessen als führende Prinzipien seines oder ihres Lebens akzeptiert. Mutwa beschreibt dies in seinem Buch fast so, als sei es ein bereits beschlossenes Schicksal, dem sich zu widersetzen töricht wäre:

> Natürlich änderte sich mein Leben, als ich mich meinen Visionen öffnete, und nun ist Amarawa eine der wichtigsten Gestalten meines Innenlebens.[4]

Ich konnte jedoch nicht umhin, mich an die extremen Anstrengungen zu erinnern, die er unternommen hatte, um ihre Gegenwart loszuwerden. Erst nach seiner Rückkehr aus Dar es Salaam und nach ihrem erneuten Auftauchen mithilfe eines Dritten akzeptierte er schließlich ihre Führungsrolle in seinem Leben.

Vieles in dem Buch hörte sich bizarr und potenziell gefährlich an; aber wenn ich definieren müsste, welches vorherrschende Gefühl Mutwa mir vermittelte, als ich ihn persönlich kennenlernte, dann wäre es ein Eindruck von Strahlkraft und Licht.

WUSAMAZULU, DER AUSGESTOSSENE

Sowohl aufgrund von Marias Worten als auch durch die Zeitungsartikel und Bibliotheksunterlagen, die ich weiterhin entdeckte, formte sich in mir allmählich ein Bild von Credo Mutwa: das Bild eines sehr bedeutsamen Mannes, dessen Schicksal mich tief ergriff. Seine Lebensgeschichte ist außergewöhnlich und bewegend.

Mutwa wurde in den frühen 1920er-Jahren an einem 21. Juli in Umsinga unweit von Durban in Zululand geboren. (Die Tradition verbietet die genaue Angabe des Geburtsjahres eines Sanusi.) Er wuchs während der Apartheid in einem von einem christlichen Vater dominierten Haushalt auf, getrennt von seiner Mutter und ihren Schamanenwurzeln, bis er in die Straßen von Sophiatown ausgesetzt wurde, wo er für einen Großteil seiner Jugend auf sich selbst angewiesen war.

Die Entscheidung, den Pfad des Schamanen zu wählen, war die erste schmerzhafte Entscheidung seines Lebens – ein spiritueller Weg, dem er sich bis zur Todesgefahr widersetzt hatte. Nachdem er jedoch seine wahre Berufung angenommen hatte, wurde er von einem der größten Heiler Afrikas eingeweiht und ausgebildet und erhielt die höchsten schamanischen Ehren. Man vertraute ihm die tiefsten Geheimnisse des afrikanischen Kontinents an.[5] Er erhielt seine schamanische Ausbildung in verschiedenen Teilen Afrikas, im Norden, Süden, Osten und Westen. Das Große Wissen wird nur an Orten der Einweihung angesprochen und es wird nur im Gedächtnis der Hüter des *Umlando* erhalten. Als man Mutwa mit dem Titel »Hüter des *Umlando*« ehrte, übertrug man ihm zugleich die Aufgabe, einige der heiligsten Schätze Afrikas zu hüten.

Darauf folgte die zweite schmerzhafte Entscheidung seines Lebens: Mutwa beschloss, mit der Tradition des Schamanismus, in die einzutreten so mühevoll gewesen war, zu brechen.

Von seiner Familie väterlicherseits ausgestoßen und geächtet, weil er den Pfad des Schamanismus gewählt hatte, wurde er nun von den Schamanenpriestern ausgestoßen, weil er die geheimen mündlichen Überlieferungen niederschrieb. Doch weil er geschworen hatte, die überlieferten Stammesgeheimnisse zu veröffentlichen, folgte Mutwa von diesem Tag an seinem neuen Weg. Je mehr ich über die Konsequenzen seiner mutigen Tat und die zahlreichen persönlichen Schicksalsschläge las, die darauf folgten, desto mehr fragte ich mich, was ihn wohl dazu getrieben hatte, so zu handeln.

Vielleicht sollte es uns nicht überraschen, dass er seine Aufgabe, das Große Wissen schriftlich festzuhalten, Amarawa widmete.[6] Er erklärt, dass die Göttin hinter seiner Entscheidung stand, »...die mich damit beauftragte, diese geheimen Lehren, die Legenden und Mythen des Zuluvolkes an die restliche Welt weiterzugeben, damit sie nicht aussterben und damit die gesamte Menschheit von ihnen lernen möge.«[7] Es ist ein gewaltiges und leider unvollendetes Werk, das allein dem Zweck dient, die schamanischen Erinnerungen, deren Hüter er ist, allen Widerständen zum Trotz dem Rest der Menschheit weiterzugeben.

Sein erstes umstrittenes Buch *Indaba, My Children* (»Indaba. Ein Medizinmann der Bantu erzählt die Geschichte seines Volkes«) wurde vor fast vierzig Jahren veröffentlicht. Mutwas Werk vermittelt den Eindruck, dass die Geschichte Afrikas genau wie die Geschichte Europas und Asiens vor blutigen Schlachten, Plünderungen und Zerstörung strotzt – und doch sind in dem Chaos Juwelen der spirituellen Erleuchtung eingelagert.

Genau wie Homer, der ebenfalls mündlich überliefertes Wissen schriftlich weitergab, spricht Mutwa mit der Stimme eines großen Redners. Heute haben die Gelehrten entdeckt, dass vieles in der *Odyssee* und der *Ilias*, das früher als reines Fantasieprodukt betrachtet wurde, tatsächlich stattgefunden hat. Man nimmt heute zum Beispiel an, dass Helena von Troja tatsächlich gelebt hat und ihre Entführung wirklich zu der zehn Jahre andauernden Belagerung Trojas führte. Abgesehen von ihrer möglichen historischen Grundlage geht man heute weitgehend davon aus, dass die sogenannten »mythologischen« Erzählungen vielleicht auch tiefere Bedeutungsebenen enthalten, die über einfache geschichtliche Aufzeichnungen hinausgehen. Zum Beispiel ist es gar nicht so wichtig, ob Herakles wirklich gelebt hat – viel wichtiger ist, dass er im menschlichen Bewusstsein den Archetyp des Helden darstellt, der einem Löwen die Stirn bot, um sich weiterzuentwickeln. Aufgrund meines Studiums der frühen Symbolik und Mythologie konnte ich die legendenhaften Aspekte in Mutwas historischen Epen besser verstehen, wo sich die Grenzen zwischen Fantasie und Tatsachen scheinbar verwischen. Ohne diese Ausbildung hätte mich die tiefe Überzeugung, mit der Mutwa schreibt, womöglich sehr irritiert:

> Viele seltsame Dinge sind in Afrika geschehen... Viele werden sich schwertun, zu glauben, was ich enthüllt habe... Aber das macht mir überhaupt nichts aus, denn ob man es mir glaubt oder nicht: Alles, was ich hier schreibe, ist wahr.[8]

Dies könnten die Worte eines arroganten Mannes sein, doch stattdessen hatte ich während meines direkten Kontakts mit Mutwa den Eindruck eines bescheidenen Individuums, das vom Mut einer inneren Überzeugung und von der Liebe zur Menschheit motiviert wurde. Er hatte geschworen, der Welt die Wahrheit so zu berichten, wie sie ihm mitgeteilt worden war, damit sowohl das moderne europäische als auch das afrikanische Bewusstsein das alte afrikanische Erbe allmählich begreifen. Anscheinend war von diesem Zeitpunkt an sein ganzes Leben von der ständigen Bemühung geprägt, diesen Eid zu erfüllen: »...ein Eid, dessen Erfüllung der einzige Zweck meines ganzen unerträglichen Lebens geworden ist.«[9]

In seiner Jugend wurde er 1932 Zeuge des Todes seines Stiefbruders, der starb, nachdem er von einem weißen Grundbesitzer bewusstlos gepeitscht worden war. Einige Jahre später wurde er auf der Farm, auf der er als Tagelöhner arbeitete, selbst das Opfer eines Unfalls durch einen ungesicherten Benzintank. Dadurch wurden seine Augen lebenslang geschädigt. Später, als verliebter Mann in mittleren Jahren, verlor er die Frau, die er zu heiraten hoffte, als diese im März 1960 im bekannten Sharpeville-Massaker von den Schüssen der Polizei getötet wurde. Während der Revolte von Soweto im Jahr 1976 galt Mutwa als Verräter, weil er den weißen Unterdrückern die Geheimnisse Afrikas preisgegeben hatte. Das Haus seiner Familie wurde von einer wütenden Horde dem Erdboden gleichgemacht, und es wäre der Menge fast gelungen, Mutwa zu Tode zu prügeln und zu erstechen. Sehr oft musste Mutwa fliehen und sich verstecken, weil sein Leben bedroht war. Sein tieferes schamanisches Wissen verbot es Mutwa, in der komplexen südafrikanischen Politik Stellung zu beziehen, und dadurch wurde er zum »Feind aller«.

Die wohl schmerzhafteste aller Tragödien, die Mutwa im Lauf seines Lebens erdulden musste, war der schreckliche Tod seines Sohnes Innocent Mutwa, den er zu seinem Nachfolger in den geheimen Weisheitstraditionen bestimmt hatte. Mutwas erstgeborener Sohn war der einzige leibliche Erbe des Großen Wissens und bereits in die Traditionen des Löwenschamanismus eingeweiht. Es ist ironisch und zugleich tragisch, dass dieser junge Mann, der von Geburt an den Namen Innocent (Unschuldig) getragen hatte, 1986 das Opfer eines kaltblütigen politischen Mordes wurde. Er war in den Zwanzigern.

Würde nun, nach dem Mord an Innocent Mutwa, die große Tradition, die in Mutwas Familie viele Generationen hindurch vom Vater zum Sohn weitergegeben worden war, mit Credo Mutwa aussterben?

Vielleicht war dies eine noch viel schlimmere Tragödie als alles, was Mutwa persönlich erlebt hatte: ein schmerzhafter Verlust für die ganze Menschheit.

URALTES WISSEN, DAS EIN KÖNIGREICH RETTETE

Auf meiner Suche nach Informationen zur persönlichen Geschichte Mutwas spürte ich ein tiefes Verlangen, das Große Wissen besser zu verstehen und zu begreifen, warum Mutwa diese geheime Weisheitsquelle für so wichtig hielt, dass er ein Leben voller Verfolgungen in Kauf genommen hatte, um sie der Allgemeinheit zugänglich zu machen. In einem seiner veröffentlichten Werke fand ich einen Hinweis, der mir eine Ahnung der Tragweite dieses Wissens vermittelte. »In Afrika«, schrieb Mutwa, »finden wir viele Geschichten, die auf den ersten Blick eher kindisch und primitiv erscheinen; aber bei näherer Betrachtung entdecken wir, dass sie verblüffende Einzelheiten des tiefen Wissens unserer Ahnen enthalten... Diese längst vergessenen Menschen vermitteln uns in den Geschichten, die sie uns über verlorene Jahrhunderte hinweg weitergaben, ein großes Wissen. Es ist eine Tatsache, dass sie weiser waren, als wir es jetzt sind, und dass sie von Dingen wussten, die uns erst jetzt überhaupt bewusst werden.«[10]

Die Vorstellung, dass wir modernen Menschen womöglich gar nicht die am weitesten entwickelte Zivilisation auf Erden sind, war mir völlig neu – schließlich war ich in einer Umgebung aufgewachsen, in der man sich um wissenschaftliche Erkenntnisse bemühte. Der Gedanke, dass »primitive« Gesellschaften einen tieferen Wissensschatz besitzen sollten, von dem unsere führenden Wissenschaftler noch gar nichts ahnten, war in meiner Vorstellung mit den Grundideen des Fortschritts und der intellektuellen Errungenschaften einfach unvereinbar. Doch im Licht dessen, was ich noch alles lernen würde, sollte sich diese selbstgefällige Betrachtungsweise nur als weitere Ausgeburt meiner Voreingenommenheit erweisen.

Während ich mich mit dieser Lektüre beschäftigte, stieß ich auf einen Bestandteil der großen afrikanischen Tradition, den Mutwa in Form einer traditionellen Geschichte erzählte und der seine eigene Lebensgeschichte verdeutlichte. Seine Art, über vergangene Geschehnisse zu berichten, war ganz anders als der Stil unserer Geschichtsbücher. Das Ganze hörte sich mehr nach Märchen als nach Tatsachen an; und doch lag eine tiefe Authentizität darin, und die Bedeutung wurde durch einfache, fast kindliche Worte deutlich und offensichtlich.

Mutwa beginnt die Geschichte, indem er erklärt, dass sie eine Botschaft beinhaltet, »... die Sie erhalten werden, wenn die Geschichte zu Ende ist«. Obwohl dem Sanusi selbst diese Parallele nie aufgefallen ist, wurde mir später klar, wie bedeutungsvoll diese uralte Geschichte für die autobiografischen Ereignisse in Mutwas Leben ist.

Die Geschichte trägt den Titel *The Ancient Knowledge that Saved a Kingdom* (»Das uralte Wissen, das ein Königreich rettete«) und berichtet von der Medizinfrau Nalindele. Mutwas Quelle dafür ist die mündliche Überlieferung. Er erzählt: »Es war einmal ein Stamm irgendwo im südlichen Afrika, dessen Namen wir (die Hüter) vergessen haben. Der Stamm war dort schon so lange ansässig gewesen, dass die Geschichtenerzähler nicht mehr wussten, seit wann.«[11] Auf jeden Fall ist bekannt, dass das Ereignis im Land des Barotse-Volkes stattfand, und zwar während der Herrschaft eines Königs namens Ndenge.

Dieser Stamm war wohlhabend und friedlich, doch Mutwa erklärt, dass die Menschen nach langer Zeit aufgrund ihrer Selbstzufriedenheit vieles vergaßen; und »sie ignorierten viele der wichtigen Dinge, über die ihre längst vergessenen Vorfahren Bescheid gewusst hatten«.[12]

Dann, nachdem ein furchtbarer Komet am Himmel gesichtet wurde, ändern sich die Zustände auf der Erde. Es folgt eine Dürreperiode, daraus resultiert eine Hungersnot. Die Hauskatzen – Symbole des Schutzes – flüchten und kehren in ihre natürliche Umgebung zurück, nämlich in die Steppe, während im Dorf des Königs Ndenge die Kinder verhungern. Mitten in dieser »großen Dunkelheit« erscheint eine unbekannte Frau. Sie erbittet sicheres Geleit durch das Gebiet des Stammes zu einem anderen Land, in dem ihr Bruder König ist. Sie ist ganz offensichtlich eine Sangoma. (Sie wird als auf einem Auge blind beschrieben, was mich sofort an Maria denken ließ.) Sie hat eine wunderschöne Tochter, die auf beiden Augen blind ist, und doch »war sie mit einer Schönheit gesegnet, die zeitlos war, und mit einer Weisheit, die keine Blindheit aus ihrem Gesicht löschen konnte«.[13]

Diese Frau besitzt großes Wissen und als sie das Leiden dieses Volkes sieht, bietet sie ihm Wissen über die Natur und die essbare »Nahrung in der Steppe«[14] an, wovon die Leute keinerlei Kenntnisse besitzen. Aufgrund ihres uralten Wissens, das sie vom Volk der Buschmänner gelernt hat, versteht sie es, Gift in Heilmittel umzuwandeln. Doch statt Dankbarkeit erntet Nalindele nur Misstrauen und Hohn, weil die Pflanze, die sie als Quelle der Heilung und Nahrung kennt, als giftig gilt.

Prompt lehnt der König das uralte Wissen der Sangoma ab; und in seiner Verzweiflung und in seinem Verlangen nach einer schnellen Linderung der Leiden in seinem Land verfällt er auf die Idee, das schöne blinde Mädchen zu opfern, um die Götter zu besänftigen. Leider findet diese Ungeheuerlichkeit tatsächlich statt, und »sie wird auf grauenhafte Weise zum Tode befördert, danach in ein Netz gebunden, auf einen Scheiterhaufen geworfen und verbrannt«.[15]

Man kann nach diesem schrecklichen Verlust nur Mitleid für die Medizinfrau empfinden. Nachdem ihr wunderschönes Kind ermordet und zeremoniell verbrannt worden ist, wendet sich Nalindele an das Volk der Barotse:

»Es sind nicht die Götter, die euch zürnen«, ruft die trauernde Nalindele. »Schuld trägt eure eigene Unwissenheit!«[16]

Trotz der ungeheuren Ungerechtigkeit, die ihr widerfuhr, vergilt die Medizinfrau erstaunlicherweise nicht Gleiches mit Gleichem. Das grausame Opfer an die Götter hat versagt und die Dürre hat sich sogar verschlimmert. Doch als die gepeinigten Stammesmitglieder sie um Hilfe anflehen, hat die Medizinfrau erneut Mitleid mit ihnen und beginnt, sie in dem Wissen zu unterweisen, das ihre Vorfahren besaßen. Ich fand diese Einzelheit äußerst aufschlussreich: Der »verwundete Heiler«[17] (oder in diesem Fall die Heilerin) heilt die Menschen, die ihr Unrecht getan haben, indem sie sie in eine Weisheit einweiht, die diese selbst längst vergessen haben. Mutwa schließt:

Die weise Frau Nalindele wurde zur Helferin eines Volkes, das seine Vergangenheit vergessen hatte. Sie erinnerte die Untertanen des Königs Ndenge daran, dass ihnen nur deshalb so großes Leid widerfahren war, weil sie viele Dinge, die ihre Vorfahren an sie weitergegeben hatten, vergessen hatten.[18]

Mutwa beendete die Geschichte mit der bedeutsamen Bemerkung, dass es selbst heute noch im Land der Barotse Brauch ist, »eine Person, die aus dem Nichts auftaucht, um jemandem in Not zu helfen« (ähnlich wie ein Schutzengel in unserer westlichen Kultur), als Nalindele zu bezeichnen.

Die Stimme der Zulu

Dieser Ausschnitt aus der uralten mündlichen Überlieferung bewegte mich tief, denn ich konnte nicht umhin, Vergleiche mit der tragischen Lebensgeschichte Mutwas zu ziehen. Noch kannte ich Mutwa nicht sehr gut, doch jedes Mal, wenn mir die Parallelen zwischen seiner Geschichte und der der weisen Frau aus der mündlichen Überlieferung auffielen, empfand ich tiefes Mitgefühl. Die traurige Figur Nalindeles, deren Kind aufgrund von Unwissenheit geopfert wurde, erinnerte mich an Mutwa und die beispiellose Trauer, die er nach dem sinnlosen Mord an seinem erstgeborenen Sohn empfunden haben musste.

Ich kannte die Geschichte, da der Hergang allgemein bekannt war. Innocent wurde von einer Bande hysterischer Aktivisten in einem rituellen Autodafé ermordet. In der afrikanischen Tradition ist dies die größte aller Tragödien, denn man glaubt, dass der Feuertod nicht nur den vergänglichen Körper, sondern auch die ewige Seele zerstört.

Erst als ich Mutwa wirklich gut kannte, spielte er ein einziges Mal auf diese traurige Episode an. Der bloße Gedanke daran trieb ihm die Tränen in die Augen. Erstaunlicherweise konnte er jedoch über seine eigene brutale Misshandlung durch hysterische Aktivisten mit Humor sprechen.

»Wenn eine Meute wütender Schläger Sie umbringen will«, erklärte er, »dann, entschuldigen Sie, Madam, machen Sie sich in die Hose! Wenn sich aber eine ganze Menschenmenge auf Sie stürzt, dann scheint es, als würde dies jemand anderem passieren.« Er zeigte mir die Narben auf seinen beiden Armen, wo man ihn mit Buschmessern und Keulen verletzt hatte. »Wenn einem eine Coca-Cola-Flasche an den Kopf fliegt und vom Aufprall zerschmettert wird, Madam, dann ist das eine ziemlich bewusstseinserweiternde Erfahrung«, fügte er hinzu. Die Meute hatte Mutwa sogar mit Benzin übergossen, um ihn in Brand zu stecken. Wie dieser Horror schließlich zu Ende ging, bleibt immer noch ein Rätsel. Anscheinend zerstreute sich die Menschenmenge, als es dem Schamanen schließlich gelang, alle seine Kräfte im Gebet zu vereinigen.

Als Mutwa mir seine Lebensgeschichte erzählte, spürte ich die mythische Dimension dieses Mannes. Sogar der Schamanenname, den er geerbt hatte, als er zur Welt kam, hat eine tiefe symbolische Bedeutung. *Mutwa* ist das Wort für »Buschmann« in den Sprachen der Zulu und Xhosa, und die Silbe *twa* ist außerdem die Wurzel des Wortes *twasa*, was »der Ruf zum Schamanismus« bedeutet.[19] Mutwas Abstammungslinie geht sowohl auf Zulu- als auch auf Buschmann-Wurzeln zurück. *Wusumazulu* bedeutet »der Erwecker« (oder »die Stimme« oder »das Gebrüll«) des Zuluvolkes. Und schließlich bezieht sich sein Taufname *Credo* auf den »Glauben« oder das »Wort« und bedeutet »Ich glaube« auf Lateinisch. In seinen mehr als 80 Lebensjahren hat dieser große Mann dem höchst symbolischen Titel, der ihm bei seiner Geburt verliehen wurde, mehr als Ehre erwiesen. Wie ich später erfahren sollte, waren sein Geburtsort und -datum ebenfalls prophetisch, denn sie enthielten wichtige Hinweise auf die Geheimnisse um die Weißen Löwen.

Ich begriff, dass seine eigene Geschichte, falls man sie vom heutigen Tag an mündlich weitergeben würde, wahrscheinlich genau wie eine der mythischen Geschichten aus der großen Tradition klingen würde. Und dennoch – seine Geschichte war wahr.

Weisheit von den Ersten Menschen der Erde

Es ist außerdem sehr bezeichnend, dass Mutwas Wissen vom Volk der Buschmänner stammt, ebenso wie das Wissen Nalindeles, der Medizinfrau aus uralter Zeit. Im südlichen Teil Afrikas sind die heutigen Buschmänner die letzten überlebenden Erben der Ersten Menschen. Die Ursprünge der Buschmänner (oder des Khoisan-Volkes) lassen sich bis in die Stein- und Eiszeit zurückverfolgen. Damit sind sie die direkten Nachkommen der Urbevölkerung Afrikas und somit der ersten echten menschlichen Erdenbewohner.[20] Leider wurde die Buschmann-Kultur durch den bis Anfang des 20. Jahrhunderts andauernden Völkermord fast völlig zerstört und ist auch heute noch akut bedroht.

Die Geschichte der Buschmänner ist ein finsteres Beispiel für die Barbarei der Menschheit. Kolonisten organisierten Trophäenjagden, um die Buschmänner umzubringen, als seien sie lediglich eine weitere Gattung der wilden Tiere am Kap, die es auszurotten galt. Die Buschmänner wurden gejagt wie Löwen: zum Sport. Zu unserer Schande werden aufgespießte Köpfe und abgezogene Häute von Buschmännern heute noch in Museen aufbewahrt.[21] Briten, Holländer, weiße Afrikaner und manche schwarzafrikanische Stämme waren gemeinschaftlich für die Ausrottung dieses sanften Volkes verantwortlich; doch mit der Eliminierung dieses Volkes verschwand auch eine Kultur, die wertvoller war, als wir uns jemals werden vorstellen können. In gewisser Weise sind wir alle die Barotse aus Mutwas Erzählung: Wir haben keine Ahnung von der uralten Weisheit, die auch in unserer heutigen Situation von lebensrettender Bedeutung sein könnte, und zwar sowohl angesichts der natürlichen als auch angesichts der vom Menschen erzeugten Katastrophen. Die Kolonisten betrachteten die Buschmänner als Beute, die erlegt werden musste, und mir wurde übel vor Trauer, als ich überlegte, dass die Buschmann-Schamanen in gewissem Sinn tatsächlich wilde Tiere waren: Ihre interspezifische Kommunikationsfähigkeit war so stark ausgeprägt, dass andere glaubten, sie könnten sich willkürlich in Tiere verwandeln. Dies war ein Aspekt des uralten Wissens der Buschmänner, den ich gründlich erforscht hatte, als ich mich bemühte, Marias Verbindung mit den Timbavati-Löwen zu verstehen. Anscheinend ist heute kein einziger Buschmann-Schamane mehr am Leben. Leider musste ich mich deshalb auf Archivberichte aus zweiter Hand verlassen, denn ich würde nie einen direkten Zugang zu dieser Sippe von Löwenschamanen, genauer gesagt, zu diesem ursprünglichen Stamm finden. Aufgrund dieser beklagenswerten Fakten war Mutwas Wissen über die uralte Buschmann-Kultur umso wichtiger.

Als die »Ersten Menschen« der Welt entwickelten die Ahnen der Buschmänner eine Beziehung zwischen Mensch und Löwe, die die Grundlage für andere Zweige des Schamanismus bilden sollte. In früheren Zeiten bezogen Stämme wie die Tsonga/Schangaan (der Stamm

Marias), die Zulu (Mutwas Stamm) und die Xhosa (der Stamm Nelson Mandelas) ihr Wissen aus einer langen Tradition des kulturellen Austauschs und der Mischehen mit dem Volk der Buschmänner.

Nun erschien mir Mutwas Erzählung über Nalindele nicht mehr wie eine poetische Lagerfeuergeschichte, sondern ich erkannte, dass sie sich unmittelbar auf unsere heutige Situation bezog. Letzten Endes tat Mutwa nichts anderes als sie: Er gab uraltes Wissen weiter – trotz der brutalen Misshandlungen durch unwissende Menschen, die er erlitten hatte. Ich konnte nicht umhin, in dem Barotse-Stamm, der seine Wurzeln und sein altes Wissen verloren hatte, ein Spiegelbild der Menschheit zu sehen. In der Art, wie sie die weise Frau behandelten, die versucht hatte, ihnen zu helfen, erkannte ich Mutwas Bemühungen und ihre Folgen wieder. Nalindeles selbstlose Taten schenkten mir eine tiefere Einsicht in Mutwas Motivation bei seiner ungeheuren Entscheidung, einen heiligen Eid zu brechen und uralte Geheimnisse zu veröffentlichen. Mir kam der Gedanke, dass Mutwa genau wie die viktimisierte Heilerin in der Geschichte dazu bereit ist, für die Menschheit zu leiden, weil er glaubt, dass die verlorene Weisheit Afrikas die Welt retten kann, wenn er sie weitergibt.

Mutwa ist ein bekannter Hüter der alten afrikanischen Weisheit, doch diese einfache Geschichte half mir auf einer ganz persönlichen Ebene, seine größte Sehnsucht zu verstehen: Für seine Bemühungen, das Große Wissen weiterzugeben, erntete er Misstrauen, kämpfte gegen Missverständnisse und ertrug entsetzliche Tragödien; und nun, im achten Jahrzehnt seines Lebens, wünscht er sich nichts sehnlicher, als diesen Planeten endlich zu verlassen.

Als Maria durch die Knochen symbolisch von Mutwa sprach, wurde er durch ein bestimmtes, großes Relikt symbolisiert, das sich als Wirbelknochen eines Erdferkels herausstellte. Als ich sie fragte, warum gerade dieses Tier Mutwa darstellte, erklärte sie, dass das Erdferkel Löcher gräbt, die vielen anderen Tieren als Unterschlupf dienen. Damit deutete sie an, dass die Weisheit des Sanusi anderen Menschen und Kulturen auf dem ganzen Planeten eine Zuflucht gibt.[22] Sogar sein Name »Credo Wusamazulu Mutwa« spricht von drei verschiedenen Kulturen, denn der erste Teil ist lateinisch, der zweite Zulu und der dritte bedeutet »Buschmann«.

Außerdem fiel mir auf, dass das Erdferkel eines der ältesten Säugetierarten überhaupt ist. Es hat seit prähistorischen Zeiten praktisch unverändert überlebt – eine passende Analogie für Mutwas Großes Wissen, das archetypische Wissen, das seit der Frühzeit erhalten geblieben ist.

Ich hatte einen guten Grund, mich an das Erdferkel und seine Symbolik des Löchergrabens zu erinnern, als ich erfuhr, dass Mutwa keine weiteren Bücher veröffentlichen wollte. Stattdessen hielt er nun die mündlichen Überlieferungen auf Schriftrollen fest, die er anschließend vergraben wollte. Sie sollten bis zu einem festgesetzten Zeitpunkt irgendwann nach seinem Tod verborgen bleiben (falls man sie überhaupt jemals ausgraben würde). Wie so viele Dinge in Mutwas Lebensgeschichte war auch dieser Akt, heiliges Wissen zu vergraben, sehr ergreifend. Ich ahnte, dass wir dabei die Verlierer sein würden – genau wie das Volk der Barotse.

Maria zufolge trug Mutwa »den Schmerz Afrikas auf seinen Schultern« – und in Anbetracht all dessen, was ich über seine Geschichte erfahren hatte, schien dieses Individuum tatsächlich das Karma eines ganzen Kontinents auf seinen breiten, aber bescheidenen Schultern zu tragen. Das Barotse-Volk verwendet das Wort »Nalindele« heute noch als Bezeichnung für »Schutzengel« oder »Schutzheilige«, und mir kam der Gedanke, dass wir vielleicht eines Tages den Namen »Mutwa« in ähnlicher Weise benutzen werden.

Hüter der Seelengeschichte Afrikas

Allmählich begriff ich, dass dieser afrikanische Schamane eine monumentale, aber zwiespältige Gestalt war. Er wurde sowohl verehrt als auch verachtet, sowohl vergöttert als auch ausgestoßen. Credo Mutwa, der größte Löwenpriester Afrikas, doch zugleich auch Wusamazulu, der Verstoßene.

Die Geschichte von Nalindele half mir, Mutwas Motivation zu verstehen; doch außerdem vermittelte sie mir eine Ahnung davon, wie stark sein Gefühl der Dringlichkeit sein musste, seine Informationen in unserer Zeit weiterzugeben. Wenn man die Analogien betrachtet, die diese mündlich überlieferte Geschichte beinhaltet, dann bietet

Mutwas Wissen weit mehr als nur historische Information: Es ist zugleich die tief verwurzelte Erkenntnis der Naturgesetze, die das Leben selbst beherrschen.

In seinem Buch *Indaba, My Children* erwähnt Mutwa den Prozess, durch den die Träger des Großen Wissens ausgewählt werden.[23] Wenn Männer und Frauen ein gutes Gedächtnis besitzen und in der Lage sind, sich genau an bestimmte Worte zu erinnern und Texte wörtlich genau so zu wiederholen, wie sie sie gehört haben – und vor allem wenn sie ein schwarzes Muttermal auf einer ihrer Handflächen haben –, dann vertraut man ihnen die Geheimnisse der Stämme an. Zugleich müssen sie einen Eid schwören, sie niemals zu verändern, abzukürzen oder auch nur mit einem einzigen Wort auszuschmücken.[24]

Einerseits bedeutet »Erinnerung« in diesem Zusammenhang den Prozess, die über viele Jahrhunderte erhaltene Stammesgeschichte auswendig zu lernen. Andererseits scheint es aber abgesehen von dieser spezialisierten Kunst des Memorierens noch eine andere Form der Erinnerung zu geben: eine schamanische Art der Erinnerung an Geschehnisse, die über individuelle Lebensspannen und Erfahrungen hinausgeht. Eine der wichtigsten Grundlagen für die Rolle des Schamanen ist die Vorstellung, dass »Erinnerungen« auf etwas Multikulturelles beziehungsweise Archetypisches zurückgehen, gepaart mit der Fähigkeit, sowohl die Vergangenheit als auch die Zukunft in die Gegenwart zu bringen.

DIE GROSSE ERINNERUNG

Der Schriftsteller Laurens van der Post rang darum, diese Vorstellung zu begreifen, als er sich bemühte, den Unterschied zwischen der sogenannten »Großen Erinnerung« und der sogenannten »kleinen Erinnerung« zu beschreiben, den er bei den Buschmännern in der Kalahari erlebte. Er erwähnt...

> ...eine Dimension des Erinnerns, die mich mein Leben lang verfolgt hat... Eine über allem anderen stehende Erinnerung, die nicht dem Menschen, sondern dem Leben selbst gehört. Egal, wie sehr man sie auch ignorieren oder vergessen mag – sie vergisst nie; und sie

ignoriert auch kein einziges Wesen, dem Leben innewohnt. Es ist eine Erinnerung an alles Leben, das jemals existiert hat; sie wird durch natürliche Instinkte und Gefühle weitergegeben und ist dennoch erfüllt von Vorahnungen der Zukunft, und sie beinhaltet noch viel mehr. Ich für meinen Teil kann nur sagen, dass ich ihrer durch meine Instinkte und Eindrücke und die Andeutungen in Träumen und Bildern, die sich mir ungerufen aufdrängten, sehr intensiv gewahr wurde. Sie war stark, völlig real und stand oft in krassem Gegensatz zu all dem, was mir die Welt und die Zeit abverlangten; doch irgendwie hatte sie den Vorrang vor allen Dingen, die für mich eine Bedeutung hatten. Mit der Zeit bezeichnete ich sie als »die Große Erinnerung«.[25]

In ähnlicher Weise ist die »Erinnerung«, die ein Sanusi in sich trägt, mehr als die mündlich überlieferte Geschichte: Sie ist synonym für einen erweiterten oder vertieften Bewusstseinszustand, der über das Individuum hinausgeht, sowohl räumlich als auch zeitlich – sie nähert sich dem Zustand des spirituellen Bewusstseins und der Weisheit. Wenn ich an Mutwas Großes Wissen dachte, drängte sich mir das Wort »Erleuchtung« auf. Somit beinhaltete die geheime Tradition sowohl ererbtes Wissen, das von einer eingeweihten Elite viele Generationen hindurch weitergegeben worden war, als auch das Wissen der Ahnen, das direkt über die »spirituelle Ebene« beziehungsweise die »Ebene der Geister« weitergegeben wurde.

Dies ist eindeutig auch die Schlussfolgerung Melanie Reinharts, zu der sie bei ihren Betrachtungen über das schamanische Bewusstsein kommt:

Der Schamane ist der Hüter eines Erbes, das einen direkten Zugang zu den für die meisten Menschen unzugänglichen Reichen des Heiligen öffnet; und er ist der Beschützer der Seelengeschichte eines Volkes.[26]

Mutwa stammte von den Zulu sowie vom Volk der Buschmänner ab. Doch falls ich ihn richtig verstanden hatte, war er nicht nur der Hüter der Seelengeschichte dieser beiden Stämme, sondern eines ganzen Kontinents. Mutwa besitzt Erinnerungen an Geschehnisse, die sich an Orten fern seiner eigenen Heimat und lange vor seiner Geburt zugetragen haben. Er besitzt außerdem das Wissen des Heiligen, das für die meisten Menschen unerreichbar ist. Nun glaubte ich tatsächlich, dass Mutwa der Hüter Afrikas war – der Hüter des Kontinents, der die menschliche Spezies gebar.

6

JÄGER ODER GEJAGTE?

Ich habe eine Vision, dass sich die Songlines über alle Kontinente und durch alle Epochen erstrecken. Immer wenn Menschen wanderten, hinterließen sie eine Spur von Liedern, und diese Pfade führen mit Sicherheit durch Raum und Zeit zurück – bis zu einem einsamen Gebiet in der afrikanischen Savanne, wo der Erste Mensch die erste Strophe des Weltenliedes sang: »Ich bin«.
— Bruce Chatwin, *The Songlines* (»Traumpfade«)

Der afrikanische Schamanismus stellt einen entscheidenden Zusammenhang zwischen dem König der Tiere und der menschlichen Evolution her. Welche »Seelengeschichte« steckt hinter der Verbindung des Menschen mit diesen großen Raubkatzen? Und zu welcher Zeit und wie entstanden dann die Vorstellungen vom Löwenhelden und Löwenpriester?

DIE GEBURT DES MENSCHEN ALS JÄGER

Als ich während meiner Forschungen immer häufiger auf die gleichen Fragen stieß, erinnerte ich mich an eine faszinierende archäologische Spekulation des berühmten britischen Abenteurers und Reiseschriftstellers Bruce Chatwin. Er stellte die Idee zur Diskussion, dass der Frühmensch und die prähistorischen Raubkatzen während der Eiszeit möglicherweise in denselben Höhlen in Afrika zusammenlebten. Chatwin starb, bevor er seine Idee ganz ausarbeiten konnte, doch der Gedanke, den er in einem seiner Werke, *The Songlines* (»Traumpfade«), vorlegte, ist so stichhaltig, dass ich ihn nie vergessen habe. Als ich mich nun bemühte, die intime Verknüpfung zwischen den heutigen Schamanen und den Löwen zu verstehen, fiel mir ein, dass dies vielleicht ein Schlüssel zu den Ursprüngen der afrikanischen Kultur des Löwenschamanismus sein könnte.

Mein erster Schritt bestand darin, Chatwins Quelle aufzuspüren, auf der seine Gedanken aufbauten: die anthropologische These mit dem Titel *The Hunters or the Hunted?* (zu Deutsch etwa »Die Jäger oder die Gejagten?«) des führenden südafrikanischen Paläoanthropologen Dr. C. K. Brain.

Chatwin war von den archäologischen Forschungen Brains und den Fragen, die sie aufwarfen, so angetan, dass er die Arbeit dieses Wissenschaftlers als die »spannendste Detektivgeschichte, die ich je gelesen habe« beschrieb. Mir lag viel daran, eine wissenschaftliche Erklärung für die afrikanische Löwenkultur und die erstaunlichen »Werlöwen-Phänomene« zu finden, auf die ich gestoßen war, und Brains Werk bot sogar mehr als das.

Man hat zahlreiche schlüssige Beweise für die Anwesenheit von Hominiden im Tal von Sterkfontein entdeckt, und zwar in einer Gruppe von mehreren Höhlen (Sterkfontein, Swartkrans, Kromdraai und andere, alle im selben Tal), in denen die Menschen der Frühzeit Schutz vor den kalten klimatischen Bedingungen suchten. Mit den dort entdeckten Fossilien aus der Eiszeit beschäftigen sich moderne Archäologen seit nunmehr 75 Jahren. Die meisten dieser Funde werden als Überreste des *Australopithecus africanus* (»südlicher Affe aus Afrika«) klassifiziert: Geschöpfe mit kleinen Gehirnen, die einerseits affenartige, aber andererseits bereits menschliche Eigenschaften besaßen. Sie waren Pflanzenfresser und ernährten sich von jungen Trieben, Knollen und Wurzeln, die sie ausgruben, und von Beeren, die sie pflückten. Manchmal verwendeten sie bereits primitive Werkzeuge. Diese Affenmenschen lebten vor ungefähr vier Millionen bis vor etwa 2,5 Millionen Jahren.

Doch das eigentliche Geheimnis ist die Tatsache, dass diese Höhlen, in denen diese »Affenmenschen« lebten, anscheinend auch von den großen Raubtieren als Bau benutzt wurden.

HOMINIDEN UND SÄBELZAHNKATZEN

Die größten Raubtiere dieser prähistorischen Epoche waren zwei verschiedene Spezies der Säbelzahnkatzen. Anders als heutige Raubkatzen besaßen diese ausgestorbenen Tiere in ihrem Oberkiefer lange, säbelartige Eckzähne, die als tödliche Waffen dienten. Die erste Art, *Machairodontinae*, war eine massive Raubkatze mit außerordentlich langen, gekrümmten oberen Eckzähnen, die vorn und hinten wie zwei Säbel abgeflacht waren.

Die zweite Spezies, *Dinofelis barlowi*, wird auch Scheinsäbelzahnkatze genannt, weil hier die langen oberen Eckzähne nicht abgeflacht waren wie bei den »echten« Säbelzahnkatzen. *Dinofelis* hatte anscheinend auch einen kurzen Schwanz, im Gegensatz zum langen Schwanz der *Machairodontinae*.

Das häufige Vorkommen von *Dinofelis*-Fossilien im Tal von Sterkfontein lässt vermuten, dass die Tiere in den dortigen Höhlen lebten. Ein Rätsel für die Archäologen waren jedoch die zahlreichen Hominiden- und Pavianskelette, die in manchen Höhlen direkt neben den Überresten der Raubkatzen gefunden wurden, obwohl es keinerlei Skelette anderer Beutetiere wie zum Beispiel der Antilopen gab. Diese Funde stellen eine beunruhigende Frage: Waren unsere Hominidenvorfahren etwa die Hauptbeute der Raubkatzen?

Brains Arbeitsmethode bestand darin, Zigtausende von Knochen sorgfältig zu untersuchen, um die jeweilige Todesursache zu ergründen. Er schloss daraus, dass manche der Primaten tatsächlich von den Raubkatzen getötet worden waren, denn ihre Knochen zeigten unverkennbare Spuren eines gewaltsamen Todes. Ein Hauptindiz dafür ist der Schädel eines *Australopithecus*, der zwei Stichverletzungen an der Schädelbasis aufweist. Diese Wunden entsprechen exakt den Schneidezahnfossilien der Raubkatzen, die in derselben Höhle gefunden wurden. Dies beweist, dass Hominiden von den prähistorischen Raubkatzen gejagt und gefressen wurden. Raubkatzen töten ihre Beute normalerweise mit einem Biss in den Hals, um sie augenblicklich zum Schweigen zu bringen, damit andere Raubtiere nicht durch die Schreie angelockt werden. Manchmal schleppen sie ihre Beute auch am Schädel fort, was die Perforationen an der Basis des Hominidenschädels erklären könnte.

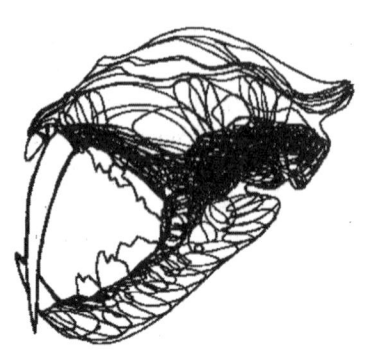

Schädel einer Säbelzahnkatze

Alles in allem führten seine sorgfältigen Analysen der Fossilien aus Swartkrans Brain zu der Annahme, dass die Katzen (insbesondere *Dinofelis*) vermutlich »auf die Primaten als Beute spezialisiert waren«.[1]

Die Schneidezähne dieser prähistorischen Raubkatzen waren sogar noch effizienter als die der heutigen Löwen, wenn es darum ging, Fleisch zu zerkleinern. Die Kombination aus robustem Kiefer und starken Schneidezähnen ermöglichte es den perfekten Raubtieren, das gesamte Skelett ihrer Primaten-Beute aufzufressen – alles außer dem Schädel, von denen eine große Anzahl in den Höhlen gefunden wurde. Auf der Grundlage der taphonomischen Untersuchungen (Studium der Höhlenablagerungen) beschreibt Brain mögliche Jagdtechniken der Raubkatzen. Die Schädelanatomie der Säbelzahnkatzen lässt vermuten, dass diese ihre Beute ausschließlich mithilfe der oberen Schneidezähne töteten, »indem sie die Schneidezähne in den Hals des Beutetieres stießen, und zwar nicht mithilfe der Schläfenmuskeln, die den Kiefer schließen, sondern durch einen nach unten gerichteten, von den Halsmuskeln angetriebenen Kopfstoß«.[2]

Die Vorstellung von *Dinofelis* als spezialisiertem Raubtier stimulierte die makabre Fantasie Chatwins:

Könnte es sein, dass sich Dinofelis auf die Primaten als Beutetiere spezialisiert hatte?... Könnte es sein... dass Dinofelis »unser Tier« war? Ein Tier, das sich von allen anderen Geschöpfen der Hölle unterschied? Der Erzfeind, der uns mit List und Klugheit jagte, wo auch immer wir hingingen? Und den wir dennoch letzten Endes besiegten?[3]

Ausgehend von den Indizien, dachte Brain schließlich über zwei Möglichkeiten nach: Entweder wurden die frühen Hominiden von den prähistorischen Raubtieren in die Höhlen geschleppt oder, was wesentlich erstaunlicher wäre, sie teilten sich die Höhlen mit den Raubkatzen.

In der Epoche, um die es hier geht, fand eine große klimatische Veränderung mit Gletscherbildung im Norden statt. Aufgrund der dramatischen Temperaturstürze bildete sich vor etwa 2,5 Millionen Jahren das nördliche polare Packeis. In Afrika herrschten bittere Kälte und Dürreperioden (obwohl sich offenbar keine Gletscher bildeten). Dies legt nahe, dass der *Australopithecus* vielleicht mit den Säbelzahnkatzen in denselben Höhlen zusammenlebte, weil beide Spezies nirgendwo sonst Schutz vor dem harschen Klima fanden. Wie Chatwin es ausdrückt, führten diese Eiszeitbedingungen wahrscheinlich dazu, dass die Raubkatzen »eine lebendige Vorratskammer vor der Haustür besaßen«.[4] Er beschreibt das Dilemma der Hominiden:

> ... ihre einzige Verteidigung bestand in ihrer Körperkraft; sie hatten kein Feuer, keinerlei Schutz vor der Kälte, nur die Körperwärme der eng zusammengerückten Leiber, sie waren nachtblind und gezwungen, ihre Unterkunft mit einer glutäugigen Katze zu teilen, die dann und wann einen Spätheimkehrer verspeiste.[5]

EVOLUTIONSSPRUNG

Die bloße Tatsache, dass die Frühmenschen aufgrund der klimatischen Bedingungen gezwungen waren, eng mit Raubtieren zusammenzuleben, wäre an sich noch kein Grund für jahrzehntelange, gewissenhafte archäologische Forschungen gewesen, doch es kam noch ein weiterer außergewöhnlicher Umstand hinzu: Zwei verschiedene Hominidenspezies wurden in derselben Höhle entdeckt; nämlich der bereits erwähnte *Australopithecus* sowie ein weiterentwickelter Hominide, der mit unserem direkten Vorfahren, dem *Homo erectus*, verwandt ist.[6]

Ursprünglich glaubte Brain, dass die entsprechenden Funde eine beträchtliche Zeitspanne innerhalb der Evolution repräsentierten und dass ihre Ursprünge vielleicht eine Million Jahre auseinanderlagen. Nach jahrelanger sorgfältiger Analyse in Sterkfontein stellte Brain jedoch fest, dass es zwei separate Schichten gab, die zwei völlig verschiedene Einblicke in vergangene Epochen gewährten, und dass beide jeweils nur einen relativ kurzen Zeitabschnitt repräsentierten: möglicherweise weniger als 10 000 Jahre.[7] Diese beiden unterschiedlichen prähistorischen Schichten bezeichnete man als »Member 4« und »Member 5«. Member 4 repräsentiert die frühere prähistorische Epoche; in dieser Schicht weist vieles auf eine enge Beziehung zwischen Hominiden und Säbelzahnkatzen hin. Member 5 steht dagegen für einen späteren Zeitabschnitt, und in dieser Schicht finden sich bezeichnenderweise zahlreiche Steinwerkzeuge und Skelettfossilien, die von unseren direkten Vorfahren stammen.[8]

Dies legt nahe, dass im Zeitraum zwischen diesen beiden vorgeschichtlichen Schichten irgendetwas Außergewöhnliches geschah. Brain analysiert es folgendermaßen:

> In der Epoche von Member 4 beherrschten offenbar die Katzen die Sterkfontein-Höhle; sie schleppten ihre Australopithecina-Opfer in die dunklen Nischen. Doch zur Zeit von Member 5 hatten die »neuen Menschen« nicht nur die Raubkatzen vertrieben, sondern lebten sogar in derselben Höhle, in der ihre Vorfahren aufgefressen worden waren.[9]

In Anbetracht dieser Indizien muss man sich fragen, was wohl zwischen den beiden prähistorischen Epochen namens »Member 4« und »Member 5« geschah. Die Antwort lautet: Man kann den Schritt von einer Schicht zur nächsten als abgekürzte Darstellung der Evolution vom *Australopithecus* zum *Homo erectus* beziehungsweise vom südafrikanischen Affen zum Frühmenschen betrachten – ein Evolutionssprung in der Entwicklung der menschlichen Spezies.

1981 folgerte Brain:

> In Sterkfontein repräsentiert die Grenze zwischen der obersten Schicht von Member 4 und der untersten Schicht von Member 5 eine kritische Phase der menschlichen Evolution. In diesem Zeitraum verschwand der zierliche Australopithecus von der Transvaal-Bildfläche, und der erste Mensch erschien. Doch in dem dazwischen liegenden Zeitabschnitt wendeten die sich entwickelnden

Menschen die Gefahr ab, die die in den Höhlen lebenden Raubkatzen unzählige Generationen lang für sie bedeutet hatten.[10]

Fast zwei Jahrzehnte nach der Veröffentlichung dieser Schlussfolgerungen sind die Funde wesentlich umfassender. Inzwischen hat Brain seine Bemühungen fast ausschließlich auf die benachbarten Swartkrans-Höhlen konzentriert, wo die Funde ihn ebenfalls davon überzeugten, dass die Raubtiere für die Entwicklung der Intelligenz der menschlichen Spezies ausschlaggebend waren.[11] Die Frage, die sich aufgrund der besonderen Gegebenheiten in diesen Höhlen stellt, lautet: Hat das enge Zusammenleben von Jägern und Gejagten womöglich die Entwicklung vom Affen zum Menschen ausgelöst?

Die Entdeckung an den Fundstätten im Tal von Sterkfontein faszinierte mich, denn sie schienen zu den Ursprüngen der Tradition des Löwenheldentums zurückzuführen, in der Novizen sich durch eine Konfrontation mit Löwen zum Mann entwickelten.

DIE JAGDHYPOTHESE

Einer der wichtigsten Aspekte, nach denen Wissenschaftler die evolutionäre Verwandlung vom Vormenschen zum Frühmenschen datieren, ist die Feststellung, wann genau die Hominiden die Fähigkeit des Jagens entwickelten. Diese Methode, auch »Jagdhypothese« genannt, ist eines der wenigen Prinzipien in der Evolutionstheorie, das allgemein anerkannt wird.

Brain gründete sein Werk *The Hunters or the Hunted?*[12] auf die Arbeit des berühmten Anatomen Raymond Dart, der in den 1950er-Jahren Knochen analysierte, die von Raubtieren in Makapansgat zurückgelassen worden waren. Aus seinen Ergebnissen leitete Dart Schlüsse über die Hominiden ab und erarbeitete auf der Basis dieser Untersuchungen seinen Artikel *The Predatory Transition from Ape to Man* (zu Deutsch etwa: »Der raubtierhafte Übergang vom Affen zum Menschen«), der 1953 erschien. Darin behauptet er, dass die Annahme des Jagdverhaltens »den Übergang vom Affen zum Menschen« bedingte.

Nachdem man ihn jahrzehntelang verspottet hatte, gelang es Dart (mit der Unterstützung von Professor Robert Broom), die vorherrschende Lehrmeinung der ganzen Welt über die afrikanischen Ursprünge unserer Spezies zu widerlegen. Doch obwohl sich seine frühen Theorien über den Ursprung unserer Spezies in Afrika als wahr erwiesen, stellten sich seine späteren Theorien, laut denen sich unsere Spezies aus einem Stamm blutrünstiger Killeraffen entwickelte, als falsch heraus. Und es war ein junger Emporkömmling namens C. K. Brain, der die Argumente entkräftete.

Später, als ich Dr. C. K. Brain (oder Bob, wie ihn seine Kollegen nennen) schließlich kennenlernte, verstand ich, warum der inzwischen alt gewordene Paläoanthropologe in der wissenschaftlichen Welt so großen Respekt genießt. Es hat damit zu tun, dass er keinerlei Starallüren besitzt und auch nie mit fieberhaftem Ehrgeiz auf wissenschaftlichen Ruhm aus war. Irgendwie gelang es ihm, in den vielen heißen Debatten, die die neuen Entdeckungen an den berühmten Ausgrabungsstätten kontinuierlich begleiteten, neutral zu bleiben. Stattdessen konzentrierte Brain seine ganze Energie auf weitere Forschungsarbeiten und führte diese mit einem Höchstmaß an Akribie und wissenschaftlicher Objektivität aus, das unter seinen Kollegen als beispiellos gilt.

Besonders lernte ich an ihm jedoch zu schätzen, dass er trotz seiner peinlich genauen wissenschaftlichen Methodik keine Idee sofort verwarf, sondern sämtliche Informationen gleichermaßen infrage stellte, einschließlich seiner eigenen Entdeckungen.

Er erzählte mir, als er damals in Swartkrans anfing, sei er von einem kurzfristigen Projekt ausgegangen. Stattdessen wurde es letzten Endes zum wissenschaftlichen Brennpunkt seines ganzen Lebens. Wie er sagte, brachte er jedes Jahr neue Informationen ans Licht, die seine früheren Hypothesen manchmal bestätigten und manchmal auch anzweifelten. Dies ging so weit, dass seine Aufzeichnungen als *Brain's Annual* (dt.: »Brains Jahresbericht«) bekannt wurden.

Während die Archäologen immer weitergruben, veränderten sich die theoretischen Grundlagen ständig. Für einen wissenschaftlichen Theoretiker war dies denkbar frustrierend. Doch trotz all der wechselhaften Strömungen, die in die Hypothesen über das Tal von Sterkfontein einflossen, ist Brain wohl zweifellos einer der führenden Köpfe seines Faches. Seine Theorien haben Jahrzehnte eingehender Untersuchungen standgehalten.

Darstellung der Ereignisse in den Höhlen im Tal von Sterkfontein, wo bei unseren Hominidenvorfahren ein Evolutionssprung stattfand. Aus Bob Brains Buch: The Hunters or the Hunted?

EVOLUTIONÄRES LÖWENHELDENTUM

C. K. Brains These »Vom Gejagten zum Jäger« wirft ein außergewöhnliches Licht auf die evolutionären Ursprünge der Menschheit im Zusammenhang mit Raubkatzen. Unzählige Generationen später wird dieses Ereignis in ganz Afrika in Einweihungsriten, in denen sich ein Mensch einem Löwen zum Kampf stellt, um ein Mann zu werden, immer noch nachgespielt.

Nachdem ich nun offenbar die afrikanische Mensch-Löwe-Tradition bis zu ihrem Ursprung zurückverfolgt hatte, sehnte ich mich danach, mit Credo Mutwa, dem Löwenpriester Afrikas, über die Implikationen zu sprechen.

Wie gewöhnlich war es fast unmöglich, herauszufinden, wo sich Mutwa aufhielt. Die lange Reise, die ich zu seinem Heimatort Mafikeng unternahm, stellte sich als vergeblich heraus. Nachbarn erzählten mir, dass der Schamane wenige Tage vor meiner Ankunft umgezogen sei und keine neue Adresse hinterlassen habe. Es gab keine andere Möglichkeit, ihn zu kontaktieren. Ich versuchte, Leute anzurufen, die ihn kannten und die vielleicht zufällig gerade mit ihm zusammen waren, doch keiner von ihnen konnte mir helfen.

Ich musste mich also damit begnügen, mich tiefer in die Lektüre seiner veröffentlichten Werke zu versenken. Es war mir gelungen, eine Publikation neueren Datums, *Isilwane, the Animal*, aufzustöbern. Dieses Buch enthielt – in keiner bestimmten Chronologie – einen Teil der mündlich überlieferten Weisheit, die Mutwa memoriert hatte. Der Text barg vieles, was mich sehr interessierte, doch ein bestimmter Bericht, geschrieben in der klassischen Form der Lagerfeuergeschichte, erregte meine besondere Aufmerksamkeit. Die Fabel erzählte, wie der Mensch das Feuer entdeckte – oder vielmehr, wie die Werkzeuge zum Feuermachen den Göttern gestohlen und dem Menschen gegeben wurden. Die Parallelen zwischen Mutwas symbolischer Erzählung und der archäologischen These, die sich auf die Funde in den Höhlen von Sterkfontein stützt, waren geradezu unheimlich.

Die Geschichte des Schamanen spielt vor vielen Jahrtausenden, in der Zeit, als der Erste Mann und die Erste Frau auf Erden wandelten: Kintu und Mamarawi, die Stammeseltern der menschlichen Rasse.

In seiner poetischen Sprache beschreibt Mutwa die klimatischen Bedingungen, unter denen sie in einer prähistorischen Eiszeit lebten:

Die Erde selbst begann vor der starken Kälte allmählich zu erstarren. Reif glänzte nun in ihrem Haar, und Eiszapfen hingen von ihren Augenwimpern. Sie begann zu zittern, während sie mit allen Mitteln, die ihr zur Verfügung standen, darum kämpfte, die Sonne wieder zum Leben zu erwecken... Der Zustand der Sonne verschlechterte sich... Die Erde begann einzufrieren... Die Sonne stieg nicht mehr am Himmel empor... Die Wälder waren dunkel, mürbe und gefroren. Die Steppe lag unter einer dicken Decke aus steinhartem Schnee begraben. Die Flüsse und Bäche flossen nicht mehr, sie wurden gefangen gehalten. Unter großen, knarrenden Felsen aus

gnadenlosem Eis froren auch die Wellen des Ozeans, und der Sand
der Küsten war durch das Eis hart, kalt und grausam geworden...[13]

Die Tiere versteckten sich, und die Vögel, die noch lebten, flogen
nicht mehr durch die Lüfte, sondern kauerten zitternd in unterirdischen
Löchern und Höhlen und führten eine erbärmliche Existenz.
Die Tiere ästen nicht mehr auf den Steppen der Erde, sondern verhungerten
in Bauen und Höhlen tief in der Erde.[14]

Als ich diese Erzählung Mutwas las, musste ich an die *Australopithecina*
denken, die sich in den Höhlen des Tals von Sterkfontein eng aneinanderdrängten,
um sich gegenseitig zu wärmen. Mutwa beschreibt,
wie diese Urmenschen »im felsigen Schoß einer Höhle kauerten, voller
Angst vor der schneidenden Kälte«.[15] Doch während Kintu und
Mamarawi genau wie die meisten Tiere um sie herum kurz davor
waren, vor Hunger und Kälte zu sterben, verbesserte sich die Situation
der katzenartigen Jäger.

Obwohl den meisten Tieren der Hungertod drohte, lebten die Löwen
und Leoparden draußen in der Dunkelheit, denn sie fraßen andere
Tiere. Sie überfielen die zusammengekauerten Pflanzenfresser
in den Höhlen, sie schleppten sie hinaus und fraßen sie auf.[16]

Der Wendepunkt in Mutwas Geschichte ist der Moment, in dem ein
Löwe die Höhle betritt, in der die Menschentiere leben:

Plötzlich hörten sie Lärm außerhalb der Höhle. Das laute Schreien
eines Tieres zerriss die eisige Nacht, und ein Tier, das um sein Leben
rannte, flüchtete sich in die Höhle. Ein ungeheures Brüllen ließ
die ganze Höhle erbeben. Kintu sprang auf die Füße und sah in der
Dunkelheit, dass ein großer Löwe einen mageren, ausgemergelten
Schakal in die Höhle gejagt hatte.[17]

Kintu war ein furchtloser Mann; Löwen und andere gefährliche
Raubtiere flößten ihm keine Angst ein. Hier war Handeln angesagt,
und er war dazu bereit. Aus einer Ecke der Höhle nahm er einen großen
Stein und schleuderte ihn mit seiner ganzen Kraft in die funkeln-

den Augen des Löwen. Der Stein flog geradewegs ins Ziel. Der Aufschlag war fürchterlich, und der Löwe starb mit einem hässlichen Laut.[18]

Das ist der Löwenheld in seiner ungeschmälerten Wildheit, der über die Raubkatze triumphiert. Im folgenden Abschnitt von Mutwas Erzählung steckt die typische Symbolik der afrikanischen Tradition der Löweneinweihung.

»Hier ist Fleisch, meine Frau«, sagte Kintu zu Mamarawi. »Die Löwen fressen Tiere, und wir müssen diesen Löwen essen, damit wir nicht verhungern.« Kintu suchte in der Höhle nach seinem Steinmesser; er fand es, und mit diesem Messer, das aus einem geschärften Stein bestand, rückte er dem toten Löwen zu Leibe. Er zog ihm das große Fell ab und legte sein Fleisch frei. Er zerlegte den Löwen, den er und seine Frau roh aßen. Sie verschlangen das warme Fleisch so gierig wie die wilden Tiere, zu denen sie, obwohl sie menschlich waren, nun selbst wurden.

Unter dem Aspekt der Sterkfontein-Hypothese betrachtet, illustriert dieser Augenblick in der Höhle die Verwandlung von der Beute zum Jäger, den Übergang vom verletzlichen Menschen zum mutigen, löwenherzigen Menschen. Der Machtwechsel »vom Gejagten zum Jäger« findet sein perfektes Symbol in der Vertilgung des katzenartigen Jägers durch den gejagten Menschen. Von diesem Moment an ist Kintu kein Höhlenmensch mehr, sondern Kintu, der Löwenmensch.

Das Geschenk des Feuers und die Erfindung der Werkzeuge

Nicht von ungefähr bezeichnen Anthropologen den Verzehr von Fleisch als Wendepunkt in der Evolution des Menschen. Diese »Jagdhypothese« wird durch ihre Zeitgleichheit mit der Eroberung des Feuers und der Erfindung des Werkzeugs untermauert.

Brain bemerkt am Schluss seiner These, dass der Mensch nur »dank wachsender Intelligenz, die sich in der sich entwickelnden Technologie widerspiegelte« den entscheidenden evolutionären Übergang vom Gejagten zum Jäger geschafft habe.[19] Er führt die Beherrschung des Feuers und die Entwicklung von primitiven Waffen als die wichtigsten Errungenschaften an, die »das Gleichgewicht der Macht zugunsten des Menschen kippten«. Dieser technologische Fortschritt unterschied den Frühmenschen vom *Australopithecus*, der den Raubtieren, die ihn jagten, machtlos gegenüberstand und schließlich bis zur Ausrottung gejagt wurde.

Weil die Kunst des Jagens in der menschlichen Evolution als kritischer Indikator gilt, können wir den eigentlichen Ursprung des menschlichen Verhaltens aufzeigen, wenn wir exakt datieren, wann unsere Spezies mit dem Fleischkonsum begann. Brain drückt dies so aus:

> Die Lust auf Fleisch ist eine der Haupteigenschaften, die den Menschen vom Affen unterscheidet, und diese Gewohnheit verändert seine ganze Lebensweise. Zur Jagd gehört Kooperation innerhalb der Gruppe, Arbeitsteilung, das Austeilen der Nahrung durch die erwachsenen Männer, breiter gefächerte Interessen, eine enorme Ausdehnung des Territoriums und die Verwendung von Werkzeugen.[20]

Genau wie Credo Mutwas Erzählung von der Konfrontation des Ersten Mannes mit einem Löwen Parallelen mit dem Evolutionsschub in den Höhlen von Sterkfontein aufweist, konnte es meiner Meinung nach auch kein bloßer Zufall gewesen sein, dass die Geschichte des Löwenschamanen nicht nur vom ersten Fleischverzehr handelte, sondern auch gleichzeitig von der Entdeckung des Feuers und der Herstellung von Werkzeug, den beiden Hauptmerkmalen der Evolution des Hominiden.

Die meisten Mythologien enthalten die Geschichte, wie das Feuer gestohlen und dem Menschen gegeben wurde; aber Mutwas Geschichte war besonders interessant, weil in ihr eigentlich gar nicht das Feuer im Mittelpunkt stand, sondern die Aneignung der Werkzeuge, die zum Feuermachen benötigt werden.[21]

> Da, auf seiner Matte, sah er (Kintu) Feuerstöcke, und außerdem sah er auf der Matte einen Stein, der Funken erzeugt, wenn man ihn gegen einen anderen Stein schlägt.[22]

Mutwa beendet die Erzählung:

> Nach vielen, vielen Jahren zeigte eine schwächliche Sonne, die nun von ihrer angeblichen Krankheit geheilt war, ihr Gesicht über den Bergen im Osten, und die Welt wurde von dem zurückkehrenden Herrn des Tages etwas erwärmt. (A. d. Ü.: Nach afrikanischer Auffassung und Sprache ist die Sonne männlich.) Doch es war immer noch kalt, noch für lange Zeit, aber Kintu und seine Frau waren dennoch glücklich in ihrer Höhle, weil sie das Geheimnis (des Feuers) behalten hatten... Ein Geheimnis, das nicht nur ihnen zum Vorteil gereichte, sondern auch ihren Kindern und Kindeskindern, bis zu den Tagen, in denen wir leben.[23]

Dies war also die Fabel, die berichtete, wie der Frühzeitmann und die Frühzeitfrau durch den Kampf gegen Löwen zu Fleischessern wurden und wie das Feuer von den Göttern gestohlen und der Menschheit geschenkt wurde – ein Geschenk, das letzten Endes den Menschen vom Tierreich trennen sollte. Die zentrale Thematik des Gejagten, der zum Jäger wurde, war hinreichend mit Sterkfontein verknüpft und erinnerte mich daran, wie tief das uralte Wissen war, das sich in den einfachsten Lagerfeuergeschichten verbirgt.

Vom Gejagten zum Jäger – C. K. Brains These war wissenschaftlich, Mutwas Fabel war symbolisch. Trotzdem schien mir, dass diese beiden einander angeblich widersprechenden Methoden, sich der Wirklichkeit anzunähern, das gleiche Ereignis in der Geschichte der menschlichen Evolution beschrieben.

7

GROSSE JÄGER UND MÄCHTIGE RAUBTIERE

Unter dem Gewicht seines Köchers und seines Löwenfells rief er: »Der große Löwe von Nemea liegt tot, erdrosselt von diesen Händen!«
– aus dem Mythos des Herakles (Ovid)

Das dankbare Tier erkannte ihn und legte seinen mächtigen Kopf auf seine Knie – es würde ihm kein Haar krümmen.
– die Geschichte von Androkles und dem Löwen

In Wirklichkeit ist unser Leben einfach: Unsere Löwen und Tiger sind unsere Freunde, die uns genau so akzeptieren, wie wir sind.
– Siegfried und Roy, Zauberkünstler in Las Vegas und Hüter der Weißen Löwen von Timbavati

Falls Mutwas mythologische Geschichte die schamanische Version der Ereignisse war, die an den archäologischen Ausgrabungsorten in Sterkfontein stattgefunden hatten, dann warf dies zwei wichtige Fragen auf. Erstens fragte ich mich, wie Mutwa an diese Information aus prähistorischer Zeit gekommen war. C. K. Brains Auffassung von der Entwicklung vom Gejagten zum Jäger – vom *Australopithecus* zum *Homo erectus* – beruhte auf der Untersuchung ganzer Berge von Fossilien und der sorgfältigen Anwendung der wissenschaftlichen Methode, während Mutwas Weisheit aus einer ganz anderen Quelle stammte. Neben den mündlich überlieferten Geschichten schien der Sanusi ein uraltes Wissen zu besitzen, das über das individuelle Gedächtnis hinaus in das Kollektivbewusstsein der Menschheit reichte.

Wenn unsere Spezies aufgrund ihres Kontakts zu den Raubkatzen einen entscheidenden evolutionären Sprung geschafft hat, dann darf man wohl auch annehmen, dass wir rudimentäre Erinnerungen an diese einschneidende Entwicklung in unserem vorzeitlichen Unterbewusstsein tragen – also in dem Bereich, zu dem die Schamanen im Trancezustand Zugang haben.

Diese Möglichkeit warf allerdings eine zweite Frage auf. Anders als bei der Löwenhelden-Tradition, in der es um den Kampf gegen Löwen geht, zelebriert die Kultur des Löwenschamanismus den Respekt vor Löwen und unsere Verwandtschaft mit ihnen. Davon ist in den archäologischen Funden von Sterkfontein überhaupt nichts zu sehen. Insofern erklärte Brains Jagdhypothese die Ursprünge der afrikanischen Löwenkultur nur zum Teil. Die Theorie dieses Wissenschaftlers beinhaltete zwar eine schlüssige Erklärung für die Löweneinweihungsriten, aber sie warf kein Licht auf das Löwenpriestertum. Diese Geschichte ging eindeutig noch viel tiefer.

Als es mir endlich gelang, wieder Kontakt zu Mutwa aufzunehmen, bombardierte ich ihn nach unserer formellen Begrüßung augenblicklich mit meinen dringlichen Fragen, die durch die Funde von Sterkfontein sowie durch Mutwas mythologisches Material, das offenbar mit dem gleichen Evolutionsschub verknüpft war, aufgeworfen worden waren. Wir setzten uns in einem anderen Haus in Soweto in zwei abgewetzte Sessel, diesmal in Gesellschaft einer Gruppe von Ndebele-Frauen (entweder Haushälterinnen oder angehende Heilerinnen – ich wusste es nicht genau), von denen einige auf einer alten »Singer«-Nähmaschine traditionelle Stoffpuppen nähten, während andere, auf Holzbänken sitzend, die fertigen Puppen mit kleinen Glasperlen bestickten. Unter ihnen befand sich auch Mutwas Frau Cecilia, doch da wir einander nicht vorgestellt worden waren, sollte ich dies erst später erfahren.

Einige Zeit vor diesem Wiedersehen hatte ich Mutwas neueste Veröffentlichung aufgestöbert: *Isilwane, the Animal*, eine Anthologie afrikanischer Fabeln und Lagerfeuer-Tiergeschichten. Mich faszinierte besonders eine der Fabeln mit dem Titel »How the Cat Came to Live with Human Beings« (dt.: »Wie es kam, dass die Katze mit Menschen zusammenlebt«).[1]

In dieser Fabel hatte ich denselben Gedanken des Hüters oder Beschützers wiederentdeckt, von dem mir Maria im Zusammenhang mit den Raubkatzen erzählt hatte.

»Credo, diese Geschichte über den Beginn des Zusammenlebens von Menschen und Katzen«, begann ich. »Warum sagen Sie, dass die Katzen unsere Hüter sind und nicht umgekehrt?«

Die vertraute »Riesengestalt« saß mir in Arbeitskleidung gegenüber, den Kopf in typischer Haltung schräg in den Nacken gelegt.

»In unserer Tradition, Madam, sind Katzen viel mehr als nur Haustiere. Sie sind magische Wesen und unsere Beschützer«, sagte er. »Sie schützen uns vor Nagetieren, die uns schaden, wie Sie wissen; aber sie beschützen uns auch vor unsichtbaren Feinden, die wir mehr fürchten als alles andere. Das afrikanische Volk singt ein Loblied, das eigens für dieses Tier komponiert wurde.«

Mutwa hielt inne und holte tief Luft. »Es geht so...«

Er sang ein Loblied auf Zulu, und ich war wie hypnotisiert davon, einen großen Sanusi zu erleben, der mit der Stimme eines sehnsüchtigen alten Mannes ein Loblied auf eine Katze sang! Es hätte lächerlich wirken können, doch stattdessen bewegte es mich tief.

Als er zu Ende gesungen hatte, übersetzte er für mich:

Du bist die Katze, Zähmerin der Menschen, nicht von ihnen gezähmt!
Du bist das Tier, das wir alle fürchten, Günstling der Zauberer, Liebling der Hexen, verehrt von den Sangomas.
Du bist die Katze, Hüterin des Dorfes,
du schützt uns vor sichtbaren und unsichtbaren Feinden!
Von den Himmelsgöttern gesandt, um die Welt vor unsichtbaren Feinden und vor sichtbarem Ungeziefer zu behüten.
Oh Katze, Meisterin des Lebens!
Du behütest mich, während ich schlafe, ich verehre dich, liebe Katze, und ich ernähre und füttere dich, denn es heißt, dass die Götter und die Vorfahren ewiges Leid über jeden bringen, der so tief sinkt, dir ein Leid zu tun.

Nach einem Augenblick des Schweigens erklärte Mutwa, dass die Könige in ganz Afrika früher einen besonderen Diener einstellten, dessen einzige Aufgabe darin bestand, die Katzen zu hüten und sich um sie zu kümmern. Dieser Mann wurde »Hüter der Katzen« genannt. Und er war immer ein furchtloses Individuum, denn er musste jederzeit dazu bereit sein, nötigenfalls für die Katzen, die sich in seiner Obhut befanden, zu sterben.

»Einmal erwog mein Großvater, mich zum Hüter der Katzen auszubilden«, erzählte Mutwa. »Verstehen Sie, Madam: Weil Katzen als magische Tiere gelten und große Macht haben, gibt es leider Hexer und Zauberer, die diese Macht zum Bösen benutzen, wenn die Katzen in die falschen Hände geraten. Wir reden nicht gern darüber, aber es gibt Leute, die eine Katze aus einem Dorf stehlen würden, um ihre Macht durch unlautere Mittel an sich zu reißen. Ich spreche ungern über diese Dinge, Madam, ich erzähle lieber davon, wie Katzen zu guten Zwecken benutzt werden: zur Weissagung zum Beispiel. Sangomas können prophezeien, indem sie einfach einer Katze in die Augen sehen.«

»Weil der Sangoma irgendwie telepathische Botschaften von der Katze empfangen kann?«

»Ja, Madam, und das ist eine sehr präzise Form der Prophezeiung.«

Dies erinnerte mich an einige Kindermärchen, in denen schwarze Katzen oft mit Zauberei und Hexen verknüpft sind.[2] Doch statt darüber mit Mutwa zu diskutieren, wollte ich lieber dringendere Fragen stellen.

»Die andere Geschichte, über die ich gern mehr wüsste, handelt vom Geschenk des Feuers an den Menschen.«

»Ja, Madam?«

»Nun ja, meine erste Frage betrifft die archäologischen Ausgrabungen in den Höhlen im Tal von Sterkfontein. Wie Sie vielleicht wissen, haben dort der Frühmensch und die Säbelzahnkatzen vermutlich nebeneinandergelebt. Laut berühmter Archäologen ist dies der Ort, an dem der Evolutionssprung stattfand, der den Menschen von seinen Affenvorfahren trennte – beziehungsweise der Entwicklungssprung vom *Australopithecus* zum eigentlichen Menschen. Mit anderen Worten, Credo: Ist dies der Ort, an dem sich der Gejagte zum Jäger entwickelte?«

»Das könnte schon sein, Madam«, bemerkte er. »Wie lautet Ihre Frage?«

»Nun ja, Credo, Sie kennen doch Darwins Evolutionstheorie? Wie sehen Sie die Fundorte von Sterkfontein, wo vermutlich die Entwicklung vom Affen zum Menschen stattfand?«

Mutwa lachte. »Ich glaube nicht an die Theorie, dass der Mensch einst ein Affe gewesen ist«, sagte er, und seine Augen glitzerten hinter seinen dicken Brillengläsern. »Es ist eine Theorie mit viel zu vielen Lücken.«

Ich hatte mich inzwischen daran gewöhnt, Überraschungen von Mutwa zu erwarten, aber diese Äußerung verblüffte mich dennoch. »Sie glauben nicht an die Theorie der Entwicklung des Hominiden?«, fragte ich.

»Es gibt Dinge, die ich kenne und gesehen habe, die die Theorie der Evolution, wie die Wissenschaftler sie darstellen, widerlegen«, erwiderte er.

»Was für Dinge?«, fragte ich. Mein erster Gedanke war, dass Mutwas Einstellung töricht war. Hätte ich keinen so tiefen Respekt vor dem Schamanen und seinem Wissen gehegt, dann hätte ich sie sogar für lächerlich gehalten.

»Zum Beispiel wurden in massivem Felsgestein Kugeln und Sphäroide gefunden, Madam, die allem Anschein nach von einer Technologie erzeugt worden sind, neben der unsere heutige Technologie wie aus der Steinzeit wirkt.«

»Wo genau wurden diese Gegenstände gefunden?«, erkundigte ich mich.

»Im Pyrophyllitgestein in einem Hügelsteinbruch, den ich zusammen mit Mr Boshier untersuchte, bevor die Maschinen es zerschnitten. Diese Kugeln wurden im Gestein entdeckt und müssen von Menschen geschaffen worden sein, die vor Millionen von Jahren bereits eine hoch entwickelte Zivilisation besaßen – denn so lange muss es gedauert haben, bis das Material sich mit dem Gestein verbunden hat.«[3]

»Aber könnten diese Kugeln nicht natürlichen Ursprungs gewesen sein, statt von Menschen gemacht, Credo?«

»Nein, Madam. Diese glitzernden Kugeln aus einem rötlich-silbernen Material besitzen besondere Eigenschaften. Wenn sie zum Beispiel auf einer glatten Oberfläche liegen, drehen sie sich entsprechend der Erdumdrehung – sogar wenn sie auf einer Samtunterlage in einem Glaskasten liegen.«

»Dann glauben Sie also, es habe vor Millionen von Jahren eine technologisch hoch entwickelte Kultur gegeben?«, fragte ich vorsichtig.

»Ja.«

Ich dachte eine Weile darüber nach. Ich war mit der darwinschen Theorie aufgewachsen und empfand es als sehr schwierig, einen solchen Widerstand gegen unsere »zivilisierte« westliche Auffassung vom Ursprung der Arten zu akzeptieren. Falls jedoch vor vielen Tausenden oder gar Millionen von Jahren tatsächlich eine Zivilisation existiert haben sollte, neben deren technologischem Stand »unsere heutige Technologie wie aus der Steinzeit« wirkte, dann gab es noch viele unbeantwortete Fragen. Und diese ließen sich nicht ohne Weiteres durch den konventionellen Darwinismus beantworten, wie ich ihn verstand, denn dieser beruht auf dem Konzept einer stetigen Kontinuität in der Evolution.

Später sollte ich auf aktuelle Forschungsergebnisse stoßen, die sowohl das Entstehungsdatum der Sphinx neu hinterfragen als auch die Existenz möglicher verlorener Zivilisationen nahelegen, für die es unter anderem in den großen Baudenkmälern von Gizeh und in Stonehenge zahlreiche Beweise gibt. Als ich anfing, die Bestseller von Archäoastronomen wie Graham Hancock, Robert Bauval, Adrian Gilbert und John Anthony West zu lesen – moderne Theoretiker, die die Evolutionshistoriker herausfordern –, musste ich wieder an die Worte des Löwenschamanen denken. Tatsächlich schließt Darwins Theorie den Aufstieg und Fall verschiedener Zivilisationen keineswegs aus. Darwin räumte prinzipiell die Möglichkeit von Katastrophen ein, darunter den Gedanken, dass sich eine Spezies bis zu einer gewissen Stufe des Fortschritts entwickeln könnte, um dann durch klimatische Bedingungen vernichtet zu werden und den ganzen Prozess wieder von vorn zu beginnen. Dieser hypothetische Vorgang steht nicht im Widerspruch zu seiner Evolutionstheorie. Doch zum damaligen Zeitpunkt war ich von der Antwort des Hochschamanen überrascht und enttäuscht.

»Wir sind nicht die erste intelligente Rasse, die auf diesem Planeten existiert«, schloss Mutwa.[4]

»Ich verstehe, Credo«, antwortete ich leise und biss mir auf die Zunge. »Und Sterkfontein?«, fragte ich, bemüht, mich an mein Bild von der Vergangenheit zu klammern, obwohl es bereits Risse bekommen hatte. »Was, glauben Sie, ist in den Höhlen von Sterkfontein geschehen?«

»Sie meinen, was ist zwischen dem Ersten Menschen und den Löwen passiert?«

»Ja, Credo. Hat sich unsere menschliche Spezies physisch und technologisch durch die Interaktion mit den prähistorischen Raubkatzen entwickelt?«

»Das ist lediglich ein kleiner Teil des Geheimnisses: der kleine Teil, der für die Wissenschaftler einen Sinn ergibt.« Er sah mich nachdenklich an. »Warum überrascht es die Wissenschaftler, dass der Urzeitmensch vielleicht mit prähistorischen Löwen zusammenlebte, Madam? Haben sie sich so weit von ihren Wurzeln entfernt, dass sie die Wahrheit nicht sehen können?«

»Meinen Sie, dass es mehr zu sehen gibt, als sie wahrnehmen?«

»Ja, Madam, es gibt sehr viel mehr.«

Ich dachte eine Weile nach, sah den Frauen bei ihrer Perlenstickerei zu und lauschte dem Summen der Nähmaschine. In Mutwas erzählender Version dieses Wendepunkts der Menschheitsgeschichte gab es noch etwas, was mich irritierte. Nun machte ich den Versuch, dieses beunruhigende Detail zu klären.

»Credo, in Ihrer Geschichte von Kintu und Mamarawi in der Höhle«, begann ich, »da geht es doch eigentlich um das Geschenk des Feuers an die Menschen, nicht wahr?«

»Ja, Madam.«

»Ihre Geschichte vom Feuer ist gleichzeitig die Geschichte darüber, wie der Erste Mensch anfing, Fleisch zu essen.«

»Ja, Madam. Das stimmt.«

»Was mich verblüfft, Credo, ist die Tatsache, dass Kintu in Ihrer Geschichte nicht irgendwelches Fleisch isst, sondern speziell Löwenfleisch!«, bemerkte ich.

»Ja, Madam, so ist es.«

»Ist das also eine Tatsache oder eine Fabel?«

»Es war ein Austausch, Madam, wie er durch die ganze Nahrungskette hindurch zwischen allen Jägern und ihrer Beute stattfindet. Und auch wenn ein Pflanzenfresser seine Nahrung aus dem Pflanzenreich bezieht, ist das eine Geschichte über den heiligen Austausch der Seelen.«

Diese seltsame Äußerung erinnerte mich an Mutwas Großvater, der zu seinem Feigenbaum sang und ihn eine »Person« nannte – und der Baum hatte seine Dankbarkeit reichlich mit Früchten belohnt.

»Ich verstehe immer noch nicht ganz, Credo. Bezüglich Sterkfontein – wenn Sie nicht glauben, dass der Mensch vom Affen abstammt, was ist denn dann zwischen uns und den Löwen an diesem Ort geschehen?«

»Das Geheimnis dieser Höhlen ist der seelische Austausch, Madam. Ein heiliger Vertrag.«

»Meinen Sie damit, dass wir damals ein Löwenherz bekamen? Als wir statt der Löwen zum König der Tiere wurden?«

»Das ist wahr, Madam. Niemand kann einem Tier seine Seele ohne dessen Zustimmung nehmen. Zu jener Zeit machten die Löwen dem Menschen dieses Geschenk.«

»Aber wenn es ein heiliger Vertrag war«, erwiderte ich und spürte eine unerklärliche Verzweiflung, weil ich immer noch nicht verstand, »dann haben wir ihn gebrochen. Wir haben das Geschenk, das uns die Löwen gaben, nicht in Ehren gehalten!« Ich dachte an das labile Gleichgewicht der Natur, an die feine Kette der Existenz, die wir anscheinend zerbrochen haben, an das globale Ökosystem, das wir Menschen systematisch geschwächt und, wie es scheint, irreparabel beschädigt haben.

»Das ist leider auch wahr, Madam«, lautete die ernste Erwiderung des Schamanen.

Das Einbringen einer seelischen Dimension in den Evolutionsprozess verfeinerte das Bild von der Beziehung zwischen Raubtier und Beute. Es erinnerte mich an die Jagdmagie, wie sie die Jäger-Schamanen der Buschmänner ausübten. Sie glaubten, dass eine bildliche Darstellung der Jagd den Ausgang der tatsächlichen Jagd beeinflussen würde. Dank Mutwas Worten verstand ich allmählich, dass der schamanische »Zauber« in Wirklichkeit keineswegs nur ein primitiver Aberglaube ist, sondern Ausdruck einer Einstimmung auf die längst vergessenen Gesetze der Natur. Mir kam jetzt der Gedanke, dass Schamanen mit einer bestimmten Verbundenheit arbeiten, die tatsächlich zwischen verschiedenen Dingen besteht – aber auf einer tieferen Ebene, die wir Übrigen nicht wahrnehmen können.

Bei dem Gedanken an die Schändung und die verheerenden Verwüstungen, die der moderne Mensch über sein natürliches Erbe gebracht hat, ahnte ich zum ersten Mal, dass vielleicht wir diejenigen sind, die den Bezug zur Realität verloren haben, und nicht der Schamane mit seiner primitiven Magie.

Der Schamane glaubt, dass keine Beute zufällig getötet wird, sondern dass sie sich auf einer Seelenebene nach dem Plan Gottes opfert. Wenn der Schamane also die Jagd beeinflusst, erkennt und ehrt er die Seelenverbindung, die seinem Glauben nach zwischen dem Jäger und dem Tier, das zu seiner Beute wird, besteht.

Im frühen 20. Jahrhundert beschrieb James Frazer dieses Phänomen in seiner berühmten Untersuchung über Magie und Religion, *The Golden Bough* (»Der goldene Zweig«). Er berichtete, dass Jäger aus »primitiven« Stämmen in verschiedenen Teilen der Welt (die Inuit oder Eskimos von der Beringstraße, die Kayan von Borneo, die »Hottentotten« Afrikas) ihre Beute so hoch schätzten, dass zwischen Jägern und Gejagten eine Sympathie, eine Kommunikation auf spiritueller Ebene existierte.[5]

In jüngerer Zeit konnte der südafrikanische Forscher Louis Liebenberg dank seines engen Kontakts mit den letzten noch lebenden Buschmann-Jägern der Kalahari bezeugen, wie dieser Jagdglaube in der Praxis aussah. Liebenberg beschreibt den tiefen Respekt, den die Jäger ihrer Beute entgegenbringen. Sie verehren das Tier und betrachten es als dem Menschen ebenbürtig, doch sie erkennen es auch als kostbare Lebensgrundlage an, und somit besteht zwischen den beiden Spezies ein ungeschriebener Vertrag. Es ist bezeichnend für die Beziehung zwischen Jägern und Beute, dass einer Grundüberzeugung in der Buschmann-Kosmologie zufolge alle Tiere einst Menschen waren.

Diese faszinierende Verbindung zwischen Jägern und Beute wurde im Jahr 2000 in einem Dokumentarfilm über die letzten Buschmann-Jäger hervorragend dargestellt: *The Great Dance* von den Brüdern Craig und Damon Foster. Der Film zeigt, wie ein Buschmann-Jäger, nachdem er in der glühenden Hitze des Tages stundenlang einer Antilopenherde hinterhergelaufen ist, die Tiere schließlich einholt. Eine bestimmte Antilopenkuh wendet sich dem Jäger zu und bietet sich seinem Speer offenbar freiwillig als Opfer dar.[6]

Dieser tief bewegende Moment in dem Film erinnerte mich an eine Beobachtung, die Liebenberg in seiner Studie macht. Er nennt es den »unvermeidlichen Widerspruch« im Innern des Buschmann-Fährtensuchers, der entsteht, sobald dieser anfängt, sich mit seiner Beute zu identifizieren:

> Um ein Tier aufzuspüren, muss sich der Fährtensucher fragen, was er täte, wenn er selbst dieses Tier wäre. Indem er sich in das Tier hineinversetzt, fühlt er sich tatsächlich so wie das Tier. Der Fährtensucher entwickelt also eine mitfühlende Beziehung zu dem Tier, das er dann tötet.[7]

Dies ist eine indirekte Anspielung auf das halb tierische, halb menschliche Bewusstsein. Liebenberg bezieht sich auf die »mitfühlende Beziehung« zwischen dem Buschmann-Jäger und der Beute, die er tötet; aber Mutwas Worten entnahm ich, dass womöglich eine ähnliche Ebene der interspezifischen Kommunikation zwischen dem entstehenden Menschen und den Raubkatzen existierte, die der Mensch bezwingen musste, um zu überleben.

Von Katzen und Menschen

Zu diesem Besuch hatte ich etwas mitgebracht, von dem ich glaubte, es könnte den Schamanen interessieren. Ich beschloss, es ihm nun zu zeigen, um das grimmige Schweigen zu beenden.

Am Abend vor meinem erneuten Treffen mit Mutwa hatte ich erstaunliches Glück gehabt – zumindest fasste ich das damals so auf. Mit den Weißen Löwen im Sinn, hatte ich mich bemüht, Aufzeichnungen über die Buschmann-Kunst aufzuspüren. in der vagen Hoffnung, irgendwo auf den uralten Höhlenmalereien die Darstellung eines Weißen Löwen zu finden. Auf dem Nachhauseweg kam ich an einem Buchladen vorbei, in dessen Schaufenster eine Neuveröffentlichung ausgestellt war. Das Buch hieß *The Hunter's Vision* – ein Titel, der meine Aufmerksamkeit erregte, und die Tatsache, dass es eine Sammlung von Abbildungen der »prähistorischen Kunst von Simbabwe« zum Inhalt hatte. Ich ging sofort in den Laden und kaufte das

Die Malerei aus Wedza stellt die Übergangsstufen vom Gejagten zum Jäger dar. Ein verstümmelter Hominide liegt ausgestreckt unter einer Raubkatze. Auf diese Szene folgt ein Bild von zwei Gestalten mit menschlichen wie auch katzenhaften Merkmalen, die aussehen, als wollten sie sich von ihrer vierbeinigen Position zu einer zweibeinigen aufrichten (man beachte die Säbelzähne). Schließlich stehen zwei stolze menschliche Jäger aufrecht, nun bewaffnet und bereit, ihre Beute zu erlegen. Die Evolution vom Gejagten zum Jäger ist vollendet.

Buch. Ich fand zwar nichts über Weiße Löwen darin, aber dafür enthielt das Buch etwas ebenso Interessantes.

Auf einer Seite war die Reproduktion einer Höhlenmalerei aus Wedza (nordöstlich von Groß-Simbabwe) abgedruckt, die die Thematik des Gejagten, der zum Jäger wird, perfekt illustrierte: Das Bild zeigte in höchst detaillierten Einzelschritten, wie sich die menschliche Spezies durch den Kontakt mit Säbelzahnkatzen von einem *Australopithecus*-ähnlichen Tier auf allen vieren zu einem stolzen, aufrecht gehenden Jäger entwickelte.[8]

In seinen frühesten Schriften (vor etwa vierzig Jahren) zollte Mutwa den Buschmännern Tribut, die zu der Zeit zu den verkanntesten und am schlechtesten behandelten Völkern der Erde zählten. Er wies nachdrücklich darauf hin, dass die Höhlengemälde der Buschmänner das visuelle Gegenstück zu den uralten Erinnerungen der afrikanischen Eingeweihten darstellen und die in den mündlichen Überlieferungen enthaltenen streng gehüteten Geheimnisse bestätigen. »Die Buschmänner«, schrieb er, » leben zwar aufgrund der gegebenen Umstände immer noch wie prähistorische Menschen, doch sie waren und sind nach wie vor die talentierteste und intelligenteste Rasse in Afrika. Ihre Wandmalereien in Höhlen und anderen Unterkünften sind ein unschätzbarer Beitrag zur ›dokumentierten‹ Geschichte Afrikas, denn mit ihrer Bilderschrift halten sie Ereignisse fest, die vor vielen Jahrtausenden stattfanden.«[9]

Die Meinungen der Experten bestätigen inzwischen Mutwas Aussage. Fachleute auf dem Gebiet der Buschmann-Kunst wie David Lewis-Williams, Thomas Dowson und Peter Garlake sind einhellig der Meinung, dass die Höhlenmalereien größtenteils von Schamanen stammen, die auf diese Weise ihre Weisheit weitergaben, die sie im schamanischen Trancezustand empfangen hatten.

Allmählich begriff ich, dass Schamanen sich Zugang zu der archetypischen Informationsebene in den Kollektiverinnerungen der Menschheit verschaffen können – und falls das stimmte, dann wäre es durchaus denkbar, dass die atavistischen Träume der schamanischen Eingeweihten auch Spuren des evolutionären Löwe-Mensch-Evolutionsschubs enthielten. Und diese Trauminformation war sowohl in ihrer mündlichen Überlieferung als auch in den Buschmann-Malereien erhalten geblieben. Als ich daran dachte, freute ich mich darauf, Mutwa meine Entdeckung zu zeigen.

Die Wedza-Malerei ist eine Art Bildfolge in drei Teilen; sie funktioniert wie eine auf Stein gemalte Filmszene und führt den Betrachter zurück zu den Ursprüngen des aufrecht gehenden Menschen.[10] Von links nach rechts betrachtet, zeigt der erste Teil eine Säbelzahnkatze, neben der ein übel zugerichteter Hominide liegt. Der zweite Teil zeigt zwei Wesen mit Säbelzähnen, die nicht wesentlich anders aussehen als das erste – nur dass sie eindeutig weder Katzen noch Hominiden sind, sondern eine perfekte Kombination beider Spezies. Ihre Hinterbeine ähneln menschlichen Beinen und werden im dritten Teil bei der Darstellung der Menschen fast exakt wiederholt. Ihre katzenartigen Vorderbeine könnten auch menschliche Unterarme sein; die Tatzen sind leicht verlängert, wie die Finger einer menschlichen Hand. Sie hängen einfach am Körper herunter, als müssten sie kein Gewicht mehr tragen. Auch enden sie ein Stück über dem Boden, und dies lässt vermuten, dass diese Wesen im Begriff sind, sich auf die Hinterbeine zu erheben. Doch ihre Köpfe mit den spitz zulaufenden Ohren und langen Schnauzen gehören eindeutig zu Katzen: genauer gesagt, zu Säbelzahnkatzen, denn sie sind mit langen, vorstehenden Zähnen versehen.

Der starke filmische Charakter dieser schamanischen Malerei erlaubt es dem Betrachter, in allen Einzelheiten Zeuge des evolutionären Prozesses zu werden – bis hin zur Darstellung des Schwanzes, der im ersten Teil lang ist, im zweiten kürzer und im dritten Teil bei den Menschen ganz verschwindet. In diesem dritten und letzten Teil ist die Verwandlung vollendet. Voller Stolz werden zwei perfekte Abbilder des zweifüßigen Menschen präsentiert. Man könnte sich keine bessere Darstellung von »mächtigen Jägern« wünschen: breitschultrig, gut bestückt und natürlich schwer bewaffnet – mit prachtvollen übergroßen Bogen und Pfeilen. Und um vollends zu verdeutlichen, dass es sich hier um Fleisch essende Menschen handelt, richtet sich die Aufmerksamkeit der beiden Jäger voll und ganz auf zwei tadellos gemalte Antilopen. Die Entwicklung von der Beute zum Jäger ist vollendet.

»Wow!«, rief Mutwa. Noch nie hatte ich ihn diesen Ausdruck benutzen gehört. »Das ist wunderbar!«, fügte er hinzu.

Für mich ging dieses Bild noch weiter als Brains Theorie »Vom Gejagten zum Jäger«. Es ging sogar weiter als Mutwas symbolische Lagerfeuergeschichte vom Ersten Menschen (Kintu), die erzählte, wie er dazu kam, Fleisch zu essen, und die Geschenke des Feuers und der Fähigkeit des Werkzeugmachens empfing. Darüber hinaus zeigte es eine therianthropische Sicht des Menschen und der Raubkatze: Es stellte nicht nur den evolutionären Prozess dar, in dem *Homo erectus* lernte, als Raubtier auf seinen zwei Füßen zu stehen, sondern auch einen physiologischen Identitätsaustausch mit den wahren Raubtieren. In Mutwas Worten: »Der wahre Löwenkampf ist der Austausch der Seelen.«

Ich umriss Mutwa kurz die Hominiden-*Dinofelis*-Hypothese. »Weil so viele Knochen dieser zweiten Art von Säbelzahnkatzen – mit kleineren Eckzähnen – in denselben Höhlen gefunden wurden wie von Hominiden, vermuten die Wissenschaftler nun, dass *Dinofelis* vielleicht diejenigen Raubtiere waren, die den Frühmenschen am häufigsten jagten.«

»Verzeihen Sie mir, Madam«, antwortete der Schamane, »aber das ist Unsinn, Quatsch. Wie können sie zwei und zwei zusammenaddieren und fünfunddreißig herausbekommen?« Mutwa hatte nicht einmal mit der Wimper gezuckt, als er diese anschauliche Entgegnung äußerte.

»Wollen Sie damit etwa sagen, dass diese Hypothese ein Irrtum ist, Credo?«

»Ich will damit sagen, dass sie Blödsinn ist, Madam.«

»Wie erklären Sie dann das offensichtliche Nebeneinander von *Dinofelis*-Knochen und Hominidenknochen?«

Mutwa schwieg lange Zeit, bevor er seufzte. »Vieles ist in den Geheimnissen verborgen, die wir nicht preisgeben dürfen.«

Ich zögerte. »Deuten Sie etwa an, dass es zwischen den Frühmenschen und den prähistorischen Löwen eine Art Kooperation gab, Credo?«, fragte ich. Er hatte seinen Blick von der Buchseite gehoben und spähte durch seine dicken Brillengläser wieder geradeaus.

»Wir leben in einer merkwürdigen Welt der Trennung, Madam: in einer Welt, in der Dinge, die in Wirklichkeit zusammengehören und als Teil eines Ganzen betrachtet werden sollten, stattdessen unbarmherzig voneinander getrennt werden.«

»Warum sagen Sie das, Credo?«, bohrte ich in dem Versuch nach, hinter den Worten des Schamanen zum eigentlichen Kern seiner Aussage vorzudringen.

»Weil, Madam, der westliche Mensch heute glaubt, er sei der Herr über alle Lebewesen, und die Natur sei bestenfalls nur dazu da, gezähmt zu werden – und schlimmstenfalls, um verachtet, gebrochen und zerstört zu werden. Das hat zu einer sehr gefährlichen Situation geführt, Madam: zu der Annahme, die Menschheit könnte eine strahlende technologische Zukunft ohne Tiere, Bäume und andere Lebensformen aufbauen.« Er schüttelte den Kopf. »Bis diese Haltung bekämpft und aus dem menschlichen Geist gelöscht ist, stellt der westliche Mensch eine Gefahr für alle Lebewesen auf Erden dar – einschließlich für sich selbst.«

»Aber wie sollen wir sie bekämpfen, Credo?«, fragte ich und nahm zur Kenntnis, dass seine Stimme nicht wütend geklungen hatte, sondern traurig.

»Ich sage, dass wir geistig einen großen Schritt zurück machen müssen, Madam. Wir müssen uns die ursprüngliche Auffassung der Schöpfung wieder zu eigen machen: dass alles um uns herum Teil eines einzigen großen und zusammengehörigen Ganzen ist. Wir müssen uns abgewöhnen, uns als überlegene oder besondere Wesen zu sehen. Diese falsche Vorstellung hat uns an den Rand der Vernichtung geführt.«

Er hielt inne, und seine Pupillen weiteten sich hinter der dicken Brille.

»Wir haben uns unserer eigentlichen Natur beraubt. Im alten Afrika, Madam, glaubten wir, dass der Mensch nicht ohne Tiere, Vögel, Fische und Bäume existieren kann. Wir glauben, dass das Universum nicht nur um uns herum existiert, sondern auch in uns. Aus diesem Grund wurden viele afrikanische Gottheiten halb menschlich, halb tierisch dargestellt.« Er sah mich ernst an. »Ich frage Sie, Madam: Wenn Ihr Gott den Körper eines Mannes und den Kopf eines Löwen hätte, würden Sie dann Löwen aus sportlichen oder kommerziellen Gründen erschießen?«

»Ich hoffe nicht, Credo«, sagte ich und bemühte mich, seine Gedankenverbindungen zu begreifen. »Aber was hat das Ihrer Meinung nach mit Sterkfontein zu tun?«

»Es ist alles Teil ein und desselben Geheimnisses, Madam.«

Er hielt inne und überlegte erneut. »Es ist zwar geheimnisvoll, Madam, aber es ist kein Rätsel. Denken Sie zum Beispiel an die Sphinx. Sie ist die riesige Skulptur eines Löwenmenschen, nicht wahr? Es gibt kein Rätsel der Sphinx. Ein Geheimnis, ja, aber es ist für jeden sichtbar.«

So hatte ich das noch nie gesehen. Natürlich: Die Sphinx, teils Mensch, teils Löwe, war das elementare Symbol des Löwenschamanismus und der Einheit von Mensch und Natur.

Einige Gelehrte behaupten, die Sphinx sei ursprünglich ein Löwe gewesen; aber die Tatsache, dass die Ägypter den Kopf ihres Pharao auf einem Löwenkörper darstellten, zeugt von einem therianthropischen Glaubenssystem, das dem zum Gott erhobenen Pharao die Macht des Königs der Tiere verleiht. Während ich mich noch immer darum bemühte, diese uralte und doch so erstaunliche Offenbarung zu begreifen, war Mutwa offensichtlich schon wieder woanders.

»Der Mensch muss zwei verschiedene Verbindungen eingehen«, sagte er. »Er muss sich wieder mit der Erde verbinden, und er muss sich auch wieder mit den Sternen verbinden.« Wieder bemühte ich mich, den poetischen Sinn seiner Aussage in mein Bewusstsein einsinken zu lassen, während er einen Moment später fortfuhr. »Wir dürfen nicht über Dinge wie Macht sprechen, Madam. Aber im alten Ägypten meisterten die Hohepriester eine Kunst, die wir ›Sternending‹ nennen. Wir dürfen nicht darüber sprechen, Madam, weil es eine sehr mächtige Kraft ist. Dadurch konnten sie in das Bewusstsein der Tiere eintreten, zum Beispiel der Löwen, und ihre Kraft nutzen, sodass diese Tiere ihre heiligen Denkmäler bauten. Mehr darf ich nicht sagen.«

Ich konnte ihm nicht mehr folgen. »Reden wir jetzt über Gedankenkraft, Credo?«, fragte ich.

»So können Sie es auch nennen, Madam.«

Ich versuchte, das Gespräch auf konkrete Beispiele aus Ägypten zu lenken. »Nun ja, bei meinen ägyptischen Forschungen bin ich tatsächlich auf viele Reliefs gestoßen, die Pharaonen in Verbindung mit Löwen zum Thema haben.«

Ich dachte an die Wandmalereien, die die eng verknüpften Themen des Löwenpriestertums und des Löwenheldentums darstellten. Pharaonen wurden häufig entweder im Kampf mit Löwen gezeigt oder sie saßen mit freundlich gesinnten Löwen an ihrer Seite auf dem Thron.[11] Manche Szenen zeigen Pharaonen, die in den Kampf ziehen, während unter ihren Kampfwagen wilde Löwen einherschreiten.[12] Es ist bekannt, dass Ramses II. im Krieg wie auch im Frieden überallhin von seiner Löwin Anta-m-Nekht begleitet wurde. Der Name bedeutet »die Göttin Anta liebt mich«. Löwen wurden als ebenso königlich betrachtet wie die Pharaonen selbst.[13]

»Das mag sein, Madam«, antwortete Mutwa mit einem trockenen Lächeln, »aber die Sphinx ist älter als die Pharaonen – um viele, viele Tausend Jahre älter, Madam.«

»Hat die Sphinx also irgendetwas mit den Ereignissen der Hominiden in Sterkfontein zu tun?«, fragte ich in dem Versuch, in dieser Offenbarung einen Sinn zu finden.

»Sie ist Teil desselben Geheimnisses, Madam.«

Die Nähmaschinen der Frauen summten in meinem Kopf. »Ich verstehe. Ist dies das sogenannte Große Wissen, Credo?«, fragte ich.

»Es ist Teil des Großen Wissens, Madam, ja.« Er hielt wieder inne, vielleicht weil er die Verwirrung in meinen Augen sah.

»Wenn Sie den Spuren der Weißen Löwen weiterhin folgen«, sagte er langsam, als wollte er mich Schritt für Schritt durch seine Gedanken führen, »dann werden Sie im Lauf der Zeit selbst hinter die Geheimnisse der Großen Sphinx kommen.«

»Ist das wahr, Credo?«, fragte ich und bemühte mich, bei dem Gedanken, persönlich das älteste Rätsel der Menschheit zu ergründen, nicht allzu skeptisch zu erscheinen.

»Sie wissen es noch nicht, Madam, aber Sie befinden sich selbst auf dem Pfad des Schamanen«, bemerkte Mutwa.

Mir schwirrte der Kopf. Gleichzeitig empfand ich einen dumpfen Schmerz im Magen, eine Mischung aus Angst und Aufregung. Ich, eine Schamanin? Mir fiel die diesbezügliche Andeutung Marias ein. Als ich sie gefragt hatte, warum gewisse bedeutsame Knochen immer wieder von der Matte herunter in meine Richtung rollten, hatte sie geantwortet, dies sei ein Zeichen dafür, dass ich vom Schicksal zur Sangoma auserkoren worden war. »Nicht eine, die nach Wurzeln gräbt und Menschen heilt«, hatte sie gesagt, »sondern eine, die die Flamme des Lichts trägt, so wie Mu-twah.«

»Verzeihen Sie mir, Credo«, sagte ich nun. »Vielen Dank für diese Informationen, aber Sie müssen mich jetzt entschuldigen. Ich kann keinen klaren Gedanken mehr fassen.«

Ich ging denselben Weg zurück, bis ich wieder zu der asphaltierten Hauptstraße kam. Ich fühlte mich positiv gestärkt und seltsam losgelöst von dem Johannesburger Verkehr, der um Midrand herum praktisch zum Stillstand gekommen war. Sobald ich mir die ungewohnten Ideen einverleibt hatte, würde ich es wie üblich auch diesmal wieder bereuen, etliche andere Fragen, die dringend nach Antworten verlangten, nicht gestellt zu haben.

8

SYMBOL DER EVOLUTION

Wissenschaft ohne Religion ist lahm. Religion ohne Wissenschaft ist blind.
– Albert Einstein

Das, was wir Magie nennen, ist die Wissenschaft der alten Völker.
– Credo Mutwa

Die Wissenschaftler sind sich heute darüber einig, dass sich unsere Spezies in Afrika entwickelte, doch nach wie vor werden hitzige Debatten darüber geführt, wie wir es geschafft haben, die nötigen evolutionären Schritte in der richtigen Reihenfolge zu tun. Gegenwärtig wird C. K. Brains Theorie allgemein akzeptiert, während die Theorien vieler seiner berühmten Vorgänger widerlegt und auf den archäologischen Schrottplatz geworfen wurden. Selbst die strengen wissenschaftlichen Methoden bewähren sich nicht immer.

LEBENDIGE WISSENSCHAFT

Als ich Bob Brain kennenlernte, erzählte er eine amüsante Anekdote über den verstorbenen Professor Dart, die den Unterschied zwischen den Theorien der beiden Männer klar hervortreten ließ. Bob Brain ist ein sanftmütiger Mann, der mit seiner stark ausgeprägten Hakennase und seinen durchdringenden blauen Augen einem Raubvogel ähnelt. Trotz seines berühmt-berüchtigten Rufes und seines messerscharfen Verstandes ist er freundlich und bescheiden.

Er erzählte mir, er habe Dart einige Steinwerkzeuge gezeigt, die vermutlich vom *Australopithecus* zum Graben hergestellt worden waren. Zu diesem Zeitpunkt war Dart über neunzig Jahre alt und fast blind, aber er ertastete mit offensichtlicher Erregung die Formen und Konturen jedes Gegenstandes.

»Und was halten Sie nun davon?«, fragte Dart.

»Wahrscheinlich wurden sie zum Graben benutzt«, vermutete Brain.

»Wie unromantisch!«, erwiderte Dart und wurde ungewöhnlich aggressiv. Er griff nach einem der Gegenstände, stieß Brain die geschärfte Spitze in die Rippen und sagte: »Wirklich, Bob, am liebsten würde ich Sie damit durchbohren!«

Sowohl Dart als auch Brain sind Anhänger der Jagdhypothese als Definition der entscheidenden Stufe in der Entwicklung des heutigen Menschen. Der Hauptunterschied ihrer Auffassungen besteht darin, dass Dart aus der ungewöhnlich hohen Anzahl der bei Sterkfontein gefundenen Schädelknochen fälschlicherweise folgerte, diese Affenmenschen seien mordende, kannibalische Kopfjäger gewesen, die ihre Artgenossen erschlugen und fraßen und in der Lage waren, selbst die gefährlichsten Tiere ihrer Zeit zu töten. Von jeher an heftige Opposition gewöhnt, bediente sich Dart im Alter bewusst einer äußerst anschaulichen Sprache, wenn er seine Argumente vorlegte, um seine wissenschaftlichen Kollegen zu schockieren. Er beschrieb unsere Affenmensch-Vorfahren als:

... fleischfressende Wesen, die ihre Beute auf gewaltsame Weise lebendig einfingen, brutal zu Tode prügelten, die Körper zerfetzten, die Gliedmaßen abrissen, ihren brennenden Durst mit dem warmen Blut ihrer Opfer löschten und gierig das noch zuckende Fleisch verschlangen.[1]

Als Brain Dart fragte, warum er seine Theorien mit solch blutrünstigen Details darlegte, antwortete Dart in Anspielung auf die Wissenschaftler: »Das wird sie zum Diskutieren animieren!«

Und so war es auch.

Im Widerspruch zu Darts Hypothese ging aus Brains Entdeckungen jedoch immer deutlicher hervor, dass es sich bei den *Australopithecina* größtenteils um primitive Pflanzenfresser handelte, während die großen Katzen, die in ihrer unmittelbaren Umgebung lebten, Raubtiere waren. Kurzum, der *Australopithecus* war die Beute, während die Frühmenschen (*Homo erectus*) eine Veränderung im Verlauf der Evolution anzeigten. Sie drehten den Spieß um und entwickelten sich zu Jägern, wahrscheinlich indem sie die großen Katzen beobachteten und von ihnen lernten.

Auf meiner ersten Reise nach Swartkrans im Tal von Sterkfontein stellte mir der Archäologe Francis Thackeray seinen Kollegen Bob Brain vor. Bevor er uns bekannt machte, warnte mich Thackeray jedoch, dass der Wissenschaftler gerade etwas sehr Unangenehmes erlebt hatte: Brains Sohn, Veterinärmediziner eines Safariunternehmens, hatte bei der Autopsie eines Löwen festgestellt, dass dieser einen Touristen gefressen hatte, der draußen in der Steppe übernachtet hatte.

Als ich Brain vorgestellt wurde, sprach ich ihm mein Bedauern aus. Obwohl ich es unpassend fand, dies zu erwähnen, war diese Begebenheit natürlich ein sehr passendes, blutiges Echo auf die Hypothese »Vom Gejagten zum Jäger«. Ich wurde unwillkürlich an Brains wichtigstes Ausstellungsstück erinnert: den *Australopithecus*-Schädel mit den beiden Stichverletzungen, die genau zu den unteren Fangzähnen der prähistorischen Raubkatzen passten, die in derselben Höhle gefunden wurden.

»Hm, eine schlimme Sache«, antwortete Brain. Obwohl er sich distanziert und analytisch gab, war ihm der Gedanke an dieses Unglück sichtlich unangenehm.

Ich überlegte einen Augenblick, bevor ich sprach. »Wussten Sie, dass die afrikanischen Schamanen glauben, menschenfressende Löwen seien keine gewöhnlichen Löwen, sondern Löwen, die von Zauberern besessen sind?«, fragte ich ihn.

»Wirklich?«, antwortete er, und seine Raubvogelaugen wurden schärfer. »Ich kann mit all diesem spirituellen Kram nichts Rechtes anfangen...«

Dann sah er mich forschend an und fragte: »Was halten denn Sie davon?«

So von ihm veranlasst, verwarf ich meine Vorsicht und fing an, ihm ein wenig über meine eigenen Recherchen über afrikanische Schamanen zu erzählen. Ich freute mich, dass er meine Forschungen angesichts ihres unorthodoxen Gegenstandes nicht gleich abtat, sondern mir aufmerksam zuhörte. Ein Paar Tage nach dieser ersten Begegnung bekam ich eine E-Mail von ihm, in der er schrieb, dass ihn meine Bemerkungen über Löwenschamanen sehr interessierten und er gern etwas darüber lesen würde.

Wir tauschten weitere E-Mails aus, und als ich das nächste Mal in seiner Heimatstadt Pretoria war, lud er mich zum Abendessen mit seiner Familie ein. Es stellte sich heraus, dass dieser anerkannte Wissenschaftler von der schamanischen Auffassung seiner Hominiden-Raubtier-These fasziniert war.

Ich meinerseits war gerührt von der lockeren Großzügigkeit, mit der er mich in seinen Familienkreis eingeladen hatte. Brain stammt aus einer Familie namhafter Wissenschaftler. Sein Onkel war zum Beispiel der berühmte Naturwissenschaftler Eugène Marais, dessen bahnbrechende Studien *The Soul of the Ape* (»Die Seele des Affen«) und *The Soul of the White Ant* (»Die Seele der weißen Ameise«) in hohem Maße von Maurice Maeterninck plagiiert wurden, der 1911 den Nobelpreis für Literatur erhielt. Bob Brain selbst hat sein ganzes Leben mit der wissenschaftlichen Weltelite verbracht, aber dennoch war er keine Spur eingebildet. Als wir um den großen hölzernen Küchentisch saßen, nahm ich bald an den Familiendiskussionen teil. Die Themen reichten von spannenden Anekdoten über Brains gelehrte Kollegen und ihre widersprüchlichen Theorien, über die sie sich seit Jahrzehnten miteinander stritten, bis zu bezaubernden Familiengeschichten. Nach einiger Zeit wurde eine saftige Lammkeule aufgetragen, die uns alle daran erinnerte, dass unsere Spezies in der Tat ein gieriger Fleischfresser ist.

Es war klar ersichtlich, wie liebevoll Brain sich an seinen alten berühmten Kollegen und Freund Raymond Dart, der etwa dreißig Jahre lang sein Vorgesetzter gewesen war, erinnerte. Dart war ein leidenschaftlicher Mann, der an seinen Theorien hing. Bobs Frau Laura Brain erinnerte sich, dass Dart sogar bitterlich geweint hatte, wenn seine Theorien angegriffen wurden. Brain dagegen neigte überhaupt nicht dazu, aggressiv zu argumentieren. Ich konnte mir gut vorstellen, wie dieser bedächtige Wissenschaftler Dart einfach die Fakten präsentiert hatte, die für sich selbst sprachen.

Unter dem Druck der unumstößlichen Beweislast hatte Dart frustriert ausgerufen: »Lass dir von den Fakten bloß nicht eine gute Geschichte verderben, Bob!«

»Es hat ihn tief getroffen«, erinnerte sich Brain. »Er wollte unbedingt glauben, dass der Mensch ursprünglich ein Killeraffe und Kannibale war, der seine Artgenossen erschlug und auffraß. Das gab zwar eine gute Geschichte ab und wäre auch eine plausible Erklärung dafür, warum viele von uns tatsächlich mordlustige, destruktive Tiere sind. Aber die Beweise stützten seine Theorie nicht.«

Mir wurde bald klar, dass Brain Raymond Dart trotz ihrer professionellen Meinungsverschiedenheiten für den letzten großen Paläontologen hielt. Er beschrieb ihn als Menschen mit einer wahrhaft großzügigen Seele, der in Bezug auf sein Fachgebiet eine größere Leidenschaft an den Tag legte als bei persönlichen Dingen.

LÖWE, SYMBOL DER EVOLUTION

Als wir nach dem Essen in Brains Arbeitszimmer saßen, umgeben von Schädeln, Knochen und seltsamen Naturobjekten, fragte ich ihn über seine entwicklungsgeschichtlichen Entdeckungen aus.

Obwohl ich um die Unvoreingenommenheit dieses Paläoanthropologen wusste, zögerte ich, einige der seltsamen Offenbarungen zu erwähnen, die mir während meines Studiums des Löwenschamanismus zuteil geworden waren. In dieser wissenschaftlichen Atmosphäre begann ich mich zu fragen, ob ein Großteil von Credo Mutwas Geschichten überhaupt auf irgendwelchen Fakten basierte. Der große Schamane hatte durch seine bloße Gegenwart meine vorgefassten Meinungen herausgefordert und mir eine neue Sichtweise eröffnet, aber nun hegte ich den Verdacht, dass von seinen bewusstseinserweiternden Ideen nicht mehr viel übrig bleiben würde, sobald man sie einer nüchternen Analyse aussetzte. In meiner augenblicklichen Umgebung schauderte ich bei der Erinnerung an Mutwas verächtliche Ablehnung der »heiligen Kuh«, nämlich der darwinschen Theorie. Auch Mutwas auf dünnsten und fadenscheinigsten Indizien basierende Behauptung, dass vor vielen Tausenden oder gar vor Millionen von Jahren eine sehr fortgeschrittene Zivilisation existiert haben sollte, schien mir nun schlichtweg undenkbar. Falls er auf intelligente Lebensformen auf der Erde anspielte, die nicht zu unserer Spezies gehörten, fühlte ich mich außerstande, ihn darin zu unterstützen oder auch nur objektiv zu vertreten. Aber wenn ich daran dachte, was der Sanusi über die seltsame Welt der Entfremdung und des Getrenntseins gesagt hatte, in der der moderne Mensch lebt, und über die Notwendigkeit, uns wieder mit der Erde sowie mit den Sternen zu verbinden, dann wusste irgendetwas tief in mir, dass er recht hatte.[2]

Im weiteren Verlauf des Abends wuchs mein Mut, und ich umriss vorsichtig einige meiner Schlussfolgerungen. Brain, der es sich in einem Sessel unter einem am Bücherregal befestigten Primatenkiefer gemütlich gemacht hatte, hörte mir zu und stellte mir ohne jedes Vorurteil analytische Fragen.

Ich war dabei sehr darauf bedacht, nicht allzu unseriös zu erscheinen; deshalb erwähnte ich nicht nur meine persönlichen Erfahrungen mit Schamanen, sondern auch meine wissenschaftlichen Recherchen, um Brain zu erklären, wie ich zu der Überzeugung gekommen war, dass der mit Löwen und Menschen verbundene Evolutionsschub, den er in Sterkfontein und Swartkrans lokalisiert hatte, Muster in den tiefen psychischen Ebenen des menschlichen Bewusstseins hinterlassen hatte.

Zwar sind Schamanen auf der ganzen Welt in der Lage, auf diese Ebene der archetypischen Information zuzugreifen, doch die tiefsten Spuren finden sich offenbar in den Traditionen der afrikanischen Löwenschamanen. Ich war davon überzeugt, dass man Initiationsriten, mündlich überlieferte Weisheiten und Höhlenmalereien gemeinsam unter diesem Aspekt betrachten konnte. Als Beispiel erzählte ich Brain die Geschichte von Kintu und zeigte ihm eine Kopie der Malerei aus Wedza.

Als die dreiteilige Darstellung der Evolution vor uns auf dem Schreibtisch ausgebreitet lag, waren die Parallelen klar erkennbar: erst die Säbelzahnkatze neben der verstümmelten Hominidengestalt, dann die beiden halb menschlichen Wesen mit Säbelzähnen und schließlich die beiden mächtigen Jäger, die zwei Antilopen jagen. Es war einfach, die Buschmann-Darstellung als tadelloses schamanisches Piktogramm des Schlüsselereignisses zu verstehen, in dessen Verlauf der Gejagte zum Jäger wurde – es war gleichsam eine »Übersetzung«

der durch Brains Forschungen entdeckten wissenschaftlichen Geschichte in eine symbolische Sprache.

»Interessant ist es schon, das gebe ich zu«, kommentierte Brain unverbindlich. Zu seinen Füßen lagen seine drei Hunde, die sich zutraulich zusammengerollt hatten.

Ich dachte an die Hypothese über die Rolle, die die Säbelzahnkatze während der Eiszeit in der menschlichen Evolution gespielt hatte, und erwähnte einen Zusammenhang, den ich für wichtig hielt: Nach heutiger Auffassung stellen Figuren mit Stoßzähnen auf Buschmann-Malereien im Allgemeinen Transformation oder Evolution dar – egal, ob es sich dabei um Löwen oder um Menschen mit Stoßzähnen handelt.[3]

»Tatsächlich?«, fragte der Paläoanthropologe und nippte nachdenklich an seinem Sherry. »Hmmm...«

Brain ging mit einer gesunden Mischung aus Ernsthaftigkeit und Humor durchs Leben, gewürzt mit einer Prise wissenschaftlicher Skepsis. Als Spezialist in drei wissenschaftlichen Disziplinen war Brains methodische Denkweise in verschiedenen Forschungsbereichen zu Hause. Hinzu kam sein umfangreiches Wissen über Tierverhalten.

Was handfeste Evolutionstheorie angeht, wird Brain von internationalen wissenschaftlichen Kreisen allgemein anerkannt. Die von ihm in den Höhlen von Sterkfontein entdeckten Beweise lassen kaum Zweifel darüber offen, dass hier ein Wendepunkt in der Geschichte der menschlichen Evolution stattgefunden hat: der Moment, in dem der Mensch gezwungen war, entweder sich weiterzuentwickeln oder auszusterben – beziehungsweise entweder löwenherzig zu werden oder von prähistorischen Raubkatzen gefressen zu werden. »Vor diesem Zeitpunkt«, fasste Brain zusammen, »waren wir den großen Katzen unterlegen. Nach diesem Zeitpunkt waren wir ihnen überlegen – und damit fingen unsere Probleme an. Wir fingen an, uns selbst für allmächtig zu halten«, sinnierte er. »Wir sahen uns als Herrscher über das ganze Tierreich, als Könige der Erde. Das hat uns letztlich entfremdet – und man sehe sich nur die Misere an, in die wir uns dadurch hineinmanövriert haben!«

Nachdem sich die restliche Familie zurückgezogen hatte, unterhielten Bob und ich uns bis tief in die Nacht.

»In Anbetracht Ihrer Theorien über unsere Entwicklung von der Beute zum Jäger – wären Sie überrascht zu hören, dass der Löwe das Symbol der menschliche Evolution ist?«, fragte ich.

Herakles, der archetypische Held der Menschheit, behängt mit dem Fell des Nemeischen Löwen und mit Kopfschmuck (Vasenmalerei, Giraudon, Louvre)

»Evolution?« Brain hielt inne, und seine Augen wurden zu Schlitzen. »Wie kommt das?«

Meine Forschungen hatten mich davon überzeugt, dass allen Mythologien eine zentrale Löwenthematik gemeinsam ist. Ich benutzte den Mythos von Herakles als eines von vielen Beispielen für die Symbolik in verschiedenen Teilen der Welt und erklärte, dass die Arbeiten des Herakles in Wirklichkeit einen Initiationsritus bedeuten – die Geschichte erzählt, wie der Held zum Mann wird. Die erste Arbeit, die Herakles auferlegt wird, ist die Tötung eines Löwen. Dies illustriert einen Wechsel im Machtgefüge zwischen Menschen und Raubtieren. Danach ist Herakles ein Held, ein mächtiger Jäger, und um das zu beweisen, trägt er das Löwenfell über den Schultern.

Nachdem er diesem Beispiel gebannt zugehört hatte, kommentierte Brain: »Ich weiß, dass Dart anders darüber dachte, aber in Wirklichkeit ist der Übergang des Menschen von der Beute zum Jäger ein offensichtlicher Schritt in unserer evolutionären Entwicklung. Davor waren wir einfach ein natürliches Glied in der Nahrungskette, und das Gleichgewicht der Macht hing von den Raubkatzen ab. Nachdem wir mithilfe von Feuer und anderen technologischen Errungenschaften die Katzen bezwungen hatten, standen wir ganz oben am Ende der Nahrungskette.«

»Das mag sein, Bob, aber Tatsache ist, dass nicht alle Löwenhelden den Löwen töten«, bemerkte ich. »Was mich am meisten interessiert, ist, dass manche von ihnen sich tatsächlich sogar mit dem Löwen anfreunden.«

»Wie das?«, fragte der Evolutionswissenschaftler, während seine Hunde zu seinen Füßen schliefen. Sein Gesicht war nachdenklich, als er zuhörte.

Statt obskure und scheinbar fantastische Geschichten wiederzugeben, die Maria und Mutwa mir über die Rettung von Häuptlingen und Königen durch Löwen erzählt hatten, hielt ich mich in meiner Erörterung an vertraute westliche Beispiele. Der klassische Herakles-Mythos illustriert das Löwenheldentum; und um das Löwenpriestertum zu beschreiben, zitierte ich nun ein anderes bekanntes westliches Beispiel: die Geschichte von Androkles und dem Löwen.

In dieser aus dem ersten Jahrhundert stammenden römischen Geschichte entscheidet sich Androkles für Freundschaft statt für Kampf. Er entfernt einen Dorn aus der Tatze des Löwen, obwohl dieser ihm mit einem einzigen mächtigen Prankenschlag die Gedärme hätte herausreißen können. Durch diese mutige Tat zähmt er seinen tödlichen Gegner – und seine Tapferkeit entpuppt sich später, als er in der römischen Arena den Löwen zum Fraß vorgeworfen wird, als seine Rettung. Normalerweise hätten ihn die Löwen verschlungen, aber der Löwe, dem er geholfen hatte, wird für ihn nun zum Retter in der Not.

Ich erklärte weiter, dass viele Mythen und Legenden der ganzen Welt uns lehren, dass sich die menschliche Identität durch den ritualisierten Kontakt mit Löwen weiterentwickelt. In den bekannten westlichen Mythen von Herakles und Androkles werden beide Prinzipien deutlich: Der erstgenannte Mythos beschreibt den Löwenhelden und der zweite den Löwenpriester. Ob heroisch oder schamanisch: Der Kontakt zwischen Löwen und Menschen ist eng mit dem Begriff der Evolution verbunden. Löwenkrieger entwickeln sich durch Initiationsriten, die körperliche Leistungsfähigkeit einschließen, zu Löwenhelden. Bei den Löwenpriestern geht es dagegen nicht um physische, sondern um spirituelle Entfaltung.

»Natürlich war nicht nur Androkles ein Löwenpriester«, schloss ich, wobei mir zu spät auffiel, dass ich nun in tiefe philosophische Gewässer vorgedrungen war. »Anscheinend sind fast alle bedeutenden spirituellen Führer der Weltkulturen – Buddha, Krischna, Mohammed, Mithras, Wischnu, sogar Jesus – mit Löwen verbunden.«

Brain ging auf diese kontroverse Ansicht nicht gleich ein. Nachdem er einen Moment nachgedacht hatte, fragte er: »Können wir diese kollektiven Themen auf der Grundlage der jungschen Theorie der Archetypen einordnen?«

»Vielleicht«, antwortete ich. »Aber ich glaube, dass sie noch tiefer gehen. Jung behauptete, es gäbe eine archetypische Ebene kollektiver Symbole, die sämtlichen Weltkulturen gemeinsam ist. Aber die Frage ist: Was ist der Ursprung dieser Symbole?« Bei dieser Frage dachte ich daran, was Mutwa über den Glauben der Sanusis gesagt hatte: dass die Traummuster in grauer Vorzeit festgelegt wurden und dass die Eingeweihten im Zustand der gesteigerten Wahrnehmung oder des *twasa* heilige Träume empfangen. Viele dieser Träume beziehen sich nicht nur auf die Vergangenheit, sondern können anscheinend auch die Zukunft vorhersagen.

»Noch tiefer als die jungschen Archetypen?«, fragte Brain in leicht inquisitorischem Ton. »Wie meinen Sie das?«

Ich zögerte und fragte mich, wie ich einen Teil der seltsamen, fast übernatürlichen Weisheit in Worte fassen sollte, die offenbar die Wurzel des schamanischen Bewusstseins war. Dann erinnerte ich mich an Mutwas Worte: »Es gibt nichts Übernatürliches. Alles ist natürlich.«

»Wenn wir die schamanische Trance nicht einfach als halluzinatorische Verzerrung der Wirklichkeit betrachten, sondern so, wie die Schamanen selbst sie auffassen«, begann ich meinen Versuch, die Frage des Wissenschaftlers zu beantworten, »oder anders gesagt: Wenn wir die Trance als eine Möglichkeit sehen, zu einer tieferen Wirklichkeit vorzustoßen, als unser Alltag sie bietet, dann wird uns vielleicht klar, dass diese außergewöhnlichen Individuen womöglich eine Art archetypische Erinnerung an längst vergangene Ereignisse besitzen –

genau wie sie offenbar die Fähigkeit besitzen, zukünftige Geschehnisse zu sehen.«

Obwohl ich durch den wissenschaftlichen Tenor, den Brain in die Diskussion einbrachte, ein wenig eingeschüchtert war, konnte ich nicht vergessen, was ich mit eigenen Augen gesehen hatte. Ich erzählte nun, wie uns Maria vor den Löwen von Timbavati gerettet hatte, nachdem sie mit ihren Löwenvorfahren kommuniziert hatte.

»Hm«, bemerkte Brain, während er auf den Schluss meines Berichts wartete.

»Und ich glaube, dass Schamanen gerade unter solchen Bedingungen möglicherweise Zugriff auf Erinnerungen haben, die bis zu dem Szenario vom Gejagten zum Jäger zurückreichen, den Sie selbst zutage gefördert haben«, schloss ich.

»Hm«, äußerte Brain abermals und hob fragend die Augenbrauen. Dann stand er auf und gab mir ein Buch von Carlos Castaneda zum Lesen. Castaneda, ein Anthropologe, wurde mit seinen Berichten über die außerordentlichen Fähigkeiten des indianischen Schamanen Don Juan weltberühmt. Als Brain anbot, mir seine Ausgabe des Castaneda-Buches *Tales of Power* (»Der Ring der Kraft. Don Juan in den Städten«) zu leihen, fiel mir auf, wie zerlesen der Band war. Der Buchrücken fiel sogar allmählich auseinander.

In seinen Büchern beschreibt Castaneda die Initiation des Medizinmannes in ungewöhnliche Fähigkeiten, etwa Verwandlungen in tierisches Bewusstsein, scheinbar übermenschliche Fähigkeiten wie Fliegen und das Aufheben der Grenzen der normalen Wahrnehmung. Wie bei den Badoeis, dem Naturvolk von Java, das van der Post durch rhythmisches Gebet vor dem Tiger rettete, geht es dem südamerikanischen Schamanismus in erster Linie um Wahrnehmung. Castaneda schreibt, dass diese Wahrnehmung eine gesteigerte Form des Bewusstseins ist und schamanische Techniken wie das Beherrschen der Träume, die Kunst des Pirschens und das Meistern der eigenen Absicht beinhaltet. Allein diese Begriffe deuten auf sympathetisches Jagdwissen hin. Er beschreibt die Praxis der Jagdmagie und die interspezifische Kommunikation zwischen Menschen und Raubkatzen in geradezu faszinierenden Details.

Brain entschuldigte sich mehr als einmal dafür, dass er so zynisch geworden war, und gab zu, dass er sich in jungen Jahren selbst mit einigen dieser Fragen beschäftigt hatte. Er erzählte mir von mehreren unerklärlichen Geschehnissen und einer Lebensphase, in der er eine Reihe eigener merkwürdig prophetischer Träume aufgeschrieben hatte. Doch im Prinzip betrachtete er solche Dinge als Unsinn.

»Vielleicht wird man in ein paar tausend Jahren manches davon in gängige wissenschaftliche Theorien integrieren«, meinte er.

»Vielleicht wird man es schneller integrieren, als wir denken«, bemerkte ich.

Dank meiner Ausflüge in den Löwenschamanismus begann ich zu ahnen, dass Wissenschaft und Mystik sich gar nicht so sehr voneinander unterscheiden, wie wir gern glauben möchten. Die Herausforderung besteht darin, die Kluft zu überbrücken, die sie scheinbar voneinander trennt. Was zum Beispiel die Höhlen im Sterkfontein-Tal angeht, besagt Brains entwicklungsgeschichtliche Theorie, dass die Evolution des Menschen durch die überlebensnotwendige Überwindung der Gefahr, die die Löwen darstellten, vorangetrieben wurde. Credo Mutwas evolutionäre Geschichten sind mit dieser Ansicht keineswegs unvereinbar, sondern gehen sogar noch weiter. Falls ich den Löwenschamanismus richtig verstehe, lehrt er, dass der Mensch diesen Evolutionsprozess nicht allein sich selbst zu verdanken hat. Er entwickelte sich von einer untergeordneten zu einer dominierenden Spezies, indem er den König der Tiere unterwarf; und dies geschah innerhalb eines Lern- und Erleuchtungsprozesses, bei dem diese Tiere womöglich selbst eine aktive Rolle gespielt haben.

Held des Geistes

Statt einer Geschichte von der Unterwerfung und Vernichtung des Löwen weist Mutwas Version der menschlichen Entwicklung vom Gejagten zum Jäger darauf hin, dass Menschen und Raubkatzen in den eiszeitlichen Höhlen einen heiligen Pakt schlossen: einen Austausch der Seelen.

Es machte mir Spaß, Brain von der Idee des wahren Löwenhelden zu berichten, der das große Tier nicht tötet, sondern sich mit ihm anfreundet, es berührt und sogar ausgelassen mit ihm spielt – etwa Purzelbäume über den Rücken des Tieres schlägt.

Brain lächelte bei dieser Vorstellung. »Es scheint wirklich, dass da eine ganz andere Welt existiert – wenn man nur die Anforderungen erfüllt, kann man Zugang zu ihr erhalten und ein Krieger werden, wie dieser südamerikanische Schamane Don Juan es beschrieben hat«, bemerkte er.

Als ich Mutwas Äußerung über die Seelenverbindung zwischen Beute und Raubtier nachgegangen war, hatte ich Augenzeugenberichte über die Interaktion von Buschmännern und Löwen gefunden, aus denen hervorging, dass diese Idee eines »heiligen Vertrags« bis vor Kurzem noch existierte. Bei meinen Recherchen über die Bräuche der Buschmänner stieß ich auf eine faszinierende Studie der Ethnologin Elizabeth Marshall Thomas. Ihr Buch *The Old Way* basiert auf eingehenden Untersuchungen der Interaktion zwischen Löwen und den letzten Überlebenden der Juwa- und Gikwe-Völker der Kalahari in den 1950er-Jahren.[4] Das Glaubenssystem und die Rituale der Buschmänner sind eine einzigartige Gelegenheit für uns: Durch sie erhaschen wir einen Einblick in das wahrscheinliche Verhalten afrikanischer Steinzeitjäger; und wenn wir die Stellung betrachten, die Löwen im Glauben der Buschmänner einnehmen, können wir die Ursprünge des Löwenschamanismus besser begreifen.

Aufgrund ihrer Beobachtungen war Marshall Thomas überzeugt, dass zwischen Löwen und Menschen eine Bindung existierte, eine Art Waffenstillstand, an den sich beide Parteien offenbar hielten, da die Beziehung zwischen Menschen und Löwen andernfalls nicht so gut hätte funktionieren können. Marshall Thomas beobachtete das Leben der Buschmänner unter den Löwen: Sie konkurrierten miteinander um Nahrung und Wasser, und einmal war Marshall Thomas sogar dabei, als es hungrigen Buschmännern gelang, ein Löwenrudel dazu zu bringen, seine Beute mit ihnen zu teilen. Nach diesem Erlebnis war sie überzeugt, eine Beziehung miterlebt zu haben, die auf gegenseitigem Respekt und der beiderseitigen Einhaltung gewisser Regeln basierte: »Offenbar gaben die Löwen den Buschmännern keinen Grund, ihnen etwas anzutun. Nur so lässt sich diese Zurückhaltung erklären. Die Löwen hielten sich an den Waffenstillstand.«

Marshall Thomas beobachtete außerdem, dass die friedlich nebeneinanderlebenden Buschmänner und Löwen miteinander kommunizierten: »... mittels gesprochener und gestikulierter Befehle, die sich zunächst an andere Menschen richteten und dann auch an Löwen.« Sie war davon überzeugt, dass diese kommunikativen Gesten von den Löwen richtig verstanden wurden; doch sie stellte fest, dass es den Menschen relativ schwerfiel, die Sprache der Löwen zu verstehen.

Leider ist die therianthropische Verbindung, die Marschall Thomas in den 1950er-Jahren in der Kalahari zwischen den !Kung-Buschmännern und den Löwen beobachtete, innerhalb von nur drei Jahrzehnten erloschen. Als sie in den 1980er-Jahren in das Gebiet ihrer früheren Forschungen zurückkehrte, waren die letzten Buschmänner verschwunden und das Verhalten der Löwen den Menschen gegenüber hatte sich bereits verändert: Sie waren aggressiv geworden.

Primatenhierarchie

Nach langer Diskussion mit Brain stellte ich fest, dass es bereits nach Mitternacht war, und verabschiedete mich, mit Brains Exemplar von Castanedas Buch in der Hand.

»Ich muss Ihnen sagen, Linda«, sagte Brain abschließend, als er mich zur Tür begleitete, »dass es wirklich auf alle diese Fragen eine ganz logische Antwort gibt. Und zwar die Primatenhierarchie. Wie Sie wissen, gibt es unter den Primaten immer ein dominantes Männchen. Natürlich projiziert der Rest der Gruppe die Eigenschaften der Raubtiere, die er am meisten fürchtet, auf diese Führer und Heldengestalten. Dadurch wirkt das dominante Männchen mächtiger. Auf diese Weise wurden die Helden und Könige der Menschen zu Löwenkönigen und Löwenhelden. Und dies könnte erklären, warum unsere Heldengestalten überall auf der Welt die Eigenschaften von Löwen haben.«

Es war eine gute Erklärung. Sie besagt, dass die löwenhaften Heldengestalten ein Produkt der Primatenfantasie waren. Auch mächtige Löwenpriester könnten so als Fantasiegestalten aufgefasst werden. Nach diesem Schema hätten wir Primaten auch einen allmächtigen Anführer erfinden und mit ehrfurchtgebietenden Löweneigenschaften ausstatten können, um ihn dann Gott zu nennen.

Als wir an diesem höchst strittigen Punkt angekommen waren, verabschiedeten Brain und ich uns mit einem freundschaftlichen Händeschütteln.

Unter dem Gewicht von Brains rationaler Erklärung schrumpfte die Magie der bewusstseinserweiternden Gedanken Mutwas wieder auf menschliche Größe zusammen. Dennoch: Wenn diese heldenhaften, priesterlichen Löwengestalten lediglich unserer Primatenfantasie entstammten, dann mussten Affen eine enorme Vorstellungskraft besitzen. Betrachten wir zum Beispiel Amarawa, die Geistführerin Mutwas. Wenn Mutwa sie sich lediglich einbildete, wie konnte diese Fantasiegestalt dann eine konkrete Form annehmen – und zwar so konkret, dass Mutwas Gattin zu ihrem Entsetzen sogar eine andere Frau im Ehebett entdeckte? Und wie konnte Amarawa Mutwa eine Botschaft zukommen lassen, indem sie mit einem Dritten physischen Kontakt aufnahm?

Ich akzeptierte Amarawa als Teil der inneren psychischen Landschaft Mutwas (in jungschen Begriffen könnte man sie als seinen weiblichen Archetyp oder seine Anima beschreiben); doch Mutwa bestand darauf, dass diese löwenhafte Geistführerin eine reale Gestalt war. In *Song of the Stars* beschreibt Mutwa Amarawa als eine der letzten Unsterblichen: eines der unsterblichen Wesen der Ewigkeit, deren Aufgabe direkt mit dem evolutionären Leben auf diesem Planeten verknüpft ist, denn sie sind dazu da, das Schicksal sowohl der Menschen als auch das der anderen Rassen der Sterne zu lenken.[5]

Im Lauf meiner Forschungen hatte ich erfreulicherweise die Abbildung einer irdenen Statuette der Erdenmutter entdeckt, die mich sofort an Mutwas Geistführerin erinnerte. Es war eine große Fruchtbarkeitsgöttin, umringt von Löwinnen. Diese Statuette wurde in der Türkei entdeckt und ist etwa 7200 bis 7400 Jahre alt[6], doch als ich Mutwa das Foto von ihr zeigte, machte er den Eindruck, als würde er sie nur allzu gut kennen. Er lächelte und erklärte: »Ja, Amarawa erscheint in vielen Formen. Sie war die ursprüngliche Schöpfergöttin. Sie ist die Göttin, die sowohl die Menschheit als auch sich selbst gebar – die Mondgöttin.«

Diese Löwengöttin aus einer anderen Zeit und von einem anderen Ort ist dasselbe Wesen, das heute zu Mutwa in seinen Träumen spricht. Mutwa hatte erklärt, dass die Traummuster, die in der ältesten Frühzeit entstanden, den heutigen Schamanen immer noch in der symbolischen Sprache der Vorzeit vermittelt werden.

Interessanterweise ist die älteste Statuette, die jemals bei einer archäologischen Ausgrabung entdeckt wurde, die Elfenbeinschnitzerei eines Löwenmenschen. Sie wurde am Hominidenfundort Hohlenstein-Stadel, Deutschland, entdeckt und stammt aus dem Aurignacien (etwa vor 22 000 bis 31 000 Jahren). Somit ist sie zeitgleich mit den ältesten Buschmann-Malereien. Die Statuette stellt eine groß gewachsene, lang gestreckte menschliche Gestalt dar, gekleidet in etwas, was vielleicht eine Tierhaut sein könnte, und mit einem Löwenkopf versehen.[7]

Man kann sich leicht vorstellen, warum die großen Kriegerkönige an der Spitze der Hierarchie sich selbst löwenhafte Eigenschaften wie Mut, Überlegenheit und körperliche Leistungsfähigkeit zuschrieben – aber warum sollten auch die spirituellen Führer der Welt, die globalen Überbringer von Erleuchtung, Löwengestalten sein? Warum sollten die exklusiven Begriffe Weisheit, Wahrheit und Liebe mit dem Furcht einflößenden Löwen gleichgesetzt sein?

ÜBERBRINGER VON ERLEUCHTUNG

In der globalen Symbolik ist der Löwe mit dem Begriff der Zivilisation und der Erleuchtung verknüpft. So gut wie alle spirituell entwickelten Führer der Welt wurden mit Löwen identifiziert, sowohl im Osten als auch im Westen. In allen Kulturen der Welt finden sich Hinweise auf die Erleuchteten oder Leuchtenden: strahlende Löwengestalten, die der Menschheit die zivilisatorischen Prinzipien von Liebe, Licht und Wahrheit bringen. Mutwa nennt sie die *Abangafi Bapakade*.[8]

Unsere christlichen Heiligen, zum Beispiel der heilige Hieronymus mit seinem Löwenbegleiter oder der heilige Markus, dessen berühmter geflügelter goldener Löwe auf dem venezianischen Markusplatz aus großer Höhe auf die Menschen herabblickt, sind transzendente Gestalten, deren Erleuchtungsbotschaften direkt mit Löwen verbunden sind. Die Pergamentrolle unter der Pranke des goldenen Markuslöwen ist das Symbol von Kultur und der Bildung; sie bringt der Menschheit die Prinzipien des Gesetzes und der Zivilisation. In ähnlicher Weise soll die altägyptische Sphinx einen geheimen Fundus an Wissen, den sogenannten Saal der Aufzeichnungen, bewachen, ebenso wie das Emblem des Greifs, der geflügelte Wappenlöwe, das mythische Tier ist, das heiliges Wissen bewahrt.

Christus war der Löwe von Juda, der König der Könige. Krischna war ein Löwe unter wilden Tieren. Ali, der Schwiegersohn Mohammeds und Favorit der Schiiten, war der Löwe Allahs. Buddha war der Löwe der Schakyas, und von ihm heißt es, er habe einen zahmen Löwen mit übernatürlichen Kräften besessen. Nach seinem Tod wurde berichtet, dass er sich zum Sterben hingelegt habe wie ein Löwe.[9] Wischnu inkarniert sich als Löwenmensch in der Form des Avatars Nara-simha[10] und bringt in seiner Löwengestalt den Unwissenden Erleuchtung und Tapferkeit.

Obwohl ich die Implikationen zu diesem Zeitpunkt noch nicht in vollem Umfang begriff, begann ich zu ahnen, dass uns diese Geschichten aus unseren heiligen, historischen und mythologischen Texten Einblicke in die Ursprünge und den Sinn der Existenz unserer Spezies auf diesem Planeten gewähren.

Mutwa hatte mir erzählt, dass die Konfrontation mit einem Löwen nicht nur mit Mut gleichgesetzt wird, sondern auch mit Glauben. Was Maria beschützte, als sie mitten durch das wütende Löwenrudel von Timbavati schritt, war ihr Glaube an ihre Löwenahnen. Was Androkles vor dem Rachen des Todes rettete, waren seine Demut und der Glaube, dass der Löwe sein Freund war und nicht sein Feind. Daniel wurde in der Löwengrube dank seines Glaubens an Gott beschützt. In der Weltmythologie ist der Löwe mit dem Glauben an eine göttliche Präsenz verknüpft. Für mich zumindest war die Primatenhierarchie keine ausreichende Erklärung dieser Tatsachen.

Überbringer von Zivilisation

Sowohl in Credo Mutwas schamanischen Erzählungen über den Ersten Mann als auch in den Hominidentheorien Bob Brains steckte etwas Bedeutungsvolles, und es hing mit dem Evolutionsschub zusammen, der an den Fundorten im Sterkfontein-Tal identifiziert worden war. Es muss einfach signifikant sein, dass die Entdeckung des Feuers und der Spracherwerb mit dem Evolutionssprung vom Gejagten zum Jäger Hand in Hand gingen.

Für mich blieb das Geschenk beziehungsweise die Entdeckung des Feuers weiterhin eine geheimnisvolle Vorstellung[11], aber ich wusste, dass ich mich darauf verlassen konnte, dass Brain das Ganze entmystifizieren würde.

»Sehen Sie«, bemerkte Brain eines Tages beim Tee, »es gibt in Swartkrans zahlreiche Beweise für die Nutzung des Feuers, aber nur wenig deutet daraufhin, dass sie zu diesem Zeitpunkt selbst Feuer machen konnten. Das Feuer könnte sich durch Gewitter entzündet haben, die hier im Hochland häufig vorkommen. Das, was wir die Erfindung oder Entdeckung des Feuers nennen, war wahrscheinlich ein sehr langer Prozess.«

Wie es sich herausstellte, war Bruce Chatwin am 2. Februar 1984 in Swartkrans angekommen – ausgerechnet an dem Tag, an dem Brain die ersten verkohlten Knochen fand, die bewiesen, dass man das Feuer gezielt genutzt hatte. Brain erinnerte sich an die Freude Chatwins, Zeuge dieser Entdeckung zu sein.

»Natürlich war die Entdeckung verkohlter Knochen sehr bedeutungsvoll«, erklärte Brain. »Und es ist außerdem sehr bedeutungsvoll, dass sie ganz plötzlich auftauchten. Bei gründlicheren Ausgrabungen in Swartkrans Member 3 stießen wir auf 270 Knochenfragmente, die Anzeichen von Verbrennungen aufwiesen. Dagegen fanden wir am Ausgrabungsort Member 1, der ältesten Erdschicht, überhaupt keine, obwohl wir über 52 000 fragmentierte Knochenfossilen auf Hitzeschäden untersuchten.«[12]

»Wer hat also das Feuer benutzt?«, fragte ich. »*Australopithecus* oder *Homo erectus*?«

»Wir können es einfach nicht mit Gewissheit feststellen. Aber die Benutzung des Feuers geht Hand in Hand mit dem Verzehr von Fleisch, und entgegen den Erwartungen Darts weist *Australopithecus* wenige Merkmale eines Fleischfressers auf. Selbst wenn wir damals noch nicht wussten, wie man selbst Feuer macht, war auch die Nutzung des Feuers bereits ein großer technologischer Vorteil, denn es schützte die frühen Hominiden nachts in den Höhlen vor Raubtieren auf der Pirsch.«[13]

Der Theorie zufolge entwickelten wir die Sprache als Mittel zum Speichern und Weitergeben von Informationen in derselben Zeitspanne, in der wir auch bei der Beherrschung des Feuers, in der Werkzeugtechnologie und beim Fleischverzehr Fortschritte machten – und dazu war eine größere Gehirnkapazität vonnöten.

Natürlich sind die Sprachentwicklung und der Einsatz von Symbolsprache entscheidende Faktoren in der Evolution des Hominiden. Wann genau der Mensch die Sprachfähigkeit erlangte, ist immer noch ein heiß diskutiertes Thema, obwohl vieles darauf hinweist, dass die Sprache einer der Hauptunterschiede zwischen *Homo erectus* und *Australopithecus* war. Die Gehirnkapazität (in Bezug auf Größe und komplexe Neuronen) hatte sich beim *Homo erectus* gegenüber dem *Australopithecus* verdreifacht.[14] Dieser phänomenale Entwicklungsfortschritt wird »Gehirnexplosion« genannt. Im Vergleich dazu war die spätere Entwicklung der Gehirnkapazität vom *Homo erectus* zum *Homo sapiens* nicht der Rede wert. In seiner Untersuchung mit dem Titel *The Brain in Hominid Evolution* (zu Deutsch etwa: »Das Gehirn in der Evolution des Hominiden«) argumentiert der berühmte Sterkfontein-Paläoanthropologe Phillip Tobias, dass die Vergrößerung des Broca-Areals im Gehirn des *Homo* – einer der Hauptkomponenten des Sprachzentrums – ein deutlicher Indikator für die Sprachentwicklung ist. Die explosionsartige Vergrößerung des Gehirns vom *Australopithecus* zum *Homo erectus* lässt vermuten, dass der Spracherwerb mit dem Evolutionsereignis vom Gejagten zum Jäger einherging.

Bob Brain gab mir eine moderne Analogie zum Thema Gehirnvergrößerung und Sprache: »Sprache ist ein hoch organisiertes System zur Benennung von Gegenständen. Es mag im Tierreich vielleicht andere Kommunikationsformen geben, die anscheinend nicht nach dieser Methode funktionieren – aber sobald man damit anfängt, Gegenständen einen Namen zu geben, baut man eine gewaltige Datenbank auf, die eine erweiterte Gehirnkapazität, d. h. RAM, benötigt. Mit anderen Worten, man muss die RAM-Kapazität seines persönlichen Computers, nämlich seines Gehirns, vergrößern.«

Er erklärte weiter, dass die Benennung und Klassifizierung von allem praktisch eine virtuelle Version der Realität erzeugt: eine konzeptuelle Kopie (oder, im Computerjargon, ein Alias) des Originals. Darum birgt Sprache potenzielle Gefahren in sich, denn die Menschen könnten dazu neigen, nicht mehr mit den Gegenständen selbst, sondern mit den Namen und Worten umzugehen.

Die Indizien, die die Theorie »Vom Gejagten zum Jäger« stützen, verleiten uns zu der Annahme, dass die Notwendigkeit, unsere Verteidigung gegen Raubkatzen zu organisieren, den Ausschlag für die

Sprachentwicklung gab. Darüber hinaus war die Sprache bei der Ausarbeitung und Ausführung unserer sich entwickelnden Jagdstrategien ein wichtiges Instrument und war quasi der Leim bei der Bildung unserer sozialen Bindungen gewesen. Dennoch können diese Sachzwänge allein nicht der Ausschlag für die Entwicklung des gesprochenen Wortes gewesen sein, denn hoch entwickelte Verteidigungs- und Jagdtechniken sowie gesellige Aktivitäten finden sich auch bei zahlreichen Tierspezies – und zwar ohne einen offenkundigen Gebrauch von Sprache, wie wir sie begreifen.

Obwohl wir dazu neigen, diese Aktivitäten im Tierreich als »Instinkt« zu bezeichnen, erkennen wir nun, dass es bei Tieren vielerlei Arten der Kommunikation gibt, auch wenn es dabei offenbar nicht um Benennung und Klassifizierung geht. Neben der Klassifizierung der Realität durch Worte scheint ein Hauptfaktor bei der Unterscheidung der menschlichen Sprache von anderen Kommunikationsformen unter Tieren die Entwicklung des Ego zu sein: Ich bin!

Während Brain die möglichen Ursprünge der menschlichen Sprache erörterte, dachte ich über die schamanischen Möglichkeiten der interspezifischen Kommunikation nach und darüber, wie sehr sich diese Auffassung der Sprache von der üblichen Sprachbenutzung der Menschheit unterscheidet.

Sprache und mentaler Ruf

Im Löwenschamanismus besteht eine Übereinkunft zwischen Menschen und Raubtieren. Wir wissen, dass die Hominiden im Tal von Sterkfontein in unmittelbarer Nähe der prähistorischen Raubkatzen lebten. In Anbetracht dessen, was ich von Marias Interaktion mit Löwen gesehen und in Marshall Thomas' Berichten über die Buschmänner gelesen hatte, fragte ich mich, ob es sein könnte, dass zwischen diesen beiden prähistorischen Spezies ein Pakt existiert haben könnte – eine interspezifische Kommunikation, die es zuließ, dass die Raubkatzen das Fleisch ihrer Jagdbeute gegen irgendwelche Gaben der Menschen in einem Ritual tauschten. Und dies könnte andeuten, dass dabei mehr im Spiel war als die Verwendung der Sprache, so, wie wir sie heute verstehen.

So absurd diese Vorstellung dem seit langer Zeit von seiner natürlichen Umgebung entfremdeten Stadtmenschen auch erscheinen mag – ich wusste aus eigener Erfahrung, dass die Kommunikation zwischen Menschen und Löwen ein Teil des geheimen Wissens im heutigen Löwenschamanismus ist. In seiner Erzählung darüber, wie es kam, dass Katzen und Menschen zusammenlebten, macht Mutwa auf diese interspezifische Kommunikation aufmerksam.

In der Geschichte begrüßt die Katze Kintu[15], woraufhin unser Ahnherr ausruft: »Du verfügst über die Sprachfähigkeit! Du kannst sprechen!«

»Natürlich kann ich sprechen, du Dummkopf«, antwortet das Tier. »Ich bin eines der klügsten Tiere auf Erden.«[16]

Diese amüsante Anspielung auf Kommunikation zwischen dem Frühmenschen und der Spezies Katze deutet mehr an als gesprochene Worte, mehr als unsere linguistische Datenbank. Dies gleicht einer telepathischen Verbindung oder einem mentalen Ruf. Im Lauf unserer Treffen hatte der Löwenschamane begonnen, einige der uralten Praktiken preiszugeben, zu denen die höchstrangigen Löwenpriester imstande waren – insbesondere die übersinnliche Fähigkeit, in das Bewusstsein der wilden Tiere einzudringen und diese dazu zu bringen, den Befehlen des Schamanen zu gehorchen. Dies geht sogar so weit, dass man einst die Löwenkraft dazu benutzen konnte, die Denkmäler in Giszeh zu errichten. Die Vorstellung, dass Energie aus dem Austausch zwischen Mensch und Löwe beim Bau der Sphinx eine wichtige Rolle gespielt haben soll, sprengt schlichtweg die Grenzen der Vernunft. Doch jedes Mal, wenn ich diesen Gedanken verwerfen wollte, musste ich mich daran erinnern, dass dieses therianthropische Denkmal tatsächlich die Verkörperung dieser verwirrenden Idee zu sein schien.

Aufgrund meiner Forschungen über Löwenschamanismus und das als Jagdmagie bezeichnete Phänomen war mir klar geworden, dass Schamanen glauben, sie könnten die Realität durch ihre geistigen Prozesse beeinflussen. Sie werden in die Kunst eingeweiht, reine Geisteskraft so zu konzentrieren, dass sie gewünschte Resultate damit erzielen. Auf diese Weise sind sie schöpferisch und können wiederum reale Ereignisse erschaffen, denn sie sind davon überzeugt, dass sie mit der ursprünglichen schöpferischen Lebenskraft der Natur verbunden sind: mit Gott. Eingestimmt auf das Gleichgewicht und die Harmonie der Natur selbst, nehmen Schamanen als gegeben an, dass Gottes Gesetz durch sie wirkt, genauso wie sie mit Gottes Gesetz wirken.

ISOTOPISCHE BEWEISE

Bei einem unserer späteren Begegnungen informierte mich Bob Brain, dass jüngste Forschungsergebnisse seine Hypothese »Vom Gejagten zum Jäger« aufs Neue herausforderten. Radiocarbonuntersuchungen an den Knochenfossilien von Swartkrans hatten ergeben, dass Leoparden und andere prähistorische Fleischfresser wie Hyänen die Hominiden zwar gejagt hatten, doch dass laut der neuesten Beweise die Hauptbeute von *Dinofelis* gar nicht die Hominiden gewesen waren, wie Brain angenommen hatte.[17]

Mir schien es äußerst merkwürdig, dass das gefürchtete Raubtier, das anscheinend die Wohnhöhlen mit den Hominiden teilte, diese in Wirklichkeit gar nicht als Beute betrachtet haben sollte. Wenn diese Frühmenschen genau wie andere Beutetiere von Raubtieren gefressen wurden, warum sollte *Dinofelis* die Ausnahme sein?

Mit der wahren Gesinnung eines Wissenschaftlers lautete Bob Brains Antwort darauf, dass er erst die Ergebnisse weiterer Untersuchungen abwarten wollte. Doch mir sagte mein Instinkt, dass die neuen Belege womöglich von großer Bedeutung waren. Seit ich mich mit Maria und Mutwa austauschte, hatte ich begonnen, eine Stimme in mir zu vernehmen und ihr zu vertrauen: eine Stimme, auf die ich im Lauf der Zeit immer häufiger hörte. Durch das schamanische Beispiel lernte ich, sie nicht ständig mit der analytischen Vernunft zu übertönen. Mein Instinkt sagte mir, dass *Dinofelis* sehr wohl der Schlüssel zu den evolutionären Ereignissen im Sterkfontein-Tal sein könnte, nicht nur in Bezug auf die Entwicklung vom Gejagten zum Jäger, sondern auch im Zusammenhang mit der ursprünglichen schamanischen Verwandtschaft zwischen den Spezies Mensch und Katze.

9

DIE WEISSEN LÖWEN
DEM GROSSEN WISSEN ZUFOLGE

Ihr seid die großartigen Tiere der Sonne
Ihr seid so schön wie die Blüten, die der Erde entspringen
Ihr seid so prachtvoll wie die aufgehende Sonne
Oh ihr Weißen Löwen!

– Credo Mutwa

Wieder in Timbavati, dachte ich darüber nach, was Bob Brains Theorie alles beinhaltete.

Im Löwenland ergab die solide Ausgangsbasis der wissenschaftlichen Theorie, dass der Mensch ursprünglich ein Raubtier gewesen ist, einen greifbaren Sinn. Vor diesem evolutionären Stadium war unsere Spezies ganz einfach eines von vielen Gliedern in der Nahrungskette.

Doch als wir dann schließlich das Jagd- und Fleischfresserverhalten der Raubkatzen nachahmten, befanden wir uns plötzlich ganz oben an der Spitze der Nahrungskette – als König der Tiere und Herrscher der Welt. Diese Position bot den brennenden Anreiz, uns selbst als anders und besser zu betrachten.

Doch die schamanische Weisheit lehrt uns, dass diese beiden Vorstellungen auf einem fundamentalen Irrtum beruhen: Wir sind weder anders noch besser als das Reich der Natur, sondern wir sind nach wie vor ein integraler Bestandteil davon. Doch gerade unsere Neigung zum Egoismus und zur virtuellen Wirklichkeit hat die gefährlichste aller Illusionen in unserem Bewusstsein hervorgebracht: die Illusion der Allmacht.

KÖNIG AN DER SPITZE DER NAHRUNGSKETTE

In der von Leben nur so wimmelnden Steppe von Timbavati verknüpfte ich die wissenschaftliche Theorie mit dem Wissen der Schamanen. Beide ergaben einen Sinn.

Ich hatte das Glück, teils auf Safarifahrten und teils zu Fuß Löwenrudel beobachten zu können. Sie lagen schlafend mit wohlig ausgestreckten Pfoten unter Mopane-Bäumen, und wenn sie aufgescheucht wurden, richteten sie sich auf alle viere auf und starrten mich an, wobei die Quasten an ihren Schwänzen wütend zuckten. Mutwas humorvolle Feststellung, dass diese Großkatzen den mit einem Büschel versehenen Schwanz eines Esels haben, der ihnen ans Hinterteil befestigt wurde, deutet auf die symbolische Verschmelzung von Fleisch- und Pflanzenfressern hin.

Löwen befinden sich ganz oben in der Nahrungskette, und ihre biologische Struktur schließt den Pflanzenfresser ebenso mit ein wie die Pflanzen, die dieser frisst, bis zu den Nährstoffen aus dem Erdreich, von denen sich die Pflanzen ernähren. Dies erhellt den Zusammenhang zwischen den Löwen und der Erde selbst, auf den die Schamanen ständig hinweisen.

In der Einführung zu seinem Buch *Isilwane, the Animal*[1] berichtet Mutwa von den Prinzipien des Naturschutzes, an die man sich in der großen afrikanischen Tradition streng gehalten hat. In der alten afrikanischen Lebensweise hat jede Sippe ein Totemtier, nach dem sie ursprünglich genannt wurde. Innerhalb ihrer Stammesgrenzen muss die Sippe dieses Totemtier unter allen Umständen beschützen. Es darf nie und in keiner Weise zu Schaden kommen, sonst folgt eine Katastrophe. Praktisch bedeutet dieses Gesetz, dass man auch alle anderen Tiere im Umfeld des Totemtieres schützen muss, denn das Totemtier kann ohne sie nicht überleben. Das alte Stammesgesetz schützt nicht nur die Nahrung des heiligen Tieres und damit auch die Nahrung der anderen Tiere, die mit ihm gemeinsam weiden, sondern es schützt auch die Raubtiere, die das heilige Tier reißen. Als Beispiel erzählt Mutwa, dass die Antilope das Totemtier einiger Buschmann-Sippen war. Doch diese wussten, dass es nicht genügte, die Antilope zu schützen. Die Pflanzen, von denen sich die Antilope ernährte, mussten ebenso geschützt werden wie die Löwen, die sich von der Antilope ernährten.

Dies war von höchster Wichtigkeit, um sowohl die Ernährung als auch das Überleben der stärksten Antilopen zu gewährleisten, denn wenn dieses harmonische Gleichgewicht nicht erhalten geblieben wäre, hätten sich die Antilopen vielleicht zu stark vermehrt und das Grasland zerstört, das ihnen Nahrung gab.[2] Da der reißende Löwe mit allen Tieren im Tierreich zusammenlebt, ist es letztendlich die Pflicht jeder Sippe, den Schutz und Erhalt des Löwen zu sichern.

Beim Beschreiben dieses Gesetzes, das bei allen Stämmen des afrikanischen Kontinents als sakrosankt galt, konnte Mutwa nur den Verlust der großen Tradition und das nachfolgende Aussterben der riesigen Herden beklagen, die einst in den Ebenen Afrikas grasten:

> Viele Menschen begreifen nicht, dass diese riesigen wilden Herden existierten, weil die afrikanischen Eingeborenen sie als Segen Gottes begriffen, als etwas unglaublich Heiliges, von dem das Überleben der Menschheit abhing... Niemand störte die langen Wanderungen der Herden, denn man glaubte wirklich, dass die wild lebenden Tiere die Seele, der eigentliche Lebenssaft, von Mutter Erde waren. Die Weißen, die nach Afrika kamen, waren darauf programmiert, sich spirituell und physisch von der Natur abzugrenzen... Vor vielen hundert Jahren prophezeite ein weiser alter Mann namens Pinda Moleli, dass das Verschwinden der Herden aus den Steppen Afrikas eines der ersten Anzeichen für das bevorstehende Ende der Welt sein würde. Heute sind die Herden fast verschwunden, und es scheint, als sollte sich Pinda Molelis Prophezeiung bewahrheiten.[3]

Mutwas düstere Schlussfolgerung erinnerte mich daran, wie kläglich der Versuch der Menschheit gescheitert war, sich zum König an der Spitze der Nahrungskette heraufzustilisieren, denn wir hatten es versäumt, den heiligen Naturgesetzen zu folgen und sie zu bewahren.

Die Worte des Schamanen erinnerten mich auch daran, dass das Ende der Welt kein plötzliches, unerwartetes Ereignis ist. Vielmehr ist es die Folge dessen, dass die Menschheit ihren natürlichen Lebensraum systematisch zerstört: Wir arbeiten aktiv auf unseren eigenen Untergang hin. Statt uns mit ihnen anzufreunden, töten wir die Löwen, von denen die Schamanen-Träumer uns lehren, dass sie ein integraler Bestandteil unserer Umwelt sind – im Sinne unserer äußeren Landschaft wie auch unserer inneren, psychischen Landschaft.

Als ich Maria nach der weit verbreiteten schamanischen Vorstellung von Löwen als Überbringer der Zivilisation fragte, bestätigte sie die Idee vom Löwen als Lehrer, doch dabei wirkte sie für einen Augenblick verzweifelt. »Sie bringen uns Weisheit«, erklärte der Übersetzer. »Die Weißen Löwen behüten das Land. Maria sagt, ohne sie wird die Erde sterben...«

In der großen afrikanischen Tradition gilt der Löwe als weiser Richter, denn er reißt das kranke oder schwache Wild und erhält dadurch die Naturgesetze aufrecht. Im Königreich der Löwen erreichte der König der Tiere an der Spitze der Nahrungskette einst eine vollkommene Harmonie von Gesetz und Ordnung. Im Königreich des Menschen dagegen – können wir Menschen etwa behaupten, dass es uns gelungen sei, dieselbe Harmonie und dasselbe Gleichgewicht hervorzubringen? Was den Schutz unserer Erde anbelangt – welche Spezies ist der verantwortlichere Hüter der natürlichen Ressourcen, Mensch oder Löwe?

SCHUTZWÜRDIG

Die Vorstellung von einem Menschen, der Löwen versöhnlich stimmen kann, hängt mit »Macht« zusammen. Es war mir zwar immer noch ein Rätsel, was für eine Macht Schamanen besaßen, die Löwen von Gegnern in Freunde zu verwandeln vermochte, aber ich zweifelte nicht mehr an der Echtheit dieses schamanischen Prozesses. Maria war eine mächtige Frau. Und die Gestalt der Löwenkönigin von Timbavati erschien mir umso ehrfurchtgebietender, da das Geschöpf, mit dem sie lebte und kommunizierte, nicht nur der König der Tiere war, sondern auch der seltenste Löwe auf der Erde: der Weiße Löwe von Timbavati.

Alle Löwen bieten in ihrer natürlichen Umwelt einen majestätischen Anblick. Aber meine Sichtungen der großen Löwen von Timbavati wurden durch eine zusätzliche Magie belebt, denn diese ockerfarbenen Löwen waren möglicherweise Träger des einzigartigen weißen Gens – so wie jene ockerfarbenen Löwen, vor denen Maria uns damals gerettet hatte. In größeren Zusammenhängen betrachtet, glaube ich inzwischen, dass in jener Nacht von Marias Rettung sehr wohl der letzte Weiße Löwe von Timbavati geboren worden sein könnte, ohne dass wir etwas davon wussten. Kurz darauf wurde ein weißes Löwenjunges entdeckt. Doch diese Löwin wurde 1993 getötet, und seitdem hat kein Weißer Löwe mehr Timbavati durchstreift.

Seither leidet das Land Timbavati unter diesem schmerzlichen Verlust und erinnert sich an diese legendären Tiere, die einst diese Ebenen durchstreiften und jetzt nur noch in Gefangenschaft am Leben erhalten werden. Nachdem sie zum ersten Mal seit Menschengedenken kurz auftauchten, starben sie in der Wildnis aus – oder sie wurden, was noch schlimmer ist, von Wilderern und Trophäenjägern erlegt und von skrupellosen Geschäftsleuten aus Timbavati verschleppt.[4]

Aus irgendeinem Grund empfinden viele Grundbesitzer in der Gegend um Timbavati das Verschwinden der Weißen Löwen nicht als großen Verlust, und sie fanden auch an ihrem Auftauchen nichts Besonderes. Erstaunlicherweise werden Weiße Löwen nicht als schutzwürdig betrachtet. Weiße Löwen werden ebenso wie die normalen Löwenrassen als *Panthera leo* klassifiziert und ihr Aussterben gilt nicht als Verlust, denn dadurch ist der Bestand der Spezies Löwe im Allgemeinen nicht gefährdet.

Immer wenn ich im Lauf der Jahre während meiner Besuche in Timbavati Grundbesitzer, Wildhüter und Naturschützer fragte, warum die Weißen Löwen ihrer Meinung nach gerade an diesem bestimmten Ort aufgetaucht waren, erhielt ich dieselbe Antwort: Zufall.

Zunächst hatte ich eigentlich keinen Grund, etwas anderes anzunehmen, aber Credo Mutwa und mein Instinkt sagten mir, dass »Zufall« schlichtweg keine ausreichende Erklärung für das plötzliche Erscheinen dieses einzigartigen Tieres war.

In den 1970er-Jahren berichtete ein Naturschützer zum ersten Mal von den Weißen Löwen, und bald wurden sie in Naturzeitschriften weltweit als Kuriosität und genetische Anomalie gepriesen. Chris McBride glaubte, er habe sie vielleicht als erster Mensch erspäht; tatsächlich liegen Legenden über ihre Existenz verborgen in den überkommenen Erinnerungen der afrikanischen Schamanen.

Nach landläufiger Meinung der Naturschützer und Wildhüter ist das anomale weiße Gen eine zufällige Mutation, die keine Konsequenzen nach sich zieht und die es »nicht zu erhalten lohnt«. In der Weisheit der Schamanen dagegen werden die Weißen Löwen als höchste Form von Erleuchtungsträger oder Lehrer betrachtet. Marias Sichtweise veranlasste mich dazu, die Weißen Löwen nicht nur als einzigartige Abart zu sehen, sondern als symbolische Hüter einer Botschaft, die der Menschheit genau zu diesem Zeitpunkt überbracht werden muss.

Als ich mich wieder um Kontakt zu Mutwa bemühte, begann ich gerade, mich mit dieser Version der Wahrheit auseinanderzusetzen. Von ihm sollte ich die außergewöhnliche Geschichte der Weißen Löwen von Timbavati erfahren, die im Großen Wissen verankert ist.

Seit ich versuchte, Kontakt zu Mutwa herzustellen, hatte ich mehrere abträgliche Presseberichte gelesen, die den Sanusi lächerlich machten. Mir kam der Gedanke, dass nichts die Wahrheit so effektiv unglaubwürdig macht wie die Lächerlichkeit. Mein persönlicher Kontakt mit dem Schamanen hatte mich von seiner Aufrichtigkeit und seinem Format überzeugt, aber diese Artikel hatten sein öffentliches Image höchst erfolgreich besudelt.

Falls Mutwas Botschaften wirklich prophetischer Natur waren, dann, so überlegte ich nun, lag das Problem vielleicht darin, dass der Ruf eines Propheten faktisch von den Empfängern der Botschaft abhängt und nicht vom Überbringer selbst. Falls Mutwas Worte ihrer Zeit voraus sind, ist es kaum überraschend, dass die Mehrheit der Leute, die meist eisern und blindgläubig an die Konventionen ihrer Zeit gebunden sind, Schwierigkeiten dabei hat, ihren wahren Wert zu würdigen.

BLAUES BLUT, WEISSE GENE

Zu meiner Enttäuschung war es viele Monate lang unmöglich, den Sanusi Mutwa zu kontaktieren. Seine Mittelsmänner blockten all meine Bemühungen ab, ihn zu erreichen. Es verblüffte mich immer wieder aufs Neue, dass eine solch achtungsgebietende Persönlichkeit sich mit Menschen umgab, denen seine Interessen offenbar nicht am Herzen lagen.

Die Beratergruppe, die sich Mutwa in dieser Phase seines Lebens angeschlossen hatte, war die neueste in einer langen Reihe von Gönnern, deren Ziel es ursprünglich wohl gewesen war, diesen großen Mann und seine Worte zu beschützen, die ihn aber letzten Endes kontrollierten und ausbeuteten. Mutwas Biografie zeigte in dieser Hinsicht ein Muster, das sich stetig wiederholte, und in den Jahren, seitdem ich ihn kennengelernt hatte, wiederholte es sich mehrmals. Mir kam der Gedanke, dass diese Ausbeuter vielleicht zum Teil dafür verantwortlich waren, Mutwa in Misskredit zu bringen, nachdem sie festgestellt hatten, dass ihre Bindung an ihn nicht den materiellen Gewinn brachte, den sie sich erhofft hatten.

Zu dem Zeitpunkt hatte ich jedenfalls keine Möglichkeit, an ihn heranzukommen, außer durch eine bestimmte Werbeagentur, die (erstaunlicherweise) davon ausging, das alleinige Recht auf jedes Wort zu besitzen, das der Schamane äußerte. Ich machte einen Termin aus und handelte einen Betrag mit ihnen aus, den ich für eine einstündige Besprechung mit Mutwa zu zahlen hatte. Diesmal trafen wir uns im Herzen des grünen Stadtrands von Johannesburg, an einem festgesetzten Ort und zu einer vereinbarten Zeit.

Im Gegensatz zu der trostlosen Hütte in Soweto hatte die Johannesburger Wohnung die elegante Anonymität eines internationalen Hotels. Mitten im Zimmer auf dem dicken Teppichboden stand ein skandinavischer Buchenholzfurnier-Tisch, und eine Veloursleder-Sitzgruppe war unpersönlich um einen Glascouchtisch angeordnet. Der Manager der Werbeagentur stand bereit, um jede Einzelheit meiner Begegnung mit Mutwa zu überwachen. Während wir warteten, rief ich mir ins Gedächtnis, wie tief der Schamane durch die grausamen Tragödien seines Lebens verletzt worden war, und ich begann mir vorzustellen, wie verwundbar er sein musste. Ich kam zu dem Schluss, dass er seinen tieferen Instinkten nicht mehr vertraute, wenn es um Menschen ging, die sich ihm anschlossen, und dass er keine faire Behandlung mehr erwartete, da er fast sein ganzes Leben lang schlecht behandelt worden war. Es war schrecklich, diesen traurigen Zustand mitzuerleben. Trotz seiner mutigen Tat, den heiligen Eid der Geheimhaltung zu brechen, war Mutwa auf einer bestimmten Ebene ein einfacher Mann, der in großer Furcht vor den Folgen seines Tuns lebte. Er war davon überzeugt, nun unter einem Fluch zu stehen; und indem er davon überzeugt war, erhielt er ihn leider aufrecht. Mutwa hatte große Opfer gebracht, um der Menschheit Erleuchtung zu bringen, und seine Liebe zur Menschheit war so groß, dass er ohne Einschränkungen an die guten Absichten anderer glaubte und ihnen in Bausch und Bogen vertraute. Leider erfüllte unsere Spezies seine hohen Erwartungen nicht immer.

Während ich in der Johannesburger Wohnung auf ihn wartete, kam es mir vor, dieselbe Inneneinrichtung schon oft in Katalogen gesehen zu haben. Aber sobald Credo Mutwa eintrat, war der ganze Raum erfüllt von seiner einzigartigen Präsenz.

Er schien in schlechter Stimmung zu sein und brachte kein Zeichen des Wiedererkennens zum Ausdruck.

»Guten Abend, Credo«, begrüßte ich ihn zwanglos.

»Guten Abend, Madam.«

Der Manager erklärte Mutwa, dass ich mit der Bitte gekommen sei, die Geschichte der Weißen Löwen zu hören, und der Medizinmann nickte langsam. Obwohl er noch größer wirkte, als ich ihn in Erinnerung hatte, besaß Mutwa Anmut. Wir gingen zu dem Tisch in der Mitte, und ich setzte mich neben ihn, während der Werbemanager uns schräg gegenüber Platz nahm.

Wieder überwältigte mich der Eindruck eines Mannes, der mit Würde und Demut darunter leidet, ein vertrauliches Wissen zu besitzen.

Wir begannen unser Gespräch über seine jüngsten Aktivitäten, und er erwähnte das kleine Stück Land, von dem er immer noch hoffte, es eines Tages erwerben zu können. In diesem Augenblick, etwa zehn Minuten nach Beginn unseres Gespräches, verließ der Werbemanager den Raum, um einen Anruf auf seinem Handy entgegenzunehmen, und Mutwa und ich konnten uns ungestört unterhalten.

Zunächst informierte ich Mutwa über die aktuellen Radiocarbonuntersuchungen an den fossilen Knochen von Swartkrans und über die Beweise dafür, dass *Dinofelis* zwar in denselben Höhlen gelebt hatte wie unsere Vorfahren, diese aber nicht, wie Bob Brain vermutet hatte, als Beute gejagt hatte.

»Natürlich haben sie sie nicht gejagt«, antwortete der Schamane nachdrücklich. »Das ist aus afrikanischen Legenden bekannt. Darin heißt es, dass es an Einweihungsorten zwei Arten gab, Madam. Zum einen gab es das große Raubtier mit langem Schwanz und überlangen, schwertartigen Zähnen: den großen Ngewula. Er war sehr wild. Zum anderen gab es das große Raubtier mit kürzerem Schwanz und kürzeren Zähnen, die wie Messer waren: den kleineren Ngewula. Der war anders. Nicht alle Raubtiere töteten Menschen. Und selbst diejenigen, die das taten, sogar die wildesten, konnten gezähmt werden und wurden auch gezähmt. Das weiß man in ganz Afrika. Selbst wenn die Wissenschaftler durch ihre Untersuchungen herausfinden, dass die Knochen der kleineren Ngewula menschliche Überreste enthalten, stimmt es deshalb noch lange nicht, dass sie die Menschen getötet haben, Madam. Das ist Unsinn. Es könnte auch sein, dass diese Tiere auf einen Menschen stießen, der bereits tot war oder im Sterben lag. Das wäre doch möglich.«

Das mystische Tier mit einem einzelnen Horn, genannt Mbuti Yanebange. Das Einhorn ist eng mit dem Löwen verknüpft, wie in der europäischen Heraldik zu sehen ist. Zeichnung von Credo Mutwa

»Wie erklären Sie die Tatsache, dass *Dinofelis*, der kleinere Ngewula, anscheinend mit den Affenmenschen in denselben Höhlen lebte?«, erkundigte ich mich. »Kann es sein, dass diese Raubtiere in Wirklichkeit gar nicht unsere Erzfeinde, sondern unsere Wächter waren?«

»Sehen Sie in Ihr Herz, Madam. Ich glaube, Sie kennen die Antwort.«

Mein Herz klopfte heftig. Ich stellte mir *Dinofelis* mit seinen imposanten Eckzähnen vor. »Das furchterregendste aller Tiere... unser Beschützer?«, fragte ich.

»Selbst das wildeste Raubtier kann gezähmt werden.« Als Beispiel erzählte mir mein rednerisch begabte Freund eine weitere Geschichte aus dem Großen Wissen, die ganz ähnlich klang wie die von König Mageba, dessen Freund, ein Löwe, ihn dem Tod durch die Hand seiner Feinde entrissen hatte. Diese Geschichte handelte von Löwenpriesterinnen, den Matriarchinnen der Magaliesberg Mountains, die von einem großen Säbelzahn-Ngewula gerettet wurden, der plötzlich aus den Bergnebeln auftauchte und ihre Feinde verschlang.

»Aber ich dachte, die Säbelzahnkatzen wären schon vor langer Zeit ausgestorben – viele, viele tausend Jahre vor der Zeit der Magaliesberg-Matriarchinnen«, warf ich ein, obwohl ich Mutwas Geschichte nicht anprangern wollte.

Der Löwenschamane lächelte geheimnisvoll. Zum Verschwinden der Säbelzahnkatzen erzählte er mir eine entzückende Kurzgeschichte darüber, wie die Säbelzahnkatze von der Erde verbannt wurde, »nachdem sie versehentlich die große Erdenmutter in den Hintern gebissen hatte, weil sie sie für ein Nilpferd gehalten hatte«.

In einem ernsteren Ton teilte mir Mutwa dann mit, dass dieses prähistorische Raubtier in Wirklichkeit gar nicht völlig ausgestorben sei. Fasziniert vernahm ich, dass es in den Magaliesberg Mountains (die das Sterkfontein-Tal umgeben) mehrmals Sichtungen gegeben habe – anscheinend vor allem unter ungewöhnlichen Wetterbedingungen. Laut Augenzeugenberichten war dieses außergewöhnliche Tier sehr viel größer als ein Löwe, und sein Fell wies nur wenige Flecken auf.

So unwahrscheinlich dies auch klang – es war sehr verlockend, sich vorzustellen, dass ein prähistorisches Raubtier, das als längst ausgestorben galt, immer noch existierte, vor allem angesichts der Kolonie von prähistorischen Coelacanth-Fischen, die kürzlich in der Nähe von Sodwana an der südafrikanischen Natalküste entdeckt worden war. Man findet Coelacanthen in 60 Millionen Jahre alten Fossilien, und sie haben sich bis zum heutigen Tag so gut wie überhaupt nicht verändert.[5]

»Was passierte denn genau zwischen unseren vorgeschichtlichen Ahnen und diesen Säbelzahnkatzen in den Höhlen von Sterkfontein?«, hakte ich nach.

Mutwas Gesicht leuchtete kurz auf, doch dann wurde es wieder ernst. »Vieles ist geheim, und vieles muss auch geheim bleiben.« Da ich zu würdigen wusste, gegen welche Tabus Mutwa verstoßen hatte, als er das alte Wissen einem breiteren Publikum zugänglich gemacht hatte, hatte ich gelernt, meine Enttäuschung zu unterdrücken, wenn ich nicht immer sofort eine Antwort auf meine Fragen erhielt. Obwohl Mutwa das Schweigegelübde gebrochen hatte, machte er mir bei vielen Gelegenheiten klar, dass mir gewisse Informationen vorenthalten wurden, weil ich keine eingeweihte Schamanin war. Das Thema war erledigt, und es folgte ein langes Schweigen, das Mutwa schließlich brach.

»Sie sind wegen der Geschichte der Weißen Löwen gekommen. Zunächst möchte ich Sie etwas fragen, Madam.« Wieder einmal fragte ich mich, ob dies wohl ein Hinweis auf seine Zweifel über mich war:

Zweifel, ob ich bereit oder würdig wäre, die geheime Geschichte zu erfahren, die sich hinter den Weißen Löwen verbarg. Die Frage, die er mir dann stellte, überraschte mich völlig.

»Was glauben Sie, Madam, wozu dienen die frei stehenden Steine in Timbavati?«

»Meinen Sie die seltsamen klingenartigen Steine, die fest im Boden verankert sind? Ich weiß es nicht«, antwortete ich. »Aber ich habe mich gefragt, ob sie eine symbolische Bedeutung haben. Sie kamen mir mitten in der afrikanischen Steppe schon immer irgendwie unpassend vor.«

»Es sind astrologische Steine«, erklärte er. »Sie dienen einem bestimmten Zweck.«

»Ich verstehe, Credo...« Dies interessierte mich sofort, aber ich hoffte, dass die Geschichte der astrologischen Steine kein Ablenkungsmanöver war, um mich vom Thema der Weißen Löwen abzubringen, war dies doch schließlich der Grund, warum ich Mutwa ein weiteres Mal aufgespürt hatte. Erst später sollte ich begreifen, dass alle seine gezielten Fragen knappe Anhaltspunkte im Geheimnis der Weißen Löwen waren.

»Und was empfinden Sie, Madam, wenn Sie in das Land Timbavati reisen?«, fuhr Mutwa fort.

»Ich empfinde ein intensives Gefühl des Friedens, Credo – und ich bin auch sehr aufgeregt!«, gab ich zu, während ich mich an die vielen zauberhaften Augenblicke erinnerte, die ich seit meiner Kindheit in Timbavati erlebt hatte.

Mutwa lächelte. »Wissen Sie, Madam, wenn der Geist eines Sangoma krank ist, dann muss er sich wieder mit dem Großen Erdgeist verbinden. Es gibt sehr heilige Plätze mit hoher Energie. Manche Orte haben Erdenergie. Manche Orte haben Wasserenergie. Und dann gibt es auch Orte mit Sternenenergie. Timbavati ist ein Ort mit Sternenenergie.«

Ich erinnerte mich, wie Mutwa während unseres ersten Treffens seinen ersten Besuch in Timbavati beschrieben hatte: eine Pilgerreise, die durch eine Krankheit oder Depression, an der er litt, ausgelöst worden war.

»Credo, bei unserer letzten Begegnung sagten Sie mir, dass Sie nach Timbavati gegangen seien, in der Hoffnung, einen Weißen Löwen zu sehen, der frei die Steppe durchstreift. Und natürlich haben Sie keinen gesehen, weil sie in der Wildnis ausgestorben sind. Sie sagten mir, wenn Sie einen Weißen Löwen gesehen hätten, hätte es Ihnen dabei geholfen, eine sehr schwierige Lebensentscheidung zu treffen.«

»Ja, Madam. Eine sehr wichtige Entscheidung«, antwortete er.

»Aber Sie haben keinen Weißen Löwen gesehen und deshalb diese wichtige Entscheidung nie getroffen.«

»Ja, Madam.«

»Darf ich fragen, Credo, warum es für Sie so wichtig ist, die Weißen Löwen zu sehen? Um welche Entscheidung ging es dabei?«

Mutwa seufzte und hob seine Augenbrauen, sodass sie über seinem Brillengestell wie zwei Fragezeichen wirkten.

»Möchten Sie mir lieber nichts über diese Entscheidung sagen?«, fragte ich zögernd. »Ist sie vielleicht zu persönlich?«

»Ja, Madam.« Er machte einen Rückzieher. »Es geht um etwas sehr Wichtiges... und sehr Persönliches...«

»Ich verstehe, Credo.«

Wieder spürte ich diese erdrückende Bürde, die ihn mit seinem Großen Wissen verband, und schalt mich innerlich für meine Taktlosigkeit.

Der Manager war inzwischen zurückgekehrt, er wirkte geschäftstüchtig und gehetzt, und eine Weile saßen wir drei schweigend da.

»Ich werde Ihnen die Geschichte der Weißen Löwen von Timbavati erzählen, Madam«, begann Mutwa. »Sie ist noch nie aufgeschrieben worden. Kein einziges Wort darf daran verändert werden.«

»Darauf gebe ich Ihnen mein Wort, Mutwa«, sagte ich.

Ich bereitete mich auf eine Fabelgeschichte in der großen Tradition der epischen Erzählkunst vor. Als ich Mutwa betrachtete, wie er mit der ihm eigentümlichen Art tief Luft holte, fiel mir die Einführung zu *Indaba, My Children* ein:

> Der Alte fühlt eine große Last auf seinen Schultern... eine schwere Verantwortung gegenüber den Jungen, die so erwartungsvoll um ihn herumsitzen... Und er beginnt die Geschichte – die alte, alte Geschichte, und er weiß, dass er sie genau so wiederholen muss, wie er sie vor so langer Zeit gehört hat, ohne auch nur ein einziges Wort hinzuzufügen oder wegzulassen...[6]

Der Werbemanager rutschte auf seinem Stuhl herum und beobachtete uns mit ausdrucksloser Miene. Er schien mit seinen Gedanken woanders zu sein.

Mutwa setzte sich zurecht, seine Hände lagen eine über der anderen auf dem Tisch. Sein Gesichtsausdruck sagte mir, dass er sich auf die lange, langsame Wiedergabe einer wichtigen Geschichte vorbereitete. Die Saga der Weißen Löwen war noch nie aufgezeichnet worden, aber dennoch im Lauf der Zeit unverändert geblieben – und nun würde einer der bedeutendsten afrikanischen Hüter der Stammesgeschichte sie mir vortragen.

»Ich bin bereit«, sagte ich zu Credo, als ich mein Aufnahmegerät einschaltete.

»Zuallererst«, begann Mutwa, »müssen Sie die wahre Bedeutung des Namens ›Timbavati‹ herausfinden, wenn Sie das Geheimnis des Ortes namens Timbavati erfahren wollen. Viele Menschen wissen nicht, was der Name eigentlich bedeutet. Der Name Timbavati ist in Wirklichkeit ›Timba-vaati‹: *Timba* heißt ›herunterkommen‹ (wie ein Vogel), und *vaati* heißt ›zum Boden‹. Also heißt Timbavati im Grunde ›der Ort des Herunterkommens‹. Der Ort, an dem etwas herunterkam – in der uralten Tsonga-Sprache.«

Mutwa hielt inne, vielleicht um noch einmal einzuschätzen, ob ich dieser Offenbarung würdig war.

»Was kam also in Timbavati herunter, mögen Sie wohl fragen«, fuhr er mit einer rhetorischen Frage fort. »Welche Geschichte hat dieser Ort?«

Ich wartete schweigend.

»Vor vielen Jahren, lange, bevor die Weißen nach Afrika kamen, gab es ein Reich, das auf ein noch größeres Reich gefolgt war. Zu jener Zeit regierte in der Region, in der sich heute der Kruger-Nationalpark befindet, ein weiblicher Häuptling, eine Königin namens Numbi, die Hässliche. Numbi mangelte es zwar an Schönheit, aber sie war eine sehr weise Frau. Sie war eine Frau von großer spiritueller Macht. Sie war eine Regenmutter ihres Volkes. Tatsächlich sind die Regenköniginnen im östlichen Transvaal eigentlich die Nachfolgerinnen eines uralten matriarchalischen Systems, das in Südafrika viele Jahrhunderte zurückreicht.

Man sagt, dass eine schreckliche Krankheit Königin Numbi heimsuchte. Ihre Beine schwollen an, und ihr Bauch schwoll an. Sie war dem Tode nah, als ihr Volk zu den Ahnengeistern um ein Zeichen betete, das helfen würde, das Leben der Königin zu retten. Monatelang betete das Volk. Viele Monate lang geschah nichts. Eines Tages, als Numbi dem Tode schon sehr nah war, brach die Nacht herein, und die Sterne erschienen am Himmel. Der Mond war nicht da, nur die Sterne, und die Tiere ließen sich lautstark im Busch aus: Löwen brüllten, Hyänen lachten, und Eulen schrien. Und dann hörte man laute Rufe aus vielen Dörfern in der Umgebung von Numbis großem Königsdorf. Die Leute schrien: ›Aaaaaajiiiieee! Jiiiiiieeehhh!‹ Es herrschte große Aufregung.

›Was ist los?‹, fragte Königin Numbi und stützte sich mit einem Ellbogen auf ihrem Krankenlager ab. Einer der Ältesten kroch in Numbis Hütte und berichtete ihr, dass ein seltsames Licht vom Himmel fiel. Ein Stern fiel auf die Erde herab. Ein sehr großer Stern.

›Oh du Große! Der Stern strahlt wie die Sonne am Mittag. Er hat das ganze Land erleuchtet, als wäre es Tageslicht!‹

›Bringt mich hinaus! Bringt mich sofort hinaus!‹, rief Königin Numbi. ›Das muss ich mir ansehen!‹

Diener erschienen, um dem Befehl der Königin zu folgen. Sie halfen der geschwächten Frau aus ihrer Hütte hinaus ins Freie. Sie war in eine Decke aus Schakalfell gehüllt, und ihr Haar war schneeweiß in krassem Gegensatz zu ihrem Gesicht und ihren Schultern, die schwarz wie poliertes Ebenholz waren.

Es stimmte! Es stimmte. Irgendetwas war hier draußen im Gange.

Die alte Frau blickte hinauf und sah eine riesige Lichtkugel, größer als eine Versammlungshütte, die langsam in den Busch hinabsank. Es war wie in einem Traum. Das Ding kam mit einer unglaublichen Langsamkeit herunter. Langsam sank es nieder, erhellte die ganze Landschaft und tauchte sie in sein unheimliches blauweißes Licht. Kreisend kam es irgendwo im Busch herunter, und dort, wo das Ding heruntergekommen war, war ein riesiger bläulicher Lichthof zu sehen.

›*Timbi-lé! Timbi-lé!*‹, schrie das Volk. ›Es ist heruntergekommen! *Timbi-Lé Vaa-ti!* Es ist auf den Boden heruntergekommen!‹

Die Leute wollten vorpreschen, um zu sehen, was das für ein Ding war. Doch die Angst hielt sie zurück. Königin Numbi jedoch war eine

Frau ohne Angst. Sie fürchtete sich vor nichts. Sie rief ihre beiden ältesten und zuverlässigsten Dienerinnen, Namasele und Ngwandi, und befahl diesen Frauen, sie auf beiden Seiten zu stützen und sie zu dem Ding unten im Tal zu führen.

Die Frauen gingen lange Zeit, sie waren alt, ihre Knochen knirschten, und ihre Gelenke waren steif, aber schließlich erreichten sie den Ort, an dem das seltsame kugelförmige Licht wie eine neugeborene Sonne auf dem Boden lag. Die Frauen hörten ein seltsames summendes Geräusch, das von der Lichtkugel herrührte. Lange standen sie da und blinzelten in den Schein des seltsamen Sterns auf dem Boden. Er war gewaltig, er war riesig, aber strahlte kaum Hitze aus. Die Frauen waren verwundert.

›Du Große, Mutter des Volkes‹, sagte Ngwandi, ›wir müssen von hier fortgehen!‹

›Ich stimme dir zu‹, sagte Numbi. ›Gehen wir, meine Getreuen. Wir könnten ungewollt die Götter erzürnen.‹

Die Frauen drehten sich zum Gehen um, sie bewegten sich langsam, und plötzlich sah Ngwandi, wie sich hinter ihr etwas rührte. Sie sagte: ›*Maaai!* Seht!‹

Und die Königin wandte sich um, und da stand ein Gott, der aus dem Schein des bläulichen Lichts erschienen war. Der Gott war ein Wesen aus reinem Licht, einem gelblichen Licht; er hatte keine Gesichtszüge. Sie konnten die Schultern, den Kopf, den Körper und die Gliedmaßen ausmachen. Und das Wesen kam auf sie zu. Sie standen da, und das Wesen hob seine rechte Hand, eine Hand aus Feuer, eine Hand aus Licht, ohne Finger.

Und Numbi sagte zu ihren Dienerinnen: ›Seht, meine Dienerinnen, der Gott hebt seine Hand, um mich, Numbi, zu grüßen. Der Gott möchte, dass ich mich ihm nähere...‹

›Tu das nicht, Große Mutter!‹

›Ich werde es tun. Ich bin die Königin.‹

Numbi ging langsam auf den Gott zu. Sie bewegte sich schlurfend auf schwachen Knien. Und sie kam dem Gott nahe und hob ihre Hand. Und der Gott kam näher zu Numbi und legte seine Hand auf die ihre. Und dann verschwand der Gott. Einen Augenblick war er da, im nächsten war er fort. Nur seine Fußspuren im weichen Sand zeugten davon, dass er wirklich da gewesen war.

Numbi stand da, hob sich als dunkle Silhouette gegen den grellen Schein des Sterns ab. Und dann drehte sie sich um, und als sie ihren Dienerinnen das Gesicht zuwandte, sahen diese, dass Numbis Augen leuchteten.

Sie ging auf sie zu und sagte: ›Nwandi, hört mir zu, meine kleinen Schwestern. Ihr müsst nun gehen, kehrt nach Hause zurück.‹

›Wohin wirst du gehen, du Große? Warum willst du, dass wir dich hier zurücklassen?‹

Numbi antwortete: ›Der Gott will mich. Das ist der Grund, warum der Gott gekommen ist.‹

Die beiden alten Frauen klammerten sich aneinander wie Wesen, die wahnsinnig geworden sind, während sie zusahen, wie ihre Königin langsam auf den grellen Schein des unbekannten Dings zuging. Sie ging und ging und ging, und dann konnten die Frauen in dem bläulichen Schein menschliche Gestalten ausmachen, gelbe Geister gegen das Blau. Und der Schein verschlang Numbi, und sie wurde nicht mehr gesehen.

Die zwei alten Frauen konnten vor dem Anblick nicht weglaufen. Lange Zeit standen sie wie angewurzelt da und dann brachen sie auf und bewegten sich so schnell, wie ihre alten Glieder sie nur tragen konnten. Und dann, kaum hatten sie Numbis Dorf erreicht, erhob sich der Stern, der vom Himmel herabgekommen war, langsam auf den dunklen Himmel zu und tauchte die ganze Landschaft erneut in sein unheimliches Licht. Dieses Mal bewegte er sich schneller. Einem Blitz gleich schoss er in den fernen Himmel und verschwand.

Dann, viele Jahre nach Numbis Verschwinden, viele Jahre nachdem der seltsame Stern auf die Erde gekommen war, stellte man fest, dass alle Tiere, die in dem Gebiet lebten, wo sich der geheimnisvolle Gegenstand auf die Erde gesenkt hatte, schneeweiße Jungen gebaren. Man sagt, dass die Menschen zu einer bestimmten Zeit viele Weiße Leoparden in Timbavati sahen. Die Leute sahen Antilopenherden, Impalas und Elenantilopen, die schneeweiß und blauäugig waren. Einige dieser Elenantilopen wuchsen heran und hatten nur ein Horn statt zweien. Und einige Impalas und Elenantilopen hatten seltsame Missbildungen an Hufen und Hörnern.[7]

Und auch ein Löwenrudel war in die Gegend gezogen, in der der seltsame Stern vom Himmel herniedergekommen war, und man beobachtete, dass auch sie anfingen, weiße Welpen mit blauen Augen zur Welt zu bringen.

Viele Könige, die nach Numbi regierten, erklärten Timbavati zu einem heiligen Ort; besonders nachdem zwei Elefanten – ein Bulle und eine Kuh – gesichtet wurden, deren Hautfarbe unglaublich weiß war. Diese Elefanten mieden das Sonnenlicht und grasten, wenn die Sonne am Himmel nicht zu sehen war oder wenn sie auf- oder unterging. Es heißt, dass diese Elefanten danach auf geheimnisvolle Weise verschwanden – aber die heiligen Weißen Löwen wurden an diesem Ort wieder und wieder geboren. Aus diesem Grund erklärte ein großer König, Npepo I. – der ursprüngliche Npepo –, diesen Ort zu einem heiligen Ort, an dem die Jagd nicht erlaubt war. Es war nicht Paul Kruger, der erklärte, dass dieser Ort nur den Tieren gehören sollte, sondern König Npepo, nicht nur wegen der wiederholten Geburten von Weißen Löwen, sondern auch wegen der Weißen Leoparden und der Weißen Paviane.

Eines Tages, so sagte man uns, unternahm der große König Schaka eine heilige Pilgerreise nach Timbavati. König Schaka war nicht nur ein großer Krieger, sondern auch ein erstaunlicher Prophet, der viele Voraussagen machte, von denen einige sich bereits bewahrheitet haben.

Das, Madam, ist die Geschichte von Timbavati.«

Mutwa machte eine Pause, seine Hände lagen sachte im Schoß, und er wartete.

»War das das Ende der Königin Numbi?«, fragte ich.

»Nein, Madam. Unsere Hüter sagen, dass sie zurückkehrte, um ihr Volk zu regieren. Sie soll dann besondere Kräfte besessen haben, und es gibt Berichte über außergewöhnliche Taten, die sie vollbrachte.«

»Ich werde diese Geschichte genau in dem Wortlaut bewahren, in dem sie mir erzählt wurde, Credo«, versicherte ich ihm.

»Danke, Madam, danke«, sagte er. »Sie müssen verstehen, Madam: So, wie diese Geschichten Afrikas lange Vergangenheit erschließen, wird unsere heutige Geschichte zu der langen Liste der Erinnerungen hinzugefügt und an die kommenden Generationen weitergegeben.

Die Geschichten der Hüter des *Umlando* haben kein Ende, Madam. Die Geschichte der Weißen Löwen geht heute noch weiter und wird von den jetzt lebenden Hütern des *Umlando* zu unseren Lebzeiten ergänzt.«

Der Werbemanager schaute mit einem leichten Stirnrunzeln zu. Ich war mir nicht sicher, ob er der Geschichte gefolgt war.

Einen langen Augenblick grübelte ich über Mutwas Geschichte nach und stellte mir vor, wie die ursprüngliche Episode in der Zeit, in der sie sich zugetragen hatte, dem am meisten verehrten Schamanen des Stammes aus erster Hand berichtet worden war, der sie seinerseits dem nächsten Eingeweihten Wort für Wort weitergab, und so weiter, viele Generationen lang. Auf diese Weise behielt die Geschichte einen Großteil ihrer Ursprünglichkeit; es war, als würde der Erzähler selbst in die Zeit des Ereignisses eintreten. Schließlich war dies keine schriftliche, sondern eine mündliche Überlieferung: das Erbe eines heiligen Wissens, das einer auserwählten Gruppe von Eingeweihten anvertraut worden war, deren Lebensaufgabe darin bestand, die geheimen Quellen unverfälscht zu bewahren.

»Haben Sie Fragen?«, half mir der Werbemann weiter.

»Oh ja, allerdings«, entgegnete ich.

Meine erste Frage bezog sich auf das Datum, an dem die Weißen Löwen zuerst aufgetaucht waren. Ich fragte Mutwa, ob es ihm bekannt war, wann genau der »Stern herabgefallen« war, denn seiner Erzählung zufolge ging dieses Ereignis der Geburt der ersten Weißen Löwen voraus.

»Madam, das können wir nicht genau feststellen«, antwortete er. »Es war vor der Gründung der Zulunation, zur Zeit Numbis. Das wissen wir.«

»Und Numbi war ein realer Mensch, keine mythologische Figur?«, fragte ich, wobei mir plötzlich einfiel, dass eines der Eingangstore des Kruger-Nationalparks nach Numbi benannt worden war.

»Ja, Madam, ein realer Mensch. Sie hat direkte Nachkommen, die noch heute leben.«

»Und wann wurde die Zulunation gegründet?«

»Vor über vierhundert Jahren.«

»Aber wenn es sie schon seit über vierhundert Jahren gibt, dann könnte man doch wohl erwarten, dass sich irgendwo ein weißes Fell gezeigt hat?«, fragte ich Credo und dachte an McBrides Zweifel im Hinblick auf Beweise für ihre frühere Existenz.

»Ja, Madam«, sagte er ernst, »das könnte man. Die Hüter des *Umlando* wissen, dass das Fell – ein Kaross – eines Weißen Löwen, der an Altersschwäche gestorben war, König Dinizulu, Sohn von König Malandela, als Geschenk überreicht wurde. Danach empfing der König sehr wichtige Träume über die Zukunft der Erde und des Zuluvolkes.«

»Darf ich fragen, was das für Träume waren, Credo?«

»Nein, Madam«, antwortete er. »Darüber dürfen wir nicht sprechen.«

Wieder wurde ich mir meiner unpassenden Forderungen bewusst und wandte mich erneut den Offenbarungen zu, die mir Mutwa anvertraut hatte. Das Indiz des weißen Kaross wies darauf hin, dass die Weißen Löwen schon lange vor ihrer kürzlichen Entdeckung existiert hatten. Ich begriff, dass es an exakten Daten mangelte, weil man in der mündlichen Überlieferung, die unserem Kalender vorausging, wichtige Ereignisse als in der Regierungszeit von Soundso oder nach diesem und jenem Begebnis datiert hatte. Ausgehend von der Chronologie der afrikanischen Königsdynastien, könnte man nun mit unserem Kalender die »Generationszeit« ausrechnen und dadurch die ungefähren Daten der Ereignisse aus der mündlichen Überlieferung ermitteln.[8]

»Die Weißen Löwen sind also nicht in unserer Zeit urplötzlich aufgetaucht, wie die Leute glauben?«

»Wir leben in prophetischen Zeiten, Madam. Die Weißen Löwen sind kürzlich als Propheten des neuen Zeitalters zurückgekehrt.«

»Vierhundert Jahre sind aber eigentlich nicht ›kürzlich‹, Credo.«

»Madam«, lächelte er, »im Leben unseres Planeten sind vierhundert Jahre ein sehr kurzer Zeitraum.«

»Ich verstehe«, sagte ich wieder und versuchte, mich mit der Vorstellung anzufreunden, dass die Löwen »Neuankömmlinge« waren.

»Die Weißen Löwen sind sehr alte Geschöpfe, Madam, so alt wie das Leben selbst. Als sie kürzlich unter der Königin Numbi auftauchten, war das nur ihre jüngste Ankunft auf diesem Planeten.«

»Ich verstehe, Credo.« Ich stellte fest, dass ich auf meine übliche Antwort zurückgriff und unfähig war, eine direkte Entgegnung zu formulieren.

Als Nächstes stellte ich eine Frage, die mir sehr grundlegend erschien. »Aber warum sind sie weiß?«

»Wir glauben, Madam, dass die Tarnung stets der Seele des betreffenden Tieres entspringt. Die Weißen Löwen erscheinen weiß.« Er machte eine Pause. »Sie können auch unsichtbar erscheinen.«

Unsichtbar »erscheinen« – das war eine interessante Vorstellung.

Dies war also die Geschichte von Timbavati, wie sie im Großen Wissen überliefert wurde. Ich kannte Mutwas Ruf nur allzu gut: Es hieß, er sei ein Aufschneider und verbreite absurdes Wahrsager-Geschwafel. Als ich nun daran dachte, kam mir der Gedanke, dass viele derartige Missverständnisse in Wirklichkeit vielleicht dadurch entstanden waren, dass der oder die Zuhörer unfähig waren, symbolische und mythische Sprache in die Realität zu übertragen. Als Spezialistin für antike Symbolik meinte ich, gut genug gewappnet zu sein, um diesen Fehler zu vermeiden.

Doch trotz meiner Ausbildung stellte ich fest, dass ich in anhaltendem Schweigen dasaß und mich fragte, ob es mir wohl gelingen würde, diesem wahrhaft seltsamen und wunderlichen neuen Aspekt der Löwen von Timbavati irgendeinen Sinn zu entlocken. Eine Kleinigkeit war geschehen, die mir einen Einblick in die Integrität von Mutwas Geschichte vermittelte. Einige Minuten nach dem Beginn der Geschichte stellte ich beschämt fest, dass mein Kassettenrekorder nicht aufnahm, und musste Mutwa mitten im Satz unterbrechen. Nachdem ich das Gerät erneut eingeschaltet hatte, atmete er wieder tief ein und begann seine Geschichte von Neuem – in genau demselben Wortlaut wie beim ersten Mal.

»Credo«, sagte ich nach einiger Überlegung, »Sie sagten vorhin, Timbavati sei ein ›Ort der Sternenkraft‹, und die seltsamen Steine seien ›astrologische Steine‹, die einem bestimmten Zweck dienen...«

»Ja, Madam.«

»Darf ich nach ihrem Zweck fragen? Hat er irgendetwas mit den Weißen Löwen zu tun?«, hakte ich nach.

»Madam, als ich den seltsamen, wie eine Klinge geformten Stein in Timbavati sah, der vor vielen, vielen, vielen Jahren in einer schrägen Position in die Erde eingesetzt wurde, erinnerte ich mich an die Geschichte, die mir sehr oft erzählt wurde.«

Er machte eine Pause, und ich wartete.

»Sagen Sie, Madam, haben Sie auf den Stein in Timbavati je geschlagen?«

»Nein, das habe ich nicht, Credo.«

»Nun ja, Madam, wenn Sie auf diesen seltsamen messerartigen Stein schlagen, werden Sie feststellen, dass er ein scharfes, klingendes Geräusch von sich gibt – denn es handelt sich dabei um einen uralten Steingong. Tatsächlich ist es so, dass er nach Timbavati gebracht wurde und nicht aus diesem Teil von Transvaal stammt. Er ist mit denen identisch, die man in den Ruinen von Simbabwe findet: Reihen klingender Steine, die in alten Zeiten benutzt wurden, um bei Gefahr die Krieger zu versammeln, und vor allem bei Ritualen, die mit der Anbetung des Mondes oder der Sonne zu tun hatten.«

»Aber wie sind die Steine dorthin gekommen?«, fragte ich, fasziniert, dass es offenbar eine Verbindung zwischen Timbavati und Simbabwe gab.

»Man sagt, als ein großer König namens Ndnebete eine Pilgerreise nach Timbavati unternahm, um die Geister von Timbavati zu ehren, brachte er eine oder zwei Reihen Radiosteine mit, und zwei davon sind immer noch an dem Ort, an dem er sie einsetzte, obwohl einer in einem seltsamen Winkel steht.«[9]

»Haben sie magnetische Energie?«, fragte ich impulsiv.

»Das weiß ich nicht, Madam. Ich weiß nur, dass man geheilt wird, wenn man sich an diesen Stein lehnt. Und wenn man sich nach einem Gewitter an einen solchen Stein lehnt, wird einem schwindlig.«

»Ist dieser Stein nach Osten ausgerichtet?«, versuchte ich es von Neuem. Ich wurde immer neugieriger. »Ist er eine Art Wegweiser?«

»Nein. Der Stein stand wahrscheinlich aufrecht und jemand hat ihn vor langer Zeit umgestoßen. Vielleicht ist etwas mit ihm zusammengestoßen.«

»Und er ist also irgendwie mit den Ruinen von Groß-Simbabwe verbunden?«, hakte ich nach.

»Ja, Madam. Diese Steingongs, diese langen Reihen von – ich weiß nicht, von welcher Art – Steinen wurden in Simbabwe dazu benutzt, gewisse Sterne am Himmel willkommen zu heißen. Wenn zum Beispiel die Plejaden, die Frühlingssterne, im Osten aufgingen, gab es wilde Glockenschläge, wenn die Aufseher des Königs auf den Steingongs spielten, um die Sterne zu begrüßen und die Jahreszeit des Pflügens zu verkünden. Und wenn man am Himmel einen Kometen sah, Madam, dann wurde auf drei dieser langen Steinreihen geschlagen.

Und ihre Klänge waren mit nichts anderem an diesem Ort vergleichbar, sodass jeder wusste, dass ein großer und schrecklicher Stern am Himmel aufgetaucht war, wenn diese Steine erklangen.«

»Simbabwe war also ein Ort, an dem man mit den Sternen kommunizierte?«, fragte ich und dachte an die uralten archäologischen Rätsel Afrikas, über die man sich heute noch streitet.

»Diese Sitte war nicht auf Simbabwe beschränkt«, fuhr Mutwa fort. »In Zululand gab es einen Stein namens Mcemcemce. Mein Großvater hat diesen Stein immer zum Klingen gebracht. Es war ein Felsengong, hoch oben auf dem Berg. Immer wenn die Frühlingssterne erschienen, begab sich mein Großvater auf diesen Berg, um diesen Gong zu schlagen. Das tat er auch, wenn ein Stern wie etwa der, den wir ›das Auge des Wolfes‹ nennen[10] – das ist der Planet Mars –, eine bestimmte Position am Himmel erreichte.

Und da ist noch etwas, Madam. Sie sollten wissen, dass Timbavati ursprünglich ein Ort war, an dem viel Metall verhüttet wurde. An manchen Plätzen sieht man noch die alten Schmelzöfen, die damals benutzt wurden. An einem bestimmten Ort habe ich insgesamt sechzehn uralte Metallschmelzöfen gezählt, und sie waren sehr hoch entwickelt.«

»Ich verstehe, Credo«, sagte ich und vermutete, dass dies ein weiterer sehr wichtiger Hinweis war, aber ich wusste noch nicht, wie ich ihm nachgehen sollte.

Der Werbemanager wurde allmählich unruhig und sah auf seine Uhr. Ich stellte fest, dass unser Gespräch sehr viel länger gedauert hatte als die mir zugeteilte Stunde. Anfangs hatte ich es als merkwürdig empfunden, dass Mutwa seine geheimen Informationen vor einem unbeteiligten Dritten enthüllte, doch nun hatte ich den Eindruck, dass der Werbemanager in Wirklichkeit die ganze Zeit über abwesend gewesen war. Er war mit seinen Gedanken offensichtlich woanders.

»Was Sie da gesagt haben, Credo, bringt mich auf den Gedanken, dass die Weißen Löwen vielleicht ein Symbol dafür sind, wie wir unseren Planeten retten könnten, der in großen Schwierigkeiten steckt.«

»Das sind sie, Madam«, sagte er einfach. »Sie sind ein Symbol.«

»Glauben Sie, dass wir etwas sehr Bedeutsames von ihnen lernen müssen?«

»Ja, Madam«, antwortete er, »ja, ja, ja.«

»Was denn, Credo? Was müssen wir von ihnen lernen?«

»Madam, das ist wirklich eine sehr ernste Frage.«

»Das verstehe ich, Credo. Das verstehe ich«, half ich ihm weiter, während ich mir alles, was ich bisher erfahren hatte, durch den Kopf gehen ließ. »Worin genau bestehen diese Erleuchtung und diese Weisheit, die sie uns anbieten, Credo?«

»Madam, wir werden noch mehr darüber reden«, sagte Mutwa einsichtig, als sei dies nicht die richtige Zeit und nicht der richtige Ort dafür.

»Danke, dass Sie mir von Timbavati erzählt haben«, sagte ich, denn ich begriff, dass ich das Treffen zum Ende bringen sollte. »Allmählich verstehe ich, wie wichtig das ist. Aufgrund meiner eigenen Erfahrungen dort spürte ich, dass es wichtig ist.«

»Das ist es, Madam.«

»Ich wusste, dass die Weißen Löwen eine besondere Bedeutung haben, die ich aber nicht ganz verstanden habe.«

»Unser Volk glaubt, dass kein Tier dem Löwen gleicht. Er ist wichtiger und heiliger. Wir glauben, dass alle katzenartigen Tiere, von der Hauskatze bis zum Löwen, auf die Erde gebracht wurden, um Menschen und andere Lebensformen zu beschützen.«

»Sie sind unsere Beschützer«, wiederholte ich, und diese Vorstellung sollte nun bei meinem weiteren Streben nach Verständnis der afrikanischen Löwenkultur zu einem immer wiederkehrenden Refrain werden.

»Ja.«

»Also wären vor allem die Weißen Löwen unsere Beschützer?«

»Ja, Madam.«

Der Werbemanager blickte wieder auf seine Uhr.

»Es ist spät«, sagte er zu mir. »*uBaba* hat einen langen Tag hinter sich.«

»Ich verstehe, Credo«, sagte ich und stand auf, um zu gehen. »Sie müssen sehr müde sein... Aber ich habe eine letzte Frage, wenn Sie gestatten – eine wichtige.«

»Ja, Madam«, sagte er geduldig.

»Glauben Sie, es wäre gut, wenn die Menschen wüssten, dass Timbavati ein heiliger Ort ist? Was glauben Sie – würde das Gutes oder Schlechtes bewirken?«

»Madam, ist es gut oder schlecht, dass die Leute wissen, was Jerusalem ist? Und wenn die Menschen über andere heilige Orte Bescheid wissen, ist das dann gut oder schlecht? Es ist schlecht, wenn ein heiliger Ort besudelt, zerstört oder aus der Erinnerung gelöscht wird. Aber wenn die Geschichte bekannt ist, wird man den heiligen Ort erhalten.«

»Und die Weißen Löwen? Wenn man ihre Geschichte kennt – wird man sie dann erhalten?«

»Wir müssen die Hoffnung und den Glauben haben, dass dies der Fall sein wird, Madam. Wir müssen darauf vertrauen, dass es Gutes bewirkt, wenn die Menschen wissen, wie wichtig die Löwen sind und wie extrem wichtig die Weißen Löwen sind und wie extrem wichtig es ist, dass wir unsere Erde erhalten, wenn wir können.«

»Das hatte ich gehofft«, sagte ich zu ihm. »Dass das Wissen, das Sie mir zu entdecken helfen, etwas Gutes bewirken wird.«

»Jedes Wissen ist gut, Madam. Je nachdem, wie man es einsetzt, kann es schädlich sein.«

»Ich verstehe, Credo. Danke«, antwortete ich.

»Unsere großen Könige schützten vor vielen hundert Jahren gewisse Gebiete, sie waren heilig, und man durfte dort nicht jagen, außer man besaß eine königliche Erlaubnis«, erklärte er abschließend. »Nur der König durfte dort jagen, und auch das nur zu besonderen heiligen Anlässen. Es gab uralte Gesetze in Afrika, die das Verhalten der Menschen gegenüber der Erde und der Tiere, die auf ihr lebten, bestimmten – und ihre Übertretung wurde mit dem Tod bestraft. In der großen Geschichte Afrikas ist Timbavati seit Langem als heiliges Gebiet bekannt. Schon vor vielen Jahrhunderten, Madam, lange vor Präsident Paul Kruger, verboten die Schangaan-Könige die Jagd im Gebiet von Timbavati, denn sie wussten, dass dieses Wildreservat nicht nur ein Zufluchtsort für die Tiere war, sondern auch ein heiliger Ort der Götter.«

10

Die Genetik der Weissen Löwen

Wir dürfen nicht zulassen, dass die Weißen Löwen von Timbavati, die Löwen des Sterns, der auf die Erde fiel, aus den Annalen der Geschichte unseres Landes verschwinden.
— Credo Mutwa

Ich war von meinem Treffen mit Mutwa ganz begeistert. Was für eine faszinierende Geschichte! Die Bedeutung, die der Symbolsprache zugrunde lag, beschwingte mich und benötigte weder Erklärung noch Analyse. Die mythologische Dimension in Mutwas Erzählkunst sprach für sich selbst und die Botschaft des Naturschutzes war heute mindestens so relevant wie in den früheren Zeiten der afrikanischen Ältesten. Mutwas Gebote hallten in meinem Kopf wider: »Wie wichtig die Löwen sind und wie extrem wichtig die Weißen Löwen sind und wie extrem wichtig es ist, dass wir unsere Erde erhalten, wenn wir können.« Weit davon entfernt, nicht schützenswert zu sein, begriff ich nun, dass die Weißen Löwen entscheidende Prinzipien für den Schutz unserer Erde und Schlüsselsymbole für unsere heutige Zeit verkörperten.

Aber dann, als ich es mir nach dem Interview in einem Straßencafé bei einer spätabendlichen Tasse Kaffee gemütlich gemacht hatte, begann ich nachzudenken. Ein gefallener Stern? Wesen aus reinem Licht? War ich wirklich so leichtgläubig?

Im persönlichen Umgang neige ich grundsätzlich eher dazu, den Leuten zu glauben, als sie von vornherein als Lügner zu verdächtigen, aber meine wissenschaftliche Ausbildung ließ es nicht zu, dass ich Mutwas Bericht für bare Münze nahm. Falls seine mündliche Überlieferung grundlegende Wahrheiten enthielt – wie konnte ich deren Richtigkeit nachweisen? War es fair gegenüber einer heiligen Tradition, einen solchen Versuch zu unternehmen? Da ich inzwischen wusste, dass die geheime Weisheit in scheinbaren Kindergeschichten verschlüsselt war, war mir klar, dass die mündlichen Überlieferungen im Prinzip eher eine symbolische Wiedergabe der Ereignisse waren als ein detaillierter Tatsachenbericht. Mir wurde bewusst, warum es so schwer war, Mutwas Geschichte über die Weißen Löwen Glauben zu schenken: Sie wurde nicht im vertrauten westlichen Stil eines historischen Berichts wiedergegeben, sondern glich eher einem Märchen, das man am Lagerfeuer erzählt. Im Hinblick auf historische Ereignisse sind wir es gewohnt, dass man uns die Fakten nicht als eine lebendige Erzählung wiedergibt, sondern als stichpunktartige Auflistung. Im Gegensatz zu historischem Archivmaterial hatte Mutwas Geschichte eine atmosphärische Qualität, eine lebendige Unmittelbarkeit, als würde sie von einem Augenzeugen berichtet werden und nicht von einem pingeligen Schreiber, dem es nur um unumstößliche Fakten geht.

Trotzdem waren einige auf Tatsachen beruhende Details aufgetaucht, wie zum Beispiel das Datum des Erscheinens der Weißen Löwen. Was sollte ich damit anfangen? Auch wenn es durchaus möglich war, dass König Dinizulus Kaross aus dem Fell eines Weißen Löwen zu den geheimen Schätzen der Hüter der Stammesgeschichte gehörte, so vermochte ich seine Existenz nicht zu bestätigen, solange ich keinen direkten Zugang zu diesen verbotenen Reichen hatte. Dennoch ging aus Mutwas Geschichte klar und deutlich hervor, dass Weiße Löwen schon lange vor Chris McBrides »Entdeckung« in den 1970er-Jahren in Timbavati existiert hatten. Wie konnte ich diese Behauptung erhärten?

Im Hinblick auf das Auftauchen der Weißen Löwen stellten sich zwei entscheidende Fragen: Erstens, wann genau erschienen die Weißen Löwen zum ersten Mal in Timbavati; und zweitens, warum zeigte sich diese einzigartige Löwenart plötzlich in Timbavati und nirgendwo sonst auf der Erde?

McBride sann über ihren Ursprung nach, so wie es wohl jeder täte, der zufällig einer einzigartigen Tierrasse begegnet: »Falls es in diesem Teil Südafrikas eine Spielart von Weißen Löwen gibt, warum hat man sie vorher nie gesehen? Wenn es hier irgendwann einmal Weiße Löwen gegeben hätte, dann könnte man doch zumindest erwarten, irgendwo ein weißes Löwenfell zu finden«, grübelte er.[1]

Was ihr erstes Erscheinen in Timbavati angeht: McBrides zufällige Entdeckung ereignete sich Anfang Oktober 1975. Er hatte ein Rudel ockerfarbener Löwen im Machaton-Gebiet von Timbavati studiert und wartete nun, nachdem er ein Paarungsritual beobachtet hatte, darauf, dass eines der Weibchen, das er nach seiner Tochter Tabitha »Tabby« getauft hatte, Jungen zur Welt bringen würde. An dem fraglichen Tag lag McBride selbst krank im Bett, und seine Schwester Lan, die ihn für kurze Zeit besuchte, ging mit dem Rest der Familie auf Safari. Die Familie hoffte, dass Tabby bereits geworfen hatte und sie sie vielleicht in einem seltenen Augenblick mit ihren neugeborenen Jungen beobachten könnte. So fuhren sie direkt zu ihrem bevorzugten Ruheplatz.[2] McBride berichtet von diesem unvergesslichen Moment:

Als (Lan) sich der Stelle näherte ... bremste sie plötzlich und schaltete den Motor aus.

»Sieh nur, James, eine Löwin«, flüsterte sie.

»Wo?«, fragte er und suchte das Gelände erfolglos ab. Es ist ungeheuer schwierig, Löwen zu erspähen, selbst wenn man ihnen direkt gegenübersteht.

Dann erblickte er sie. Es war Tabby, und sie lag nur etwa zwanzig Meter von der Piste entfernt unter einem Schangani-Baum. Sie schien völlig unbeeindruckt und betrachtete den Jeep. Neben ihr lagen die Überreste eines Gnus, von dem sie gefressen hatte.

In absoluter Ruhe saßen Lan, James und Johnson da und warteten. Binnen einer Minute tauchte hinter der Löwin plötzlich ein kleiner Kopf auf. Zu Lans Verblüffung war er schneeweiß.

Dann erschien ein weiterer kleiner Kopf – ockerfarben.

Und dann ein dritter – wieder schneeweiß.

Lan verschlug es den Atem. Sie hatte von sehr seltenen Albinojungen gehört, aber die Augen dieser Löwen (von Timbavati) waren gelb: ganz normale Löwenaugen. Es lag auf der Hand, dass es sich nicht um Albinos handelte (da Albinos rote Augen haben). Es waren ganz normale, offenbar gesunde Löwen. Nur dass sie reinweiß waren.

Sie fuhr »wie eine Wahnsinnige« zu mir zurück, wie sie es ausdrückte. Sie fand mich im Bett lesend vor; und aufgrund meiner Grippe erregte mich diese Nachricht längst nicht so sehr, wie es eigentlich hätte sein sollen.

»Bist du dir sicher, dass sie nicht einfach nur sehr hell waren?«, fragte ich sie.

Sie wurde wütend. »Nein. Sie sind weiß. Reinweiß«, beteuerte sie beharrlich.[3]

Die erste Reaktion aller Leute war Zweifel. Die Vorstellung, dass es reine Weiße Löwen geben sollte, war beispiellos. Erst nach einigem Nachdenken dämmerte es schließlich bei McBride, was diese einzigartige Entdeckung eigentlich bedeutete:

Als ich später in jener Nacht daran zurückdachte, wurde mir langsam bewusst, was für einen bedeutsamen Fund wir da gemacht hatten. Ich war geradezu überwältigt von der Tatsache, dass wir die ersten echten Weißen Löwen in der gesamten bisherigen Geschichte nicht nur entdeckt hatten, sondern auch noch fotografiert.[4]

Da McBride das Machaton-Rudel schon vor dieser zufälligen Entdeckung bereits einige Monate lang beobachtet hatte, konnte er das Geburtsdatum der ersten Weißen Löwen mit ziemlicher Genauigkeit bestimmen. »Ich versuchte, die zeitliche Abfolge zu rekonstruieren«, schreibt er. »Die Jungen waren etwa zwei Wochen alt, als wir sie sahen, und angesichts der Tatsache, dass eine Löwenschwangerschaft zwischen 106 und 110 Tage dauert, bestand kaum Zweifel: Was wir am 6. Juni gesehen und fotografiert hatten, hatte zu der Geburt dieser weißen Welpen geführt.«[5]

Was er gesehen und fotografiert hatte, war die Paarung von Agamemnon, einem Männchen aus dem Rudel, mit der Löwin, die er Tabby getauft hatte. Ausgehend von diesem Zeitpunkt, dem 6. Juni, konnte er mit ziemlicher Sicherheit annehmen, dass die weißen Welpen in der vorletzten Septemberwoche des Jahres 1975 zur Welt gekommen waren. Er konnte sich außerdem sicher sein, dass beide Löwen Träger des weißen Gens waren, denn wenn nur ein Elternteil das rezessive weiße Gen besessen hätte, hätte es sich nicht gezeigt – genauso wie zwei braunäugige Menschen Träger eines rezessiven blauäugigen Gens sein müssen, damit es bei ihren Kindern sichtbar wird.

Geburt der Löwenkönige

Das genaue Geburtsdatum der ersten Weißen Löwen, die der westliche Mensch je erblickt hatte, ließ sich exakt berechnen – doch nichts weist darauf hin, dass dies die ersten Weißen Löwen waren, die jemals geboren wurden.

McBride selbst stellt dies fest: »Es ist durchaus möglich, dass in der Vergangenheit hier weiße Löwenwelpen geboren wurden, die einfach verschwanden, bevor irgendjemand sie auch nur flüchtig zu sehen bekam. Wir hatten wirklich unwahrscheinliches Glück gehabt, sie zu entdecken, als sie erst ein paar Wochen alt waren ...«[6] Weiterhin gibt er zu: »Aufgrund der hohen Sterblichkeitsrate unter Löwenwelpen und der Tatsache, dass Löwinnen ihre Jungen stets im Busch am Fluss gut verstecken, sind die Chancen, weiße Löwenbabys zu sehen, vernichtend gering.«

Im Folgenden zitiert er Beispiele von Wildhütern in Timbavati, die zwar genau wussten, dass es weiße Löwenwelpen gab, diese aber trotzdem nicht finden konnten. Er weist auch darauf hin, dass Timbavati bis vor sehr kurzer Zeit fast völlig unbewohnt war, sodass Weiße Löwen, selbst wenn sie zu dieser Zeit existiert hätten, unentdeckt geblieben wären.[7]

Die Spekulationen darüber, dass diese jüngst entdeckten weißen Löwenwelpen keineswegs die ersten ihrer Art waren, uferten noch weiter aus, als McBride auf ein anderes weißes Junges in derselben Gegend stieß, das aber nicht dasselbe Alter hatte und zu einer anderen Mutter gehörte.

McBride nahm an, dass diese jungen Weißen Löwen aufgrund ihrer Färbung »stark benachteiligt« waren, und mutmaßte weiter, dass »die Evolution im Laufe der Jahrtausende schon früher derartige Mutanten hervorgebracht haben musste, und die Tatsache, dass offenbar keiner von ihnen überlebte, kann durchaus von ihrer Unfähigkeit zeugen, für sich selbst zu sorgen«[8], und so hielt er an seiner Überzeugung fest, dass sie wahrscheinlich nicht einfach über Nacht aufgetaucht waren.

Nach wie vor stellt sich die Frage: Wann erschienen die Weißen Löwen zum ersten Mal?

Die Abstammung der Weissen Löwen

Die nächsten paar Monate verbrachte ich damit, dieser Frage nachzugehen. Ich versuchte, jegliche Aufzeichnungen – schriftlich, mündlich oder bildlich – von Weißen Löwen aufzuspüren, die McBrides Fotodokumentation vorausgingen. Inzwischen hatte ich ermittelt, dass der erste europäische Augenzeuge 1938 einen Weißen Löwen gesichtet hatte. Nachdem ich zu dem Thema ein Interview im Rundfunk gegeben hatte, kontaktierte mich eine ältere Frau namens Joyce Mostert, die mir aus erster Hand berichten konnte, dass sie im Alter von zehn Jahren zusammen mit ihrer Familie eines Nachts ein ganzes Rudel ockerfarbener Löwen entdeckt hatte – und darunter auch ein schneeweißes Tier. Ihr Vater, ein bedeutender Grundbesitzer in Timbavati, hatte ihr erklärt, dies sei eine »Spielart« – der korrekte Begriff für »die seltenste der genetischen Mutationen«.[9]

Meines Wissens gibt es für eine Sichtung vor diesem Zeitpunkt keine heute noch lebenden Augenzeugen. Ich fragte mich, ob es noch andere Möglichkeiten gab, die Ursprünge der Weißen Löwen zurückzuverfolgen – wenn man sich nicht allein auf Mutwas mündliche Aussage stützen wollte.

Mittlerweile bestätigen viele Quellen Credo Mutwas frühe Erklärung: dass die Felsmalereien der südafrikanischen Buschmänner ein profundes Wissen bewahrten, das den geheimen Informationen, die die Hüter der Stammesgeschichte schützen, entspricht. Die eine Überlieferung ist visuell und die andere oral, doch das Wissen, das beide bewahren, ist ein und dasselbe. Mir kam der Gedanke, dass dies ein Weg sein könnte, die Vorfahren der Weißen Löwen aufzuspüren. Allerdings stößt man unweigerlich auf gewisse Schwierigkeiten, wenn man sich auf Felsmalereien als sicheren Beweis stützt, um das Alter einer Spezies zu ermitteln.

Andere Datiermethoden sind jedoch gleichermaßen ungenau. Auf der genetischen Ebene bleibt der Ursprung der Mutation der Weißen Löwen von Timbavati eine unbeantwortete Frage. Entweder waren sie genetische Überbleibsel einer vergangenen Epoche – vielleicht aus einer früheren Eiszeit – oder sie entsprangen einem anomalen Gen, das erst kürzlich auftauchte. Wenn sie Relikte einer Eiszeit sind, erhebt sich die Frage: Wie haben sie so viele Tausende von Jahren in der Steppe überlebt? Wenn sie hingegen eine jüngere Mutation sind, lautet die Frage: Warum hier und warum jetzt? Welche Umstände führten zu diesem außergewöhnlichen genetischen Ereignis?

Credo Mutwas Geschichte über den Ursprung der Weißen Löwen lässt auf die zweite Möglichkeit, dass sie eine jüngere Mutation sind, schließen. Sie tauchten vor etwas mehr als vierhundert Jahren auf, nachdem in Timbavati ein ungewöhnliches Ereignis stattgefunden hatte, das wir als eine Art Meteoriteneinschlag bezeichnen würden. Einige Jahre danach »stellte man fest, dass alle Tiere, die in dem Gebiet lebten, in dem sich der geheimnisvolle Gegenstand auf die Erde gesenkt hatte, schneeweiße Jungen gebaren« – vor allem ein Löwenrudel, das plötzlich »weiße Jungen mit blauen Augen zur Welt brachte«.

Was den heruntergefallenen Stern angeht: Radioaktivität in der unverwechselbaren geologischen Beschaffenheit Timbavatis legt eine mögliche sachliche Begründung für die mythische Geschichte über den Ursprung der einzigartigen Weißen Löwen nahe. Irgendetwas hat in dieser bestimmten Gegend jedenfalls zu genetischen Mutationen geführt; und die Radioaktivität eines auf der Erde eingeschlagenen Meteoriten ist dafür eine ebenso gute Erklärung wie jede andere.[10]

Die logische Frage ist: Was taten diese schneeweißen Löwen in einer ockerfarbenen Landschaft? Wie und wann tauchten sie zum ersten Mal auf?

Die Wildhüter von Timbavati neigen zu einer Auffassung, die nach meinem Dafürhalten höchst wunderlich ist: Sie finden an den Weißen Löwen nichts Besonderes. Zufällig tauchten sie hier plötzlich auf, und die weiße Färbung war die Folge einer zufälligen Mutation, die ebenso gut anderswo hätte auftreten können. Die Tatsache, dass sie tatsächlich an keinem anderen Ort der Welt vorkam, schien ihnen keiner weiteren Überlegung wert zu sein. Man könnte sich vielleicht mit einer solch pragmatischen Auffassung zufriedengeben, wenn das Auftreten dieser genetischen Rarität nicht von so vielen ungeklärten Umständen begleitet gewesen wäre.

Auf der Suche nach den Vorfahren der heutigen Weißen Löwen kann man verschiedenen Fäden folgen, die sich in außergewöhnlichen Labyrinthen abrollen lassen und nicht immer ans Tageslicht zurückführen. Diese Suchmöglichkeiten bleiben ergebnislos, da praktisch keine Forschung über die Weißen Löwen existiert. Abgesehen von den beiden Studien McBrides – in der ersten beschreibt er ihre Entdeckung und in der zweiten führt er detailliert seinen Versuch aus, sie zu retten – wurde so gut wie nichts zu diesem Thema geschrieben. Bis zum heutigen Tag hat sich nur eine einzige genetische Untersuchung mit Forschungen über das weiße Gen befasst: die Doktorarbeit eines Veterinärstudenten namens Kevin Kruickshank an der Universität von Pretoria; und die stellt nur mit Sicherheit fest, dass das weiße Gen bei den Löwen von Timbavati rezessiv ist (wie blaue Augen beim Menschen).

In den meisten Fällen wird der Code für die Haarfarbe durch zwei Gene kontrolliert. Das erste ist für das Merkmal Farbe oder keine Farbe verantwortlich und das zweite legt fest, welche Farbe genau das sein wird. Verändert sich das erste Gen, ist das zweite nicht funktionsfähig, und die Folge ist ein Albino: das völlige Fehlen von Farbe, nicht etwa eine starke Blässe. Die Mutation bei Albinos bedeutet unter anderem, dass Fortpflanzung nicht möglich ist.

Bezeichnenderweise ist das launenhafte Gen bei den Weißen Löwen zwar rezessiv, aber nicht defekt wie bei Albinos.

Kürzliche Mutation

Als ich herausgefunden hatte, dass es praktisch kein Hintergrundmaterial zu den Weißen Löwen und ihrer Genetik gibt, beschloss ich, einen ehemaligen Kollegen in Cambridge zu kontaktieren. Ted Sohns Doktorarbeit über Genmanipulation und Molekularbiologie beinhaltet ein fachbezogenes Wissen über Mutation und Haarfarbe. Dank der vielen E-Mails, die wir einander schrieben, gewann ich einen tieferen Einblick in die genetischen Fragen in Bezug auf die einzigartigen Löwen von Timbavati.

Sohn erarbeitete ein Szenario, das auf der alternativen Theorie einer kürzlich erfolgten Mutation basierte und zu der Frage Stellung bezog, warum Weiße Löwen nur in diesem bestimmten Gebiet aufgetaucht waren und nirgendwo sonst. Falls eine neue Mutation für die Weißen Löwen verantwortlich wäre, würde ihr Auftauchen nicht vom Erbe eines uralten weißen Gens abhängen, denn das weiße Gen wird alle paar Generationen ganz neu erzeugt. Sohn war der Ansicht, dass eine zufällige Mutation bei einer kleinen Zahl von Tieren (oder nur einem Tier) in dieser Region an ein kleines Rudel hätte weitergegeben werden können, und zwar mittels der »üblichen Methode«, nämlich durch genetische Vererbung. Das würde im Lauf der Zeit zu der Mutation führen, die die weiße Färbung hervorrief. Diese Färbung würde dann entweder verschwinden (wenn sie sich für die Löwen als nutzlos oder schädlich erwies) oder sich allmählich über ein größeres geografisches Gebiet ausbreiten.

Die sonderbare Tatsache ist jedoch, dass sie sich nicht ausgebreitet hat, sondern auf Timbavati und die unmittelbar benachbarten Gegenden beschränkt bleibt.

Das Gen, das für die Weißen Löwen verantwortlich ist, ist einzigartig. Genetisch gesehen, bedeutet die Farbe Weiß eigentlich ein völliges Fehlen von Farbe. Dies impliziert, dass das erste Gen (das festlegt, ob es Farbe gibt oder nicht) nicht funktionsfähig ist – doch das würde bedeuten, dass nicht nur das Fell keine Farbe haben dürfte, sondern auch die Augen nicht; mit anderen Worten, die Augen müssten rosa sein. Es hat also den Anschein, als würden die Weißen Löwen sich über die üblichen genetischen Gesetze hinwegsetzen.

Sohn faszinierte die Tatsache, dass das rezessive weiße Gen nicht zu einem Albino führte. Anders als Albinos leiden Weiße Löwen nicht unter einem völligen Mangel an Pigmentation beziehungsweise Färbung, sondern sie sind definitiv weiß gefärbt – mit den tiefgoldenen Augen der gelbbraunen Löwen.

»Wenn ein Weißer Löwe eine goldene Färbung hat, dann sprechen wir vielleicht von einer ganz anderen Gengruppe«, schrieb Sohn mir zurück. »Das Gen, an das ich dachte, würde ein weißes Fell und rosa Augen hervorrufen.«

»Und wie ist es mit weißem Fell und blauen Augen?«, fragte ich, denn ich erinnerte mich, dass Mutwas Anspielung aus dem Großen Wissen mit verschiedenen aufgezeichneten Sichtungen von Weißen Löwen übereinstimmte.

»Das wäre wirklich ungewöhnlich«, antwortete Sohn. »Wenn ein Löwe oder irgendein anderes Säugetier ein weißes Fell, aber blaue Augen besitzt, dann könnte dies auf eine sehr seltene und neue Gruppe von Mutationen hinweisen. Hier läuft etwas ganz Verrücktes. Bist du sicher, dass die Löwen wirklich weiß sind und nicht einfach nur hellbraun?«

»Schneeweiß, Ted, schneeweiß«, schrieb ich zurück und dachte an McBrides Fotodokumentation. Außerdem hatte mir Maria die Reste einer Schwanzquaste eines Weißen Löwen überlassen, die sie an einer Akazie aufgespießt gefunden und aufbewahrt hatte. Ich beschloss, Sohn dies als Beweis zu schicken. Ich teilte dem Genforscher auch mit, dass die Löwen auf einigen Fotos leicht ockerfarben erschienen, was aber nur daran lag, dass ihr Fell mit Staub bedeckt war.

Aufgrund meiner Diskussionen mit Sohn und meiner Erforschung der Ursprünge von Afrikas außergewöhnlicher Löwenkultur gewann ich den deutlichen Eindruck, dass in den legendären Weißen Löwen viel mehr steckte, als man auf den ersten Blick denken würde.

Heute existieren in der Wildnis von Timbavati keine Weißen Löwen mehr, und die Hoffnung auf ihr Fortbestehen konzentriert sich auf die ockerfarbenen Löwen der Gegend. Mich tröstete Sohns Behauptung, dass, solange ein einziger Gen tragender (heterozygoter) Löwe überlebt, die Art noch nicht ausgestorben ist.

Inzwischen geht die kommerzielle Jagd in Timbavati weiter. Südafrika fördert seit Langem eine blühende Jagdindustrie, die sogar von vielen Naturschützern gutgeheißen und als »Auslese« oder »nachhaltige Nutzung« bezeichnet wird. Obwohl mir persönlich die Vorstellung, Tiere zum Spaß zu töten, zutiefst zuwider ist, hatte ich mir zunächst keine feste Meinung dagegen gebildet. In Wahrheit hatte ich mir über dieses Thema in all seinen Einzelheiten noch nie Gedanken gemacht.

Nun, da ich darüber nachzudenken begann, wurde mir klar, dass die Vorstellung von kommerzieller Jagd voll und ganz unakzeptabel ist. Egal, ob man es unter dem Blickwinkel der modernen Evolutionstheorie oder der uralten Wildgesetze Afrikas betrachtet – ich glaube, dass die Jagd nach Löwentrophäen moralisch und ethisch nicht zu rechtfertigen ist.

Primaten, die wir sind, ist der Fleischverzehr keineswegs unser Recht, sondern vielmehr ein Privileg, das sich der Mensch aneignete, als er sich den Titel »König der Tiere« verlieh. Als neu entwickelte Fleischfresser ist es verständlich, dass das Symbol des Lamms – eines Pflanzenfressers in der Nahrungskette – zum Opfersymbol der Menschen wurde. Doch wenn der Löwe statt des Lamms der menschlichen Habgier und dem menschlichen Spaß geopfert wird, sind das die ersten Hinweise darauf, wie bedenklich sich unsere Werte verkehrt haben.

In Anbetracht dieser düsteren Lage der Dinge sammelte ich all meine Kräfte, während ich mir Marias Ausspruch ins Gedächtnis zurückrief: »Wer einem Weißen Löwen schadet, der schadet dem Land. Wer die heilige Rasse der Weißen Löwen tötet, der zerstört den afrikanischen Kontinent.«

Mutwas Geschichte zufolge sind die Weißen Löwen ein Symbol für unsere Zeit. Aus welchem Grund auch immer – diese einzigartige Löwenrasse tauchte vor etwa vierhundert Jahren genau an diesem Ort der Erde als Vorboten einer neuen Epoche auf. Auch wenn es Hinweise auf eine Mutation gibt, die durch ungewöhnliche Umstände in Timbavati ausgelöst wurde, so scheinen die Ursprünge der Weißen Löwen bis zum Anbeginn der Zeit zurückzugehen. Mich faszinierten Mutwas Beschreibung der Weißen Löwen als »sehr alte Geschöpfe ... so alt wie das Leben selbst« und die neue Sichtweise, die er im Hinblick auf ihre Mutation in Timbavati bot, als er von »ihrer jüngsten Ankunft auf diesem Planeten« sprach. Seiner Auffassung nach war ihr Erscheinen in unserer Zeit in Wirklichkeit ein Wiedererscheinen.

Statt meine Fragen nach den mysteriösen Vorfahren der Weißen Löwen zu beantworten, hatte das schamanische Wissen, das Mutwa mir anvertraut hatte, lediglich meine Neugier angestachelt.

Ich wusste, dass ich zu dem großen Schamanen zurückkehren musste, um meine Forschungen mit größerem Nachdruck betreiben zu können, und ergriff die nächstmögliche Gelegenheit dazu.

11

GROSS-SIMBABWE: RUHESTÄTTE DES LÖWEN

Man sagt, als ein großer König namens Ndnebete eine Pilgerreise nach Timbavati unternahm, um die Geister von Timbavati zu ehren, brachte er eine oder zwei Reihen Radiosteine mit... Diese Steingongs wurden in Simbabwe dazu benutzt, gewisse Sterne am Himmel willkommen zu heißen.

– Credo Mutwa

Ich besuchte Mutwa Anfang 1997 bei der ersten Gelegenheit, doch der Zeitpunkt war ungünstig.

Das Treffen war sehr kurz; es dauerte weniger als eine halbe Stunde und wurde von Fremden unterbrochen, die der Agent in die Johannesburger Wohnung führte. Sie wollten Mutwa kennenlernen, um einen Dokumentarfilm zu drehen. Doch trotz der Kürze war das Gespräch mit dem Löwenschamanen jede Sekunde wert. Ich war fünfzehnhundert Kilometer von Kapstadt nach Johannesburg gefahren, um Mutwa zu treffen, und die Dokumentarfilmer kamen vom anderen Ende der Erde. Also zwang ich mich zur Höflichkeit und ging.

Doch in der kurzen Zeit, die wir miteinander verbrachten, gab Mutwa mir einige entscheidende Hinweise, die den nächsten Schritt meiner Reise bestimmen sollten.

Ich hatte die Zeit zuvor mit der Suche nach Buschmann-Malereien verbracht, die mit weißen Raubkatzen zu tun hatten, doch leider ergebnislos. Ich erzählte Mutwa von meinen Schwierigkeiten. Er hörte geduldig zu und wies dann darauf hin, dass es in und um Groß-Simbabwe wichtige Darstellungen gab. Folglich waren die großen Ruinen von Simbabwe das Hauptthema unseres kurzen Zusammenseins. Fasziniert von den Zusammenhängen zwischen Timbavati und Groß-Simbabwe, die Mutwa schon vorher erwähnt hatte, hatte ich lange über Mutwas Behauptung gegrübelt, dass der sonderbare klingenförmige Stein, den ich in Timbavati gesehen hatte und der einen scharfen, glockenartigen Klang von sich gab, wenn man auf ihn schlug, ein »uralter Steingong« war, den man einst zur Kommunikation mit bestimmten Sternen benutzte – so wie auch die »Radiosteine« aus Groß-Simbabwe. Dies hatte mich zu der Frage geführt, was die »Pilgerreise« wohl bedeutete, die das »Sonnenvolk« von Groß-Simbabwe laut Mutwa in das Land Timbavati im Süden unternommen hatte. Ich fragte mich auch, was es mit den rituellen Verbindungen auf sich hatte, die die frühen Völker zwischen dem Himmel und dem heiligen Land von Timbavati erkannt hatten.

In der kurzen Zeit unseres Zusammenseins konnte ich ihm nun einige meiner Fragen stellen. Laut der neuen archäoastronomischen Theorie hatten sowohl die Kultur der alten Ägypter als auch die der Maya von einer hoch entwickelten Zivilisation eine verlorene Weisheit geerbt, und Groß-Simbabwe wird schon seit Langem ebenfalls mit einer verlorenen Zivilisation in Verbindung gebracht – doch um welche Zivilisation es sich dabei genau handelte, ist der Stoff einer Vielzahl von Spekulationen. Zunächst lag das Problem darin, dass die Kolonialherren den Afrikanern einfach nicht die hohe Entwicklungsstufe und Kunstfertigkeit zutrauten, die sich in diesem architektonischen Wunder zeigen. Sie beharrten darauf, dass es sich um ein europäisches Werk handeln musste.[1]

Die Geschichte von Simbabwe ist von Rassenvorurteilen geprägt. Heute herrscht die umgekehrte Einstellung: Die offizielle politische Linie schreibt vor, jegliche Hinweise auf eine frühere fortgeschrittene Kultur zu unterdrücken und kategorisch zu behaupten, Groß-Simbabwe sei von afrikanischen Stämmen gegründet worden.[2] Laut Credo Mutwa war dies nicht der Fall. Er behauptet, dass Schamanen auf dem ganzen afrikanischen Kontinent insgeheim Relikte dieser verlorenen Zivilisation besitzen und dass auch ihm selbst als Hüter der heiligen Relikte einige davon anvertraut worden waren.

Inmitten der immer noch andauernden Kontroverse um diesen Ort behauptet der Sanusi Mutwa, dass die Ursprünge Simbabwes in der großen Tradition bewahrt sind. Als durch meine Erwähnung der Buschmann-Malereien die Simbabwe-Frage aufgeworfen wurde, begann Mutwa, mir Informationen über diesen rätselhaften Ort zu enthüllen, und ich hörte interessiert zu, obwohl ich glaubte, dass dies eigentlich nicht das Thema war, worüber ich hatte sprechen wollen. Hätte ich gewusst, wie entscheidend Simbabwe für die Geheimnisse der Weißen Löwen war, hätte ich besser aufgepasst.

In seiner Zusammenfassung des historischen Ablaufs der Ereignisse sagte Mutwa, vor vielen tausend Jahren habe ein hoch entwickeltes Seefahrervolk Groß-Simbabwe an seinem heutigen Standort errichtet. Es ist unklar, woher diese Kolonisten kamen, doch er behauptet, sie seien Teil einer globalen Zivilisation gewesen, die aus vielen Rassen bestand.[3] Wie üblich war eine exakte Datierung schwierig, doch Mutwa erklärte, Groß-Simbabwe sei zu einer Zeit erbaut worden, als man Bronzewaffen benutzte, und die Mauersteine hätte man von einer zerstörten Ma-iti-Stadt geholt. Eine dieser Bronzewaffen befand sich in seinem Besitz, und zu meiner großen Freude wies Mutwa einen seiner Assistenten an, mir dieses Relikt zu zeigen, damit ich es in Augenschein nehmen konnte. Dieses spitz zulaufende Schwert war prachtvoller, als ich es mir je hätte vorstellen können, ganz zu schweigen davon, so etwas jemals in der Hand zu halten. Es trug den Namen »Das Schwert von Schelumi«, und es hieß, König Salomo selbst habe es einst besessen.[4]

Mutwa erklärte weiter, dass Groß-Simbabwe das stabilste Reich Afrikas gewesen sei, dass es jahrtausendelang bestanden habe und von aufeinanderfolgenden Monomotapa-Königen regiert worden sei. Mutwa sagte, Monomotapa bedeute »Herr der Welt«,[5] und tatsächlich stießen die Portugiesen bei ihrer Ankunft auf eine Dynastie, die von allen Dynastien Afrikas die mächtigste war. Mutwa enthüllte mir jedoch eine schauerliche Geschichte: In ihrer Gier nach Gold zogen die Portugiesen dem letzten Monomotapa-König bei lebendigem Leib die Haut ab, um ihn zu zwingen, seine verborgenen Schätze preiszugeben. Mutwa sagte, Groß-Simbabwe sei im 15. Jahrhundert am Ende der dynastischen Linie von Nguni-Invasoren zerstört worden, die aus Zentralafrika gekommen seien, und niemand hätte dort je wieder gewohnt.

Dies ist die Zusammenfassung der Geschichte von Groß-Simbabwe – *Zima-Mbja* – gemäß dem Großen Wissen.[6]

Mir wurde bald klar, dass Mutwas Geschichte nicht mit der Auffassung der heutigen Historiker und Archäologen übereinstimmte, denn diese meinen, sie hätten schlüssig bewiesen, wer Groß-Simbabwe erbaut hat und wann. Laut der heutigen konventionellen Auffassung entstand Simbabwe zwischen 900 und 1500 n. Chr. und wurde von den Völkern der Maschona und Karanga gebaut. Obwohl man akzeptiert, dass der Hügelkomplex älter ist als der innere Wall des elliptischen »Tempels«, hat sich die Nationale Denkmalkommission nach einer Radiocarbonuntersuchung zweier Holzfragmente, die unter dem inneren Wall des elliptischen Tempels gefunden wurden, für das mittelalterliche Datum entschieden.[7] Es ist zwar nicht unmöglich, die früheren Forschungsergebnisse von Gelehrten wie Hall und Neal mit einigen von Mutwas Behauptungen über ein uraltes Seefahrervolk und den Einfluss des biblischen Königs Salomo in Einklang zu bringen, aber zwischen Mutwas scheinbar mythologischem ererbtem Wissen und der heute gängigen Meinung über Groß-Simbabwe klafft dennoch ein gewaltiger Abgrund. Ich fragte mich, welche Version sich im Lauf der Zeit behaupten würde.

Bei den berühmten Relikten von Groß-Simbabwe handelt es sich um eine Ansammlung von Monolithen, gekrönt von Vogelstatuen aus Speckstein. Doch laut Mutwa waren diese Vögel, heute das Nationalsymbol des Landes Simbabwe, nicht die einzigen Tierrelikte, die man an der Ausgrabungsstätte fand. Am wichtigsten waren Totemlöwen; einige waren aus Elfenbein gefertigt, doch einer war erstaunlicherweise aus Holz geschnitzt und mit einer Schicht aus reinem Blattgold überzogen. Vielleicht waren sie rituelle Gefäße, die dazu dienten, die Seele des Königs »aufzunehmen«. Mutwa bestand darauf, dass diese Löwenkunstwerke von höchster Wichtigkeit waren, obwohl man hauptsächlich die acht aus langen Specksteinsäulen gehauenen Vögel mit den Ruinen von Simbabwe assoziiert.

Die Vorstellung von einem heiligen goldenen Löwen faszinierte mich, und ich werde nie vergessen, wie Mutwa auf mich wirkte, als er mir zum ersten Mal von seiner Existenz erzählte. Er saß in seiner zeremoniellen Robe auf einem Designersessel aus Kunstleder, was überhaupt nicht zusammenpasste, und wartete geduldig auf die Ankunft der ausländischen Dokumentarfilmer. Auf seiner Brust hing ein riesiger Brustschild, von dem große Kristalle und Jade-Artefakte herabhingen, die in getriebene Bronze gefasst waren. Später erfuhr ich, dass dieser Schild fünfundzwanzig Kilo wog. Nur jemand mit Mutwas Statur konnte das Gewicht eines halben Menschen auf seinen Schultern tragen. In der Hand hielt er seinen von einem Adler gekrönten Stab. In diesem Augenblick sah ich ihn plötzlich als eines der »erleuchteten Wesen«, jene »Leuchtenden«, von denen die Mythologien der Erde in solch lebendiger Symbolik berichten. Es war nicht sein äußeres Erscheinungsbild, das dieses Gefühl in mir weckte, obwohl ich zugebe, dass die zeremoniellen Artefakte höchst eindrucksvoll waren. Mein ungewöhnliches Gefühl eines erhöhten Bewusstseins war eher intuitiv; ich hätte es nicht logisch erklären können. Einen vertraulichen Augenblick lang war mir fast, als würde ich der Seele dieses afrikanischen Löwenpriesters unverhüllt begegnen.

Ausgelöst wurde dieser Augenblick dadurch, dass ich Mutwa an die Assoziation Simbabwes mit dem Simbabwe-Vogel erinnerte. »Das ist nur die halbe Wahrheit«, antwortete er mit einem wütenden Schnauben. »Simba bedeutet Löwe, Madam; ich dachte, Sie wissen das.«

»Sie meinen, Simbabwe ist in Wirklichkeit ein Löwenheiligtum?«

»Ja, Madam, ja! Das ist der Schlüssel seines Geheimnisses. Aber nicht nur das, Madam: In unserer Geheimsprache bezieht sich *Sim*, die Wortwurzel von Simbabwe, nicht nur auf einen Löwen, sondern auch auf Gold. Mehr darf ich nicht sagen.«

Wie immer musste ich mich zurückhalten, um nicht allzu aufdringlich zu sein. Doch nachdem er einen Moment nachgedacht hatte, gab mir Mutwa einen weiteren Hinweis auf das heilige Löwenrelikt. Er erinnerte sich, dass er in den späten 1940er- oder in den frühen 1950er-Jahren in einer südafrikanischen Zeitung – er meinte, in *The Sunday Times* – etwas über die Löwentotems von Simbabwe gelesen habe, und zwar unter der Schlagzeile »Ein Reich, das die Sonne anbetete«.

»Aber Sie sind wieder wegen der Weißen Löwen zu mir gekommen?«, fuhr Mutwa fort und wechselte das Thema.

»Ja, Credo«, sagte ich, »wie immer gibt es so viele Fragen, die ich Ihnen stellen möchte.«

Leider hörte ich nun die Stimmen der Agenten und ihrer Kunden, die die Treppe heraufkamen. »Vergessen Sie die Weißen Löwen nicht, Madam«, waren die abschließenden Worte des Schamanen. »Sie sind viel wichtiger, als Sie je begreifen können.«

REICH AUS GOLD

Nachdem ich mich widerstrebend von Mutwa verabschiedet hatte, ergriff ich die Gelegenheit, die Universitätsbibliotheken von Pretoria und Johannesburg durchzukämmen. Ich hoffte, den Artikel zu finden, an den er sich erinnert hatte. Die Dokumentarfilmer hatten Mutwa nun mit Beschlag belegt und der Agent informierte mich, dass ich in nächster Zukunft nicht auf ein weiteres Treffen mit Mutwa hoffen durfte. Ich fand mich damit ab, in der Zwischenzeit auf eigene Faust Nachforschungen anstellen zu müssen, um so viel wie möglich herauszufinden.

Da ich in Südafrika aufgewachsen bin, war mir Groß-Simbabwe schon immer als legendärer, geheimnisvoller Ort ein Begriff. Als Kind hatte ich die Abenteuer von Rider Haggard gelesen: einem frühen Indiana-Jones-Typ, der versucht, das Rätsel von Groß-Simbabwe mithilfe der damit verbundenen uralten Legenden über die Königin von Saba und die Goldminen König Salomos zu lösen. Seitdem haben die konventionellen Archäologen alles getan, um den Nimbus der großen Ruinen zu entzaubern.[8]

Doch ein glitzernder Faden zog sich durch die labyrinthischen Gänge sämtlicher Forschungen über Simbabwe, egal, ob diese nun wissenschaftlicher Natur waren oder aus Habgier stattfanden: Gold.

Als ich den Anhaltspunkten aus dem Tal von Sterkfontein nachging, erlebte ich genau dasselbe abenteuerliche Gefühl wie Bruce Chatwin: Dies war archäologische Detektivarbeit. Nun intensivierten sich meine Bemühungen, mehr herauszufinden. Als ich in den Archiven der Staatsbibliothek den Staub von den alten Bänden über Afrikas Geschichte blies, hatte ich das Gefühl, in Wirklichkeit einer archäologischen Schatzkarte zu folgen. Ganz offensichtlich hatten westliche Chronisten Simbabwe schon im 16. Jahrhundert während der portugiesischen Kolonisation als wichtigstes Goldzentrum der antiken Welt betrachtet; doch später, nachdem die Portugiesen die Gebiete ausgeplündert hatten, vergaßen die Europäer diese Tatsache, und die Erinnerung an den Goldreichtum der afrikanischen Eingeborenen wurde ausradiert.[9] Erst im späten 19. Jahrhundert beschäftigten sich europäische Forscher wie Thomas Bains erneut mit der Bedeutung Groß-Simbabwes.

Ende des 20. Jahrhunderts hat man Hunderte von uralten Goldverarbeitungswerkstätten gefunden und kartografiert.[10] Aufgrund des erstaunlichen Reichtums und der Bedeutung des Landes Simbabwe (das damals Rhodesien hieß) und seiner Goldvorkommen fragten sich die Forscher, ob die Goldfelder von Rhodesien nicht in Wirklichkeit der Ursprung des legendären Edelmetallreichtums an König Salomos Hof waren, der detailliert im Alten Testament der Bibel beschrieben wird.[11] Unter den Schätzen, die man in den Ruinen und ihrem Umkreis fand, waren gravierte Steinartefakte und schöne Tonwaren, deren Inschriften anscheinend auf die Zeit Salomos und die Epochen der ägyptischen und babylonischen Vorherrschaft zurückgingen.[12]

Die berühmte Expedition der ägyptischen Königin Hatschepsut ins sogenannte »Land Punt« erwies sich als ein wichtiger Hinweis auf die alte Überlieferung, die von einem ägyptischen Einfluss in Südafrika berichtete.[13] Über das legendäre Land Punt und seine geografische Lage wurde leidenschaftlich spekuliert.[14] Zum Beispiel untersuchte A.H. Keane, ein Forscher des 19. Jahrhunderts, ob die ägyptischen Götter nicht ursprünglich aus dem Goldland Rhodesien gekommen seien. Er fragt: »Stammen ihr Ra und ihre Hathor und ihre anderen Götter ebenso wie ihr Gold etwa aus diesem Rhodesien, das ... zu dieser Zeit noch von Buschmann-Hottentotten bewohnt wurde?«[15] Gelehrte wie Martin Bernal (in seinem Werk *Black Athena*) haben die Wurzeln der altägyptischen Kultur in Afrika vermutet. Verschiedene Forscher knüpfen faszinierende Verbindungen zwischen dem alten Ägypten und Schwarzafrika, und vor meinem geistigen Auge sah ich die berühmten goldenen Sarkophage, die pharaonischen Brustschilde, Skarabäen und Henkelkreuze. Es gibt in Ägypten keine bedeutenden Goldvorkommen; kamen die Edelmetalle für diese Schätze vielleicht aus dem goldenen Land Simbabwe? Aber wenn die Völker Salomos und Hatschepsuts im Süden Gold gewannen, dann hätte dies schon lange vor der heutigen Datierung auf 900 bis 1500 n. Chr. stattgefunden.

Was Mutwas faszinierenden Hinweis auf einen goldenen Löwen anging, der Ende der 1940er- oder Anfang der 1950er-Jahre entdeckt worden war, konnte ich beim besten Willen nirgendwo eine Erwähnung dieses heiligen Kunstwerks finden. Es gibt eine Menge Aufzeichnungen über goldene Schmuckgegenstände, die in den Nationalmuseen von Bulawayo, Harare und Mutare, im Ausgrabungsmuseum von Groß-Simbabwe und im Südafrikanischen Museum in Kapstadt aufbewahrt werden: eine Sammlung, die im Allgemeinen als »überaus umfassende Ausstellung der Artefakte« gilt.[16] Über die schiere Menge des verarbeiteten Goldes wird voller Ehrfurcht berichtet. Armreifen aus reinem Gold, lange Halsketten aus Goldperlen, goldene Stirn- und Armreife, 22-karätige Goldauflagen, Goldketten, Golddraht in verschiedenen Stärken, Beutel voller Goldstaub, sogar goldene Nägel und Heftzwecken – aber kein Löwe.[17] Mehrmals wurden goldene Rosetten mit eingeprägten Sonnenbildern erwähnt, die mich an die Verbindung zwischen Löwe und Sonne erinnerten; doch es gab keinerlei Hinweis auf irgendetwas, das auch nur entfernt mit Löwen zu tun hatte. Mir fiel die Kontroverse um das goldene Nashorn von Mapungubwe ein, das offenbar aufgrund der Rassenpolitik an einem für die Öffentlichkeit unzugänglichen Platz in der Universität von Pretoria aufbewahrt wird[18], und ich fragte mich, ob den verschwundenen goldenen Löwen vielleicht ein ähnliches Schicksal ereilt hatte.

Als Mutwa sein Werk über das mündlich überlieferte Wissen Groß-Simbabwes veröffentlichte, bestanden im archäologischen Establishment erhebliche Meinungsverschiedenheiten über den Rang der Dynastie, die hier herrschte, und Prominente wie der Herausgeber der Londoner *Times* behaupteten sogar, der Thron von Simbabwe sei »leer« gewesen.[19] Mutwas Behauptungen über die Monomotapa-Dynastie werden jedoch von dem portugiesischen Historiker de Barros (1496–1570) gestützt. Dieser berichtete während des portugiesischen Vorstoßes nach Afrika Anfang des 16. Jahrhunderts über die Goldvorkommen und erwähnt, ihr Mittelpunkt sei das Land eines mächtigen Königs oder Kaisers namens Benamatápa (= Monomotapa) gewesen. Er beschreibt den Potentaten, seine Goldminen und seine heute verfallenen Paläste in Simbabwe[20] und gibt an, wo genau sich das Reich von Monomotapa geografisch befand (die Bedeutung dessen sollte ich erst später begreifen). Er erklärt, dass sich der Mittelpunkt des Reiches, aus dem das Gold kam, an der verborgenen Quelle des Nils befand (nämlich am Viktoriasee in Tanganjika, Zentralafrika) und dass der südwärts fließende Strom große Goldmengen in verschiedene Einzugsgebiete brachte, bis das Gold schließlich im Land des Maschona-Volkes in der Gegend um Groß-Simbabwe eintraf.[21]

Sobald sich die Teile des Puzzles allmählich zu einem Ganzen zusammenfügten, erwies sich die Lokalisierung der Goldstätten als entscheidend für die Geheimnisse der Weißen Löwen.

Die Geschichte von Groß-Simbabwe ist von einer goldenen Aura umgeben. Ich hatte mich fast eine Woche lang durch die Bibliotheken gewühlt, aber es war mir nicht gelungen, auch nur eine Andeutung über die Entdeckung des goldenen Löwen zu finden. Ich wollte mich dringend wieder mit Mutwa beraten, doch zu meiner Enttäuschung erfuhr ich, dass sich der Werbeagent, der als Mittelsmann auftrat, noch immer hartnäckig weigerte, einen neuen Termin zu vereinbaren. Statt nach Hause nach Kapstadt zurückzukehren, schmiedete ich nun einen Plan.

METALL VERARBEITENDE STÄTTEN

Nach den Andeutungen, die Mutwa über Groß-Simbabwe gemacht hatte, war ich entschlossen, selbst dorthin zu reisen und mir den Ort mit eigenen Augen anzusehen.

Mein Mann John hat ein Faible für die Steinskulpturen des Maschona-Volkes, das in der näheren Umgebung der Ruinen von Simbabwe lebt. Ich musste ihn nicht lange überreden, mit dem Flugzeug aus Kapstadt zu mir zu kommen. Den ersten Abschnitt unserer Reise begannen wir im Auto; wir fuhren in Johannesburg los und legten zunächst einen Stopp in Timbavati ein, das auf unserer Strecke lag. Wir verbrachten den Abend am Lagerfeuer und tauschten Neuigkeiten mit Leonard aus, während rings um uns in den Bäumen der schrille Vibratogesang der Zikaden pulsierte.

Maria war verreist, sie kümmerte sich in einer benachbarten Gegend um die Kranken, und deshalb hatte ich diesmal keine Gelegenheit, sie zu sehen. Es waren keine Gäste im Lager, und wir unterhielten uns bis tief in die Nacht. Weiter unten im Flussbett bewegte sich nichts, nicht einmal ein Rinnsal Wasser. Gegend Mitternacht verkündete ein fernes Donnern am westlichen Horizont den Gebietsanspruch eines dominanten Löwen. Als Antwort waren die leichten Erdstöße von Löwinnen aus dem Osten zu vernehmen. Wie immer schien das Löwengebrüll die Erde zum Beben zu bringen – eine archetypische

Empfindung, die ich bis in die Knochen spürte und die mich daran erinnerte, welch tiefe Verbindung ich nun mit diesen herrlichen Geschöpfen einging.

Am nächsten Morgen vor Sonnenaufgang unternahm ich mit Leonard im Landrover eine kleine Expedition zu dem klingenden Stein, der in seinem seltsam schrägen Winkel mitten in der trockenen Steppe steht. Dank des Wissens, das Mutwa mit mir geteilt hatte, betrachtete ich den Stein nun mit anderen Augen. Leonard folgte einer Fährte und war mit seinem Gewehr über der Schulter ein Stück in den Busch gegangen. Ich blieb neben dem großen Stein sitzen und meditierte, während mich die dichte afrikanische Steppe von allen Seiten umschloss und die ersten Sonnenstrahlen über dem fernen Horizont auftauchten. Mich überkam ein ungewöhnliches Gefühl der Stille und der Kraft. Ich wusste, dass ich in Zukunft noch oft an diesen Ort zurückkehren würde – zusammen mit Maria und, wie ich hoffte, mit Mutwa selbst.

Der große Sanusi hatte mir von Timbavatis uralten Metallverarbeitungsstätten berichtet, und ich hatte Leonard mit Mutwas Einverständnis die Information über ihre Standorte weitergegeben. Seitdem hatte Leonard einige der Orte entdeckt, an denen man, wie er glaubte, Metall verarbeitet hatte. Er kehrte von seinem Spaziergang zurück und fuhr mich nun zu einem dieser Plätze mitten in der Steppe. Dort fanden wir in der trockenen morgendlichen Erde Steinhügel, die mit einer Art Schotter-Zement-Gemisch ausgekleidet waren. Ihre Anordnung war durch die Zeit und die Vegetation, die Leonard bisher nicht zu beseitigen versucht hatte, so gut wie ausgelöscht worden. Sie waren hohl wie flache Schüsseln und erinnerten an steinerne Schmelztiegel oder vielleicht an offene Schmiedeöfen. An einem davon sah man die Reste eines steinernen Trichters, durch den anscheinend einst geschmolzenes Metall geflossen war. Ein weiteres Steinfragment gehörte vielleicht früher zu einem uralten Lüftungsrohr. Am Ausfluss auf der Oberfläche des Beckens waren winzige Teilchen einer metallischen Substanz zu sehen. Als ich sie untersuchte, klangen Mutwas Worte in meinem Kopf nach: »Timbavati war ursprünglich ein Ort, an dem viel Metall verhüttet wurde. An manchen Plätzen sieht man noch die alten Schmelzöfen, die damals benutzt wurden. An einem Ort habe ich insgesamt sechzehn uralte Metallschmelzöfen gezählt, und sie waren technisch überaus ausgereift.« Einst technisch ausgereift, war ihre Kunstfertigkeit nun in der undurchdringlichen Wildnis der Steppe verloren.

AFRIKAS »GROSSES GEHEIMNIS«

Es war zwar verlockend, länger in Timbavati zu bleiben, doch wir hatten nun ein klares Ziel vor Augen und setzten unsere Fahrt nach dem Frühstück fort. Von Timbavati aus ist der Weg, der zu Simbabwes großen Ruinen führt, geradlinig wie ein Pfeil. Wir fuhren auf der Beitbridge-Straße etwa dreihundert Kilometer durch den Kruger-Nationalpark direkt nach Norden, bis wir das Nachbarland Simbabwe erreichten, das nach seinen Ruinen benannt worden war.

Als wir die Brücke über den Limpopo-Fluss überquerten, der eine natürliche Grenze zwischen Südafrika und Simbabwe bildet, saß eine Gruppe Paviane auf dem Metallgeländer und beobachtete neugierig den vorbeifahrenden Verkehr. Nachdem wir das Chaos der Grenzkontrolle, die mit einer verwirrenden Anzahl von Papieren und Stempeln verbunden ist, hinter uns gebracht hatten, folgten wir der Nationalstraße nach Groß-Simbabwe.

Die Nationalstraße führte uns direkt und ohne Abweichung etwa zweihundertfünfzig Kilometer weit durch die afrikanische Steppe zu der archäologischen Ausgrabungsstätte, von der es manchmal heißt, sie werfe mehr unbeantwortete Fragen auf als jeder andere Ort auf der Erde. Nun, unterwegs zu diesen großen afrikanischen Ruinen, war ich erfüllt von einer Erregung, die ich selten zuvor erlebt hatte – außer vielleicht während der Abenteuer meiner frühen Kindheit.

Die afrikanische Sonne schien uns aus einem wolkenlosen Himmel in die Augen. Beiderseits der Nationalstraße wuchs der dichte Busch, manchmal unterbrochen von Ansammlungen von Rondavels aus Lehm, der rissig geworden war, und von Rindern mit langen, eckigen Hörnern. Fata Morganas erhoben sich über dem Asphalt: Illusionen schimmernder Gewässer, die sich auflösten, sobald wir uns näherten. Als wir schon mehrere Stunden auf Simbabwes Hauptverkehrsstraße verbracht hatten, war uns höchstens ein Dutzend Autos begegnet. Die einzige Aktivität zeigte sich auf parallel verlaufenden staubigen

Pisten, auf denen manchmal ein paar Augenblicke lang von Eseln gezogene Karren mit Passagieren in bunten Tüchern neben uns herklapperten, die bald im Rückspiegel verschwanden.

Während wir uns der Umgebung von Groß-Simbabwe näherten, veränderte sich die Landschaft. Als wir die Böschung zum großen Zentralplateau von Simbabwe hinauffuhren, erhoben sich monolithische Granitfelsen wie befestigte Burgen über der flachen Steppe. Es war ein passender Hintergrund für Afrikas »großes Geheimnis«.

Ich dachte an die Höhlen im Tal von Sterkfontein, in denen die Begegnung zwischen Hominiden und Säbelzahnkatzen belegt ist, und überlegte, wie passend es war, dass Orte, an denen evolutionär entscheidende Ereignisse stattgefunden hatten, eine symbolische Bedeutung implizierten. Die archäologischen Höhlen von Sterkfontein rufen eine Menge Assoziationen hervor. In einigen der umliegenden Gebiete erinnern die Felsformationen an seltsame halb menschliche, halb tierische Wesen; und im Inneren der Höhlen ist die Dunkelheit so intensiv, dass sie an einen Mutterleib erinnert. Selbst Brain gab in seinen wissenschaftlichen Berichten zu, dass er die »mächtige Aura« des Ortes gespürt hatte, die er als »unwiderstehlich anziehend« empfand.[22] In seiner Studie über die Versteinerungsprozesse in Swartkrans (1993) schrieb der Paläoanthropologe: »Es ist mir nie gelungen, diesen Einfluss zu erklären, aber immer, wenn ich in Swartkrans bin, spüre ich einen tiefen Frieden, der sich über alle anderen Gefühle hinwegsetzt.«[23]

Als wir uns nun der Ausgrabungsstätte von Groß-Simbabwe näherten, überkam mich ein ähnliches Gefühl der Ehrfurcht. Die Felsformationen, die die großen Ruinen umgeben, gehören zu den ältesten der Welt. Sie erhoben sich in den frühesten Felsen bildenden Epochen aus der Erdkruste und ihre Gestalt beschwört eine Ära herauf, die Mutwa als *Kewebamatse* bezeichnet. Sie bildet den Rahmen für gewisse Erzählungen Mutwas; darunter auch jene, die vom Ersten Menschen (Kintu) handeln, der zu einer Zeit, in der »die Felsen noch nicht fest geworden waren«, zusammen mit Raubkatzen in Höhlen lebte. Mutwas Geschichten gehen nicht von einer wissenschaftlichen Zeitrechnung als Grundlage aus, sondern von der Vorstellung von einer uralten schamanischen Zeit, die Mutwa *Ndelo Ntulo* nennt: »die Zeit der Ersten«.[24]

Da gerade keine Ferien waren, war unser Auto das einzige weit und breit. Wir bezahlten den uniformierten Wächter in Dollars (US-amerikanische Dollars, keine Simbabwe-Dollars) – ein System, das darauf abzielt, Touristen von Einheimischen zu unterscheiden und den Wert des Bargeldes unverhältnismäßig zu steigern – und gingen den staubigen Pfad hinauf. Die Ruinen lagen ebenso wie die natürlichen Felsbastionen mitten in der Steppe, wo sie irgendwie unpassend wirkten. Wir umrundeten den großen Außenwall mit seinen sechs Meter dicken Mauern, die aus vielen Tonnen gehauener Steine bestehen und sich jäh und eindrucksvoll über die afrikanische Wildnis erheben, und ich folgte dem elliptischen Schwung des Mauerwerks: Auf der einen Seite lag die Wildnis, auf der anderen die Einfriedung. Auf dem großen Steinwall über mir ragten die unverkennbaren Feuerstein-Monolithe empor, von denen Mutwa gesagt hatte, dass sie eine astrologische Bedeutung haben: Wie patrouillierende Wachtposten kamen sie einem vor, wie sie sich in seltsamen Winkeln auf dem Wall im Gleichgewicht zu halten schienen.

Der Ort war überraschend friedlich. Ringsum schimmerte die afrikanische Steppe in ihrer einzigartigen vibrierenden Stille. Doch sobald wir uns innerhalb der Mauern der großen Einfriedung befanden, waren wir in eine andere Art stiller Erhabenheit gehüllt, die nur gelegentlich vom Summen der Bienen oder dem Gelächter der Zuckerrohr kauenden Wächter gestört wurde. Erstaunlicherweise war kein einziger Tourist zu sehen.

Von den Ruinen der Ebene ist es ein etwa halbstündiger Fußweg nach Norden zu der Hügelfestung, die auf einem vulkanischen Felsen steht und die Wälle der großen Einfriedung überblickt. Die Hügelfestung von Simbabwe schließt eine östliche Einfriedung mit kreisförmigen Plattformen ein, auf denen früher Monolithe standen. Einige waren von den berühmten Speckstein-Vögeln gekrönt.

Nachdem wir bei glühender Hitze den Aufstieg zu den befestigten Ruinen auf dem Hügel bewältigt hatten, erkannten John und ich den großartigen Schwung des Grundrisses der berühmten Ausgrabungsstätte. Mehrere Adler kreisten langsam am Himmel über der elliptischen Einfriedung mit ihrem seltsamen Steinturm, und ich dachte wieder an den afrikanischen Löwenpriester mit seinem von einem Adler gekrönten Stab. Es war, als würde sein Geist mit mir über dieser heiligen Löwenstätte schweben und mich zu dem verborgenen Wissen führen.

An unserem Aussichtspunkt versuchte ich mir vorzustellen, wie dieser Ort einst ausgesehen hatte. Mutwa berichtet, dass dies die Wälle einer zentral gelegenen Festung waren, die von einem halbkreisförmigen Dorf umringt wurde.[25] Er sagt, der Turm trug früher den Namen »Das Auge«, denn man benutzte ihn als Wachturm, von dem man alles überblicken konnte.

Tief unter uns waren die großen Ruinen erfüllt vom Bewusstsein einer längst vergangenen Zeit. Wie Mutwa angedeutet hatte, war das Wissen, das sich in diesen Steinen ausdrückte, nicht ausschließlich afrikanischen Ursprungs, sondern das Produkt eines umfassenderen Wissens, das die Grenzen der Kontinente überschritt. Bei meinen Recherchen in den Bibliotheken hatten mich besonders die Kommentare der Entdecker des 19. und 20. Jahrhunderts, die die hoch entwickelte Technik und die astronomischen Ausrichtungen des Ortes betrafen, interessiert; doch leider hatte keiner von ihnen irgendwelche Einzelheiten erwähnt.

Der konische Wachturm wies auf die astronomischen Prinzipien hin, die diesen uralten Ruinen zugrunde lagen; ebenso die klingenden Steine, von denen Mutwa erzählt hatte, dass man sie zur Feier gewisser Himmelskörper hatte erschallen lassen. Astronomische Weisheit ist eines der wenigen Wissenssysteme, die verschiedene Kulturen des ganzen Globus zusammenführen. Die heutige Wissenschaft unterscheidet streng zwischen Astronomie (dem Studium der Himmelskörper) und Astrologie (dem Studium der Auswirkungen, die diese Himmelskörper auf das Leben auf der Erde haben); doch im Gegensatz dazu basierten die alten Zivilisationen auf dem Glauben, dass zwischen der Erde und den Sternen eine Verbindung besteht.[26] Offenbar bezeugt Groß-Simbabwe einen solchen Glauben.

Aus der Vogelperspektive des Granitfelsens, von dem man den ganzen Ort überblickte, überkam mich der deutliche Eindruck, dass diese großen Ruinen kein isoliertes Geheimnis inmitten eines dunklen Kontinents darstellten, sondern in irgendeiner Weise ein wesentlicher Aspekt zum Verständnis weiterer afrikanischer Geheimnisse. Ich konnte noch nicht erklären, warum der Ort mir diesen Eindruck vermittelte. Teils kam dies wohl daher, dass Mutwas Worte über diesen heiligen

Ort so ernst gewesen waren, und teils spürte ich eine tiefe Symbolik, die unabsehbare Folgen nach sich zog, ein Eindruck, den die uralten Steine selbst in mir entstehen ließen. Der elliptische Grundriss unter mir rief Assoziationen von Mutterleib und Fötus in mir wach, als wolle er mir sagen, dass hier der Geburtsort eines Kontinents lag.

Erst als ich an diesem Abend in mein Hotelzimmer zurückkehrte und eine Landkarte des Gebiets gründlich studierte, fand ich das fehlende Teil meines Puzzles.

Ich musste zwar die volle Bedeutung erst noch begreifen, aber ich konnte nicht an reinen Zufall glauben. Mutwa hatte mehr als einmal einen direkten Zusammenhang zwischen Groß-Simbabwe und Timbavati angedeutet. Er sagte, dass die unverwechselbaren Steingongs von Timbavati astrologischen Zwecken dienten und dass man sie über eine weite Entfernung von den großen Ruinen dorthin gebracht hatte. Auf meiner langen Fahrt von Timbavati nach Groß-Simbabwe hatte ich mir ausgemalt, wie ungeheuer schwierig dies gewesen sein muss: barfüßige Menschen, die ungeheuer schwere Steine über große Entfernungen durch die wilde Steppe transportierten, über Flüsse, Berge und Täler hinweg, in denen es von Raubtieren nur so wimmelte, um die Heiligkeit von Timbavati zu kennzeichnen. Als ich die Route auf der Landkarte verfolgte, fragte ich mich: Warum? Aus welchem Grund hatte man eine solche Verbindungsachse durch den afrikanischen Kontinent gezogen? Wie alle wirklich guten Lehrer überließ Mutwa es mir, selbst die Antworten zu finden.

Nun erkannte ich, dass die Verbindung zwischen Timbavati und Simbabwe auf der Hand lag. Doch um den Zusammenhang herzustellen, war mehr nötig als die Vogelperspektive – dazu brauchte man einen wesentlich höher gelegenen Blickpunkt. Tatsächlich brauchte man dazu das kartografische Wissen um unseren Globus. Die beiden Orte lagen auf der afrikanischen Landkarte in perfekter Ausrichtung zueinander auf genau demselben Längengrad, nämlich 31° 14' östlicher Länge, als hätte ein technischer Zeichner sie mit höchster Präzision miteinander verbunden. Dies war mein erster wirklicher Hinweis darauf, dass die Ankunft der Weißen Löwen auf unserem Planeten kein Zufall war.

12

SIMBA: GOLDENER LÖWENSCHREIN

Ein Zauberer, wütend in seiner Trance, kann uns beißen
oder in die Dunkelheit rennen, und man muss ihn beruhigen.
Aber er weiß, dass ein Löwe in den Körper eintreten kann.

– Volkserzählung der/Xam-Buschmänner

Erpicht darauf, mit meiner aufregenden Entdeckung zu Mutwa zurückzukehren, wurde ich wieder enttäuscht: Es dauerte mehrere Wochen, bevor ein Kontakt zustande kam. Ich wollte ihm die geodätische Ausrichtung von Groß-Simbabwe und Timbavati zeigen. Ich wollte ihn genauer nach dem Zusammenhang zwischen den Ruinen und den Weißen Löwen fragen. Ich brauchte mehr Informationen über die Löwenrelikte von Simbabwe: Hatte ein privater Sammler sie gekauft? Standen sie staubbedeckt in irgendeinem Museum? Oder waren sie stillschweigend in den geheimen Besitz der Hüter des *Umlando* übergegangen?

EINE GOLDENE VERBINDUNGSLINIE

In der Zwischenzeit blieb mir nichts anderes übrig, als mein Forschungsmaterial erneut durchzukämmen in der Hoffnung, doch noch einen Hinweis auf die verschwundenen Relikte zu finden. Zweifellos gab es in und um die großen Ruinen eine besondere Anhäufung von Dingen, die mit Löwen zu tun hatten. Zunächst war da der Name: Simbabwe. In den Schulbüchern steht, dass das Wort *Simbabwe* »Steinhütte« bedeutet.[1] Es entstammt dem Maschona-Wort für »Zuhause«

und ist in der Maschona- beziehungsweise Karanga-Sprache eine Abkürzung von *Simaremabwe*. *Imba* bedeutet »Hütte« und die Vorsilbe *s* wie in *(s)imba* bedeutet »groß«: ergo »große Steinhütte«.

Laut Mutwa ist dies jedoch eine allzu oberflächliche Auslegung. Er sagt, dass die verborgene Bedeutung im Kern des Wortes liegt: *Sim* bedeutet »Gold« und *Simba* »Löwe«. Selbst heute noch bedeutet *Simba* in vielen afrikanischen Sprachen, wie zum Beispiel der Sprache der Matabele, »Löwe«.[2] Aber warum gehörte die Verknüpfung Simbabwes mit Löwen nicht zum Allgemeinwissen, und warum wurde Simbabwe stattdessen mit dem Raubvogel assoziiert?

Auf meiner unermüdlichen Suche nach dem goldenen Löwenrelikt setzte ich mich mit dem damaligen Kultusminister von Simbabwe in Verbindung, der mir versicherte, dass es seines Wissens nie ein derartiges Kunstwerk gegeben habe. Ich wandte mich an verschiedene archäologische Fakultäten südafrikanischer Universitäten, doch nirgendwo konnte man mir helfen – es gab nirgends eine Erwähnung, geschweige denn eine Dokumentation über einen goldenen Löwen.

Dann spürte ich Roger Summers auf, den großen Experten für Groß-Simbabwe, den Mann, der den Ort in den 1940er- und 1950er-Jahren ausgegraben hatte. Er war nun über neunzig Jahre alt, doch es hieß, er sei noch im Vollbesitz seiner geistigen Kräfte. Ich rief ihn an.

Nachdem ich mich vorgestellt hatte, erklärte ich kurz, worum es in meiner Forschung ging, und fragte ihn, ob es möglich sei, dass in den Ruinen von Simbabwe Löwenrelikte entdeckt worden seien. Ich sagte, die Entdeckung wäre angeblich vor langer Zeit erfolgt und dass meines Wissens in den 1940er- oder 1950er-Jahren eine Zeitung darüber berichtet habe.

»1940 ist noch nicht sehr lange her, meine Liebe«, antwortete er. »Für Sie vielleicht schon, aber für mich nicht.«

Ich musste lächeln: Der Verstand des alten Herrn funktionierte noch immer glasklar.

»Sie wissen, dass ich über neunzig bin?«, fragte er ohne das geringste Zittern in der Stimme.

»Das hätte ich nicht gedacht«, antwortete ich ehrlich.

Er erzählte mir, dass er zur Zeit seiner Ausgrabungen sämtliche Archive in Harare durchkämmt hatte. Hätte es irgendwelche Löwenartefakte gegeben, schloss er, dann hätte er bestimmt einen Hinweis darauf entdeckt. Es war verlockend, ihm zuzustimmen. Der Fund eines Löwenartefakts wäre ausführlich dokumentiert worden, besonders wenn es vergoldet gewesen wäre. Und doch wurde das goldene Nashorn, das man in den 1930er-Jahren am Limpopo in Mapungubwe südlich von Simbabwe fand, jahrzehntelang der Öffentlichkeit vorenthalten.[3] In der fraglichen Zeitspanne war Summers selbst Direktor der Denkmalskommission gewesen. Wenn es jemand hätte wissen müssen, dann er.[4] Doch bei all seinen Ausgrabungen und Untersuchungen der Ruinen war Summers nie auf irgendeine Erwähnung eines Löwenrelikts gestoßen. Das ergab keinen Sinn.

»Hmmm, es ist möglich, dass irgendetwas in Johannesburg war, das nicht in die Archive von Harare aufgenommen wurde«, überlegte er. »Das würde ich nicht ausschließen.«

Dann, als Antwort auf mein beredtes Schweigen, fügte er hinzu: »Mein liebes Mädchen, ich habe so lange in Groß-Simbabwe gearbeitet, dass mich nichts überraschen würde – und wenn es auch noch so ungewöhnlich wäre.«

Kurz und gut: Nirgendwo wurde die Entdeckung eines Löwenrelikts in Simbabwe erwähnt. Doch je mehr ich die Bräuche und Überzeugungen der Menschen, die in der Nähe der Ruinen leben, studierte, desto klarer wurde mir, dass der Löwe eine Hauptrolle gespielt hatte.

Da mir der Zugang zu Mutwa noch immer verwehrt war, folgte ich anderen Spuren. Eine davon zeigte sich in Gestalt des Dokumentarfilmers Richard Wicksteed, der jahrelang die schamanischen Rituale studiert hatte, die im Gebiet um Groß-Simbabwe heute noch praktiziert werden. Wir lernten uns im Juni 1997 auf der Geburtstagsfeier eines gemeinsamen Freundes kennen und wussten sofort, dass wir wichtige Informationen auszutauschen hatten. Wicksteed, ein schmächtiger Mann mit verfilzter goldblonder Haarmähne, hatte während der Apartheid beschlossen, Südafrika zu verlassen. Er lebte im Exil in Simbabwe und unterstützte den Freiheitskampf aktiv als Journalist und Filmemacher. Er nutzte diese Zeit auch, um die abgelegenen Hügel um Groß-Simbabwe zu durchstreifen, wo er Felsenkunst entdeckte und gelegentlich einem Sangoma begegnete, der sich auf einer mystischen Mission befand. Nachdem er zehn Jahre lang im Exil gelebt und die Sitten der Maschona und der mit ihnen verwandten Karanga dokumentiert hatte, wurde ihm die Politik weniger wichtig, denn man gewährte ihm Zugang zu den traditionellen spirituellen Enklaven.

Wicksteed wirkte ätherisch und sanft, was ein Gegensatz zu seiner soliden, lebensnahen Intelligenz war. Er sprach leise und war von seinen Fakten überzeugt, ohne dogmatisch zu sein. Er erklärte mir, dass es in dem Gebiet zwei Begriffe für Löwen gab. Der erste, *Schumba*, hat dieselben etymologischen Wurzeln wie *Simba*, aber der andere ist ein »Kraftname«, den Löwengeistmedien benutzen: *Mhondoro*. Dieses Wort bezeichnet, wie er sagte, »einen Löwen, der von der Seele eines Schamanen besessen ist, oder einen Schamanen, der von der Seele eines Löwen besessen ist«. Wie er erklärte, glauben die Schamanen (auch *Swikoro* genannt) in dieser Gegend, dass in der geistigen Welt eine Hierarchie existiert. »Die Tiergeister haben verschiedene Ränge«, sagte er, »und an der Spitze der Tiergeist-Hierarchie steht der königliche Löwengeist.«[5]

»Also glaubt man sogar in der geistigen Welt, dass der Löwe der König der Tiere ist?«, fragte ich.

»Ja, zweifellos. Der Löwengeist beherrscht das Land«, antwortete Wicksteed und stellte damit den mir inzwischen schon vertrauten Zusammenhang her.

Wir saßen in der Sommernacht im Freien, und die lebhaften Partygeräusche wurden durch den baumreichen Garten gedämpft. Wicksteed beschrieb das heilige Instrument namens *Mbira*, ein Fingerklavier mit Metallhämmern auf einem Holzbrett, das in Groß-Simbabwe gespielt wird, um die Ahnengeister herbeizurufen. Eine bestimmte Variante mit zweiundzwanzig Metallhämmern ruft *Mhondoro*-Löwenahnen herbei. Dieses heilige Instrument, das der Kommunikation mit Löwengeistern dient, wird *Mbira Dsawadsimu* genannt: »Mbira der Ahnen«.

Mir fiel auf, dass das Wort für Ahnen, *Dsawadsimu*, die Wortwurzel enthielt, die Mutwa zufolge »Löwe« bedeutet: *sim*; dieselbe Wortwurzel, die Mutwa als Bestandteil des Wortes *Simbabwe* identifizierte. Wicksteed informierte mich, dass sie außerdem in einem Wort wie *Wadsimba* vorhanden ist, das in dieser Gegend »Jäger« bedeutet.[6]

Er erzählte mir, dass Groß-Simbabwe heute noch von *Mhondoro*-Medien besucht wird. Während er diese Zusammenhänge beschrieb, fiel mir auf, wie viele Assoziationen seine Worte in mir weckten. »Die

Mhondoro-Medien benutzen Groß-Simbabwe immer noch, um mit den Löwenahnen zu kommunizieren«, sagte er nachdenklich. »Oder besser gesagt, Groß-Simbabwe benutzt sie.«

Wicksteed war ein zurückhaltender Mensch, der seine Fakten sorgfältig prüfte und bei seiner Analyse der Ereignisse äußerste Vorsicht walten ließ. Als er mir bei späteren Treffen von außergewöhnlichen Erlebnissen erzählte, die er im Lauf seiner Studien gehabt hatte, sah ich keinen Grund, ihm nicht zu glauben. Da die schamanischen Praktiken nur im Geheimen durchgeführt werden und Filmen oder Fotografieren während der Zeremonien streng verboten sind, gibt es zu diesbezüglichen Forschungen nur sehr wenig Filmmaterial.

Als wir einander besser kannten, vertraute Wicksteed mir sogar an, dass er selbst Augenzeuge eines heiligen Rituals gewesen war, in dessen Verlauf mehrere Teilnehmer die Identität des *Mhondoro* (Geistlöwen) angenommen hatten. In diesem Fall hatte es sich um vier ältere Frauen gehandelt. Wicksteed schilderte sein Erstaunen über diese höhere Bewusstseinsebene. Als sie vom *Mhondoro*-Geist besessen waren, hatten sich die Schamaninnen sowohl im theoretischen als auch im praktischen Sinn in Löwen verwandelt: Sie standen auf allen vieren, den Kopf in den Nacken geworfen, ihre Gesichter waren verzerrt, und aus ihren Kehlen stieg ein Gebrüll, das man selbst mit einer blühenden Fantasie nicht als ihre eigenen Stimmen hätte bezeichnen können.

»Sind sie wirklich Löwen geworden? Oder war es eine sehr gute Nachahmung?«, erkundigte ich mich und kehrte damit zu meiner alten Frage zurück.

Wicksteed überlegte. »Es war zu dunkel, um deutlich sehen zu können, und außerdem brannte ein niedriges Feuer, und die Luft war staubig vom Stampfen der Füße – aber es war ganz sicher nicht nur Nachahmung«, folgerte er. »Das Gebrüll, das aus ihren Mündern kam, war Löwengebrüll. Das Ganze fand in einem Trancezustand statt. Mein Kopf fühlte sich an, als würde er gleich explodieren, denn wir hatten Ritualbier getrunken, und dazu kam das rhythmische Trampeln der Füße auf dem Lehmboden und das Dröhnen der Trommeln. Es war eine intensive Erfahrung, die mich sehr verändert hat«, überlegte er. »Ich musste mich wirklich anstrengen, einen klaren Kopf zu behalten. Ich hatte meine Videokamera eingeschmuggelt, doch sobald ich auch nur daran dachte, sie zu benutzen, entdeckte man sie und zerrte mich aus dem Kreis.«

»Warum gilt es als Sakrileg, die Zeremonie zu filmen?«, fragte ich.

»Viele große Heiler glauben, dass sie ihre Kraft verlieren, wenn sie in Kontakt mit westlicher Technologie kommen. Tatsächlich kann jeglicher westliche Einfluss, selbst ein weißes Gesicht, einen negativen Einfluss auf ihre traditionellen spirituellen Kräfte ausüben.«

Ich dachte wieder an meine Erfahrungen mit Maria und den anderen Sangomas und an meine kurzzeitigen Einblicke in veränderte Bewusstseinszustände. Ich folgerte, dass es nicht darum geht, in diesen Löwenmanifestationen irgendeinen logisch erfassbaren Sinn zu entdecken. Wicksteeds Geschichten bestätigten überaus wirkungsvoll, was Groß-Simbabwe einst war und was es für eine eingeweihte Elite heute noch ist: ein heiliger Ort der Löwengeister.

RUHESTÄTTE DES LÖWEN

Nachdem ich Wicksteeds faszinierenden Augenzeugenbericht über die Löwenzeremonien Simbabwes gehört hatte, suchte ich schriftliches Material über die Sitten und Bräuche in der Gegend um Groß-Simbabwe und stellte bald fest, dass Wicksteeds Enthüllungen von verschiedenen Studien, die es über die Maschona-Bräuche gibt, bestätigt wurden.[7]

Die meisten Touristenführer übersetzen Simbabwe mit »große Steinhütte«, doch manche gehen sogar noch weiter und behaupten, es hieße »Grab oder steinerne Ruhestätte des Häuptlings« (*Dsimbabwe*). Der Grund dafür liegt in der geheimen Bedeutung, die in dem Wort *Simbabwe* verankert ist: Löwe.[8]

Bei der ersten Prüfung, der sich ein Löwengeistmedium unterziehen muss, geht es um die Fähigkeit, Schreine großer Häuptlinge zu identifizieren. Als höchster Schrein zieht Simbabwe immer wieder Geistmedien an. Typisch für die große afrikanische Tradition ist der Glaube des Karanga-Volkes, dass der Geist des verstorbenen Häuptlings die Gestalt eines Löwen annimmt oder von einem Löwen Besitz ergreift, der sich in der Nähe des Grabes befindet.[9] Wie Maria halten sie die Vorstellung von »dem Löwen der Ahnen« hoch: einem Geisttier, das dem Körper des verstorbenen Häuptlings entsteigt. Man versteht das »Grab des Häuptlings« demnach am besten als »heiliger Wohnort des Löwen«.

Der Zusammenhang zwischen Häuptling und Löwe macht das Vorhandensein von Löwentotems an der Ausgrabungsstätte von Groß-Simbabwe noch wahrscheinlicher. Üblicherweise wird ein Schrein, der einem bedeutenden Häuptling gewidmet ist, mit einem Totemtier aus Lehm geschmückt, das den Ahnen symbolisiert.[10] Wenn man an diesem Ort Totemlöwen aus Gold und Elfenbein begrub, dann zeugt dies von dem hohen Rang der Könige von Simbabwe, die in den großen Ruinen bestattet wurden.

Unterdessen hatte das Bild eines goldenen Löwen angefangen, mich in meinen Träumen heimzusuchen. Ich sah, wie es aus Schmelzöfen emporstieg und dann, was mich sehr beunruhigte, wieder eingeschmolzen wurde. Dieses Bild und der brüllende Löwe, der mich nach wie vor nachts besuchte, ließen mich immer unruhiger schlafen und gingen schließlich in meine täglichen Beschäftigungen über.

Ich konnte es kaum erwarten, Mutwa wiederzusehen. Die Suche nach dem mysteriösen goldenen Löwen entwickelte sich allmählich zu einer Art Gralssuche. Ich brauchte weitere Anweisungen des Löwenschamanen. Ich wollte zwar keinesfalls an so etwas denken, aber es war ja immerhin möglich, dass Mutwas Erinnerungsvermögen im Alter etwas eingerostet war und dass die Löwenrelikte, von denen er gesprochen hatte, in Wirklichkeit nie existiert hatten.

Als wir einander endlich wiederbegegneten, galt meine erste Frage dem goldenen Löwen – auch wenn ich mich bemühte, nicht allzu aufdringlich zu fragen, da ich spürte, dass ich hier in streng bewachte Gebiete eindrang. Mutwa hatte sich im Streit von der Agentur getrennt; er konnte sich nun wieder frei bewegen und sprechen, mit wem er wollte. Diese Phase war wunderbar für mich, denn ich konnte nun Kontakt mit ihm aufnehmen, wann immer ich wollte. Meistens aßen wir zusammen zu Mittag und unterhielten uns frei und ungezwungen, ohne dass ein Unbeteiligter dabei war, der den Verlauf des Gespräches dirigierte.

Ich drückte meine Frustration darüber aus, nichts gefunden zu haben, was seiner Beschreibung des *Sunday Times*-Artikels entsprach.

»Es beunruhigt mich, dass es mir nicht gelungen ist, irgendeinen Hinweis auf einen goldenen Löwen zu finden«, gab ich zu.

»Dann müssen Sie sich nochmals umsehen, Madam«, meinte er einfach.

Er erinnerte sich an den Artikel über das Löwenrelikt so deutlich, dass er nicht nur die Schlagzeile noch wusste (»Ein Reich, das die Sonne anbetete«), sondern auch den Schlusssatz fast wörtlich zitieren konnte. Er sagte auch, dass zu dem Artikel eine Zeichnung gehörte, die eines der Löwenrelikte darstellte und die er für mich nachschuf: die einfache Umrisszeichnung eines Löwen mit spitzer Schnauze.

»Aber wo mögen diese Relikte nur sein, Credo?«, fragte ich.

»Ich weiß es nicht, Madam. Das weiß ich nicht.«

Ich gestand Mutwa auch, dass es mir nicht gelungen war, in der Gegend um Groß-Simbabwe irgendwelche Löwengemälde zu finden – und auch sonst nirgendwo. Da ich auch in den Nachschlagewerken der Bibliotheken über Südafrika nicht fündig geworden war, wusste ich nicht, wie ich weiter vorgehen sollte.

»Halten Sie durch, Madam. Vergessen Sie nicht: Die Löwin gibt niemals auf, bis sie ihre Beute gestellt hat.«

»Ich werde versuchen, mich immer daran zu erinnern, Credo.«

Nun gab er mir weitere Hinweise, die meine Entschlossenheit, der Sache auf die Spur zu kommen, anfachten. Er sagte, dass das Schwert von Schelumi (von dem später noch die Rede sein wird) vom Volk der Lemba hergestellt worden sei, einem afrikanischen Stamm, von dem es heißt, er sei jüdischen Ursprungs gewesen. Als Mutwa vor vielen Jahren über diesen Stamm schrieb[11], wurde seine Behauptung als unsinnig verworfen. Doch inzwischen wurde durch genetische Untersuchungen belegt, dass die Lemba tatsächlich jüdische Vorfahren haben.[12] Viele Stämme behaupten, Groß-Simbabwe erbaut zu haben, doch aufgrund dieser Indizien neigte ich nun eher zu der Überzeugung, dass das Volk der Lemba zu den ursprünglichen Erbauern gehört hatte.

»Die Lemba waren dafür verantwortlich, dieses Schwert für Schelumi zu fertigen«, erklärte Mutwa und strich mit der Hand an der Klinge entlang, die, wie er behauptete, einst viel länger gewesen war als die heutige Länge von etwas unter einem Meter.

Ich stellte mir blutige Szenen von Schlachten und Gemetzel vor, wie er sie in seinem frühen Werk *Indaba, My Children* beschrieben hatte, und fragte Mutwa, wofür man das Schwert benutzt hatte.

»Es war ein Schwert, mit dem so mancher geistige Kampf ausgefochten und gewonnen wurde«, belehrte er mich – und nun bildete sich ein ganz neues Bild in meiner Vorstellung.

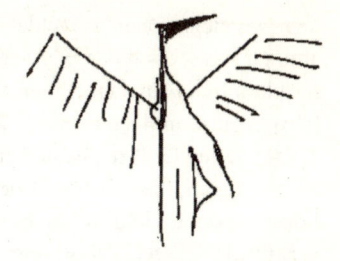

Nanana, der Geflügelte, wird oft auf einer Löwin reitend dargestellt. Gravur im Schwert von Schelumi

Er informierte mich auch, dass die Lemba ebenso wie gewisse andere afrikanische Stämme einen großen Berg verehren, der unter bestimmten Bedingungen wie ein Löwe zu brüllen vermag.

»Allmählich spüre ich genau das, was Sie mir gesagt haben, Credo«, erklärte ich. »Nämlich dass ich, wenn ich den Spuren der Weißen Löwen folge, durch ganz Afrika bis zum Nildelta hinaufgeführt werde, wo die Sphinx und ihr Rätsel zu Hause sind.«

Mutwa lächelte, als würde er den Verbindungen zustimmen, die ich geknüpft hatte, doch zugleich verdüsterte tiefer Ernst sein Gesicht.

»Die Weißen Löwen hüten ein Geheimnis, Madam«, sagte er düster. »Ein Geheimnis, das die Menschheit retten kann.«

»Müssen wir denn gerettet werden, Credo?«, erkundigte ich mich mit einem reißenden Schmerz der Beklommenheit in der Magengrube.

»Unbedingt, Madam«, antwortete Mutwa. »Und uns bleibt nicht mehr viel Zeit.«

Ich konnte den Schmerz, den ich empfand, noch nicht genau einordnen. Manchmal reagierte ich nicht mit rationalen Gedanken auf Mutwa, sondern mit halb geformten Eindrücken, die aus den Tiefen meines Wesens zu stammen schienen. Es war eine geradezu außerirdische, transformierende Erfahrung, in der Gegenwart eines großen Sangoma zu sein, und die zuverlässigen Strukturen, die meinen Verstand einst so sicher zusammengehalten hatten, lösten sich oft auf oder verschoben sich auf unangenehme Weise. Als Mutwa diese Worte sagte, sah ich deutlich das Bild eines goldenen Löwen vor mir, der dem wunderschönen vergoldeten Nashorn von Mapungubwe sehr ähnlich sah – doch das Bild verschwand wieder, als sei es zu nichts zerschmolzen. Aus irgendeinem Grund beunruhigte mich auch dieses Hirngespinst, und ich bemühte mich, meine logischen Denkprozesse wieder in den Griff zu bekommen.

»Sie sagten, die geheime Bedeutung des Wortes *Simbabwe* hat mit Löwen und mit Gold zu tun, Credo?«

Mutwa lächelte. »Das stimmt, Madam. Auch Timbavati war früher ein Ort, an dem viel Metall verarbeitet wurde – und er wird von den Weißen Löwen beschützt.«

Seit ich entdeckt hatte, dass sich Timbavati und Simbabwe auf demselben Grad, 31° 14' östlicher Länge, befinden, hatte ich darüber nachgedacht, was diese seltsame Ausrichtung wohl implizierte. Dass man an beiden Orten Metall verarbeitet hatte, war eine Gemeinsamkeit, die mir nicht in den Sinn gekommen war. Ich begriff nicht, was das abgesehen von der möglichen Verbindung eines Edelmetallhandels für eine Bedeutung hatte, und fragte Mutwa direkt danach.

Seine Antwort verdeutlichte, dass ich mich nun dem Ziel näherte. Statt mir sämtliche Informationen vorzuenthalten, offenbarte Mutwa mir ein wichtiges Detail. »Sie müssen wissen, Madam, dass an der Spitze der höchsten afrikanischen Schamanen die heiligen Schmiede stehen, die in die Kunst eingeweiht sind, Wissen in heilige Metallverarbeitungstechniken einzubringen. Mehr kann ich nicht sagen.«

»Sind Sie einer dieser heiligen Schmiede, Credo?«, fragte ich aus einem Impuls heraus und begriff gleichzeitig, dass ich die Grenze überschritten hatte.

»Das bin ich, Madam«, antwortete er, als sei das Thema damit beendet.

Ich musste mich zurückhalten, um nicht weiterzubohren. »Darf ich Ihnen etwas sagen, was Sie vielleicht interessiert, Credo?«, fragte ich stattdessen.

»Ja, Madam, bitte sagen Sie es mir.«

»Wenn man eine Landkarte nimmt und eine gerade Linie von Simbabwe nach Timbavati zieht – eine Längslinie –, dann führt sie von den großen Ruinen genau zum Geburtsort der Weißen Löwen.«

»...und noch weiter.«

»Und noch weiter?«, fragte ich.

»Das Geheimnis, das Simbabwe mit Timbavati verknüpft, ist derselbe Verbindungsstrang, der auch unterhalb des afrikanischen Kontinents verläuft.«
»Ich verstehe, Credo«, sagte ich und hielt inne. »Und hat dieser Verbindungsstrang irgendetwas mit dem Löwensymbol zu tun?«
»Ja, Madam.«
Aber was? Ich verstand nicht, was er meinte. Mutwa überlegte einen Moment. Es war, als zöge er aus seinem gespeicherten mündlichen Wissen eine neue Schriftrolle, die er nun aufrollte.

DER GROSSE UNTERIRDISCHE FLUSS

»Der afrikanischen Legende zufolge, Madam, fließt unter dem Kontinent ein großer Fluss zusammen mit vielen Nebenflüssen. Man sagt, der große Fluss fließt die ganze Strecke von Nordafrika bis hinunter in die Gegend, die Transvaal hieß, unter der Provinz Free State hindurch und noch weiter.«
Diese rätselhafte Äußerung schien mit unserem augenblicklichen Gespräch zwar nichts zu tun zu haben, aber ich kannte Mutwa gut genug, um irgendwo einen entscheidenden Zusammenhang zu vermuten. Eines Tages würde ich erleben, dass sich die verschiedenen Bruchstücke, die mir einzeln zugespielt wurden, zu einem zusammenhängenden und erstaunlich klaren Bild vereinigten.
»Die Wissenschaftler hielten diesen Fluss für ein Hirngespinst der Schwarzen«, erklärte der Sanusi und setzte seinen undurchsichtigen Gedankengang fort. »Bestenfalls ein Aberglaube, schlimmstenfalls eine grobe Lüge. Doch eines Tages gaben Wissenschaftler, die in den Höhlen von Chinhoyi (oder Chinoia) in dem Land, das früher Rhodesien hieß – heute Simbabwe –, Untersuchungen durchführten, einen bestimmten Farbstoff in einen Teich, der sich in den großen Höhlen befand – und man fand diesen Farbstoff in den Gewässern des Mulopo Ogg (Mulopo-Auge) im westlichen Transvaal, bekannt als Wondergrat. Damit war schlüssig bewiesen, dass ein großer unterirdischer Fluss mit vielen Nebenflüssen existiert, der unter dem afrikanischen Kontinent fließt...« Er sah mich durch seine dicken Brillengläser an. »Und was beweist uns das?«

Ich zögerte.

Er stellte eine weitere Frage. »Wohin fließt dieser geheimnisvolle Fluss letzten Endes?«

»Wissen Sie, wo er endet?«, erkundigte ich mich.

»Nein. Aber ich weiß, dass die Geschichtenerzähler unseres Volkes, egal, woher sie auch stammen – ob aus Kenia, Zaire oder Zululand –, an unseren Einweihungsorten oft von diesem unterirdischen Fluss sprechen: Es ist der Fluss, von dem es heißt, dass er den Kontinent Afrika zusammenhält.«

Während er sprach, fielen mir einige von Marias Worten wieder ein. Sie hatte erklärt, die Weißen Löwen stammten von der Milchstraße und von einem Fluss, der niemals austrocknete.

»Und ist dieser große unterirdische Fluss irgendwie mit der Milchstraße verknüpft?«, fragte ich Mutwa.

»Die Milchstraße trägt den Namen ›Sternenfluss‹ – ja, Madam. So viel kann ich Ihnen sagen.«

»Maria hat mir gesagt, dass die Weißen Löwen ursprünglich von den Sternen stammen, aus dem himmlischen Fluss, der nie austrocknet. Credo, sagen wir etwa, dass es unter Timbavatis ausgetrockneten Flussbetten vielleicht einen heiligen unterirdischen Fluss gibt?«

Mutwa hörte zu und nickte, die Hände entspannt im Schoß. »Vielleicht, Madam, vielleicht. Wir gehen noch weiter, Madam. Wir gehen davon aus, dass es direkt unter jedem Fluss, der ins Meer fließt, einen unterirdischen Fluss gibt, er in die Gegenrichtung fließt. Ohne einen Gegenfluss würde kein Fluss fließen.«

Ich wartete gespannt. Aber im Augenblick gab er nichts mehr preis. »Und wie heißt dieser heilige unterirdische Fluss des afrikanischen Kontinents?«, fragte ich.

»Er heißt *Lulungwa Mangakatsi*.«

Die Worte hatten einen melancholisch-sehnsuchtsvollen Nachhall, den ich in meinem Kopf nachklingen ließ.

»Es ist das altafrikanische Wort für den Fluss darunter, den unteren Fluss«, fuhr Mutwa in seiner Erklärung fort.

Dann fügte er hinzu: »Wissen Sie, Madam, dass der Nil ein vom Menschen geschaffener Fluss ist, kein natürlicher?«

Jetzt kam ich nicht mehr mit. »Der Nil?«, fragte ich und bemühte mich, nicht allzu skeptisch zu klingen. »Der längste Fluss der Welt?«

»So hat man es uns gesagt, Madam.« Ich hatte Probleme, den Zusammenhang zu verstehen; vor allem da wir dergleichen nicht im Erdkundeunterricht lernen.

Als ich mich wieder von Mutwa verabschiedete, ahnte ich kaum, wie viele Samen des Wissens der afrikanische Löwenpriester wieder ausgesät hatte, die im Lauf der Zeit zu einem neuen Bewusstsein heranwachsen sollten. Tatsächlich begann das neue Wissen schon am selben Nachmittag zu keimen. Ich hatte wieder eine Verabredung mit dem archetypischen Löwenmann Gareth Patterson, dem unbeugsamen Kämpfer, der über seine Erfahrungen mit Löwen sieben Bücher geschrieben hat. Schon bei unserem ersten Treffen hatten wir uns einander sehr verbunden gefühlt. Ich hatte seine unentwegten Bemühungen um die Rettung der für die Trophäenjagd bestimmten Löwen schon seit Langem bewundert.[13] Er wiederum war von den Geheimnissen der Weißen Löwen fasziniert, als ich begann, ihm davon zu erzählen.

Die vielen Bücher Pattersons erzählen von seinem persönlichen Kontakt mit den Löwen, um die er sich nach George Adamsons Tod in Kenia gekümmert hat. Er beschreibt die Freuden und Tragödien, die er während seiner intimen Erfahrungen mit Löwen erlebt hatte, in handfesten, greifbaren Begriffen. Doch privat diskutierten wir über die mediale und spirituelle Dimension, die seinen realen Erfahrungen mit Löwen anscheinend innewohnte.

Als wir uns beim Mittagessen unterhielten, erzählte ich Patterson von der geodätischen Ausrichtung Timbavatis und Groß-Simbabwes. Als ich zur Legende des Schelumi und des goldenen Löwen kam, bekamen seine Augen plötzlich einen löwenartigen und intensiven Ausdruck, und er ergriff ein Buch, das er gerade gelesen hatte.

»Sehen Sie sich das mal an«, sagte er.

Darin beschrieb der Autor Tudor Parfitt seine Suche nach dem »verlorenen Stamm Israels«, nämlich den schwarzen Juden, die in Afrika leben sollen. Patterson zeigte mir einen nur wenige Zeilen langen Absatz, in dem die Legende eines heiligen Weißen Löwen erwähnt wird, von dem es heißt, er behüte den Bezirk von Groß-Simbabwe.

Seine Suche nach dem verlorenen Stamm Israels führte den Autor direkt zum Volk der Lemba in der Gegend um Groß-Simbabwe, einem Stamm, dessen Traditionen die antiken jüdischen Sitten widerspiegeln und dessen Gene eindeutig Spuren der jüdischen Blutlinie aufweisen. Wie andere afrikanische Stämme glauben die Lemba, dass ihre Ahnen nach dem Tod zu Löwen werden und möglicherweise die heiligen Orte in Löwengestalt durchstreifen.[14] Auch verehren die Lemba einen großen Löwenberg, von dem sie glauben, dass er brüllen und sich selbst entzünden kann. Doch es gab einen ganz bestimmten Zusammenhang mit Löwen, der die Lemba für mich und meine Erforschung der Weißen Löwen besonders interessant machte, und auf diesen wollte Patterson mich hinweisen.

Nachdem der Autor sich in einem Lemba-Kraal heimisch gemacht hatte, führte ihn Sevias, der weise Mann, zu einem Platz, der bei den Lemba als »Allerheiligstes« galt. Das Tal lag vor einem heiligen Berg namens Dumghe, und es hieß, dass sich dort »seltsame und geheimnisvolle Dinge« ereigneten und dass dort insbesondere »manchmal… ein Weißer Löwe gesehen wurde«. Auch konnte man nachts dort ein Heulen hören, das die Leute den Ahnengeistern zuschrieben, die um das Land weinten.[15]

Danach beschreibt der Autor eine sinnträchtige Reise zu diesem Berg, auf der er und Sevias dem Führer Klopas einen Pfad entlang folgten.

> Auf allen Seiten ragten Felsnasen durch die Grasnarbe, gekrönt von riesigen Findlingen, die dort oben balancierten und im Lauf der Jahrtausende durch Winderosion entstanden waren… Vielleicht (so glaubte man) rief das raue Wetter die heiligen Tiere des Berges herbei.
> »Welche Tiere?«, fragte (der Autor).
> »Den Löwen«, zischte Klopas.
> »Es gibt hier einen Löwen?«
> »Ja, einen Weißen Löwen«, antwortete er.
> »Niemand würde diesem heiligen Löwen etwas antun«, murmelte Sevias andächtig.[16]

Das war alles. Aber es reichte, um einen weiteren rätselhaften Zusammenhang zwischen den Weißen Löwen von Timbavati und dem heiligen Löwenort von Simbabwe weiter im Norden aufzudecken.

Mutwa hatte zwar in Rätseln gesprochen, aber er hatte immerhin angedeutet, dass das Geheimnis der Weißen Löwen direkt mit dem Rätsel der Sphinx verknüpft war. Als ich über diese Zusammenhänge nachgrübelte, schloss ich, dass die Kultur der Löwenschamanen möglicherweise von ägyptischen Eingeweihten in südlichere Gebiete wie Simbabwe und Timbavati gebracht worden war. Doch Mutwa hatte auf seine subtile Art impliziert, dass die Verbindung zwischen den Löwengeheimnissen nicht lediglich kultureller oder philosophischer Natur war.

Zunächst konnte ich seine Andeutung nicht begreifen, dass sie irgendwie mit einem unterirdischen Fluss zusammenhingen, und auch seine Behauptung, der Mensch selbst habe den Lauf des Nils bestimmt, erschien mir allzu weit hergeholt. Doch nur wenige Tage nach unserem letzten Treffen fuhr ich eines Nachts hellwach aus dem Schlaf und kannte die Antwort auf das Rätsel, das er mir gestellt hatte. Ich wohnte damals bei meiner Schwester und ihrer Familie, die zum Glück alle sehr tief schlafen. Hätten sie mich dabei ertappt, wie ich mitten in der Nacht herumwanderte und in der Hoffnung, den richtigen Atlas zu finden, alle möglichen Bücher aus den Regalen zog, hätten sie mich wahrscheinlich für geistesgestört gehalten. Nicht zum ersten Mal in meiner Beziehung zu Mutwa erwies sich das Material als so außergewöhnlich, dass ich es nicht sofort in meine Alltagswirklichkeit übertragen konnte.

Tief in dieser Nacht fand ich endlich einen Weltatlas, der ausführlich genug war, um die gesuchte Information zu enthalten. Und da war sie, die mysteriöse Verbindung, die Mutwa angedeutet hatte: der Zusammenhang zwischen Groß-Simbabwe, Timbavati und anderen Orten, die Verknüpfung der Weißen Löwen mit der großen Sphinx von Gizeh. Alle drei heiligen Orte lagen auf genau demselben Längengrad: 31° 14'!

Vorerst hatte ich keine Möglichkeit, den Zweck dieser offenbar strategischen Ausrichtung nach demselben Längengrad zu ergründen, doch als ich diese Anhaltspunkte auf der afrikanischen Landkarte prüfend betrachtete, erschienen mir die drei Orte wie Leuchtsignale auf der Schatzkarte des Geheimnisses der Weißen Löwen.

13

LÖWENPRIESTER UND ADLERSCHAMANEN

In allen Jagdmythen ist die Sonne ein großer Jäger. Sie ist der Löwe... der die Antilope mit einem Sprung auf ihr Genick tötet; der große Adler, der auf das Lamm herabstößt...

– Joseph Campbell

Meine Entdeckung, dass sich die drei heiligen Orte in perfekter geodätischer Ausrichtung zueinander befanden, weckte in mir ein Gefühl des Wunderbaren, das mich dazu trieb, nach weiteren Informationen zu suchen. Dieser Zusammenhang unterstellte die verblüffende Möglichkeit, dass die große Sphinx Ägyptens und die Weißen Löwen von Timbavati irgendwie miteinander verknüpft waren und dass Groß-Simbabwe Teil dieses Rätsels war. Doch erst während meiner weiteren Forschungen im Lauf der nächsten zwei Jahre begann ich zu ahnen, was diese präzise Ausrichtung tatsächlich bedeutet.

Warum ist der Ort, an dem heute die Weißen Löwen physisch erschienen sind, kartografisch nach den beiden größten archäologischen Baudenkmälern ausgerichtet, die es auf dem afrikanischen Kontinent gibt – Gizeh und Groß-Simbabwe?

Mein erster Gedanke war, dass in der Spiritualität der Löwen ein wichtiger Hinweis liegen musste. In Gizeh befindet sich das älteste Löwendenkmal der Menschheit, die Sphinx. Das umliegende Gebiet von Memphis war das Zentrum der Verehrung Sekhmets, der löwenköpfigen Göttin. Groß-Simbabwe ist »der heilige Ort des Löwen«. Und Timbavati ist ein Zufluchtsort für Weiße Löwen und ein heiliges Gebiet der Götter. Alle drei heiligen Stätten des afrikanischen Kontinents – Gizeh, Simbabwe und Timbavati – sind dem Löwen geweiht.

Ich saß mit Credo Mutwa in dem bescheidenen Haus in Johannesburg, in dem er nun vorübergehend wohnte. Über uns thronte ein von ihm gemaltes ausladendes, halb fertiges Gemälde, das unsere Erde und ihren Mond vom Weltraum aus gesehen zeigte. Ich erzählte ihm von meiner Entdeckung, dass die drei heiligen Orte auf demselben Meridian unseres Globus lagen.

»Die Tatsache, dass diese Orte nach diesem Längengrad ausgerichtet sind«, kommentierte ich, »scheint nahezulegen, dass es eine Verbindung zwischen den Weißen Löwen und der Sphinx gibt, Credo.«

»Das kann gut sein, Madam. Das ist eine wichtige Frage. Mehr darf ich nicht sagen. Aber so viel kann ich Ihnen sagen: Die Geschichte der Weißen Löwen begann in unseren Tagen mit dem seltsamen Objekt, das auf die Erde fiel und aus dem eine Gruppe leuchtender Wesen heraustrat.«

»Aber warum ist das so, Credo?« Ich war noch nicht bereit, diesen Aspekt der mündlichen Überlieferung zu akzeptieren.

»Das weiß ich nicht, Madam. Aber wie Mr Shakespeare sagte: ›Es gibt mehr Ding' im Himmel und auf Erden, als Eure Schulweisheit sich träumt.‹«[1]

Heute war Mutwa in eine gewaltige Menge Stoff gehüllt, die er mit einer riesigen Sicherheitsnadel auf seinen Schultern befestigt hatte. Ich sah von der riesenhaften Gestalt des Löwenschamanen auf das Gemälde hinter ihm. In einer Ecke fand sich die kraftvolle Darstellung einer Säbelzahnkatze, einer Ngewula. In einer anderen Ecke schwebte ein majestätischer Adler über dem Erdball. Sonderbarerweise trug der Adler eine Taube auf dem Rücken. Neben dem großen Raubvogel befand sich ein verkleinertes, von Menschen gebautes Raketenschiff, das über der Erde schwebte. Das Abbild des großen Raubvogels erinnerte mich an die Geschichte von Timbavati. Assoziativ folgerte ich, dass das, was an diesem heiligen Ort »wie ein Vogel« gelandet war, einen größeren Geist besessen haben musste als jedes von Menschen gebaute Flugobjekt.

»Glauben Sie, Timbavati ist auch der Ort, von dem etwas zu den Sternen zurückkehren wird?«, fragte ich spontan.

»Ja.« Seine einsilbige Antwort klang, als wollte er dieses Thema nicht beginnen, sondern beenden. Trotzdem versuchte ich herauszufinden, was genau von diesem Ort zu den Sternen aufsteigen würde.

»Das dürfen wir nicht sagen, Madam«, gab er zur Antwort. Wie bei vielen seiner mysteriösen Andeutungen konnte ich nur hoffen, dass ich die Antwort eines Tages erfahren würde.

LÖWEN-ADLER-PRIESTER

Inzwischen saß ich verblüfft in respektvollem Schweigen da und wusste nicht, wie meine nächsten Schritte aussehen sollten. Erst viel später, als ich Archäoastronomen begegnete, die die altägyptischen Geheimnisse erforschten (insbesondere den Glauben, dass die Seele des Pharao nach seinem Tod zu den Sternen emporstieg), sollte ich mich an Mutwas Andeutung einer Rückkehr zu den Sternen erinnern.

Einen Augenblick später schien der Löwenschamane es sich anders zu überlegen und er entspannte sich ein wenig. Er deutete auf sein Gemälde und sagte, dass der Adler als König der Vögel neben dem Löwen als König der Tiere verehrt wird. Das Volk der Zulu tötete nie absichtlich einen Adler, ebenso wenig wie sie jemals freiwillig einen Löwen umbrachten, denn dies waren heilige Tiere und symbolisierten ihren König.

Im Lauf des Tages baute Mutwa das Thema weiter aus und beschrieb, wie sein Großvater ihn die geheime Kunst gelehrt hatte, einen Adler zu fangen und ihm zwei seiner Schwanzfedern auszureißen, ohne dabei die Flugfähigkeit und das Wohlergehen des Tieres auf irgendeine Weise zu beeinträchtigen. Man hob einen Graben aus, in dem sich der Knabe Mutwa versteckte. Dann wurde der Graben mit grünen Zweigen und jungen Bäumen bedeckt, sodass es wie Blätterwerk aussah. Schließlich band man einen Köder, ein Felsenkaninchen, darüber fest. Wenn diese Aufgabe glückte, erlangte die Stammesgesellschaft großes Ansehen, denn sie war sowohl schwierig als auch gefährlich. Sie lehrte den Novizen Mut und Schnelligkeit, denn wenn der Adler zu dem Köder herabgestoßen war und ihn aus dem Seil gerissen hatte, blieben nur wenige kostbare Augenblicke, um die Hand auszustrecken und die Federn herauszuziehen. Wenn man zögerte oder die Nerven verlor, erlitt man schwere Wunden. Da Mutwa die Geschichte überhaupt nicht auf draufgängerische Weise erzählte, hätte ich den darin verborgenen Heldenmut leicht überhören können.

Doch ich hatte bei Timbavati in einem Rehabilitationszentrum für Wildtiere Adler aus der Nähe betrachtet; ich hatte die Größe ihrer Krallen gesehen und wusste von ihrer ungeheuren Kraft, mit der sie auch größere Tiere töten und vom Boden aufheben können, und deshalb gab mir die Geschichte einen neuen Einblick in den Mut, den Mutwa besaß.

»Was war der Zweck dieser Übung?«, erkundigte ich mich.

»Die Belohnung waren zwei Federn eines lebenden Adlers, der danach zum Himmel zurückkehrte und zum Lohn für seine Mühe seine Beute davontrug«, antwortete er.[2]

Diese Geschichte vom Mut und der Verbundenheit mit der Natur erinnerte mich an den entscheidenden Unterschied zwischen Löwenhelden und Löwenpriestern. Statt den König der Vögel zu töten, wurde die spirituelle Entwicklung des Novizen gefördert, indem er sich die Flugkraft des lebenden Vogels zunutze machte.

Als hätte er meine Gedanken gelesen, kommentierte Mutwa: »Afrikanische Krieger trugen einen Kopfputz aus Adlerfedern. Doch kein Krieger, der bei Trost war, hätte die Federn eines Vogels getragen, den er getötet hatte, denn das bringt Unglück. Der Vogel musste am Leben sein, wenn man ihm die Federn nahm, und danach musste man ihn freilassen.«

Wir aßen in dem kleinen Raum zu Mittag, der wegen des Ölgemäldes stark nach Terpentin roch. Die Umgebung war nicht besonders ansprechend, aber Mutwas Wärme und Ausstrahlung machten das mehr als wett. Wir aßen Diätbrot und Brathähnchen, während wir weiterredeten. Ich hatte sorgfältig erwogen, was ich zu essen mitbringen sollte, denn ich wusste, dass Mutwa an Diabetes litt, was auch seine enorme Kleidergröße erklärte.

Unsere Kommunikation schien sich zu öffnen, und Mutwa ließ der Schilderung seines Einweihungsritus mit den großen Raubvögeln einen parallelen Einweihungsritus folgen, der mit den großen Raubtieren zu tun hatte.

»Wenn man in die Mysterien des Volkes von Okawango eingeweiht wird, Madam, dann muss man sich nachts zum Schlafen bis zum Hals in den Boden eingraben. Dies ist eine Form der Einweihung, denn man wird gezwungen, seiner Angst ins Auge zu sehen und sie zu überwinden. Die Raubtiere kommen in der Nacht und schnuppern einem am Gesicht. Ich musste dieses Ritual viermal vollziehen, Madam, an zwei verschiedenen Orten. Es ist eine gewaltige Prüfung. Die Raubtiere kommen direkt auf einen zu und beschnüffeln einen. Man lernt, seinen Atem zu kontrollieren und gleichmäßig zu halten. Sie riechen, dass man lebt, und lassen einen in Frieden. Man darf aber keinerlei Furcht zeigen, denn Furcht riecht sehr schlecht, und dann wird man vielleicht gerissen.«

Da ich gefährliche Raubtiere in meiner unmittelbaren Nähe erlebt hatte, konnte ich mir beim besten Willen nicht vorstellen, wie man diese Folter ohne entsetzliche Angst erdulden sollte.

»Die Buschmänner haben das regelmäßig getan«, fuhr Mutwa fort. »Jeden Abend gruben sie sich in ihren Höhlen bis zum Hals ein und schliefen friedlich, denn sie wussten, dass sie auf diese Weise sicher waren. Nur wenn sie nachts Wasser lassen mussten, hatten sie ein kleines Problem.« Sein Gesicht hellte sich amüsiert auf. »Am nächsten Morgen musste der Einzige von ihnen, der die Hände frei hatte, den Nächsten ausgraben – und so weiter, bis sie alle aus ihren Erdbetten ausgegraben waren. Morgenstund' hat Staub im Mund.«

Ich lachte über diesen unpassenden Spruch. Ich konnte nicht viel sagen, ich staunte immer noch darüber, dass der Mut des Löwenpriesters dem des Adlerpriesters in nichts nachstand und ihn sogar noch überstieg.

»Darf ich Ihnen etwas zeigen, Madam?«, fragte Mutwa, sobald wir mit dem Essen fertig waren. »Haben Sie den Adler auf meinem Stab gesehen?«

»Als Sie auf die Dokumentarfilmer warteten, habe ich einen kurzen Blick darauf erhascht«, gab ich zurück.

Nun erinnerte ich mich: Der große Löwenschamane hatte über Groß-Simbabwe gesagt, dass dieses Totem nur das halbe Geheimnis sei. »Ich würde ihn mir gern näher ansehen«, fügte ich hinzu.

»Kommen Sie mit, Madam«, sagte er und führte mich ins angrenzende Zimmer. Er öffnete mir die Tür, ich ging hinein – und dann blieb ich wie angewurzelt stehen. Es war, als träte ich plötzlich von einem dunklen Raum in leuchtendes Licht.

Salopp an der Wand lehnte Mutwas adlerköpfiger Zeremonienstab, das Symbol seines hohen Rangs. Doch als ich mich im Raum umblickte, sah ich in der Mitte einen ganzen Berg glänzender Artefakte. Zum

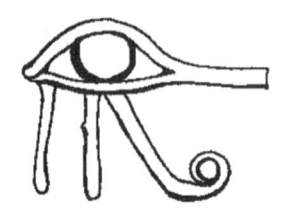

Das Auge des Horus, ein ägyptisches Sonnensymbol

ersten Mal erlaubte er mir einen privaten Blick auf die heiligen Relikte, zu deren Hüter er bestellt worden war, und mich durchfuhr eine Welle der Erregung. Diese Erfahrung hatte nichts mit dem sterilen Betrachten von Kunstwerken gemein, die in Museen in Glaskästen ausgestellt sind. Obwohl sie in einem wilden Durcheinander auf dem nackten Boden aufgehäuft lagen, ging von diesen kostbaren Artefakte eine Schwere, eine Anziehung aus. Sie zogen mich magnetisch an, aber ich wagte es nicht, sie auch nur mit einem Finger zu berühren. Dies waren keine Kunstgegenstände, sondern Kraftgegenstände.

Mutwa sah meine Ehrfurcht und meinte: »Ach, dieser alte Krempel!« So bezeichnete er diese unbezahlbaren Relikte, die sein schweres und inspiriertes Leben dominiert hatten. Seine abschätzige Bemerkung hätte leicht gereizt klingen können, doch stattdessen hörte ich einen anderen Unterton heraus, und wir brachen beide in Gelächter aus.

Manchmal vertraute mir Mutwa Geheimnisse an und beschwor mich, sie nicht aufzuschreiben, und ich habe sein Vertrauen selbstverständlich nicht enttäuscht. Bei anderen Gelegenheiten räumte er ein, dass er meine Frage beantworten würde, »egal, was das für Konsequenzen hat«. Er war sich stets der Risiken bewusst, Geheimnisse, die so lange gehütet worden waren, der Öffentlichkeit zugänglich zu machen. Andererseits gab es auch oft Momente, in denen ich mich damit zufrieden geben musste, dass Mutwa antwortete: »Darüber dürfen wir nicht sprechen.« Oder: »Mehr darf ich nicht sagen.«

Anders als Maria vermied Mutwa bewusst den Begriff »Macht«. Timbavatis Löwenmutter entschuldigte sich nicht für ihre Kräfte, doch der Mann, den sie für den größten Löwenschamanen Afrikas hielt, war ein erstaunlich bescheidener Mensch. Konsequent vermied er jede Anspielung auf seine persönliche Anziehungskraft, und ich spürte darin nicht nur seine Zurückhaltung, sondern auch den gebührenden Respekt für etwas unbeschreiblich Dynamisches, das sowohl erschaffen als auch zerstören konnte.

Als unsere Beziehung sich vertiefte, sprach Mutwa vorsichtig von den Ursprüngen der erwählten Priesterschaft, von der er abstammte. Er erklärte, dass die höchsten Ränge der Sanusis ihren Ursprung in halbgöttlichen Wesen hatten, nämlich einem Löwenpriester (*Wa-Ndau*) und einem Adler- oder Falkenpriester (*Ntswana*). Er sagte, diese erleuchteten Individuen seien aufsteigende Wesen gewesen und hätten Sternenkräfte besessen.

Dies erinnerte mich an Mutwas geheimnisvolle Anspielung, dass die altägyptischen Hohepriester eine Kunst besaßen, die es ihnen ermöglichte, in das Bewusstsein eines Löwen einzudringen und sich die Löwenenergie zunutze zu machen, um damit heilige Bauwerke zu errichten. Er hatte erwähnt, dass die Hüter des *Umlando* diese uralte Kunst »Sternending« nennen. Er erwähnte dies zwar nur zurückhaltend, aber hin und wieder schilderte er einige persönliche schamanische Erfahrungen und demonstrierte auch Beispiele, sodass ich nicht mehr bezweifeln konnte, dass er selbst solche Fähigkeiten besaß. Ich erhaschte nur wenige kurze Einblicke in diese Vorgänge, doch dieses Wenige genügte, um mir klarzumachen, dass ich nicht die geistigen Voraussetzungen besaß, ihre ganze Tragweite zu begreifen. Ich bin jedoch ganz sicher, dass die berühmten Löwen-Menschen-Verwandlungen, von denen ich in Bibliotheken gelesen hatte (wo sie sich besonders auf Buschmann-Schamanen bezogen, die eine Löwenidentität annahmen), in Mutwas Fall keine reine Theorie waren. Außerdem ist die geistige Kraft, mit deren Hilfe man Mutwa zufolge die alten Gebäude errichtet hatte, anscheinend mit jener konzentrierten Kraft verwandt, die einen Energieaustausch zwischen Menschen und Löwen und anderen heiligen Tieren ermöglicht. Mutwa hatte den »geistigen Ruf« beziehungsweise Telepathie benutzt, um den menschenfressenden Löwen zu beherrschen, und dies deutete den Vorgang zwar an, aber es gehörte eindeutig noch mehr dazu. Er vertraute mir weitere Informationen an, die seit Jahrhunderten von einer eingeweihten Priesterschaft geheim gehalten worden waren und die mit der erhabenen Idee des Seelenaustausches zu tun hatten, sowie mit dem Erreichen eines Zustandes, den man als »Sternenidentität« oder »Astralreise« bezeichnen könnte. Da ich, was diese Löwe-Mensch-Spiritualität anging, ein totaler Neuling war, nannte er mir dazu nur wenige Beispiele. Diese erklärten auf sehr konkrete Weise, dass man, wenn einem nichts anderes mehr übrig bleibt, diese Sternenquelle anzapfen kann, um auf der physischen Ebene Veränderungen herbeizuführen, und zwar sowohl in der belebten als auch in der unbelebten Natur. Ich begriff, dass der Ursprung und die Natur dieser Kräfte direkt mit der eigenen spirituellen Entwicklungsstufe zusammenhängen. Wie immer pochte Mutwa darauf, dass die Ausübung von Macht stets mit Ehrfurcht und einem starken Verantwortungsgefühl einhergeht.[3]

Der Löwe und der Adler sind Könige, aber auch Sonnensymbole. Somit sind sie Symbole des Lichts im Gegensatz zur Finsternis.

Abschließend nannte Mutwa die vier aufeinanderfolgenden Einweihungsschritte in den Vergeistigungsprozess des Löwenschamanen:

Die erste Stufe ist der Mut, dem Löwen zu begegnen, die zweite Stufe ist das Übernehmen einer Löwe-Mensch-Identität, die dritte Stufe ist die Übernahme einer Löwe-Mensch-Falke-Identität, die vierte Stufe ist die Entwicklung einer Löwe-Mensch-Falke-Schlange-Identität: die höchste löwenartige Ebene. Dies ist der Hüter des geheimen Wissens, der in der alten Heraldik als »Greif« dargestellt wurde.

Der afrikanische Name für dieses heilige Mischwesen ist *Npenvu*, das Tier der Wahrheit. Mutwa sagte mir, dass die Wahrheit so mächtig sei wie ein Löwe und so mutig wie ein Adler (Adler und Falke sind austauschbar). Als ich fragte, warum dieses Wesen den Schwanz einer Schlange hat, erklärte er, dass die Wahrheit auch beißen kann wie eine Mamba.

Ohne mir vorher klarzumachen, welche Tragweite ein solcher Vorschlag hatte, fragte ich Mutwa, ob er mich eines Tages in den Weg des Löwenschamanen einweisen würde. Als ich mich in dieser Nacht an meine Bitte erinnerte, zitterte ich bei der Erinnerung an Mutwas Beschreibung der Adler- und Löweneinweihungsriten. In beiden Fällen konnte eine einzige unüberlegte oder ängstliche Bewegung das Leben des Novizen gefährden. Als Antwort auf meine spontane und unüberlegte Bitte bedachte Mutwa mich mit einem langen, harten Blick. Dann erklärte er, nur wenn ich einen »von den Geistern gesandten« Traum hätte, käme ich für die Einweihung in die Riten des Löwenschamanismus infrage. Er sagte auch, falls ich einen solchen Traum hätte, würde ich ihn sofort als solchen erkennen.

Ich machte mir Vorwürfe wegen meiner Waghalsigkeit, noch mehr Wissen zu verlangen, nachdem mir der Löwenschamane bereits so viel anvertraut hatte, obwohl ich doch noch so wenig begriff. Als ich Mutwa an diesem Tag verließ, hatte ich Gewissensbisse. Ich war zwar stolz, aber zugleich auch traurig, denn ich musste an Innocent Mutwa denken, den Sohn, den er verloren hatte und der sein einziger Nachfolger gewesen war.

Ein Bogen aus blendendem Gold

Mutwa hatte vorgeschlagen, dass ich am nächsten Tag wiederkommen solle. Trotz meiner Impertinenz hatte sich unsere Vertrautheit anscheinend vertieft. Kein einziges Mal fühlte ich mich in seiner Gegenwart als Frau minderwertig, und seine Sanftheit mir gegenüber war so groß, dass ich an sein bewegendes Eingeständnis denken musste: Im Einklang mit seinem Familientotem des Löwenschutzes hatte er »geschworen, Frauen jeder Rasse und jedes Stammes zu schützen – selbst Pavianweibchen«. Er sagte mir, dass in der großen Tradition Männer keinen höheren Rang einnahmen als Frauen. Dabei fiel mir ein, dass ich bei meinen Nachforschungen in den Mythologien der Welt herausgefunden hatte, dass Löwengöttinnen denselben Rang einnehmen wie Löwenhelden-Götter.

Heute half ihm Virginia, eine seiner Sangoma-Assistentinnen: die eindrucksvolle Frau mit den langen, perlengeschmückten Zöpfen und dem fein geschnittenen bernsteinfarbenen Gesicht, der ich schon früher begegnet war. Mutwas großer bronzener Brustschild lag auf dem Tisch, und sie versuchte, ihn mit einem Lappen und einer Dose Messingputzmittel zu polieren.

Unter den Schmuckstücken, die an diesem massiven Brustschild hingen, entdeckte ich zwei große Pendants, eins auf jeder Brustseite.

Mutwa folgte meinem Blick. »Die symbolisieren die Brüste der großen Erdenmutter Amarawa.«

Dies war seit unserer ersten Begegnung das erste Mal, dass Mutwa den Namen dieser furchterregenden Gottheit erwähnte, und ich hatte das Gefühl, als würde in diesem Augenblick eine greifbare Präsenz den Raum betreten. Ich fragte mich erneut, wie stark seine Geistführerin mit Mutwas eigener Persönlichkeit zu identifizieren war. Er erzählte mir weiter, dass in den höchsten Rängen der Sanusis der perfekte Zustand des Menschen weder weiblich noch männlich sei, sondern eine Einheit aus beiden.

»Wenn die Afrikaner jemanden als weise verehren, Madam«, sagte er, »dann geben sie ihm einen weiblichen Namen.«

»Und was ist Ihr weiblicher Name?«, fragte ich.

Dies schien mir eine ganz natürliche Frage zu sein, aber Mutwa kicherte plötzlich und war eindeutig überrascht. »Oh nein! Den werde ich nie verraten!«

Wieder einmal wurde mir klar, dass Mutwa mir nicht etwa willkürlich Information vorenthielt, sondern dass die schamanischen Vorstellungen eine tiefere Bedeutung hatten, die ich nicht völlig begreifen konnte. Namen wohnt eine gewaltige Kraft inne, und ich vermutete, dass Mutwas weiblicher Name vielleicht im direkten Zusammenhang zu seiner Geistführerin stand, die ständig über ihn wachte.

Als ich Mutwa besser kennenlernte, wuchs in mir der Verdacht, der wahre Grund für sein sich ständig wiederholendes Verhaltensmuster, das ihn zum Opfer machte, sei vielleicht seine Weigerung, sich die eigene Kraft ganz zunutze zu machen. Falls Amarawa tatsächlich sein weibliches Gegenstück war, dann war sie jedenfalls nicht bescheiden und verwundbar wie Mutwa. Sie ist eine schreckenerregende Gottheit, die ihre Vormachtstellung und Erleuchtung keineswegs verbirgt, und man identifiziert sie auf der ganzen Erde mit den Göttinnen, die die wilden Tiere beherrschen, darunter auch Sekhmet, die löwenköpfige Göttin Ägyptens. Und wie ich später erfahren sollte, ist ihr Name auch ein Synonym für rohe Gewalt.[4] Mutwa mochte sich in seiner Bescheidenheit vielleicht wirklich wünschen, ein einfacher Lebensmittelhändler an einer Straßenecke zu sein, aber Amarawa entschuldigte sich nicht für ihren Rang: Sie war die allerhöchste Erdenmutter, die große Mutter der Menschheit.[5]

Mutwa sprach von dieser Gottheit mit Vorsicht und unverhohlenem Respekt; er erklärte mir: »Amarawa war die Mutter des ersten Volkes der Erde und sie wird auch die Mutter des letzten Volkes sein.«

Er nahm seine dicke Brille ab und putzte sie nachdenklich, bevor er weitersprach. »Dadurch, dass sie das Raubtier beherrscht, verwandelt sie es in ein Lichttier. Sie ist die große Erleuchtungsträgerin, und ich fürchte sie und verehre sie voll und ganz. Aber ich kann ihr nicht immer gehorchen«, fügte er hinzu.

Mir wurde allmählich klar, dass darin sein innerer Kampf bestand: Sein allzu menschliches Bewusstsein kämpfte mit seiner inneren Göttlichkeit, und dies machte ihn für Angriffe von außen verwundbar. Man darf sich wohl fragen, wie anders sein Leben verlaufen wäre, wenn er jedes ihrer Worte befolgt und durch sie seine gesamten Kräfte eingesetzt hätte.

Diese fatale Verwundbarkeit fiel mir wieder ein, als wir über seine politische Zugehörigkeit sprachen. Während der jahrzehntelangen Apartheid hatte man Mutwa oft dazu gedrängt, sich dem Freiheitskampf gegen die Unterdrückung anzuschließen.

»Doch das konnte ich nicht, Madam. Das konnte ich nicht«, erklärte er mir. »Ich konnte nicht zu den Waffen greifen!«

Da er sich geweigert hatte, auf Seiten der Widerstandskämpfer zu einer politischen Galionsfigur zu werden, verachtete man Mutwa als Verräter und Feind des Volkes, und er wurde selbst zu einer beliebten Zielscheibe.

»Was genau verweigern Sie ihr? Was verlangt sie von Ihnen?«, fragte ich respektvoll.

Mutwa schüttelte ernst den Kopf.

Ich wartete schweigend.

Sein Gesicht nahm einen gequälten Ausdruck an. »Sie hat mir immer befohlen, der Führer dieses Landes zu sein – aber das kann ich nicht!«

Er bewegte seinen Kopf langsam von einer Seite zur anderen, und wieder breitete sich zwischen uns Schweigen aus.

So sehr ich Mutwa auch respektierte – doch dies ging selbst für meine Gutgläubigkeit zu weit.

Die Sangoma-Novizin Virginia war eingetreten, und Mutwa wandte sich zu ihr um und erteilte ihr eine Anweisung auf Xhosa. Sie verschwand und kam mit einem riesigen Metallbogen zurück. Mutwa erklärte, er sei aus der Achse eines Autos gefertigt worden. Ich sah, dass er länger war als ein Mensch und dicker als sein Handgelenk.

»Amarawa hat mir beigebracht, dies herzustellen«, sagte er. »Sie hat mich alles gelehrt, was ich weiß. Dies wäre die Waffe meiner Krieger gewesen.«

Er machte eine Pause, die Augen gesenkt. Der ganze Vorgang war typisch für Mutwa: Die Präsentation des riesigen Bogens hatte seiner

Geschichte eine seltsam mythische Dimension verliehen – und das in einer Zeit, in der man Kriege mit Atomsprengköpfen führt.

»Amarawa hat mich mein Leben lang ermahnt, dass ich mein Volk aus der spirituellen Sklaverei führen muss – aber ich kann keine Waffe benutzen, ich kann einfach nicht, Madam.«

»Sagt sie Ihnen, dass Sie der politische Führer dieses Landes sein sollen?«, fragte ich, obwohl mir das Bild Mutwas in der Rolle eines Präsidenten oder einer ähnlichen Figur immer noch unglaubwürdig vorkam.

»Madam, nach den höchsten Gesetzen der Sanusis sind das Politische und das Spirituelle ein und dasselbe«, antwortete der Löwenschamane.

Ich rief mir erneut ins Gedächtnis, dass Mutwa meiner Erfahrung nach ein Mann ohne jegliches Ego war, und nun dämmerte mir allmählich, warum die feurige Amarawa von einem demütigen Schamanen eine Art epischen Schlachtplan erwartete. Ich begriff, dass die große Erdenmutter nicht etwa verlangte, dass Mutwa die politische Führung an sich riss und sich dadurch des Machtmissbrauchs und der Korruption schuldig machte, wie es in solchen Führungspositionen so oft geschieht, sondern dass er auf spiritueller Ebene die Führung übernehmen sollte. Als Mutwa den Begriff »mein Volk« benutzte, dachte ich zuerst, dass er dabei auf seine Buschmann- oder Zuluwurzeln anspielte. Es pilgerten jedoch Menschen aus allen Ländern zu Mutwa, und er machte keine kulturellen Unterschiede. Im Einklang mit seinem Großen Wissen war Mutwa, der Löwenschamane, bereit, alle Völker aus der spirituellen Sklaverei zu befreien. Als Mann wurde Mutwa jedoch von seinem mangelnden Selbstbewusstsein zurückgehalten, das ihn daran hinderte, seinem inneren weiblichen Gegenstück, der löwenhaften *Alma Mater*, Amarawa, zu gehorchen.

Nun hielt er die riesige Waffe aus geschweißtem Stahl mit beiden Händen vor sich und schüttelte langsam den Kopf. Mir entging nicht, dass die letzten Strahlen der Sonne des Hochvelds, die durch die metallenen Fensterrahmen fielen, anscheinend direkt auf Mutwas heilige Waffe zielten. Ich erinnerte mich an die Symbolik, die sich hinter dem Schwert des Schelumi verbarg, und dies half mir, Mutwas Not zu verstehen.

Er holte mühsam Atem. »Man hat dieses Instrument als tödliche Waffe benutzt statt als Waffe des Geistes, Madam. Es ist ein heiliger

Bogen. Er kann nur drei Pfeile abschießen. Sie symbolisieren die drei Mächte Gottes.«

Nun lehnte er den großen Bogen an die Wand und machte für mich eine Skizze des allsehenden Auges mit drei Linien unter der Iris, die der Tränenbahn ähnelten. Das Bild kam mir bekannt vor, aber ich erkannte erst später ein ähnliches Motiv in der ägyptischen Ikonografie: Dort kräuselt sich eine der drei Linien wie ein gezwirbelter Schnurbart.

Mutwa fuhr fort: »Wenn der heilige Jäger von einem Löwen träumt – jetzt passen Sie auf, Madam –, dann muss er drei Speere haben, um ihn zu töten, oder drei Pfeile der göttlichen Dreieinigkeit. Dies ist eine symbolische und geistige Schlacht, Madam, denn in Wirklichkeit darf kein Löwe getötet werden. Wir führen dieses Ritual mit Stellvertretern namens *Ingonyama* durch, zum Beispiel mit einem Holzlöwen oder sogar mit einer Wassermelone. Der grüne Pfeil symbolisiert die Erde, der rote Pfeil symbolisiert das Feuer, und der durchsichtige Pfeil symbolisiert das Wasser.«

Obwohl Mutwa nur drei Linien gezeichnet hatte, erklärte er, es gäbe noch einen vierten Pfeil, der für die Luft stand.

»Und dieses Ritual wird sowohl von Männern als auch von Frauen durchgeführt?«, fragte ich und stellte mir den seltsam beziehungsreichen Ablauf vor.

»Ja, Madam, ja. Wie ich Ihnen schon sagte, in den alten Heilkünsten Afrikas existiert keine Geschlechterdiskriminierung.«

Nun hatte sich meine Perspektive verändert: Statt auf die aktuellen politischen Ereignisse konzentrierte ich mich nun auf die mythische Dimension hinter Mutwas Worten und sah vor meinem geistigen Auge, wie sich die Schriftrolle der Zukunft entrollte – genau so, wie Mutwas Geschichten in seinem Buch *Indaba, My Children* die Vergangenheit aufrollten.

In meiner Fantasie sah ich die gigantischen Schlachten der Geschichte und der Legenden vor mir – doch verglichen mit dem, was noch bevorsteht, waren sie alle nur ein Kinderspiel, falls die kriegerische Wildheit einer wütenden Amarawa ein Anhaltspunkt war. In den Schlachten, die in den Annalen der Geschichte verzeichnet sind, kämpften Völker gegen andere Völker, Könige gegen andere Könige und Stämme gegen andere Stämme; doch mir schien, dass die epische

Schlacht der Zukunft zwischen den Streitkräften des Lichts und denen der Dunkelheit ausgefochten werden würde.

FALKENKÖPFIGER LÖWENGOTT

Mutwas Enthüllungen über die Ursprünge der afrikanischen Hohepriester, die auf die Löwen- und Falkenpriester zurückgingen, untermauerten den Zusammenhang zwischen den Geheimnissen Timbavatis und Simbabwes im Süden und Gizehs im Norden.

Afrikanische Schamanen unterzogen sich geheimen Einweihungsritualen, und moderne Archäoastronomen glauben, dass die Pharaonen auf ganz ähnliche Weise unglaubliche Torturen auf sich nahmen, um sich zu »vergeistigen«. Dem liegt die Vorstellung zugrunde, dass die Löweninkarnation innerhalb der Evolution diejenige Seele ist, die zu ihrer höchsten Essenz strebt. In Ägyptologenkreisen diskutiert man häufig die Ansicht der Alten, dass die Seele des Pharao zu den Sternen zurückkehrte, doch ich hatte immer Schwierigkeiten, das zu begreifen. Durch die Prinzipien des Löwenschamanismus und der Schlacht um Erleuchtung ergab dieser uralte Glaube nun allmählich einen Sinn. Im Englischen hat das Wort *light* zwei Bedeutungen: Die eine ist »Licht«, also das Gegenteil von Dunkelheit, und die andere ist »leicht«, also das Gegenteil von schwer. In Bezug auf die Entwicklung der Seele scheinen beide Bedeutungen zuzutreffen. Wenn wir Menschen finstere, niederträchtige, schädliche oder erniedrigende Dinge tun, wird unser Geist schwer. Wir spüren das sogar körperlich. Wir werden mit Schuldgefühlen und Scham belastet und verlieren unsere Verbundenheit mit den leuchtenden Sternen. Je mehr wir danach streben, geläutert, erleuchtet und eingebunden zu sein, desto leichter wird unser Geist. Vielleicht ist dies mit dem »Pfad des Aufstiegs« gemeint.

Wie immer besteht der erste Schritt darin, die Angst zu besiegen. Furcht ist schwer, aber Liebe und Mut sind leicht.

Nun wurde mir klar, dass die vier Stufen des Löwenschamanismus, von denen Mutwa gesprochen hatte, denselben Prinzipien entsprechen, dank derer die Pharaonen ihre spirituelle Evolution und schließlich ihren Aufstieg zu den Sternen – zur Unsterblichkeit – zustande gebracht haben sollen. Der Pharao galt als lebendiger Gott, als Inkarnation des falkenköpfigen Gottes Horus.

Vieles weist darauf hin, dass die Pharaonen als lebende Verkörperungen des Sonnengottes Horus[6] in der Evolution der menschlichen Seele derselben vierstufigen Einweihung folgten. Horus, der ursprünglich falkenköpfige Gott, der als Sphinx eine Löwenidentität annimmt, besitzt auch die Identität einer Schlange (dargestellt als Kobra, die sich um eine Sonnenscheibe windet). Analog hierzu trugen die Pharaonen Brustschilde, die die ausgebreiteten Flügel des Falken symbolisieren, sowie einen Löwen-Kaross über der Schulter und die Kobra auf dem Kopfschmuck. Offenbar strebten die Pharaonen nach der Einweihung in die höchste Bewusstseinsstufe, die durch das vierfache Tier der Wahrheit, den Greif, symbolisiert wird.

Zu Lebzeiten waren die Pharaonen Horus auf Erden, doch nach dem Tod wurden sie, wie man glaubte, der Gott Osiris, die Hauptfigur im ägyptischen Unsterblichkeitskult. In der ägyptischen Astrologie wird Osiris mit dem Sternbild Orion identifiziert; nach dem Tod wurden die Pharaonen Sternengötter. Mutwa erklärte mir, dass in der afrikanischen Überlieferung »die Seele der Könige zu den Sternen zurückkehrt, wo sie auf die Wiedergeburt wartet« – genau wie bei den Pharaonen, die zu den Sternen zurückkehrten. Insofern ist die afrikanische Einweihung ein Echo auf die Bestattungsriten der alten Ägypter.

Für mich blieb die Ansicht, dass Pharaonen und afrikanische Könige auf der Seelenebene einen wichtigen Löwenaspekt besitzen und später zu den Sternen aufsteigen, höchst interessant. Ich konnte zu diesem Zeitpunkt noch nicht wissen, dass diese Vorstellung von der Seele eines Löwenkönigs, die zu den Sternen zurückkehrt, im Zusammenhang mit dem Timbavati-Gizeh-Meridian von entscheidender Bedeutung sein würde und in Hinsicht auf die lebenden Löwen in Timbavati eine reale, offenkundige Bedeutung haben sollte.

In diesen neueren Unterweisungen Mutwas fiel mir besonders auf, wie eng das uralte Löwe-Vogel-Wissen, das das Geheimnis von Simbabwe umgab, der Löwe-Falke-Überlieferung Ägyptens folgte, eine Verbindung, die auch durch die geografische Ausrichtung Groß-Simbabwes nach den Baudenkmälern von Gizeh impliziert wird.

Die Verknüpfung Ägyptens mit den südlicheren Ausgrabungsorten kam erneut ans Licht, als Mutwa begann, mir von einem »sehr, sehr

Ägyptisches Henkelkreuz

alten Stamm«, zu erzählen, der »zu dem Land gehörte, das wir Lesotho nennen: die Bakwama«.

»Das ist einer der ältesten und weisesten afrikanischen Sternenstämme«, erklärte er. »Dieses Volk besitzt die Erinnerung an ein geheimnisvolles Land mit großen viereckigen Bergen, die oben spitz zuliefen, ein Land, das von einem Gott regiert wurde, der den Kopf eines Menschen und den Körper eines Löwen besaß.«

»Wie die Sphinx in Ägypten«, stellte ich fest.

»Ja, Madam. Genau. Nur nennen die Bakwama dieses Land *Ntswana-tsasi*, und das bedeutet: ›das Land des Sonnenfalken oder des Sonnenadlers‹. Es heißt, dass ihre Vorfahren aus diesem geheimnisvollen Land der Götter kamen.«

Ich wusste, dass die alten Ägypter einen solaren Falkengott namens Horus angebetet hatten, und fand es interessant, dass der ägyptische Einfluss bis in diese weit im Süden Afrikas gelegenen Gebiete reichte. Noch spannender war jedoch, dass Mutwas Großes Wissen das genaue Gegenteil nahelegte: nämlich dass die afrikanischen Traditionen keineswegs aus Ägypten stammten, sondern dass die große afrikanische Tradition die Wurzel der spirituellen Überlieferungen Ägyptens war.

Ich erkannte das große Bronzesymbol, das in der Mitte von Mutwas Brustschild herabhing, wieder: Auf den meisten Abbildungen halten die Pharaonen es in einer Hand. Es war interessant, von Mutwa zu erfahren, dass dieses Symbol, das *Henkelkreuz*, gar nicht aus Ägypten stammte, sondern aus dem südlich der Sahara gelegenen Teil Afrikas. Dort kannte man es auf dem ganzen Kontinent als »Knoten des Lebens«; es war das Symbol des einbeinigen Gottes Mwelinquangi, auf dessen Rückkehr man schon so lange wartete. Ich kannte Mutwa gut genug, um zu wissen, dass er nicht aus Arroganz behauptete, die afrikanische Tradition habe die Symbole hervorgebracht, bevor sie in der altägyptischen Mythologie unsterblich gemacht wurden. Offenbar implizierte dieses weit verbreitete Symbol eine erleuchtete Erkenntnis, die das Wissen rund um den Globus auf eine gemeinsame Urquelle zurückführt.[7]

Jeder Besuch bedeutete eine neue Offenbarung. Mutwa und ich verbrachten den größten Teil des Tages im Gespräch. Was die Informationen angingen, legten wir weite Strecken zurück, doch physisch gesehen, bewegte sich Mutwa den ganzen Tag lang so gut wie überhaupt nicht; es war, als sei er aus Stein gemeißelt und bestünde gar nicht aus Fleisch und Blut. Assistenten kamen und gingen, und manchmal standen Pilger aus fernen Gegenden an seiner Tür, doch der Schamane selbst blieb unbeweglich: ein ruhender Pol in der sich drehenden Welt.

DER SPRECHENDE ROSETTENSTEIN

Von allen geheimen Relikten war der »sprechende Stein« sicherlich das außergewöhnlichste. Es war ein riesiger Mauerblock, in den astronomische Symbole und heilige Inschriften in mehr als einem Schrifttypus eingraviert waren, und Mutwa erklärte, dies sei die älteste Antiquität, die er besaß, sie sei viele hundert Jahre älter als die anderen Kunstwerke. Auf Mutwas Anweisung schleppten zwei starke Männer dieses Artefakt, das in einem mit Stahlkabeln gesicherten Metallbehälter aufbewahrt wurde, ins Zimmer, damit er es mir zeigen konnte. Mutwa öffnete das Siegel mit einem Schlüssel, den er um den Hals trug, und ich beobachtete gespannt, wie seine Assistentin Virginia den Behälter aufmachte.

Der Glanz des Steins schimmerte sogar durch die dicke Staubschicht. Zweifellos war es eine Art Rosettenstein. Die in Spalten voneinander getrennten Texte waren zwar völlig unleserlich[8], aber es gab mehrere wunderschön gravierte Symbole, die ich sofort erkannte. Besonders auffällig waren ein Sternensymbol, das den Sirius darstellte, sowie ein Löwe in Wächterhaltung und ein springender Delphin.[9] Der ursprüngliche Rosettenstein wurde in der Nähe der Nilmündung gefunden, doch diese Schrifttafel stammte, wie Mutwa mir erklärte, vom Türsturz eines verfallenen Tempels im südafrikanischen Venda, genau nördlich von Timbavati, und zwar vom Eingang zum Haus des Gebets. Mutwa sagte, dass der Tempel vor vielen Jahrhunderten einem Löwenkönig gehört hatte, den die Afrikaner unter dem Namen Schelumi kannten. Natürlich hatte ich das eindrucksvolle Schwert aus Simbabwe nicht vergessen, von dem es ebenfalls hieß, es habe König Schelumi gehört. Mutwa berichtete, Schelumi sei nicht schwarz gewesen, sondern weißhäutig. Er war ein Freund und Gast von Mutota, dem allerersten Monomotapa-König. Außerdem war er derjenige, der einen riesigen Goldschatz erworben hatte.

Diese Einzelheiten riefen mir die biblischen Verknüpfungen Groß-Simbabwes wieder ins Gedächtnis, denn dort war der Legende zufolge der Ursprung des Schatzes, den der alttestamentarische König Salomo besessen hatte. Während Mutwa sprach, gewann das Bild immer schärfere Konturen.

Mutwa bestätigte den Verdacht, den ich nun hegte: Schelumi war tatsächlich der biblische König Salomo, der Sohn Davids aus dem Stamm Juda. Und dieses Mauerstück scheint noch weit älter zu sein, ein Relikt, das in einen salomonischen Tempel auf der südlichen Erdhalbkugel eingearbeitet wurde.[10] So aufregend diese Vorstellung auch war – ich fragte mich, ob sie wahr sein konnte, da doch unzählige Gelehrte die Verbindung Simbabwes mit König Salomos Goldminen abgestritten hatten.[11] Wenn man Mutwas Artefakte verifizieren ließe, könnte man diese Frage in einem ganz neuen Licht betrachten.

Abgesehen von Professor Barry Fell von der International Epigraphic Society of California haben nur wenige Menschen diesen Kunstschätzen jemals Beachtung geschenkt. Fell ist berühmt für seine Entzifferung der Inschriften auf den Osterinseln. Als man dem Professor für Epigraphie[12] den sprechenden Stein zeigte, schrieb er eine Abhandlung, in der er die Inschriften darauf mit den zehn Geboten verknüpfte.[13]

Selbst heute noch bedeutet Schelumi »Löwe« in der Tswana-Sprache, und laut Mutwa benutzt man diesen Begriff auch für das Knochenorakel. Mutwa sagte mir auch, dass es in Simbabwe noch immer einen Volksstamm gibt, der König Schelumi verehrt.[14] Um Salomos Präsenz in diesen südlichen Gegenden zu beweisen, zeigte mir der Hüter des *Umlando* ein weiteres Artefakt aus seiner Sammlung: eine bronzene Armplatte, von der es heißt, Löwenkönig Schelumi habe sie getragen. Sie war mit einem eingravierten Stern und der feinen Gravur eines bärtigen Königs mit eindeutig semitischen Zügen verziert.

So fasziniert ich zu diesem Zeitpunkt auch war – später, als ich ägyptischen Boden betrat und wichtige Einzelheiten über König Salomos Verbindung mit dem Löwensymbol erfuhr[15], hatte ich noch viel mehr Grund, mich an den *Leswika la kuruma*, den sogenannten sprechenden

Gravur auf der Handgelenkplatte Schelumis. Der Löwenkönig ist mit seinem Zauberstab, seinem Sternenumhang und seiner bronzenen Handgelenkplatte dargestellt.

Stein, zu erinnern. Erst einige Zeit nach dieser Begegnung mit Mutwa sollte ich herausfinden, dass es im Gebiet um Venda, wo laut Mutwa Salomos (Schelumis) südlicher Tempel gestanden hatte, auch beeindruckende Legenden über Weiße Löwen gab.[16] Dies verknüpft den Ort mit den nördlicheren Legenden der Weißen Löwen von Simbabwe und dem Erscheinen der Weißen Löwen im südlichen Timbavati. Venda selbst befindet sich ebenfalls genau auf demselben Längengrad. Die Legenden der Weißen Löwen aus den verschiedenen Gebieten verbinden außerdem das Volk von Venda mit dem Volk der Lemba, die Mutwa als zwei unterschiedliche Abkömmlinge einer gemeinsamen jüdischen Herkunft bezeichnet hatte. Der Löwe von Juda war das symbolische Totem der jüdischen Königslinie, die von König David gegründet worden war, dem Ahnherrn Jesu (für Christen der letzte Monarch aus dieser Linie). Im ganzen Nahen Osten der Antike war der Löwe eng mit dem Königtum verbunden.

An diesen und weiteren Hinweisen, außerdem an den Andeutungen, die Mutwa über König Salomos Anwesenheit im Süden gemacht hatte, erkannte ich nun zu meinem eigenen Bedauern, dass meine Interaktionen mit dem Löwenschamanen nach einem ganz bestimmten Schema abliefen.

Obwohl ich mich so geehrt fühlte, dass Mutwa mir einen solchen Wissensschatz anvertraute, war meine Meinung letzten Endes immer noch von Skepsis geprägt. Erst im Lauf der Zeit und nach gründlichen weiteren Forschungen entdeckte ich die tieferen Bedeutungsebenen – und zu diesem Zeitpunkt war Mutwa leider nicht mehr an meiner Seite und konnte an meinen Offenbarungen nicht mehr teilhaben.

14

Unterirdischer Goldfluss

Ein großer Fluss fließt unter dem afrikanischen Kontinent, von dem es heißt, dass er sowohl in die Zukunft als auch in die Vergangenheit führt.
– Credo Mutwa

Nachdem ich die geodätische Verbindung zwischen dem physischen Geburtsort der Weißen Löwen und dem alten Standort der Sphinx von Gizeh entdeckt hatte, bemerkte ich, dass es auch zwischen den Volkslegenden aus Timbavati und der altägyptischen Kosmologie eigenartige Parallelen gibt. Dies traf besonders auf die Vorstellung von der Milchstraße als großem Sternenfluss zu.

In diesem Steppengebiet geht man üblicherweise davon aus, dass »Timbavati« »Sternenfluss« und »der Fluss, der nie austrocknet« bedeutet. Analog bedeutete bei den alten Ägyptern der Begriff der Duat sowohl »Fluss des Himmels« als auch »unterirdischer Fluss«. Warum tauchte eine mythologische Analogie der Duat in einem entlegenen Teil Südafrikas auf?

Es war verständlich, dass die alten Ägypter ihren großen Fluss mit der Milchstraße verglichen, diesem scheinbaren Sternenschauer oder bogenförmigen Strom am Himmel, der perfekt nach dem irdischen Nil ausgerichtet war.[1] Wie Adrian Gilbert und Robert Bauval in *The Orion Mystery* bemerken: »Man kann unschwer erkennen, warum ein Volk vom Nil, das einer Himmelsreligion folgte, eine Wechselbeziehung zwischen seinem Fluss und der Milchstraße sah. Denn so, wie der Nil Ägypten in zwei Teile spaltet, teilt auch die Milchstraße den Himmel.«[2]

Doch dies lässt sich von Timbavati nicht sagen. Es ist eine seltsame Tatsache, dass die Flüsse von Timbavati im Gegensatz zum ägyptischen Nil so gut wie nie fließen. Da der Nil beständig floss und jedes Jahr über die Ufer trat, konnte man ihn leicht als ewigen Fluss betrachten, der dieser Ackerbau-Zivilisation alljährlich den fruchtbaren Schlamm bescherte, von dem sie abhing. Doch Timbavati ist ein Land der trockenen Dongas und leeren Flussläufe, wo Wasser nur ein oder zwei Tage lang nach einem sporadischen Gewitter fließt. Und doch spielt das Wort »Timbavati« auf einen ewigen Fluss an, oder auf einen Sternenfluss oder, noch spezifischer, auf einen unterirdischen Fluss. Warum verewigte man in diesem trockenen Steppengebiet ohne sichtbare Flüsse den Mythos eines himmlischen Flusses?

Der Fluss, der nie austrocknet

Eines Tages stellte ich Mutwa diese Frage. »Sie haben mir erklärt, dass der Name ›Timba-waati‹ mit dem ›Sternending‹ zu tun hat, das genau auf diesen Ort der Erde herabstieg«, begann ich.

Mutwa saß schweigend da und erlaubte es mir, meine Gedanken weiterzuspinnen.

»Aber Maria hat mir erklärt, dass der Name ›Timbavati‹ in der Mythologie von Timbavati auch mit einem Fluss zusammenhängt, der nie austrocknet – mit einem Sternenfluss oder einem unterirdischen Fluss...«

»Das ist ebenfalls wahr. Ja, ja«, sagte er nachdrücklich.

»Wissen Sie, Credo, dass die alten Ägypter glaubten, der Nil sei eine irdische Kopie der Milchstraße?«

»Das überrascht mich nicht, Madam.«

»Aber ich muss das verstehen, Credo: Warum ist das Wissen von Timbavati dasselbe wie das der alten Ägypter?«

»Madam, alles Wissen der Erde ist miteinander verbunden. Es entstammt einer einzigen großen Quelle. Die alten Ägypter wussten nichts, was wir nicht auch wissen.«

Das war eine kühne Behauptung, aber auch hier sollten mir zukünftige Ereignisse Anlass geben, die Wahrheit dieser Worte besser einzuschätzen.

»Madam, wir glauben, dass die Milchstraße die ›Rückenmarksflüssigkeit‹ des Universums ist. Zwischen den Sternen wird sehr viel Wasser transportiert und vielleicht wird es auf diese Weise im Weltraum verteilt. Amarawa hat mir gesagt, dass Wasser nicht auf unserem Planeten entstanden ist, sondern von dem Stern zu uns kam, den Sie Sirius nennen.«

Diese Vorstellung erfreute zwar meine Sinne, aber mein rationaler Verstand konnte sie nicht erfassen, deshalb widerstand ich dem Impuls, das Thema in diesem Stadium weiterzuverfolgen. Stattdessen folgte ich einem goldenen Faden, den Mutwa während eines vorangegangenen Treffens abgerollt hatte.

Im Anschluss an seine Anspielungen auf einen unterirdischen Fluss, »der den afrikanischen Kontinent zusammenhält«, hatte ich viel Zeit damit verbracht, Landkarten unserer Erde zu betrachten, und dabei eine interessante Tatsache entdeckt. Der Meridian auf 31° 14' wird durch das Nildelta im Norden Afrikas definiert. Da der Lauf des Nils dieser Linie von seiner Quelle am Äquator bis zum Delta folgt, heißt dieser parallele Meridian unter Ägyptologen logischerweise »Nilmeridian«. Ein interessanter Fakt des Nilmeridians ist, dass er die Mitte der irdischen Landmassen definiert. Dies ist sehr deutlich zu sehen, wenn man einen Globus dreht: Auf der einen Hälfte ist fast nur Ozean, während sich auf der anderen Hälfte die Landmasse konzentriert – und das geografische Epizentrum der Landmasse ist der Nilmeridian.

Symbolisch gesehen, hatte ich nun den Eindruck, dass der Nilmeridian nicht nur den afrikanischen Kontinent zusammenhält, sondern eine Art Naht repräsentiert, die die ganze irdische Landmasse zusammenhält.

»Helfen Sie mir, dieses Geheimnis zu ergründen, Credo«, bat ich höflich. »Sie sagten, der heutige Lauf des Nils wurde von Menschen geschaffen, nicht von der Natur?«

»Das habe ich gesagt, Madam.«

»Und Sie sagten, dass laut dem Großen Wissen unter den Flüssen auf der Erdoberfläche unterirdische Flüsse fließen?«

»Ja, Madam. Ja.«

»Demnach gehen wir davon aus«, folgerte ich, »dass unter dem heutigen Flussbett des Nils vielleicht ein tiefer unterirdischer Fluss fließt, der womöglich mit Afrikas legendärem unterirdischem Fluss *Lulungwa Mangakatsi* assoziiert werden kann?«

»Das wäre wohl möglich, Madam«, sagte Mutwa mit einem leichten Lächeln.

Davon ermutigt, überlegte ich eine Weile. »Nun weiß ich also, dass unter dem afrikanischen Kontinent ein heiliger unterirdischer Fluss fließt, der besondere Eigenschaften hat. Könnte man sagen, dass es sich bei dieser Eigenschaft um Energie handelt?«

»Ja, Madam, das können wir auf jeden Fall behaupten.«

Ich spürte, dass ich mich einer sehr wichtigen Offenbarung näherte, aber ich wusste immer noch nicht, wohin sie führte. Sollte man Afrikas großen unterirdischen Fluss vielleicht am besten symbolisch verstehen oder war er eine physische Tatsache? Und auf einer tieferen Ebene – war er nicht vielleicht sogar beides, wie Mutwa selbst angedeutet hatte? Also ein Fluss, der sowohl auf der physischen als auch auf der metaphysischen Ebene existierte, ein realer fließender Strom mit besonderen Eigenschaften.

Vor meinem geistigen Auge begann ich die Vorstellung von einem »Fluss« in Bezug auf Wellen, Strömungen, Frequenzen zu visualisieren, kurzum: einen unterirdischen Strom. In mir keimte der Verdacht, dass damit eigentlich eine Art Energiefluss gemeint war, der sich unter der Erdoberfläche befand – ob man ihn nun als Verwerfungslinie wie die westlichen Seismologen oder nach der älteren Auffassung als Ley-Linie bezeichnete. Ley-Linien heißen bei den australischen Ureinwohnern Songlines, im Feng Shui Drachenlinien und in Indien Chakras; und sie hängen mit der Buschmann-Kunst des »Anzapfens« zusammen.

»Wenn Sie das nächste Mal in der Steppe einen fließenden Fluss sehen, Madam«, wies Mutwa mich an, »dann gehen Sie nachts dorthin und tragen Sie Schuhe mit Ledersohlen, nicht mit Gummisohlen. Je näher Sie dem Fluss kommen, desto deutlicher werden Sie dieses...«, er machte eine Pause, »...dieses Etwas spüren, das man vielleicht als ›Schwingung‹ bezeichnen könnte. Süßwasserflüsse sind lebendig, Madam. Und überdies tragen sie Erinnerungen, wie eine Fotografie. Wir Sanusis lernen, das fotografische Bild zu sehen, das ein Fluss trägt. Und das ist umso mehr der Fall, wenn ein Fluss unterirdisch fließt, wo er unsichtbare Leitungen von großer Kraft bildet.«

Ich überlegte und bemühte mich wie immer, Mutwas unvertraute Information zu verdauen. »Heißt das, es gibt eine Art ›Kraftlinie‹, die Timbavati mit Gizeh verbindet, Credo?«

»Ja, Madam, ja.«

Ich wusste aus persönlicher Erfahrung, dass Tiere wie Wale, Elefanten und Löwen viele Generationen lang immer demselben Pfad folgen wie ihre Ahnen. Warum war das so? Und warum entdeckt man an den Kreuzungen dieser Pfade unweigerlich Wasser? Ich hatte mich oft gefragt, auf welche Weise Schamanen wie Maria Wasser aufspüren. Aus irgendeinem Grund können Tiere ebenso wie die Schamanen auf der ganzen Welt unterirdische Kraftlinien anzapfen. Ebenso glauben die ältesten Stämme der Erde, dass es ein Schöpfungsakt ist, diesen heiligen Pfaden zu folgen. Ich dachte an diese Zusammenhänge, als mir einfiel, dass die Sphinx angeblich über einem solchen unterirdischen »Kraftpunkt« erbaut worden war. Warum?

»Wenn es eine Art Energielinie gibt, die Timbavati mit Gizeh verbindet, Credo«, wagte ich zu fragen, »was hat sie mit der Löwenverehrung zu tun?«

Mutwa lächelte und legte seinen Kopf in seiner typischen Art auf die Seite.

»Schließen Sie Ihre Augen, Madam. Was für ein Bild sehen Sie?«

Aus irgendeinem Grund sah ich einen goldenen Löwen.

»Ich sehe einen goldenen Löwen – vielleicht das verschwundene Relikt, Credo«, sagte ich zögernd.

»Ja, Madam, ja!«, sagte er und machte dann eine dramatische Pause.

War dies der Hinweis, den er mir geben wollte? Ich wusste, dass in den Mythologien der ganzen Erde Gold mit Löwen gleichgesetzt wird – genauso wie Löwen mit Gold gleichgesetzt werden, dem sogenannten »Löwen unter den Metallen«.[3]

»Heißt das, der *Lulungwa Mangakatsi* hat etwas mit Gold zu tun?«, fragte ich vorsichtig und mit wild klopfendem Herzen.

»Das könnte sein, Madam«, antwortete Mutwa feierlich.

»Ein goldener Fluss?«

Er saß feierlich schweigend da.

»So, wie die Weiße Ameise tief unter der Erde gräbt und mit Goldstaub durch die Erde zurückkehrt, arbeiten wir Sanusis mit den heiligen Metallen des Wissens. Mehr kann ich nicht sagen, Madam.«

Ich wusste nur allzu gut, dass Mutwas einfache Antworten tiefere Wahrheiten bargen, ebenso wie seine kindlich schlichten Tierfabeln ein tiefes Wissen enthielten.

»Und was hat das mit Simbabwe zu tun?«, fragte ich nun vorsichtig, »da das Wort ›Simbabwe‹ – *Sim* – nicht nur mit Löwen zusammenhängt, sondern auch mit Gold?«

Bis jetzt hat man die Verknüpfung Groß-Simbabwes mit Löwen noch nicht offiziell anerkannt, doch seine Verbindung mit Gold ist allgemein bekannt.[4] Man weiß längst, dass in Groß-Simbabwe Gold gewonnen wurde und dass es einst ein blühendes afrikanisches Handelszentrum war – anders als Timbavati, wo bisher kein Archäologe von den uralten Metallschmelzöfen weiß, auf die Mutwa mich hingewiesen hatte.[5] Mutwa sagte mir: »Die Portugiesen kamen in diesen Teil der Welt aufgrund von uralten Legenden über Prester Johannes und Monomotapa, das Reich des Goldes.«

Hier muss ich vorsichtig sein, um nicht mehr zu enthüllen, als mein Sanusi-Freund wünschte – aber Mutwa erlaubte mir, seine Äußerungen über die Geheimgesellschaften zu zitieren, deren Oberhäupter die »heiligen Schmiede« waren. Diese besaßen ein Wissen über Kräuter und geschmolzene Materie, das es ihnen ermöglichte, »Objekte wieder zu erschaffen, die Gott uns vor vielen Jahrhunderten gegeben hat« und die mit der »Seele der Erde zu tun haben, aber auch mit dem Universum ringsum«.

Ich wusste, dass ich in die Gefilde der Alchemie vordrang, in der das Physische mit dem Metaphysischen kombiniert wird, als ich mich dem Thema der Edelmetallschmelztechniken näherte, die die heiligen Schmiede benutzten und die unter anderem irdische Materie mit Sternenenergien vereinten. Leider hatte ich vom eigentlichen Wesen der Alchemie nur eine sehr vage Ahnung. Doch es gab nicht den geringsten Zweifel, dass der Hohepriester nicht auf den Marktwert der heiligen Metallschmelztechniken anspielte, sondern auf etwas zutiefst Geistiges.

»Gold hat auf der Erde viele große Zivilisationen entstehen lassen und viele vernichtende Kriege bewirkt«, sagte Mutwa ernst. »Wenn die Menschen Gold schürfen, Madam, dann werden sie zu Sklaven von Kräften, von denen sie nichts ahnen.« Er seufzte, und ich fühlte, welch ein Abgrund von Wissen uns trennte.

»Amarawa hat mir befohlen, als Erstes die Goldminen zu schließen, wenn ich Oberhaupt dieses Landes werde.«

In diesem kurzen Augenblick erhaschte ich einen Einblick in die Dimension der Aufgabe, die die große Schöpfergöttin diesem Sterblichen gestellt hatte. Die südafrikanischen Goldminen zu schließen! Wie sollte ein einzelner Mensch die Verantwortung dafür übernehmen, gegen die weitreichenden Interessen der kommerziellen Goldgewinnung zu handeln? Und warum sollte irgendjemand das wollen?

»Aber, Credo, ich verstehe nicht. Warum ist es so wichtig, die Goldgewinnung zu beenden?«

»Madam, wenn Sie wüssten! Wo soll ich nur anfangen?«, sagte er geduldig.

Er erklärte mir, dass das natürliche Goldvorkommen im Erdinneren für das Leben auf unserem Planeten unentbehrlich sei. Genauer gesagt, bestimmt es die Existenz, den Fluss und die Entschlackung des Süßwassers. Nicht die Schwerkraft, wie wir sie verstehen, sondern Gold und Kupfer liefern die Energie, mit deren Hilfe Flüsse fließen und gereinigt werden, denn Gold ist nicht nur ein physisches, sondern auch ein spirituelles Metall, das einem tiefen metaphysischen Zweck dient.

»Gold ist eine ›Wesenheit‹«, erklärte er. »Die Erde trägt Mineralien in sich, ebenso wie wir – Gold, Kupfer, Eisen. Und sie sind nicht dazu da, vom Menschen abgebaut zu werden«, fügte er grimmig hinzu.

Ich saß schweigend da und spürte das Gewicht von Ideen, die ich noch nicht völlig durchschaute.

Ich hatte nun begriffen, dass der legendäre *Lulungwa Mangakatsi* nicht nur ein großer Fluss war, der unter unserer Erdoberfläche fließt wie der Sternenhaufen der Milchstraße am Himmel, sondern anscheinend auch eine Goldader, die sich unter dem afrikanischen Kontinent befand. So überraschend diese Offenbarung auch war, sie ergab Sinn. Ich dachte an das Reich Monomotapa, das durch eine Kette goldführender Flüsse zusammengehalten wurde, deren Zentrum die Quelle des Nils war, und an die Goldvorkommen, die sich auf dem 31. Grad östlicher Länge ballten. Selbst heute noch gilt Goldwaschen als »ländliche Alternative zur Subsistenzwirtschaft«.[6]

Aus den Aufzeichnungen des portugiesischen Historikers de Barros geht eindeutig hervor, dass die Goldvorkommen sich um diesen bestimmten Längengrad konzentrierten.

Das Land, das zum Königreich Sofala gehört, ist ein großes Gebiet, das von einem heidnischen Prinzen namens Benomotapa regiert wird; es wird wie eine Insel von zwei Armen eines Flusses eingeschlossen, der aus dem bedeutendsten See in ganz Afrika entspringt. Dieser war bei den Alten sehr gefragt, war er doch die verborgene Quelle des berühmten Nils...

Im Folgenden beschreibt de Barros die Flüsse Sambesi und Limpopo und ihre Zuflüsse, »die alle das Land Benomotapas bewässern, und die meisten führen viel Gold, das in diesem Land gewonnen wird«. Damit spielte er auf den Goldreichtum um Groß-Simbabwe an, das zu dieser Zeit bereits zerstört war.[7]

Auch auf den Landkarten der Goldfelder, die Ende des 20. Jahrhunderts von Forschern gezeichnet wurden, sieht man, dass die Goldverhüttung auf den 31. Grad östlicher Länge konzentriert ist.

Im Hinblick auf diesen Längengrad dachte ich wieder an die Goldschmelzöfen in Timbavati, von denen Mutwa gesagt hatte, sie seien »technisch überaus ausgereift« gewesen. Im späten 19. Jahrhundert berichtet J. M. Stuart über Goldgewinnung südlich vom Limpopo bis ins damalige Transvaal. Er selbst hatte viele alte Schächte entdeckt, die »beweisen, dass hier vor Jahrhunderten überaus viel Gold gewonnen und große Mengen Erz verarbeitet wurden und dass die Ingenieure hochqualifizierte Arbeit leisteten«.[8]

In jüngerer Zeit erlebten Orte wie Bourke's Luck Pothole und Pilgrim's Rest einen Goldrausch, und es ist durchaus möglich, dass die dortigen viktorianischen Goldminen sich über älteren Minen der Eingeborenen befinden. Sie alle sind um den 31. Grad östlicher Länge konzentriert. Die bekannteste ist die viktorianische Goldschürfstadt Barberton. Auf dem ganzen afrikanischen Kontinent ballt sich die Verteilung der Goldvorkommen um diesen Meridian, wobei allein der Golderig dieses Gebiets auf der Südhalbkugel in jüngster Zeit mehr als die Hälfte des gesamten Weltertrags ausmacht.[9]

Sollte es sich bei dieser geografischen Ballung um den Hauptmeridian wirklich um Zufall handeln?

Und falls tatsächlich eine Goldader den ganzen afrikanischen Kontinent durchzog – was hatte dies dann mit dem Nil zu tun, dessen Lauf diesem Meridian bis zu seinem Delta im Norden folgte? Außerdem wusste ich, dass die Vorstellung von Gold diese Ader mit dem Löwensymbol verknüpfte. Aber was dieser Zusammenhang zwischen Löwen und Gold eigentlich bedeutete, blieb mir völlig rätselhaft.

UNTERIRDISCHER GOLDFLUSS

Diese Fragen gingen mir im Kopf herum, als ich mich von Mutwa verabschiedet hatte und durch die dunklen Straßen zurück nach Pretoria zum Haus meines Vaters fuhr. Mein Vater lebt immer noch in dem hübschen viktorianischen Haus, in dem ich zur Welt kam und das etwa eine Stunde von Mutwas vorübergehender Wohnung in Johannesburg entfernt lag. In der Zeit, in der ich mit Mutwa arbeitete, war es zu meiner Operationsbasis geworden. Jeden Abend, wenn ich heimkehrte, fand ich es schwieriger, die außergewöhnlichen Informationen, die ich tagsüber von Mutwa erhalten hatte, in meine bürgerliche Umgebung zu integrieren. Erst nachts, in den stillen Stunden vor dem Einschlafen, fanden Mutwas Worte den Weg in mein Bewusstsein.

Ich wusste, dass auf der Ebene der Hohepriester heiliges Wissen und Gold ein und dasselbe sind (wobei das eine die geistige Form des anderen darstellt); und nun erkannte ich, dass Mutwa selbst, der alle Stufen der Löweneinweihung durchlaufen hatte, die lebendige Verkörperung des Greifs darstellte – des Hüters des Großen Wissens beziehungsweise des »Goldes«. Die *Encyclopedia Britannica* führt an, dass der Greif »der Sonne geweiht« ist und Goldminen und geheime Schätze bewacht. Doch im traurigen Gegensatz zu Mutwas Beschreibung dieses hybriden Tieres als »Tier der Wahrheit und des Wissens« informiert uns die *Britannica*, dass der Greif als Symbol für »menschliche Habgier« gilt. Diese offensichtliche Fehlinterpretation des alten Wissens gibt uns einen Einblick in die tief greifende Korruption der menschlichen Natur, die die echten Werte zerstört und sie durch falsche Werte ersetzt hat.

Als ich Mutwa am nächsten Tag darauf aufmerksam machte, dass unser Lexikon den Greif als Symbol der menschlichen Habgier definiert, schüttelte der Hüter des *Umlando* ernst den Kopf.

»Wir haben unsere Seelenessenz verloren, Madam. Sie werden sich daran erinnern, dass die Portugiesen den letzten Monomotapa-König gefangen nahmen und ihm bei lebendigem Leib die Haut abzogen, um ihn durch diese Folter dazu zu zwingen, das Versteck des Goldes preiszugeben.« Dies war eine grausige Erinnerung daran, wie weit die Menschheit für materiellen Gewinn zu gehen bereit ist.

»Hören Sie mir genau zu«, fuhr Mutwa mit demselben Ernst fort. »Nach unserer Überlieferung glauben wir, dass im Mittelpunkt der Erde ein sehr tiefes Loch ist und dass sich in diesem Loch ein heiliger Berg befindet, der ganz aus Gold oder Kupfer besteht.« Er erklärte mir nun, dass dieser goldene Berg des geheimen Wissens uns Weisheit schenkt »wie ein großer Fluss, der allen Orten, allen Ländern und allen Wesen Nahrung gibt«. Er sprach eine Prophezeiung aus, dass der Berg »am Ende dieser Welt und am Anfang der neuen Welt« an die Oberfläche kommen wird, sodass jeder ihn sehen kann, und dass er »für alle Lebewesen leuchten« wird. In diesem erleuchtenden Augenblick, sagte er, »werden alle Wesen Anteil am großen Wissen der Götter haben und wie Götter werden«.

So sehr mich Mutwas Rhetorik auch faszinierte – ich hatte in unserem Austausch einen Punkt erreicht, an dem ich ihm nicht mehr folgen konnte. Es lag nicht daran, dass ich nicht mehr wissen wollte – ich hatte einfach die Grenzen meiner Aufnahmefähigkeit erreicht und fragte mich, wohin all diese Fragen noch führen sollten.

Ich hoffte, dass Mutwa mir dabei helfen würde, Klarheit über den Zusammenhang zwischen Timbavati und Gizeh und der Goldader, die die beiden anscheinend miteinander verband, zu gewinnen; doch ich spürte, dass seine Worte mich nur immer tiefer in die unauslotbaren Abgründe eines umfassenden und unlösbaren Rätsels führen würden. Ich hatte einen Moment lang vergessen, dass alles Wissen der großen Tradition untrennbar miteinander verknüpft ist, im Gegensatz zum wissenschaftlichen Wissen, das trennt und kategorisiert.

Mutwas Antworten enthüllten unweigerlich immer tiefere Rätsel. In mir wuchs das unbehagliche Gefühl, dass ich mich in Gebiete vorwagte, vor denen sich selbst Engel fürchten. Und doch konnte ich nicht aufhören. Es kam überhaupt nicht infrage, auf dem Weg, den ich eingeschlagen hatte, umzukehren. Das Ganze war einfach viel zu aufregend.

15

DER GEFLÜGELTE LÖWE VON TIMBAVATI

Das erste glich einem Löwen und hatte Adlerflügel. Ich betrachtete das Tier, bis ihm die Flügel ausgerauft wurden und es von der Erde aufgerichtet und wie ein Mensch aufrecht auf seine Füße gestellt und ihm ein menschliches Herz gegeben wurde.
— Daniel beschreibt seinen Traum im Alten Testament (Daniel 7,4)[1]

Für mich war jeder Augenblick kostbar, den ich mit Mutwa verbrachte; aber ich war dennoch erleichtert, als ich an eine Verpflichtung erinnert wurde, die mich für eine Weile von ihm fortrief, denn nun hatte ich die Chance, die Informationen, mit denen ich mich abmühte, zu verarbeiten.

Kurz nachdem ich mich von Mutwa verabschiedet hatte, passierte etwas Seltsames.

LÖWENWÄCHTER

Man hatte mich gebeten, einen Vortrag über die Bedeutung der Frühjahrs-Tagundnachtgleiche in alten afrikanischen Kulturen zu halten. An diesem Frühlingstag sind Tag und Nacht gleich lang. Wie sich herausstellte, hing dieser Gedanke eng mit dem Rätsel der Sphinx zusammen, desgleichen mit den damit verknüpften Rätseln der Weißen Löwen. Trotzdem möchte ich betonen, dass ich in meinem Vortrag mein Interesse an Löwen gar nicht erwähnte.

Während meiner Vorbesprechung zu diesem Vortrag in Kapstadt erlebte ich etwas Unerfreuliches: Während meiner Rede fiel mir ein etwas abgerissen aussehender Mann in der ersten Reihe auf, der die ganze Zeit über die Augen geschlossen hielt. Das irritierte mich natürlich, denn ich konnte daraus nur schließen, dass meine Worte ihn einschläferten.

Als nach dem Vortrag die Zuhörer weggegangen waren, kam dieser Mann überraschenderweise auf mich zu. Ich stand mit meinem Mann John und einigen Zuhörern zusammen und sprach gerade mit dem Organisator der Veranstaltung, als er auf mich zutrat und mich direkt ansprach.

Er sagte: »Ich muss Ihnen etwas mitteilen. Sie können es auffassen, wie Sie wollen.«

»Okay«, antwortete ich zurückhaltend.

»Man hat mich beauftragt, Ihnen zwei Namen zu geben«, sagte er und schrieb sie auf ein Stück Papier. Es waren zwei ziemlich altmodisch anmutende Namen, Graf St. Germain und Serapis Bey, und beide sagten mir überhaupt nichts.[2] »Man« hatte ihn »beauftragt«, mir diese unverständliche Botschaft zu bringen? Wer war der Auftraggeber? Genau wie die anderen Leute, die mich umringten, war ich zunächst völlig verwirrt. Doch dann hörte ich mich fragen: »Sind Sie ein Medium?«

»So könnte man es nennen«, erwiderte er. »Ich sehe Dinge.«

»Na, vielen Dank, dass Sie mir die Botschaft überbracht haben«, meinte ich achselzuckend, mich immer noch unbehaglich fühlend wegen seines Aufdrängens.

»Noch etwas sollten Sie heute Abend wissen«, fuhr er fort, als ich mich gerade von ihm abwenden wollte. »Die ganze Zeit während Ihres Vortrags stand ein großer männlicher Löwe neben Ihnen. Er sah aus wie ein König, und hinter ihm standen einige Stammeskrieger.«

Mir gefiel das Bild sofort; ich dankte ihm, verabschiedete mich und sah ihm nach, wie er sich zurückzog und die Tür hinter sich schloss, ohne auch nur daran zu denken, mich nach seinem Namen zu erkundigen. Aus irgendeinem Grund schien das, was er mir gesagt hatte, ganz natürlich zu sein. Erst als ich mich zu meinem Mann und den anderen umwandte und das Erstaunen auf ihren Gesichtern sah, wurde mir klar, wie unheimlich es war. Ein königlicher Löwengeist, der während meines ganzen Vortrags neben mir stand! Ich erinnerte mich an die Löwenbilder in den Mythologien der Welt: Sie waren immer

Wächter oder Hüter. Ich konnte mir gut vorstellen, wie dieser mächtige Löwe ausgesehen haben musste, und mich begeisterte der Gedanke, dass er wachsam an meiner Seite stand.

John war verständlicherweise von dem Erlebnis sehr beunruhigt, aber ich empfand das Ganze als eine unsichtbare Unterstützung meiner Arbeit und fühlte mich erbaut und ermutigt, als ich den Saal verließ. Ich bedauerte nur, nicht freundlicher und offener zu dem Unbekannten gewesen zu sein, der mir eine für mich so bedeutungsvolle Information übermittelt hatte.

Löwe der Ahnen

Bald danach kehrte ich nach Timbavati zurück und überbrachte Maria herzliche Grüße von Mutwa. Ich hatte gehofft, dass Mutwa mich begleiten würde, aber seine Gesundheit ließ das nicht zu. Abgesehen von seinem Diabetes litt er an Prostatakrebs, wodurch Fernreisen für ihn immer unangenehmer wurden.

Das Erlebnis nach meinem Vortrag hatte mich verstört, aber zugleich auch fasziniert; doch eigentlich war dies nur einer von vielen ungewöhnlichen Zufällen, die ich in letzter Zeit erlebte. In Timbavati sprach ich mit Maria darüber. Ihre Antwort, die mir der Dolmetscher übersetzte, überraschte mich. »Maria sagt, dass der Löwe, der über Sie wachte, als Sie sprachen, der Löwe aus Ihren Träumen ist.«

Dies ergab zwar auf einer irrationalen Ebene augenblicklich Sinn, aber es war eine völlig unerwartete Verbindung. »Meint Maria etwa, dass der Löwe, der mir in meinem immer wiederkehrenden Albtraum ins Gesicht brüllt, derselbe Löwe ist, den dieser Mann an meiner Seite sah, als ich meinen Vortrag hielt?«

»Maria sagt Ja. Dieser Löwe, von dem Sie geträumt haben, ist kein gewöhnlicher Löwe. Sie sagt, es ist der Löwe Gottes.«

Wieder einmal dachte ich als Erstes, wie unwahrscheinlich das doch war – aber trotzdem konnte ich eine gewisse Erregung nicht unterdrücken.

»Bitte fragen Sie Maria, was sie meint. Meint sie, es sei ein Weißer Löwe? Sagen Sie Maria, dass der Löwe in meinem Traum zweifellos ockerfarben ist, nicht weiß.«

»Sie sagt, er sei der Vater der Weißen Löwen. Durch ihn werden sie wiederkehren.«

»Der Vater? Meint Maria, er trägt das weiße Gen?«

»Maria sagt Ja. Eines Tages wird er Timbavati die weißen Welpen zurückgeben.«

Obwohl diese Information fast über meinen Verstand ging, begeisterte sie mich. »Bitte sagen Sie Maria, ich verstehe nicht ganz. Dieser Löwe ist ein Teil meiner Fantasie, ein Teil meiner Träume. Aber nun sagt sie anscheinend, es sei ein echter Löwe von Fleisch und Blut.«

»Maria sagt, es sei ein wirklicher Löwe. Sie sagt, dass Sie ihn bald sehen werden – noch bevor Sie Timbavati dieses Mal verlassen. Er ist hier, um Sie zu begrüßen, und er weiß, dass Sie hier sind. Er weiß, wer Sie sind. Er weiß, wo er Sie finden kann.« Der Dolmetscher machte eine Pause und hörte Marias weiterer Erklärung zu. »Sie sagt, dieser Löwe weiß bereits, dass Sie und Maria miteinander sprechen. Aber sie fragt: ›Wissen Sie, wo Sie ihn finden können?‹«

Ich sagte Maria, dass ich keine Ahnung habe, wo ich ihn finden sollte. Fasziniert dachte ich über die Dinge nach, die sie mir gesagt hatte. »Maria sagt also, dass der Löwe in meinem Traum ein echter Löwe ist und dass er hier irgendwo in Timbavati ist?«

»Maria sagt, er ist ein echter Löwe. Sie sagt, Sie werden diesen Löwen erkennen, denn dieser Löwe hat Flügel.«

Ich war hingerissen von dieser Vorstellung, die sich in meiner Fantasie allmählich immer mehr entfaltete, aber ich war auch völlig verwirrt. Nach allem, was ich von Mutwa über die spirituellen Assoziationen in Bezug auf die Weißen Löwen gelernt hatte, war ich nicht überrascht, dass diese legendären Tiere mit dem mythischen geflügelten Löwen in Zusammenhang gebracht wurden – symbolische Träger spiritueller Erleuchtung. Marias Äußerung schien dies ebenfalls zu implizieren. Es war kein Problem, die symbolische Ebene zu verstehen: ein engelhafter Löwe oder ein Geistlöwe mit Flügeln – aber ich begriff nicht, was ein »geflügelter Löwe« in der alltäglichen physischen Wirklichkeit bedeuten sollte. Mit fielen Mutwas Äußerungen über die vier Stufen der geistigen Entwicklung im Löwenschamanismus ein. Als Mutwa die Vorstellung von einem Löwen mit Adlerflügeln erläutert hatte, hatte ich dies als eine Idee aufgefasst. Es wäre mir nie in den Sinn gekommen, dass auf meiner Suche nach der Wahrheit hinter den Weißen Löwen dieses mystische Wesen in meinem Alltag auftauchen würde. Als ich nach meinem Gespräch mit Maria über den sandigen Pfad zurück ins Lager ging, waren meine Gedanken erfüllt von widersprüchlichen Visionen vom geflügelten Löwen des heiligen Markus und den Wappenbildern von Greifen, die ich in Büchern studiert hatte: halb Löwe, halb Adler. Ich wollte die Vorstellung, einem solchen Wesen in Wirklichkeit zu begegnen, nicht völlig von der Hand weisen; aber das Ganze war so unwahrscheinlich, dass ich versuchte, mich nicht weiter damit zu befassen, sondern mich in die wunderschöne greifbare Realität der Natur ringsum zu versenken.

Als sich mein Besuch in Timbavati dieses Mal dem Ende näherte, verstand ich Marias rätselhafte Botschaft schon besser. Mein Löwenalbtraum hatte mich nicht mehr heimgesucht, aber dafür hatte ich mich daran erinnert, dass ich ihn das erste Mal in Timbavati gehabt hatte. In der Nacht vor meiner Abreise hielt mich ein Alphamännchen wach, das die ganze Nacht ganz nah an unserem Lager brüllte – und wie Maria hatte ich inzwischen gelernt, dieses Geräusch zu lieben. Anstatt mich zu erschrecken, wärmte es mein Herz auf einer tiefen und irdischen Ebene, und mich inspirierte auch die Äußerung der Sangoma, dass sie »glücklich war«, wenn sie die Löwen brüllen hörte.

Am nächsten Tag ging ich in der Morgendämmerung mit den Fährtensuchern hinaus, um den Löwen zu suchen, aber leider vergeblich. Wir fanden seine Fährte und folgten ihr, doch in einiger Entfernung verschwand die Spur einfach. Wieder entdeckten wir Spuren, und wieder schienen sie sich in Luft aufzulösen. Dies war in der Steppe nichts Ungewöhnliches – Fährten sind natürlich nicht in Beton gegossen, sondern allen möglichen zerstörerischen Einflüssen unterworfen. Aber das ständige Versteckspiel begann den Fährtensuchern auf die Nerven zu gehen.

Schließlich gaben wir auf, beschlossen, zum Lager zurückzukehren, und freuten uns auf ein ausgiebiges Frühstück. Wir nahmen eine Abkürzung über das Rollfeld zurück zum Landrover. Normalerweise bringen die Wildhüter Touristen nicht dorthin, denn ein asphaltiertes Rollfeld mitten in der Wildnis wirkt irgendwie unpassend und störend. Doch da wir keine Gäste dabeihatten, beschlossen wir, den kürzesten Heimweg zu nehmen.

Mitten auf dem Rollfeld stand ein riesiger männlicher Löwe mit seiner wunderschönen Löwin! Dies war das Männchen, dessen Spuren wir gefolgt waren! Die Fährtensucher konnten ihr Glück kaum fassen, und ich hatte meine Antwort. Nur wenige Meter von mir entfernt auf dem Rollfeld, direkt vor dem Windsack, durfte ich einem Löwen und seinem Weibchen direkt ins Gesicht sehen. Es hätte in ganz Timbavati kein passenderes Symbol für einen geflügelten Löwen geben können.

Er war vollkommen gesund und wirklich prachtvoll. Ein Löwe in der Blüte seiner Jahre. Als er den Kopf senkte, teilte sich seine Mähne und formte ein perfektes Malteserkreuz. Dies war sein unverwechselbares Merkmal, an dem ich diesen Löwen immer erkennen sollte. Ganz plötzlich blickte er auf, wie es Löwen in der Wildnis tun, und seine Augen trafen die meinen mit einem rasiermesserscharfen Blick, der mir direkt ins Herz schnitt. Augenblicklich spürte ich eine Verbindung. War dies wirklich mein Totem? War dies derselbe Löwe, der in meinen Träumen auftauchte? In Wirklichkeit war er hauptsächlich an seiner Begleiterin interessiert, einer herrlichen Löwin, wenn auch etwas leicht gebaut, mit den schräg stehenden, kohlschwarz gerahmten Augen einer ägyptischen Göttin. Die Fährtensucher identifizierten dieses junge Weibchen: Es gehörte zum Caroline-Rudel und war mehrmals trächtig gewesen, hatte jedoch immer Fehlgeburten gehabt und somit nie eigene Junge zur Welt gebracht. Es fühlte sich wie Zauberei an, die beiden in dieser Umgebung zu sehen; umso mehr, da ich mich an Marias Äußerung erinnerte, dass dieser Löwe das weiße Gen trug. Dies deutete darauf hin, dass ihrer Partnerschaft etwas Prophetisches innewohnte.

Nach dieser unerwarteten Überraschung war ich so überglücklich, dass ich meine Rückreise spontan absagte und in Timbavati blieb.

Als sie meine Neuigkeiten gehört hatte, sagte Maria, dies sei das Zeichen, auf das sie gewartet hatte. Die Wildhüter hatten den Löwen als Ingwavuma identifiziert, und jeder in der Gegend kannte ihn unter diesem Namen. Doch Maria vertraute mir einen anderen Namen an, den sie als seinen geheimen »Geistnamen« bezeichnete. Diesen Namen durfte ich anderen nicht nennen, doch er bedeutete »Der Weise, der großes Wissen überbringt«. Da ich den geflügelten Löwen der Weisheit nun gesehen hatte, vertraute mir Maria auch an, was die

Ahnen ihr schon vor langer Zeit mitgeteilt hatten: Auch ich besaß einen Titel. Mein Titel war *Mulanguteri wa Ngala yo Basa*: »Hüterin der Weißen Löwen«.

HÜTERIN DER HEILIGEN WEISSEN LÖWEN

Ich begriff endgültig, dass sich mein Status in Marias Augen erhöht hatte, als sie mich zu einem Treffen der in der Gegend ansässigen Löwen-Sangomas einlud. Im Laufe der vergangenen Jahre war mir die Technik des Knochenwerfens immer vertrauter geworden, mit deren Hilfe man Informationen von den Ahnen erhält; und ich hatte viele Nachmittage mit Maria damit verbracht, meine Interpretationen dieser Kunst zu vervollkommnen. Eine weitere Technik, die mystische Dimension zu erreichen, mit der die traditionellen Heiler arbeiten, ist der Einsatz ritueller Trommeln. Während des Treffens der Sangomas sollte ich Gelegenheit haben, die Kraft der Trommelrhythmen beim Herbeiführen anderer Bewusstseinszustände zu erleben.

Die Zeremonie fand in einem Lehm-Rondavel statt. Mehrere Frauen saßen mit ausgestreckten Beinen auf dem Boden und hielten unterschiedlich große Trommeln zwischen ihren Schenkeln. Maria, in vollem Sangoma-Ornat, saß mit mehreren weiblichen Sangomas auf Grasmatten auf dem Boden. Ich wurde von einem Dolmetscher begleitet und etwas abseits in der Nähe des Eingangs platziert.

Sobald die erste Trommel ertönte, fühlte ich, wie mich eine große Kraft durchströmte. In meiner Naivität hatte ich erwartet, dass ich den Vorgang mit einer gewissen journalistischen Distanz würde betrachten können, doch schon bald wurde ich von den rhythmischen Wellen überwältigt. Die ideale Akustik in dem kleinen Raum schien die kraftvollen Rhythmen noch zu verstärken. Ich bemühte mich, geerdet zu bleiben.

Nun erscholl der Rhythmus der zweiten, dritten und vierten Trommel; jede wurde in anderen Synkopen geschlagen, doch während der Höhepunkte schienen sich alle zu vereinigen. Die Schwingung erfasste meine Knochen. Die Trommlerinnen erreichten eine bestimmte Intensität und verstummten. In der lang anhaltenden Stille beobachtete ich eine Sangoma namens Sarah Khosa, die sich plötzlich verwandelte. Eine Kraft pulsierte durch sie hindurch, und ihr Gesichtsausdruck wurde starr. Dann begann sie, mit eindringlicher, männlicher Stimme zu sprechen.

Wie ich später erfuhr, war dies der »offizielle Gruß« eines Ahnengeistes, der sich ihrer bediente und sich der Gesellschaft als Gegege vorstellte. Ich erinnerte mich an die Zeremonien in der Gegend um Groß-Simbabwe, von denen Richard Wicksteed mir erzählt hatte. Zunächst war ich sogar etwas enttäuscht, weil der Klang, der von Sarahs Lippen kam, kein Löwengebrüll war, sondern ganz deutlich die Stimme eines alten Mannes.

Wieder erklangen die Trommeln, und der Rhythmus jagte immer und immer wieder um die Rundhütte herum – und dann brach er wieder ab, so abrupt, wie er begonnen hatte. Sarahs Ahnenstimme meldete sich wieder zu Wort. Ihre Hand bewegte einen langschwänzigen, mit Perlen verzierten Wedel über ihr Gesicht, und ihr Körper war mit einer vibrierenden Energie erfüllt. Ich hatte nie zuvor dergleichen gesehen – es war so intensiv, dass ich glaubte, ihr Körper könne so etwas unmöglich aushalten, und ich machte mir ernsthafte Sorgen um ihre Gesundheit.

Plötzlich wurde mir bewusst, dass der Geist mich direkt ansprach. Der Dolmetscher erklärte, dass die Botschaft mit meiner langen, schwierigen und gescheiterten Suche nach den heiligen Weißen Löwen zu tun hatte.

»Der Ahn sagt Ihnen, dass sie nicht tot sind«, erklärte er nachdrücklich. »Sie müssen Ihre Reise fortsetzen. Die Weißen Löwen brauchen dringend Ihren Schutz.«

Wieder setzten die Trommeln ein. Nun trommelte auch Maria. Ich vermutete, dass auch sie uns jeden Moment verlassen und von einem Ahnengeist übernommen werden würde. Stattdessen schien es, als hätte sie alle ihre Energien vollkommen im Griff. Es gab Augenblicke, in denen ich glaubte, dass vielmehr ich es sei, die kurz davor stand, den Verstand zu verlieren und zum Mittelpunkt des Rhythmus zu werden, zum Herzen des Trommelschlags.

Ich versuchte, mich auf Sarah zu konzentrieren, die sich höchst beunruhigend drehte und wand. Sie sprach nicht nur mit einer fremden Stimme, sondern ihr ganzes Wesen war von der fremden Energie vollkommen durchdrungen. Die Laute, die von ihren Lippen kamen, hatten nichts mehr mit der Frau und ihrer Stimme zu tun. Auch ihre Gesten waren völlig verwandelt. Sie schlug sich mit dem langschwänzigen Ritualwedel auf die Stirn, als wollte sie Fliegen totschlagen, und mit der anderen Hand wischte sie sich den Schweiß von der Stirn, wie es ein alter Mann während eines Treffens der Stammesältesten getan hätte. Sie war nicht mehr die füllige, jugendliche Frau, die sie noch wenige Augenblicke zuvor gewesen war – die männliche Energie des Vorfahren, die durch ihren Körper strömte, hatte sie verwandelt.

Die Botschaft des Geistes, die nun zu uns drang, wandte sich wieder an mich. Sie lautete, Maria sei die »Löwenkönigin von Timbavati« und könne alle Fragen beantworten, die mit dem Gebiet um Timbavati zu tun hatten. Dann folgte die Eröffnung, dass auch ich dazu bestimmt sei, eine Sangoma zu werden.

Diese Information hatte mir sowohl Mutwa als auch Maria bereits gegeben, und wieder fühlte ich mich sehr ambivalent dabei: Erregung und das Gefühl einer ehrenvollen Auszeichnung mischten sich mit Furcht und Angst vor der Veränderung.

Die Botschaft ging weiter. Der Übersetzer sagte mir: »Vergessen Sie nicht, Sie werden beschützt. Die Weißen Löwen legen sich neben Ihrem Pfad nieder. Das Licht strahlt über Ihnen. Vergessen Sie nicht, Sie sind nicht allein auf dem Weg!«

Obwohl diese Worte keinen direkten Sinn ergaben, berührten sie mich auf einer tiefen Ebene. Sie beschworen ein grandioses Bild herauf: Eine Reihe von Löwen säumte meinen Weg wie eine endlose Allee gemeißelter Sphinxe. Wie es sich herausstellte, sollte ich dieses Bild nie wieder vergessen. Selbst heute noch rufe ich es mir ins Gedächtnis zurück, wenn ich Angst habe oder verwirrt bin, und es gibt mir immer wieder neue Kraft.

Dies war meine erste persönliche Erfahrung mit den »Geistern«, die durch die Löwenschamanen kommunizieren. Doch schon bald sollte ich in das Umfeld anderer Medien vordringen.

Ich kehrte mit Grüßen von Maria aus Timbavati zu Mutwa zurück.

Er saß in seinem kahlen Zimmer in Johannesburg am Fenster, die Vorhänge waren halb geschlossen, und ich beobachtete meinen großen Sanusi-Freund: Sein Körper war der eines Mammuts, sein Geist der eines Greifs.

Heute war er sehr niedergedrückt. Er hatte einen kürzlich erschienenen Zeitungsartikel gesehen, in dem der Journalist den Inhalt seiner Worte missverstanden und absichtlich falsch wiedergegeben hatte. Er befand sich in einem trostlosen Zustand der Niedergeschlagenheit; er bezweifelte, dass seine Bemühungen je irgendetwas Gutes bewirkt hatten, und klagte über den Missbrauch seiner Worte, die in gewissen »Fehlinformationen« sogar absichtlich zu zerstörerischen Zwecken benutzt wurden. Wie schon früher, spürte ich erneut seine unsägliche Todessehnsucht und bemühte mich, ihn so gut ich konnte zu trösten.

»Credo«, sagte ich, »Sie dürfen die vielen Opfer nicht vergessen, die Sie für die Menschheit gebracht haben. Vergessen Sie sie niemals. Ihre Worte werden immer Gültigkeit haben. Was die einzelnen Menschen mit dem Wissen anfangen, das Sie ihnen gegeben haben, ist deren Entscheidung.«

Während ich versuchte, sein Leid zu mindern, überkam mich ein Gefühl der Unzulänglichkeit, aber meine Worte schienen ihn doch ein wenig zu trösten. Wir sprachen von Maria, und ich erzählte ihm von dem begeisternden Erlebnis, als ich den geflügelten Löwen von Timbavati entdeckte. Während meiner Erzählung nickte Mutwa langsam, und als ich zum Ende kam, beglückte mich sein erfreutes Lächeln. Ich zeigte ihm ein Foto, das ich von dem Löwen auf dem Rollfeld gemacht hatte, und er betrachtete es sehr aufmerksam.

»Das ist, glaube ich, der Sohn des großen Löwen, den die Jäger töten wollten. Sie können die Ähnlichkeit an den Muskeln, im Gesicht und an der Mähne erkennen, Madam.«

»Es gibt viele Löwen in Timbavati, Credo«, stellte ich fest. »Meinen Sie wirklich, dies sei der Sohn von Ngwazi – ausgerechnet der Sohn des Löwen, den Sie beschützt haben?«

»Das glaube ich, Madam.«

»Wissen Sie, ob Ngwazi noch lebt, Credo? Nach all den Jahren wäre er nun alt und nicht mehr das Alphamännchen seines Gebiets.«

»Ich weiß, dass er noch lebt, Madam. Ich weiß es.«

Unter natürlichen Bedingungen wird ein Löwe nicht sehr alt, selbst wenn er nicht explizit erlegt werden soll. Ich dachte daran, was Mutwa erreicht hatte, und sagte: »Ich möchte die Tiere ebenso gut beschützen können, wie Sie Ngwazi beschützt haben.«

Mutwa schnaubte kurz, es klang fast verächtlich, aber sein Tonfall bewies, dass er mich nicht beleidigen wollte.

»Man kann einen Löwen erst dann aus dem Busch rufen, wenn man selbst einer wird. Man kann einen Delphin erst aus dem Wasser rufen, wenn man selbst einer wird, Madam.« Darauf folgte sein typischer Seufzer. »Man kann ein Wesen erst rufen, wenn man dieses Wesen geworden ist, und das gilt für alle Wesen... Ich möchte dieses Wissen gern weitergeben, Madam. Leider habe ich noch keinen Schüler gefunden, der das könnte, Madam.«

Wieder fühlte ich einen tiefen, ursprünglichen Drang in mir aufsteigen und bekannte, dass ich diese Künste wirklich lernen wollte.

»Nein, Madam, nein«, entgegnete er. »Was ich lehren muss, könnte Ihr Leben gefährden, und das werde ich nicht riskieren.«

Ich zögerte einen Moment, doch dann eröffnete ich Mutwa, dass der Ahnengeist in Timbavati mir erklärt habe, ich sei dazu bestimmt, eine Sangoma zu werden. Mutwa musterte mich kritisch und fragte: »Waren Sie vor einigen Jahren nicht krank, Madam?«

»Ja, das war ich, Credo«, antwortete ich und dachte daran zurück. Ich gehörte zu den vom Glück begünstigten Menschen, die immer kerngesund sind, und erinnerte mich nur allzu gut an die untypische Krise einer Krankheit, die mein Leben zum Stillstand gebracht hatte.

»Das war in Wirklichkeit keine gewöhnliche Krankheit«, folgerte Mutwa, »sondern der Weg des Schamanen.«

Erst jetzt wurde mir mit einem Schock klar, dass das, was ich damals erlebt hatte, mit der bewusstseinserweiternden Erfahrung zu vergleichen war, die ein Schamanen-Novize *twasa* nennen würde. Ich hatte überhaupt keine Lust, mir das Leiden jener Zeit wieder ins Gedächtnis zu rufen, aber trotzdem erinnerte ich mich nach Mutwas Anstoß ganz genau an jede Einzelheit. Meinem damaligen Nervenzusammenbruch waren sechs äußerst anstrengende Wochen vorausgegangen, in denen ich nachts kaum mehr als zwei Stunden geschlafen hatte, und zwar in den verschiedensten Hotelzimmern und jede Woche in mehreren verschiedenen Ländern. Ich hatte meinen Zustand dem übermäßigen Stress, dem hohen Adrenalinspiegel und dem Schlafmangel zugeschrieben, die meine damalige Arbeit in der Werbebranche mit sich brachte. Ich war so erschöpft, dass mein Körper einfach abschaltete, und ich erinnerte mich, dass ganz normale Körperfunktionen allmählich einfach ausgesetzt hatten. Ich aß nicht mehr, ich schlief nicht mehr, ich funktionierte nicht mehr. Es war ein schrecklicher und völlig unvertrauter Zustand, und ich hatte Angst, dass ich mich nie wieder erholen würde. Tatsächlich kehrte meine körperliche Gesundheit erstaunlich schnell zurück; aber ich werde nie die außergewöhnlichen Bewusstseinszustände vergessen, die ich in dieser Zeit erlebte.

Obwohl ich in der Mode- und Werbebranche oft mit halluzinogenen oder narkotischen Drogen in Berührung kam, war ich nie in Versuchung gewesen, selbst welche zu nehmen. Das klingt vielleicht einfältig, aber ich habe nie irgendetwas geraucht, nicht einmal Tabak, und ich habe auch nie erlebt, wie es ist, betrunken zu sein. Da ich mein ganzes Leben lang mit einer robusten Gesundheit gesegnet war, kann ich mich auch nicht erinnern, wann ich zuletzt irgendein Medikament eingenommen habe. Im Licht all dessen, was ich nun während meines Studiums des Schamanismus lernte, hatte ich den Verdacht, dass ich diese Dinge instinktiv vermieden hatte, weil ich für sie und ihre bewusstseinsverändernden Eigenschaften besonders empfänglich war.

Aus diesem Grund verwirrte mich der unvertraute Verlust der Kontrolle, den ich in der Zeit meines Zusammenbruchs erlebte, umso mehr. Ich vertraute dies damals zwar niemandem an, aber ich litt auch unter Halluzinationen und dem seltsamen Gefühl, meinen Körper zu verlassen. Ich erlebte zudem, wie beängstigend es war, andere Leute denken zu hören, denn ihre Gedanken unterschieden sich oft von dem, was sie sagten. Manchmal hörte ich ihre Gedanken über einen überfüllten Raum hinweg oder sogar gleichzeitig mit den Worten, die sie sprachen; und ich konnte ohne Weiteres die Gedanken von zwei Individuen gleichzeitig hören. Ich erinnerte mich auch, dass sich mein Zeitempfinden völlig veränderte. Eine einzige Minute wurde zu einer qualvollen Stunde – ich weiß noch, dass ich dachte, die Uhrzeiger bewegten sich überhaupt nicht mehr; sie waren wie festgefroren – doch dann begriff ich, dass ich selbst anscheinend die Zeit angehalten hatte. Ich erinnere mich auch an die intensiven Bilder und spirituellen Symbole, die vor meinen Augen aufblitzten. Ein immer wiederkehrendes Bild war ein Stundenglas, das sich rückwärts drehte, und ein anderes war der Kopf eines Löwen, von dem Sonnenstrahlen ausgingen wie von einem sich drehenden Feuerrad. Man kann dies zwar mit den bewusstseinsverändernden Erfahrungen oder »Acid-Trips« vergleichen, die Drogenkonsumenten erleben. Doch der Schamane weiß, dass die Einnahme künstlicher Narkotika seine Kräfte der Verbundenheit mit der Natur und mit den magischen Werken Gottes in der Natur schwächen würde. Damals fand ich diese ungewohnten Erlebnisse sehr beunruhigend, doch aufgrund von Mutwas freundlichen Worten erkannte ich sie nun als Einblicke in höhere Kräfte und begriff, dass es sehr dumm von mir gewesen wäre, sie einfach zu verdrängen – und dass sie etwas völlig anderes gewesen waren als der Zustand, den westliche Psychiater einen »Nervenzusammenbruch« nennen.

Offenbar hat bei einem klinischen Zusammenbruch das betroffene Individuum in vielen Fällen wenig oder gar keine Erinnerung an die erlebten Erfahrungen. Das überrascht mich sehr. Es impliziert, dass man von einer vorübergehenden Fehlfunktion kaum etwas lernen kann oder dass das, was man lernen könnte, sich nur sehr schwer in den Alltag übertragen oder auf ihn beziehen lässt. Mir dagegen erschien jede ungewöhnliche Einzelheit meiner Erlebnisse klarer als meine Alltagswirklichkeit. Das ging so weit, dass dadurch die übertriebene, maßlose Manie meines großstädtischen Lebens und meiner Arbeit in die richtige Perspektive gerückt wurde. Die meisten von uns nennen diesen rasenden, egomanischen Zustand »Normalität«, doch nun begriff ich, dass ein Schamane solche Lebensbedingungen als unnormal und unnatürlich betrachten würde und dass man sich unter diesen Bedingungen völlig von der eigentlichen Realität der menschlichen Existenz auf diesem Planeten entfremdet.

Vielleicht dachte Mutwa daran, als er mich fragte, ob ich mich an diese Phase meiner Krankheit deutlich erinnerte.

»Als sei es gestern gewesen, Credo«, erklärte ich, denn das stimmte. »Nicht nur das – es ist, als könnte ich mich an jede Sekunde erinnern, an jede Einzelheit all der Dinge, die damals passiert sind.«

Als ich Mutwa von der Erfahrung erzählte, nickte er nur verständnisvoll und erklärte, dass das, was ich erlebt hatte, »Zeitreisen« gewesen seien. »Astralreisen« gehören zu den Eigenschaften des »Sternendings«, auf das Mutwa sehr behutsam anspielte. Ein Schamane glaubt, dass die lineare Zeit, wie wir sie erleben, nicht unbedingt der eigentlichen Wirklichkeit entspricht. Man kann die Zeit auch als simultan erleben, und dies erklärt vielleicht, warum Schamanen die Zukunft voraussehen können. Im Glauben der australischen Ureinwohner heißt diese Vorstellung von Zeit »Traumzeit«.

Im Vorfeld meiner gesundheitlichen Krise hatte ich einen Zustand erlebt, der sich am besten mit dem Gefühl ständigen Rennens vergleichen lässt: Ich rannte, rannte, rannte und war unfähig, mit dem Rennen aufzuhören. Und dann kam plötzlich alles zum Stillstand, und die Zeit veränderte sich. Nachdem ich nun die Trommelzeremonie erlebt hatte, erkannte ich etwas Ähnliches in den Trommeltechniken der Sangomas, die ebenfalls einer Belastungsprobe glichen. In meinem Fall waren sämtliche Körperfunktionen zum Stillstand gekommen: Ich spürte keinen Drang mehr zu essen, zu trinken oder überhaupt irgendwelche Nahrung aufzunehmen. Dieser Zustand dauerte fast sechs Wochen lang. Wahrscheinlich war ich dem Tod sehr nah. Tatsächlich erlebte ich das, was klinisch tote Patienten als »Tunnel« bezeichnen: Ich schoss wie eine Rakete eine dunkle Röhre hinab, auf ein strahlendes Licht zu. Doch kurz bevor ich das weiße Licht erreichte, wurde ich zurückgezerrt, mit der deutlichen Botschaft: DU MUSST ARBEITEN. Ich wusste, dass ich zur Erde zurückkehren musste, und erkannte zum ersten Mal, dass ich ein Geistwesen war, nicht nur eine Person mit einem rationalen Verstand und einem physischen Körper. Ich wusste auch, dass ich einen guten Grund für mein Dasein hatte. Es ist schwer zu beschreiben, doch in diesem Augenblick bekam mein Leben einen Sinn. Die »Krankheit«, die den Trancezustand (*twasa*) begleitet, hatte Mutwa fast umgebracht und ihn mehr als drei Jahre lang ans Bett gefesselt. Ich hatte das Glück, mich innerhalb von knapp drei Monaten wieder zu erholen. Im Rückblick war das Ganze eigentlich gar kein Zusammenbruch, sondern ein Durchbruch. Es fühlte sich an, als hätte ich die vier Jahreszeiten unseres irdischen Alltags durchbrochen und sei in eine magische fünfte Dimension oder Jahreszeit vorgedrungen, in der andere Gesetze der Wirklichkeit galten. Erst als ich mich von dieser Erfahrung erholt hatte, war ich stark genug, mich den Fragen zu stellen, die Marias damaliges Handeln im Hinblick auf die Löwen für mich aufgeworfen hatte, und den Wahrheiten ins Auge zu blicken, die schon immer existiert hatten, ohne dass ich sie bemerkt hatte.

Es war entsetzlich schwierig, all dies in meine bürgerliche Existenz, meine akademische Bildung und den Alltag der Werbebranche zu integrieren. Doch da ich mutig oder draufgängerisch genug gewesen war, den Abgrund zu überwinden und die vergeistigte Welt des Schamanismus zu betreten, und da ich daraufhin entdeckt hatte, dass dies alles nun allmählich einen Sinn ergab, kam es nicht infrage, mich wieder zurückzuziehen. Die körperliche Gegenwart Mutwas und Marias erquickte mich sehr, denn sie standen für die andere Betrachtungsweise: Ihre Kraft tröstete mich, und die Bedeutung ihrer Äußerungen ermutigten mich, denn obwohl sie einer Ebene entstammten, die von der alltäglichen westlichen Vernunft weit entfernt war, erschienen sie mir irgendwie vernünftig.

An diesem Punkt meiner Suche hätte ich immer noch in meine behagliche frühere Existenz zurückkehren und mich damit zufrieden geben können, dass die Weißen Löwen als mutierte Subspezies gar nicht zum Überleben bestimmt waren, genauso wenig wie jede andere Art, die zur Unzeit am falschen Ort zur Welt kommt. Stattdessen wusste ich nun aufgrund meiner Erlebnisse mit Credo und Maria in meinem tiefsten Inneren, dass das Gegenteil zutraf: Die Weißen Löwen waren aus einem ganz bestimmten Grund genau zu dieser Zeit und genau an diesem Ort erschienen. Im alten Großen Wissen Afrikas gibt es Herolde oder Vorboten, und die Botschaft, die sie bringen, ist für die Menschheit in diesem Augenblick unserer evolutionären Geschichte von entscheidender Bedeutung. Laut und eindringlich hörte ich die Stimme des Löwenahnen, der durch die Schamanin sprach und mir erklärte, dass die Weißen Löwen dringend meinen Schutz brauchten. Mir wurde erst allmählich klar, dass ich selbst im Geheimnis der Weißen Löwen eine Rolle zu spielen hatte, nämlich die der »Beschützerin« der Weißen Löwen – und noch war mir völlig unklar, auf welche Weise ich das tun sollte.

Es ist ehrfurchtgebietend und erschreckend, zum Beschützer der Weißen Löwen berufen zu sein. Ob ich je in mein bequemes Leben würde zurückkehren können? Ich erinnerte mich, wie Mutwa mir erzählt hatte, dass es in uralter Zeit die Aufgabe des Hüters oder der Hüterin der Katzen gewesen war, diese heiligen Tiere mit seinem oder ihrem Leben zu beschützen. Das beängstigte mich. Der Titel hatte einen unausweichlichen, schicksalhaften Klang, und es war fast, als hätte ich meine neue Rolle im Leben gar nicht selbst gewählt, sondern sie mich. Ich wusste, dass man so etwas nicht auf die leichte Schulter nehmen durfte; aber ich wusste zu diesem Zeitpunkt noch nicht, wie ernst ich diese Dinge tatsächlich würde nehmen müssen. Ich wusste noch nicht, dass ich die Macht der Grundbesitzer und Trophäenjäger herausfordern musste, die letztlich auf der Macht und dem Einfluss des Geldes basiert – und natürlich auch auf den Schusswaffen, die von gewissenlosen Männern (und Frauen) benutzt werden. Ich wusste nur, dass ich mich von der Botschaft tief geehrt fühlte und dass ich meinerseits die Botschaft ehren musste: Es war ein unantastbarer heiliger Vertrag zwischen mir und den Weißen Löwenahnen vom Timbavati, den ich nicht brechen konnte.

16

DAS SPIEL DER ALLMACHT
MIT DEN KINDERN DES SONNENGOTTES

Immer wenn ein Wesen ausstirbt und von der Erde verschwindet, werden wir alle dezimiert. Wir sind alle miteinander verbunden. Wir alle – jeder von uns – sind Hüter eines kostbaren Erbes, eines wilden Erbes, das im Sterben liegt.
— Siegfried und Roy

In Afrika herrscht der Glaube, dass die wilden Tiere nicht dem Menschen gehören, sondern Gott. Ich glaube, wenn man sie »zum Sport« tötet, begeht man ein Verbrechen gegen Gott. Wenn wir die wilden Tiere dagegen beschützen ... spiegeln wir den Gott in uns wider.
— Gareth Patterson

Mutwas Niedergeschlagenheit über den Zustand der Menschheit lastete schwer auf meinem Gemüt, aber manchmal fühlte ich mich auch gestärkt und inspiriert und spürte einen immensen Stolz. Unerwartet sagte mir Mutwa eines Tages, er würde nun anfangen, »die drei Pfeile einzulegen, den grünen, den roten und den durchsichtigen, und dem Adler die Federn ausrupfen«, um meine Einweihung in das Ritual des heiligen Bogens vorzubereiten, die demnächst bevorsteht. Ich hatte bisher noch nie den leisesten Wunsch gehegt, einer Priesterschaft beizutreten oder mich überhaupt irgendwie religiös zu betätigen, aber trotzdem wurde ich immer tiefer in die geheimnisvolle Welt des Löwenschamanismus hineingezogen. Ich fühlte mich von seinen Worten sehr geehrt, aber sie machten mir auch Angst. Ich erinnerte mich, dass die Löwengöttinnen in den Mythologien der Welt oft mit den Pfeilen der geistigen Kriegsrüstung dargestellt wurden, und fragte mich, welche Schlacht mir wohl bevorstand.

»Ich bin die Vergangenheit, Madam, und Sie sind die Zukunft«, sagte er eindringlich. »Schärfen Sie Ihr Schwert und Ihren Speer des Geistes... Entwickeln Sie die Gaben, die Gott Ihnen geschenkt hat, damit Sie mithelfen können, die Menschheit aus ihrer spirituellen Gefangenschaft zu befreien.«

»Aber wie soll ich das anfangen?«, fragte ich unsicher und fühlte mich der Rolle, die er mir da in Bezug auf die »Gefangenschaft« der Menschheit zudachte, keineswegs gewachsen.

»Beginnen Sie, indem Sie Ihre natürlichen prophetischen Gaben entwickeln«, erklärte Mutwa weiter. »Die Prophezeiung ist keine übernatürliche Kraft, sondern eine Gabe, die wir alle besitzen. Sie sollten bereits wissen, Madam, dass wilde Tiere große prophetische Kraft besitzen. Manchmal spüren wir in unserem Herzen, dass irgendetwas nicht stimmt, auch wenn alles so aussieht, als sei es ganz in Ordnung. Man könnte es ein ›Frühwarnsignal‹ nennen. Und das ist Prophezeiung.«

Ich hörte schweigend zu.

»Seher auf der ganzen Welt empfangen schon seit langer Zeit die Warnsignale, Madam. Die Zeit, in der wir heute leben, ist die wichtigste Zeit für die Menschen. Wir leben in einer Zeit der Katastrophen und echten Wunder.«

Diese Worte erinnerten mich an Mutwas Beobachtung, dass sich zum ersten Mal in der Geschichte alle Religionen der Welt in einem Punkt einig waren: Alle erwarteten die Rückkehr eines Gottes oder der Götter. Er hatte mir gesagt, dass sein Volk, die Zulu, in Zululand auf die Wiederkehr des einbeinigen Sonnengottes Mwelinquangi wartete.

Er hatte mir auch von der Prophezeiung berichtet, die König Schaka ein paar Jahre vor seinem Tod ausgesprochen hatte: dass der siebte Zulukönig, der nach ihm regierte, der letzte König dieses Volkes sein würde. Während er klarlegte, dass ihm das Herz wehtat, wenn er an sein Volk dachte, sagte er: »Der heutige König Swelethini ist der siebte.«

Ich fragte ihn, ob diese Prophezeiung bedeute, dass das Ende seines Volkes bevorstand, und er antwortete mit einem grimmigen Nicken. »Ja, Madam, das ist wahr«, gab er zurück. »Aber hören Sie mir gut zu: Eine Prophezeiung muss nicht in Erfüllung gehen. Sie geht nur in Erfüllung, wenn wir so blind sind, dass wir meinen, wir könnten an den Warnungen nichts ändern. Dies ist die Wahrheit, die die Weißen-Löwen-Boten uns bringen: Wir dürfen nicht vergessen, dass wir individuell und als Menschen etwas tun können.«

»Heißt das, dass wir unser Schicksal selbst bestimmen?«, stellte ich die älteste Frage der Menschheit.

»Ja, Madam, ja! Manchmal werde ich so wütend«, sagte er, und ich spürte seine bittere Enttäuschung. »Ich fühle mich so einsam und wie ein Idiot, ein *Mampara*. Aber ich kann es nur versuchen, Madam...«

»...versuchen, der Menschheit dabei zu helfen, zu verstehen?«, vervollständigte ich seinen Satz mit einer Frage.

Er seufzte tief, und ich konnte nur ahnen, wie viele Anstrengungen er während des halben Jahrhunderts unternommen hatte, in dem er ununterbrochen der Erleuchtung unserer Spezies gedient hatte.

»Ich bin sehr froh, dass ich bald den Löffel abgeben werde, Madam«, schloss er ironisch und in leichterem Ton. »Dadurch werde ich nicht mit ansehen müssen, wie sich der moderne Mensch sein eigenes Grab schaufelt!«

WIR SCHAUFELN UNSER EIGENES GRAB

Während meines letzten Besuchs in Timbavati hatte ich zu meiner Beunruhigung feststellen müssen, wie dringlich und real die Warnung des Ahnengeistes war, dass die Weißen Löwen »Schutz« brauchten. Schrecklicherweise sind die Weißen Löwen von Timbavati, die »Kinder des Sonnengottes«, wie die Schamanenorden sie nennen, keine geschützte Tierart. Man billigt ihnen nicht einmal das elementarste Grundrecht auf Schutz zu. Noch schlimmer: Sie werden aktiv gejagt, und man zieht ihnen das Fell als Trophäen ab.

Da ich Mutwas Schwäche und Neigung zur Depression kannte, hatte ich zunächst gezögert, ihm diese Nachricht zu überbringen, doch dann beschloss ich, dass es notwendig war, ihn über die Zustände im Umland von Timbavati zu informieren, wo es noch immer ein reges Trophäenjagdprogramm gibt. Als er das hörte, reagierte der alte Löwenschamane mit einer tiefen Depression über die Natur der Menschheit. Er seufzte tief und antwortete mit Worten, die ich nie vergessen werde: »Wir leben in einer prophetischen Zeit, Madam. Manche Menschen werden gottähnlich. Aber wenn Sie mir diese schlechte Nachricht bringen, dann verzweifelt mein Herz an uns allen, an jedem Einzelnen von uns, und an der Zukunft dieses Planeten.«

Man hat die organisierte Trophäenjagd »canned lion-hunting« genannt (wörtlich: »Löwenjagd wie aus der Dose«), im Deutschen auch »Löwengatterjagd«: Diese Löwen werden erst von Menschen gezüchtet, dann unter Drogen gesetzt und schließlich innerhalb ihrer Freigehege aus nächster Nähe erschossen. Obwohl diese Information strikt geheim gehalten wurde, wusste ich aus sicherer Quelle, dass man die Weißen Löwen von Timbavati aufgrund ihres weißen Gens eingefangen und umgesiedelt hatte, um sie für die Jagd zu züchten. Tatsächlich werden Weiße Löwen in Jagdcamps gesichtet und bilden die Grundlage einer makaber anmutenden lukrativen Touristenbranche.

Es gibt in Südafrika noch immer Seilschaften derselben Männer, die sich in der Zeit der Apartheid an Rassenverbrechen beteiligt haben (insbesondere Mitglieder der berüchtigten Mordbrigaden der südafrikanischen Verteidigungsstreitkräfte wie etwa den Recces, den Spezialeinheiten, dem Büro für zivile Zusammenarbeit und Koevoet). Üblicherweise organisieren diese Männer die Jagdprogramme. Als ich den Hintergrund dieser Jagden recherchierte, hatte ich Kontakt zu Gareth Patterson, dem Löwenmann, der den Mut besessen hatte, die Machenschaften der Großwildjäger aufzudecken, und sich bemühte, die Öffentlichkeit in seinem jüngsten Buch *Dying to be Free* auf ihre Aktivitäten aufmerksam zu machen. So etwas bleibt ein gewagtes Unternehmen gegen Interessengruppen sowohl im privaten als auch im staatlichen Bereich.

Es ehrt Patterson immens, dass er sich von den Todesdrohungen nicht abschrecken ließ, die er und andere Naturschützer erhielten, und er bezahlt einen hohen Preis dafür. Er kann nachts kaum noch schlafen und investiert jeden Cent, den er verdient, in sein Anliegen. In der Gemeinschaft der Afrikaner hat ihm sein endloser furchtloser Kampf für den König der Tiere den Ehrentitel Ra De Tau eingebracht: »Mann des Löwen«. Ein anderer mutiger und aktiver Mann ist der Löwenzüchter Simon Trickey, dem es trotz unglaublicher Widerstände gelungen ist, zwei Timbavati-Löwen, die das weiße Gen tragen, wieder nach Südafrika zurückzubringen, nachdem man sie in Zoos in Amerika entdeckt hatte. Er hatte gehofft, sie würden weiße Welpen bekommen, aber tragischerweise wurde sein kostbares gentragendes Männchen getötet. Man hat diesem wirklich prachtvollen Löwen, den ich gefilmt und sehr bewundert hatte, die Eingeweide entfernt, um die Beweise verschwinden zu lassen, die sich darin befanden: offenbar der Pfeil einer hoch technisierten Laserarmbrust. Nachdem auch er mehrere Todesdrohungen erhalten hatte, verkaufte Trickey schließlich seine Löwenfreistatt und verließ das Gebiet. Als ich kurz nach dem Tod seines Löwen im Dezember 1999 zuletzt mit ihm sprach, klang er völlig verzweifelt: Sein Traum, die Weißen Löwen zu retten, war zerstört worden.

Ich habe oft das Argument gehört, dass das Schnellzuchtprogramm der Jäger positiv sei, da es angeblich eine Löwenabart am Leben erhält, die sonst aussterben würde. Doch dieses Argument ist zynisch und eigennützig. Weiße Löwen, die unter diesen künstlichen Bedingungen zur Welt kommen, leiden unter schweren genetisch bedingten Missbildungen: Löwen kommen ohne Mähne oder ohne Quaste zur Welt, Welpen brauchen eine Operation am offenen Herzen. Für Weiße Löwen als Jagdtrophäen werden zwischen 500 000 und 1 000 000 Rand bezahlt. In Wahrheit ist es keineswegs die Absicht der Großwildjäger, die weiße Abart zu erhalten, sondern sie wollen sichergehen, dass sie weiterhin sehr selten und vom Ausstreben bedroht bleibt, denn dadurch ist ihr Profit am größten.

Ich habe mich oft gefragt, was für ein Mann ein wehrloses Tier innerhalb eines Freigeheges aus nächster Nähe mit einem Jagdgewehr oder mithilfe von Lasertechnologie erschießt. Und damit will er nun seine »Männlichkeit« beweisen. Was für ein Mann tötet zum Spaß? Wo steckt in einer so sinnlosen und feigen Tat das Heldentum?

Der Schamanismus verehrt die Seelenverbindung zwischen den verschiedenen Spezies; und allmählich lehrte er mich die wahre Bedeutung von Tapferkeit, die letzten Endes der Heldenmut des Geistes ist.

Ein wahrer Held besitzt Ethik. Maria Khosa und Credo Mutwa hatten mich gelehrt, dass Heldentum zuallererst die Fähigkeit bedeutet, die Verbindung zu erkennen, die zwischen der Menschheit und den furchterregendsten Raubtieren der Erde besteht; und zweitens die Fähigkeit, diese Verbindung zu ehren. Indem die Löwenschamane dies tut, stärkt er seinen Glauben und sein Vertrauen in die Natur selbst.

Es ist nicht einfach, diese Denkweise zu verstehen, denn wir haben unseren Sinn für Ethik und unsere spirituellen Werte längst verloren. Wenn uns jedoch der afrikanische Schamanismus zu unzugänglich erscheint, sollten wir unsere christliche Bibel zur Hand nehmen, die uns dieselbe Lektion erteilt. Man kann sich kaum ein besseres Beispiel für wahres spirituelles Heldentum wünschen als die Geschichte von Daniel in der Löwengrube.

Daniel wird in die Löwengrube des Königs geworfen, und ein Stein wird vor den Eingang gerollt und mit dem Siegel des Königs verschlossen, um eine Flucht unmöglich zu machen. Dies ist ein Echo auf die alten Praktiken des Löwenschamanismus, bei denen der Novize dazu gezwungen wird, einer tödlichen Gefahr zu begegnen. In Daniels Fall musste er die ganze Nacht mit den Löwen eingesperrt bleiben. Am Morgen steht der König früh auf und eilt zu der Grube, um zu sehen, was sich über Nacht dort abgespielt hat. Wunderbarerweise ist Daniel unverletzt: »Kein Schaden war ihm geschehen, denn er glaubte an seinen Gott.«[1]

Diese Geschichte aus dem Alten Testament bestätigt die Prinzipien des Löwenschamanismus auf ihrer tiefsten Ebene. Daniel hat seine schreckliche Folter überlebt, indem er das wichtigste Gesetz des Löwenschamanismus befolgte: Angst überwindet man durch die Macht des Glaubens. Was die Trophäenjagd angeht, liegt das Problem meiner Meinung nach nicht unbedingt in der Frage, warum es einigen moralisch bankrotten Individuen Spaß macht, wunderschöne Tiere zu töten – die eigentliche Frage ist, warum wir anderen es ihnen erlauben.

Mein Kontakt mit afrikanischen Schamanen half mir zu verstehen, dass die Trophäenjagd mehr ist als ein herzloser, blutiger Sport. Sie ist ein Verbrechen gegen die Menschheit. Der Jäger bezahlt zwar dem Löwenzüchter den üblichen Preis für den Löwen, den er tötet, aber in Wirklichkeit zahlen wir alle den Preis: unsere Erde, unser Erbe und unsere Zukunft.

Die andauernde Ausbeutung um des Geldes willen hat unser Naturerbe so gut wie zerstört. Dies hat verheerende Folgen. Die Trophäenjäger sind zwar die Mörder, aber wir, die untätigen Zuschauer, müssen die Konsequenzen tragen.

Wenn wir tatenlos zusehen, wie die kostbarsten Tiere der Erde um des Geldes willen getötet werden, dann bejahen wir damit stillschweigend den Gedanken, dass materielle Werte wichtiger sind als unsere natürliche Umwelt – und wir beweisen, dass wir Menschen unseren Geist so gut wie verloren haben. Allmählich erkannte ich, dass den Worten der Löwenschamanen, wenn sie von den Schandtaten an den Weißen Löwen und der Zerstörung unserer Erde sprachen, eine natürliche und vollkommene Logik zugrunde lag. Eine Welt ohne Geist verliert ihre Lebenskraft und wird schließlich zugrunde gehen.

Wir leben am Rand einer Katastrophe, vor der uns Mutwa und andere große Propheten auf anderen Kontinenten warnen, und uns sollte längst klar sein, dass unsere Einstellung zu unserer Erde und ihrer lebendigen Natur direkt mit unserer eigenen Zukunft zu tun hat. Nachdem Mutwa von dem Grab gesprochen hatte, das der moderne Mensch sich selbst schaufelt, gab er mir eine unerwartete Information über die Not der Weißen Löwen.

»Madam, Sie sollten noch etwas wissen«, sagte er. »Die Weißen Löwen sind nicht tot. Sie leben, aber sie sind an einem entlegenen Ort der Erde eingesperrt.«

»Sie meinen doch nicht das Umland von Timbavati?«, fragte ich und dachte wieder mit Abscheu an die Jagdcamps.

»Nein, Madam. Ich meine einen ganz anderen Kontinent.«

Ich war mir nicht sicher, ob dies eine gute oder eine schlechte Nachricht war, und bat ihn, mir das zu erklären.

»Ich möchte Ihnen eine Geschichte erzählen, Madam. Eines Tages kamen zwei gut aussehende weiße Männer nach Mafikeng, in unser Dorf. Sie waren richtige nordische Krieger. Als sie mir ihre Namen nannten, sagte ich: ›Sie sind nicht die, für die Sie sich ausgeben.‹ Darauf gaben sie zu, dass sie in Wirklichkeit die berühmtesten Zauberkünstler der Welt seien. Und dann fingen die beiden Männer an, uns ihre Tricks zu zeigen. Ganz einfache Tricks mit Geld zum Beispiel: Sie zeigten uns, wie eine Banknote sich von ihrer Handfläche erhob und zwischen ihren Händen schwebte. Einige Sangomas waren davon beeindruckt, aber ich nicht. Ich hatte diesen Trick schon oft gesehen. Aber dann zeigten diese Amerikaner mir Fotos, auf denen sie mit Weißen Tigern zu sehen waren. Das beeindruckte mich tief und machte mich traurig.[2] Diese Männer waren nach Südafrika gekommen, um Weiße Löwen von Timbavati wegzuholen und in ihre ferne Stadt zu bringen.«

Mutwa sah bei der Erinnerung beunruhigt aus. »Ich muss zugeben, Madam, dass ich explodierte. Ich schrie sie an: ›Wie würde es euch gefallen, wenn man euren Gott in ein fremdes Land schleppen würde, damit ihn Touristen und Spieler als Sensation angaffen können?‹ Ich sagte: ›Meine Herren, was Sie tun, ist falsch und unmoralisch.‹«

Mutwa war meine Besorgnis offenbar nicht entgangen.

»Es gibt ein altes Zulusprichwort, Madam: ›Wenn du deine eigenen Kinder verlässt, dann wundere dich nicht, wenn ein kannibalischer Riese sie bewacht.‹«

Die Kinder, auf die Mutwa damit anspielte, waren natürlich die »Kinder des Sonnengottes«, deren spirituellen Wert die meisten von uns nicht erkennen, am wenigsten die Grundbesitzer, auf deren Land diese strahlenden Wesen zuerst erschienen.

»Und was haben die Zauberkünstler dann gemacht, Credo?«, fragte ich.

»Ich weiß es nicht, Madam. Sie haben es mir nicht gesagt«, stellte er grimmig fest. »In dem Augenblick, in dem man etwas aus der Wildnis reißt, ein Wesen, das in den Schoß der Natur gehört, hat man kein wildes Tier mehr, denn man tötet damit den Geist des Tieres. Man erniedrigt es. Mein Herz schmerzt wegen dieser Löwen, Madam.«

Auch mein Herz tat weh. Und ich beschloss, dass ich dieser Geschichte auf den Grund gehen musste.

Nachdem ich mich im Johannesburger Zoo erkundigt hatte, erfuhr ich den Hintergrund von Mutwas Information. Vor zwei Jahrzehnten hatte man einen ockerfarbenen Löwen, der in Timbavati angeschossen worden war, in den Zoo gebracht, um ihn zu retten. Nachdem er sich dann wieder völlig erholt hatte, zeugte dieser Löwe einen Wurf reinweißer Jungen, und so entdeckte man, dass er dieses besondere Gen besaß.

Als der Zoo feststellte, dass die jungen Weißen Löwen eine Unmenge Besucher anzogen, entwickelte man dort ein Projekt, das darauf abzielte, die Weißen Löwen zu erhalten. Doch weil ein Zuchtprogramm für Fleischfresser zu viel Geld kostete, wurde dem Zoodirektor Dr. Pat Condy bald klar, dass er dringend Partner brauchte, die ihm helfen würden, die finanziellen Mittel bereitzustellen: Partner, für die Geld schlichtweg kein Thema war.

Gerade als der Zoo anfing, nach solchen Partnern zu suchen, stellte es sich heraus, dass genau die richtigen Partner zufällig gerade ebenfalls auf der Suche waren: Siegfried und Roy, bezeichnet als »die größten Zauberkünstler der Welt«. Unter der Leitung Condys entwickelten der Johannesburger Zoo und die berühmten Zauberer von Las Vegas ein gemeinsames Zuchtprogramm. Siegfried und Roy besitzen Freigehege, deren Maßstab weltweit unerreicht ist. Condy hatte die Idee, weit vom Zoo entfernt eine artenspezifische Basis einzurichten, wo man die Weißen Löwen züchten konnte, ohne Inzucht zu riskieren.

Spontan empfand ich Bestürzung darüber, dass diese majestätischen Tiere unter so fremden und unnatürlichen Bedingungen umgesiedelt worden waren. Andererseits war es ein Wunder, dass sie überhaupt noch lebten. Was genau ging hier vor?

Wie es sich herausstellte, waren Pat Condy und der Johannesburger Zootierwärter Mauritz Basson freundlich und offen. Sie bemühten sich sehr, die zahllosen Fragen zu beantworten, die ich auf sie abfeuerte. Sie informierten mich, dass der Weiße Tiger allein dank der Bemühungen Siegfrieds und Roys weiterhin existiert.[2] Und was die Weißen Löwen anging, erklärten sie mir, dass im Lauf der letzten paar Jahre bisher insgesamt acht Löwenjungen, die alle aus verschiedenen Würfen des Johannesburger Zoos stammten, in verschiedenen Transporten zu den Bühnenstars nach Las Vegas geschickt worden waren. Im Lauf des kommenden Jahrzehnts werde eine »duplizierte Gruppe Weißer Löwen geboren werden, die von derselben genetischen Basis abstammt«, wie Basson das nannte. Auf diese Weise werde der Genpool aufgefrischt und das weiße Gen bleibe dennoch erhalten; diesen Prozess nennt man »auskreuzen«. Er zielt darauf ab, dass man die Löwen in zehn Jahren, wenn sie »ausgekreuzt« sind, gefahrlos wieder miteinander kreuzen kann.

Dies war ganz offensichtlich ein sorgfältig geplanter und mit großer Hingabe geförderter Prozess, der auf die Erhaltung und den Schutz des weißen Löwengens abzielte – und doch konnte ich mich nicht darüber freuen. Vor meinem geistigen Auge sah ich die Weißen Löwen von Timbavati und die Weißen Tiger von Rewa, wie sie in der reißenden Zaubervorstellung gemeinsam geschmacklose Mätzchen vorführten, ebenso wie ihre fehlerhaften Gene Genetikern einen Streich spielten, die versuchten, diese schneeweißen Anomalien der Natur zu erklären. Ich war an die Ehrfurcht gebietende Wirklichkeit der Löwen in ihrer natürlichen Umwelt gewöhnt und konnte mich mit einer solchen Idee einfach nicht anfreunden.

Trotzdem musste ich mich damit abfinden, dass dies nun einmal die letzte Bastion der Weißen Löwen war. Ohne das gemeinsame Zuchtprogramm des Johannesburger Zoos und der prominenten Partner in Las Vegas gäbe es keine Weißen Löwen mehr.[3] Man konnte nicht abstreiten, dass Siegfrieds und Roys Methode bei den Weißen Tigern von Rewa erfolgreich gewesen war: Sie hatten die Tiere vor dem Aussterben gerettet. Ich kam zu dem Schluss, dass die bedrohten Tierarten in der heutigen, vom Menschen erzeugten ökologischen Krise letzten Endes jede Hilfe brauchen, die sie bekommen können.

Als ich an einem Winternachmittag im August 1997 Pat Condys Büro im Johannesburger Zoo verließ, beschloss ich, eine Reise nach Las Vegas zu unternehmen. Ich wollte die berühmtesten Magier der Welt selbst kennenlernen und mir persönlich ein Bild der dortigen Situation machen. Und vor allem wollte ich die magischen Weißen Löwen von Timbavati kennenlernen.

Die Weißen Löwen von Timbavati.

Oben: Das Urerlebnis der nächtlichen Begegnung mit einem jagenden Löwen.
Unten links: Credo Mutwa, Hohepriester der Zulu.
Unten rechts: Maria Khosa, die »Löwenkönigin«.

Oben links: Der ermordete Ingwavuma als ausgestopfte Jagdtrophäe.
Oben rechts: Linda vor einem Gemälde, das zur Rettung der Löwen inspiriert und mit ihrer Löwenfreundin Mara.
Unten: Nach diesem Foto wurde Ingwavuma von Trophäenjägern aufgespürt und getötet.

Linda als Pflegemutter für Mara.

Tendile, das Löwenjunge, dessen Geburt die Schamanen von Timbavati prophezeit hatten.

Die Auswilderung der Weißen Löwen.
Oben links: Linda und KJ.
Oben rechts: Das Löwenrudel wird langsam auf das Leben in Freiheit vorbereitet.
Unten: Linda mit Aszlan.

Rückkehr in die Freiheit.
Oben: Linda und JT tragen die betäubten Löwen in die Freiheit des neuen Schutzgebietes.
Unten: Die Jagdinstinkte der Löwen kehren zurück und erlauben das neue Leben in der Wildnis.

Linda besucht eine alte Freundin.

17

WEISSE LÖWEN UND ZAUBERER

Die Harmonie, die ich in Gegenwart eines Tieres spürte, sollte die stärkste und magischste Beziehung meines Lebens werden.

– Roy Ludwig Horn (Siegfried und Roy)

Nachdem ich im September 1997 den Atlantik und mehrere Zeitzonen überquert hatte, landete ich auf dem Flughafen von Los Angeles und übernachtete in der Wohnung meines Cousins in Santa Monica, wo ich nach vielen Jahren endlich wieder einmal sämtliche Neuigkeiten meiner dortigen Familie erfuhr. Am nächsten Tag mietete ich ein Auto und begann die lange Fahrt durch die Wüste von Nevada zur glitzernden Oase Las Vegas.

Sobald man die San-Andreas-Verwerfungslinie überquert hat, führt die Autobahn durch unbebautes Gelände. Auf der Straße herrscht zwar ständig reger Verkehr, aber auf beiden Seiten rückt die Wüste unaufhaltsam näher: Eine einsame Steppenhexe weht über die unfruchtbare Fläche, und der Staub steigt in engen Spiralen zum Himmel hinauf. Zur Linken und zur Rechten ist nichts als Wüstensand, und die Straße führt schnurgerade auf den Horizont zu, wo sie in der Ferne verschwindet.

Die lange Fahrt gab mir Gelegenheit, mich auf mein Interview mit den Stars vorzubereiten. Was würde ich sagen? Vor allem wollte ich mich vergewissern, dass es den Löwen gut ging und dass sie gesund waren. Was die Artisten anging, war ich gespannt, wie tief das Vertrauen und das gegenseitige Verständnis zwischen diesen Männern und Timbavatis heiligen Löwen ging.

Sechs Stunden später schwand allmählich das Licht über der rosaroten Wüste, und ich erkannte in der Ferne den Schimmer von Las Vegas. Im Rückspiegel stand der Horizont Nevadas in Flammen. Dann fiel die Dunkelheit herab, und ich fuhr in die Oase der blinkenden Lichter hinein, wo ich auf einer Überführungsspur landete und in eine grelle künstliche Welt geschleudert wurde.

Ein riesiges nachempfundenes Schneewittchenschloss begrüßte mich zur Ankunft, und über dem turmhohen Bau schleuderte eine Achterbahn die Neuankömmlinge direkt in das klimpernde Herz des weltgrößten Glücksspieltempels. Kasinos umringten das Stadtzentrum, und knallige Neonlichter beleuchteten die riesigen Reklametafeln, die sowohl auf der Vorder- als auch auf der Rückseite die allnächtlichen Shows anpriesen. Schon bald entdeckte ich Siegfrieds und Roys Plakat: ein blonder und ein dunkler Mann, umgeben von schneeweißen Raubkatzen – die strahlendsten Stars auf dem Strip. Vegas war genau so, wie ich es mir vorgestellt hatte: eine künstliche Welt der Träume und Illusionen.

Als ich in dem Hotel mit dem passenden Namen Mirage eintraf, nahm mir ein Hoteldiener die Autoschlüssel ab und ein Gepäckträger kümmerte sich um meine Koffer. Bei der Anmeldung an der Rezeption erhielt ich einen ausführlichen Lageplan, auf dem der Weg zu meinem Zimmer markiert war: Er führte durch den sogenannten »tropischen Regenwald« direkt in den Glücksspielbasar. Doch als ich, umringt von einer hochdekorierten Armee klingelnder, blinkender »einarmiger Banditen«, versuchte, den Weg nach draußen zu finden, musste ich feststellen, dass ich immer wieder im Kreis gelaufen war – das klassische Missgeschick aller Wanderer, die sich verirrt haben. Schließlich bat ich einen der uniformierten Hausdiener, mir den Weg zu meinem Zimmer zu zeigen. Er führte mich bereitwillig durch einen Irrgarten marmorner Korridore und beleuchteter Schaufenster, bis wir zu einem Atrium voller Platin-Aufzüge kamen. Ich fuhr nach oben in den sechzehnten Stock, wo sich mein mit einer Klimaanlage ausgestattetes Zimmer befand.

Dort angekommen, versuchte ich zunächst einmal, meine Gedanken zu sammeln, die in meinem Kopf wie ein Rouletterad im Kreis herumjagten und sich einfach nicht auf eine Glückszahl konzentrieren konnten.

Die Welt der Zauberer: eine geheime Anziehung

Später an diesem Abend, als sich mein Gemüt etwas beruhigt hatte, erlebte ich eine Sensation: Ich sah die »berühmteste Zaubervorstellung der Welt«. Größtenteils handelte es sich dabei um eine typische Vegas-Nummer: donnernde Musik, gewaltige Fanfaren, eine intergalaktische Schlacht zwischen Außerirdischen in Designerklamotten und den »Guten«, nämlich Siegfried und Roy. Ringsum war der riesige, dunkle Zuschauerraum gerammelt voll mit Leuten, die zu Abend aßen und Cocktails tranken, wobei ihre Gesichter hin und wieder von den explosiven Spezialeffekten erhellt wurden. Es war kein einziger Weißer Löwe zu sehen. Allmählich fühlte ich mich wieder desorientiert und unsicher – doch auf einmal war es so weit: Die Raubkatzen erschienen!

Die Show hielt buchstäblich den Atem an und es wurde still. Zu meiner Überraschung gab es keine billigen Zirkustricks, keine Feuerräder – plötzlich waren die Zuschauer wie gebannt von der Gegenwart der Raubkatzen. In diesem Augenblick erstarben all die künstlichen, apokalyptischen Visionen, die Szenen vom Ende der Welt, die hochtechnisierten Marsianer und Metallmonster, die Feuer und Schwefel spien, und es herrschte Schweigen. Mein Herz tat einen Sprung: Dies war ein echter magischer Moment.

Ohne jeden Zweifel waren die Katzen die absoluten Stars der Show. In diesem zeitlosen Augenblick, als die zitternde Musik einen Takt ausließ und die Weißen Löwen zum ersten Mal die Bühne betraten, spürte ich, dass sämtliche Zuschauer den Atem anhielten. Die Löwen strahlten sublime Schönheit aus und existierten einfach. Das war genug. Sie erschienen wie aus dem Nichts, und da dies schließlich eine Zaubervorstellung war, verschwanden sie auch wieder.

Als dies geschah, klang Siegfrieds Stimme durchs Mikrofon: »Suchen Sie den Zauber, der Sie umgibt. In der Natur, in den Pflanzen, in den Blumen und in all den Tieren, die diesen Planeten mit uns teilen...«

Allmählich begriff ich, worauf diese Zauberkünstler abzielten. Ihre Magie schien einem höheren Zweck zu dienen. Letzten Endes waren die fesselnden Requisiten und die perfekten Spezialeffekte nur dazu da, den allgegenwärtigen Zauber der Natur zu würdigen. Die Zuschauer wurden nachdrücklich daran erinnert, dass der Schneeleopard, der Sibirische Tiger und die Weißen Löwen von Timbavati den Geheimnissen der Natur entsprangen. Letzten Endes hatte die ganze Show nur eine einzige Aussage: Die Magie der Natur übersteigt alles künstlich Geschaffene.

Nach der Show – es war an diesem Abend ihr zweiter Auftritt gewesen – holte mich Siegfrieds und Roys Publicity-Manager ab. Es war ein Uhr morgens in einer Stadt, die niemals schläft. Ich war erschöpft und wurde wegen des bevorstehenden Interviews immer nervöser. Während ich der elegant gekleideten Gestalt durch den Samtvorhang der Bühnentür folgte, bezweifelte ich, dass ich in der Lage sein würde, die richtigen Fragen zum »Showbusiness« zu stellen und ehrliche Antworten zu bekommen. Hinter der Bühne waren die Wände der Artisten tapeziert mit handsignierten Starfotos: Michael Jackson (der für ihre Shows die Musik schrieb), Elizabeth Taylor, Barbra Streisand, Liza Minnelli, Mohammad Ali, Elton John (alles offensichtlich enge Freunde), Andrew Lloyd Webber, Brooke Shields, Bruce Willis und Demi Moore, Sylvester Stallone, Arnold Schwarzenegger, Eddie Murphy – eine endlose Liste von Hollywoodstars. Außerdem entdeckte ich Politiker und Adlige: Bill Clinton und Fürst Rainier von Monaco. So viel hatte ich gerade noch aufnehmen können, als ich treppauf in einen luxuriösen Garderobenkomplex geführt wurde.

Um Siegfried und Roy überhaupt treffen zu dürfen, hatte ich einen Spießrutenlauf zwischen eisernen Agenten und schützenden Managern absolvieren müssen. Hätte ich nicht eine Empfehlung vom Johannesburger Zoo gehabt, wäre ich wahrscheinlich nie auch nur in ihre Nähe gekommen. Doch nun befand ich mich im Allerheiligsten, zusammen mit ihrem unnachgiebigen Chefagenten Bernie Yuman, der sich ganz offensichtlich für den besten Agenten der Welt hielt (ich vermutete, dass an diesem Mann auch ein Witz einfach abprallen würde). Er beäugte seine Uhr und das Aufnahmelicht meines Diktiergeräts und warnte mich: Ich hatte nur fünfzehn Minuten.

Es entstand eine peinliche Pause, während wir warteten. Dann betraten die Artisten den Raum; strahlend, nachdem sie gerade eine weitere erfolgreiche zauberhafte Show geboten hatten. Beunruhigt stellte ich fest, dass sich alle meine auswendig gelernten Fragen in meinem Kopf in nichts aufgelöst hatten. Sie schüttelten mir die Hand und stellten mich verschiedenen Helfern, Künstlern und Managern vor: Lynette Chappell, dem glamourösen Revuegirl, das im Mittelpunkt ihrer Auftritte steht und normalerweise von einer Boa constrictor umschlungen wird; Frank Lieberman, dem Manager, der mir später erzählte, er habe mit sämtlichen Größen des Showgeschäfts zusammengearbeitet, und einer ganzen Reihe anderer Leute, deren Namen ich mir nicht merken konnte.

Ich fühlte mich völlig verloren. Die Ernsthaftigkeit des Skripts, das ich vorbereitet hatte, war hier gänzlich fehl am Platz. Wie sollten diese manikürten Magier die tief greifenden evolutionären Fragen erhellen, die sich mir im Lauf meiner Forschungen aufgedrängt hatten? Was tat ich hier nur?

Ein gewisser Trost war der Gedanke an den schmeichelhaften Brief, den Mauritz Basson den Artisten geschickt hatte, um mich bei ihnen einzuführen. Darin hatte er in seinem südafrikanischen Englisch geschrieben, dass er »gern diese Gelegenheit ergreifen wollte, Ihnen eine Dame vorzustellen, die die Raubkatzen fast ebenso leidenschaftlich liebt wie Roy! Sie stammt aus Südafrika, war Fotomodell in Paris, hat in Cambridge studiert und schreibt im Augenblick ein Buch über die Weißen Löwen von Timbavati, in dem es um den ›Zauber‹ dieser weißen Individuen geht...«

»Die weißen Individuen«! Gott segne ihn. Ich hatte schnell gemerkt, dass der Tierwärter des Johannesburger Zoos eigentlich nicht zwischen Tieren und Menschen unterschied. Und auf dieser Ebene unserer gemeinsamen Leidenschaft verstanden Roy und ich uns auf Anhieb. Von wegen fünfzehn Minuten! Wir hätten uns die ganze Nacht und den ganzen Vormittag unterhalten können – schließlich waren wir in Vegas –, und zwar über unser beider Lieblingsthema: weiße Raubkatzen.

Wir sprachen über seinen Besuch in Timbavati: Damals waren die wilden Raubkatzen zu ihm gekommen, um ihn zu begrüßen, und hatten offenbar nachts vor seinem Zelt Wache gehalten. Wir sprachen von seiner Begegnung mit Credo Mutwa, wobei der Schamane ihn und Siegfried sofort durchschaut hatte, als sie vorgaben, etwas anderes zu sein als berühmte Persönlichkeiten aus dem Showgeschäft. Und wir sprachen über seine Ziele und Visionen für das Zuchtprogramm der Weißen Löwen.

Um 2.30 morgens, über eine Stunde später, trennten wir uns, nachdem Roy mich eingeladen hatte, ihn und Siegfried später am selben Tag in ihrem »Geheimgarten« zu besuchen.[1] In Hochstimmung ging ich zu Bett und hoffte, von Weißen Löwen zu träumen.

Gegen Mittag stand ich draußen vor der Einfriedung und beobachtete mit ekstatischer Begeisterung die ersten Weißen Löwen, die ich je gesehen hatte: ein ganzes Rudel. Dank ihrer Zusammenarbeit mit dem Johannesburger Zoo besaßen die Artisten nun drei Generationen und für heute war der sensible Vorgang geplant, sie einander vorzustellen. Ich war so überwältigt, die Weißen Löwen aus der Nähe zu sehen, dass ich sofort darum bat, die Einfriedung betreten zu dürfen, aber das wurde mir nicht erlaubt. Verständlicherweise scheute Roy davor zurück, ein »neues Element« in die Arena einzuführen.

Die Namen der Löwen waren sehr gut ausgewählt. »Mystery« (Rätsel) war soeben auf den Rücken von »Pride« (Stolz) gesprungen und durfte nun auf ihm reiten. Pride war der größte Löwe des weißen Rudels und zeigte mit zweieinhalb Jahren die ersten Anzeichen einer Mähne. Er streifte eine Weile höflich mit seinem Bruder auf dem Rücken herum, dann schüttelte er ihn plötzlich ab. Über ihm beobachtete »Vision« das Geschehen von einem vorspringenden Felsen aus. Er kniff beutegierig die Augen zusammen. Ich folgte seinem Blick und entdeckte am anderen Ende des Geheimgartens, geschützt von einem trennenden Drahtnetz, einen Weißen Truthahn. Unter ihm tollte »Secret« (Geheimnis) auf seinen riesigen Tatzen herum: Sie waren wie übergroße Plüschpantoffeln, die er sich eines Tages zu eigen machen würde.

Zwischen den Löwen standen Männer in Designerjeans und Ray-Ban-Sonnenbrillen und sahen aufmerksam zu. Einer von ihnen war Roy. Mir fiel auf, dass er sich immer noch wie ein Panther bewegte, obwohl er schon weit über fünfzig war. Ich hatte bereits am Vorabend seine intensiven hellen Augen bemerkt, und auch eine wunderbare Leichtigkeit des Geistes, wie sie nur jemand ausstrahlen kann, der mit seiner innersten Lebenskraft verbunden ist. Ich beobachtete, wie Mystery auf Roy zukam und im Vorbeigehen die Wange an Roys Bein rieb, bevor er hinter einer Palme verschwand, um sich aus diesem Hinterhalt auf seine Schwester zu stürzen. Seine Schwester war jedoch völlig ungerührt von diesem Überfall, den sie erwiderte, indem sie auf seinem Ohr herumkaute. Vision sprang von seinem Felsenausguck herunter und warf sich ebenfalls in den Kampf. Nun hatte er Mysterys Schwanz im Maul, während »Quest« (Suche) wiederum Visions Schwanz festhielt. Gebannt beobachtete ich, wie er über einen Felsen sprang und dann ganz plötzlich stehen blieb, sodass die Löwenkette, die er am Schwanz hinter sich herzog, mit dem Felsen zusammenstieß und sich in ein tobendes schneeweißes Fellknäuel verwandelte.

Mitten in diesem Übermut dämmerte mir plötzlich, was ich da eigentlich beobachtete: das letzte überlebende Rudel Weißer Löwen dieser Erde beim Spielen.

Las Vegas, die Heimstatt von Siegfrieds und Roys Geheimgarten, ein der Fantasie entsprungener Spielplatz für lebende Legenden im Disney-Stil, war wahrlich ein absurder, unpassender Hintergrund für afrikanische Raubtiere.

Ich beobachtete weiter und sah, wie Pride blitzschnell mit einer riesigen Pranke ins Wasser schlug, sodass er nur auf drei Beinen stand: Er war entschlossen, einen dort schwimmenden Ast zu erreichen. Seine goldenen Augen waren so grell wie Laserstrahlen und schienen das Holz zu durchbohren, das unschuldig auf ihn zutrieb. Er balancierte unsicher am Ufer des Teichs, wobei sein schlangenhafter Schwanz ihn in einem labilen Gleichgewicht hielt – bis »Passion« (Leidenschaft) vorbeispazierte und ihn umwarf. Nun fielen beide in den Springbrunnen: Pride zerrte die sich windende Löwin mit, und es gab ein wütendes Aufplatschen. Als er wieder auftauchte, war sein Stolz ein wenig angeschlagen, und er schlug empört mit dem Schwanz. Die junge Löwin dagegen schüttelte sich, gab ihm einen spielerischen Klaps und beendete das Spiel, indem sie zu Roy lief, um sich die Nase kitzeln zu lassen.

In der gemeinsamen Autobiografie Siegfrieds und Roys bekennt Roy: »Egal, was sich zwischen mir und den Menschen abspielt, die ich liebe – die wahre Liebe meines Lebens werden immer meine Tiere sein... Es ist schwierig, darüber zu reden, aber mein Leben basiert auf einer sehr einfachen Wahrheit: Meine Tiere sind meine Freunde, die mich immer so akzeptieren werden, wie ich bin – reich oder arm, fett oder dünn, dumm oder intelligent.«[2]

Als ich ihn in der Interaktion mit seinen Tieren beobachtete, konnte ich nicht mehr daran zweifeln. Die Zuneigung zwischen Mensch und Löwe war vorbehaltlos. Der Austausch war so natürlich und warm wie der zwischen Mutter und Kind, Mann und Frau, Freund und Vertrautem. Ich fragte mich, wo und wie sich dieser Bühnenstar aus Las Vegas seine Furchtlosigkeit, seine Natürlichkeit im Umgang mit gefährlichen Raubtieren und seinen völlig entspannten Sinn für Macht und Verständnis angeeignet hatte.

In seiner Autobiografie erzählt Roy, dass er sich als Kind in Deutschland immer mit streunenden Katzen anfreundete. Seinen ersten großen Durchbruch erlebte er, als man ihm im Zoo seiner Heimatstadt erlaubte, den Gepardenkäfig zu betreten, um den Geparden zu striegeln und zu füttern. Allmählich lernte er, mit der Wildkatze zu kommunizieren, indem er ihre unverwechselbaren Schnurrgeräusche erwiderte, bis Chico sein »engster Vertrauter« wurde. Roy formulierte das so: »In der Stille des Gepardenbaus erzählte ich ihm kleine Geschichten und sprach mit ihm, von einer Seele zur anderen.«[3]

Neben mir, außerhalb der Einfriedung, stand Siegfried und beobachtete die Löwen: Roys Partner in der Zauberkunst; jeder Zoll ein Bühnenstar – von seinen diamantengeschmückten Fingern bis zu den mit Schmucksteinen übersäten Zehen. Von seinem Publicity-Agenten hatte ich erfahren, dass bei seinen Vorstellungen über hundert Mitwirkende auftraten und dass er zweimal pro Nacht, sechs Tage pro Woche und elf Monate pro Jahr, vor jeweils dreitausend Zuschauern auftrat. Nur an einem einzigen Wochentag findet die Show nicht statt, und das Mirage-Theater bleibt geschlossen – und dieser Tag war zufällig heute.

Am Vorabend hatte Siegfried nach der Show einen Designermantel getragen, ein Zwischending zwischen einem Zaubererumhang und der metallischen Kleidung der Star-Wars-Androiden. Doch mir war es so vorgekommen, als hätte der Mann selbst unter diesem Mantel eine gewisse Zerbrechlichkeit. Ich hatte das Gefühl, wenn man ihn besser kennenlernte, würde man ihn wahrscheinlich sehr gern haben.

Roy lernte ihn auf einem Kreuzschiff kennen, wo der junge Siegfried gerade angefangen hatte, den Passagieren Zauberkunststücke vorzuführen. Schon in der Jugend verwegen, war es Roy gelungen, seinen Geparden an Bord zu schmuggeln – hauptsächlich zur Gesellschaft, wie er behauptet; erst später kam ihm der Gedanke, ihn in Siegfrieds Zaubervorstellung auftreten zu lassen. Ich fand die Worte interessant, die Roy wählte, um diese Verbindung zu beschreiben: »Chico war mein erster Seelengefährte, aber Siegfried war der beste ›zweibeinige‹ Freund, den ich je hatte.«[4]

Viel deutlicher als in ihren gefeierten Bühnenpersönlichkeiten entdeckte ich in ihrem Privatleben Merkmale der uralten schamanischen Verbindung mit mächtigen Tieren. Wieder beobachtete ich diese noch jungen »Machttiere«, wie die Schamanen sie nennen, und sah, dass Mystery aus seinem Schlummer erwacht war. Er spazierte unschuldig herum und wurde plötzlich von einem sehnigen, virilen Raubkatzenbündel überfallen, das ihn am Kragen packte und zu Boden zerrte. Pride hatte Mystery im Schwitzkasten. Der kleinere Raubkatzenwelpe war völlig unter seinem großen Vetter verschwunden und hatte die Tatzen schützend erhoben, um Prides Gewicht etwas abzufangen. In diesem Augenblick sah ich, dass Roy entschlossen nickte, worauf ein Wärter rasch auf das Durcheinander zuging. Pride ließ nicht los, und Mystery war gar nicht mehr zu sehen – nur eine klägliche Pfote erhob sich flehend unter dem Bauch seines Cousins.

»He! Pride! Genug jetzt!« Einer der Ray-Ban-Männer gab dem Löwen einen scharfen Klaps auf die Hinterbacke. Das Tier gab nach und gestattete es Mystery, einen Satz in die Freiheit zu machen. Jetzt gab der Wärter dem Welpen einen liebevolleren Klaps auf die Flanke, und Pride, noch immer gereizt, riss einen eindrucksvollen Fetzen von der Größe Mysterys aus dem Rasenteppich, den er nun ersatzweise mit sich herumzerrte.

Roy kam innerhalb der Einfriedung auf mich zu. Er lachte auf seine sympathische Art leise vor sich hin und erklärte mit seinem deutschen Akzent: »Ich stehe immer dazwischen. Was soll ich machen? Mann, wenn Pride sich auf dich draufsetzt, bist du ein Pfannkuchen! Ich fühle mich verantwortlich. Ich kann nicht zulassen, dass irgendjemandem hier etwas passiert. Ich kleiner Wicht als Beschützer der afrikanischen Wurzeln!«

Damit spielte er auf das Zuchtprogramm für die Weißen Löwen an. Ich stellte amüsiert fest, dass er das Wort »irgendjemand« für sein Timbavati-Löwenrudel benutzt hatte; nicht etwa für die Männer in den Ray Bans. Mit einer umfassenden Geste wies er auf den Spielplatz der Weißen Löwen verschiedenen Alters. »Und ich dachte, das Tigerprojekt sei mehr als genug für ein Leben!« Er liebte sie offensichtlich abgöttisch. Er war entspannt, zufrieden und glühte geradezu vor väterlichem Stolz.

»Der Löwe ist der Gebieter, der absolute Alleinherrscher. Er ist nicht wie der Tiger. Wissen Sie, ich lerne gerade erst, mit Löwen umzugehen. Die Weißen Löwen aus Timbavati lehren mich alles, was ich über Löwen weiß.«

»Ist es schwieriger, mit Löwen zu leben als mit Tigern?« Dies fragte ich den Mann, der mit Raubkatzen gelebt hatte, seit er sich damals in Chicos Käfig geschmeichelt hatte, weil er die »Einsamkeit« des Geparden gespürt hatte. Dieses ursprüngliche Einfühlungsvermögen in das Katzengemüt hatte sich zur mächtigsten und prägendsten Kraft in Roys Leben entwickelt: Nun waren die Katzen während der Zaubervorstellungen seine »Partner« und im Privatleben seine »Seelengefährten«.

»Tja, der Tiger ist ein sehr edles Geschöpf«, beantwortete er meine Frage. »Es ist ein Prinz. Sehr unnahbar. Ein Einzelgänger. Wenn man es richtig anstellt, kann man entweder eine Liebesaffäre mit ihm haben oder sein Partner und sogar sein Freund werden. Doch man wird ihn niemals besitzen, nicht einmal zum Teil. Seine Sozialstruktur ist sehr verschieden von der des Löwen. Wenn ein Löwe sagt, so wird's gemacht, dann gibt es keinen anderen Weg. Er ist der Patriarch, der König.« Diese Begriffe klangen zwar nach Macht, aber in Wirklichkeit sprach Roy über seine »Kinder«. Liebevoll streifte sein Blick über den Spielplatz. »Ich erlebe das jetzt alles mit meinen Jungs, mit Mystery und Secret, die allmählich erwachsen werden. Ihre Mähnen wachsen und so weiter, sie werden geschlechtsreif und kämpfen um die Weibchen.«

Die drei kleineren Löwenwelpen hatten einander wieder an den Schwänzen gepackt. Quest führte, Vision folgte und Mystery baumelte hinten dran. Sie sprangen über einen umgefallenen Baumstamm und strebten zum Wasserfall. Ich wünschte von ganzem Herzen, ich hätte in die Einfriedung gehen und mitspielen dürfen.

Während meiner Bemühungen, die Rätsel der Weißen Löwen zu ergründen, hatte ich über die uralte Beziehung zwischen dem Löwen, dem »König der Tiere«, und dem Menschen, dem »Herrscher der Erde«, nachgedacht. In der Wildnis haben uns die Löwen früher gejagt und gefressen. Und nun beobachtete ich das berühmteste Beispiel einer intimen, liebevollen Beziehung zwischen Mensch und Löwe, das unsere moderne Welt zu bieten hat. Selbst heutzutage hört man ab und zu davon, dass Löwen Menschen töten und fressen. Und was den Tiger angeht, ist er unter Zoowärtern als Mörder verschrien. Wildhüter, mit denen ich über Siegfrieds und Roys Beziehung zu den Raubkatzen sprach, waren davon überzeugt, dass die Artisten mit dem Tod spielten; einige sagten sogar, dass sie mit einem blutigen Ende rechneten. Roy kennt diese Geschichten, aber er lässt sich nicht beirren.

»Ich würde nicht mal im Traum daran denken, irgendetwas in ihrem natürlichen Charakter zu verändern!« Er sprach aus der Drahteinfriedung heraus mit mir. »Und wenn ich mal zur falschen Zeit am falschen Ort bin oder wenn ich sie respektlos behandle, wie es zum Beispiel gewisse Zoowärter gemacht haben – dann würde ich damit rechnen, zu sterben.«

Und dies von einem Mann, der mit seinen Raubkatzen schläft, sie pflegt, wenn sie krank sind, und dabei war, als seine Tigerin ihre Welpen warf. Erfahrene Naturschützer wissen, dass nicht einmal der Vater der Jungen es in diesem Moment wagen würde, sich ihr zu nähern.

»Eines darf man nicht tun – man darf sich keiner Tigerin nähern, die gerade Junge zur Welt bringt«, stimmte Roy zu, als ich ihn an die gut dokumentierte Geburt der Tigerjungen erinnerte. »Aber ich – ich lasse mich von meinem Instinkt leiten, und von meinem Herzen. Noëlle war so erschöpft, sie hätte zugelassen, dass sich das zuletzt geborene Junge an seiner Nabelschnur erdrosselte. Ich musste einfach eingreifen, und es kam mir gar nicht in den Sinn, dass ich dabei mein Leben riskierte.«

In der Nacht zuvor hatte Roy mir eine Videoaufnahme dieser Geburt gezeigt, die mit Fug und Recht als eine der fesselndsten Dokumentationen in der Geschichte des Tierfilms gelten muss. Der Mensch und die Katze sind nach der Geburt zusammen. Roy hält das zuletzt geborene und von der Geburt arg mitgenommene gestreifte Fellbündel an seine Wange, während Noëlle, die Tigerin, hinter ihm sitzt und die Situation beobachtet: aufmerksam, grimmig, schützend, die tödlichen Fangzähne gefletscht – und doch offenbar in seiner Gegenwart völlig entspannt. Unheimlicherweise hat Roy ihr den Rücken zugewandt! Er ist der Kamera zugekehrt und denkt an alles Mögliche, nur nicht an die Gefahr.

Als ich nun darüber nachdachte, begriff ich, dass sie natürlich den Kameramann angefletscht hatte, der in ihr Gebiet eingedrungen war: in den heiligen Bezirk, der nur ihr und Roy gehörte.

»Das war wirklich unglaublich«, sagte ich staunend zu Roy, »wie Sie der Tigerin während der Geburt beistanden.«

»Beistanden?« Er schüttelte den Kopf. »Sie hat mich lediglich geduldet.«

Bescheiden tat er eine außergewöhnliche Gabe ab: das auf natürlichem Weg entstandene wechselseitige Vertrauen zwischen Angehörigen verschiedener Spezies. Sowohl Menschen als auch Tiere können diese Gabe besitzen, die früher vielleicht uns allen zur Verfügung stand und die der moderne Mensch jedoch zweifellos verloren hat.

Mir fiel ein, wie er in seiner Biografie versucht hatte, diese namenlose Beziehung zwischen verschiedenen Spezies zu definieren. »Oft werde ich gefragt, wie ich eine derartige Harmonie zwischen mir und meinen Tieren erzeugt habe«, schrieb er, »und meist gebe ich keine vollständige Antwort. Ich scheue davor zurück, meine Beziehung zu Tieren als Lebenskarma, als Schicksal, als Produkt meiner Aura zu definieren ... Wie kann ich wohlmeinenden Fremden erklären, dass ... meine Gewissheit des bedingungslosen Vertrauens, der bedingungslosen Gefühle und der bedingungslosen Kraft von meinen Tieren stammt? Würde man es richtig verstehen, wenn ich sagen würde, dass meine Tiere und ich Komplizen sind?«[5]

Vom Standpunkt des Schamanen aus gelten Tiere als gleichrangig, im krassen Gegensatz zu unserer heutigen modernen Einstellung unseren Haustieren gegenüber, die wir zwar vielleicht abgöttisch lieben, aber nicht als gleichrangig behandeln. Auf dieser Grundlage beruht die Verwandtschaft mit den wilden Tieren, die der Schamane erlebt. Offenbar erschließen wechselseitiger Respekt und innere Verwandtschaft die »Zauberkräfte«, die Roy zu besitzen scheint, wenn er mit gefährlichen Raubtieren umgeht – genau wie andere Schamanen vor ihm. Während meiner Nahtoderfahrung war es genau diese Einstellung, die Marias vorsichtige Annäherung an die Löwen von Timbavati prägte. So liebenswürdig sie gelegentlich auch wirken mögen – sie sind keine kuscheligen Teddybären, sondern tödliche Raubtiere, die mit vollem Recht zum Töten bereit sind, wenn man sie nicht richtig behandelt.

Wie zum Beweis wählte Pride genau diesen Augenblick, um einen der Ray-Ban-Wärter anzuspringen. Roy musste die beiden voneinander trennen und gab dem störenden Löwen einen strengen Verweis, während der Wärter sich den Staub abklopfte.

Als ich zusah, wie Roy Mensch und Löwe voneinander löste, erlebte ich im Geist zahllose Geschichten über Begegnungen mit Raubkatzen erneut, darunter auch meine eigenen. Siegfrieds und Roys Verbindung mit den Raubkatzen hatte dieselbe Dimension wie die uralte Fabel von Androkles und dem Löwen, eine Dimension, in der Raubtiere letzten Endes als Beschützer und Wächter des Menschen begriffen werden. In seiner Autobiografie beschreibt Roy zum Beispiel, wie sein Leben mehrmals von dem einen oder anderen seiner Tiere gerettet wurde.[6]

Als ich Roy nun in seinem Löwengehege beobachtete, konnte ich mir nicht verkneifen, ihn durch den Zaun hindurch zu fragen: »Sie kennen die Risiken besser als jeder andere. Haben Ihre Tiere – Ihre Raubtiere – Sie wirklich vor Gefahren beschützt?«

»Oh ja. Sehr oft. Sehr oft.«

»Löwen als Wächter?«

»Genau.«

Offenbar hing Roys Leben genauso von dieser Einstellung ab wie seine millionenschwere Bühnenshow. Ein einziger Prankenschlag einer Raubkatze würde einen Rugbyspieler quer durchs Zimmer schleudern. Jedes Mal, wenn Roy eines seiner sekundenschnellen Zauberkunststücke vorführte, legte er sein Leben in die mächtigen Pranken seiner furchterregenden Raubkatzen. Wer nicht mit der gewaltigen Kraft und Größe dieser Wildkatzen vertraut ist, neigt dazu, diesen Vorgang als reines Bühnenkunststück zu betrachten, und vergisst dabei, dass die ganze Zeit über zwischen den beiden Spezies eine Vertrauensbasis existiert, die den Zauber erst ermöglicht. In seiner Autobiografie hatte Roy geschrieben: »Die Harmonie, die ich in Gegenwart eines Tieres spürte, sollte die stärkste und magischste Beziehung meines Lebens werden.«[7] Für diesen wahren Löwenbändiger stellten die Raubkatzen keine Gefahr dar, sondern Schutz. Eine derartige Kommunikation, die die Grenzen zwischen verschiedenen Spezies überschreitet, überwältigt unsere Vorstellungskraft mehr als jeder Zaubertrick. Dies ist echte Magie.

»Aber wir dürfen es nicht als gegeben hinnehmen«, fügte Roy hinzu und lächelte mir aus seinem Löwenkäfig zu. »Man sollte nie einen Freund als gegeben hinnehmen.«

Roy war das lebende Beispiel für die uralten Familienbande zwischen Mensch und Tier. »Sie respektieren also ihre Regeln und Sitten?«, fragte ich.

»Natürlich. Wer bin ich schon, dass ich ihnen etwas vorschreiben sollte?« Er zuckte die Achseln. »Wie soll man von ihnen respektiert werden, wenn man ihre Lebensweise nicht respektiert? Meine ganze Lebenseinstellung stammt von ihnen. Meine Tiere spüren meine Gedanken, bevor ich sie denke. Viele Leute halten das für Mystik. Für mich ist es einfach eine Tatsache. Ich muss ihnen nicht dauernd sagen, was sie tun sollen. Sie wissen es. Ganz einfach.« Kommunikation zwischen den Spezies. Hier gab es keine Taschenspielertricks.

»Und manchmal müssen wir nicht einmal reden«, fügte er hinzu. »An manchen Tagen sitzen wir einfach nur zusammen, ich mit einem kleinen Cognac, und wir sind einfach.«

»Sie und Ihre Löwen...«

»Ich und alle meine Katzen. Alle meine Tiere. Wir sind einfach wir selbst. Ich bin Zauberkünstler. Aber ich hatte nie einen Lehrer und auch keine Ausbildung. Vielmehr habe ich immer die Magie in der Natur gesehen: Das ist der größte lebendige Zauber! Als Kind in der Schule habe ich immer rebelliert. Sie gaben uns die Aufgabe, Gott zu beschreiben, also schrieb ich: die Bäume, die Flüsse, die Berge, die Tiere... Ich musste in der Ecke stehen, und sie riefen meine Eltern an, damit sie mich abholten.«

Wir lachten beide.

»Sie hielten mich für verrückt. Aber ich glaube nicht, dass ich verrückt war. Ich war nur lebendig. Ich war wach. Ich habe nicht geschlafen, ich war kein Schlafwandler. Ich war mir der lebendigen Magie bewusst, des Lebens in der Welt um uns herum. Eines Tages wird dieses Bewusstsein uns alle retten.«

Roy war zwar ein gefeierter Showstar in Las Vegas, aber er lebte nach den Prinzipien des Löwenpriesters, dieselben Prinzipien, die wir sowohl in der Geschichte von Androkles als auch in den geschichtlichen Aufzeichnungen der Pharaonen, der Hohepriester und der großen spirituellen Führer auf der ganzen Welt finden. Ich sah die Verbindung ganz deutlich und musste zugeben, dass ich von Roy begeistert war.

»Dieses Bewusstsein wird uns eines Tages alle retten.« Seine Behauptung hatte große Tragweite. Die erste große Lektion des Schamanen ist das erweiterte Bewusstsein. Ein Bewusstsein der Kommunikation zwischen verschiedenen Spezies, das der Menschheit helfen kann, die Angst zu überwinden, und uns letzten Endes Schutz bietet: einen Schutz, den uns das Königreich der Tiere gewährt, nachdem wir es erniedrigt und beinahe zerstört haben.

Siegfried, der immer noch neben mir stand und den Geheimgarten betrachtete, in dem Roy und das Timbavati-Rudel spielten, erklärte: »Was Sie da sehen, ist wirklich. Wir begriffen, dass wir gar keine Zauberkunststücke brauchten – der Zauber war vor unseren Augen, in der Natur.«

In Roys besonderer Begabung, mit Raubtieren umzugehen, entdeckte ich eine Verständigung zwischen verschiedenen Lebensformen; und genau darum geht es letzten Endes beim echten »Zauber« der Natur. Während ich Roys unbefangene Interaktion mit seinen wilden Kameraden bewunderte, kehrten meine Gedanken zu Maria zurück, die das ungezähmte Timbavati-Rudel »beherrscht« hatte – doch eigentlich ging es zwischen den verschiedenen Spezies nicht darum, wer der »Herrscher« war, sondern vielmehr folgten beide einer heiligen Übereinkunft und achteten ihre Verwandtschaft miteinander. Wie beim Jagdzauber der Buschmänner öffnet die Magie den Zugang zu der tieferen Wechselbeziehung zwischen allen Dingen.

»Haben Sie je wilde Tiere gesehen, die so glücklich aussahen?«, unterbrach Siegfried meine Gedanken. Ich spürte, wie sich meine Nackenhaare sträubten. Wilde Löwen in Gefangenschaft – glücklich?

Mehrere Stunden lang hatte ich nun den Löwen bei ihren Eskapaden, ihrem spielerischen Herumtollen und dem wilden Getobe der Jungtiere zugesehen – auch wenn ich kaum wagte, den Begriff »wild« in Las Vegas zu benutzen. In der Wildnis, in Timbavati, wo ich im Lauf der Jahre so viele außergewöhnliche Momente erlebt hatte, können Löwen spielerisch sein. Da sie soziale Katzen sind, sind Löwen stets auf Berührungen aus; sie lieben Schmusen, Streicheln und Spiele. Während der heißesten Zeit des Tages aalen sie sich stundenlang gemeinsam unter den Marula-Bäumen. Dann, ganz plötzlich, hört der

Spaß auf, und das harte, brutale Geschäft des Überlebens beginnt. Die Gesetze der Natur kennen keine Kompromisse. In Timbavati kann sich der Blick einer Löwin, die beim Geräusch einer vorbeiziehenden Impala-Antilopenherde ihre Lauscher aufstellt, zu einem goldenen Pfeil verengen. Wachsam, bereit zum Absprung, aufmerksam, nervös und, falls die Jagd nicht erfolgreich ist, jämmerlich ausgehungert oder gar elend und leidend. Einem jagenden Löwen gelingt es nur jedes siebte Mal, seine Beute zu töten[8], und ein erfolgloser Tötungsversuch kann den Tod des Raubtieres bedeuten. Mit einem einzigen Stoß ihrer messerscharfen Hörner kann eine Impala-Antilope einem Löwen den Bauch aufschlitzen. Selbst eine oberflächliche Wunde, etwa ein Riss in der Schwanzspitze des Löwen, kann sich entzünden, und die Entzündung kann sich im ganzen Körper eines vollkommen gesunden Exemplars ausbreiten. Ich habe selbst mit angesehen, wie dieser langsame Tod einen Löwen heimsuchte, und sein Leiden hätte ein äußerst unwürdiges Ende gefunden, nämlich Tod durch Wundbrand im Rektum, wenn nicht mein Wildhüterfreund Leonard eingegriffen und den Schwanz sterilisiert hätte. Ich habe Dokumentaraufnahmen einer Löwin gesehen, deren Unterkiefer vom Tritt eines Zebras zerschmettert worden war und nun jämmerlich unter ihrem majestätischen Gesicht baumelte. Die übrigen Mitglieder ihres Rudels versuchten vergeblich, sie dazu zu bringen, von dem Zebrakadaver zu fressen, das mit ihrer Hilfe erlegt worden war. Unfähig zu trinken, folgte sie ihnen noch mehrere qualvolle Tage lang und säugte ihre verwirrten Welpen, bevor sie sie ihrem Schicksal überließ und in der Wildnis verschwand, um allein zu sterben.

Auf Siegfrieds Frage, ob ich je glücklichere Löwen gesehen hätte, antwortete ich vorsichtig, dass er womöglich recht habe. Der entscheidende Unterschied zwischen Löwen in Zoos und Zirkussen, die ich gar nicht ansehen kann, weil es mir unerträglich ist, und diesen Löwen hier war, dass man hier für sie sorgte, sich um sie kümmerte und sie ununterbrochen stimulierte. Die Löwen der beiden Showstars waren wahre Prachtbeispiele der Gesundheit und Zufriedenheit. Sie schienen sogar größer zu sein als wilde Löwen im gleichen Alter. Ich fragte mich, ob dies daran lag, dass ich den Löwen in ihrem Gehege so nah war; aber der neun Monate alte Secret glich in der Größe zwölf Monate alten Jungen, die ich von Timbavati kannte.

Später zeigte mir Roy in einem ruhigen Augenblick die verborgenen Schlafunterkünfte und vertraute mir an, dass er seine Bemühungen, die weißen Raubkatzen zu retten, aufgrund eines immer wiederkehrenden Traums begonnen hatte. In dem Traum wurde seine goldene Katze schneeweiß. Diese warnende Vision war ein Wendepunkt in seinem Leben gewesen. Er gestand mir auch, dass er glaubte, in einer früheren Inkarnation vielleicht selbst eine Raubkatze gewesen zu sein, und musste über die schamanischen Anklänge lächeln.

»Wissen Sie, was das älteste Gesetz der Unterhaltungsindustrie ist?«, fragte Roy mit einer theatralischen Geste. »Teile die Bühne niemals mit einem Kind oder einem Tier, denn ihre Unschuld stiehlt dir die Show.«

Das konnte man wohl sagen! Ich konnte der Versuchung nicht widerstehen und erinnerte ihn daran, dass ihm die Raubkatzen tatsächlich die Show stahlen. Worauf er mit einem wissenden Augenzwinkern antwortete: »Ja, das stimmt. Aber sie sind ich, und ich bin sie.«

Er sprach weiter über sein Projekt, die weißen Raubkatzen zu retten, und bezeichnete es als »höheren Zweck«, »Lebensziel« und einen »Nachlass«, der weiterbestehen würde, wenn er und Siegfried längst in das »Nimmerland« entschwunden waren, aus dem sie dieses eine Mal nicht wieder auftauchen würden, obwohl sie Zauberkünstler waren.

»Siegfried und ich sorgen für sie«, erklärte er. »Mandela und Mbeki haben so viel zu tun. Sie denken zuerst an die Menschen, an all die Obdachlosen. Und danach erst kommen die Tiere. Doch inzwischen kann es zu spät sein! Wir bemühen uns, die Weißen Löwen zu erhalten, und das ist eine große Verantwortung. Aber«, schloss er mit seinem typischen Bühnenschwung, »wenn die Zeit reif ist, geben wir sie zurück!«

Als ich nach Las Vegas reiste, war ich bereit gewesen, ihre glitzernden Trugbilder zu verdammen und ihren Umgang mit diesen kostbarsten aller Tiere als rein kommerzielle Ausbeutung abzutun. Nun begriff ich, dass wir dieselbe Mission hatten: die Weißen Löwen zu erhalten. Siegfried und Roy besitzen die größten Tierfreigehege der Welt. Sie haben die Möglichkeit, ihre wildesten Träume wahr werden zu lassen: wilde Träume von wilden Tieren. Und ich hatte lediglich die Schreibfeder der Schriftstellerin.

»Ja, aber unsere Arbeit ist noch nicht beendet«, warf Siegfried ein, als Roy und ich unseren Rundgang beendet hatten. »Ich weiß, es ist ein Segen für uns, dass wir unser Leben damit verbringen dürfen, Magie und Illusionen zu erforschen, aber mithilfe dieses Geheimgartens können Roy und ich anderen Menschen den größten Zauber von allen zeigen: den Zauber der Natur. Dies ist ein ›offenes Klassenzimmer‹, es steht jedem offen. Darum geht es uns.«

Am Vorabend hatte Siegfried von seiner Schwester erzählt, die Franziskanerin war, und die Hingabe dieser Nonne beschrieben, die sich bemühte, die Lebensumstände benachteiligter Kinder zu verbessern. Nun erkannte ich, dass Siegfried seinem und Roys Lebenswerk denselben missionarischen Eifer widmete. Roys Worte von dem Bewusstsein, das uns retten konnte, und Siegfrieds Worte von einem kostbaren Nachlass aussterbender Wildtiere hätten fast von dem Löwenpriester Mutwa stammen können.

Heutzutage ruft uns jede Naturdokumentation am Schluss die unerbittliche Tatsache ins Gedächtnis, dass eine weitere Spezies aussterben und ein weiteres Stück Wildnis von der Erde verschwinden wird, wenn wir nicht schnellstens Gegenmaßnahmen ergreifen. Und dass der Verlierer niemand anders ist als die Menschheit selbst.

Ich warf einen langen Abschiedsblick auf das letzte Rudel Weißer Löwen der Welt im Geheimgarten. Der Löwe, der König der Tiere, der symbolische Wächter der Erde und ihrer Kreaturen. Der souveräne Träger des Erbes, das die Menschheit angetreten hat. Mystery fing meinen Blick auf, als ich dastand und in das Gehege starrte. Seine Augen bohrten sich in meine Netzhaut und elektrisierten mich. Seine struppige Mähne wies ihn als Teenager aus, doch er besaß bereits den muskulösen Körper eines fast ausgewachsenen Löwen. Seine gelblichen Borsten erinnerten an die dünnen Sonnenstrahlen des frühen Morgens, doch ich wusste, dass sie seinen Kopf bald strahlend umgeben würden wie eine afrikanische Mitsommersonne.

Magische Löwenzeichnungen

Als ich durch den scheinbar endlosen rosa Wüstensand nach Los Angeles zurückfuhr, kehrten meine Gedanken zu Mutwa zurück, und ich erinnerte mich an jenen Moment, der mich tief berührt hatte, als er über den Verlust der Weißen Löwen von Timbavati gesprochen hatte.

»Die Zaubermänner aus Las Vegas haben unsere Götter entführt!«, hatte er gesagt.

Dass diese kostbarsten Tiere Afrikas, die afrikanischen »Sonnengötter«, von ihrem heiligen Land Timbavati in die Spielkasinohauptstadt der Welt gebracht wurden, enthüllt die sehr verstörende Tatsache, dass die Menschheit alle echten Werte verloren hat. Anstatt frei durch ihre spirituelle Heimat zu streifen, sind die afrikanischen Weißen Löwen zu einer weiteren Attraktion des Glücksspielmekkas der Welt geworden.

Doch wenn man die kaltblütigen Jagdpraktiken bedenkt, die ihre Existenz in ihrer Heimat bedrohen, scheint dieser augenblickliche Stand der Dinge absurderweise das kleinere Übel zu sein. Das Schicksal der legendären Weißen Löwen von Timbavati liegt in den Händen von Siegfried und Roy. So unpassend mir dies zunächst auch erschienen war – nun ahnte ich, dass diese modernen Zauberer die Aufgabe übernommen haben, einen Teil der kostbaren Botschaft der Weißen Löwen an die Welt weiterzugeben. Sie verfügen über die neuesten Technologien der Welt – Virtual Reality, die Massenmedien, IMAX und weltweite Kommunikation – und benutzen sie zu diesem Zweck. Ich begriff, dass die Weißen Löwen in Sicherheit sind, bis sie gefahrlos wieder über den Sand ihres heiligen Heimatlandes wandern können. Vom praktischen Standpunkt aus betrachtet, war es keineswegs klar, ob es überhaupt je gelingen würde, sie wieder nach Timbavati zurückzubringen: die Erfolgsquote anderer Versuche, Löwen wieder in die Wildnis einzuführen, lag bei null. Doch im Augenblick war das Wichtigste, dass sie eine Zuflucht besaßen, fern aller Kugeln der Jäger.

Allein in der Wüste von Nevada, spürte ich, wie eine neue Hoffnung in meinem Bewusstsein Gestalt annahm: Waren diese Magier womöglich Teil eines viel größeren Plans, der ihren Einfluss weit überstieg? Diese Auffassung bestätigte sich durch eine geheime Botschaft, die der Wüste Nevada selbst innewohnte, und zwar an einem Vorposten namens Blythe, westlich des Colorado-Flusses.

Weniger als eine halbe Tagesfahrt von Las Vegas entfernt, weisen uralte Bilder im Stein des Wüstenbodens auf die geheime Verbundenheit zwischen unserer Spezies und dem König der Tiere hin. Sie sind so groß, dass man sie erst vom Flugzeug aus entdeckt hat, und ihr Ursprung ist uns ebenso unbekannt wie die Zeit ihrer Entstehung. Diese

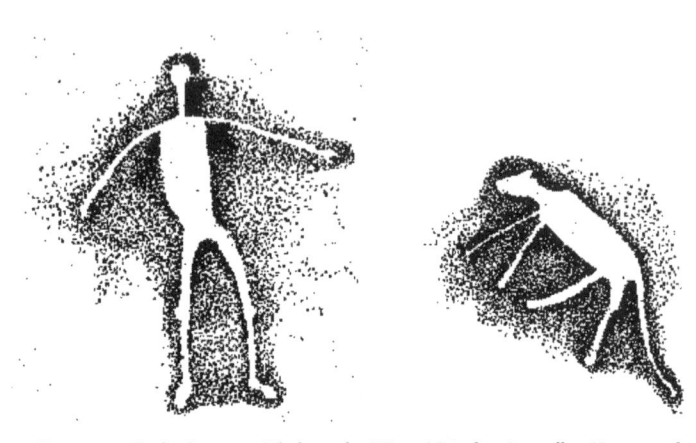

Die riesigen Bodenfiguren in Blythe in der Wüste Nevadas. Sie stellen Katzen und Menschen dar und hingen möglicherweise mit Initiationsriten zusammen.

uralten schamanischen Umrisszeichnungen, die im Wüstensand verewigt wurden, erzählen von den Löwe-Mensch-Geheimnissen.[9] Ihre Botschaft ist identisch mit den Inhalten, die uns das Rätsel der Sphinx und die Fossilien von Sterkfontein vermitteln. Sie stellen Menschen und Katzen im ritualisierten Austausch dar und stammen aus der fernen Zeit der Uranfänge der Hominiden.[10]

Natürlich besitzt Las Vegas sowohl seine eigene Sphinx als auch falsche Pyramiden. Außerdem entdeckte ich eine riesige Freiheitsstatue und sogar einen »aktiven« Vulkan, der ausbricht und feurigen Rauch aus mehr als dreißig Metern Höhe über die darunter liegende Lagune speit – und zwar alle fünfzehn Minuten, vom Sonnenuntergang bis Mitternacht. Was willst du haben, Baby? Bei uns gibt es alles. Eine glitzernde künstliche Oase in schwindelerregend großem Maßstab. Und doch hatte ich, was Timbavatis Weiße Löwen von Fleisch und Blut anging, das Gefühl, dass sie zumindest in guten Händen waren.

Und diese Botschaft wollte ich Credo Mutwa bringen.

18

LÖWE, TIER DER STERNE

Wenn ich bei meinem Großvater war, hörte ich den Sternen zu.
Ich lauschte den Klängen, der Sprache der Sterne.
... Später, als Erwachsener und Jäger,
war ich der Lauscher, ich lauschte immer noch.
Ich konnte dasitzen und hören, wie er sehr nah kam,
der Sternenklang Tsau. Er ertönte: Tsau! Tsau!
— Aus einem Lied der/Xam-Buschmänner

Sobald ich wieder in Südafrika war, erklärte ich Mutwa die Situation in Las Vegas in allen Einzelheiten. Trotz all seiner Skepsis drückte der Löwenschamane seine große Erleichterung aus. »Zumindest sind sie in Sicherheit...«, sagte er langsam.

Dann bat er mich, Siegfried und Roy mit folgenden Worten seinen tiefen Dank auszusprechen: »Bitte sagen Sie ihnen, Madam, dass ich sie für Götterwilderer hielt, doch nun begreife ich, dass sie vielleicht die Retter der Götter sind. Möge der Geist der Erde sie mit einem langen Leben segnen!«

Ich war beunruhigt, weil Mutwa krank aussah, aber zumindest schien er nun beruhigter zu sein. Wir saßen in demselben Zimmer in Johannesburg und tranken schwachen Tee, und ich beschrieb die schamanischen katzenartigen Bilder in der Wüste in Blythe, knapp eine halbe Tagesfahrt vom Zufluchtsort der Weißen Löwen in Las Vegas entfernt.

»Sie sind wirklich erstaunlich, Credo«, sagte ich. »Fast sieht es so aus, als ob Kinder Siegfrieds und Roys Zaubervorstellung gesehen und dann ganz begeistert riesige Bilder in den Sand gemalt hätten, um den Sternen die Geschichte von der magischen Beziehung zwischen Löwen und Menschen zu erzählen, die sie gesehen haben.«

Ich rief mir alles ins Gedächtnis zurück, was ich über Schamanismus wusste, um die gigantischen Bilder von Blythe zu verstehen, und mir wurde klar, dass jegliche Diskussion darüber, ob die Menschen der Urzeit die Technologie besaßen, Heißluftballons oder andere Flugobjekte zu bauen, völlig am Thema vorbeiging. Es ist unwahrscheinlich, dass die Menschen, die diese symbolischen Tiergestalten schufen, irgendein Fluggerät benötigten, um sich einen Blick aus der Vogelperspektive zu verschaffen. Vielmehr scheinen die Bilder das Werk jener dünn gesäten Individuen zu sein, deren himmelwärts strebender Geist ihnen Zugang zu dieser Lebensperspektive ermöglicht. Genau wie bei den Löwenschamanen Afrikas glaubt man auch von den amerikanischen Indianerschamanen, dass sie auf »Flugexpeditionen« gingen, die manchmal durch psychoaktive Drogen hervorgerufen wurden. Dabei verließ der Schamane seinen Körper und unternahm einen »Seelenflug«, um mit den Göttern oder den Ahnen zu sprechen. In Gestalt eines Vogels oder einer »fliegenden Katze« konnten die Schamanen ihr Universum aus der Vogelperspektive betrachten.[1] Dies würde erklären, warum die schamanischen Umrisszeichnungen so gestaltet sind, dass man sie von oben betrachten muss. Heute weiß man, dass die Malereien der Buschmänner von ihren Schamanen in weisheitsfördernden Trancezuständen erschaffen wurden; und ebenso scheinen auch die großen Wüstenbilder Produkte einer höheren Wirklichkeit zu sein.[2]

Im Lauf unserer vorangegangenen Gespräche hatte Mutwa mehrere äußerst differenzierte Rituale beschrieben, die von jemandem ausgeführt wurden, der in den evolutionären Prozess eingeweiht war: ein Prozess, dessen Ziel der astrale Zustand ist. Der Eingeweihte beginnt als ganz normaler Mensch und muss verschiedene Prüfungen ablegen, um alle vier aufeinanderfolgenden Stufen des Aufstiegs (genannt »Äste des Baumes«) zu durchschreiten; entweder mithilfe von schamanischer, ekstatischer Trance oder, wie in Mutwas Fall, durch extremes Leid. Wenn der Eingeweihte den Zustand des »geflügelten Löwen« (oder des »reinen Falken«) erreicht hat, strebt er den Sternenzustand an.

Aus einem arabischen Manuskript: der Löwe als Sternentier

»Es ist nicht einfach für den Menschen, auf der Erde das Sternenwissen zu erlangen«, hatte Mutwa mir einmal anvertraut. »Man muss dafür sehr viel leiden und braucht große Disziplin. Aber wenn es uns als Sanusis gelingt, dann ist es unsere von Gott auferlegte Pflicht, die Erleuchtung wieder zurück zur Erde zu bringen, damit alle Lebewesen auf diesem Planeten davon profitieren können.«

Dieses Eingeständnis hatte mir eine Frage beantwortet, die mich verwirrt hatte. Ich wusste, dass das Große Wissen nicht einfach aus Informationen bestand, die von einem Schamanen zum anderen weitervererbt wurden, sondern auch einen Zustand der Erleuchtung einschloss, den man durch geistige Entwicklung erlangte. Mutwa nannte diese spirituelle Erleuchtung »Sternenwissen« und erwähnte sie nur mit äußerster Vorsicht.

Als ich nun meinen lieben Schamanenfreund beobachtete, fragte ich mich, wie weit ich in diese geheiligten Gebiete vordringen durfte. Inzwischen betrachtete ich ihn als eine Art Resonanzboden: als eine Art riesigen Schwingungsstein, an den ich mich wenden konnte, um eine Idee zu untersuchen und festzustellen, um sie sich richtig anhörte oder nicht. Nun nahm ich all meinen Mut zusammen und fragte Mutwa, was die Umrisszeichnungen in der amerikanischen Wüste seiner Meinung nach bedeuteten.

»Wie groß sind diese Bilder, Madam?«, fragte der Sanusi.

»So groß, dass man ihre Umrisse vom Boden aus nicht sehen kann. Man braucht ein Flugzeug, um sie auszumachen.«

»Wirklich, Madam?«

Ich spürte, dass er auf etwas Bestimmtes hinauswollte. »Man muss sie von oben betrachten – aus der Vogelperspektive«, erläuterte ich.

»Vielleicht, Madam«, sagte er mit einem wissenden Augenzwinkern, »sollten wir das ›die Perspektive des geflügelten Löwen‹ nennen.«

STERNENWISSEN

Der geheime Orden der Sanusis fürchtet sich nicht davor, Verbindungen mit dem Rest des Universums einzugehen, im Gegenteil: Sanusis werden in Rituale eingeweiht, deren Zweck die Kommunikation mit gewissen Himmelskörpern ist. Dies war letzten Endes die Funktion der astrologischen Steine in Simbabwe und Timbavati.

Mutwa nannte diese wechselseitige Kommunikation zwischen der Erde und den Himmelskörpern »das Lied der Sterne«. Dies erinnerte mich an den Begriff, den die australischen Ureinwohner für die heiligen Kraftlinien auf unserer Erde verwenden: Songlines. Ich machte mir Gedanken über die Bilder von Blythe in Nevada und fragte mich allmählich, ob diese großen Umrisszeichnungen einer Metamorphose von Mensch und Katze nicht Lieder der Sterne symbolisierten: Kommunikationslinien zwischen der Erde und den Himmelskörpern, ähnlich den klingenden Steinen Afrikas. Ihr genaues Entstehungsdatum erschien mir weniger wichtig als die Tatsache, dass sie auf eine Weise verschlüsselt wurden, die wir erst heute, im Zeitalter der Luftfahrt, erkennen können.

»Ich habe Ihre Worte, dass wir in ›prophetischen Zeiten‹ leben, nicht vergessen, Credo«, versicherte ich ihm. »Da wir nun diese Bilder sehen können, steht der moderne Mensch vor der Herausforderung, sie zu verstehen und ihre Botschaft zu begreifen.«

»Das stimmt«, antwortete der Sanusi. Dies war eine der seltenen Gelegenheiten, bei denen ich ihn vor Vergnügen förmlich glühen sah. »Ich sehe, dass der große Geist von Mbube in Ihren Träumen zu Ihnen gesprochen hat.«

»Wer ist Mbube, Credo?«, fragte ich und spürte Stolz in mir aufsteigen, noch bevor ich die Antwort hörte.

»Er ist der Löwe, Madam, das Sternentier.«

Ich überlegte eine Weile. »Ist er der Löwe in meinen Träumen? Derselbe Löwe, der Timbavati durchstreift?«

»Ihr Löwe kommt von den Sternen, Madam, er ist ein Löwe Gottes«, sagte Mutwa mit einem feinen Lächeln. Nach einer nachdenklichen Pause fügte er hinzu: »Vergessen Sie nie, dass die Geschichte der Weißen Löwen mit den Sternen verbunden ist.«

Ich wartete darauf, dass er weitersprach, aber er ließ die letzten Worte aufreizend in der Luft hängen. Dann spürte er meine gespannte Erwartung und fuhr fort: »Ich will Ihnen etwas sagen. Wie nennt unser Volk den Löwen? Manche nennen den Löwen *simba*, und das bedeutet ›Kraft‹. Manche nennen ihn *schumba*, das bedeutet dasselbe. Und die Zulu nennen ihn *ibubhesi*, und das heißt ›er, der richtet‹. Aber das Große Wissen lehrt uns ein anderes Wort. Dieses Wort ist *Tsau!*, und das heißt ›Sternentier‹.«[3]

Ich wusste nicht genau, was Mutwa mit »Sternentier« meinte – ich wusste nur, dass mein Löwe für mich Magie besaß. Er erschien in meinen Träumen, er befand sich auf der Ebene meiner Vorfahren und führte mich von dort aus und er tauchte sogar plötzlich in Fleisch und Blut auf einem Rollfeld mitten in der Wildnis auf, als sei er vom Himmel herabgestiegen. Ingwavumas besondere Macht inspirierte mich, auch wenn ich sie nicht erklären konnte. Das war genug.

Und was Mutwas *Tsau!* angeht, den heiligen Namen des Löwen: Das Wenige, was wir über den Glauben der alten Buschmänner wissen, bestätigt den Zusammenhang zwischen dem Löwen und den Sternen. *Tsau!* ist möglicherweise das mächtigste Wort in dem äußerst komplexen Wortschatz der Buschmänner. Eine ganze Reihe von Berichten westlicher Augenzeugen bestätigt dies.

Eine Beschreibung stammt von Laurens van der Post, der nach dem Zweiten Weltkrieg für die britische Regierung in der Kalahariwüste arbeitete. Er berichtet, dass er bei der Rettung einer Gruppe verhungernder halbtoter Buschmänner dabei war. Sie wurden durch die telepathischen Fähigkeiten des Buschmann-Fährtensuchers gerettet, der ihre Not viele Kilometer entfernt spüren konnte. In dieser Nacht erlebte van der Post eine Dankeszeremonie, in deren Verlauf die geretteten Buschmänner voller Dankbarkeit ein Baby zu den Sternen emporhoben und dazu »*Tsau! Tsau!*« riefen. Später erfuhr er, dass die Buschmann-Mutter die Sterne bat, ihr neugeborenes Kind mit einem Löwenherzen zu segnen. Da die Sterne im Glauben der Buschmänner »große Jäger« sind, wurde das Menschenbaby nicht nur mit einem Löwenherzen gesegnet, sondern auch mit dem Herzen eines Sterns.

Dieses Erlebnis erschien van der Post so bedeutungsvoll, dass es im Mittelpunkt seines Buches *The Heart of the Hunter* (dt.: »Das Herz des kleinen Jägers«) steht. Letzten Endes führte es dazu, dass er Beobachtungen über das Wesen der Sprache und der Schöpfungsgeschichte anstellte. »Die Offenbarung erfüllte mich mit andächtigem Staunen«, schreibt er. »Es war, als hätte ich miterleben dürfen, wie das Wort in der Dunkelheit vor dem Beginn der Zeit zum ersten Mal erschien.«[4]

Offenbar benutzen die Buschmänner den Begriff *Tsau!* ganz anders als wir normalerweise das Wort »Löwe«. Diese Denkweise war mir zwar noch fremd, doch ich begriff, dass die Buschmänner allein durch ihre Verwendung dieses Wortes die wechselseitigen Verbindungen zwischen Ereignissen auf der Erde und Ereignissen am Himmel bestätigten. Wenn man das Wort *Tsau!* erklingen lässt, ruft man damit zugleich eine elementare Kraft an. In der Kultur der Buschmänner darf man das Löwenwort unter normalen Umständen gar nicht aussprechen, denn genau wie das Wort »Jahwe« bei den orthodoxen Juden bedeutet es »Gott«.

Zu den vielen unvergesslichen Dingen, die mir Mutwa über die Buschmänner berichtete, gehört die Tatsache, dass ihre Augen so scharf waren, dass sie »die Berge auf dem Mond« sehen konnten, und ihr Gehör so scharf war, dass sie »den Klang ausmachen konnten, der entsteht, wenn die Himmelskörper sich um die Sonne bewegen«. Van der Post beobachtete dasselbe; ebenso der Anthropologe Wilhelm Bleek, der vor über einem Jahrhundert über dieses Phänomen berichtete – er unterscheidet sogar zwischen den »Stimmen« der einzelnen Sterne, die die Buschmänner beschrieben, sowie dem »singenden Klang«, den die Sonne erzeugt.[5] Als Mutwa den klangvollen Begriff »Sternenlied« benutzte, wurde mir klar, dass er dasselbe Wissen bestätigte.

Das Sternenlied ist eine kosmische Sprache. Es ist nicht die Art von Sprache, die wir Menschen normalerweise benutzen, denn un-

sere Sprache klassifiziert und
benennt; und Paläoanthropologen
wie Bob Brain und
Philip Tobias bezeichnen sie
als einen der förderlichsten
Faktoren der menschlichen
Entwicklung, die den *Homo
erectus* vom *Australopithecus*
unterschied. Doch anders als
die Datenbänke, die uns unser

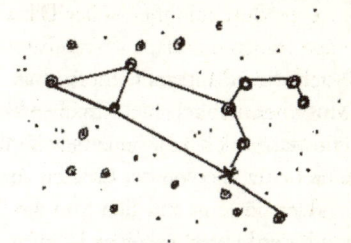

Der Löwe als Konstellation des astrologischen Tierkreiszeichens Löwe

systematisches Benennen sämtlicher Objekte beschert hat, weist
das Sternenlied auf etwas hin, was jenseits der Worte liegt – etwas,
was weiter reicht als jede Scheinwirklichkeit; etwas, was in die eigentliche
Wirklichkeit eingreift. Der Ausruf *Tsau!* etabliert einen Zusammenhang
zwischen dem Löwen, dem Stern und dem gesprochenen
Wort; und dies bringt uns wieder zurück zu dem Augenblick am Beginn
der Schöpfungsgeschichte: »Am Anfang war das Wort.«[6]

Dies war mein erster Versuch, die großen kosmischen Themen einzuordnen,
die Mutwa ansprach.

»Sie sagen, dass mein persönlicher Löwe von den Sternen kommt.
Was genau meinen Sie damit, Credo?«, fragte ich, denn ich wollte
feststellen, ob dies einfach eine poetische Ausdrucksweise war oder
ob der große Schamane irgendwelche Fernübertragungen unterstellte,
deren Quelle die Sterne waren.

»Ihr Löwe ist ein weiser Richter, ein König«, antwortete er. »Unser
Volk glaubt, dass Löwenkönige mit dem Herzen des Himmelslöwen
verbunden sind, den Ihre Astronomen den ›kleinen König‹ nennen:
Regulus.«[7]

Dies klang irgendwie passend, aber ich wurde dadurch nicht klüger.

»Wenn das Rätsel des Löwen mit den Sternen verbunden ist, wie
Sie sagen, Credo«, sondierte ich weiter, »was ist dann der Ursprung
der Verbindung zwischen dem Löwen und den Sternen?«

»Der Löwe ist das Sternentier, ja«, bestätigte Mutwa. »Aber das gesamte
irdische Leben ist mit den Sternen verbunden. Wir sind nicht
allein im Universum.« Dies sagte er mit einem knappen Lachen, das
unterstellte, es sei völlig absurd, irgendetwas anderes zu glauben.

LÖWE: *TSAU!*

Nach dieser allgemeinen Aussage über kosmische Ursprünge ging Mutwa allmählich mehr ins Detail. Schritt für Schritt führten seine Hinweise mich eine außergewöhnliche Informationsleiter empor – eine Leiter, die von der Erde bis zu den Sternen reichte.

»Der Löwe ist mit den Sternen verbunden, Madam«, informierte mich der Lehrer, »aber nicht mit irgendwelchen Sternen. Der Löwe ist insbesondere mit Orion verbunden, mit den drei Sternen im Gürtel des Orion. Die Ndebeles nennen einen dieser Sterne Mbube, und das bedeutet ›Löwe‹. Es gibt einen, zwei, drei Sterne im Gürtel, und der mittlere ist Mbube. Das Volk der Ndebele glaubt, dass alles, was auf der Erde geschieht, von Wesen kontrolliert wird, die vom Mbube-Stern stammen. Es gibt auch ein Lied, das die Menschen nicht verstehen. Dieses Lied haben Krieger schon vor langer Zeit gesungen, lange bevor der weiße Mann nach Südafrika kam. Und heute singt man es in Amerika, wo die Worte schändlich verzerrt werden – dort heißt es ›Wimoweh‹, was überhaupt keine Bedeutung hat. In Wirklichkeit heißt das Lied ›Mbube‹.« (*Mbube* ist eine Korrumpierung von *ibubhezi*.)

Mutwa begann zu singen, und plötzlich erkannte ich die Melodie eines mir vertrauten Liedes: Ich hatte gehört, wie amerikanische Militärkadetten es beim Training sangen, und ich hatte es in ganz Europa in Jazzclubs gehört. Dort lautete der bekannte Text:

In the jungle, the mighty jungle, the lion sleeps tonight!
In the jungle, the mighty jungle, the lion sleeps tonight!
Wimoweh-Wimoweh-Wimoweh-Wimoweh...[8]

(Im Dschungel, im mächtigen Dschungel, schläft heute Nacht der Löwe!
Im Dschungel, im mächtigen Dschungel, schläft heute Nacht der Löwe!
Wimoweh-Wimoweh-Wimoweh-Wimoweh ...)

Doch Credos Original klang völlig anders. Es war mutig, dennoch lag keinerlei Draufgängertum darin, und seine Stimme klang schwermütig und sehnsüchtig:

Nansi imbube iyazingela iyanyonyoba, we Ma
Emnyameni izinkanyezi sikhanya bha, we Ma
Ye-ye-ye-yeyi uyimbube, Ma
Ye-ye-ye-yeyi uyimbube, Ma

Nach einem Augenblick des Schweigens übersetzte er es für mich:

Hier ist der Löwe, Madam, er jagt unter den Sternen.
Hier ist der König, er lauert in der Dunkelheit.
Oh! Du bist der Löwe, du bist der Löwe der Nacht.
Oh! Du bist der Löwe der Dunkelheit...

»Aber, Madam«, erklärte der Sanusi und beobachtete mein gespanntes Gesicht, »man singt dieses Lied nicht zu Ehren eines Löwen, sondern zu Ehren eines bestimmten Sterns, nämlich des Sterns Mbube im Gürtel des Orion. Unser Volk glaubt, dass unter diesem Stern große Könige geboren werden, Madam: unter dem Löwenstern.«
»Wir reden also davon, dass die Weißen Löwen mit dem Mbube-Stern verbunden sind?«
»Ja, das glauben wir, Madam. Aber sie sind auch mit dem himmlischen Sternbild des Löwen verbunden, das wir den ›Löwen im Exil‹ nennen: ›Mbubedingile‹.«
»Ist das dieselbe Sternkonstellation, die wir Löwe nennen, Credo?«
»Genau. In Afrika heißt sie ›Löwe im Exil‹. Denn hier auf der Erde ist ein Löwe, der ganz allein die Wildnis durchstreift, abgesondert; er ist von seinem Rudel ausgestoßen worden. In unserer Überlieferung ist der Tierkreis mit all seinen Wesen – der sogenannte *Mulu-Mulu* – nicht nur eine Gruppe von Sternen, Madam, sondern eine Gruppe von Sternbildern, von denen unsere Tiere auf der Erde in irgendeiner Weise abstammen. Man lehrt uns, dass die Löwen von der himmlischen Konstellation des Löwen abstammen. Man lehrt uns, dass alle Schafe von der Widderkonstellation abstammen, alles Vieh vom Stiersternbild Burumatara, die Vögel von der Konstellation des Feuervogels, die zugleich die beiden Bootsmänner der Götter ist – Sie nennen sie den Wassermann. Und alle Meerestiere entstammen dem Sternbild des lachenden Delphins, das Sie Fische nennen; und alle Krebse und Langusten entstammen der Krebskonstellation Sonka-

318 Die Löwenfrau – Das Geheimnis der Weißen Löwen

Die astrologische Schale, die in der Nähe von Groß-Simbabwe gefunden wurde. Sie zeigt Mulu-Mulu, den afrikanischen Tierkreis.

lankala. Im Augenblick der Schöpfung schenkten alle Sternenfamilien oder Konstellationen rings um den Globus der Erde lebendige Tiere.«[9]

»Meinen Sie damit etwa, Credo«, überlegte ich, »dass alles auf der Erde seine Entsprechung am Himmel besitzt – ›wie oben, so unten‹?«[10]

»So entspricht es dem großen Plan, Madam. Die Erdenmutter bat den vertriebenen Löwen Mbubedingile, große Fleischfresser auf die Erde zu schicken: Löwen, Leoparden und Wildkatzen, um die Menschheit vor negativen Wesenheiten zu beschützen. Der Mensch hatte zu viel Angst, um mit den Löwen zu leben, deshalb beschloss er, die Wildkatzen zu zähmen und in seinen Häusern mit ihnen zusammenzuleben.«

Mutwa saß unter seinem eindrucksvollen Ölbild, das nun vollendet war. Während er beschrieb, wie die Fleischfresser auf die Erde kamen, begriff ich, dass er genau dieses Thema auf der Leinwand über ihm höchst lebendig illustriert hatte. In einer Ecke der Leinwand, gegenüber dem mächtigen Adler und dem von Menschen gebauten Raketenschiff, war ein kraftvolles Abbild einer Säbelzahnkatze. Direkt darüber war das Sternbild Orion abgebildet. Dies unterstellte einen Zusammenhang zwischen der prähistorischen Katze und diesem bestimmten Sternbild.

»Unser Volk glaubt nicht, dass der Mensch auf diesem Planeten geboren wurde«, fuhr er fort. »Man sagt bei uns, dass die Menschen von diesem mittleren Stern im Gürtel des Orion zur Erde kamen: von Mbube. Der mächtige Jäger Matsieng hat sie hierher gebracht; er hat auch die Löwen und alle anderen Raubtiere auf die Erde gebracht.«

Nun waren sowohl die Sternkonstellation des Löwen als auch Orion als Ursprung der irdischen Löwen genannt worden. Ich bat Mutwa, mir den Glauben der Afrikaner über den Ursprung der Menschheit genauer zu erklären.

»Man lehrt uns, dass wir Menschen, genau wie die Löwen, Nachkommen des ›weit wandernden Gottes‹ sind, also des Gottes, der sehr weit wandert und den die Weißen Orion nennen. In Setswana nennen wir ihn Matsieng: Er, der sehr weit reist, der Herr der Straßen, der ewige Wanderer. Er ist außerdem der große Jäger.[11] Aber dies ist wichtig, Madam: Er tötet die Tiere nicht, die er erwischt – er holt sie nur ein, er überlistet sie und fängt sie lebendig, und dann lässt er sie wieder frei. Deshalb nennt man ihn auch den Gauner oder den Helden. Diesem Gott folgen zwei Wesen: sein Hund und sein Freund, der Löwe.«[12]

Er machte eine Pause, während ich schweigend wartete.

»In Afrika verwenden Heiler manchmal als Symbol den Helden, dem ein freundlicher Löwe oder ein treuer, tapferer Hund folgt. Damit spielen sie auf den Sirius an: *Lii to lapiri.*«[13]

Ich begriff nun, dass Mutwa mir drei verschiedene Quellen für den Ursprung des Lebens auf unserem Planeten genannt hatte. Den Herzstern im Sternbild des Löwen, den mittleren Stern im Gürtel des Orion und Sirius.

»Das ist so, Madam«, versicherte Mutwa, als gäbe es da keinerlei Widersprüche. Wieder wartete ich darauf, dass er weitersprach. Inzwischen wusste ich, dass Mutwas unglaubliche und manchmal scheinbar zusammenhanglose Enthüllungen stets wichtige Indizien zur Lösung des Rätsels bargen, das mich beschäftigte. Im Lauf der Zeit würde ich begreifen, dass alle seine Enthüllungen auf die Weißen Löwen als lebenswichtige Faktoren im zukünftigen Schicksal unseres

Planeten hinwiesen. Bis dahin musste ich akzeptieren, dass der Sinn seiner kosmologischen Anspielungen mir oft verborgen blieb.

Zur Verdeutlichung der Rolle, die Sirius in der Schöpfungsgeschichte gespielt hatte, brachte Mutwa nun ein weiteres außergewöhnliches Artefakt aus seiner geheimen Sammlung zum Vorschein: einen riesigen Stein aus reinem Verdit in Schädelform. Er hatte zwar die Größe eines menschlichen Schädels, aber mit dem abgeplatteten Kranium ähnelte er einem *Australopithecus*.[14] Auf der Rückseite des Schädels war ein Zeichen eingraviert: ein ungewöhnliches Kreuz in einem elliptischen Kreis, das, wie Mutwa sagte, Sirius symbolisierte. Neben dem Kreis war ein kleinerer Ring, der Sirius B darstellte. Auf der Stirn des Schädels befand sich ein Symbol der Erde.

»Es heißt, dass dieser Gegenstand die Ursprungsrasse der Menschheit repräsentiert, Madam, die vor unserer Rasse existierte«, erklärte Mutwa.

Er drehte das Verditartefakt in seinen Händen, sodass sich die Symbole der Erde und des Sirius vor meinen Augen immer wieder abwechselten, und ich dachte über die Botschaft nach, die in diesem Stein verschlüsselt worden war. Mutwa erzählte mir, dass man durch Schädel, die aus bestimmten Steinen geschnitten wurden (Diamant, Kristall, Rosenquarz, Verdit), Wissen vermitteln kann.[15] Wird aus einem solchen Stein ein Schädel geformt, dann kann dieser Erinnerungen nicht nur aufnehmen, sondern auch weitergeben. Man benutzt ihn, um Informationen von einer Generation der Astronomen-Priester zur nächsten weiterzureichen, und die Priester trugen den Schädel unter ihren spitzen Hüten auf dem Kopf, um mit ihrem Gehirn Informationen aufzunehmen und zu übermitteln. Die spitzen Hüte wiederum waren wie Pyramiden geformt, um zu den Sternen zu weisen. Unter gewissen Umständen und mithilfe gewisser Rituale kann man solche Schädel dazu bringen, zu »sprechen« und ihr verborgenes Wissen zu enthüllen. Dies ist besonders dann der Fall, wenn man zwölf gleichartige Schädel zusammenbringt. Als ich nun das schwere Artefakt in meinen Händen hielt und es gleichmäßig immer und immer wieder drehte, schien es mir plötzlich, als könnte ich dieses Wissen anzapfen. Sirius-Erde-Sirius-Erde-Sirius-Erde. Die Bedeutung dieses symbolischen Abbildes eines vormenschlichen Schädels mit dem Planetensystem des Sirius auf der einen und der Erde auf der anderen Seite war eine Fernübertragung durch den interstellaren Raum. Das Symbol für den Weltraum war somit das Gehirn selbst: der Raum zwischen dem vorderen und dem hinteren Schädelbereich. Schließlich ist das Gehirn das Organ der Hominiden, das höchstwahrscheinlich eine solche Fernübertragung empfing, was zu der evolutionären Ausbreitung innerhalb unserer Spezies führte, die die Wissenschaftler »Gehirnexplosion« nennen.

Als ich das heilige Relikt wieder in Mutwas vertrauenswürdige Hände legte, war ich schockiert von der revolutionären Hypothese, die sich in meinem Verstand geformt hatte, als ich es selbst in den Händen gehalten hatte. Sie unterschied sich völlig von allem, was ich je zuvor gedacht hatte. Ob diese Gedanken nun auf der Wirklichkeit basierten oder nicht – sie zeigten mir jedenfalls plötzlich die prekäre Situation Mutwas in einem ganz neuen Licht. Ohne einen Nachfolger würden diese heiligen Objekte zugleich mit dem Hüter des *Umlando* ins Grab gelegt werden; sie würden bis in irgendeine ferne Zukunft unter der Erde liegen, bis man sie, wie er voraussah, wieder ausgraben würde. Wie bei den Barotse, die das uralte Wissen der Buschmänner verloren hatten, würde mit dem Vergraben dieser Artefakte auch ein wichtiger Teil unseres Erbes verloren gehen.

Während er mir mehr und mehr Informationen anvertraute, fragte ich mich, woher die afrikanische Überlieferung ihr astronomisches Wissen bezog. Südafrikanische Astronomen, mit denen ich gesprochen hatte, waren der grundfalschen Auffassung, dass es in Afrika keine astronomische Tradition gegeben habe. Doch allein in Groß-Simbabwe finden sich genügend gegenteilige Indizien: Schon die strategische Ausrichtung der dortigen Architektur und bedeutsame Kunstwerke wie die Tierkreisschale, die in der Nähe der Ausgrabungsstätte gefunden wurde, beweisen, dass sie schlichtweg falsch informiert sind.[16] Dennoch überraschte es mich nicht, dass die konservativen astronomischen Kreise die kosmologische Vision, die sich im Großen Wissen entfaltete, nicht ohne Weiteres anerkannten. Ich konnte nur schweigend dasitzen und mich bemühen, das Sternenwissen, das Mutwa mir vermittelte, einzuordnen.

»Madam«, sagte Mutwa ironisch, »wenn wir ein Buch über alle afrikanischen Überlieferungen schreiben würden, die mit den Sternen zu tun haben, dann hätte das Buch viele Bände und würde die Menschen sehr verblüffen. Zum Beispiel gibt es in letzter Zeit viele Diskussionen über das Volk der Dogon und seine Beziehung zum Sternsystem Sirius.[17] Es wäre nett, wenn da mal jemand aufwachen würde, denn es gibt allein in Südafrika fünfzehn Stämme, die eine noch viel dramatischere Beziehung zu den Sternen haben. Da gibt es das Volk der Ndebele. Da gibt es das Maschona-Volk. Da gibt es mein Volk, die Zulu.[18] Das Wort *Zulu* bedeutet in Wirklichkeit nicht ›Himmel‹, obwohl die Anthropologen dies behaupten. Es bedeutet ›interstellarer Raum‹; aber das ist eine andere Geschichte.«[19]

Während das Schweigen eine Weile in der Luft hing, machte ich mir in Gedanken eine Notiz, später auf diese Frage zurückzukommen.

»Auf welche Weise ist der Sirius mit dem Geheimnis der großen Weißen Löwen verbunden, Credo?«, fragte ich mutig.

Mutwa lächelte. »Unser Volk glaubt, dass die große Erdenmutter vom Sternsystem Sirius kam. Der Grundriss von Groß-Simbabwe basiert auf dem Siriussymbol.«

Plötzlich fiel mir auf, dass die elliptische Mauer der großen Einfriedung mit ihrem Turm große Ähnlichkeit mit dem Diagramm besaß, das in den grünen Schädel eingraviert war.

Zum Abschluss machte Mutwa eine Pause und holte in seiner typischen Art tief Luft. Gespannt wartete ich auf den üblichen meisterhaften Vortrag über komplexe Mysterien in kindhafter Form. Ich wurde nicht enttäuscht.

»Sirius ist das ›Auge‹ des Himmelslöwen«, fasste Mutwa zusammen. Dabei sprach er jedes Wort voller Sorgfalt und mit großer Vorsicht aus. »Mbube, der mittlere Stern im Gürtel des Orion, ist die ›Seele‹ des Löwen. Der Stern, den Sie Regulus nennen, im Zentrum des Sternbildes des Löwen, ist das ›Herz‹ des Himmelslöwen. Und dann gibt es natürlich auch die Sonne. Wir glauben, wenn die Sonne über das Herz der Mbubedingile-Konstellation wandert, wird ein großes Königreich untergehen oder entstehen.«

Ich schwieg. Das symbolische Bild, das er so geschickt gezeichnet hatte, schrieb die Geheimnisse der Weißen Löwen von Timbavati über den ganzen Himmel; aber die Botschaft hinter der Symbolik drohte sich in kosmische Themen auszuweiten, die mein Begreifen überstiegen.

Ich hatte keine Ahnung, dass ich mich eines Tages aufgrund einer intimen, persönlichen Erfahrung an diese grandiosen philosophischen Worte erinnern würde. In Timbavati sollten sich sehr reale Ereignisse abspielen, die unmittelbar mit dem Schicksal der Weißen Löwen verknüpft waren; Ereignisse, die mir fast das Herz brechen, aber auch mein Begreifen erweitern sollten, sodass mir Mutwas umfassende kosmologische Anspielungen plötzlich sehr realistisch erschienen. Es besteht eine direkte Verbindung zwischen dem großen Himmelslöwen, dem Sternbild des Löwen beziehungsweise Mbubedingile, und den lebenden Löwen in Timbavati. Doch noch hatte ich von dieser Tatsache keine Ahnung.

Loblied auf die Weissen Löwen

Ich meinte, dass ich genügend Zeit haben würde, diese Offenbarungen zusammen mit Mutwa in Ruhe zu erforschen. Doch statt den nächsten Tag wieder mit meinem Lehrer für weitere Unterweisungen zu verbringen, setzten Mutwa und ich am folgenden Morgen einen Plan in die Tat um, den wir vorher ausführlich diskutiert hatten. Aufgrund der grausamen Tatsache, dass die Weißen Löwen in der Wildnis von Timbavati ausgestorben waren, konnte der Löwenschamane nur im Johannesburger Zoo Kontakt mit einem Weißen Löwen aufnehmen. Mutwa graute es zwar davor, den König der Tiere hinter Gittern zu sehen, aber er erklärte sich trotzdem zu einem seltenen Ausflug in die Öffentlichkeit bereit und begleitete mich, um die Tiere zu besuchen, die er als »heiligste Tiere Afrikas, die heiligen Kinder des Sonnengottes« bezeichnete. Wir hatten die Absicht, das Große Wissen, das sich hinter dem Auftauchen der Weißen Löwen auf der Erde verbarg, zum ersten Mal mit der Kamera festzuhalten.

Es war ein glühend heißer Tag im Hochveld, als Mutwa und ich zusammen mit seinem Gefolgsmann, dem Sangoma Nobela, aufbrachen. Als wir im Zoo ankamen, hatte Mauritz Basson einen motorisierten Golfwagen für uns organisiert. Und dann folgte ein unglaubliches Erlebnis, das an ein surrealistisches Märchen erinnerte. Mutwa trug seine vollständige Sanusi-Robe; er sah aus wie ein Zauberer aus den Seiten eines längst vergessenen Märchenbuches, der irgendwie in die

Gegenwart befördert worden war, und erregte unter den Zoobesuchern ein unbeschreibliches Aufsehen. Er schien in Frieden zu sein und hatte die Hände ordentlich auf seinem Schoß zusammengefaltet, während ihn die Leute ringsum angafften und sich ein kleiner Menschenauflauf um uns herum bildete. Sie waren gekommen, um sich die exotischen Tiere im Zoo anzusehen, doch nun richteten sie den Blick auf die gewaltige Gestalt, die nicht nur mit riesigen Kristall- und Verditplastiken geschmückt war, sondern auch mit uralten Bronzesymbolen, die von Afrikas Astronomen-Priestern geschmiedet worden waren.

Doch sobald wir mit den Weißen Löwen Kontakt aufgenommen hatten, schien sich die Alltagsrealität aufzulösen und das Märchen wurde Wirklichkeit. Ich erinnerte mich, dass Mutwa mir bei unserer ersten Begegnung erzählt hatte, er sei einst in der Hoffnung nach Timbavati gekommen, dort einen Weißen Löwen zu sehen, der frei den Busch durchstreifte. Er sagte, wenn er einen Weißen Löwen gesehen hätte, dann hätte ihm das dabei geholfen, »eine sehr wichtige Entscheidung zu treffen, die ihn von jeglichem Unsinn befreit hätte«. Als ich nun das Zusammentreffen des Löwenschamanen und der Weißen Löwen miterlebte, konnte ich nur ahnen, was diese Begegnung für meinen wunderbaren Sanusi-Freund bedeuten musste.

Der Weiße Löwe und seine beiden weißen Gefährtinnen traten aus ihrem Bau in das offene Gehege, das von einem Graben umgeben war. Mutwa, der sie beobachtete, stimmte ein Loblied auf die Weißen Löwen an, und ich war tief bewegt, als der alte Löwe den Kopf hob, ein donnerndes Begrüßungsgebrüll ausstieß und dann Mutwas Gesang lauschte:

> Ihr seid die großartigen Tiere der Sonne
> Ihr seid so schön wie die Blüten, die der Erde entspringen
> Ihr seid so prachtvoll wie die aufgehende Sonne
> Oh ihr Weißen Löwen!

Die Szene berührte mich tief, und mir fiel etwas ein, was Mutwa mir erzählt hatte: Der großen Tradition zufolge stärkt man die Stellung der Tiere auf der Erde und erhöht ihre Überlebenschancen, wenn man ihnen Loblieder singt, und dies wirkt sogar, wenn man sie in Abwesenheit der Tiere singt. Während die überlebensgroße Gestalt den Weißen Löwen huldigte, wurde die Menschenmenge, die sich spontan gebildet hatte, immer größer. Kinder wurden auf die Schultern ihrer Väter gehoben. Mutwa hatte mir gesagt, er sei seit über einem Jahr nicht mehr in der Öffentlichkeit erschienen. Nun hatte er es getan, um die Botschaft der Weißen Löwen in meine Hände zu legen, damit ich sie der Allgemeinheit zugänglich machte. Es war eine Geste des Vertrauens, das ich mir anscheinend durch meine jahrelangen Bemühungen verdient hatte, die Rätsel der Beziehung zwischen Löwen und Menschen zu ergründen.

Die improvisierte Rede, die darauf folgte, war mit Abstand das kraftvollste Zeugnis, das ich je gehört hatte. Ich habe mich damit abgefunden, dass die Kunst dieses großen Redners auf dem sterilen Papier völlig verloren geht und dass sich die Verbundenheit, die ich im Johannesburger Zoo zwischen ihm und den Weißen Löwen spürte, ohnehin schriftlich unmöglich vermitteln lässt; doch ich habe Mutwas Rede wörtlich genau so wiedergegeben, wie er sie hielt.[20] Wie immer holte er tief Luft, bevor er die folgenden Worte sprach, die nun für immer festgehalten sind:

> Hinter mir sind die heiligsten Tiere Afrikas: die Weißen Löwen von Timbavati. Unser Volk glaubt, dass ganz Afrika aufhören wird zu existieren, wenn diese Tiere aus dem Land der Schwarzen verschwinden.
> Es heißt, dass diese Tiere Veränderungen auf der Erde ankündigen. Man sagt, dass die ersten Weißen Löwen vor über vierhundert Jahren geboren wurden, als ein sternenähnliches Objekt an dem Ort, der heute Timbavati heißt, zur Erde fiel. Anfangs wurden nicht nur Löwen von dieser Farbe geboren, sondern auch Leoparden und andere Tiere: Antilopen und sogar Vögel.
> Diese Geschöpfe sollten erhalten und beschützt werden, und man sollte untersuchen, warum sie in dieser Farbe zur Welt kommen. Aufgrund von Gleichgültigkeit, Rassismus und religiösem Fanatismus hat Afrika viel verloren, das schön und wichtig ist.
> Wenn es richtig ist, dass die Engländer die Dohlen im Tower von London am Leben erhalten, dass sie sie nötigenfalls sogar mit militärischer Macht schützen und behüten – wie kann es dann falsch

sein, diese heiligen Tiere zu beschützen, Tiere, über die einige unserer größten Seher Prophezeiungen gemacht haben?

Man sagt, dass am Ende der Welt ein Weißer Löwe zum letzten Mal brüllen wird – so kündigt er das endgültige Verschwinden der Sonne vom Himmel an.

Wir dürfen nicht zulassen, dass die Weißen Löwen von Timbavati, die Löwen des Sterns, der vom Himmel fiel, aus der Geschichte unseres Landes verschwinden.

Mehr kann ich nicht sagen. Ich danke Ihnen.

Er war sichtlich erschöpft, und ich sorgte dafür, dass wir mit dem Golfwagen zum Eingang zurückfahren konnten. Ich saß während der holprigen Fahrt durch die Massen der Zoobesucher neben Mutwa, war aber viel zu aufgewühlt, um zu reden. Während dieser kurzen Begegnung meinte ich, einen flüchtigen Blick auf das »Sternending« erhascht zu haben, auf jenen seltsamen Magnetismus, den die höchstrangigen Sanusis angeblich besitzen und mit dessen Hilfe sie Menschen anziehen, Denkmäler verschieben und telepathisch mit dem König der Tiere in der Geheimsprache der Sterne kommunizieren können.

»Madam«, sagte er, als wir uns an diesem Nachmittag trennten, »vergessen Sie nicht, dass Sie zwei Gesichter bekommen haben: ein schwarzes und ein weißes. Das schwarze Gesicht wenden Sie dem *Umlando* zu, dem afrikanischen Wissen, doch das weiße Gesicht müssen Sie der Welt zuwenden.«

»Ist das gut oder schlecht, Credo, wenn man zwei Gesichter hat?«, fragte ich.

»Madam, Sie sind eine Brücke. Vergessen Sie das nicht. Vielleicht wissen Sie gar nicht, dass Ihre individuelle Geschichte in Afrika sehr weit zurückreicht – viele, viele Leben zurück.«[21]

Ich hatte nicht vor, seine Worte zu vergessen, obwohl ich sie nicht ganz verstand; aber ich dachte, dass ich noch viel Zeit haben würde, ihre wahre Bedeutung zu entdecken. Ich wusste nicht, dass ich meinen großen Löwenschamanen-Freund lange Zeit nicht wiedersehen würde.

19

GEBURTSSTÄTTE DER GÖTTER

Alles Wissen der Welt ist miteinander verbunden. Alles stammt aus einer einzigen großen Quelle. Die alten Ägypter wussten nichts, was wir nicht auch wissen.
— Credo Mutwa

Die Tradition des Lagerfeuers begegnet der Tradition der Pyramiden.
— Martin Buber[1]

Als ich am nächsten Morgen in dem Haus in Johannesburg eintraf, um mich der weiteren Arbeit mit Mutwa zu widmen, stellte ich fest, dass der Sanusi zusammen mit seinen Helferinnen abgereist war. Ich war enttäuscht und verwirrt. Kurz darauf erfuhr ich, dass seine Frau schwer krank war und dass er ganz plötzlich nach Mafikeng hatte zurückkehren müssen, um an ihrer Seite zu sein.

In den folgenden Monaten hatte ich keinen Kontakt mit Mutwa, doch ich hatte allen Grund, lange und gründlich über das Wissen nachzudenken, das der große Schamane mit mir geteilt hatte. Mutwas Bemerkung, dass meine eigenen Ursprünge viele, viele Leben in Afrika zurückreichten, veränderte allmählich meine Selbstwahrnehmung, und ich empfand die gegenwärtigen Spannungen, die im Land zwischen Schwarz und Weiß herrschten, als temporär und geradezu oberflächlich. Seine Behauptung, die Weißen Löwen seien Tiere der Sterne, trieb mich dazu, die allgegenwärtigen Zusammenhänge auszuloten, die in der weltweiten Symbolik zwischen dem Löwensymbol und dem Sternensymbol bestehen. Am dringlichsten war jedoch seine Aufforderung, die Weißen Löwen zu schützen; durch sie kam ich zu der Einsicht, dass sich die Worte des Löwenschamanen nicht nur auf das wichtige Thema des Naturschutzes bezogen, sondern außerdem, wie ich nun vermutete, eine umfassendere kosmologische Botschaft enthielten.

In irgendeiner Weise verkörpern die Weißen Löwen den Weg zum Überleben unseres Planeten.

So, wie der geflügelte Löwe des heiligen Markus eine Botschaft übermittelt, die in seinen Gesetzbuch unter seiner gelehrten Pranke eingemeißelt ist, bringen auch die Weißen Löwen von Timbavati eine Botschaft, nämlich die der Erleuchtung. Diese Botschaft hängt mit dem geheimen Wort *Tsau!* zusammen: der Löwe als Tier der Sterne.

Wenn ich die aufreizenden Hinweise Mutwas und die Zusammenhänge betrachtete, die ich zwischen Timbavati und Groß-Simbabwe hergestellt hatte, wurde mir klar, dass mein nächster Schritt eine Reise nach Ägypten sein musste.

Timbavati ist die Geburtsstätte der legendären Weißen Löwen, und Groß-Simbabwe ist der heilige Löwentempel, doch in Gizeh befindet sich das größte und rätselhafteste Löwenmonument der Welt: die Sphinx. Wie hängen diese heiligen Löwenstätten zusammen? Welches tiefe Geheimnis, von dem wir nur eine vage Ahnung besitzen, kannten die Völker des Altertums?

Kurz nach Mutwas Verschwinden hörte ich, dass sich eine Gruppe bekannter ägyptischer Gelehrter im November 1997 zu einer Tagung in Gizeh treffen würde, darunter die wichtigsten zeitgenössischen Stimmen in der Debatte, die in jener Zeit um die Sphinx entflammt war: John Anthony West und Adrian Gilbert. Nach ein wenig glänzender Detektivarbeit und einer Reihe internationaler Telefongespräche gelang es mir, an der Tagung teilzunehmen. Ich buchte meinen Flug nach Ägypten.

Der kürzeste Weg von Timbavati nach Gizeh ist die Vogelfluglinie, die auf dem Längengrad 31° 14', der diese beiden Orte miteinander verbindet, direkt nach Norden führt. Wie ich bereits erwähnte, gibt es in Timbavati ein Rollfeld: einen Asphaltstreifen, umrahmt von gerodeter Steppe, die häufig von Büffeln und Kudus zum Weiden genutzt wird, und weniger häufig – vielleicht einmal im Jahr – von einem Privatflugzeug oder Hubschrauber. Es war dasselbe Rollfeld, auf dem mir mein »geflügelter« Löwe zum ersten Mal erschienen war. Wäre ich an diesem Punkt gestartet und hätte eine direkte nördliche

Richtung eingehalten, wäre ich nach einiger Zeit genau über die große Sphinx von Gizeh geflogen.

Wie die Dinge lagen, musste ich mit Egypt Air von Johannesburg aus fliegen, das etwa fünfhundert Kilometer westlich von Timbavati liegt, aber trotzdem bewies der Flugmonitor diese Tatsache sehr anschaulich: Der ganze afrikanische Kontinent war darauf zu sehen, und sobald wir auf Kurs waren, führte unsere Flugroute, die durch ein bewegliches Licht angezeigt wurde, auf einer unbeirrbaren vertikalen Linie von Süden nach Norden. Aus dem Fenster der Boeing konnte ich den Tanganyika-See sehen, eine Träne in der Zusammensetzung des Kontinents, und die umgebenden Berge, die die Quelle des Nils in sich bergen; dann den Nil selbst, den längsten Fluss der Welt, dessen Lauf wir über den ganzen Erdteil hinweg bis zu seinem Delta im Norden folgten. Der Nil ist der einzige Strom der Welt, der von Süden nach Norden fließt.[2] Während wir dieser Ader des afrikanischen Kontinents folgten, spukten zwei Bilder in meinem Kopf herum. Die eine war Mutwas Vorstellung von *Lulungwa Mangakatsi*, dem unterirdischen Strom, der den Kontinent zusammenhält. Das andere betraf das goldene Reich von Monomotapa, von dem man angenommen hatte, sein Mittelpunkt sei die Quelle des Nils gewesen und die südwärts fließenden Flüsse hätten es zusammengehalten. War dies der Ursprung des Goldes der Ägypter? Meine Reise nach Ägypten sollte zur Antwort auf diese Frage beitragen.

Das Rätsel der Sphinx

Als ich am 21. November um Mitternacht in Kairo landete, waren seit dem Massaker von Luxor erst zwei Tage vergangen, und in der Stadt herrschte Untergangsstimmung. Sechzig Touristen waren in einer Schießerei ermordet worden, an einer der meistbesuchten heiligen Stätten Ägyptens hatte sich ein unheiliges Blutbad zugetragen. Die britische Botschaft hatte in einer Verlautbarung bekannt gegeben, dass sie nicht für die Sicherheit der britischen Bürger garantieren konnte, und alle britischen Reisegruppen waren evakuiert worden.

Meine besorgte Familie und mein Mann John hatten mich gedrängt, meine Reise zu stornieren. Tatsächlich erfüllte mich die Lage in Ägypten mit Angst und Zweifel und ich sah dem Ganzen mit Herzklopfen entgegen. Doch die Leute, die ich treffen wollte, besaßen möglicherweise wichtige Hinweise auf die Lösung des Rätsels, das ich ergründen wollte, und ich konnte unmöglich einen Rückzieher machen. Außerdem war im Anschluss an das Massaker die gesamte ägyptische Armee mobilisiert worden, und ich redete mir ein, dass demzufolge das Reisen hier im Augenblick ganz besonders sicher war.

Die Atmosphäre in Kairo war trostlos und sehr ernst. Man konnte nicht umhin, über die unheilvolle Gesinnung einiger unserer Mitmenschen nachzudenken. Dies waren nicht gerade die idealen Voraussetzungen für traumhafte Ferienerlebnisse; aber ich hoffte, sie würden sich als förderlich erweisen, um eine wichtige Aufgabe zu erledigen.

Als ich am Morgen nach meiner Ankunft in meinem Hotelzimmer aufwachte, trat ich hinaus auf den Balkon. Ich konnte direkt auf die Ebene von Gizeh blicken, was mich sehr tröstete. Über den Smog von Kairo, über die Häuserblöcke, die Palmen und den Dunst erhoben sich die Pyramiden, schmucklos und kompromisslos. Ich hatte unzählige Postkartenfotos von ihnen gesehen, aber nichts hatte mich auf ihre überwältigende Präsenz vorbereitet.

Ich hatte einen ganzen Tag Zeit, um meine Gedanken zu ordnen, bevor ich mich hinauswagte, um diesen zeitlosen Monumenten persönlich gegenüberzutreten – gemeinsam mit mehreren Ägyptologen, die ihr Leben dem Studium der Pyramiden gewidmet hatten. Ich hatte mir ein hohes Ziel gesteckt: Nach meiner Entdeckung, dass Timbavati nach der Sphinx ausgerichtet war, wollte ich nun versuchen, mehr über das älteste Rätsel der Menschheit herauszufinden.

In der Morgendämmerung des folgenden Tages stand ich im Schatten der großen Pyramide und stellte dieselben Fragen, die im Lauf der Jahrtausende eine Zivilisation nach der anderen gequält haben, vor allem unsere Zivilisation, die ihre technologischen Fortschritte höher schätzt als alles andere: Wie konnten diese einzigartigen architektonischen Meisterwerke entstehen?

Neben mir stand John Anthony West, ein quicklebendiger Mann über sechzig, der über einen scharfen Verstand und eine ansteckende Vitalität verfügt. Er hatte sich schon so lange mit dieser Frage beschäftigt, dass er inzwischen in Ägypten zum Inventar gehörte. Mehrere

Ortsansässige in Turbanen und wehenden Djellabas hatten ihn bereits erkannt und winkten ihm enthusiastisch zu.

Unter unseren Füßen waren die imposanten Pflastersteine, ein Mosaik von ungeheurem Ausmaß und ein wesentlicher Teil einer höheren Botschaft, gebaut, um die Zeiten zu überdauern. Wests Augen schweiften über vertrautes Terrain – von den riesigen Grundsteinen der Großen Pyramide bis zu ihrer turmhohen Spitze – und er formulierte die Frage kurz und bündig: »Eigentlich gibt es nur drei mögliche Erklärungen dafür, wie diese unglaublichen Dinger entstanden sind. Erstens: durch die geniale Nutzung von leistungsfähiger Technologie, also von Kränen, Flaschenzügen, Rampen und dergleichen, die wir entweder noch nicht entdeckt oder falsch interpretiert haben. Zweitens, und zu dieser Auffassung tendiere ich: Die Völker des Altertums haben vielleicht mit einfachen Mitteln sehr komplexe Ergebnisse erzielt, was auch typisch für den ägyptischen Ansatz wäre – wir könnten dies vielleicht als ›sanfte Technologie‹ bezeichnen. Und das bedeutet, sie haben eine Technik von höherem Bewusstsein benutzt, möglicherweise so etwas wie Schall oder Akustik. In letzter Zeit finden wir allmählich Beweise für diese Möglichkeit: Schall beeinflusst die Form, Schall kann Materie bewegen. Bei diesem zweiten Ansatz hätte man diese Steine als praktische Übung zur Bewusstseinserweiterung aufgefasst.« Er machte eine Pause. »Und schließlich gibt es als dritte Möglichkeit die Theorie, dass Außerirdische ihre Hand im Spiel hatten.« Seine Augen leuchteten humorvoll auf.

»Ich habe nicht direkt etwas *gegen* die Vorstellung von physischen Übermittlungen von stellaren Quellen; außer dass es sich dabei naturgemäß nur um Mutmaßungen handeln kann, und gemäß den Spielregeln der Gelehrten, denen ich mich freiwillig unterworfen habe, ist so etwas nicht nur nutzlos, sondern sogar noch schlimmer. Mit anderen Worten, von den verschiedenen möglichen Erklärungen dafür, dass in so vielen Mythologien so großer Nachdruck auf die Sterne gelegt wird, ist der Kontakt mit Außerirdischen am unwahrscheinlichsten, oder zumindest lässt er sich am wenigsten beweisen. Und dabei wird es bleiben, bis irgendetwas Beweisbares auftaucht.«

Tatsache ist, dass hier riesengroße Bausteine in einem Steinbruch gehauen, transportiert und so mustergültig zusammengefügt worden sind, dass man nicht einmal ein Blatt Papier in die Spalte zwischen zwei dieser 200 Tonnen schweren Steine schieben kann. Bis heute konnte kein noch so hochtechnisierter Ansatz diese Bauweise befriedigend erklären oder gar nachahmen. West versuchte nicht einmal, ein amüsiertes Kichern zu unterdrücken, als er beschrieb, wie verschiedene Gruppen führender Ingenieure sich vergeblich bemüht hatten, die Pyramiden zu rekonstruieren – nicht einmal in Form von maßstabgetreuen Verkleinerungen war es ihnen gelungen, obwohl die Originale ja für jedermann sichtbar sind, sodass man sie ganz leicht kopieren könnte.

Letzten Endes lautete sein Argument: Wenn unsere jüngsten hochtechnisierten Versuche, eine uralte Ruine zu rekonstruieren, erfolglos waren, sollten wir dann nicht innehalten und darüber nachdenken, um welche Art von Wissen es sich eigentlich handelt, das in diesen alten Steinen steckt?

Ich fand interessant, dass West die Möglichkeit der »sanften Technologie« favorisierte: einer akustischen oder Schalltechnologie. Vielleicht könnte man diese Technik eine Übung in sympathischer Zauberei nennen: Klang besteht aus Schwingungen, die wie Energiewellen wirken – Klang bewegt Materie – Architektur ist zu Stein erstarrte Musik.

Allmählich nahmen diese ungewohnten Vorstellungen für mich im Zusammenhang mit den Baudenkmälern immer konkretere Formen an. Die Kraft des Klangs, etwas zu formen – ein moderner Wissenschaftszweig namens »Cymatik« –, könnte letztendlich die architektonische Meisterschaft einer Technologie erklären, die wir bisher noch nicht entwickelt haben. Man hat festgestellt, dass verschiedene Materialien bei gewissen Frequenzen bestimmte Formen annehmen. Die fortgeschrittenste Wissenschaft von heute ist in der Lage, kleinere Objekte wie zum Beispiel Steinchen mithilfe gewisser Frequenzen in der Luft schweben zu lassen, ein Phänomen, das man »akustische Levitation« nennt.[3]

Als ich Wests Theorien zuhörte, fiel mir Mutwas Behauptung ein, dass der Mensch in Wirklichkeit zwölf Sinne besitzt; darunter »die Fähigkeit, nicht nur Tiere, sondern auch leblose Objekte zu beeinflussen«. Ich erinnerte mich an seine verhüllten Anspielungen auf die »Kraft der Sterne«, die von Falken- und Löwenpriestern (den *Ntzwana* und den *WaNdau*) genutzt wurde, und dass diese erleuchteten

Personen Gegenstände wie zum Beispiel Steine mit reiner Willenskraft bewegen konnten.

Angesichts der aktuellen Forschungsergebnisse der Archäoastronomen über die Schallemissionsfrequenzen von Steinen und ihre Vermutung, die ägyptischen Obelisken seien riesige »Stimmgabeln« gewesen, mit deren Hilfe man sich auf die Frequenzen gewisser Sterne »einstimmen« konnte[4], schien mir Mutwas Ansicht über die klingenden Steine von Timbavati und Simbabwe, die man zur Kommunikation mit Himmelskörpern benutzt hatte, äußerst passend. Ich erinnerte mich an einen klangvollen Ausdruck, den er benutzt hatte: »das Lied der Sterne«.

Aufgrund des Massakers von Luxor tummelten sich überhaupt keine Touristen mehr an den berühmten Orten. Es war ein sehr hoher Preis für Exklusivität; doch die Folge war, dass wir Dagebliebenen uns den heiligen Baudenkmälern in dem Schweigen und der Einfachheit nähern konnten, die diese verlangen. West gab zu, dass er in dem Vierteljahrhundert, das er den ägyptischen Baudenkmälern gewidmet hatte, zum ersten Mal die Erfahrung machen durfte, sie ganz allein zu besuchen.

John Anthony West war eine großartige Entdeckung. Ich hätte mir keine besser informierte und unterhaltsamere Einführung in die Geheimnisse Altägyptens wünschen können. »Ich bin der schlimmste Albtraum der Akademiker!«, gab er hämisch zu. Unbelastet von akademischen Graden, sind die Bandbreite und Gründlichkeit seiner Forschungen jedoch unangefochten und haben die Meinungen des akademischen Establishments in ihren Grundfesten erschüttert. West und ich verbrachten viele inspirierte Abende miteinander, tranken Wodka und tauschten Ideen und schriftliches Material aus.

Als Außenseiter und Ägyptologe hat West seine Forschungen darauf konzentriert, das Entstehungsdatum der Sphinx zu berichten. Eine neuerliche Überprüfung der Fakten mag zwar kontrovers sein, doch offenbar hat West, nachdem er seine Theorien mit handfesten geologischen Beweisen bekräftigen konnte, der ganzen Debatte einen völlig neuen Anstoß gegeben.[5] Die Implikationen sind von großer Tragweite. Falls die Sphinx viele tausend Jahre früher entstand als bisher von orthodoxen Ägyptologen angenommen, dann müssen nicht nur unsere Geschichtsbücher neu geschrieben, sondern auch unser Verständnis für die Evolution selbst muss revidiert werden.

Laut Wests Berichtigung entstand die Sphinx in einer Epoche, die man heute Jungsteinzeit nennt. Logischerweise wäre demnach auch der Grundriss der Sphinx und bestimmter anderer der ältesten monolithischen Tempel Ägyptens in dieser Zeit entstanden. Doch die komplexen technischen, mathematischen und symbolischen Prinzipien, die der Sphinx und den Pyramiden zugrunde liegen (und die unser heutiges technologisches Wissen übersteigen) beweisen, dass unsere Vorfahren, die diese riesigen Steinmonumente errichteten, nicht etwa primitive Steinzeitmenschen waren, sondern hoch entwickelt.[6]

Als West über das großartige astronomische und mathematische Wissen der alten Ägypter sprach und ungezählte Beispiele anführte, die seine Theorie untermauerten, musste ich wieder an Mutwa denken, der gesagt hatte: »Wir sind nicht die erste intelligente Rasse, die auf diesem Planeten lebt.« Diese auf den ersten Blick aberwitzig erscheinende Aussage des Löwenschamanen wurde nun durch die völlig unabhängigen Forschungsergebnisse des führenden Archäoastronomen unserer Zeit bestätigt.[7]

In der Stille, die nach der Evakuierung der Touristen eingesetzt hatte, durfte sich unsere kleine Gruppe ohne militärische Eskorte keinen Meter bewegen. Doch als wir die heiligen Stätten erreicht hatten, warteten die Soldaten zum Glück draußen und ließen uns mit den Schatten und der Akustik allein. Als wir durch die Tempel mit ihren gleichmäßigen Säulenreihen und hallenden Kammern streiften, drängte sich uns der gezielte Einsatz harmonischer Prinzipien in der Kunst und Architektur förmlich auf. Beim Betreten von Stein umschlossener Räume hatte ich das eigenartige Gefühl, mich im Innern eines riesigen Musikinstruments zu bewegen. Allmählich begriff ich, was West meinte, wenn er die Architektur »gefrorene Musik« oder »eine steinerne Symphonie« nannte – jede Komponente besaß eine ureigene Harmonie. Die große Allee der Sphinxe, die die Tempel von Luxor und Karnak miteinander verbindet, erschien mir zum Beispiel wie eine Aneinanderreihung von Musiknoten, die sich von Statue zu Statue rhythmisch wiederholten und einen harmonischen Akkord zwischen den beiden heiligen Stätten erzeugten.

Diese Allee der steinernen Löwen ist einer von Wests Lieblingsorten auf der Erde, und ich konnte den Grund dafür gut nachvollziehen. Für mich war sie das steinerne Abbild der Phalanx der Löwenwächter, die für Marias sicheren Durchgang durch das Rudel von Timbavati gesorgt hatte.

Während wir die verlassenen akustischen Kammern der heiligen Stätten durchstreiften, wobei unsere Schritte hinter uns nachhallten und unsere Stimmen an bestimmten Stellen seltsam laut und an anderen zu einem geisterhaften Flüstern wurden, sprach West mit mir über die zentrale Bedeutung, die die Idee von *Logos* für die Ägypter besaß. Der Begriff *Logos* ist die griechische Übersetzung des ägyptischen Wortes *Maat* und bedeutet »das Wort«; es ist eines der wichtigsten Begriffe nicht nur Altägyptens, sondern aller antiken Kosmologien einschließlich der christlichen Religion. Und doch hatte ich immer noch Mühe, es zu begreifen.

»Sie könnten ein paar Lektionen Sanskrit oder Altgriechisch gebrauchen«, belehrte mich West und erläuterte, dass dieser klangvolle Begriff sich nicht leicht ins Englische (A. d. Ü.: bzw. ins Deutsche) übertragen lässt. »Sie müssen begreifen, dass *Logos* mehr bedeutet als ›das Wort‹«, fuhr er fort. »Die beste Entsprechung, die wir im Englischen haben, ist wahrscheinlich ›das Verb‹ – oder sogar ›die Schwingung‹.«

Während er sprach, traten wir gerade unter einem Steinbogen hindurch in eine leere Kammer, wo seine Stimme als vibrierendes Echo zurückkam, wie um sich über mich lustig zu machen. »Genau das ist es!«, rief er tief befriedigt und legte meine Handfläche auf den Stein, um mir zu verdeutlichen, was er meinte. »Es ist fast, als könnte man hier den Klang *sehen* oder eine Form *hören*. Sie wissen ja: *Klang erzeugt Form.*«

Seine Augen funkelten auf seine spöttische Art, und er sprach weiter, mich an den Anfang des Johannesevangeliums erinnernd: »Am Anfang war das Wort, und das Wort war bei Gott, und das Wort war Gott.« Das kannte ich zumindest.

»Ähnlich«, fuhr er fort, »findet sich im Ägyptischen Totenbuch, dem ältesten geschriebenen Text der Welt, die entsprechende Passage: ›Ich bin das Ewige ... ich bin es, der das Wort erschuf ... ich bin das Wort.‹«[8] Der Begriff des *Logos* liegt buchstäblich jedem heiligen Schöpfungstext der Erde zugrunde: »Am Anfang war das Wort.«[9]

Die ursprüngliche Bedeutung von »Wort« wird mit der Vorstellung von Klang gleichgesetzt. *Logos spermatikus*, das »keimhafte Wort«, verleiht, wie der Same, der ungeformten Materie ihre Gestalt.[10] In diesem Zusammenhang fand ich es interessant, dass die antike Symbolik den Löwen mit dem solaren *Logos* gleichsetzt: dem »Wort« der Sonne. Ich konnte zwar das ganze Ausmaß dieser Bedeutung verstandesmäßig nicht erfassen, doch ich spürte instinktiv, dass es sich hier um eine kosmologische Urbedeutung handelte.

LÖWE: SOLARER *LOGOS*

Als ich darüber nachdachte, warum »das Wort« mit dem Schöpfungskonzept zusammenhängt, fiel mir Laurens van der Posts Geschichte von den Buschmännern ein, die in der Kalahariwüste gerettet wurden. In der Kultur der Buschmänner lässt das Wort *Tsau!*, das Löwenwort, einen genauso erzittern wie das Tier selbst: eine akustische Schwingung, die eines Sonnengottes würdig ist.

Als van der Post zusah, wie die Buschmann-Mutter ihr Neugeborenes den Sternen entgegenhob, hatte er das Gefühl, er sei »Zeuge, wie das Wort in der Dunkelheit vor dem Beginn der Zeit zum ersten Mal erschien«.[11] Genau wie van der Post und vor ihm der erste Mensch begriff auch ich allmählich, wie die alten Ägypter die Sonnenenergie, die Energie des solaren *Logos*, aufgefasst hatten: als das kosmische Gesetz, das Löwen, Menschen und Sterne in unserem archetypischen Bewusstsein miteinander verbindet. Der solare *Logos* ist ein Synonym für den »Anfang« und bezeichnet einen entscheidenden Wendepunkt in der Geschichte der Menschheit: das erste Wort des ersten Menschen.

Da unsere Alltagssprache nicht in dieser Form funktioniert, ist »das Wort« eine Vorstellung, die man unmöglich in Worte fassen kann – jedenfalls nicht in die Worte, die wir normalerweise benutzen. Das Wort in diesem Sinn ist kein hochstrukturiertes System von Bezeichnungen, mit denen wir alle Dinge benennen und so eine Art Kopie der Wirklichkeit erzeugen, sondern ein untrennbarer Teil der Wirklichkeit selbst.

In der menschlichen Sprache bezeichnet das Wort ein Objekt. Doch in der Sprache der göttlichen Ursprünge *ist* das Wort das Objekt.

Symbol und Bedeutung

Adrian Gilbert war ein weiterer Forscher, den ich unbedingt kennenlernen wollte. Er arbeitete mit der gleichen Leidenschaft wie West daran, die uralten Geheimnisse aufzudecken, aber seine Persönlichkeit war genau das Gegenteil von Wests. Während Wests unverwechselbare Art des amerikanischen Geistes überwältigend subversiv und scharf war, war der in London geborene Gilbert ein echter Gelehrter: bedächtig und besonnen. Wir stellten bald fest, dass es viele Themen gab, über die wir miteinander sprechen wollten; nicht zuletzt waren wir beide fasziniert von Löwen, dem Löwensymbol und der Sternenkonstellation des Löwen.

In seinem jüngsten Werk hatte Gilbert viel über das Löwensymbol in den uralten Mysterien geschrieben. Wir saßen bei einer Tasse Tee im Palace Garden Hotel in Luxor, als Gilbert bekannte: »Seit ich festgestellt habe, dass in meinem Horoskop fünf Planeten im Haus des Löwen stehen, frage ich mich, ob mein Interesse an Löwen wohl damit zusammenhängt.« Dann fügte er in ernsterem Ton hinzu: »Tatsächlich ist der Löwe zweifellos eines der wichtigsten Symbole der Menschheit. Und die alten Ägypter haben das mit Sicherheit geglaubt.«[12]

Während Gilbert eine weitere Tasse Tee einschenkte, grübelte ich über die wichtige Rolle nach, die die Löwen im alten Ägypten gespielt hatten. Zahllose Bilder von Löwenmenschen und Menschenlöwen schmücken die Wände heiliger Stätten und erinnerten mich an die Rituale, die von Schamanen in ganz Afrika zelebriert wurden.[13] Die Lehren der Löwenschamanen erhellten mir in Ägypten vieles, was mir sonst verschlossen geblieben wäre.

Zur Zeit der Dynastien bestand eine rituelle Verbindung zwischen der Priesterschaft und den Löwen, weiterhin hielten ägyptische Priester der Spätzeit im Tempel von Leontopolis heilige Löwen.[14] Und auf den Säulen von geweihten Gebäuden sieht man häufig den Pharao, wie er seinem Löwen das hieroglyphische Zeichen für ein bestelltes Feld darbringt – wohl ein deutliches Echo auf die Ernterituale in ganz Afrika.

Genau wie bei den Löwenkönigen im Süden Afrikas ist auch die Wechselbeziehung zwischen Pharao und Löwe so eng, dass man die beiden manchmal kaum voneinander unterscheiden kann. Zum Beweis für diese Verbindung braucht man nur die Löwen-Sphinx mit ihrem Pharao-Antlitz anzusehen. Die Verbundenheit zwischen Löwe und Pharao wird auf schönen Wandfriesen dargestellt, wie zum Beispiel auf dem nördlichen Fries im Tempel des Ramses II.: Eine dramatische vierteilige Sequenz zeigt eine große Schlachtszene, in der der Pharao in seinem Kampfwagen von seinem Löwen begleitet wird. In der vorletzten Szene des Frieses ist Ramses in wilder Verfolgung, und der Löwe unterhalb seines Wagens ist mit voller Kraft dabei, sein Schwanz ist ausgestreckt und sein Rachen aufgerissen, während ein Pferd mit federgeschmücktem Kopfputz sich über ihm aufbäumt. In der Tradition der afrikanischen Löwenkönige wurde der Pharao stets von seinem königlichen Löwen in die Schlacht begleitet; dieser lief neben dem Königswagen her und war bereit, zusammen mit seinem menschlichen Pendant zu sterben.

Ich war begeistert von den wunderschönen Abbildungen dieser Löwenmonarchen, denn ich bezog die Geschichten direkt auf Ingwavuma, der in meiner Fantasie sowohl Löwe als auch König war und überdies mit der Sonne oder dem Sonnengott assoziiert wird.

Mit diesen Assoziationen im Kopf, fragte ich Gilbert genauer nach der ägyptischen Tradition. »Wenn der Löwe in Ägypten der solare *Logos* ist«, fragte ich, als wir die düsteren Kammern des Dendera-Tempels betraten, »bedeutet das dann, dass er die Schwingung der Sonne und somit der ›Sonnengott‹ ist?«

»Das ist korrekt«, stimmte der Archäoastronom zu. »In Ägypten wird der Löwe mit Horus, dem heldenhaften Sonnengott, assoziiert, und dieser steht, solange er lebt, für den solaren *Logos*, also für das ›Wort‹ oder die ›Verfügung‹ der Sonne; und wenn er stirbt, kehrt er zu den Sternen zurück.

Wie in anderen Religionen der Erde ist der rote Faden in der ägyptischen Kosmologie die Vorstellung, dass Zivilisation beziehungsweise Erleuchtung zur Erde gebracht wurde. Horus bringt der Menschheit die solare Intelligenz oder den solaren *Logos*, also die Inkarnation der ›Gesetze‹ der Sonne, und zwar im Augenblick des Beginns der Zeit.« Er machte eine nachdenkliche Pause. »Die Verknüpfung des Löwen mit der Sonne ist entscheidend. Wir müssen ausführlicher darüber sprechen...«

KÖNIG HORUS

Im Lauf von weiteren Gesprächen mit Gilbert und den anderen Archäoastronomen wurde mir klar, dass Horus eine Schlüsselfigur ist: Er ist die Verbindung zwischen der Weisheit der alten Ägypter und der großen Tradition Afrikas.

Wie bei dem seltsamen Ereignis in Timbavati, als etwas »wie ein Vogel« vom Himmel herabstieg, sprechen auch die ägyptischen Texte davon, dass Horus in Gestalt eines Falken oder Sperbers zur Erde herunterkam. Wenn er unten gelandet ist, nimmt er auch andere Gestalten an, insbesondere die eines Löwen oder eines Menschen. Tatsächlich galt der Pharao selbst als lebende Inkarnation des Horus.

Da Horus sich als große Heldenfigur erwies, vergleichen Gelehrte wie Adrian Gilbert ihn mit dem griechischen Löwenhelden Herkules (im Altgriechischen ursprünglich Herakles).[15] Ebenso brennend interessierte mich auch die erstaunliche Ähnlichkeit zwischen Horus und Matsieng, dem afrikanischen Löwenhelden, der von den Sternen kam. Bezeichnenderweise erwähnen die altägyptischen Texte, dass Horus von »dem Löwenhaften« eine Krone erhielt, wodurch ihm die Königswürde übertragen wurde. Dies scheint ein entscheidender Moment in der Entwicklung des Horus-Königs gewesen zu sein, und die genaue Identität dieses geheimnisvollen »Löwenhaften« hat unter Ägyptologen zu vielen Spekulationen geführt.[16]

Aufgrund der archäologischen Beweise in den Höhlen des Sterkfontein-Tals meinte ich zu wissen, worauf sich die Übergabe der Krone durch den »Löwenhaften« bezog: auf jenen Augenblick in der Evolution, in dem sich der Mensch von der Beute in den Jäger verwandelte. Irgendwann in einer längst vergangenen Eiszeit vor schätzungsweise einer Million Jahren übergab der Löwe die Herrschaft dem Menschen, dem soeben entstandenen Löwenhelden.

Matsieng, der afrikanische Löwenheld, der vom Orion kam

Doch in den altägyptischen Hinweisen auf den Löwenhaften, der die Krone des Königs der Tiere dem Löwenhelden überreicht, steckt mehr als nur das Echo auf den Evolutionsschritt vom Gejagten zum Jäger; die Thematik der menschlichen Evolution reicht viel weiter. Die archäologischen Fakten aus den Höhlen im Tal von Sterkfontein helfen uns zwar, die physischen Aspekte der menschlichen Evolution zu begreifen – zum Beispiel die Tatsache, dass wir auf zwei Beinen gehen und dass sich unser Gehirn stark vergrößerte, was dazu führte, dass wir die Sprache entwickelten, Werkzeuge erfanden und lernten, das Feuer zu beherrschen. Aber die heiligen Texte der Alten sind entscheidend dabei, das Bewusstsein für die höheren spirituellen Aspekte der menschlichen Entwicklung zu wecken.

Mir schien es höchst bedeutungsvoll, dass afrikanische Löwenschamanen wie Maria Khosa und Credo Mutwa die symbolische Übergabe der Krone als »Geschenk« bezeichneten, das die Löwen dem Menschen machten, und nicht etwa als etwas betrachteten, auf das wir ein angestammtes Recht besaßen. Die altägyptische Schilderung des Königs Horus, der die Krone von dem Löwenhaften übernahm, soll uns demnach an die Frage erinnern, wie die Menschheit ihre Zeit des Königtums oder der Herrschaft über die Tiere eigentlich bewältigt. Leider lautet die Antwort, dass sich unser Umgang mit unserer Erde und ihren Lebewesen in vielerlei Hinsicht verbessern ließe.

Der Grund für unsere mangelnde Kompetenz, über die Erde zu herrschen, könnte darin liegen, dass wir die »höheren«, metaphysischen Implikationen der physischen Evolution, die unsere Spezies durchgemacht hat, vergessen haben. Die Horus-Figur ist nicht nur deshalb interessant, weil sie das Löwenprinzip in der physischen Evolution verkörpert, sondern sie scheint auch der Schlüssel zu sein, der uns die Tür zur Evolution des Geistes öffnen kann. Dieser Schlüssel ist buchstäblich ein Schlüsselsymbol, denn als solches sollten wir das Henkelkreuz eigentlich auffassen, das unweigerlich in der Hand des Horus erscheint, wenn dieser sich in seiner falkenköpfigen, halbmenschlichen Gestalt des Re-Horakhti zeigt. Das Henkelkreuz erscheint außerdem in den Händen von Bast, Hathor und Sekhmet, also den weiblichen Pendants des Horus.[17] Außerdem findet es sich in der Hand Orions, wenn dieser als Sternkonstellation dargestellt wird: eine Konstellation, die mit Osiris identifiziert wird, dem christusähnlichen Gott und Vater des

Horus, der sich selbst opferte. Für unseren Aspekt der spirituellen Entwicklung ist jedoch entscheidend, dass das Henkelkreuz auch in der Hand des Pharao auftaucht. Der Letztgenannte ist für uns als Menschen, die sich in der Entwicklung befinden, vielleicht von besonderer Bedeutung, denn von allen erwähnten Gestalten ist der Pharao als Einziger sterblich – beziehungsweise halb sterblich und halb göttlich, eine menschliche Verkörperung des Gottes Horus, dessen Göttlichkeit sich letztlich manifestiert, indem er zu den Sternen aufsteigt.

Ist es uns bestimmt, die spirituellen Aspekte des Evolutionssprungs, den unsere Rasse einst in einer früheren Eiszeit machte, neu einzuschätzen, dann könnte, wie ich glaube, der Schlüssel in den Händen der alten Pharaonen liegen, jener ägyptischen Löwenkönige, die eindeutig mit der Sphinx von Gizeh gleichzusetzen sind. Und er liegt in den Händen der Horus-Jünger, einer geheimnisvollen Linie eingeweihter Priester, von denen es heißt, dass sie die Weisheit der Sphinx bewahren.

Die Horus-Jünger

In Ägypten trug ich das neueste Foto von Credo Mutwa bei mir, auf dem zu sehen war, wie er im Johannesburger Zoo in vollem zeremoniellem Ornat das Loblied auf die Weißen Löwen sang. Sein riesenhafter Körper war mit großen Steinen aus Kristall und Verdit geschmückt, die von seiner bronzenen Brustplatte mit den eingravierten geheimnisvollen Symbolen herabhingen. Nachdem ich Adrian Gilbert von den Löwen- und Adlereinweihungsritualen, die dieser afrikanische Löwen-Adler-Priester durchführte, sowie von dem Großen Wissen, das er besaß, erzählt hatte, erkannte er eindeutige Parallelen zu den Horus-Jüngern, den Hütern des uralten Wissens, die auf Abbildungen stets sternenübersäte Löweninsignien tragen.

Tsau! – das Henkelkreuz

Als ich die Archäoastronomen auf ihrem Rundgang durch die heiligen ägyptischen Orte begleitete, entdeckte ich in den Händen der eingravierten Abbildungen von Horus und seinen »Jüngern« das

Symbol, das als Kernstück zwischen den massiven Relikten auf Mutwas Brust hing: das Henkelkreuz.

Wieder einmal schien es, als sei mein Freund, der Löwenschamane, einer jener auserwählten Menschen, die den Schlüssel zu unserer spirituellen Evolution besitzen. Ich fand es höchst bedeutsam, dass der Weg, den die Seele des Pharao auf ihrem Aufstieg zum Himmel gehen musste, so viele Parallelen mit der Auffassung von der vierfachen Einweihung eines afrikanischen Löwenschamanen aufwies. Mithilfe der Geschichten, die Mutwa mir erzählt hatte, und aufgrund der wenigen Dinge, in die Mutwa mich persönlich eingeweiht hatte, begann ich zu erfassen, was dieser Schlüssel eigentlich symbolisierte. Mutwa hatte mir von seinen Einweihungsprüfungen berichtet: Er war bis zum Hals in die Erde eingegraben worden, sodass Raubtiere an seinem Gesicht schnupperten, und hatte sich tagelang in einem Graben verstecken müssen, in der Hoffnung, vielleicht die Federn eines großen Raubvogels zu ergattern. Ich ahnte nun, worauf dieser Vergeistigungsprozess beruhte. Der Schlüssel lag darin, die Angst zu überwinden.

Dieses Prinzip wird in der Geschichte des heldenhaften Horus-Königs sehr gut veranschaulicht. Horus rächt den Mord an seinem Vater Osiris durch dessen grausamen Bruder Seth und kämpft mit verschiedenen Ungeheuern.[18] In meiner Interpretation übernimmt der falkenköpfige Horus, nachdem er sowohl menschliche als auch löwenhafte Eigenschaften angenommen hat, schließlich die Identität einer Schlange (dargestellt durch eine sich um die Sonnenscheibe windende Kobra, die er auf dem Kopf trägt). Nun heißt Horus Re-Horakhti: Horus des Horizonts. Als solcher wurde er insbesondere mit der großen Sphinx von Gizeh gleichgesetzt, die das Gleichgewicht der Erde behütet und über den Aufgang der Sonne am Horizont wacht.[19]

Darüber hinaus wurde Horus genau wie die Sphinx selbst auch mit der Sonne gleichgesetzt, wenn sie sich durch das Sternbild des Löwen bewegt, und zwar vor allem in dem Moment, in dem sie sich mit Regulus, dem Herzstern des Löwen, vereint.[20]

Lebendiger Löwenschamanismus hatte mir dabei geholfen, die Bedeutung der altägyptischen Mythen zu verstehen. Der Schamanismus lehrt, dass der Weg zur spirituellen Entwicklung unserer Rasse der Weg der Liebe, des Lichts und der Wahrheit ist. Diese Worte sind uns so vertraut, dass sie fast banal klingen. Im Lauf der Zeit hat man sie

Geburtsstätte der Götter 343

Detail eines Reliefs im Grab von Menmare Setil: ein Horus-Jünger mit Löwen-Kaross

so oft benutzt, missbraucht und falsch interpretiert, dass sie ihre Bedeutung größtenteils eingebüßt haben. Im ägyptischen Kontext jedoch sind sie mit einer uralten und heiligen Bedeutung besetzt, die für uns in der heutigen Zeit einen neuen Sinn ergibt. In der schamanischen Definition ist Liebe das Gegenteil von Furcht. Der eingeweihte Schamane tötet den Löwen nicht aus Angst, sondern er ehrt ihn durch Liebe und Glauben. Ich glaube, im alten Ägypten wurde dieser Augenblick, in dem die Liebe die Angst überwindet, durch eben dieses seltene himmlische Ereignis symbolisiert, bei dem die Sonne mit dem Herzstern der Löwenkonstellation verschmilzt. Dieser Moment versinnbildlicht, dass das Licht in das Herz des Löwenhelden eindringt und der Menschheit hilft, Furcht und Finsternis zu überwinden.

Sowohl im Löwenschamanismus als auch im alten Ägypten wird die Wahrheit durch den Greif, das Tier der Wahrheit, verkörpert. Durch die Kombination vier hybrider Identitäten ist dieses vielfache Symbol angemessen, denn Wahrheit bedeutet, alle Dinge zu wissen und zu verstehen und Gegensätze zu vereinigen. Der vierfache Aspekt des Horus bildet dazu eine direkte Parallele: Die Pharaonen trugen einen Brustschmuck, der die ausgebreiteten Flügel des Falken symbolisierte, einen Löwenfell-Umhang über den Schultern und im Kopfschmuck die Kobra. Dadurch demonstrierten sie, dass sie den Rang des vierfachen Tieres der Wahrheit besaßen; und ein prinzipieller Aspekt des Horus-Königs beziehungsweise des Pharao ist, dass er zu den Sternen aufsteigen kann. Aber es ist nicht etwa irgendein Stern oder irgendeine Konstellation, die die Seele des Pharao beherbergen soll, sondern bestimmte Konstellationen und bestimmte Sterne in diesen Konstellationen. Der Rang des Horus-Königs als Sterntier ist mit zwei Konstellationen verknüpft: Löwe und Orion – und beide stehen im Brennpunkt von Mutwas Großem Wissen.

Ich schloss daraus, dass Horus, nachdem er auf der Erde die Rolle des Löwenhelden gespielt hat, das Bewusstsein des Helden mit dem Bewusstsein des Schamanen aussöhnen muss, um zu den Sternen zurückkehren zu können. Horus' Versöhnung mit den schamanischen Wahrheiten wird durch seinen Aufstieg zum Sternbild des Orion perfekt symbolisiert. Wie bereits erwähnt, entspricht Orion dem geopferten Gott Osiris, dem Vater des Horus.[21]

Dies scheint paradox, aber dennoch könnte dem Mythos ein tieferer Sinn zugrunde liegen. Horus ist der Sohn des Osiris, doch wenn ihm diese Himmelfahrt gelingt, wird er selbst zu Osiris. Wenn man diese Vorstellung auf die Funde von Sterkfontein bezieht, wird einiges erklärt. Das Bewusstsein des Helden entwickelte sich aus einer älteren schamanistischen Form von christusähnlichem Bewusstsein, einem Bewusstsein, in dem alles eins ist. Um sich geistig weiterzuentwickeln, muss der Held das christusähnliche Bewusstsein innerhalb des Heldenbewusstseins zurückerlangen. Wie es scheint, gelingt dem Helden dies, indem er in sich selbst das Löwenherz (Liebe, Licht und Wahrheit) aktiviert. Die alten Ägypter symbolisierten dies vom Himmlischen her durch den Augenblick, in dem die Sonne den Herzstern des Löwen durchdringt und so diese Prinzipien im Löwenherzen aufleuchten lässt.

Kurzum: Damit der spirituelle Aufstieg gelingt, muss sich der Löwenheld mit dem Löwenschamanen beziehungsweise dem Löwenpriester versöhnen. Interessanterweise beschränkt sich diese Versöhnungsidee nicht nur auf die alten Ägypter, sondern scheint auch in anderen alten Zivilisationen ein zentrales Thema zu sein.

In unseren Diskussionen sprach Adrian Gilbert auch von anderen verlorenen Traditionen, wie zum Beispiel denen der Mesopotamier, der Kommagener und der alten Perser, in denen ebenfalls eine symbolische Versöhnung zwischen Löwenschamanen und Löwenhelden stattfand.[22]

Da Gilbert gerade sein Buch *Signs in the Sky* schrieb, hatte er mehrere Reproduktionen solcher Steinreliefs bei sich, die er mir zeigte. Auf einer alten kommagenischen Steintafel gibt der priesterliche Löwenkönig einer herkulesartigen Figur, nämlich dem Löwenhelden, die Hand: ein in Stein gemeißeltes Beispiel für Mutwas Behauptung, die größte Herausforderung des Löwenschamanen sei die Aussöhnung von spiritueller und körperlicher Entwicklung, also die Versöhnung des Löwenhelden und des Löwenpriesters. Meiner Auffassung nach entstand der Gegensatz zwischen dem »Herkules'schen« und dem »Androklus'schen« Ansatz, als wir irgendwann in unserer Vergangenheit als Hominiden anfingen, uns selbst (und nicht mehr die Löwen) als König der Tiere zu begreifen, wie es auch die Sterkfontein-Funde dokumentieren. Wir entwickelten die Sprache und ein Ichbewusstsein, was uns letzten Endes von den Tieren trennte. Wie es scheint, besteht die höchste Prüfung der spirituellen Evolution also darin, diese gegensätzlichen Kräfte wieder in Einklang zu bringen und das uralte schamanische Bewusstsein wiederzuerlangen.

Auf dem schön ausgeführten Steinrelief ist die Figur eines Priesters mit einer kunstvollen Krone aus vier sonnenstrahlartigen Federn dargestellt. Er trägt eine Weste mit einem komplizierten Muster aus Diamanten und Sternen sowie einen zeremoniellen Dolch, an dem vier Löwenköpfe angebracht sind.[23] Dieser majestätische Löwenpriester war zwar sehr eindrucksvoll, aber mich erinnerte er vor allem daran, welch ein Glück es für mich war, dass ich einer der wenigen noch lebendigen schamanischen Traditionen begegnet war. Der Löwenpriester Afrikas war immer noch am Leben, auch wenn ihm nicht mehr viele Jahre blieben. Die Figur auf der uralten Steintafel charakterisierte eine Tradition aus dem Nebel der Vergangenheit, während Mutwa ein wirklicher Mythos, eine lebendige Legende war.

Im Lauf der Gespräche, die Gilbert und ich führten, erstaunte uns die gemeinsame Grundlage der Traditionen Afrikas, Ägyptens, Mesopotamiens und sogar Mittelamerikas immer mehr. Dies brachte mich wieder einmal dazu, über Mutwas offenbar äußerst passenden Begriff des Großen Wissens nachzugrübeln. In seinem Heimatland wird Mutwa zwar verachtet, aber ständig wird seine Weisheit überall auf der Welt bestätigt. Ursprünglich war es mir darum gegangen, Mutwas Wissen im Kontext des schamanischen Erbes zu erklären, das ihn als

Arsameia, Basisfundort III (Kommagene): Links der Löwenpriester im Löwenornat, mit Sternen, einem Gürtel mit vier Löwenköpfen und einem Kopfputz aus Sonnenstrahlenfedern. Rechts der Herkules-Typus des Löwenkriegers mit einem Löwenfell über den Schultern. Ihr Händedruck symbolisiert die Versöhnung zwischen Löwenheldentum und Löwenschamanismus. Die weite Verbreitung dieses Themas weist auf ein großes Wissen hin, das Zeitalter und Kulturen überschreitet.

einen der Hüter uralter Traditionen auswies und sich direkt auf das alte Ägypten gründete; doch nun enthüllte mir meine Ägyptenreise allmählich, dass diese Erklärung nicht ausreiche. Da auch andere Zivilisationen auf denselben Überlieferungen beruhen, erinnerte ich mich wieder an Mutwas Erklärung, dass das Große Wissen nicht auf die mündliche Weisheit beschränkt ist, die durch die direkte schamanische Linie weitergegeben wird, sondern letzten Endes eine Bedingung der Erleuchtung (oder des »Sternenwissens«) ist.

Altes Wissen, neue Bedeutung

Wenn man die vielen Gemeinsamkeiten betrachtet, denen wir in so vielen unterschiedlichen Kulturen und Zeitaltern begegnen, stellt sich unweigerlich die Frage: Welche Bedeutung hat all dies heute für uns? Mir scheint, diese zeitlosen Entsprechungen implizieren, dass es gewisse Grundwahrheiten gibt, die die alten Völker kannten und aufzeichneten, und es für uns lebenswichtig sein könnte, ihre Bedeutung in unserem modernen Kontext zurückzuerlangen.

Die neue Schule der Ägyptologen argumentiert, dass man die alten Mysterien nicht isoliert studieren sollte, sondern als Teil eines globalen Bildes, und darin liegt ihre Stärke. Weiterhin beschränkt sich ihre Bedeutung nicht auf die Zeit, in der die Bauwerke errichtet oder die heiligen Texte eingemeißelt wurden, sondern man geht davon aus, dass die Bauwerke und Texte mit Botschaften verschlüsselt sind, die wir unmittelbar auf uns selbst heutzutage anwenden können. Der Grund dafür, dass uraltes Wissen auch auf unsere heutige Zeit anwendbar ist, liegt hauptsächlich in der altägyptischen Auffassung vom Anfang der Zeit selbst. Die uralten Mysterien beschreiben den Augenblick, in dem die Zeit auf der Erde begann, doch der neuen Schule der Ägyptologen zufolge könnte es sich bei diesen Inschriften auch um Prophezeiungen handeln – das heißt, sie warnen uns vor der Endzeit.

Der altägyptische Begriff für den Entstehungsmoment ist *Zep Tepi*. Einfach übersetzt, bedeutet *Zep* »Zeit« und *Tepi* »Anfang, Beginn«; also: »Zeitbeginn«. Im übertragenen Sinn bedeutet dieser Ausdruck außerdem »die Vorfahren«, also jene, die zuerst kamen. So wird der Begriff in den Texten der Pyramiden benutzt, wo *Tepi-aui* sich auf die Ahnengötter bezieht, die im Goldenen Zeitalter die Zivilisation veranlassten. Das hieroglyphische Zeichen für *Tepi-aui* ist die vordere Hälfte eines Löwen – was darauf hindeutet, dass die ersten Urahnen »löwenartig« waren.[24]

Dies ist ein wichtiger Punkt. Horus, Löwenheld und Gott, entstammt einer löwenartigen Blutlinie von Gottheiten, die sich bis zum ursprünglichen Schöpfergott Atum[25] zurückverfolgen lassen – und seine ersten Kinder, sein Sohn Schu und seine Tochter Tefnut, kamen als Löwenwelpen zur Welt.[26]

Mir schien es höchst bedeutsam, dass der Löwe in seiner Assoziation mit Atum zu einem Symbol der Zeit wird. In seiner Eigenschaft als Schöpfergott hätte Atum natürlich auch die Zeit erschaffen. Zwei weitere Hieroglyphen lassen den Zusammenhang zwischen der Vorstellung von den Löwenahnen der fernen Vergangenheit und den Löwenahnen der Gegenwart erkennen. Die eine Hieroglyphe ist *Xerefu* und bedeutet »die Löwen von gestern«, die andere ist *Akeru* und bedeutet »die Löwen von heute«.[27] Daraus folgt, dass nicht nur die Götter zu Beginn der Zeit »löwenartig« waren, sondern auch die Götter von heute.

Als ich mich in die Debatten um die große Sphinx von Gizeh einschaltete, hatte ich plötzlich ein ausschließlich männliches Terrain betreten: ein leidenschaftliches, hitziges Forum von Akademikern, Gelehrten, Archäoastronomen und Abenteurern. Es war aufregend, im Zentrum des aktuellen theosophischen Gerangels um das älteste Löwenrätsel der Menschheit mitzumischen, doch meine wichtigste Inspiration blieben die lebenden Löwen des Südens. Bei jedem Schritt, den ich in Ägypten machte, meinte ich, den unsichtbaren Pfotenabdrücken jener Löwen zu folgen, die lange vor mir dort gegangen waren.

Zep Tepi: Die Zeit, in der die Löwengötter unter den Menschen wandelten

Dieses Gefühl beschlich mich besonders, wenn ich an die altägyptische Vorstellung vom »Beginn der Zeit« dachte. Unsere Vorfahren glaubten an einen Schöpfungsmoment auf der Erde, gefolgt von einem »Goldenen Zeitalter«, in dem sich die Sternengötter mit der Menschheit verbrüderten. Und seit dieser Zeit, als die Götter zum ersten Mal die Erde besuchten, setzte die Linie der göttlichen Pharaonen, der Horus-Könige, das Erbe jenes Goldenen Zeitalters in ihrer sterblichen und zugleich göttlichen Herrschaft fort.

In diesem ägyptischen Kontext versuchte ich, den Archäoastronomen eine Erklärung dafür zu entlocken, warum die alten Ägypter wohl geglaubt hatten, die Löwengötter seien im Augenblick des Zeitbeginns auf die Erde gekommen. Und warum sie geglaubt hatten, ihre Pharaonen seien Inkarnationen des Horus: lebendige Löwengötter in sterblicher Gestalt.

Ich stellte John Anthony West diese Frage, als wir uns wie jeden Abend bei einem Glas Wodka zu einem Gedankenaustausch trafen.

»Von allen Löwengöttern Ägyptens«, folgerte West, »ist die Horus-Figur am engsten mit den Pharaonen und der Sphinx verbunden.[28] Aber die alten Ägypter waren nicht sexistisch«, fügte er mit einem schurkischen Grinsen hinzu. »Horus hat ein weibliches Gegenstück, das ebenso mächtig ist wie er: die höchste Löwengöttin, Sekhmet.«

Sobald West das Thema Sekhmet angeschnitten hatte, kam er in Schwung.

»Sekhmet ist das Symbol der Zerstörung und Erneuerung, sie spielt bei der Heilung der Menschheit die Hauptrolle, aber diese Heilung erfolgt durch Feuer und Läuterung.«

»Also erschien sie ebenfalls in jenem goldenen Augenblick des Zeitbeginns?«, fragte ich.

»Vielleicht erschien sie sogar früher. Man nennt sie stets ›die Herrin des Ortes, an dem die Zeit begann‹ und ›Sie, die war, bevor die Götter waren‹. Die Geburt des Horus-Königs hängt mit der Manifestation der Götter im Augenblick des Zeitbeginns zusammen, doch die Ursprünge Sekhmets verweisen uns sogar auf die Augenblicke unmittelbar vor der Schöpfung. Man sollte sich gut mit ihr stellen. Horus bringt der Menschheit in einem löwenhaften Schöpfungsakt den Funken der Zivilisation, aber Sekhmet vernichtet als rasende Löwin die unvollkommene Menschheit, um anschließend die rechtmäßige Ordnung wiederherzustellen und zu stärken. Sie ist das weibliche Pendant des Horus, das löwenköpfige Weibchen, während die Sphinx von Gizeh – Horus – ein Löwe mit dem Kopf eines Mannes ist.«[29]

Nach meinen Diskussionen mit den Archäoastronomen wurde mir klar, dass Mutwa den uralten Glauben an die Realität der löwenartigen-menschlichen Götter, die von den Sternen auf die Erde kamen, heute noch am Leben hielt. Mutwas Mythologie erzählte nicht nur von löwenartigen Sternengöttern, die zur Erde kamen, um den Samen der Menschheit anzulegen, sondern er identifizierte den Löwen selbst als Tier der Sterne, das von den Sternen gesandt worden war, und zwar vor allem vom Sternbild des Löwen. Während sich mein Geist bei all diesen außerweltlichen Vorstellungen emporschwang, bemühte ich mich, auf einfache und rationale Erklärungen zurückzugreifen.

Warum war ein solch kraftvoller halb löwenartiger und halb menschlicher Archetyp im menschlichen Bewusstsein erhalten geblieben? Ich überlegte, ob die Hypothese aus Sterkfontein und Swartkrans von der Beute, die zum Jäger wurde, als Begründung ausreichte. Bob Brains Theorie der Primatenhierarchie bietet eine vernünftige Erklärung dafür, warum Primaten die gefürchteten und überwältigenden Eigenschaften des mächtigsten Raubtieres, nämlich des Löwen, auf ihre Anführer projizieren. Aber können wissenschaftliche Theorien die Vorstellung von den löwenartigen Sternengöttern befriedigend erklären? Spiritualität ist zwar kein Bereich der wissenschaftlichen Methode, aber man sollte sie dennoch nicht außer Acht lassen. Es besteht doch mit Sicherheit eine Wechselbeziehung zwischen der physischen und der spirituellen Evolution. Ich hatte den Eindruck, dass man die ganze Sache, rationale Erklärungen für kosmologische Überzeugungen zu finden, irgendwie falsch anpackte. Die Natur wurde »rationalisiert«, statt die Natur für sich selbst sprechen zu lassen.

Der Schamane geht von der umgekehrten Voraussetzung aus. Er versucht nicht, irgendetwas zu beweisen, schon gar nicht im Zusammenhang mit der Natur. Der Schamane lauscht einfach der Natur, gesteht ihr eine Stimme zu und stellt dabei fest, dass die Natur sich ihm bewiesen hat.

Im Lauf unserer Gespräche über die *Neteru* (der ägyptische Begriff für diese löwenartigen Sternengötter) fragte ich West, ob er dieses immer wiederkehrende Thema rational oder wissenschaftlich erklären könne. Zur Antwort schnaubte er in seinen Wodka hinein. Obwohl er während seiner Bemühungen, das Entstehungsdatum der Sphinx zu revidieren, eng mit Geologen und Geisteswissenschaftlern zusammengearbeitet hatte, glaubte West, dass die meisten Wissenschaftler an »spiritueller Legasthenie« leiden.

Diese provokative Äußerung führte natürlich zu einer erregten Debatte. Nachdem er die erste Rohfassung meines Manuskripts über die Weißen Löwen gelesen hatte, ergriff West die Gelegenheit zu einem Kommentar: »Sie werden die Reagenzglas-Brigade kaum mit Geschichten über mythische Weiße Löwen und afrikanische Medizinmänner beeindrucken. Versuchen Sie es gar nicht erst. Bekennen Sie sich einfach zu der Wahrheit dessen, was Sie tatsächlich erlebt haben. Verstecken Sie sich nicht. Erzählen Sie es so, wie es ist. Natürlich wird es Leute geben, die sich vor Lachen in die Hosen machen. Na und? So ist das Leben!«

Nach dieser respektlosen Äußerung beendeten wir für diesen Abend unsere Diskussion und machten uns daran, die Expedition am folgenden Tag zu planen.

LÖWENGÖTTER ZU BEGINN DER ZEIT

Für mich blieb die Frage offen, warum die wichtigsten ägyptischen Götter und Göttinnen, die mit der Vorstellung vom »Beginn der Zeit« zusammenhängen, löwenartig waren. Während ich mit meinen männlichen Begleitern die großen Wunder der Weltgeschichte besichtigte, verlangte diese Frage nach einer befriedigenden Antwort. Ich ahnte, dass sie mich zu dem lebenden Rätsel des Südens zurückführen würde: zu den Weißen Löwen von Timbavati.

Die bisher älteste Figurine, eine Elfenbeinschnitzerei, wurde in Hohlenstein-Stadel in Deutschland entdeckt. Sie bestätigte meinen Eindruck, dass die Vorstellung von einem Löwengott kein rein ägyptisches Phänomen war. Da ich inzwischen von dem Thema geradezu besessen war, bildeten die Löwengötter unvermeidlich auch die Grundlage des Gesprächs, das ich am folgenden Abend mit Gilbert führte. Nachdem wir den ganzen langen Tag durch die widerhallenden Tempel gewandert waren, hatten wir es uns auf dem Balkon der seltsam leeren Hotelhalle gemütlich gemacht. Unter uns sahen wir den Nil, und auf dem gegenüber-

Sekhmet, die löwenköpfige Göttin des Zeitbeginns

liegenden Ufer, das von den letzten Sonnenstrahlen vergoldet wurde, lag das Tal der Könige. Der dämmrige Himmel war wolkenlos, und ein ägyptisches Segelschiff, eine Dau, glitt mit geblähten Segeln stromaufwärts auf den südlichen Horizont zu.

Ich beschloss, endlich eine provozierende Frage zu stellen: »Halten Sie es für möglich, dass diese erleuchteten Wesen tatsächlich existierten?«

»Tja«, lächelte Gilbert, »was meinen Sie? Das Interessante an der Idee des ›Zeitbeginns‹ ist jedenfalls, dass die alten Ägypter davon überzeugt waren, sie habe *wirklich* stattgefunden – und überdies waren sie auch noch stolz darauf, diesen Zeitpunkt exakt errechnen zu können.«[30]

Tatsächlich ist der Beginn der Zeit selbst mit dem Löwenartigen verbunden. Das Rätsel der Sphinx dreht sich um die Frage, warum der altägyptische Kalender den Zeitbeginn als löwenartig darstellte.

Während ich zusah, wie sich das Segelschiff seinen Weg durch die vergoldeten Wasser des Nils bahnte, spürte ich eine seltsame Annäherung von Zeit und Raum. Es hieß, der Schöpfungsmoment habe nicht nur zu einem ganz bestimmten Zeitpunkt (*Zep Tepi*) stattgefunden, sondern auch an einem ganz bestimmten Ort. Und dieser Ort war kein anderer als jener Meridian, auf dem meine drei heiligen Löwenorte lagen.

Als ich den gewundenen Flusslauf betrachtete, verspürte ich auf einmal den dringenden Wunsch, im Geiste dem Nil nach Süden zu folgen. Das Segelschiff war fort, aber ich wusste, wenn ich mich vor meinem geistigen Auge auf diesem Meridian entlangbewegen würde, würde er mich schließlich zu meinen Löwen im Süden führen. Zum ersten Mal begriff ich die enge Verbundenheit der alten afrikanischen Tradition mit den ägyptischen Geheimnissen in ihrer ganzen Tragweite – schließlich entstammen sie demselben Kontinent. Und doch hat die Welt jahrhundertelang die alten ägyptischen Geheimnisse gepriesen, als würde sie einen alleinigen Besitzanspruch geltend machen, während gleichzeitig der eigentliche Reichtum des großen afrikanischen Kontinents dunkel und vergessen blieb. Ägypten im afrikanischen Norden und Timbavati in Südafrika sind Teile desselben Geheimnisses. Konkret betrachtet, verbinden die steinerne Sphinx im Norden und die lebenden Löwen im Süden die beiden Teile miteinander.

Obwohl meine Ägyptenreise mir noch keine vollständigen Antworten offenbart hatte, deutete alles darauf hin, dass ich mich auf der richtigen Spur befand. Nun verstand ich, dass nicht nur der *Ort* des Goldenen Zeitalters Löwenattribute aufweist (symbolisiert durch die große Sphinx von Gizeh), sondern dass auch die *Zeit* offenbar auf eine Löwenepoche hindeutet, höchstwahrscheinlich auf das astrologische Zeitalter des Löwen.

Astrologische Zeitalter wie das des Löwen, der Jungrau, der Waage und so weiter hängen von einem astrologischen Phänomen ab, das auch in der heutigen Astronomie noch eine zentrale Rolle spielt, nämlich von der sogenannten »Präzession«. Dabei wird die scheinbare Bewegung aufgezeichnet. Bestimmt werden die Zeitalter durch die vorherrschende Konstellation, die zum entscheidenden Zeitpunkt der Frühjahrs-Tagundnachtgleiche jedes Jahr den Hintergrund der aufgehenden Sonne bildet. Aufgrund der Unregelmäßigkeit in der Erdumdrehung bewegt sich die Konstellation allmählich durch alle Stationen des Tierkreises, wobei die »dominante« Konstellation etwa alle 2000 Jahre wechselt. Der gesamte Zyklus aller zwölf Konstellationen des umlaufenden Tierkreises wird etwa alle 23 000 Jahre vollendet.

Da der Überzeugung der frühen Völker zufolge die Löwengötter nicht nur real und lebendig waren, sondern auch zu einem bestimmten »löwenartigen« Zeitpunkt auf der Erde eintrafen, kann man aus dem Anfang des ägyptischen Kalenders, nämlich dem Beginn der Zeit, schließen, dass diese Löwengötter gleichzeitig mit einem früheren Löwenzeitalter auftraten. Die Verknüpfung des Löwengottes mit dem Sternbild des Löwen erinnerte mich an Mutwas kosmologische Erklärung, dass nicht nur die Löwen vom Sternbild des Löwen stammten, sondern dass jedes einzelne wunderbare Wesen auf der Erde offenbar seinen Ursprung in den Sternen hatte. Der Fisch stammt aus dem Sternbild der Fische, die Krebse aus dem des Krebses und so weiter. Gemäß der Grundüberzeugung der alten Ägypter sind die Ereignisse auf Erden mit himmlischen Ereignissen verbunden (»Wie oben, so unten«); und ebenso deutet auch Mutwas scheinbar kindliche Beschreibung des afrikanischen Tierkreises *Mulu-Mulu* auf einen übergeordneten Plan in den himmlischen Konstellationen hin, der sich auf Erden in realen Tieren manifestiert. Das heutige Wissen ist zu begrenzt, um eine solche Vorstellung beweisen zu können[31], aber trotzdem kam mir der Gedanke, dass Mutwa damit vielleicht auf eine Übertragung der Sternenenergie anspielte – was die lebendige Materie auf der Erde beeinflusste, so wie es den Grundprinzipien der alten Astrologie entspricht.

Ich wusste, dass ich mir damit wahrscheinlich eine nicht zu bewältigende Aufgabe stellte, doch aufgrund dieses Gedankens traf ich eine Entscheidung. Sobald ich nach Südafrika zurückgekehrt war, würde ich mich dem Studium des uralten Wissens afrikanischer Astronomie und Astrologie widmen. Vielleicht konnte ich dann eine kausale Verbindung zwischen den irdischen Löwen und dem Sternbild des Löwen beweisen oder zumindest vedeutlichen. Dieses astrologische Wissen sollte mir entscheidend dabei helfen, nicht nur vergangene Ereignisse zu begreifen, sondern auch die Ereignisse, die sich bald in Timbavati abspielen würden.

Ich hätte inzwischen längst ahnen sollen, was mir der Löwenschamanismus schon die ganze Zeit über beizubringen versuchte. Es ging überhaupt nicht darum, die Verbindung zwischen den Löwen von Timbavati und dem Sternbild des Löwen zu beweisen – sondern vielmehr sollte sich die scheinbar magische Verbindung zwischen den Löwen und dem Sternbild des Löwen mir zur gegebenen Zeit selbst beweisen.

20

LÖWE DER WÜSTE, LÖWEN DER STEPPE

Die Sphinx hat einen Ursprung, und das war der Löwe.
— Selim Hassan, *The Sphinx*

Die Geschichtenerzähler berichten uns von einem Land voller seltsam spitzer Berge, die von Menschenhand geschaffen wurden, einem Land voller furchterregender Tiere, die aus Stein gehauen wurden; Tiere, die sich zu gewissen Zeiten erhoben und das Land durchstreiften. Man sagt, dass dieses Land Ntswana-tsasi von einem großen Fluss in zwei Hälften geteilt wurde, nämlich vom Nil, in dessen Tiefe die Götter geboren wurden.
— Credo Mutwa über Ägypten (Ntswana-tsasi), das »Land des kleinen Sonnenfalken«

Fast zwei Wochen nach meiner Ankunft in Ägypten, am Ende dieser außergewöhnlichen Reise, stand ich mit John Anthony West, Adrian Gilbert und einer kleinen Gruppe auf dem abschüssigen alabastergepflasterten Damm, der zum Grabtempel des Kefren führt. Die Sonne war noch nicht aufgegangen. In dem gewaltigen Graben unter uns ruhte die Sphinx, die direkt aus dem felsigen Grundgestein herausgemeißelt worden war. Ihr berühmter Löwenkörper war ausgestreckt, der rekonstruierte Schwanz war zwischen ihren Unterschenkeln eingerollt, und ihr aufrechter Menschenkopf mit dem Kopfschmuck der Pharaonen starrte hinaus in die Wüste.

Die große Sphinx von Gizeh: ein riesiges Löwendenkmal. Warum?

John Anthony West führte die Diskussion mit ansteckender Begeisterung. »Die Sphinx ist eine Emanation des Bewusstseins«, sagte er,

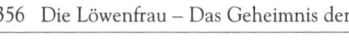

Zwischen den Pranken der Sphinx, diesem Steinbild in Löwengestalt mit Männerkopf, bewachen die Akeru, zwei Löwen, die in entgegengesetzte Richtungen blicken, den Zeitstrahl auf unserer Erde.

wobei er mich provozierend ansah, »und diese Denkweise unterscheidet sich erheblich von meiner eigenen. Meiner Auffassung nach hat die Sphinx höchstwahrscheinlich ursprünglich einen Löwenkopf gehabt, der zu dem Löwenkörper passte, und demnach wäre der Pharaonenkopf erst später gemeißelt worden.«[1]

Die Kultur, die die Sphinx erschuf, war ganz offensichtlich darauf aus, ein Tier in gewaltigem Maßstab zu vergöttlichen: eine Vorstellung, die mit unserer modernen, westlichen, anthropozentrischen Philosophie nicht das Geringste zu tun hat. Welche Notwendigkeit trieb die Menschen dazu, ausgerechnet dieses Tier in einem derart riesigen Maßstab unsterblich zu machen? War der Evolutionsschub von Sterkfontein, als sich der Mensch aufgrund seiner Konfrontation mit den Löwen von der Beute zum Jäger entwickelte, wirklich die einzige Erklärung für das Rätsel der Sphinx? Das konnte ich nicht glauben.

Als ich das große Löwenbauwerk mit seinen nach Osten gereckten Pranken betrachtete, musste ich ständig daran denken, dass die realen Löwen von Timbavati mich zu dieser Reise veranlasst hatten. Hier stand ich nun, starrte das älteste Rätsel der Menschheit an und fragte mich ununterbrochen: Warum ein Löwe? Was war so wichtig an den Löwen, dass dieser über zwanzig Meter lange und elfeinhalb Meter breite[2] Koloss aus solidem Kalkstein entstanden war, der bis zum heutigen Tag überlebt hat? Und warum blickt dieser Löwe nach Osten in die aufgehende Sonne?

Als die Sonne genau auf der Nord-Süd-Achse aufging, die diesen Punkt der Erde direkt mit dem Land Timbavati verbindet, stand ich neben der großen Sphinx, grübelte über ihr ewiges Rätsel, das bereits ungezählte Generationen vor uns verwirrt hat, und dachte über die mythische Verbindung zwischen dem Löwen und der Sonne nach.

Dem Großen Wissen zufolge nehmen die Seelen der Könige nach ihrem Tod die Identität eines Löwen an und werden zu Himmelskörpern. Man glaubte, dass die Pharaonen, solange sie lebten, den solaren Löwengott Horus verkörperten und nach ihrem Tod zu den Sternen zurückkehrten. Ebenso wird gemäß der großen afrikanischen Tradition der König nach seinem Tod in den »Löwen des Ahnen« verwandelt, und seine Seele steigt zu den Sternen empor.

Man konnte wohl davon ausgehen, dass die bekannten afrikanischen Traditionen, die den Löwen als König begreifen – was sogar so weit geht, dass die Identität von Löwen und Königen austauschbar wird –, entweder in der altägyptischen Mythologie wurzelten oder umgekehrt.

Doch die Frage war: Woher stammte diese Mythologie?

DIE QUELLE

Mutwa sagt, dass das gesamte Wissen der Welt miteinander verknüpft ist und aus derselben großen Quelle stammt.

In Ägypten ist der Begriff »Quelle« mit »den Sternen« bestimmbar. Dies entspricht Mutwas Erklärung: Er nannte Sirius, Orion, das Sternbild des Löwen und unsere Sonne als den Urquell – den Ursprung – dieses löwenhaft-menschlichen Wissens auf Erden. Auf meiner Ägyptenreise folgte ich der Symbolik des Löwen als Sternentier wie einem leitenden Licht – Tsau! (Tau/Ntau/Ndawu/Ndau). Nun drang ich allmählich zu seinem Ursprung vor und war sicher, dass ich mich dem wichtigsten Geheimnis näherte, das einst von Altägyptens auserwähltem Orden gehütet worden war.

Die Hohepriester Ägyptens, jene auserwählten Eingeweihten, die meiner Meinung nach mit Löwen kommunizieren konnten, trugen sternengeschmückte Löwenroben, und die Verbindung zwischen Löwe und Stern – der Löwe als »Sternentier« – wird überall in der heiligen Architektur, auf Wandbildern und -friesen und in den Pyramidentexten zelebriert. Besonders die Horus-Figur wird mit der Rückkehr zur Quelle (zu den Sternen) assoziiert. Das Henkelkreuz, das er in der Hand hält, ist der Schlüssel, mit dessen Hilfe wir in die Seelendimension eintreten können – und diese wurde offenbar als fünfdimensionale Wirklichkeit aufgefasst und mit dem Pentagramm beziehungsweise dem fünfzackigen Stern assoziiert.

Als ich über die Zusammenhänge zwischen dem ägyptischen und anderem spirituellen Wissen nachdachte, bewegten sich meine Gedanken in immer enger werdenden Spiralen, die sich dem ursprünglichen Zentrum näherten: der umfassenden Bedeutung all dessen, was ich noch entdecken sollte.

Ich starrte über die Wüste hinweg in die ersten Strahlen der aufgehenden Sonne und dachte daran, wie es wohl gewesen war, als dieses riesige Löwendenkmal aus dem Urgestein gehauen wurde: zu einer Zeit, in der zwischen der Erde und den Sternen ein Dialog bestand, zu einer Zeit und an einem Ort, von dem es heißt, dass die Sternengötter unter den Menschen wandelten.

Unsere kleine Gruppe war in intensives Schweigen versunken, und ich wurde mir der geradezu greifbaren Gegenwart des uralten Wissens bewusst, das einst von einer erleuchteten Priesterschaft gehütet und in diesem steinernen Rätsel verewigt worden war. Während meine Gedanken bei meinem großen Freund, dem Löwenschamanen, weilten, stieg in mir eine tiefe Verbundenheit mit jenen »Ehrwürdigen« in sternenbesetzten Löwenroben, den Horus-Jüngern, auf. Ich zweifelte nicht mehr daran, dass Mutwa ein Teil dieser altehrwürdigen Schamanentradition war, die sich bis zu einer Priesterkaste angeblich halbgöttlicher Wesen zurückverfolgen lässt, den Hütern des Wissens, das im größten Löwendenkmal der Erde verschlüsselt ist, und der löwenhaft-menschlichen Geheimnisse, die hinter unserer Existenz auf Erden stecken.

Ich glaube, der neue Denkansatz der Ägyptologen ist deshalb so wichtig und faszinierend, weil man nun beim Aufspüren der alten Rätsel davon ausgeht, dass die verschlüsselten Botschaften der Alten sich speziell auf unsere Gegenwart beziehen. Diese Annahme fußt größtenteils auf dem uralten hermetischen Prinzip »Wie oben, so unten«; und das bedeutet: So, wie es im Himmel ist, ist es auch auf Erden. Man hat nachgewiesen, dass die Standorte der Baudenkmäler von Gizeh nach der Himmelskarte ausgewählt wurden, wobei die wichtigsten Übereinstimmungen die Sternbilder des Löwen und des Orion sind. Somit lassen sich diese Bauten als astronomische Instrumente benutzen, um frühere Epochen und vielleicht sogar den Moment des Beginns der Zeit zu berechnen. Man kann sie auch dazu verwenden, über unsere eigene Epoche zu reflektieren, in der sich die Endzeit nähern soll. In ihrem Werk *Keeper of Genesis* (dt.: »Der Schlüssel zur Sphinx«) schreiben Robert Bauval und Graham Hancock zum Beispiel, dass die Konstellation des Orion, die während des Zeitalters der Wende um 10 500 v. Chr. ihren absoluten Tiefstand über dem Nilmeridian am Himmel erreichte, in unserer Zeit bald zu ihrem höchsten Punkt gelangen wird.[3]

Adrian Gilberts Buch *Signs in the Sky* befasst sich mit dieser Tatsache und verknüpft die Sternbilder des Orion und des Löwen mit den Prophezeiungen Christi vom Ende der Welt.[4] In der Bibel bringt Jesus Christus die himmlischen und irdischen Ereignisse in einen direkten Zusammenhang und sagt insbesondere, dass zu diesem prophezeiten Zeitpunkt »das Zeichen, das den Menschensohn ankündigt, am Himmel erscheinen wird«.[5]

Archäoastronomen wie Adrian Gilbert und David Elkington beziehen das ägyptische Mysterium von Horus-Osiris direkt auf die Geschichte Christi.[6]

OSIRIS – DER CHRISTUSÄHNLICHE GOTT

Bezeichnenderweise gilt das T-förmige Kreuz Jesu, des »verwundeten Heilers« der Christen, als eine Form des Henkelkreuzes. Das christliche T-förmige Kreuz heißt *Tau*, was uns zu dem Löwen-Stern-Wort *Tsau!* zurückbringt.[7] Doch ich glaube, dass dieses ursprüngliche »Sternentier«-Wort sich nicht auf den Kreuzigungsaspekt des Todes Christi bezieht, sondern den größten Nachdruck auf die Auferstehung Christi legt – und auf die Rückkehr der Seele zu den Sternen.

Die Gründe für diese auffälligen Parallelen waren mir zwar noch nicht klar, aber es schien mir sehr passend, dass Christus, der Löwe von Juda, mit der geheimnisvollen Wortwurzel des Sternentiers identifiziert wurde, das der erste Mensch ausgesprochen hatte, nämlich der Buschmann. Ich bemühte mich, diese Vorstellung vom solaren *Logos* in Worte zu fassen, und spürte seine kraftvolle Schwingung dabei in jeder Faser meines Wesens. Als ich weiter in dieser Richtung nachgrübelte, fiel mir plötzlich auf, dass Mutwas Vorname genau dieselben Assoziationen beinhaltete. Credo bedeutet »Ich glaube« auf Lateinisch. Es ist das erste Wort des uralten Glaubensbekenntnisses.[8] Somit ist Credo »das Wort«, das Gottes Gesetz auf Erden aufrechterhält.

Gemäß der großen Tradition Afrikas ist das Henkelkreuz der »Knoten des Lebens«, das Symbol des Mwelinquangi, des einbeinigen Sonnengottes, auf dessen Rückkehr die Afrikaner seit Langem warten. Auch scheint das Henkelkreuz den Schlüssel zur Auferstehung zu symbolisieren. Mwelinquangi ist ein christusähnlicher Gott, der für die Menschheit gegen ein reptilienhaftes Ungeheuer kämpft, getötet und wiedergeboren wird. Mit dem Falken und dem Löwen als seinen Symbolen ist er eng mit dem Mythos des Horus-Osiris verbunden. Beim Volk der Batswana entspricht ihm die herkulische Figur des Matsieng, des Löwenhelden, der vom Orion kam.

Während ich an die christliche Vorstellung von der Wiederkunft Christi dachte, fiel mir Mutwas wichtige Beobachtung ein, dass sich in unserer Zeit zum ersten Mal verschiedene Weltreligionen in einem Punkt einig sind: Alle erwarten die Rückkehr eines Gottes beziehungsweise der Götter. Der verwundete Heiler, jener afrikanische Gott, den die Zulu Mwelinquangi nannten (und dem das Ungeheuer ein Bein abgebissen hat), entspricht Tsui-goab, dem geopferten Gott der Hottentotten mit dem verletzten Knie, der seinerseits wieder Ähnlichkeit mit Viracocha, dem weißen Gott der Anden, aufweist, denn dieser opferte einem Ungeheuer ein Bein, um die Schöpfung der Welt zu ermöglichen, und die alten Völker erwarteten seine Rückkehr ebenfalls. Ich fand es interessant, dass dieser verwundete Heiler-Gott, der bei den Azteken Quetzalcoatl hieß, mit dem Sternbild des Orion verbunden sein sollte.

DER GROSSE JÄGER: ORION

Während unsere Gruppe schweigend auf den Sonnenaufgang wartete, dachte ich an ein Gespräch, das Gilbert und ich am Vorabend geführt hatten. Gilbert hatte zwar eine wissenschaftliche Ausbildung genossen, aber er kombinierte einen analytischen Verstand mit dem Geist eines Priesters. Wie andere Gelehrte vor ihm setzte Gilbert Christus mit der Sonne selbst gleich, wodurch dieser praktisch zum Sonnengott wird.

In diesem Zusammenhang wird es uns nicht überraschen, dass Christus nicht nur mit dem Sonnengott assoziiert wird, sondern auch mit dem Begriff »Logos«. Dieser bezieht sich auf ein göttliches Prinzip oder einen »goldenen Mittelweg« im Menschen selbst, wonach er »der Natur entsprechend« lebt.[9] Christus ist also das Wort Gottes auf Erden und im Herzen der Natur. Jesus ist der christliche Löwenkönig und wurde als Löwe des Stammes Juda geboren. Wenn Jesus »das Wort« ist, dann ist er auch »das Licht«: der solare *Logos*, das »Wort« beziehungsweise die Schwingung der Sonne. Als Sonnengott-Figur ist Jesus das Wort, die Wahrheit, das Licht.

Als Archäoastronom hatte Gilbert die astronomischen Fakten um Christi Geburt erforscht und direkt auf die Horus-Osiris-Mysterien bezogen. In dem Moment, in dem die Sonne mit Regulus, dem Herzstern des Löwen, verschmilzt, erkannte er den himmlischen Augenblick, der mit Christi Geburt verbunden ist.[10] In der ägyptischen Mythologie besaß diese astronomische Konjunktion eine überragende Bedeutung.[11] Mutwa wiederum hatte mich informiert, dass der Moment der Verschmelzung von Sonne und Regulus die Geburt (oder den Tod) eines großen Königs symbolisiert. Der Name Regulus bedeutet »kleiner König«, und er ist eigentlich ein Drillingsstern, der dem bloßen Auge als Einzelstern erscheint. Er ist untrennbar mit dem Cor Leonis, dem Herzen des Löwen, verbunden, und laut Mutwa orientieren sich die Löwenpriester an Regulus, wenn sie das Schicksal der Könige auf Erden bestimmen wollen.

Für Gilbert, der von einer ganz anderen Prämisse ausgeht, ist der Augenblick, in dem die Sonne den Herzstern des Löwen passiert, von Bedeutung – er versinnbildlicht die Geburt Christi, den Löwen von Juda und König aller Könige.[12]

So sehr mich diese Querverbindungen zwischen ägyptischen und christlichen Mysterien auch faszinierten – ich begriff nicht, was sie mit den Löwen von Timbavati zu tun hatten. Ich konnte unmöglich voraussehen, dass gerade diese Verbindungen schon bald für meine lebenden Sternentiere des Südens eine immense Bedeutung bekommen sollten; vor allem für meinen schützenden Löwengeist Ingwawuma.

DIE SPHINX ALS ÄQUINOKTIALANZEIGER

Nun schienen uns die ersten Sonnenstrahlen direkt ins Gesicht und unterbrachen meine Meditation. John Anthony West sprach über die Bedeutung des Standorts der Sphinx als einen »Äquinoktialanzeiger«.

»Im Augenblick des Äquinoktiums«, erklärte der Archäoastronom, »und zwar nur in diesem Augenblick, nämlich zweimal im Jahr, wenn die Länge des Tages genau der Länge der Nacht entspricht, ist die Sphinx exakt nach der aufgehenden Sonne ausgerichtet.«

West trug seinen Spazierstock nicht als Gehhilfe, sondern um damit auf Dinge zu deuten und seine dramatischen Gesten zu unterstreichen. Erstaunlich fit für sein Alter, sprang er wie eine Bergziege auf einen riesigen Steinblock, um seiner Aussage Nachdruck zu verleihen. Er streckte seinen Stock wie den Zeiger einer Sonnenuhr zur Sonne aus und verdeutlichte dadurch, wie die präzise Ausrichtung des Löwendenkmals nach Osten, der aufgehenden Sonne direkt gegenüber, als Orientierungspunkt für die Position der Sonne in Bezug auf die Erde dient.

»Die Sphinx dient zum Zeitpunkt der Tagundnachtgleiche als Zeiger für die Sonne«, erläuterte er und schaute dabei zufrieden mit sich selbst drein, »und sie kann als solche benutzt werden, um das zentrale astronomische Phänomen der Präzession zu berechnen.«[13] In unnachahmliches Schweigen gehüllt, lag hinter ihm die riesige Katze ausgestreckt da.

Da das Leben auf der Erde ohne die Sonne unmöglich wäre, ist es verständlich, dass eine Zivilisation ungeheure Anstrengungen unternimmt, um der aufgehenden Sonne ein gigantisches Denkmal zu widmen – doch warum hatte dieses Denkmal die Form eines Löwen?

Aus all den Dingen, die ich sowohl von West als auch von Gilbert gelernt hatte, schloss ich, dass der exakt nach Osten ausgerichtete Standort der Sphinx und die exakte Ausrichtung der Pyramiden nach der Nord-Süd-Achse unseres Planeten bei ihrer Planung entscheidende Faktoren gewesen waren und dass die eigenartige topografische Parallele von Timbavati, Gizeh und Groß-Simbabwe kein Zufall war. Aufgrund der Ausrichtung ihres Fundaments nach der Hauptachse unseres Planeten – was Astronomen als die vier »wichtigsten Ereignisse« des Jahres (Sommersonnenwende, Herbst-Tagundnachtgleiche, Wintersonnenwende und Frühjahrs-Tagundnachtgleiche) bezeichnen – ist die Funktion der Großen Pyramide als meridionales Messgerät in astronomischen Kreisen weit und breit anerkannt.

Wenn wir die Prinzipien der Präzession anwenden, können wir feststellen, dass zum heutigen Zeitpunkt die vorherrschende Konstellation der nördlichen Hemisphäre in den Wassermann eintritt. Ebenso verwenden Archäoastronomen diesen uralten Kalender, um zu behaupten (entgegen der orthodoxen ägyptologischen Theorie), dass die Sphinx ein Äquinoktialanzeiger ist und erbaut wurde, als die vorherrschende Konstellation in der nördlichen Hemisphäre der Löwe war (10 500 v. Chr.).

Wichtige Löwenereignisse korrespondieren mit passenden Dramen in den Sternen; dies gehört zum Standardwissen der Schamanen. Deshalb zweifelte ich kaum daran, dass traditionelle Löwenschamanen wie Mutwa höchstwahrscheinlich der Schlussfolgerung berühmter Archäoastronomen wie John Anthony West, Adrian Gilbert, Graham Hancock und Robert Bauval zustimmen würden, dass die Sphinx im vergangenen Zeitalter des Löwen erbaut wurde. Doch mein Ausgangspunkt sind die Weißen Löwen des Südens, und von meiner Warte aus gesehen, gibt es einen Punkt von entscheidender Bedeutung, der in den archäoastronomischen Kreisen bisher übersehen wurde.

Aus irgendeinem Grund wird der südliche Sternenhimmel in den aktuellen hitzigen Diskussionen über Gizeh völlig vergessen. Es ist und bleibt jedoch eine Tatsache, dass das jeweilige astrologische Zeitalter der nördlichen Hemisphäre mit all seinen Implikationen in der südlichen Hemisphäre eine exakte gegenteilige Entsprechung findet. Da Löwe und Wassermann einander auf dem Tierkreis gegenüberstehen, entspricht das Zeitalter des Wassermanns in der nördlichen Hemisphäre dem Zeitalter des Löwen auf der Südhalbkugel und umgekehrt.

Ich stellte nun fest, dass ich, indem ich das astronomische Grundprinzip der Präzession anwandte, eine Art Spiegelbildeffekt erzielt hatte: Im Norden war die Sphinx am Ende des nördlichen Zeitalters des Löwen erbaut worden, während die Weißen Löwen im Süden unmittelbar vor dem Beginn des südlichen Zeitalters des Löwen erschienen waren.

Dies war eine wichtige Erkenntnis. Ich blickte zur großen Sphinx hinüber, neben der John Anthony West stand und gerade seiner Äußerung mit einer dramatischen Geste Nachdruck verlieh, indem er seinen Spazierstock in die Luft stach – mitten in die aufgehende Sonne hinein.

Die Grundidee ist, dass die Sphinx in Gestalt eines Löwen erbaut wurde, weil sie im Zeitalter des Löwen entstand. Einerseits macht dies in vielerlei Hinsicht sehr viel Sinn, denn es impliziert, dass die frühen Völker ein Wissen besaßen, das die Zusammenhänge zwischen der Erde und den Sternen einbezog. Doch andererseits warf diese Schlussfolgerung in manchen Beziehungen mehr Fragen auf, als sie beantwortete.

West brachte die Debatte auf den Punkt. »Entweder wussten die frühen Völker um das hoch entwickelte astronomische Prinzip der Präzession und wussten folglich auch, dass sie im Zeitalter des Löwen lebten, oder sie wussten es nicht – worauf unsere Ägyptologenbrüder noch immer beharren. Die Frage ist: Wenn diese Völker nicht wussten, dass sie im Zeitalter des Löwen lebten, wieso korrespondieren dann die himmlischen Konstellationen (der Löwe und der Gürtel des Orion) so genau mit den menschlichen Schöpfungen auf dem Gelände von Gizeh (Sphinx und Pyramiden)?«[14] Er machte eine Pause, um den dramatischen Effekt zu steigern. »Dies würde eine Art Dialog zwischen irdischen und stellaren Ereignissen implizieren, der weit über die wildesten Spekulationen des modernen Menschen hinausgeht.«

Aus Wests Argumenten muss man schließen, dass die Urvölker offenbar fortgeschrittene Prinzipien wie die Präzession durchaus verstanden. Doch dies wirft eine weitere Frage auf: Warum wurde das Sternbild des Löwen überhaupt nach dem Löwen benannt?

Mutwa behauptet, dass zwischen der Konstellation des Löwen und den auf der Erde lebenden Löwen ein direkter, ursächlicher Zusammenhang besteht, und dies brachte mich wieder zu meinen Überlegungen über die Weißen Löwen zurück. Während ich den aufgehenden Ball der Sonne verfolgt hatte, war mir allmählich klar geworden, dass das geheimnisvolle Auftauchen der Weißen Löwen in Timbavati, einem entlegenen Teil Afrikas – in einer exakten geodätischen Linie mit den Pyramiden und der großen Sphinx von Gizeh –, direkt mit dem Rätsel der Sphinx verknüpft ist.

Ich sah das Bild deutlich vor mir, als ich nun der aufgehenden Sonne gegenüberstand. Im selben Augenblick, in dem die Sphinx die aufgehende Sonne erblickt, erleben auch das Land Timbavati und die dort lebenden Löwen die aufgehende Sonne.

Um sich das vorzustellen, ist es hilfreich, sich die einfachsten und doch grundlegenden Gesetze, die der menschlichen Lebenserfahrung auf Erden zugrunde liegen, ins Gedächtnis zu rufen. Die Sonne geht im Osten auf. Jeder Ort hat einen östlichen und einen westlichen Horizont. An dem Punkt, an dem die Sonne den östlichen Horizont schneidet, erleben wir den »Sonnenaufgang«. Da die Erde sich weiterdreht, erscheint es uns von unserem festen Standpunkt aus, als würde sich die Sonne von Osten nach Westen bewegen, wo sie schließlich hinter unserem westlichen Horizont verschwindet. In Wirklichkeit haben wir uns an unserem festen Standpunkt auf dem Globus zusammen mit der Erde bewegt, bis wir schließlich die Sonne hinter uns lassen, während man an irgendeinem anderen Standpunkt auf dem Globus gleichzeitig den »Aufgang« der Sonne am östlichen Horizont erlebt.

Als ich nun beobachtete, wie die Sonne über Gizeh aufging und die Sphinx in goldenes Wüstenlicht tauchte, malte ich mir aus, wie die Löwen von Timbavati nach ihren nächtlichen Streifzügen gähnten. Da zur Tagundnachtgleiche Nacht und Tag genau gleich lang sind, ist dies der einzige Zeitpunkt im Jahr, zu dem die Sonnenstrahlen jeden Längengrad der Erde genau im selben Augenblick berüh-

Zwischen den Pranken der Sphinx sitzen die Akeru: zwei Löwen, die in entgegengesetzte Richtungen blicken.

ren. Ich konnte mir lebhaft vorstellen, wie die Sonnenstrahlen die Mähnen der Löwen von Timbavati vergoldeten, und zwar genau im selben Augenblick, in dem sie das Gesicht der Sphinx zum Strahlen brachten, während der Rest der Welt entweder bei vollem Tageslicht den täglichen Geschäften nachging oder in Dunkelheit gehüllt war.

Allmählich wurde mir klar, dass das strategische Auftauchen der Löwen auf diesem Längengrad der lebende Beweis für etwas war, was sich jenseits und über den menschlichen Schöpfungen befand: das Naturgesetz oder das Gesetz der Sonne, der solare *Logos*.

Hier in Nordafrika, an diesem heiligsten Ort unserer Erde, saß ein monolithischer Löwe, der aus dem natürlichen Urgestein herausgehauen worden war, während die heilige Stätte im Süden die seltenste Löwenrasse der Erde hervorgebracht hatte. Das eine ist ein Denkmal von architektonischer Meisterschaft, das andere reine Fleisch gewordene Löwenmagie. Meine Gedanken rasten, denn nun schien es mir, dass die eigentliche Verbindung zwischen beiden nichts Geringeres war als ein Wunder.

AKERU: ZWLLINGSLÖWEN ALS WÄCHTER

Die Granitstele zwischen den Pranken der Sphinx verdeutlicht diese Verbindung ebenfalls. John Anthony West wies gerade mit seinem Stock auf die Bilder, die auf der Vorderseite der Stele eingemeißelt waren, um seinem Argument Nachdruck zu verleihen. Unter diesen Reliefs befindet sich eines der besten Beispiele für das häufig auftauchende Doppellöwenmotiv *Akeru*.[15] In den heiligen Texten und in der Architektur wird *Akeru* normalerweise entweder doppelköpfig oder in Form von zwei Löwen, die einander den Rücken zukehren, dargestellt. Da der Löwe in Ägypten und in anderen Kulturen so oft mit der Sonne identifiziert wird, symbolisieren die Löwen, die einander den Rücken zukehren, die aufgehende und untergehende Sonne oder durch Assoziation den östlichen und den westlichen Horizont. Das Symbol des Sonnengottes Horus (in seiner Inkarnation als Re-Horakhti, »Horus des Horizonts«) kann dasselbe bedeuten. Das Löwenwächterpaar repräsentiert den täglichen Lauf der Sonne, die im Osten auf- und im Westen untergeht; es erinnert an das Vergehen der Zeit sowie an die Geburt und den Tod des Tageslichts. Hin und wieder werden diese Doppellöwen auch übereinander dargestellt, was dann aufgrund einer weiteren Assoziation die Nord-Süd-Achse versinnbildlicht. In ihrer Darstellung als die Nord-Süd- und Ost-West-Achsen beziehen sich die *Akeru* folglich auf die inhärente Assoziation des Löwen mit der Sonne selbst.

Mir fiel auf, dass aufgrund ihrer Position zwischen den Pranken der nach Osten gewandten Sphinx der eine eingemeißelte Löwe nach Süden blickte und der andere nach Norden, wodurch sie die Nord-Süd-Achse definierten. In meiner Fantasie waren sie die perfekte Darstellung des großen Steinlöwen des Nordens, der meine lebenden Löwen im Süden ansah.

Auf meiner Reise durch Ägypten hatte ich mich daran gewöhnt, erstaunliche Zusammenhänge zwischen den Geheimnissen Ägyptens und der großen afrikanischen Tradition zu entdecken. Nun fiel mir auf, dass die *Akeru*-Löwen der Abbildung des Löwenwächters auf Mutwas sprechendem Stein so ähnlich sahen, dass sich ein Vergleich geradezu aufdrängte. Mutwa hatte mir erzählt, dass dieser Stein zu einem zweiteiligen Türsturz gehört hatte, der den Eingang zum Gebetstempel des Löwenkönigs Schelumi (Salomo) bewacht hatte.[16] Da sich dieser Tempel höchstwahrscheinlich ebenfalls auf dem Nilmeridian befand[17], hatten die *Akeru*-Löwen des Südens gewiss ihre Gegenstücke im Norden kopiert. In der Hoffnung, eine Antwort auf diesen Teil des verborgenen Wissens zu finden, das von dem Sphinx-Greif bewacht wurde, prägte ich mir das Bild des *Akeru*-Symbols tief ins Gedächtnis ein. Ich freute mich darauf, es bei meiner Rückkehr Mutwa zu beschreiben, meinem lebenden Wächter des heiligen Wissens.

»He! Würde Sekhmet da hinten am Schwanzende der Gruppe freundlicherweise aufpassen!« Das war Wests Stimme: er hatte mich aufs Korn genommen, weil ich mich offenbar völlig in meinen Träumereien verloren hatte.

»Verzeihung, John. Was haben Sie gesagt?«, antwortete ich.

West fuhr fort und schilderte eine lebendige und skurrile Anekdote über das interne Gerangel der Ägyptologen, die den Rest der Gruppe faszinierte; aber ich konnte nicht verhindern, dass sich meine Aufmerksamkeit erneut anderen Dingen zuwandte.

DIE LÖWENHERRIN ZU BEGINN DER ZEIT

Flankiert von der tiefer liegenden Sphinx, mit dem Rücken zu den ewigen protomodernistischen Pyramidenbauten, gab Wests Erwähnung der Sekhmet mir den Anstoß, über die verschiedenen Löwengötter zu grübeln, die genau mit diesem Platz auf dem Globus assoziiert werden.

Nachdem ich auf die Bedeutung der löwenköpfigen Göttin Sekhmet hingewiesen worden war, ging ich zu einer Erfahrung über, die ich als direkte Begegnung mit ihr empfand.

Sekhmets Präsenz ist in Gizeh überall greifbar. Überall stehen ihre Statuen, und auf Wandfriesen ist ihre unverwechselbare halb tierische, halb menschliche Gestalt allgegenwärtig.[18] Am Vortag hatte ich zusammen mit Gilbert und West ihre berühmte Statue in Karnak besichtigt und dort die Präsenz dieser Löwengöttin als sehr intim und intensiv empfunden.

Sekhmet ist weder sanft noch geduldig. Ich stellte sie mir als vom selben Geist erfüllt wie Maria, die Löwenkönigin von Timbavati, vor. Doch vor allem assoziierte ich Sekhmet mit Amarawa, Mutwas Geistführerin, der furchterregenden Erdenmutter, die sich, ganz anders als Mutwa, schamlos der feurigen Urkraft bedient. Sekhmet wurde mit der Zeit vor dem Beginn der Zeit in Verbindung gebracht, und ich erinnerte mich, dass Mutwa mir erklärt hatte, Amarawa sei »die

Mutter der ersten Menschen, und sie wird auch die Mutter der letzten sein«.

Die Archäoastronomen wollten unseren Besuch im Heiligtum von Karnak für eine halbstündige Meditation nutzen, und ich war froh, sie begleiten zu dürfen. Doch statt meine Augen zu schließen und gemeinsam mit den anderen zu meditieren, stellte ich fest, dass ich mich auf die Statue Sekhmets konzentrierte und über die unglaublichen Zusammenhänge nachdachte, die mir diese Ägyptenreise offenbarte. Ich war immer noch tief in Gedanken versunken, als mir auffiel, dass die Statue vor mir plötzlich in ein anderes Licht getaucht war. Die eine Gesichtshälfte der Löwengöttin lag nun im tiefen Schatten und die andere wurde direkt von einem Sonnenstrahl getroffen, der durch einen Schacht in der Decke hereinfiel, sodass sie schneeweiß leuchtete. Natürlich fielen mir sofort die Weißen Löwen ein. Sekhmet starrte mich ebenfalls an, und man kann die Intensität ihres Blickes unmöglich beschreiben – nur wer selbst schon einmal den laserstrahlscharfen Blick eines Löwen in seiner natürlichen Umgebung gespürt hat, kann dies nachvollziehen. Die Blicke der Löwen in der Wildnis fixieren einen mit ungeheurer Intensität, ganz anders als die verzweifelte Leere im Blick eingesperrter Tiere. Sekhmets Blick schien sogar noch intensiver zu sein. Er war unaussprechlich ernst, als würde sie um die Menschheit weinen. Ich »hörte« zwar keine »Stimmen«, hatte aber trotzdem das Gefühl, dass sie zu mir sprach. Wie hypnotisiert beobachtete ich, wie sich das schneeige Weiß auf ihrem Gesicht – auf der linken Gesichtshälfte – allmählich weiterschob, bis sich endlich auch der letzte weiße Fleck in der Dunkelheit verlor. Als der Sonnenstrahl verschwunden war, kehrte der gleichmäßige Glanz zurück, und die Statue wurde wieder zu Stein. Ich schüttelte mich, und die anderen begannen sich wieder zu bewegen.

Diese erste Begegnung mit der ägyptischen Löwengöttin Sekhmet war eine sehr persönliche Erfahrung, die mich tief bewegte, und ich wusste, dass es nicht leicht sein würde, sie anderen mitzuteilen oder gar aufzuschreiben. Bei meiner Besichtigung von Groß-Simbabwe hatte ich das Gefühl gehabt, dass Credo Mutwas Geist wie ein Adler über den Ruinen schwebte – und nun schien sein mächtiges weibliches Alter Ego während meiner ganzen Reise zu den heiligen Stätten Ägyptens im Geiste allgegenwärtig zu sein.

SONNENGÖTTER UND STERNENTIERE

Als ich meine letzten Momente neben der großen Sphinx von Gizeh an dieser heiligen Stätte des Zeitbeginns genoss, ging mir immer und immer wieder dieselbe Grundsatzfrage durch den Sinn: Warum war ausgerechnet dieser Ort den frühen Völkern so wichtig gewesen, dass sie hier den Bau eines gewaltigen Steinlöwen initiierten, der von *Zep Tepi* bis in unsere heutige Zeit als Äquinoktialanzeiger dienen sollte? Warum hielten diese Horus-Jünger, die mit protomoderner technologischer Brillanz (deren Komplexität wir gerade erst zu begreifen anfangen) diese Baudenkmäler planten, an der Vorstellung von Sonnengöttern und Sternentieren fest?

· Mein rationaler Verstand warnte mich, dass kein Akademiker, der etwas auf sich hielt, eine derartige Schlussfolgerung ernst nehmen würde, doch die Antwort schien bestechend offensichtlich: Die führenden Köpfe der Frühantike hielten an der mystischen Vorstellung von Sonnengöttern und Sternentieren aus dem einfachen Grund fest, weil diese Vorstellung der Wirklichkeit entsprach. Ich errötete bei dem bloßen Gedanken. Warum erschien diese Schlussfolgerung heute so abwegig? Warum fürchten wir uns so sehr davor, an höhere Wesen zu glauben? Warum beharren wir darauf, dass der Glaube an solche Wesen Aberglaube oder Illusion oder bestenfalls Wunschdenken sein muss? Warum haben wir das Bedürfnis zu glauben, dass wir einsam und auf unserem Planeten gestrandet sind? Ich musste lächeln, als ich mich an den großartigen ersten Auftritt meines Totemlöwen auf dem Rollfeld von Timbavati erinnerte. Mythologie und uralte Symbolik bestehen auf der Vorstellung von geflügelten Löwen und den Löwen Gottes. Warum wollen wir dem Reichtum des uralten Wissens

Man begegnet der Tradition des Löwengottes auch weiter südlich auf dem Nilmeridian, wie hier bei dieser äthiopischen Relieffigur.

nicht glauben? Die Antwort lag auf der Hand, auch wenn sie nicht von dieser Welt war: Löwen mit Flügeln sind eine Art »Engel« – engelhafte Löwengeister, die über die menschlichen Belange wachen.

Hier, am Nordrand des afrikanischen Kontinents, sog ich die Atmosphäre der uralten Zeit auf wie ein Schwamm und wusste, dass ich wenige Stunden später zu den wilden Steppen Südafrikas zurückkehren würde.

Bevor ich das Plateau von Gizeh verließ, warf ich noch einmal einen langen Blick auf das größte Löwenrätsel der Welt. Jeder, der mit dem Verhalten von Katzen vertraut ist, wird erkennen, dass die Sphinx eine Absicht verfolgt. Vielleicht sonnt sie sich, aber sie ist weder entspannt noch zum Absprung geduckt. Diese Katze sitzt ausgestreckt auf ihren Hinterpfoten, mit erhobenem Kopf, die Vorderpfoten direkt nach vorn gerichtet: Sie hat die Haltung eines Wächters. Die Sphinx ist und war schon immer der Wächter der Menschheit: Stets wachsam, behütet sie den Leben spendenden Geburtsort der Sonne am östlichen Horizont.

Wie Mutwa selbst ist die Sphinx ein Greif – ein Hüter des heiligen Wissens. Und sie bewacht die »Halle der Aufzeichnungen«, wie sie von Ägyptologen genannt wird, von der man annimmt, dass sie in einer Kammer unter den Vorderpfoten der riesigen Statue begraben ist[19]: ein verborgener, unterirdischer Schatz, den jeder Ägyptologe, der sich nach Ruhm und Reichtum sehnt, unbedingt entdecken möchte. In den letzten vierzehn Tagen hatte West mich mit amüsanten Anekdoten über die Prüfungen und Rückschläge ergötzt, mit denen eifrige Ägyptologen zu kämpfen hatten, die es sich in den Kopf gesetzt hatten, diese Goldmine zu finden. Falls ich überhaupt irgendetwas vom Großen Wissen verstanden hatte, dann war es die Tatsache, dass Gold oder ein Schatz keine materiellen Gegenstände sind. Letzten Endes geht es dabei um die spirituelle Ebene oder vielmehr um »irgendetwas«, das die physische und die metaphysische Ebene miteinander verbindet.

Falls es der Menschheit jemals bestimmt sein wird, das »Gold« in dieser Geheimkammer zu finden, glaubte ich nun – ausgehend von Mutwas visionären Worten über die heilige unterirdische Quelle der goldenen Weisheit –, dass ihre Entdeckung mit einem Augenblick der Offenbarung in der Evolution der menschlichen Rasse zusammenfallen würde.

Die Gruppe hatte sich aufgelöst, und West begleitete mich den abschüssigen Damm neben der großen Steinkatze hinunter. Er warf mir einen durchtriebenen Blick zu, als hätte er meine Gedanken gelesen. »Geben Sie nicht auf, mein Schatz. Sie werden eine Menge Freunde verlieren, wenn Sie dieses Material veröffentlichen. Viele werden denken, Sie seien verrückt geworden – aber Sie wissen, dass es die anderen sind, die verrückt sind, und dass Sie lediglich die ersten Schritte auf dem langen und gefährlichen Weg zur geistigen Gesundheit getan haben!« Sein leises Lachen klang etwas rostig, und ich spürte, dass er sich an seine eigenen lebenslangen Gladiatorenkämpfe gegen starres orthodoxes Denken erinnerte. Die anderen waren in Richtung auf die Totentempel vorausgegangen.

»Das Problem beim wissenschaftlichen Denken ist«, witzelte er, »dass das, was die anderen ›Vernunft‹ und ›vernünftiges Denken‹ nennen, überhaupt nicht rational ist, sondern lediglich die Rationalisierung der spirituell immer noch flachen Erde ihrer Innenwelt. Da sie selbst nichts Transzendentes oder Göttliches erleben, schließen sie daraus, dass es so etwas gar nicht gibt. Und das –«, er grinste schurkenhaft, »ist keine Wissenschaft, sondern einfach negative Leichtgläubigkeit! Mit einem Tauben kann man nicht über Musik reden und mit einem Blinden nicht über das Mondlicht; und wenn man mit einem Eunuchen über Sex redet, dann macht man ihn nur wütend.«

Ermutigt von meinem amüsierten Lächeln, gab er sein vernichtendes Schlussargument zum Besten: »Ich fürchte, bevor man mit solchen Leuten wirklich reden kann, brauchen sie erst mal eine ›Nahlebenserfahrung‹ – im Gegensatz zur ›Nahtoderfahrung‹!« Zum Abschied küsste West mich auf beide Wangen, eine charmante Gewohnheit aus der langen Zeit, die er in Paris verbracht hatte, und ich wünschte ihm von Herzen alles Gute. Er war wirklich der bestinformierte und liebenswerteste »Fremdenführer«, dem ich je begegnet war!

»Oh, und nehmen Sie meine Kritik nicht zu ernst«, fügte er hinzu. »Was Ihr Buch betrifft – wenn Sie es genauso leidenschaftlich und anschaulich schreiben, wie Sie mit mir über die Weißen Löwen gesprochen haben, dann haben Sie schon gewonnen. Möge das neue Jahr

Ihnen Höhenflüge und Erleuchtung und genügend Reichtum bescheren, und wenn Sie Glück haben, sogar einen Besuch von mir!«

Als ich mich von Adrian Gilbert verabschiedete, gab mir dieser weise Forscher ein signiertes Exemplar seines Buches *Hermetica*, einer Sammlung von Texten, die auf altägyptischer Weisheit basieren und zur Zeit der altgriechischen Kultur in Alexandria aufgeschrieben und herausgegeben worden waren. Gilbert hatte diesen äußerst fruchtbaren Text in seinem eigenen Verlag Solos Press veröffentlicht.

Als wir einander die Hand gaben, riet er mir vorsichtig: »Was Sie auch tun, bleiben Sie an diesem Löwenschamanen-Ding dran. Ich habe das Gefühl, Sie sind auserwählt, in unserer Zeit diese wichtige Information in die westliche Welt zu bringen. Sie haben viel Arbeit vor sich, Linda, also gehen Sie jetzt und machen Sie sich dran!«

Seine Aufforderung erinnerte mich an Mutwas Abschiedsworte, ich sei »eine Brücke« zwischen der afrikanischen und der westlichen Tradition und hätte somit sozusagen »sowohl ein schwarzes als auch ein weißes Gesicht«. Gut ausgerüstet für meine weitere Arbeit am »Brückenbau«, fühlte ich mich bereit, nach Südafrika zurückzukehren, in der Gewissheit, Mutwa bald wieder zu treffen und ihm meine neu gewonnenen Erkenntnisse mitzuteilen.

21

DER NILMERIDIAN:
HEILIGES LAND IM NORDEN,
HEILIGES LAND IM SÜDEN

Der Mensch muss zwei Verbindungen knüpfen. Er muss sich wieder mit der Erde verbinden und er muss sich wieder mit den Sternen verbinden.
– Credo Mutwa

Bei meiner Rückkehr nach Südafrika galt mein erster Gedanke Mutwa, und ich überlegte, wie ich mit ihm in Kontakt treten sollte, um ihm von meinen Erlebnissen in Ägypten zu erzählen. Zwar vermutete ich, dass ihm nichts von alldem neu sein würde, aber ich hoffte, dass er ein wenig Freude und Genugtuung an der Bestätigung finden würde, die ich ihm nun bieten konnte, im Gegensatz zu der Verachtung und der grausamen Feindseligkeit, unter denen er den größten Teil seines Lebens gelitten hatte. Jeder einzelne Aspekt der Entdeckungen, die ich in Ägypten gemacht hatte, bekräftigte das Große Wissen, das er mit mir geteilt hatte.

Doch diese lang ersehnte Wiederbegegnung sollte nicht stattfinden. Nach langen Nachforschungen erfuhr ich von einem Helfer Mutwas die schlimmen Nachrichten: Seine Frau Cecilia war todkrank. Dazu kam noch eine weitere Tragödie: Bei ihrer gemeinsamen Tochter war Aids diagnostiziert worden, nachdem sie von einem Exfreund vergewaltigt worden war. Als ich von dieser verzweifelten Situation hörte, hatte ich tiefstes Mitgefühl mit meinem lieben Freund und musste wieder an den Fluch denken (oder war es vielleicht eine sich selbst erfüllende Prophezeiung?), von dem der große Sanusi glaubte, dass er ihn über sich und seine Kinder und Enkel gebracht hatte, indem er über das geheime Wissen sprach. Aus welchem Grund auch immer – Mutwas Existenz schien zum Unglück verdammt zu sein.

DIE BOTSCHAFT HINTER DEN MAUERN

Obwohl ich mich weiterhin bemühte, möglichst schnell von allen weiteren Entwicklungen in Mutwas Leben zu erfahren, setzte ich meine Forschungen nun allein fort. Das ägyptologische Material hatte brennende Fragen über den Meridian auf 31° 14' Ost aufgeworfen, denen ich unbedingt nachgehen musste.

Außerdem blieb ich in ständigem E-Mail-Kontakt mit John Anthony West. Seine sachkundigen und unmissverständlichen Beiträge, die er sich in einem Vierteljahrhundert hingebungsvoller Forschungen erarbeitet hatte, inspirierten mich ebenso wie Adrian Gilberts scharfsinnige und umsichtige Gelehrsamkeit zu einem ganz neuen Verständnis dieser uralten Bauwerke. Je mehr ich über die Baudenkmäler von Gizeh erfuhr, desto klarer wurde mir, dass es an diesen geheiligten Gebäuden nichts Zufälliges oder Beliebiges gibt. Jedes Maß, jede Proportion und jede Dimension hat eine spezifische Bedeutung und verfolgt eine bestimmte Absicht.[1]

Von den geometrischen Proportionen der Pyramiden bis zu der exakten Ausrichtung nach den Sternen verkörpern die Monumente von Gizeh eine symbolische Bedeutung von überwältigend präziser Art. Es wurde eine Menge über die Präzision ihrer latitudinalen Position geschrieben. Man kann davon ausgehen, dass sich diese Genauigkeit auch auf ihren Längengrad bezieht. Die Architekten dieser Baudenkmäler berechneten mit wissenschaftlicher Akribie ihre exakte Ausrichtung nach Norden, Süden, Osten und Westen; sie haben ihre Positionierung im Verhältnis zum Längengrad gewiss mit derselben Genauigkeit geplant, die sie auch in allen anderen geometrischen und geologischen Einzelheiten walten ließen. Dafür spricht auch die Akkuratesse der Korridore innerhalb der Großen Pyramide, die in exakter Nord-Süd-Richtung verlaufen, und die strategische Lage des ursprünglichen Eingangs, der genau auf dem Meridian liegt.[2] Derselbe

Nachdruck auf ihre longitudinale Positionierung findet sich auch bei den vier »Sternenschächten« innerhalb der Pyramiden, denn diese Schächte sind nach bestimmten Sternen ausgerichtet und zielen exakt auf die Nord-Süd-Linie von 31° 14'. Diese Linie wurde ganz sicher nicht zufällig gewählt. Warum wurden also die Pyramiden und die gewaltige Löwenstatue und womöglich sogar der Nil selbst so angelegt, dass sie ausgerechnet diesen Längengrad unseres Globus beschreiben?

Ein von Menschen geschaffener Fluss

Wenn man die Bedeutung und die Absicht analysiert, die ihrem Mauerwerk zugrunde liegen, muss man auch berücksichtigen, dass die Sphinx und die Pyramiden strategisch am südlichen Scheitelpunkt des Nildeltas errichtet worden sind. Dieser Standort muss von großer Bedeutung sein – man bedenke nur die inzwischen gut ausgestaltete Hypothese, dass die Baudenkmäler von Gizeh eine architektonische Sternenkarte sind: ein Spiegel der himmlischen Konstellationen, erbaut im Wüstensand. Archäoastronomen wie Graham Hancock, Robert Bauval, Adrian Gilbert und andere haben angeführt, dass die heiligen Bauwerke Koordinaten einer Himmelskarte auf Erden sein könnten, wobei die drei Pyramiden die Sterne im Gürtel des Orion repräsentieren und der Nil selbst der Milchstraße entspricht.

Mit der Standortwahl der Baudenkmäler im Nildelta wurde auch der Anfang des Nilmeridians markiert, der bezeichnenderweise von allen Meridianen der Erde am längsten über Land verläuft. Da sich der Nilmeridian außerdem im geografischen Mittelpunkt der Landmassen der Erde befindet, nennt man ihn manchmal auch »Nullmeridian«.[3]

Errichtet auf dem Plateau und an der Spitze des Nildeltas, hat man die Große Pyramide häufig als erstaunlich präzises Instrument zur Vermessung der Erde studiert. Zum Beispiel ist erwiesen, dass die Proportionen der Pyramide perfekt mit den Verhältnissen und Proportionen der nördlichen Erdhalbkugel übereinstimmen.[4] Und was den Nilmeridian betrifft: Der Meridian der Großen Pyramide teilt erwiesenermaßen das Nildelta exakt in zwei Hälften, und wenn man die nord-östliche und die nord-westliche Diagonale der Pyramide verlängert, bilden sie ein Dreieck, das das Dreieck des Nildeltas perfekt umschließt.

Noch interessanter ist die Tatsache, dass die seriösesten Gelehrten die Dimensionen des Nildeltas genau wie die Dimensionen der von Menschen erbauten Pyramiden als natürliches Präzisionsinstrument betrachten, mit dessen Hilfe man sehr spezifische Messungen vornehmen kann. Tatsächlich hat Napoleons Armee sie so benutzt.[5] Man verwendete damals die drei Spitzen des Delta-Dreiecks, um den Anfangspunkt der Längengradlinien zu bestimmen. Die alten Ägypter bezogen einst von diesem am nördlichen Rand Afrikas gelegenen Dreieck die Koordinaten, die die Proportionen und die Fläche ihres heiligen Landes Unterägypten (Sokar) bestimmten, wobei der Apex des Dreiecks – die südliche Spitze des Nildeltas – den Meridianpunkt darstellte. Dieser Punkt korrespondiert wiederum mit einem höchst heiligen Gebiet namens Rostau in Sokar, von dem es hieß, es sei der genaue Geburtsort der Götter.[6]

Die Pyramiden wurden als symbolisches geometrisches Instrument konstruiert, und die Prinzipien der heiligen Geometrie, die man im Nildelta einsetzte, legen nahe, dass die Lage der Flussmündung nicht allein auf natürlichen Ursachen beruhte.[7] Dies untermauert Mutwas Behauptung, die mir absurd erschien, als ich sie zum ersten Mal hörte: dass der Lauf des Nils in Wirklichkeit von Menschen bestimmt wurde. Und wenn die Mündung des Nils Menschenwerk und nicht natürlichen Ursprungs ist, wie die heilige Geometrie des Deltas nahelegt – könnte dann nicht dasselbe auch für den gesamten Flusslauf und seine Fließrichtung gelten?

Ich war sehr erregt, als ich im Lauf meiner ägyptologischen Nachforschungen feststellte, dass die Forschungsergebnisse bekannter Gelehrter diese zur selben Schlussfolgerung geführt hatten.[8] Die Frage, die sich nun aufdrängte, lautete: Wenn der Lauf des längsten Flusses der Welt ein Kunstwerk war, was sollte dieses Kunstwerk dann bedeuten?

ZEITLINIE

Es ist bezeichnend, dass der Lauf des Nils einem Längenkreis folgt. Der wichtige Unterschied zwischen einem Längen- und einem Breitenkreis besteht darin, dass der Breitenkreis von einem objektiven Faktor bestimmt wird, nämlich vom Äquator, während der Längenkreis willkürlich entstand. Das heißt: Jede Linie, mit der wir anfangen, die Länge zu messen, kann irgendein Längenkreis sein.

Man kann folglich davon ausgehen, dass dieser Meridian für die alten Völker null Grad repräsentierte; das heißt, anhand dieser Linie fingen sie zu Beginn der Zeit an, die Länge zu messen. Ebenso lässt sich der Grund, den heutigen Greenwich-Meridian als Nullmeridian und Ausgangspunkt zur Berechnung der Zeitzonen zu benutzen, auf das 15. und 16. Jahrhundert zurückführen, als Forscher von Großbritannien aus in See stachen, da sie einen Fixpunkt brauchten, nach dem sie ihre Navigationsinstrumente ausrichten konnten.[9] Natürlich wählten die alten Ägypter nicht Greenwich als Ausgangspunkt, sondern den Nilmeridian: die Linie des Flusses, von dem ihre gesamte Kultur abhing und an der sie sich geografisch befanden. In einem sehr praktischen Sinn begann also die Zeit für dieses uralte Volk tatsächlich an dieser Linie.

Die Tatsache, dass dieser Meridian tatsächlich genau durch das Zentrum der Landmassen der Erde verläuft, unterstreicht, dass die frühen Völker diese bestimmte Linie nicht zufällig zum Ausgangspunkt für ihre Berechnungen des Zeitbeginns wählten. Ganz anders als beim Greenwich-Meridian glaubten die Urvölker, dass sich hier einst ein wichtiges Schöpfungsereignis abgespielt hatte, ein Ereignis, das dem Löwen geweiht war. Dieser Nullmeridian war mit *Zep Tepi* assoziiert: mit dem Beginn der Zeit auf Erden. Er gründet sich nicht nur auf Messungen, sondern auch auf ein göttliches Ereignis, nämlich auf die Zeit, als die »Götter« (die die Ägypter *Neteru* nannten) unseren Planeten besuchten und sich unter die Menschen mischten.

PFOTENABDRÜCKE DER GÖTTER

Auf einer sehr persönlichen Ebene war diese Vorstellung von den Sternengöttern für mich immer noch eine große Herausforderung. Mutwa hatte mir gesagt, dass ich das Rätsel der Sphinx lösen würde, wenn ich weiterhin den Spuren der Weißen Löwen folgte. Nun fing ich in Gizeh an und verfolgte die Spur zurück. Ich stellte mir vor, dass ich den Spuren der Forscher folgte, die dem Nil auf der Suche nach seiner sagenhaften »Quelle« entgegengereist waren. Wenn man die

Reise im Nildelta beginnt, am heiligen Ort Rostau mit seinen Pyramiden und der Sphinx am äußersten Rand Nordafrikas, und am Flussufer entlang direkt nach Süden reist, vom Nil zum Weißen Nil und vom Weißen Nil zum Viktoriasee, dann kommt man schließlich zum Äquator. Und vom Äquator aus, stellte ich mir vor, würde die Reise über Land führen und mich Schritt für Schritt in mein einzigartiges Königreich der Löwen führen.

Welche Bedeutung hatte diese *Zep Tepi*-Zeitlinie wohl für das Geheimnis der drei ausgerichteten heiligen Stätten, die durch einen gemeinsamen Längengrad verbunden, aber durch eine nördliche und eine südliche Erdhalbkugel voneinander getrennt waren? Wenn die Ebene von Gizeh eine perfekte Sternenkarte auf Erden war, nach der Timbavati exakt ausgerichtet war, welche Bedeutung verbarg sich dann hinter dem irdischen Geburtsort der Weißen Löwen? Einerseits ging es um die Bewertung von Menschenhand geschaffener heiliger Monumente, andererseits ging es um die Betrachtung von Löwen von Fleisch und Blut: Konnte zwischen beiden wirklich ein Zusammenhang bestehen?

Nach meiner Feststellung, dass Timbavati im Süden und Gizeh im Norden wirklich auf demselben Meridian liegen, stachen mir andere Gemeinsamkeiten dieses geodätischen Zusammenhangs viel deutlicher ins Auge. Mir fiel immer mehr auf, dass die geografische Lage von Timbavati geradezu unheimliche Parallelen zum Land Sokar aufweist, das seit uralten Zeiten der Geburts- und Wohnort der Götter sein soll. Sokar ist das heilige Land von Unterägypten, das durch die Spitzen des Nildelta-Dreiecks definiert wird.

Das im Süden gelegene Timbavati ist buchstäblich ein Spiegelbild des heiligen Landes Sokar. Zwar vergleichen wir nun das Jagdgebiet lebender Löwen mit dem strategischen Standort eines steinernen Löwen, der für alle Zeiten als monumentale geodätische Markierung dient, und seinen abgesteckten umliegenden Gebieten. Aber diese beiden Orte weisen tatsächlich auffällige geodätische Gemeinsamkeiten auf.

Die Südgrenze des Landes Sokar liegt auf dem 24. Längengrad der östlichen Halbkugel und Timbavatis Nordgrenze auf dem 24. Längengrad der südlichen Halbkugel.[10] Allein dies ist ein Hinweis auf den Spiegelbildeffekt zwischen Süden und Norden. Im Westen reicht Timbavati bis 31° 14' östlicher Länge, einem Punkt, der fast perfekt nach den Pyramiden an der Südspitze des Nildeltas ausgerichtet ist.[11] Ich fragte mich, wie die Grenzen Timbavatis wohl ausgesehen hatten, als der frühe afrikanische König Npepo es zur heiligen Stätte erklärte, und sehnte mich wie üblich nach Mutwa, der mir das alles erläutert hätte. Jedenfalls sind Timbavatis heutige Grenzen praktisch ein exaktes Spiegelbild des Landes Sokar: Zusammen ergeben sie eine Art geodätischen Rorschachtest, wobei der Äquator als Mittellinie auf dem afrikanischen Kontinent dient.[12]

Warum waren die heutigen Löwen, diese lebendigen Legenden, nach dem Löwenmonument aus der Frühzeit ausgerichtet? Dies war die Frage, die mich nachts nicht schlafen ließ. Warum lag der heutige Geburtsort der Weißen Löwen im Süden auf derselben Linie wie der Geburtsort der Götter im Norden (zu Beginn der Zeit)?

Ich zögerte, die Antwort auszusprechen, die mich förmlich anstarrte – genau so, wie ich in die Sonne neben der großen Sphinx in Gizeh gestarrt hatte. Die Botschaft war strahlend klar, auch wenn mein Verstand Mühe hatte, sie einzuordnen: Die Weißen Löwen von Timbavati sind untrennbar mit dem Geheimnis des Sonnengottes verbunden, das die frühen Horus-Jünger kannten. Diese heiligen Tiere sind lebendige Symbole der Sterne: Sternentiere, die in unserer Zeit auf unserer Erde wandeln, genau so, wie sie sich einst unter den Menschen bewegt hatten.

Sternentiere auf Erden

Der Name des Geburtsorts des ägyptischen Landes der Götter, der auf dieser Linie liegt, ist bezeichnenderweise »Rostau«, denn darin steckt die verborgene Nachsilbe *tau*; und diese lässt sich auf Anhieb mit jenem Geheimwort identifizieren, das in der großen afrikanischen Tradition sowohl »Löwe« als auch »Stern« bedeutet: *Tsau!*, das erste Wort des ersten Volkes.

Ich erinnerte mich an Mutwas Anspielung auf das Wort *Tsau!* und erkannte deutlich, dass dieser Sternentier-Zusammenhang viel weiter geht, als unsere erdgebundenen Ägyptologen zugeben wollen, die die Löwen- und Sternensymbole in der Architektur und den Texten der frühen Völker ausgewertet haben. Er geht sogar weiter als die Bestseller-Erkenntnisse der Archäoastronomen, dass die von Menschen erschaffene irdische Landkarte von Gizeh das Spiegelbild einer himmlischen Sternenkarte ist. Als Hüter des geheimen Wissens geht Mutwa so weit, im Sternentier einen ursächlichen Zusammenhang zwischen dem Leben auf der Erde und bestimmten Sternen am Himmel zu sehen.

Wie für die Eingeweihten des Horus in alter Zeit kommen auch für Mutwa die Löwengötter von den Sternen und kehren nach dem Tod zu den Sternen zurück. Das Unfassbare daran war, dass ich allmählich anfing, ihm zu glauben.

TSAU! – LÖWEN VON DEN STERNEN

Heutige Archäoastronomen sind sich weitgehend einig, dass die Sphinx ein irdisches Symbol für die Löwenkonstellation ist. Abgesehen von dieser offensichtlichen Beziehung zwischen der Erde und den Sternen gibt es noch andere stellare Ausrichtungen, von denen man heute glaubt, dass sie den Schlüssel zur Rückkehr des löwenhaften Pharao zu den Sternen bergen. Kürzlich hat man sich insbesondere mit den sogenannten »Sternenschächten« innerhalb der Großen Pyramide befasst. Früher hielten die Archäologen sie einfach für Luftschächte, doch nun ist man sich einig, dass diesen strategisch positionierten Schächten eine große astronomische Bedeutung zukommt. Viele heutige Gelehrte haben Werke über sie verfasst. In *The Orion Mystery* (dt.: »Das Geheimnis des Orion«) gehen Adrian Gilbert und Robert Bauval auf diese Schächte ein, die nach bestimmten Himmelskörpern ausgerichtet sind – und zwar nach denselben Himmelskörpern, die laut Mutwa für die Löwenbotschaft auf Erden entscheidend sind. Der erste wichtige Punkt ist, dass diese Schächte auf dem Nilmeridian liegen und genau nach Süden gewandt sind. Der zweite ist, dass sie zum Sirius beziehungsweise zum Gürtel des Orion hin ausgerichtet sind.

Mutwa verbindet reale, lebende Löwen auf der Erde nicht einfach mit irgendwelchen Sternen am Himmel, sondern mit ganz bestimmten Konstellationen und innerhalb dieser Konstellationen mit ganz be-

Auf der mythischen Ebene sind die Sonne und der Löwe austauschbare Symbole. Links die Maske des Mithras, ein persisches Sonnensymbol.

stimmten Sternen. Die von ihm genannten Sterne sind Sirius[13], das Sternbild Orion[14] (insbesondere Al Nilam oder Mbube, der mittlere Stern in Orions Gürtel)[15], das Sternbild des Löwen[16] (insbesondere Regulus, der Herzstern des Löwen)[17] und, was uns kaum überraschen dürfte, der Stern, der uns am nächsten ist: die Sonne.

Die Wechselbeziehung zwischen dem Löwen und der Sonne ist so offensichtlich, dass sie schon fast ein Klischee ist. Jedes Kind, das einen Löwen malt, dessen Mähne den Sonnenstrahlen gleicht, erinnert uns daran, dass der Löwe ein Sonnensymbol ist.

Während die Löwe-Sonne-Assoziation allen Kulturen so vertraut ist, dass sie als universell gelten kann, muss es eine ganz besondere Bedeutung haben, dass diejenigen Sterne, die in Mutwas uraltem Wissen hervorgehoben werden, und diejenigen Sterne, nach denen die Baudenkmäler ausgerichtet sind, identisch sind.

Meiner Ansicht nach deuten die scheinbar göttliche Absicht, die in diesen Baudenkmälern verschlüsselt ist, sowie ihre Lage auf diesem spezifischen Meridian und ihre Identifikation bestimmter Sterne am Himmel allesamt auf die Tatsache hin, dass das Rätsel der Sphinx ein Teil desselben Geheimnisses ist, das auch dem Erscheinen der Weißen Löwen im südlich gelegenen Timbavati zugrunde liegt.

Die Vorstellung von Timbavati als einer Art umgekehrtem Spiegelbild des heiligen Landes Sokar wurde umso bestechender, als ich erfuhr, dass das Bild, das die alten Ägypter von der Nord-Süd-Polarität hatten, im Vergleich zu unserem auf dem Kopf stand. Sie orientierten sich am Nilmeridian, der für sie den Mittelpunkt bildete, und demzufolge repräsentierte das Nildeta den Süden, während die Richtung stromaufwärts – nämlich in Richtung Timbavati – auf den Landkarten als »oben« beziehungsweise als »Norden« erschien. Mit anderen Worten, was für uns nördlich ist, war für sie südlich, und was für uns im Norden ist, war für sie im Süden. Warum hatten die Urvölker die Pole vertauscht?

Der Himmelsmeridian

Bezeichnenderweise bedeutet ein »Meridian« einen exakt von Norden nach Süden verlaufenden Längengrad, und zwar nicht nur auf der Erde, sondern auch als imaginäre Himmelslinie. Diese Linie erstreckt sich über uns wie ein Bogen vom Nordpol zum Südpol und die Astronomen bezeichnen auch sie als »Meridian«. Wenn unser Bezugspunkt also zum Beispiel der Nilmeridian auf der Erde ist, dann müssten wir uns, genau wie die alten Ägypter, auch des Meridians im Weltraum bewusst sein. Im Fall des Nilmeridians korrespondiert dieser Meridian zu bestimmten Jahreszeiten mit der Milchstraße. Mit anderen Worten, die Nord-Süd-Linie des Nilstroms setzt sich am Horizont zu beiden Seiten im Sternenstrom der Milchstraße fort.

Als ich nun den Zusammenhang zwischen meinen beiden geodätisch zueinander ausgerichteten heiligen Stätten erwog, begriff ich, dass nicht nur ein irdischer Meridian Gizeh und Timbavati miteinander verband, sondern auch ein »Himmelsmeridian«. Die alten Ägypter hatten einen Namen für dieses wichtige Phänomen: Duat.

Duat – Fluss am Himmel, unterirdischer Fluss

Die Milchstraße oder die Duat hatte für die alten Ägypter eine tiefe Bedeutung, weil man mit bloßem Auge sehen konnte, dass sie mit den irdischen Meridianen korrespondierte, insbesondere mit dem Nilmeridian. Dies ist ein Prachtbeispiel für die hermetische Doktrin der

Horus-Jünger: »Wie oben, so unten«. Doch die altägyptische Vorstellung von der Duat ging noch tiefer, denn wie es scheint, symbolisiert sie nicht nur den irdischen Nilmeridian, sondern auch einen Meridian unterhalb der Erdkruste: einen unterirdischen Sternenfluss. Als ich das uralte Wissen der ägyptischen Löwenweisen mit dem lebendigen Wissen der afrikanischen Löwenschamanen verglich, kam ich nun zu dem Schluss, dass die Duat Mutwas Idee des unterirdischen Flusses entspricht, den er *Lulungwa Mangakatsi* nennt.

Was das Geheimnis von Timbavati anging, erinnerte ich mich an Mutwas Aufforderung: »Vergessen Sie nie, dass die Geschichte der Weißen Löwen mit den Sternen verbunden ist.« Immer wenn ich diese Verbindung vergaß, entzog sich mir das Geheimnis der Weißen Löwen. Doch wenn ich mich daran erinnerte, begann sich das Rätsel der Weißen Löwen allmählich zu lösen.

Timbavati ist dem Löwen geweiht. Laut Credo Mutwa ist Timbavati außerdem ein Ort der »Sternenenergie«. In diesem Steppengebiet fließen die Kraft der Sterne und die Energie der Löwen zusammen. In der geheimen Sprache bedeutet das Wort »Löwe« – *Tsau!* – »Sternentier«. Der Zusammenhang zwischen den Weißen Löwen und den Sternen musste der entscheidende Ansatzpunkt für die Weihe dieses wichtigsten Meridians sein. Sogar der Name Timbavati – der Ort, an dem ein »Stern« auf die Erde kam – erzählt von demselben Geheimnis, das die Löwenpharaonen Ägyptens mit der Vorstellung von dem »Sternenfluss« oder dem »ewigen Sternenstrom« verbindet.

Heutzutage berufen sich die Archäoastronomen auf die altägyptischen Bestattungs- und Pyramidentexte und haben ein Wissenssystem entdeckt, das von hohen Eingeweihten viele Generationen lang gehütet wurde. Ihre Aufgabe bestand darin, durch alle Zeitalter einen Schatz des erleuchteten Wissens weiterzugeben, der auf die Zeit der Götter zurückging.[18] Die alten Texte schreiben den Menschen oder Göttern der Frühzeit nicht nur löwenhafte Charaktereigenschaften zu, sondern assoziieren sie auch, genau wie in Mutwas Enthüllungen über die *Abangafi Bapakade*, mit dem Wort *akhu* – und das bedeutet »die Strahlenden«, »das Sternenvolk« oder die »Ehrwürdigen«.[19] Ich konnte diese Forschungsergebnisse der Ägyptologen leider nicht mit Afrikas ehrwürdigem Löwenschamanen sondieren, aber meine Ägyptenreise hatte mich darin bestärkt, zu dem Schluss zu kommen, dass ich mich allmählich der eigentlichen Essenz der Geheimnisse der Weißen Löwen näherte. Das große Rätsel, das sogenannte Rätsel der Sphinx, führte mich in immer enger werdenden Kreisen herum, bis ich schließlich einen einfachen, klaren und eigentlich auf der Hand liegenden Schluss ziehen konnte: Es geht um die Verbindung zwischen der Erde und den Sternen.

Reines Gold

Mir Mutwas Worte vor Augen haltend, setzte ich meine Suche, die Geheimnisse des Weißen Löwen zu verstehen, fort. Wenn ich auf diese erstaunliche Reise zurückblickte, stellte ich fest, dass ich oft das Gefühl gehabt hatte, den Pfotenabdrücken der Löwen über die ganze Landkarte Afrikas hinweg auf einer Art Goldsuche zu folgen. Natürlich ging es nicht um das Gold der Glücksritter, das den Aktienwert bestimmt, sondern um Gold in seiner höchsten und reinsten Form: als spirituellem Wert.

Überall auf der Welt sind im Symbolismus »Gold« und »Löwe« eng miteinander verbunden. In Ägypten hatte ich diesen Zusammenhang deutlicher gespürt als je zuvor. Dort glaubte man an ein Goldenes Zeitalter, das unmittelbar nach dem Augenblick des Zeitbeginns angefangen hatte und in dem die Sternengötter unter den Menschen wandelten. In Erinnerung an dieses Goldene Zeitalter wird die Gleichsetzung von Löwen und Gold in der heiligen Geometrie und in den Proportionen der antiken Architektur ständig bestätigt.[20] West und Gilmore hatten bei unserem Besuch der berühmten Stätten anhand von Beispielen erläutert, dass der Goldene Schnitt (heiliges Verhältnis und heiliges Ebenmaß) sowohl beim Bau als auch bei der Ausschmückung der Baudenkmäler von Gizeh die Grundlage bildete. Symbolisch betrachtet, ist Horus, der Löwenpharao, ganz besonders eng mit dem Goldenen Schnitt verbunden.

Diese altägyptische Vorstellung vom Goldenen Schnitt und der »goldenen Proportion« erinnerte mich an das goldene Reich von Simbabwe mit seinen goldenen Löwen, von denen man bis heute nicht weiß, wohin sie verschwunden sind, und auch an die heiligen Metallverarbeitungsstätten in Timbavati. Aus irgendeinem Grund scheinen sich auf dem Nilmeridian die Goldschmiedewerkstätten zu häufen, was mich daran erinnerte, dass dieser schmale Streifen offenbar das Zentrum der Goldherstellung in der alten Welt war – und zwar in alttestamentarischen sowie in altägyptischen Zeiten (und höchstwahrscheinlich sogar schon in vorgeschichtlichen Zeiten).[21] Simbabwes heiliges Wort *Sim* bezog sich nicht nur auf einen Löwen, sondern auch auf die Seele des Königs und außerdem auf Gold. Mich faszinierte, dass auf der geografischen Ebene genau dieselbe Verbindung zwischen Löwen und Gold bestand wie auf der symbolischen Ebene. Und als ich diesem roten Faden durch ganz Afrika folgte, erwies sich diese Tatsache als entscheidend.

Indem ich die ägyptische Weisheit zusammen mit der Weisheit des afrikanischen Löwenpriesters abwägte, vermochte ich die zentrale Botschaft zu bewerten. Die ägyptischen Weisen verbinden die löwenartigen Götter wie Horus und Sekhmet mit dem Beginn der Zeit, und Mutwa assoziiert Löwengötter wie Matsieng und Amarawa mit der Menschheitsentstehung. In einem Punkt stimmen die ägyptische und die afrikanische Tradition überein: Dieser Längengrad unseres Globus ist unvergleichlich heilig, denn er repräsentiert den Anfang der Zeit, als die Löwengötter unter den Menschen wandelten. Für mich repräsentierten die auf diesem Längengrad plötzlich aufgetauchten Weißen Löwen, die lebenden, atmenden, brüllenden Kinder des Sonnengottes von Fleisch und Blut, die physische Manifestation dieser Heiligkeit. Es war nicht mehr wichtig, ob Mutwas Großes Wissen nun aus ägyptischen Quellen stammte oder ob die ägyptischen Priester ihr Wissen von der älteren afrikanischen Tradition geerbt hatten. Sobald die realen Weißen Löwen ins Spiel kamen, schien die Frage, welche Kultur nun aus welcher anderen entsprang, rein akademischer Natur zu sein.

In dieser Phase meiner Nachforschungen hielt ich plötzlich inne. Offenbar musste ich nun Stellung beziehen und mich zwischen der Wissenschaft und der »heiligen Wissenschaft« entscheiden.

Die Erstere trennt Fakten vom Glauben und würde deshalb argumentieren, dass die »höhere Bedeutung« der Weißen Löwen durch nichts bewiesen werden kann. Man kann zwar die Logik und die Bedeutung hinter dem Standort und der Architektur der Sphinx und der Pyramiden analysieren, aber man kann dieselbe Methode nicht auf die Weißen Löwen von Timbavati anwenden; ihr Auftauchen zu diesem bestimmten Zeitpunkt und an diesem bestimmten Ort muss als bloßer Zufall gelten, solange sich keine tiefere Bedeutung beweisen lässt.

Im Gegensatz dazu würde die »heilige Wissenschaft« anführen, dass man in so einem Zusammenhang den Glauben nicht von den Fakten trennen darf. Die Konstruktion und Logik, die hinter der Lage und Architektur der Sphinx und der Pyramiden stecken, weisen auf einen göttlichen Einfluss hin. Während die Vorstellung vom »Goldenen Schnitt« ein heiliges Wissenssystem veranschaulicht, das in die Konstruktion dieser Monumente verschlüsselt wurde, sind die Weißen Löwen selbst lebendige Verkörperungen dieser Heiligkeit. Da schon allein der Begriff »Heiligkeit« die Grenzen der heutigen wissenschaftlichen Methoden sprengt, begriff ich nun, dass es äußerst unlogisch war, von der Wissenschaft einen Beweis für die Heiligkeit der Weißen Löwen zu erwarten.

Ich dachte über das Gewicht wissenschaftlicher Skepsis nach. Dann dachte ich an die Weißen Löwen. Als lebendige Symbole besaßen sie für mich mehr Bedeutung. Diese strahlenden Wesen, von der die uralte afrikanische Tradition berichtet, sie seien als Boten Gottes geschickt worden, haben das Gewicht von reiner goldenen Erleuchtung.

Ich konnte sie mir ohne Weiteres vor meinem geistigen Auge als moderne Verkörperungen der uralten Sternengötter aus dem Goldenen Zeitalter vorstellen. Ich glaubte nun fest an das, was mich die Schamanen gelehrt hatten: dass diese heiligen Tiere lebendige Symbole einer göttlichen Absicht waren: Löwen Gottes, Boten Gottes, Kinder des Sonnengottes. Diese genetischen Raritäten verliehen der prophetischen Absicht, die in jeden Einzelaspekt der heiligen Baudenkmäler auf diesem Meridian einbezogen wurde, Gewicht, Bedeutung und physische Form. Eingedenk all dieser Dinge, ist es beschämend unangemessen, das Erscheinen der Weißen Löwen von Timbavati auf dieser besonderen Linie unseres Globus als bloßen Zufall abzutun.

Da ich nun nicht mehr auf Mutwas Unterweisung zurückgreifen konnte, war ich gezwungen, seine Lektionen allein in die Praxis umzusetzen. Die erste Lektion des Löwenschamanen besteht darin, die Angst zu überwinden. Meine größte Angst war zu diesem Zeitpunkt, dass meine Gedanken den akademischen Kreisen lächerlich erscheinen würden.

Doch wenn ich zurückdachte, erinnerte ich mich an Androkles und an Daniel und an Maria, die durch die wütenden Löwen von Timbavati hindurchgeschritten war. Die wichtigsten Grundeigenschaften jedes Löwenschamanen waren Mut und fester Glaube. Mein Herz riet mir, Mut und Glauben zu haben.

GOLDENE HARMONIE

Sobald ich mich entschlossen hatte, lieber meinem Glauben zu vertrauen, als mich ausschließlich nach unumstößlichen Fakten zu orientieren, begannen gewisse Ereignisse einzutreten. Ich fing an, alles anders zu sehen. Ich fing an, Zusammenhänge auf eine ganz neue Weise herzustellen. Nicht stückweise, Punkt für Punkt, sondern gleichzeitig. Ich fing an, den afrikanischen Kontinent anders wahrzunehmen: nicht mehr so, als würde ich auf ihm gehen, Schritt für Schritt, sondern als ob ich über ihm schwebte und hinunterblickte.

Aus meinem neuen Blickwinkel, über der Erde schwebend und auf den riesigen Kontinent Afrika hinabblickend, begann ich das ganze Bild zu sehen. Mein Blick schweifte in großer Höhe, meine Gedanken konnten kaum Schritt halten, aber mein Herz sagte mir, dass das Gesehene die Wahrheit war. Meine Logik bemühte sich, das Bild in begründete Fakten einzubetten, aber es erweiterte sich zu schnell für rationale Gedanken. Ein Hinweis nach dem anderen hatte dazu geführt, dass ich ein heiliges geometrisches Muster erkannte, das sich auf der Erde zeigte – in Bezug auf sowohl vom Menschen geschaffene als auch geografische Strukturen. Nun sah ich, dass all diese Hinweise sich zu einem wahrhaft erstaunlichen hologrammartigen Ganzen zusammenfügten.

Nicht zufällig kehrten die frühen Völker, die auf dem Nilmeridian lebten, die Pole um: Dies geschah aufgrund der tatsächlich stattgefundenen polaren Vertauschung der Erde. Die scheinbare Anomalität des Nils, der als einziger großer Strom von Süden nach Norden fließt, ist von entscheidender Bedeutung, ebenso wie sein Lauf auf dem weltweit längsten Meridian im Zentrum der größten Landmassen der Erde. Der Nil entspringt am Äquator: bei null Grad. Auch dies ist wichtig, denn es bezieht sich direkt auf die Große Pyramide als Messinstrument der nördlichen Erdhalbkugel. Die Nilquelle bei null Grad wird mit Gold assoziiert. Dies ist ebenso bedeutsam, denn das bezieht sich auf die Vorstellung vom Goldenen Zeitalter. Keine dieser geografischen Tatsachen auf dem großen afrikanischen Kontinent ist Zufall. Jede birgt einen Schlüssel zum Geheimnis der Löwen-Sternen-Götter, die, davon bin ich überzeugt, im Goldenen Zeitalter nach dem Beginn der Zeit auf der Erde wandelten.

Ich sah nun alles aus der Vogelperspektive – nur dass ich nicht in der Luft über der Erde schwebte, sondern im Weltall, genauso wie der imaginäre Adler auf Mutwas Gemälde. Aus dieser Perspektive sah ich den ganzen Globus unter mir mit dem afrikanischen Kontinent, der, umgeben von Ozeanen, ausgebreitet dalag. Dabei zeigte sich mir ein merkwürdiges Bild: Der Erdball war in einem perfekten Würfel enthalten. Dieses Bild war zweifellos sowohl von einigen Offenbarungen Mutwas als auch von verschiedenen heiligen Texten beeinflusst, die ich studiert hatte. Die uralte Symbolik stellt die heilige Geometrie der Erde oft als eine Kugel innerhalb eines vollkommenen Quadrats oder Würfels dar. Was John Donne einst als »die gedachten Winkel der Erde« bezeichnete, ist ein allgemein übliches Mittel zur Bezeichnung der vier Himmelsrichtungen: Nord, Süd, Ost und West. Genau wie andere kosmologische Texte sprach Mutwa von vier löwenartigen »Brüdern«, die über die vier Himmelsrichtungen wachen und so die Erde im Gleichgewicht halten.

Diese uralten symbolischen Darstellungen der Erde als Viereck oder Würfel hatten bestimmt meine Sicht beeinflusst, ebenso die Fakten und Zahlen, mit denen ich mich eingehend beschäftigt hatte, um den Nilmeridian zu analysieren. Dieses eine Mal versuchte ich nicht, Symbolik und Wissenschaft voneinander zu trennen, sondern ließ beide Bedeutungsebenen gleichzeitig zu.

Als ich nun auf die Erde in ihrem perfekten Würfel hinuntersah, entdeckte ich plötzlich etwas, was mir in den vielen uralten symbolischen Texten, die ich studiert hatte, noch nie aufgefallen war. Ich sah in diesem perfekten Würfel, der den Erdball einschloss, ein Kreuz –

und der Schnittpunkt dieses Kreuzes lag über Afrika. Der Längsbalken des Kreuzes war der Nilmeridian und der Querbalken der ostwestlich verlaufende Äquator.

Falls, wie die alten Völker uns überliefern, diese Linie mit dem Beginn der Zeit auf Erden gleichgesetzt wurde, stellte ich nun fest, wie perfekt ihre Lage durch ein Kreuz symbolisiert wurde, innerhalb einer Kugel, innerhalb eines imaginären Würfels. Vor meinen Augen entfaltete sich ein großer Gesamtplan: eine Sternenkarte auf Erden, die aus dem Chaos geboren wurde und sich in erhabener Ordnung und Harmonie entwickelte. Aus meiner luftigen Perspektive erinnerte mich die Erde selbst an einen goldenen Würfel oder an den Goldenen Schnitt der perfekten heiligen Symmetrie und der göttlichen Absicht – und im Kernstück, genau unter dem sternenreichen Bogen der Milchstraße, lag der goldene Fluss, der unter dem afrikanischen Kontinent fließt.

Was die Frage nach dem *Zep Tepi* angeht, vertritt John Anthony West die Meinung, dass diese Vorstellung vom Zeitbeginn sich eher auf eine symbolische und kosmologische Idee bezieht als auf einen realen historischen Zeitpunkt: »Eine Anspielung auf den Anfang der Zeit an sich, als das absolut Erste sich materiell manifestierte.« Doch er wies mich in unserem E-Mail-Verkehr auch deutlich darauf hin, dass man »eine parallele historische Bedeutung nicht ausschließen darf, denn Mythen können viele parallele Bedeutungen gleichzeitig ausdrücken«. Mit anderen Worten, er vereinigt eine symbolische und eine historisch faktische Interpretation des Beginns der Zeit zu einer simultanen Vorstellung.

Ich hatte Wests Worte im Kopf, während ich den Augenblick des Zeitbeginns als perfekte Ordnung visualisierte – ebenso wie ich Mutwa und seine kosmologische Beschreibung des Schöpfungsmoments im Kopf hatte. Mutwa hatte mir gesagt: »Die ersten Menschen glaubten, dass die Erde während einer Tagundnachtgleiche erschaffen wurde, als Muttergeist und Vatergeist in Einigkeit und Gleichwertigkeit zusammenkamen. Dies war auch der Zeitpunkt, als ›Gott, die Mutter‹ und ›Gott, der Vater‹ die Menschen erschufen.«

Mutwa hatte das großartige Ritual beschrieben, das die Buschmänner begingen, um den Augenblick des Zeitbeginns zu feiern. Unter anderem wurden vier Straußeneier rings um einen als Löwen gekleideten Schamanen in den vier Himmelsrichtungen aufgestellt. Zum Zeitpunkt der Tagundnachtgleiche können Straußeneier auf ihren spitzen Enden balancieren, ein scheinbar magisches Kunststück, das Mutwa mir persönlich vorgeführt hatte.

Mir waren Gemeinsamkeiten zwischen den Überzeugungen von Mutwas Großem Wissen und der Weisheit der Horus-Eingeweihten aufgefallen, und nun schien mir, dass dieses Löwenritual der ersten Menschen (um die vier Himmelsrichtungen der Erde zu zelebrieren, die im Gleichgewicht gehalten wurden) in direktem Zusammenhang mit der Darstellung der alten Völker vom Beginn der Zeit auf dieser präzisen Zeitlinie stand. Wenn die große Sphinx, die Pyramiden und der Nil selbst Teil einer Sternenkarte auf Erden sind, die *Zep Tepi* widerspiegelt, wie uns die zeitgenössischen Archäoastronomen versichern, dann wäre es wichtig zu verstehen, was sie uns über diesen Moment des Zeitbeginns sagen. In einfacher, klarer, symbolischer Ausdrucksweise deutet die Sphinx auf die löwenartige Qualität des Zeitbeginns hin, während die vier Ecken der Pyramiden auf die Himmelsrichtungen der Erde als einen Faktor zum Zeitbeginn hinweisen, und der Nil selbst stellt den Meridian des Zeitbeginns dar.

Das alles war völlig logisch, solange ich in dem Zustand absoluten Vertrauens blieb und jegliche Skepsis vermied, wie der Adler auf Mutwas Gemälde, der über dem Globus schwebt. Ich konnte das anscheinend göttliche Wirken der Natur erkennen und bedingungslos daran glauben. Doch sobald ich wieder zur Erde zurückkehrte und anfing zu analysieren, was ich gesehen hatte, setzten Zweifel ein.

DIE HEILIGE GEOMETRIE DER ERDE

Ich glaubte, ein perfektes Spiegelbild der heiligen Stätten des Nordens in der südlichen Halbkugel entdeckt zu haben. Doch bei nüchternem Tageslicht betrachtet, schien diese Vorstellung allzu unwahrscheinlich.

Die heilige Geometrie, die den Baudenkmälern von Gizeh zugrunde liegt, ist längst erwiesen worden. Die Sphinx dient aufgrund ihrer exakten Platzierung auf diesem und keinem anderen Ort unseres Globus als Äquinoktialanzeiger, als Fixpunkt für die Messung des äußerst

Der Nilmeridian: heiliges Land im Norden, heiliges Land im Süden 393

wichtigen Phänomens der Präzession. Die Pyramiden markieren die vier Himmelsrichtungen und bilden zugleich eine perfekte Achse zur Messung des Vergehens der Zeit (der »Präzession«) an diesem speziellen Ort auf unserem Globus. Auf den ersten Blick schien es auf der südlichen Halbkugel nichts Vergleichbares zu geben.

Mit dieser Frage im Kopf kehrte ich in die Bibliotheken zurück. Wenn die nördlichste Grenze von Timbavati mit der südlichsten Grenze von Sokar korrespondierte, dann brauchte ich zunächst eine Antwort auf die Frage, welcher Ort auf der Südhalbkugel der Spitze des Nildeltas entspricht.

Als ich die nördlichen Koordinaten im umgekehrten Verhältnis auf die Südhalbkugel übertrug, stellte ich fest, dass die Stelle, die auf der Südhalbkugel dieser exakten geodätischen Position auf der nördlichen Halbkugel entsprach, südöstlich der Küstenstadt Durban lag: Es war ein Punkt im Indischen Ozean einige Kilometer vor der Küste. Das Nildelta legt den Beginn des längsten über Land führenden Meridians der Erde fest, der den ganzen afrikanischen Kontinent überspannt, und die südlichen Strände von Durban markieren seine Kulmination.

Dies schien eine eher belanglose Entsprechung, um es milde auszudrücken. Im Norden wird dieser Ort durch die eindrucksvollsten Baudenkmäler der Welt gekennzeichnet. Im Gegensatz dazu waren die entsprechenden Orte im Süden anscheinend die bevölkerungsreiche Stadt Durban und die verschmutzten Strände von Zululand.

Ausgehend von den Mustern der heiligen Geometrie, die ich im Zusammenhang mit dem Nilmeridian entdeckt hatte, musste ich mich fragen, ob dieser geometrisch entsprechende Ort nicht vielleicht das südliche Delta des heiligen Flusses und somit ein genaues südliches Spiegelbild des nördlichen Nildeltas darstellte. War es möglich, dass der heilige *Lulungwa Mangakatsi*, der angeblich den Kontinent in seiner ganzen Länge von Norden nach Süden passierte, an diesem Punkt in den Indischen Ozean mündete? Es gibt in dieser Gegend, die einst das Herz der Zulunation bildete, tatsächlich viele Abflüsse und Flussmündungen; aber kein besonderes Kennzeichen weist auf Heiligkeit hin, sei es nun geologischer oder von Menschen gemachter Art.

Dann fiel mir ein, dass Mutwa genau hier geboren worden war, im Zululand, in Tugela Ferry (Umsinga), einem Vorort von Durban. Es gab in dieser Gegend sogar eine überlebende Buschmann-Gruppe, die seinen Namen trug: Mutwa.

Mutwa hatte mir von der engen Beziehung erzählt, die in den alten Tagen zwischen den Buschmann-Schamanen und den Häuptlingen der Vorläufer der Zulu bestanden hatte. Er hatte auch das Valley of a Thousand Hills (»Tal der Tausend Hügel«) als einen Ort erwähnt, an dem sich das astrologische und astronomische Wissen der Urvölker manifestierte, und zwar in einem System »stehender Steine« in Babanango, die man »Steine des Weiblichen« (Nantsche eNsikazi) nennt, sowie in Mcemcemce, dem klingenden Stein hoch oben in den Bergen von Zululand, den Mutwas Schamanen-Großvater immer dann zum Klingen gebracht hatte, wenn die Konstellationen in eine bedeutsame Position eintraten. Ich konnte in meiner Fantasie den Glockenklang der klingenden Steine hören, der in Zululand aufgestiegen war – genauso wie in Timbavati, in Groß-Simbabwe und sehr wahrscheinlich auch an anderen Orten auf derselben Linie – bis hinauf nach Gizeh mit seinen großen akustischen Monolithen.[22]

Auf verlockende Weise spielten sie auf Heiligkeit an, doch man konnte sie kaum mit der faszinierenden hoch entwickelten Konstruktion der meistbesuchten heiligen Monumente der Welt vergleichen, die sich im Norden befanden. Der präzise Standort der Baudenkmäler von Gizeh dient als geodätischer Anzeiger für das Nildelta und die exakten Koordinaten, von denen die Urvölker glaubten, dass sie das heilige Land der Götter definierten. Falls es wirklich ein uraltes Delta vor der Küste von Durban gegeben hatte, dann hätte ich eine ebenso eindrucksvolle Demarkation dieses Gebiets erwartet.

Die Vorstellung, dass der Süden eine Art Spiegelbild des Nordens war, schien trotz ihrer glatten Symmetrie weiterhin der Vernunft zu widersprechen – doch ich hatte eine Vision eines großen Plans erblickt, und die blitzte immer noch am Rand meines Bewusstseins auf und trotzte all meinen Bemühungen, sie auszuradieren.

Der Nilmeridian ist eine Zeitlinie. Die alten Völker setzten diese Linie mit dem Beginn der Zeit gleich, als die Zeit selbst oder das allererste materiell Manifestierte auf der Erde entstand. Auf was für eine Art von Hinweis konnte ich auf meiner Suche nach dem Beginn der Zeit hoffen?

WENN DIE ZEIT STILLSTEHT

Anstatt meine vorgefertigte Idee heiliger Baudenkmäler gewaltsam auf den Südteil des Kontinents zu projizieren, bemühte ich mich nun, die Bilder für sich selbst sprechen zu lassen. Mir fiel plötzlich auf, dass sich die Menschheit auf ihrer Suche nach Beweisen für den Zeitbeginn kaum ein passenderes Symbol hätte wünschen können als die noch nicht lange zurückliegende Entdeckung einer Coelacanthen-Kolonie vor der Küste von Zululand. Coelacanthen sind nicht nur geheimnisvolle Beispiele für die frühesten Lebensformen der Erde, sondern auch lebendige Symbole dafür, dass die Zeit scheinbar stillstehen kann. Man hatte angenommen, dass sie vor ca. 60 Millionen Jahren am Ende der Kreidezeit zusammen mit den Dinosauriern ausstarben, doch offenbar ist es diesen lebendigen Fossilien gelungen, in der Tiefsee vor Durban wie in einer Art Zeitschleife vollkommen erhalten zu bleiben und zu überleben. Hing das Geheimnis ihres Wiederauftauchens in unserer Zeit etwa mit der Mündung eines bislang unentdeckten unterirdischen Stroms zusammen, die ein perfektes Pendant zum Nildelta bildete?

Meines Wissens hat bisher niemand den Zusammenhang mit der geodätischen Platzierung *Zep Tepis* in Gizeh festgestellt; doch die Aura eines uralten Geheimnisses befruchtet die Fantasie der Entdecker im Süden genauso wie das Rätsel der Sphinx im Norden. Ausgelöst durch den Tod mehrerer Taucher, die auf der Suche nach dem Ursprung der Coelacanthen-Kolonie über 115 Meter tief in unbekannte Gewässer tauchten, sind Gerüchte über einen »Fluch der Coelacanthen« entstanden: ein Echo auf den legendären »Fluch der Pharaonen« aus den Tagen, als die ersten Forscher starben, nachdem sie die Geheimkammern der Pyramiden betreten hatten.[23]

Anscheinend hatten mich nun die geheimnisvollen Vorgänge in der Natur selbst darauf hingewiesen, dass ich mich auf der richtigen Spur befand. Als ich mich wieder dem Hauptfaden des Geheimnisses zuwandte, das ich entschlüsseln wollte, dachte ich weiterhin an die Entdeckung der Coelacanthen, eines Symbols für eine Entwicklungsstufe, für die die Zeit stehen geblieben ist. Wenn diese Linie eine Zeitlinie war und wenn der geheimnisvolle Strom, der unter ihrer Oberfläche floss, mit dem Beginn der Zeit und »dem Anfang der Zeit an sich, als das absolut Erste sich materiell manifestierte« identifiziert werden konnte – welche Bedeutung hatte dies dann für die Menschheit von heute?

Anscheinend bezog sich die Vorstellung von *Zep Tepi* als Schöpfungsmoment nicht nur auf die Zeit, sondern auch auf die »erste Materie« und das Erscheinen des ersten Menschen.

Wenn ich von oben auf die Form und Gestalt des afrikanischen Kontinents hinunterblickte, drängte sich mir eine deutliche Erinnerung an Mutwa auf. Ich dachte daran zurück, wie der Löwenschamane vor einem seiner riesigen Gemälde gesessen und auf dem Tisch vor sich eine Karte von Afrika aufgerollt hatte. Um seine Vorstellung von dem großen afrikanischen unterirdischen Fluss *Lulungwa Mangakatsi* zu veranschaulichen, hatte Mutwa mit Daumen und Zeigefinger ein Band der Länge nach über den afrikanischen Kontinent gezogen, wobei er sich am Nilmeridian als Mittellinie orientiert hatte. Aus meiner neuen Perspektive sah ich nun, dass dieses Band auch das Rift Valley berührte, das sich ein kleines Stück nach Osten erstreckt, sowie die Ausgrabungsstätte von Sterkfontein ein wenig westlich des Meridians, der durch die heiligen Stätten definiert wird. Ich begriff nun, dass auch dies von entscheidender Bedeutung war.

Die geodätische Ausrichtung der heiligen Stätten und die Vorstellung von dem unterirdischen Strom implizierten einen Zusammenhang mit der markantesten geologischen Formation des afrikanischen Kontinents: dem ostafrikanischen Rift Valley.

Geburtskanal unserer Rasse

Wenn ich davon ausging, dass für die alten Völker der Hauptmeridian unseres Globus Ort und Zeit der Geburt unserer Rasse definierte, fiel mir die Verbindung mit dem großen ostafrikanischen Rift Valley sofort ins Auge; denn unsere heutigen Wissenschaftler nehmen an, dass diese geologische Erdspalte der Hauptschauplatz unserer Hominidenevolution war.

Afrikas geologischer Spalt, den moderne Wissenschaftler als »Geburtskanal der menschlichen Rasse« bezeichnen[24], durchfurcht die

Erdkruste auf einer Länge von über sechstausend Kilometern. Man nimmt an, dass er sich bildete, als zwei tektonische Platten (die Afrikanische Platte im Westen und die Somaliplatte im Osten) auseinanderdrifteten. Der dramatischste Abschnitt verläuft wie ein kontinentaler Korridor östlich des Nilmeridians vom Libanon bis nach Mozambique (nördlich von Timbavati). Die andere Gabelung des Spalts gräbt sich ein kleines Stück westlich des Nilmeridians durch den Kontinent.

Und genau innerhalb dieses Gebiets, in einer tektonischen Erdspalte innerhalb des afrikanischen Kontinents, wurden die wichtigsten archäologischen Funde in Bezug auf die menschliche Evolution gemacht. Die Bedeutung und Anzahl dieser Funde führte unter Wissenschaftlern zu der übereinstimmenden Meinung, dass man »nur bei den afrikanischen Fossilien mit einer gewissen Sicherheit davon ausgehen kann, dass sie sich auf dem Weg der Weiterentwicklung befanden, die schließlich zum modernen Menschen führte«.[25]

Da der Nil vom Äquator aus durch einen Großteil des afrikanischen Kontinents direkt nach Norden fließt, befindet er sich ausschließlich auf der nördlichen Halbkugel. Man sieht dies auf jeder Landkarte Afrikas ganz deutlich. Doch ich erinnerte mich, dass Mutwa, als er mit Daumen und Zeigefinger über die Landkarte Afrikas nach unten gefahren war, nicht am Äquator innegehalten hatte, sondern den ganzen Kontinent mit einbezogen hatte; und dies unterstellte die Idee eines nord-südlich verlaufenden kontinentalen Energiegürtels. Ich visualisierte nun, dass dieselbe Strömung auch vom Äquator aus direkt nach Süden floss, den ganzen afrikanischen Kontinent hinunter, durch Timbavati und noch weiter. Nur war diese Strömung auf der Südhalbkugel unsichtbar, im Gegensatz zum Nil auf der Nordhalbkugel.[26]

Während ich Afrika von oben visualisierte, kamen mir immer mehr neue Fragen in den Sinn. Der legendäre unterirdische Strom *Lulungwa Mangakatsi*, von dem Mutwa sagte: »Er hält den afrikanischen Kontinent zusammen«, ist mit der Energie des Wassers und mit einer unterirdischen Goldader verknüpft, und außerdem mit der geheimnisvollen Vorstellung von einer Sternenanhäufung unter der Erdkruste, die in etwa der »Rückenmarksflüssigkeit« der Milchstraße am Himmel entspricht. Wurde der Nil etwa in Übereinstimmung mit den Sternen der Milchstraße umgeleitet, um einen noch größeren unterirdischen Strom zu bedecken, einen Strom, der so gewaltig war, dass man ihn mit der Duat, dem heiligen Sternenfluss am Himmel, verglich? Könnte man diesen Strom mit der seismischen Energie der geologischen afrikanischen Erdspalte gleichsetzen? Und wenn man diesen Gedanken weiterspann – könnte vulkanische Aktivität zu den Fortschritten in der menschlichen Evolution geführt haben?

In einer seiner kosmologischen Geschichten, die Mutwa mir eines Nachmittags erzählte, hatte er den Schöpfungsmoment ausführlicher beschrieben. Mutwa behauptete, dass der Schöpfungsvorgang in Wirklichkeit ein Prozess der Wiedererschaffung war: »Es gab Sterne oben und Sterne im Urfluss. Der Morgenstern signalisiert, dass die Schöpfung neu beginnen muss. Gott, der Vater, und Gott, die Mutter, mussten wieder erweckt werden.«

Als Mutwa mir diesen Schöpfungsmythos zum ersten Mal erzählte, verstand ich ihn lediglich so: als Mythos. Ich nahm an, der Morgenstern symbolisierte die Sonne, und da alles irdische Leben von der Sonne abhängt, signalisiert der Sonnenaufgang den Schöpfungsvorgang. Doch die Vorstellung, dass Sternenenergie in irgendeiner Form unter der Erdkruste existieren sollte, klang allzu märchenhaft. Nun wurde ich mir zum ersten Mal der tiefen symbolischen Implikationen dieser Worte und ihrer möglichen realen Grundlage bewusst. Meine neue Vogelperspektive hatte meine Auffassung der Dinge von Grund auf verändert.

Ich kannte zwar die Antworten noch nicht, aber zumindest wurden aus dieser luftigen Perspektive die Fragen deutlich. Warum hatte man unsere wichtigsten Hominidenfossilien ausgerechnet auf dieser kontinentalen Kraftlinie im ostafrikanischen Rift Valley entdeckt? Worin besteht der Zusammenhang zwischen dem Rift Valley, das Wissenschaftler als Geburtskanal unserer Rasse bezeichnen, und dem Nilmeridian, den die alten Völker als Geburtsstätte der Götter identifizierten? Die Antwort kann nur in der menschlichen Evolution liegen.

22

GOLD: UNTERIRDISCHE SONNE

Wenn das Herz das Abbild der Sonne im Menschen ist, dann ist Gold ihr Abbild in der Erde.
– Cirlot, Dictionary of Symbols

Im Prinzip korrespondiert der Löwe mit dem Gold beziehungsweise der »unterirdischen Sonne« und mit der Sonne selbst und wird somit als Symbol für Sonnengötter verwendet.
– Cirlot, Dictionary of Symbols

Löwe ist der Mittelpunkt, der Strudel, durch den alle Energie fließt und aus dem alle Lebenskraft kommt.
– Alan Oken, Complete Astrology

Obwohl ich Mutwa schrecklich vermisste, stellte ich auch in seiner Abwesenheit weiterhin wichtige Zusammenhänge her: nicht nur zwischen den afrikanischen Traditionen des Großen Wissens und den ägyptischen Mysterien, sondern auch in größerem Maßstab: in Form eines wahren Netzes verschiedenster Entdeckungen, die alle mit Löwen zu tun hatten. Als ich Maria einiges davon nach meiner Rückkehr nach Timbavati mitteilte, fragte die Mutter der Löwen mich gründlich aus und wollte wissen, ob ich glaubte, dass diese inspirierte Weiterbildung »von meiner Mutter und meinem Vater oder von Gott« stamme.

Diese Frage war für mich Anlass zur Kontemplation. Auf meiner Reise in den Schamanismus hatte ich mich weit von meinem normalen Familienerbe entfernt. Ich bekannte ihr, dass diese Inspiration ganz sicher nicht von meinem Vater oder meiner Mutter stammte. Zur Antwort sah Maria mich wissend an und hieß mich niemals vergessen, dass die Weißen Löwen »Löwen der Götter« waren, die mich auf jedem Schritt meines Weges begleiteten.

In Wahrheit kann ich das Wissen, das ich empfing, nur so beschreiben: Ich wurde irgendwie zur richtigen Information »geführt«. Diese Erfahrung unterschied sich völlig von den vielen Jahren meiner akademischen Studien. Ich wusste genau, dass die Bruchstücke gewisser Einsichten, die mir gegeben wurden, nicht das Produkt meiner eigenen akademischen Aktivitäten waren, sondern »Gaben« eines leitenden Willens jenseits und über meiner persönlichen Absicht. Ein Wille, der von Natur aus Wahrheit und Licht zu beinhalten schien und offenbar auf Erleuchtung abzielte. Leiteten mich etwa die engelhaften Wesen der Löwenahnen? Vielleicht klingt es allzu dramatisch, den Empfang von Informationen auf solch spirituelle Weise zu beschreiben; aber ich kann die synchronistischen Verbindungen, die anscheinend vom Himmel fielen, nicht besser erklären.

Maria arbeitete anscheinend täglich ganz bewusst mit ihren Löwenahnengeistern, und nachts empfing sie in ihren Träumen Botschaften von ihnen. Als ich sie genauer nach meinem eigenen Löwenwächter Ingwavuma fragte, eröffnete mir Maria einen geheimen Geistnamen mit der Bedeutung »der Eine, der alles weiß und versteht: der Hüter des Wissens«. Da sie ihre Instruktionen von ihren Ahnenführern erhalten hatte, erläuterte sie mir, dass dieser Timbavati-Löwe sich »vom Vater zum Sohn und vom Vater zum Sohn inkarnierte und auf deine Rückkehr wartete«. Mich bewegte diese außerweltliche Erklärung, und ich fragte, woher Ingwavuma wusste, wer ich war. Darauf informierte mich Maria durch ihre Führer, dass »alle Tiere in Timbavati von deiner Rückkehr wissen«. Ich versuchte herauszubekommen, was das Wort »Rückkehr« bedeutete, und die Ahnenführer gaben mir diese Antwort: »Überrascht es dich, dass du in diesem Land schon oft gelebt hast, viele, viele Lebenszeiten lang?«

Diese Worte hallten in mir nach, als ich mich danach noch eine Weile in Timbavati aufhielt; ich fühlte einen überwältigenden Stolz, in einem der wenigen Gebiete zu leben, die noch immer der Herrschaft des Königs der Tiere unterstanden. Zum ersten Mal schien die kleine Rolle, die ich in diesem großen Rätsel der Weißen Löwe spielte, einen Sinn zu haben.

Das Rätsel der symbolischen und geografischen Verbindungen der Weißen Löwen zur Sphinx war nun zum Teil gelöst, aber ich wusste, dass das Geheimnis noch tiefer ging. Der gemeinsame Nenner der Vorstellung der alten Völker vom Nilmeridian und unserer modernen Auffassung vom ostafrikanischen Rift Valley ist die Geschichte der menschlichen Evolution. Der Hauptunterschied besteht darin, dass die eine Gruppe die Idee der löwenhaften Sternengötter integriert und die andere nicht.[1] Wenn ich ihre perfekte Ausrichtung zum Nilmeridian bedachte, wurde mir klar, dass das Erscheinen der Weißen Löwen Teil einer großen irdischen Sternenkarte ist. Die Botschaft, die in der löwenhaft-menschlichen Sphinx und den Pyramiden von Gizeh verschlüsselt wurde, hängt direkt mit den wahren Erleuchtungsträgern des Südens zusammen: mit den Weißen Löwen von Timbavati. Die Schwierigkeit bestand darin, diese Botschaft zu entschlüsseln.

Der Löwe und die Sonne

Auf dieser Reise nach Timbavati erhielt ich einen Schlüssel, um den Code zu knacken. Überraschenderweise stellte es sich heraus, dass dieser Schlüssel schon die ganze Zeit da gewesen war – nur war ich vorher unfähig gewesen, ihn zu erkennen. Der Schlüssel ist die Verbindung der Löwen mit der Sonne.

Am ersten Abend meiner Rückkehr nach Timbavati saß ich mit Leonard und einer Touristengruppe aus Europa im Kreis um die Glut und genoss die harmonische Atmosphäre der ungezähmten Natur. Das leuchtende Schilf der *Boma* war wie ein Feuerkreis, der den Nachthimmel umschloss – und derselbe Himmel hatte einst von seinem Sternenfluss auf die schneeweißen Löwen von Timbavati hinabgeblickt, auf jene himmlischen Geistwesen, die immer noch durch die Überlieferungen dieser Gegend streiften und sie mit Gottes Hilfe bald auch wieder mit ihrer körperlichen Anwesenheit segnen würden. Wir unterhielten uns und lachten am Feuer, während nicht weit vom Lager entfernt ein Löwe sein territoriales Gebrüll anstimmte. Aufgrund seines unverwechselbaren Baritons erkannte Leonard ihn als meinen speziellen Löwenwächter Ingwavuma. Er schätzte seinen Standort auf wenige Kilometer entfernt in Richtung Osten, am Flussbett des Scharalumi.

Ingwavuma war schon vor langer Zeit zum dominanten Männchen des Gebiets aufgestiegen: Er war der Löwenkönig von Timbavati.

Als ich Ingwavuma in der Ferne brüllen hörte, erinnerte ich mich wieder sehr lebhaft an jene schicksalhafte Nacht vor Jahren, als ich mit einer Gruppe vor Angst schlotternder *Homo sapiens* der Gnade der Löwen von Timbavati ausgeliefert gewesen war. Damals waren die Löwen nur wenige Meter entfernt gewesen, nun befand sich Ingwavuma in sicherer Entfernung – aber dennoch konnte ich spüren, wie der Boden unter meinen Fußsohlen vibrierte. Niemand, der das Gebrüll eines lebenden Löwen gehört hat, wird es so leicht wieder vergessen. Dieses Erlebnis hat nichts mit dem faulen, filmgerechten Knurren des Markenzeichen-Löwen der Filmgesellschaft MGM mit seinem weit aufgerissenen Maul zu tun. Es lässt sich mit nichts vergleichen, was man je erlebt hat. Ein echter Löwe wirft nicht wie in den Zeichentrickfilmen den Kopf in den Nacken und brüllt den Wind an, sondern sein Kopf bleibt waagerecht, und er benutzt die Erde als Resonanzboden. Das Gebrüll beginnt mit einem Knurren tief unten im Bauch, einer Art Vorbeben, und endet in einem ohrenbetäubenden Nachhall, der in einer Reihe gutturaler Grunzer ausklingt. Tief aus den Eingeweiden steigt das vollkehlige Grollen empor, das einem das Blut gerinnen lässt und die Seele zum Erzittern bringt.

Beim Gebrüll eines echten Löwen erlebt man, dass die Erde selbst erzittert. Als Ingwavuma nun am Horizont grollte, überraschte es mich nicht mehr, dass der Urmensch den Löwen nicht nur mit der Sonne assoziierte, sondern auch mit der »unterirdischen Sonne«, den feurigen Eruptionen, die im Mittelpunkt der Erde brodelten.

Die Vorstellung von der Sonne sowohl als Himmelskörper als auch als unterirdischer Präsenz (nämlich als dem flüssigen Erdkern) entspricht der Duat der altägyptischen Mythologie, die nicht nur als himmlischer, sondern auch als unterirdischer »Sternenfluss« visualisiert wird.

Während die anderen Gäste sich leise im Schein des Lagerfeuers unterhielten und die Milchstraße als leuchtender Strom über unseren Köpfen hing, ließ ich meine Gedanken um die Bedeutung der Duat im alten Ägypten kreisen. Ich glaube nun, dass diese entscheidende Idee drei parallele Bedeutungen für die heilige Linie hatte, die Gizeh mit Timbavati verband. Im Himmel ist die Duat der uns überspannende Bogen der Sternenschauer der Milchstraße, auf der Erde der Nilmeridian und unter der Erde der »unterirdische Fluss«.

Wie oben, so unten. Die heilige Geometrie dieser Vorstellung unterstellt mögliche Interaktionen zwischen den Einflüssen der Sterne und geologischen Gegebenheiten sowohl auf der Erdoberfläche als auch unterirdisch. Genau wie die anderen heiligen Muster, die sich auf dem afrikanischen Kontinent entfalteten, musste auch dieser Zusammenhang zwischen den Sternen und der Erde von entscheidender Bedeutung sein.

Tatsächlich hat die wissenschaftliche Theorie inzwischen den flüssigen Erdkern aufgrund einer gemeinsamen Frequenz mit der Sonne verknüpft. Die moderne Astrophysik hat nicht nur einen kausalen Zusammenhang zwischen der Sonne und dem flüssigen Erdkern entdeckt, sondern führt seismische Aktivitäten auf der Erde sogar auf Aktivitäten in der Sonne zurück.[2] Zwar ist die Sprache der theoretischen Astrophysik streng wissenschaftlich, aber man kann trotzdem ohne Weiteres darin Parallelen zur Weisheit der Schamanen entdecken, die in symbolischer Sprache genau dieselben Zusammenhänge beschreiben. In seinen kosmologischen Erzählungen sprach Mutwa über »Sterne oben und Sterne im Urfluss. Der Morgenstern zeigt an, dass die Schöpfung neu beginnen muss«.

Mutwas Worte über die »Sterne oben und die Sterne im Urfluss« entsprechen nicht nur der Duat der alten Ägypter, sondern klingen auch in anderen alten Mythologien wider, zum Beispiel in den Schöpfungsgeschichten der australischen Ureinwohner. Dort existiert die Sonne in latenter Form unter der Erdkruste, ebenso der Mond und die Sternbilder. In der Kosmologie der australischen Ureinwohner entsteht die Sonne dadurch, dass sie aus dem Mittelpunkt der Erde hervorbricht und in einer goldenen Lichtflut durch die Erdkruste nach außen dringt.[3]

Hier saß ich nun mitten auf der wichtigsten Zeitachse, mein lebender Sonnengott ließ seine urtümliche Botschaft ertönen, und die Implikationen meiner Gedanken brachten buchstäblich die Erde unter meinen Füßen zum Erzittern. Die Klangwellen, die von Ingwavuma ausgingen, fühlten sich elementar an: der Erlass des Löwenkönigs, der einen göttlichen Kodex auf ein irdisches Königreich überträgt und das Gesetz der Sonne verkündet.

Verborgenes Gold: die unterirdische Sonne

Die Gäste sagten einer nach dem anderen gute Nacht und gingen zu Bett. Bevor Leonard sich für die Nacht zurückzog, verabredeten wir, dass ich ihn und einen Fährtensucher am nächsten Tag zu einer uralten Metallverarbeitungswerkstatt begleiten sollte. Seit ich diese Orte zum ersten Mal entdeckt hatte, war mir so vieles klar geworden, dass ich es kaum erwarten konnte, mit meinem neuen Wissen wieder in dieses Gebiet zurückzukehren. Nachdem Leonards schattenhafte Gestalt mit ihrer Taschenlampe in der Dunkelheit verschwunden war, machte ich es mir allein neben der Glut gemütlich und kehrte zu meiner Feuer-Meditation zurück.

Ingwavuma war schon längere Zeit ruhig geblieben, als ich wieder über diese Fragen nachzugrübeln begann und über den Lichtkreis des Feuers hinweg in die afrikanische Nacht starrte. Ich wusste, wenn ich lange genug hinsah, würde ich durch das Aufblitzen einer Sternschnuppe belohnt werden. Nun stürzte eine herab – sie sah aus wie die brennende Asche eines Räucherstäbchens.

Unter dem Sternenschauer von Timbavati erkannte ich allmählich die leuchtende Wahrheit der Botschaft der Weißen Löwen. Es war, als hätte sich ein Nebel gelichtet und den Nachthimmel enthüllt.

Als Ingwavuma sein entferntes erderschütterndes Grollen wieder aufnahm, das wie die Steingongs als Echo der Sterne erklang, hallte es auf diesem heiligen Meridian wider. Von seinem Standort auf dem 31. Grad östlicher Länge setzte es sich in alle vier Himmelsrichtungen fort, als hielte er die vier Ecken der Erde im Gleichgewicht.

In Erwartung des nächsten Gebrülls meines Löwen ging ich hinaus in die tiefe Nacht und lauschte. In der Dunkelheit konnte ich ihn förmlich vor mir sehen, wie er seine Kiefer ein wenig öffnete und seinen Bauch einzog, um ein Erdbeben auszustoßen, das über einen Radius von fünfzehn Kilometern die Wildnis von Timbavati zum Erklingen brachte. Ich wusste inzwischen, dass sein Ahnenname »Er, der weise Worte spricht« bedeutet. Jedes Mal, wenn Ingwavuma »das Wort« des Löwen in die Wildnis brüllte, stellte ich mir die Weisheit vor, die er damit ausdrückte.

In der Zwischenzeit hatte sich sein Standort verändert, was bedeutete, dass er nun unterwegs war. Ich konnte mir genau vorstellen, wie er stolz sein Territorium abschritt, ein lebendiger Löwe und ein heiliges Symbol zugleich: König der Tiere, gerechter Hüter des Landes. Wenn es stimmte, was ich gehört hatte, nämlich dass Ingwavuma und seine Jungen dazu bestimmt waren, die Ahnen der zukünftigen Weißen Löwen von Timbavati zu sein, dann war er sowohl ein Überbringer spiritueller Erleuchtung als auch ein physischer Träger der gesegneten weißen Gene.

Ingwavuma und die anderen Löwen waren außerdem das Symbol für Gold: der »Löwe unter den Metallen«. Dies erweckte die alte Frage: Warum sind Löwen so untrennbar mit Gold verbunden? Warum sind sie mit der Sonne selbst verbunden? Auf dieser Reise nach Timbavati sollte ich zum ersten Mal einen Einblick in die Antwort erhaschen.

Die Vorstellung, dass die Sonne am Himmel und die Löwen auf der Erde in irgendeiner Form eine gemeinsame Schwingung hatten, erinnerte mich an die Verehrung der Buschmänner für das Wort »Löwe« – *Tsau!* –, als würden sogar in seinem Namen die kosmischen Kräfte des Tieres mitschwingen.

Nachdem mein Löwe sein nächstes Gebrüll ausgestoßen hatte, zögerte ich einen Augenblick. Ich nahm an, dass die anderen inzwischen fest schliefen. Und selbst wenn sie noch wach waren – es kümmerte mich nicht mehr, ob sie mich hörten oder nicht. Ich nahm meinen Mut zusammen und intonierte mit meiner lautesten Stimme das Zulugebet zu Ehren des Löwen, das Mutwa mich gelehrt hatte:

> Löwe, Symbol der Zulukönige!
> Löwe, Donner der Täler!
> Wo dein Gebrüll erklingt, findet man Leben.
> Wo man deinen Atem riecht, gibt es nichts Böses.
> Und wo man dich sieht, gibt es keine Angst!
> Löwe, mögen deine Fußspuren nie von den vorüberstreichenden Winden ausgelöscht werden,
> Und mögest du lange über die Ebenen dieser Erde wandern.
> Es lebe das Leben! Bayete!

Es folgte Stille. Dann brüllte Ingwavuma wieder. Ich hörte seine Botschaft laut und deutlich – und plötzlich verstand ich sie! Ich verstand sie in ihrer ganzen reinen solaren Schwingung. Ich verstand das »Wort des Löwen«!

Die Schwierigkeit lag in der Übersetzung. Doch selbst wenn sie ganze Bände füllen würde, unzählige Bände voller sorgfältig niedergeschriebener Menschenworte, ein Band nach dem anderen, und selbst wenn es sich dabei nur um eine schwache, unzureichende, allzu menschliche Kopie der Wahrheit handeln würde – in diesem Moment und an diesem Ort leistete ich den heiligen Eid, dass ich mein Möglichstes tun würde, diese Übersetzung anzufertigen.

Das »Wort des Löwen« ist der solare *Logos*, der dieselbe Schwingung wie die Sonne besitzt und dessen Essenz das Leben auf diesem Planeten erschaffen hat. Die Sonne und der Löwe sind direkt miteinander verbunden, weil sie zur selben Sonnengott-Lebenskraft gehören. Die Verknüpfung des Löwen mit Gold ist sehr wichtig. Die Sonne im Mittelpunkt unseres Sonnensystems hängt direkt mit dem goldenen Kern im Mittelpunkt unserer Erde zusammen. Aus dieser Seelenessenz wurde das Leben geboren. Am Anfang.

METALLVERARBEITUNGSSTÄTTEN AM NIL

Nach einer Nacht, die von Ingwavumas Gebrüll erfüllt gewesen war, begleitete ich am nächsten Morgen bei Sonnenaufgang Leonard und Rexon, den Fährtensucher, auf einer Wanderung über die Steppe zu den uralten Metallverarbeitungsstätten, die Mutwa identifiziert hatte. Die Männer entfernten sich ein Stück, um frische Tierfährten zu untersuchen, sodass ich eine Weile allein an dem Ort war. Es gab nur wenige archäologische Beweise: Ein paar extrem abgenutzte steinerne Schmelztiegel lugten aus der trockenen Erde hervor, die wie immer von einem Netz frischer Tierfährten überzogen und mit Tierkot übersät war.

Ich kämpfte noch immer mit Fragen, die durch meine Ägyptenreise aufgeworfen worden waren, und hatte eine Weltkarte mitgebracht, um sie in Ruhe betrachten zu können. Die Männer waren außer Sicht, als ich die Karte ausbreitete und auf den Sand legte, während ich auf ihre Rückkehr wartete. Im Zentrum der Landmassen der Erde befand sich der afrikanische Kontinent, der nicht weniger als 25 Prozent der Gesamtoberfläche einnahm. Genau in der Mitte dieser Landmassen lag der Nilmeridian, der sich über die ganze Länge Afrikas erstreckte. Die mittlere Faltlinie der Karte illustrierte diese Tatsache höchst eindrucksvoll. Beiderseits der Faltlinie befanden sich die für die Evolution wichtigsten Orte der Erde: das Tal von Sterkfontein ein kleines Stück westlich und das Great Rift Valley ein wenig östlich des Meridians. Ich rief mir alle Hinweise ins Gedächtnis, die ich bisher erhalten hatte, und konzentrierte mich auf die Mittellinie selbst; ich dachte an den Beginn der Zeit und den unterirdischen Fluss *Lulungwa Mangakatsi*. Ich stand genau auf diesem Erdmeridian und fuhr mit meinem Finger auf der Karte an dieser kontinentalen Kraftlinie entlang; südwärts durch Gizeh, Simbabwe und Timbavati – bis ich im Goldminengebiet von Barberton ankam, im Süden des Längengrads auf 31° 14' Ost. Leonard hatte mir seinen Kompass dagelassen, und mit seiner Hilfe konnte ich den Norden bestimmen: den Hauptmeridian, der die heiligen Stätten des afrikanischen Kontinents durchzieht, bis zur Tiefebene des Viktoriasees am Äquator, der Quelle des Nils und dem Ursprung des Goldreichtums des Reiches Monomotapa. Im Süden stellte ich mir nun die Stadt Barberton vor, mit ihren viktorianischen Bergwerken, die man errichtet hatte, um den ältesten und kostbarsten Rohstoff der Welt abzubauen: Gold.

Als hätte mich der Blitz getroffen, fühlte ich plötzlich den ganzen Umfang und die ganze Bedeutung des Rätsels der Weißen Löwen. War der Mythos des Goldenen Zeitalters real? Spielte etwa das Gold selbst im Augenblick der irdischen Schöpfung eine Rolle?

Barberton liegt mitten auf dem Nilmeridian und ist aus zwei Gründen wichtig. Erstens haben hier die Europäer zum ersten Mal auf dem afrikanischen Kontinent Gold entdeckt und zweitens nehmen Geologen an, dass hier das Leben auf unserem Planeten begonnen haben könnte.

Aufgrund des Alters und der geologischen Natur von Barberton neigen Geowissenschaftler zu der Ansicht, dass dieses Gebiet möglicherweise der Ursprungsort der ersten Organismen war, die Sonnenenergie zum Wachstum benutzten. Geologische Untersuchungen ergaben, dass aktive Vulkane hier einst heiße Quellen erzeugten, also den eigentlichen »Urschlamm«, der dann die Geburtsstätte der ersten irdischen Lebewesen wurde.

Ich stand wie angewurzelt da, betrachtete die trockene, natriumhaltige Erde und die Spuren der Metallverarbeitung zu meinen Füßen und formulierte die Frage, die sich im Brennpunkt des Geheimnisses befand: Warum war der Nilmeridian, jener goldene Meridian, den unsere Vorfahren für die Geburtsstätte der Menschheit hielten, ausgerechnet mit der geologischen Erdfalte identisch, die moderne Wissenschaftler als »Geburtskanal der menschlichen Rasse« bezeichnen?

Gemäß den Landkarten mit den Mineralvorkommen der Erde gibt es auf dem ganzen Nilmeridian, also auf der ganzen Länge des afrikanischen Kontinents, Goldadern. Was befindet sich wirklich unter dem Flussbett des Nils? Etwa eine Ader mit reinem Gold, die den Kontinent durchzieht?

Die Weisheit der Horus-Jünger lehrt uns, dass der Nilmeridian die Linie des Beginns der Zeit (*Zep Tepi*) war, auf die das Goldene Zeitalter folgte, von dem unsere Vorfahren glaubten, dass löwenhafte Götter damals in der Gegend des Nilmeridians auf die Erde kamen. Da sich die Goldreserven der Erde tatsächlich an dieser heiligen Zeitlinie und in ihrer Umgebung befinden, schimmert eine greifbare Wahrheit durch die Mythologie. Derartige Fakten, die uralter Weisheit zugrunde liegen, stellen unsere Vorstellung vom Fortschritt der Moderne und der Überlegenheit des Intellekts auf die Probe. Sie werfen auch folgende Frage auf: Wenn die alten Völker glaubten, dass diese unterirdische Furche voll Gold auf dem Hauptmeridian den Anfang des Lebens auf der Erde repräsentiert, was für Implikationen hat dies dann in unserer Zeit?

Der Weisse Löwe und der Ursprung des Lebens

Man hat schon vor langer Zeit festgestellt, dass tektonische Verwerfungslinien mit Erdbeben und Vulkanausbrüchen zusammenhängen. Das ist auch beim Rift Valley der Fall: Als die Erdkruste auseinandergerissen wurde, wurde Lava an die Oberfläche getrieben mit dem Ergebnis, dass zahlreiche Vulkane (unter anderem Mount Kenia, Ruwenzori und Kilimandscharo) zu einem prägenden geologischen Merkmal wurden. Da sich offenbar alle bisher entdeckten Fundstätten der Hominiden in der Nähe oder direkt in diesem eruptiven Kontinentalriss befinden, stellt sich die Frage: Sollte man den Risse erzeugenden Vorgang selbst oder vielmehr die seismische Energie, die in dieser Verwerfungslinie wirkt, als Faktoren betrachten, die genetische Mutationen auslösen – Adaptionen, die auch zum modernen Menschen führten?[4]

Heutige Geologen sehen auch einen Zusammenhang zwischen vulkanischer Tätigkeit und Mineralvorkommen.[5] Wäre es also denkbar, dass Gold mit der Entstehung des Lebens auf der Erde verknüpft ist? Dies würde die Weisheit der Horus-Jünger und die Vorstellung vom Goldenen Zeitalter erklären, welches nach altägyptischem Glauben auf den Beginn der Zeit folgte.

Laut Mutwa ist Gold eine Substanz von unschätzbarem Wert auf unserem Planeten. Er belehrte mich, dass Gold nicht nur ein Metall sei, sondern auch eine »Entität«. Er verknüpft Gold mit dem geheimnisvollen »Faktor X«, der sowohl die Existenz als auch das Fließen der Gewässer kontrolliert – und somit das Leben auf unserem Planeten.

Die urzeitlichen Goldfelder von Barberton scheinen die Wahrheit dieser Aussage Mutwas zu bezeugen. In manchen der ältesten Goldvorkommen der Erde hat man winzige Mengen Kohlenstoff gefunden, was auf das Vorhandensein von frühesten höheren Lebensformen hinweist.[6] Falls dies tatsächlich der Fall war, wäre das natürliche Vorkommen von Gold im Erdinneren für das Leben auf der Erde entscheidend; und dies wäre ein deutlicher Beweis für eine metaphysische Bedeutung, die den Goldwert des Weltmarkts weit übersteigt.

Anscheinend kroch nicht nur der erste Mensch aus Afrikas großem Geburtskanal, sondern sogar das erste irdische Leben überhaupt.

Gold: Löwe unter den Metallen

Als ich neben dieser frühen Schmiedewerkstatt stand und die Erde unter meinen Fußsohlen betrachtete, fragte ich mich, welche Methoden man wohl in diesen Schmelztiegeln auf dem Hauptmeridian angewendet hat. Die Antwort liegt in staubigen Archiven – nicht in Bibliotheken, sondern in der Geologie selbst, eingebettet in tiefe Erdschichten, und auf der symbolischen Ebene in den tiefen Schichten des kollektiven Unterbewusstseins unserer Rasse. Mit dem geologischen Aspekt befassen sich die Geowissenschaftler, doch die Sanusis bemühen sich um die Bergung des archetypischen Wissens: eine erleuchtete Priesterschaft, die aufgrund ihres entwickelten Bewusstseins das Privileg hat, dieses Wissen in einer großen, ununterbrochenen Tradition von der Frühzeit bis heute zu bewahren.

Der goldene Mittelpunkt der Erde

Mutwa hatte vorsichtige Andeutungen über geheime Techniken gemacht, die die »heiligen Schmiede« in ihrer Metallverarbeitungstradition anwendeten.

»Was wir heute Zauberei nennen«, hatte Mutwa mich belehrt, »war die Wissenschaft der alten Völker.« Aufgrund seiner kryptischen Andeutungen verstand ich, dass das Wissen dieser Hohepriester des afrikanischen Schamanismus, »das mit Kräutern und geschmolzener Materie zu tun hatte«, auf einer geheimen Kunst beruhte, irdische Materie mit Sternenenergien anzureichern. Dies, hatte Mutwa mir erklärt, befähigte die Elite der Löwenschamanen dazu, »Objekte wiederzuerschaffen, die Gott uns vor vielen Jahrhunderten gegeben hat« und die »mit der Seele der Erde, aber auch mit dem Universum jenseits unserer Erde« zu tun hatten. Diesem Glauben nach besitzt Gold nicht nur eine physische Dimension, sondern auch eine *meta*physische und sogar eine *astro*physische Dimension.

Bezeichnenderweise hat die Wissenschaft heute festgestellt, dass die Entstehung des Goldes direkt mit der Geburt unserer Sonne verknüpft ist. Mit anderen Worten: Die heutige Wissenschaft beweist den Zusammenhang des Goldes mit der Sonne, den wir aus der antiken Mythologie und Alchemie kennen.[7] Viele von Mutwas Vorstellungen hatten mir Rätsel aufgegeben; doch als ich nun hier stand, schien mir, dass ich allmählich einen Schimmer ihrer Wahrheit erfasste. In der alten alchemistischen Theorie, genau wie in vielen symbolischen Texten, ist Gold das Symbol des Sonnenlichts und somit der göttlichen Intelligenz.[8] Die Sonne ist auch direkt mit der Transmutation der Urmaterie (»Erde«) in Gold verbunden.[9]

Dies erklärt nicht, warum Löwen mit Gold und der Sonne verbunden sein sollten – und doch ahnte ich, dass auch hier eine inhärente Wahrheit hinter der Mythologie stecken musste.

Der Löwe verschlingt die Sonne: in alchemistischen Texten ein weit verbreitetes Motiv.

LÖWE – HÜTER DES GOLDES

In den alchemistischen Darstellungen sieht man häufig, dass der Löwe die Sonne verschlingt, was sich unmittelbar auf die anderen Löwen-Sonnen-Vorstellungen bezieht. Das Bild der Sonne, die im Schlund eines Löwen verschwindet, kann eine Metapher für die Gemeinsamkeit zwischen der Sonne und dem goldenen Kern im Erdinneren sein. Auch scheint es anzudeuten, dass sich das Wort der Sonne im Gebrüll des Löwen ausdrückt. Im Wesentlichen impliziert dieses Symbol, dass die Sonne, das Magma im Erdkern und das Löwengebrüll durch einen »gemeinsamen Rhythmus« miteinander verbunden sind.[10]

»Die Weiße Ameise gräbt tief in der Erde, und wenn sie durch die Erde zurückkommt, ist sie mit Goldstaub bedeckt«, hatte mir Mutwa in seiner typischen blumigen Ausdrucksweise erzählt, »und genauso arbeiten wir Sanusis mit den geheimen Metallen des Wissens.«

Hier, an der uralten Metallverarbeitungsstätte von Timbavati, fragte ich mich, was der Löwenschamane damit eigentlich genau gemeint hatte. Es schien einleuchtend, dass Mutwa mit der »Weißen Ameise« auf den Weißen Löwen und seine Verbindung mit Gold anspielte. Passenderweise wurde der höchste König, der Weiße Löwe, mit dem niedrigsten aller Wesen identifiziert, nämlich der Weißen Ameise, denn dies verdeutlichte, dass in der großen Kette des Seins beziehungsweise in der goldenen Lebenspyramide alle Dinge letztlich miteinander verbunden sind.

Sowohl Maria als auch Mutwa hatten mich gelehrt, dass die geistige und die physische Welt miteinander verknüpft sind; auch wenn wir Menschen in unserer materialistischen, urbanen Welt diese Verbindung größtenteils vergessen haben. Im Löwenschamanismus gibt es Parallelen zwischen den alchemistischen Vorgängen innerhalb der Erde und den spirituellen Prozessen, denen sich die Eingeweihten unterziehen: Reinigungs- und Verwandlungsprozesse, die letztlich sowohl auf materieller als auch auf spiritueller Ebene das Göttliche erreichen.[11] Die geistige Entwicklung des Löwenschamanen ist ein vierfacher Vorgang, dessen höchste Stufe der Greif ist, der Hüter des Goldes. Dieser spirituelle Prozess hat seine Entsprechung in der Alchemie, wo der Löwe als eines der vier Elemente oder Grundprinzipien auftritt. Der Greif ist ein hybrides Tier, das scheinbar gegensätzliche Wesen in sich vereinigt: den Löwen (Feuer), den Stier (Erde), den Falken (Luft) und die Schlange (Wasser). In ihm strömen alle Kräfte, alle alchemistischen Elemente, zu einer einzigen Quintessenz zusammen.[12]

Es mag uns in unserem Alltag schwerfallen, diesen Vorgang zu begreifen, doch das Prinzip besteht darin, dass alle einander entgegengesetzten Kräfte sich zu einer Einheit vereinen, wodurch der Eingeweihte den Zustand der letzten Wahrheit (oder des spirituellen »Goldes«) erreicht. Ich hatte von Mutwa zahlreiche Andeutungen und einige Lektionen über das Wesen der vier Entwicklungsstufen im Löwenschamanismus gehört, und nach meiner Ägyptenreise war mir klar geworden, dass die alten Pharaonen mit ihrem Unsterblichkeitskult dasselbe Ziel verfolgt hatten. Es war mir zwar noch immer rätselhaft, welche Wahrheit der Eingeweihte wohl auf seiner höchsten Stufe der spirituellen Evolution erkennt, doch ich begriff, dass der ganze Vorgang darauf abzielte, einen Zustand der »Einheit« mit dem Universum zu erreichen.

DIE BOTSCHAFT DES WEISSEN LÖWEN

Leonard und Rexon waren wieder aus der Steppe aufgetaucht, und ich kehrte schweigend mit ihnen zum Lager zurück – ich war zu sehr mit diesen neuen Offenbarungen beschäftigt, um oberflächliche Konversation zu betreiben. Nach dem Frühstück zog ich mich in eine felsige Mulde unter den Mopane-Bäumen zurück und bemühte mich, die Gedanken, die sich in meinem Kopf überschlugen, zu beruhigen.

Ich wusste, dass orthodoxe Christen und Wissenschaftler gleichermaßen diese Fragen als Herausforderung auffassen würden, aber ich hatte keine Angst mehr vor den Folgen. Warum war der Geburtsort der Weißen Löwen in Timbavati genau nach den heiligsten Stätten Afrikas ausgerichtet, nach Groß-Simbabwe und Gizeh? Warum war im alten Ägypten der Geburtsort der Götter nach dem Geburtsort der Weißen Löwen in unserer Zeit ausgerichtet? Warum hieß es von der heiligen Stätte in Groß-Simbabwe, jenem uralten Goldzentrum, dass es einst von Weißen Löwen bewacht worden war – genau wie andere Orte auf dem Nilmeridian? Warum verlief der Hauptmeridian der Erde, der von Afrikas heiligen Stätten und dem Nil definiert wurde, ausgerechnet über den Goldminen des Kontinents – und zwar bis hinunter zur Bergwerkstadt Barberton im Süden, wo sowohl das erste Gold als auch das erste Leben entdeckt worden war?

Die Antwort musste lauten, dass der Natur selbst mit all ihren Ausdrucksformen eine Bedeutung und eine heilige Symbolik innewohnen. Und ebenso steckt hinter der meisterhaften »Wahl« des Geburtsorts der Weißen Löwen eine Absicht und eine Bedeutung. Dies sind keine zufälligen Einzelheiten. Wie die Schamanen mir immer und immer wieder gesagt hatten: Weiße Löwen sind Löwen Gottes.

Wenn die Weißen Löwen göttliche Botschafter sind, die der Erde die Gesetze der Sonne bringen, dann müssen wir die Botschaft, die sie uns bringen, unbedingt verstehen. Ihre Botschaft hängt mit Gold und der Sonne zusammen. Unsere Aufgabe besteht darin, zu begreifen, wie und warum.

Aufgrund meiner Erkenntnisse, die ich in Ägypten gewonnen hatte, blieb mir kaum eine andere Wahl: Ich musste zu den Weißen Löwen eindeutig Stellung beziehen. Ich konnte beim Lösen des Rätsels keine distanzierte akademische Haltung mehr einnehmen; allmählich war ich zu der Überzeugung gelangt, dass die Weißen Löwen direkt mit den Geheimcodes identifiziert werden müssen, die in die Texte und in die Architektur von Gizeh eingearbeitet sind: Sie sind lebendige Manifestationen der Vorstellung vom »Goldenen Schnitt« und der »göttlichen Proportion«.

Die symbolischen Energien des Goldes und der Sonne sind identisch. Das lateinische Wort für Gold, *aurum*, ist das Gleiche wie das hebräische Wort für Licht: *aor*.[13] Zum Beispiel bezeichnet man das Land Simbabwe als »*aurifer*«,[14] was bedeutet, dass es Gold hervorbringt. Ebenso ist eine »Aureole« sowohl ein Heiligenschein aus Licht als auch eine goldene Krone. Golderz wird universell mit Sonnenlicht identifiziert. Ist es da noch überraschend, dass die Weißen Löwen, die einst diese goldene Linie unseres Globus verschönten, einen Goldschimmer haben?

Es war mir zwar nicht gelungen, das goldene Löwenrelikt aus Groß-Simbabwe zu finden, aber nun begriff ich seine kraftvolle Symbolik. Der goldene Löwe repräsentiert die Vergeistigung und Verfeinerung der menschlichen Seele, die höchsten und reinsten Werte, die Ebene des Sonnengottes. Und wenn es stimmte, was mir meine seltsamen Träume zeigten, dass nämlich das Heilige von geldgierigen Individuen verwässert worden war, dann waren sämtliche echten Werte auf eine alberne Anhäufung von materiellem Reichtum reduziert worden.

Die traurige Wahrheit ist, dass in Bezug auf die Weißen Löwen genau dieselbe Entweihung stattfindet. Nur wird dabei statt des heiligsten Metalls das kostbarste Tier der Erde zerstört und auf seinen materiellen Wert reduziert. Die schlichte, unsentimentale Wahrheit ist, dass sie als Trophäen gezüchtet werden.

Viele Abende lang hatte ich, während ich beobachtete, wie die Sonne in Dunkelheit versank, über die symbolische Gleichsetzung des Löwen mit der Sonne nachgedacht und überlegt, dass dieser universelle Archetyp anscheinend auf eine tiefere Wirklichkeit verweist; auf eine Wahrheit hinter dem Mythos. Als in dieser Nacht der dünne goldene Rand der Sonne endgültig hinter dem Horizont verschwand und Ingwavuma sein nächtliches Grollen begann, ging ich wieder hinaus in das Zwielicht, um zu lauschen.

Als Vater der zukünftigen Weißen Löwen überbrachte mir Ingwavuma ihre Botschaft in reinster Löwensprache. Ich glaubte nun, dass ich sie klar und deutlich hören konnte. Ich hörte sie nicht so, wie man gesprochene Worte hört, sondern auf einer neuen Bewusstseinsebene. Eine Ebene, die mir sagte, dass ich vor der jetzigen Gegenwart schon viele Male das Land Timbavati durchwandert hatte. Eine Ebene, die mir sagte, dass ich kein neues Bewusstsein besaß, sondern ein sehr altes, das seit Jahrhunderten geschlummert hatte und nun allmählich wieder erwachte. Eine Bewusstseinsebene, auf der die Löwin und die Frau in mir miteinander verschmolzen. Dies ist mein Versuch, zu übersetzen, was ich in Ingwavumas Gebrüll hörte:

Es ist Torheit, von Gott zu verlangen, dass er sich gemäß der wissenschaftlichen Grenzen beweisen soll, die der moderne Mensch sich selbst gesetzt hat. Es ist Torheit, dasselbe von den Löwen Gottes zu verlangen. Die Weißen Löwen werden da nicht mitspielen. Verlangt nicht. Lauscht einfach. Dann hört ihr vielleicht die älteste Weisheit, die euer Leben retten könnte. Und die Welt.

23

Tendile, Weisse Löwenmutter

Für die Völker Afrikas ist der Himmel voller Leben; ja selbst der Ursprung des Lebens könnte den Sternen zu verdanken sein!... Im afrikanischen Denken sind die lebenden Tiere in den Ebenen der Serengeti Spiegelbilder ihrer himmlischen Cousins. In Wirklichkeit sind die Herden der Ewigkeit in den Sternen; und dort finden sich auch der Ursprung und das Schicksal der Menschheit.

– Credo Mutwa

Die Bedrohung der Ökologie unserer Erde ist eng mit ihrer Entwertung von einem mythischen Goldenen Zeitalter an verbunden. In der klassischen Antike beschrieb der weise Gelehrte Hesiod den Niedergang der Menschheit im Sinne von vier Zeitaltern: dem goldenen Zeitalter, dem silbernen Zeitalter, der Bronzezeit und der Eisenzeit. In der umgekehrten Reihenfolge ihres Wertes angeordnet, stellte die Wertminderung der Metalle (vom Unzerstörbaren zum Korrodierten, Stumpfen und Rostigen) den Niedergang der Menschheit von einem gottähnlichen Zustand zum rein Materiellen dar.[1]

Dieser Abwertungsprozess führte meine Gedanken wieder zu den Löwen zurück, die letztlich ein Symbol des höchsten Wertes sind, nämlich des Goldes. Ich glaubte nicht mehr, dass der Zusammenhang zwischen Löwen und Gold lediglich ein Mythos war. Hinter dem Mythos steckt eine tiefere Wirklichkeit, die uns irgendwie zum Ursprung des Lebens auf diesem Planeten zurückführt. Wenn die Löwen in der Mythologie mit Gold, dem wertvollsten Metall, gleichzusetzen sind, dann, kam es mir in den Sinn, musste man Weiße Löwen mit Gold in seiner höchsten Essenz gleichsetzen: in seiner reinsten, unzerstörbarsten und kostbarsten Form. Das metallische Äquivalent der Weißen Löwen ist pures Gold – nicht die Legierung namens »Weißgold«, die in unseren Labors hergestellt wird, sondern die einzigartige silbrige Substanz, die die Erde selbst hervorbringt und die manchmal als »mononukleares« Gold bezeichnet wird. Gold in seiner reinsten Form ist ein Metall, das mit dem Augenblick der Entstehung der Erde verknüpft ist – ebenso wie die Weißen Löwen mit dem Beginn der Zeit auf unserem Planeten assoziiert werden.[2]

Diese Verbindungen erinnerten mich an Mutwas versteckte Hinweise auf »Gold, das von Natur aus weiß ist, nicht künstlich erzeugt« und auf »Pflanzen, die seit vielen Millionen Jahren konzentriertes Gold in sich haben«. Zwar sammeln die modernen Wissenschaftler vorerst noch die entsprechenden Fakten, aber ich glaube, dass sie im Lauf der Zeit auch einen Zusammenhang zwischen reinem Gold und den ersten Lebensformen der Erde herstellen werden.

Ich erinnerte mich auch an andere Anspielungen von Mutwa über das höchste Ziel der alten Alchemisten. Der Löwenschamane hatte es so ausgedrückt: »Die heiligen Schmiede versuchten nicht, normales Gold herzustellen, sondern das Gold der Unsterblichkeit.« Vom Alchemistischen her ist dies die reine Essenz, die höchste Form der spirituellen Erleuchtung.[3] Das Ziel bestand nicht darin, das Leben auf der Erde zu verlängern. Vielmehr hat das wahre Elixier, das wahre Gold der Unsterblichkeit, mit dem ewigen Leben der Seele zu tun.

Was das möglicherweise katastrophale Schicksal unserer Erde angeht, ist Mutwas Prognose wesentlich düsterer als die der führenden Wissenschaftler unserer Zeit. Seinem Wissen zufolge, das wie immer auf uraltem Schamanismus statt auf moderner Wissenschaft beruht, sind die Weißen Löwen das wichtigste Symbol, das die kommenden Erdveränderungen ankündigt. Die Bedeutung der Weißen Löwen als die wichtigsten heiligen Symbole wurde mir später von zwei anderen Sangomas bestätigt: von Claude Makhubela und Selby Gumbi. Gumbi, ein eingeborener Zulupriester und Heiler, beschrieb mir die Weißen Löwen als »Erstgeborene der Schöpfung«; sie bilden »eine erleuchtete Priesterschaft, durch die wir direkt mit Gott kommunizieren können« und sind Teil »einer Hierarchie des reinen Lichts und der Liebe... dicht neben dem Thron Gottes«, ein Symbol des »Seelenwesens der Menschheit«.

Mutwas schamanische Warnungen entsprechen der heutigen Wirklichkeit. Da die Weißen Löwen die höchsten Könige der Tiere und die Wächter des Landes sind, ist der Schutz der Weißen Löwen das höchste lebendige Symbol für den Erhalt des Lebens auf unserer Erde. Umgekehrt ist die sinnlose Ausrottung der Weißen Löwen ein Hauptsymptom für die Zerstörung der Erde durch die moderne Menschheit.

In dieser Zeit bemühte ich mich immer wieder darum, den Kontakt zu Mutwa wiederherzustellen, und hoffte, dass er zu mir und Maria nach Timbavati kommen würde. Ich konnte ihn jedoch nicht erreichen, sondern erhielt lediglich zunehmend düstere Berichte über seine Situation aus zweiter Hand. Im September 1999 gelang es mir, einen seiner Assistenten zu erreichen, doch der sagte mir nur, dass Mutwa sich nicht in Südafrika befand, sondern auf einer Vortragsreise in den USA, um Geld für die medizinische Betreuung seiner Frau zusammenzubringen. Erschütternderweise starb Cecilia, Mutwas Frau, mit der er vierzig Jahre lang verheiratet gewesen war, während er sich außer Landes befand. Verzweifelt kehrte Mutwa zurück und zog sich völlig zurück, um zu trauern.

Inzwischen erfuhr ich in Timbavati von einer wichtigen neuen Entwicklung. Mein Wildhüterfreund Leonard, einer der wenigen Menschen, die über mein Engagement für die Weißen Löwen Bescheid wussten, erzählte mir von einer jungen Afrikanerin, die eine Pilgerreise nach Timbavati unternommen hatte. Sie hatte Leonard gesagt, Timbavati sei ein heiliger Ort, der sich auf einer heiligen Linie des Globus befände und uralte Verbindungen zu Ägypten habe. Und sie hatte ihm auch gesagt, dass sie ein Medium sei und ihre Informationen von Geistführern und aus stellaren Quellen bezog. Sie hieß Jackie Te Braake.

Da Leonard wusste, dass ich sie gern kennenlernen würde, hatte er sie um ihre Adresse gebeten, die er mir nun gab. Ich stellte fest, dass sie vor nicht langer Zeit in eine Stadt namens White River gezogen war, die südlich von Timbavati ebenfalls genau auf dem Nilmeridian liegt. Später erfuhr ich, dass ihr Umzug keineswegs ein Zufall gewesen war, vielmehr hatte sie eine bewusste Wahl getroffen, nachdem ihre Geistführer ihr die Bedeutung dieses Meridians mitgeteilt hatten. Sogar der Name der Stadt, White River (Weißer Fluss), spielt auf die geheimnisvolle Verbindung zwischen dem »Sternenfluss« Duat und der Milchstraße an. Direkt außerhalb von White River liegt ein Gebiet namens Jerusalem – ein Echo des Namens jener Stadt, die der Prophet Jesaja als »Ariel«, »Löwe Gottes«, bezeichnete.[4] Über diese kleine Region in Afrika ragt der große Berg Legogotsi, von dem es heißt, dass er unter bestimmten Bedingungen wie ein Löwe donnert und brüllt. Laut Mutwa geben manche Berge tatsächlich brüllende Geräusche von sich. Von der Stadt White River, wo man einen guten Blick auf diese riesige vulkanische Erhebung hat, ähnelt der Löwenberg der großen Sphinx selbst, nur dass sie nicht von Menschenhand herausgemeißelt wurde. Dies war der Hintergrund von Te Braakes Zuhause in White River.

Inzwischen wusste ich genug über Esoterik, um zu verstehen, dass der Begriff »Medium« sich auf die »mediale« Fähigkeit bezog, sich auf Informationen, die normalerweise außerhalb des menschlichen Wachbewusstseins liegen, »einzustimmen«. Te Braakes Ankunft in Timbavati signalisierte mehr als einen alltäglichen Zufall; sie hatte mit dem Timbavati-Gizeh-Puzzle zu tun, dessen Teile sich allmählich eins nach dem anderen zu einem Bild zusammenfügten. Mit dem inzwischen vertrauten Gefühl wachsender Erregung verabredete ich im Oktober 1999 ein Treffen mit ihr. Da ich nicht genau wusste, was ich zu erwarten hatte, nahm ich zur moralischen Unterstützung meine Schwester Serena mit.

Ich ging ohne Vorurteile auf Jackie Te Braake zu und war einfach nur bereit zu hören, was sie mir zu sagen hatte. Ich machte ihr gegenüber keinerlei Andeutungen darüber, wer ich war und was ich tat. Aber es gab eine Menge Fragen, auf die ich gern eine Antwort haben wollte. Eine davon bezog sich auf den geheimnisvollen Namen, den der Hellseher mir nach meinem Vortrag über die Frühjahrs-Tagundnachtgleiche im März 1999 mitgeteilt hatte. Ich nannte ihr den Namen »Graf St. Germain« und war neugierig, was sich daraus entwickeln würde.

Te Braake ist eine attraktive Frau Anfang dreißig und so leuchtend blond, dass es aussieht, als strahle Licht von ihr aus. Sie sagte mir, dass der Name »St. Germain« sich auf den »aufgestiegenen Meister« bezog, dessen Aufgabe darin besteht, Informationen im Zusammenhang mit der heiligen Geometrie und der evolutionären Entwicklung der Menschheit zu channeln. Sie sagte mir auch, dass ihr Geistführer ihr mitgeteilt habe, St. Germains Symbol sei der geflügelte Löwe. Angesichts des Materials, mit dem ich gearbeitet hatte, war die Angemessenheit dieser Information äußerst interessant. Doch dies war erst der Anfang. Sie äußerte ihre Neugier darüber, warum ich diese Frage stellte, und ich erklärte, dass mir ein Unbekannter in einem Hörsaal gesagt habe, ich würde von einem geflügelten Löwen begleitet und solle auf diesen bestimmten Namen achten.

»Ah!«, meinte sie, »das erklärt es. Ich habe eine Nachricht für Sie.«

Ich wartete gespannt, denn das waren praktisch dieselben Worte, die der Hellseher nach meinem Vortrag benutzt hatte.

»Da ist ein Weißer Löwe, der nach Ihnen ruft«, sagte sie. »Es ist sehr dringend. Ich habe das sehr deutlich gehört – sogar schon bevor Sie ankamen.«

»Ist das etwa der männliche Löwe, den ich so oft in meinen Träumen sehe und der in Timbavati leibhaftig auftauchte?«, fragte ich und war bereit, ihr der Vollständigkeit halber zu erklären, dass dieser Löwe in Wirklichkeit nicht weiß war, sondern golden.

»Nein, es ist ein kleines Weibchen«, entgegnete sie.

Wieder fühlte ich das bekannte Gefühl in mir aufsteigen. »Sie sagen, es ruft nach mir ... Aber von wo – von Timbavati aus? Soweit ich weiß, sind die Weißen Löwen in der Wildnis ausgestorben.«

»Diese Löwin ist noch nicht geboren«, sagte sie.

»Sie meinen, es ist der *Geist* einer Weißen Löwin, der nach mir ruft?«

»Ja«, antwortete sie, »sie wartet darauf, geboren zu werden – aber sie braucht Schutz.« Ich spürte, wie mir ein Schauer über den Rücken lief. Wieder handelte es sich um genau dieselben Worte, die der Löwengeist Gegege während der Trommelzeremonie mit Maria und ihren Verwandten verwendet hatte.

»Sie wird nicht in Timbavati zur Welt kommen. Sie sagt mir, dass sie an einem heiligen Ort geboren werden wird, der für Sie eine große Bedeutung hat.«

»Wo denn?«

»Es tut mir leid, mehr kann ich nicht empfangen«, sagte Te Braake abschließend.

Als Serena und ich uns nach dieser Begegnung zum Aufbruch bereit machten, erzählte ich Te Braake ein wenig über mich und meine Arbeit mit Mutwa.

»Sie wissen, wer Credo Mutwa ist?«, fragte sie mich, nachdem sie geduldig zugehört hatte.

»Wie meinen Sie das?«, erkundigte ich mich, denn ich verstand die Frage nicht.

»Er ist der älteste Sohn des Ra in seiner gegenwärtigen Inkarnation.«[5]

Ich erstarrte. Ich wusste, dass Ra (auch als Re bekannt) der ursprüngliche altägyptische Schöpfer-Sonnengott ist.

Nachdem ich einen Moment überlegt hatte, fragte ich: »Woher haben Sie diese Information? Channeln Sie gerade?«

»Ja«, bestätigte sie einfach, »das hat mir mein Geistführer gesagt.«

So bizarr und grandios diese Worte auch klangen – eigentlich überraschten sie mich nicht. Maria hatte Mutwa als »Sohn der Sonne« beschrieben, und das hatte damals höchst übertrieben geklungen. Verblüffenderweise hatte die Löwenkönigin jedoch genau dasselbe über Mutwas höhere Identität gesagt wie dieses unbekannte Medium, obwohl die beiden Frauen einander nie begegnet waren.

Wenn ich nun an meinen Freund, den großen und zugleich demütigen Löwenschamanen, dachte, schien mir eine derartige Vorstellung gar nicht mehr so unvereinbar. Im alten Afrika glaubte man genau wie im alten Ägypten an die Wiedergeburt. Wenn ich Mutwas Geburtsort und -datum sowie den Namen in Betracht zog, den er seit seiner Geburt trug, dann deutete alles auf dieselbe Wahrheit hin.

Am Tag seiner Geburt, 21. Juli, fallen die Häuserspitzen in die Tierkreiszeichen Krebs und Löwe. Inzwischen wusste ich, dass diese beiden Tiere tatsächlich Mutwas heilige Totems waren. Der alten astrologischen Theorie zufolge wird der Löwe von der Sonne und der Krebs vom Mond regiert. Somit impliziert Mutwas Geburtstag eine Versöhnung zwischen dem solaren (männlichen) und dem lunaren (weiblichen) Prinzip; doch in der alltäglichen Wirklichkeit hatte ich Mutwas inneren Kampf zwischen dem großen Löwenschamanen und der ursprünglichen Schöpfungsgöttin Amarawa beobachtet.

Sein Vorname Credo ist der Glaube an Gottes Gesetz, an das »Wort«, ebenso wie in Ägypten der Sonnengott Ra mit dem Wort oder dem solaren *Logos* gleichgesetzt wird: »Ich bin Ra... ich bin es, der die Welt erschuf... ich bin das Wort.«[6]

Und schließlich ist sein Geburtsort das Pendant zum Geburtsort der Söhne des Ra in Ägypten. Genau wie die anderen Kinder des Sonnengottes, nämlich Timbavatis Weiße Löwen, wurde auch Mutwa auf dem Nilmeridian geboren. Doch in seinem Fall entspricht die Lage seines Geburtsortes vor den Toren von Durban in Zululand im Süden exakt dem Geburtsort der Götter im Norden: Gizeh – und zwar sowohl vom Längen- wie auch vom Breitengrad her. Falls der Sohn des Ra wirklich in unserer Zeit wiedergeboren sein sollte, hätte er sich kaum einen passenderen Ort aussuchen können.

Geburt einer Sonnengöttin

Als wir wieder ins Haus meiner Schwester zurückgekehrt waren, beschlichen mich bei der Vorstellung, dass die Weiße Löwin mich um Schutz bat, düstere Vorahnungen. Dass ich in der Lage sein sollte, die Weißen Löwen zu schützen, schien immer noch völlig unwahrscheinlich, auch wenn die Botschaft des Ahnengeistes und die Dringlichkeit gewisser Aufforderungen Mutwas dies implizierten – ich hatte keine Ahnung, was ich tun sollte, um dieser Aufgabe gerecht zu werden. Wieder einmal beschloss ich, nach Timbavati zurückzukehren und Maria meine Ängste mitzuteilen.

Wieder beobachtete ich Maria beim Knochenwerfen: Der kleinere der beiden Löwenknochen fiel außerhalb des rechteckigen Rahmens auf die Grasmatte. Von Maria ausgebildet, war meine Deutungstechnik so weit gediehen, dass ich das Bild problemlos verstand: Es bedeutete, wie Maria sogleich zu erklären begann, dass sich das Löwenjunge außerhalb des Herrschaftsgebiets der Löwenkönigin von Timbavati befand. Te Braake hatte dies zwar gesagt, aber es überraschte mich dennoch sehr. Seit 1991, dem Jahr meiner Nahtoderfahrung, war in Timbavati kein Weißer Löwe mehr geboren worden. Und doch sehnte ich mich mit jedem folgenden Jahr intensiver nach ihrer Rückkehr. Da ich nun wusste, welche Rolle Ingwavuma bei ihrem Fortbestehen spielen sollte, hoffte ich, eines Tages zu erleben, dass er weiße Junge zeugte. Wenn es einen heiligen Ort für das Erscheinen der Weißen

Löwen gab, dann war es Timbavati. Nach einem weiteren Knochenorakel überraschte mich Maria mit der Nachricht, dass die Weiße Löwin bereits am Leben war: neugeboren und in Sicherheit. Sie versicherte mir, dass ich mir im Augenblick keine Sorgen machen müsse und meine spezielle Löwin zur rechten Zeit kennenlernen würde.

Ein paar Tage später kontaktierte mich zu meiner großen Verblüffung und völligen Begeisterung ganz unerwartet der Löwenmann Gareth Patterson mit der Nachricht, dass eine Weiße Löwin in der Nähe von Sterkfontein geboren worden war.

Sterkfontein! Das Land, das an die berühmten Höhlen der frühen Hominiden grenzte, war von Ed Hern, einem pensionierten Börsenmakler, aufgekauft und zum Naturschutzgebiet erklärt worden. Außer einer ganzen Menagerie afrikanischer und exotischer Raubkatzen und anderer Tiere besaß er auch ein Rudel ockerfarbener Löwen (ursprünglich aus dem Timbavati-Bestand), die, wie es sich herausstellte, Träger des weißen Gens waren. Beide Eltern besaßen das weiße Gen und hatten einen Weißen Löwenwelpen gezeugt und geboren. Ein Tourist, der durch das für die Löwen abgegrenzte Freigehege fuhr, hatte am gegenüberliegenden Ufer einen einsamen, flauschigen weißen Fleck bemerkt und dies dem Wildhüter gemeldet – in der Meinung, es sei ein weißer Hase. Vielleicht hatte die Mutter aufgrund der Enge ihres Freigeheges ihr Neugeborenes, dessen Augen sich noch nicht einmal geöffnet hatten, verstoßen und zum Sterben zurückgelassen, doch nun hatte man es entdeckt und gerettet.[7]

Ihre Geburt zu dieser Zeit und an diesem Ort schien mir sehr bedeutsam. Ich erinnere mich, dass ich, unmittelbar nachdem ich die Nachricht von ihrer Geburt bekommen hatte, hinaus in die Nacht von Timbavati ging, in den strahlenden Sternenhimmel über mir starrte und von einem tiefen Gefühl für das wundersame Wirken der Natur überwältigt wurde. Ich erwog die direkte Verbindung, die den Medien zufolge zwischen mir und dieser besonderen Weißen Löwin bestand; und ich fühlte mich in der Tat »tief verbunden« – dies ist das beste Wort, das ich finden konnte – und nicht im Geringsten isoliert. Ich spürte die Verbindung zwischen der geistigen und der physischen Welt, zwischen der Welt der Menschen und der Welt der Tiere, zwischen der Welt der Natur und der Welt der Zivilisation, zwischen der Welt der Vergangenheit und der Welt der Gegenwart. In der Magie dieses menschlich-katzenartigen Augenblicks begann ich sogar, die Verbindung zwischen den Sternen und der irdischen Welt wahrzunehmen.

Seit Maria mir die Botschaft der Löwenahnen überbracht hatte, dass mein Titel »Hüterin der Weißen Löwen« sei, hatte ich immer deutlicher verstanden, dass zu dieser allerhöchsten Ehre auch eine Bürde der Verantwortung gehörte, die mein Leben für immer verändern sollte.

Ed Hern taufte die Weiße Löwin Tendile. Schon wenige Wochen nach ihrer Geburt diskutierten die herzlosen Geschäftspartner der Trophäenjäger bereits über ihren Preis. Zu meiner großen Erleichterung ließ sich Hern nicht von ihnen beeinflussen, obwohl ich den Verdacht hege, dass die Verlockungen des finanziellen Gewinns enorm gewesen sein müssen.

Mit Tendile erlebte ich meinen ersten direkten physischen Kontakt mit einem Weißen Löwen. Sie war ein weißes Fellbündel, eine Löwin im Schafspelz. Laut Hern bedeutete ihr Name »etwas Besonderes«, und dem konnte ich nur beipflichten. Ich hatte in meinem ganzen Leben noch nie etwas so Besonderes gesehen wie sie. Auf die Frage, wie ich sie beschützen sollte, hatte Maria geantwortet, solange ich die Weiße Löwin achtete und sie nie vergaß (»nicht einmal einen einzigen Tag lang«), würde sie »beschützt« sein. Und folglich würde sie stolz und ungeheuer stark werden. Maria sprach ein Gebet für Tendile und schickte der Weißen Löwin Opfergaben: Kristalle aus den Flussbetten von Timbavati und Sandkörner, die in den Fußspuren von Timbavati-Löwen gesammelt worden waren. Diese Gaben überbrachte ich der kleinen Löwin, als ich sie zum ersten Mal traf. Hern zog sie persönlich in seinem Haus auf und beabsichtigte, sie später in einem Gehege unterzubringen, wo Touristen sie besichtigen konnten. Er war ein warmherziger und liebenswerter Mensch, der mir jederzeit, wenn ich ihn darum bat, Zutritt zu der Weißen Löwin gestattete.

Erstaunlicherweise hatte Tendile für eine Löwin die sanftesten Manieren. Doch bei unserer ersten Begegnung zeigte sie eine ganz untypische Wut, obwohl sie noch so klein war. Als ich Maria nach dem Grund dafür fragte, antwortete sie, dass die heilige Löwin irritiert war, weil ich so lange gebraucht hatte, »aufzuwachen« und zu begreifen, wer ich in Wirklichkeit bin. Sie sagte mir auch, dass ein Band wie zwischen Mutter und Tochter zwischen mir und dieser Löwin bestand, und forderte mich auf, mich um Tendile zu kümmern, als sei sie mein eigenes Kind – denn einst sei ich *ihr* »Junges« gewesen.

Ich versuchte schon lange nicht mehr, Marias Worte zu analysieren. Auf einer Ebene, die tiefer ging als der Alltag, ergaben sie einen absolut klaren Sinn. Ich konnte die Wut der kleinen Löwin verstehen. Wenn ich zurückblickte, schien es, als hätte ich mein ganzes Leben in einem traumähnlichen Zustand verbracht und würde erst jetzt allmählich zur Wahrheit erwachen.

Als Tendile sechs Wochen alt war, war sie ungefähr so groß wie eine Hauskatze, doch sie war stämmiger und besaß eine unwiderstehliche Energie. Es war ein elektrifizierendes Erlebnis, mit diesem kleinen Löwenwesen zu raufen; es war, als würde ich mit Feuer und Blitz spielen. Im Austausch für all ihre feurige Wärme überwältigte mich meine Zärtlichkeit und Zuneigung für sie. Es war eine starke Versuchung, sie zu knuddeln und wie ein Baby zu behandeln, aber ich konnte trotzdem nie vergessen, wo die wahre Kraft lag. Mit ihren hypnotischen blauen Augen konnte sie mich erstarren lassen – und dann sprang sie mich an. Mit vier Monaten hatte sie genug Kraft, mich umzuwerfen und spielerisch mit ihren bepelzten Pfoten zu boxen, wobei sie erstaunlicherweise niemals zuließ, dass ihre scharfen Krallen zum Vorschein kamen.

Zusammen mit Hern verfolgte ich Tendiles Fortschritte genau und beobachtete voll Begeisterung, wie sie zu einer vollendeten Vertreterin des Weißen Löwenvolkes heranwuchs. Sie hatte einen ockerfarbenen Löwen als Spielgefährten, doch bald war sie stärker als ihr männlicher Kamerad und fing an, ihn aufgrund ihres größeren Gewichts und ihrer überlegenen Kraft gnadenlos zu dominieren. Einmal bemerkte Hern, was für ein prächtiges Exemplar sie war, und erzählte mir, dass er das ockerfarbene Männchen einem Zoo abgekauft hatte. Er nahm an, dass dort bis zu einem gewissen Grad Inzucht betrieben worden war. Im Gegensatz dazu war das heilige weiße Gen in Tendile strahlend und unbeschädigt.

Tendile war der lebendige Beweis dafür, dass viele Genforscher von falschen Voraussetzungen ausgehen: Die Weißen Löwen sind keineswegs die schwächere Rasse. Im Gegenteil, ich glaube, dass sie im Vergleich zur ockerfarbenen Rasse eine genetische Verbesserung sind und dass die Genforscher das mit der Zeit ebenfalls erkennen werden.

Im Gegensatz zu Albinos weisen Weiße Löwen keinerlei Anzeichen der Anomalität oder Schwäche auf. Albinos leiden unter einer genetischen Fehlfunktion, denn ihre Augen besitzen überhaupt keine Pigmente; doch die Augen der Weißen Löwen sind nicht wässrig und rosarot, sondern haben dieselbe goldene Farbe wie die der afrikanischen ockerfarbenen Löwen – eine Farbe, die ihrem Blick eine durchdringende Schärfe verleiht. Manchmal, wie bei der kleinen Tendile, ist ihre Augenfarbe jedoch ein tiefes, sanftes Aquamarin. Was ihre Fortpflanzungsfähigkeit und Konstitution angeht, rühmen alle Berichte die Weißen Löwen als die besten ihrer Art.

Chris McBride berichtete in seiner Untersuchung, dass die jungen Weißen Löwen sich als zäher und mutiger erwiesen als ihre Verwandten: Sie stürzten sich auf das erlegte Wild, rissen sich ein Stück Fleisch ab und jagten wieder davon, bevor die dominanten Männchen sie bestrafen konnten. Ihr größtes Problem war ihre mangelnde Tarnung. In der gelbbraunen Steppe ist ein schneeweißer Löwenwelpe ständig in Gefahr. Ich dachte an Tendile, ein kleiner weißer Flaumball mitten im sonnenverbrannten Gras, verwundbar wie ein Lamm. In Timbavati hätten Raubvögel oder Hyänen sie fressen können.

Wenn die Weißen Löwen mit den Sternengöttern des Zeitbeginns gleichzusetzen sind, was bedeutet ihr Wiederauftauchen dann für unser Zeitalter? Was die Botschaft der Weißen Löwen angeht, erinnerte ich mich an Mutwas Worte in seiner bewegenden Rede im Zoo – am letzten Tag, den wir miteinander verbracht hatten: »Es heißt, dass diese Tiere Erdveränderungen ankündigen ... und das Verschwinden der Sonne.«

Welche Veränderungen kündigen die Weißen Löwen wirklich an? Was ist mit dem ominösen »Verschwinden der Sonne« gemeint? Meine persönliche Einstellung Mutwa gegenüber hatte sich längst von Skepsis in Verehrung verwandelt, doch Te Braakes Hinweis auf seine verborgene Identität als Sohn des Ra legte ein ganz anderes Gewicht und eine völlig neue Autorität auf Mutwas bescheidene Schultern. Sie verlieh den Worten des Löwenschamanen die höchste prophetische Dimension.

Mutwa wies darauf hin, dass Löwen »allem Anschein nach« ursprünglich im Schnee lebten, und führte als Beweis dafür die dicke Mähne und die Form der Pfoten an – Merkmale, die für eiszeitliche Bedingungen geeignet sind. Nun begann ich mich zu fragen, ob es sich dabei vielleicht um die nahenden Erdveränderungen handelte, deren Vorboten die Weißen Löwen sind. Besteht vielleicht die Gefahr, dass wir Hals über Kopf in die nächste Eiszeit schlittern?

Ganz offensichtlich ist eine gelbbraune Landschaft nicht die ideale Umgebung für einen schneeweißen Löwen. Nur unter höchst ungewöhnlichen Umständen haben Mutationen wie die Weißen Löwen das Glück, eine ökologische Nische zu finden, in der sie überleben und sich fortpflanzen können. Und die Antwort auf die Frage, welche ökologischen Bedingungen für sie günstig wären, lautet: eiszeitliche Bedingungen.

Schon seit einiger Zeit warnen uns Wissenschaftler vor dem möglichen katastrophalen Beginn einer neuen Eiszeit. John Gribbin, ein Astrophysiker aus Cambridge, hat zum Beispiel darauf hingewiesen, dass der sommerliche Sonnenschein auf der nördlichen Halbkugel, der Hauptindikator einer nahenden Eiszeit, »in den letzten 11 000 Jahren stetig abgenommen hat bis zu dem Punkt, dass, wenn andere Faktoren unverändert bleiben, die reelle Gefahr einer plötzlichen Ausbreitung einer Schnee- und Eisdecke besteht, eines ›Schnee-Angriffs‹, der den Beginn der nächsten Eiszeit einläutet«.[8]

Viele Wissenschaftler schließen sich der These einer bevorstehenden Eiszeit an, aber die Idee, dass ein einzigartiges weißes Gen sozusagen *in Erwartung einer radikalen Klimaveränderung* erscheint (Weiße Löwen als Vorboten einer Eiszeit), hat, soviel ich weiß, bisher noch keine wissenschaftliche Grundlage. Aber im Hinblick auf Mutwas Standpunkt (Weiße Löwen als prophetische Boten) leuchtet das absolut ein.

Kurz nachdem er Zeuge der (wie er glaubte) »Entdeckung« der Weißen Löwen geworden war, schrieb Chris McBride: »Und was die Weißen Löwen angeht… ich kann mir keine Verkettung von Umständen vorstellen, bei denen es vorteilhaft für sie wäre, weiß zu sein. Deshalb sehe ich auch nicht, dass sich diese weiße Abart weiterentwickeln sollte – es sei denn, der Mensch greift ein und bereitet ihr gewissermaßen den Boden.«[9]

McBride spricht in bester Absicht davon, »ihnen den Boden zu bereiten«; er meint, wir klugen Menschen sollten den natürlichen Ausleseprozess »dirigieren« und »eingreifen«, um das einzigartige weiße Gen zu bewahren. Ich glaube jedoch, dass er dabei das Wichtigste übersehen hat. Die Weißen Löwen brauchen unser »Eingreifen« in die Naturkräfte nicht zum Überleben. Sie *sind* die personifizierte Naturkraft. Der Löwenschamanismus half mir, zu begreifen, dass man den Geist nicht von der körperlichen Gestalt trennen sollte. Die Weißen Löwen sind *Fleisch gewordener Geist*, leuchtende Lichtwesen in der Gestalt von Weißen Löwen. Sie werden das Naturgesetz überleben, denn sie verkörpern das Naturgesetz, das Gesetz der Sonne, den solaren *Logos*. Im Gegenteil: Es ist die Menschheit, die »unnatürlich« geworden ist, indem sie sich von den Naturkräften losgesagt hat – und zwar in einem so extremen Maß, dass ihr Überleben gefährdet ist.

BLAUPAUSEN FÜR WEISSE LÖWEN

Man kann dies zwar noch nicht wissenschaftlich beweisen, aber zumindest symbolisch sind die Weißen Löwen mit reinem Gold und den ersten Lebensformen auf Erden identifizierbar. Als ich die Gentheorie im Licht der uralten hermetischen Lehren betrachtete, hatte ich keine Zweifel mehr, dass die Weißen Löwen den Abangafi Bapakade entsprechen: den leuchtenden Löwengöttern, die die alten Ägypter Akeru nannten, die Sternentiere, die im Goldenen Zeitalter, das auf den Beginn der Zeit folgte, unter den Menschen wandelten. Die Frage ist: Warum sind die Akeru in unserer Zeit auf die Erde zurückgekehrt? Falls sie, wie Mutwa andeutete, Vorboten kommender Veränderungen auf der Erde sind (höchstwahrscheinlich in Form einer eiszeitlichen Katastrophe), dann scheint es, als seien diese Symbole des Zeitbeginns zur Erde zurückgekommen, um uns vor der Endzeit zu warnen.

Obwohl die heutigen Umweltbedingungen nachteilig für sie sind, so ist es doch auch eine Tatsache, dass ihre genetischen Eigenheiten sich innerhalb ihrer natürlichen (und geistigen) Heimat Timbavati als überlebensfähig erwiesen haben. Deshalb war ich entsetzt, als ich erfuhr, dass es Menschen sind, die versuchen, die heiligen Weißen Löwen auszuradieren.

24

TROPHÄENJAGD

Was ist das für ein Mensch, der ihresgleichen für die Flinte züchtet?
Was ist das für ein Mensch, der eine Mutter von ihren Jungen trennt?
Und was ist das für ein Mensch, der sie vor diesen jungen Augen erschießt?
Sie starb, voller Sehnsucht nach Freiheit.

– Gareth Patterson schrieb diesen leidenschaftlichen
Appell, nachdem er eine »Löwengatterjagd«
mit angesehen hatte, bei der eine säugende Löwin
vor ihren Jungen als Trophäe erschossen wurde

Angesichts der Botschaften über meine Rolle als Hüterin der Weißen Löwen, die mir durch Schamanen und Ahnengeistführer überbracht worden waren, konnte ich nicht länger als akademische oder distanzierte Außenseiterin zusehen, wie die kostbarsten lebendigen Schätze Afrikas von der Menschheit bedroht wurden.

Im Prinzip gibt es über die Weißen Löwen heute zwei Meinungen. Beide sind, jede auf ihre Art, grundfalsch. Die erste betrachtet die Weißen Löwen als Außenseiter, als ungewöhnliche Tiere, die zur falschen Zeit und am falschen Ort zur Welt kamen. Folglich misst man ihrem Überleben keinen besonderen Wert bei, denn Weiße Löwen in einer gelbbraunen Umgebung haben keinen »Arterhaltungswert«. Letzten Endes ist die Konsequenz dieser Auffassung, dass man die ungetarnten Weißen Löwen aussterben lassen sollte, wenn sie unter den gegebenen Umständen nicht von sich aus überleben können.

Im Gegensatz dazu betrachtet die zweite Auffassung die Weißen Löwen als durchaus erhaltenswert, und zwar als höchst lukrative Verdienstquelle. Unter Leuten, die beruflich mit der Tierwelt befasst sind, ist das Motto »Wenn es sich lohnt, bleibt es« weit verbreitet. Hier herrscht die Grundeinstellung, dass ihre Existenz gerechtfertigt ist, wenn sie materiellen Gewinn abwirft. Sie ist nur existenzfähig, wenn sie keinen Verlust bringt. Nur wenn die Natur sich finanziell selbst tragen kann, wird sie von der Menschheit erhalten und gepflegt; oder aber das Land und alles, was es erhält, werden für die unmittelbaren Bedürfnisse der Menschheit genutzt.

Angesichts der Tatsache, dass die Weißen Löwen sehr selten sind, ist es nicht weiter verwunderlich, dass man sie mit hohen Einnahmen gleichsetzt. Ebenso ist es nicht weiter verwunderlich, dass die Weißen Löwen als Hüter Menschen mit Macht und materiellem Einfluss anziehen: wohlhabende Menschen wie Showstars in Las Vegas oder Börsenmakler im Ruhestand. Bezeichnenderweise grenzt die wichtigste Stätte der Evolution im Sterkfontein-Tal, wo Tendile zur Welt kam, an die alte Goldgräberstadt Krugersdorp. Ein Großteil des umgebenden Landes befindet sich im Besitz der beiden Großkonzerne First National Bank of South Africa und Anglo-American. Anglo-Gold, das führende Goldbergwerk, das einen Löwen als Firmenlogo verwendet, ließ bei seiner Börseneinführung 1998 einen lebenden Löwen auf dem Börsenparkett der New York Stock Exchange paradieren. Um die implizite Löwe-Gold-Assoziation zu unterstreichen, sponserte das Unternehmen ein neues Gehege für die Weißen Löwen im Johannesburger Zoo im Wert von 1,1 Millionen Dollar. Der Johannesburger Zoo ist der einzige südafrikanische Zoo, in dem sich Weiße Löwen erfolgreich fortgepflanzt haben, und Johannesburg selbst hat den Beinamen »Goldstadt«. Der Name der Provinz, in der die Stadt liegt, Gauteng, leitet sich von dem Tswana-Begriff für »Goldort« ab. In Timbavati selbst sagen die wenigen Grundbesitzer, die sich heute noch daran erinnern, einen Weißen Löwen gesehen zu haben: »Ich bin auf Gold gestoßen.«

Solche Assoziationen mit Gold verstärken die Verbindung zwischen Weißen Löwen und Geld. Auf der materiellen Ebene liegt die Assoziation auf der Hand, doch sie geht tiefer. In heiligen Texten der Mythologie überall auf der Welt wird ein direkter Zusammenhang zwischen Löwe und Gold hergestellt: Gold ist der »Löwe unter den Metallen« und der Löwe ist der »Hüter des Goldes«.

Was am wichtigsten ist, realistisch betrachtet, zwingt uns das Erscheinen der Weißen Löwen auf der geologischen Goldader, die durch den gesamten afrikanischen Kontinent verläuft (auf demselben Meridian, den die alten Ägypter mit dem Goldenen Zeitalter assoziierten), über eine tiefere Wahrheit nachzudenken, die dem Zusammenhang zwischen Löwen und Gold in den Mythologien der ganzen Welt zugrunde liegt: Während Geld mit Weißen Löwen assoziiert wird, werden die Weißen Löwen ebenso offenkundig mit Goldstätten assoziiert.

Es geht um Werte: materieller Wert im Gegensatz zu ethischen Werten, die letzten Endes das Überleben unserer Erde bestimmen werden. Bezüglich des wahren Wertes: Worin schalten wir uns ein?

Weisses Gold

Zusammen mit jedem anderen Aspekt der Geschichte der Weißen Löwen veranschaulicht die Assoziation zwischen dem Weißen Löwen und Goldstätten die makellose Logik der Natur. Die Symbolik ist so passend, dass es unlogisch erscheinen würde, die Gleichsetzung von purem Gold und Weißen Löwen auf irgendeine andere Weise zu betrachten. Doch leider haben wir Menschen genau das getan: Wir haben die wahren Werte auf den Kopf gestellt.

Wenn man die Geschichte der Weißen Löwen im wirklichen Leben verfolgt, erkennt man deutlich, wie verdorben die Vorstellung von purem Gold geworden ist. Ein gutes Beispiel ist Sterkfontein: eine Weltkulturerbestätte von unvergleichlicher Bedeutung für die menschliche Evolution und überdies der Ort, an dem vor nicht langer Zeit die Weißen Löwen wieder aufgetaucht sind – und kürzlich wurde Sterkfontein als idealer Standort für ein millionenschweres Spielkasinoprojekt vorgeschlagen. Genau demselben gefährlichen Widerspruch begegnet man in Las Vegas, wo die seltenen Weißen Löwen eine Zuflucht gefunden haben: Las Vegas ist nicht nur das Spielkasinomekka der Welt, sondern dort finden auch internationale Jagdversammlungen statt.

Unsere Prüfung besteht darin, den wahren Wert zu erkennen, der in diesen Gleichsetzungen steckt.

Löwen werden in Südafrika, auch in Timbavati, gejagt. Diese Praxis zur Erzielung hoher Einnahmen gilt normalerweise als »nachhaltige Nutzung« und wird folglich nicht einmal von Naturschützern abgelehnt. Die Gefahr liegt in der Annahme, dass Naturschutzgebiete profitabel sein müssen, um eine Existenzberechtigung zu haben. Die versteckten Fragen, die gestellt werden müssen, lauten: *Wer* profitiert denn eigentlich davon? Und was *ist* Profit eigentlich? Ist Profit der finanzielle Vorteil einiger weniger ausbeuterischer Individuen – oder ist es der langfristige Nutzen der Menschheit oder gar der Erde selbst? Die Ziele des Naturschutzes hängen davon ab, wie wir »Wert« definieren. Besitzt Papiergeld einen realen Wert? Oder besteht realer Wert im Überleben unserer Erde und ihrer wahren Reichtümer?

Der Standpunkt, dass die Erde für die Nutzung des Menschen da ist, lässt sich natürlich sehr leicht verteidigen (da es in unserem unmittelbaren Interesse ist), und bis vor Kurzem habe auch ich daran geglaubt, ohne dies infrage zu stellen. Ich stimmte der Idee, dass die Natur hauptsächlich zum Vergnügen und zur Bereicherung des Menschen da ist, zu. Aber »nachhaltige Nutzung« – die Erde so zu erhalten, dass sie von Menschen genutzt werden kann – hat nur Gültigkeit, solange sie nicht auf kurzfristige finanzielle Anreize auf Kosten der Ethik baut und dabei die Erde abwertet.

Löwen garantiert

Die zynischste und unmoralischste der gewinnsüchtigen Jagdeinstellungen des Menschen gegenüber der Natur bezieht sich auf die extremste Form der Trophäenjagd: die sogenannte Gatterjagd (»canned hunting«, wörtlich: »Jagd wie aus der Konservendose«). Der Begriff *canned* bezieht sich auf die Praxis, Löwen in Gefangenschaft zu züchten, um sie dann auf Anfrage zu erschießen. Diese Praxis existiert nach wie vor in Südafrika und ist trotz massiver öffentlicher Proteste legal. Gareth Patterson hat die systematische Löwenaufzucht und -jagd in seinen Büchern und im Film publik gemacht. Er zeigt nicht nur, dass Organisationen in unmittelbarer Nähe von Timbavati Berufsjägern sehr gern Löwen anbieten, damit sie sie zu Fantasiepreisen abschießen können, sondern auch, wie diese Löwen in Gehegen gehalten und auf

Anfrage sogar mit Drogen betäubt werden, um dem Jäger die Sache zu erleichtern.[1] Dies führt das »Wenn es sich lohnt, kann es bleiben«-Argument zu ihrer zwangsläufigen Schlussfolgerung, denn die betreffenden Personen sehen in den Weißen Löwen Afrikas nichts anderes als eine sehr profitable Ware. Die Einstellung der Züchter, die Weiße Löwen zum Zweck des Abschusses durch Trophäenjäger aufziehen, ist einfach und brutal: Je unmittelbarer die Weißen Löwen vom Aussterben bedroht sind, desto höher steigt ihr Wert auf dem internationalen Trophäenmarkt. So, wie Händler den Preis einer Ware kontrollieren, indem sie die Verteilung künstlich zurückhalten, behandeln Trophäenjagd-Organisationen, die auf Gatterjagd spezialisiert sind, Afrikas heiligstes Tier.

Da es dabei um derart hohe Summen geht, herrscht bei den Trophäenjagd-Unternehmungen in Timbavati und anderen Jagdgebieten überall in Südafrika eine mafiaähnliche Verschwiegenheit und Heimlichkeit. Patterson, der die Praktiken dieser Großwildjäger so mutig publik machte, muss ständig um sein Leben fürchten. Andere, die versuchten, das weiße Gen wieder nach Südafrika zurückzubringen (indem sie Löwen mit dem weißen Gen aus Timbavati, die in ausländischen Zoos gelangt sind, importierten), erhielten ernst zu nehmende Morddrohungen. Einige dieser Löwen sind ebenfalls unter fragwürdigen Umständen getötet worden. Da die Trophäe eines Weißen Löwen hohe Gewinne einbringt, bedeutet Konkurrenz schlichtweg Umsatzverlust.

Tatsache ist, dass die einzigen Weißen Löwen, die es heute in der Nähe von Timbavati gibt, zum Abschuss auf Farmen gezüchtet werden. Ein Netz von Jagdunternehmen existiert um die Grenzen von Timbavati herum und hält das Gebiet sozusagen im Würgegriff. Die Zäune in Timbavati werden angehoben und Löwen mit dem weißen Gen herausgelockt und von benachbarten Grundbesitzern entführt – für die Gatterjagd. Jagen ist zwar legal, aber nicht das Stehlen der Löwen von Nachbarn. Trotzdem wird aus unerklärlichen Gründen diese Praxis fortgesetzt, auch wenn Übeltäter schon mehrmals auf frischer Tat ertappt wurden.[2] Die südafrikanische Trophäenjagd zieht einflussreiche, »mutige« Kunden aus reichen Ländern der Ersten Welt an, darunter aus Großbritannien, den Vereinigten Staaten und Deutschland. Ortsansässige Züchter von Löwen für die Gatterjagd rechtfertigen ihr Tun mit der Begründung, dass sie lediglich eine internationale Nachfrage befriedigen.

In unserer modernen Zeit ist die Vorstellung vom »Mann als Jäger« ein Mythos. Heutzutage ist dies nicht mehr als eine virtuelle Wirklichkeit, die in der realen Welt Afrikas nicht existiert. Ich habe mit einigen der Wildhüter gesprochen, die die Jäger im Allradfahrzeug herumfahren, damit sie ihre Trophäen töten können. Manche beschrieben, wie diese angeblichen großen Jäger sich als die größten Feiglinge entpuppten, obwohl sie bis an die Zähne bewaffnet waren. Oft sind diese Trophäenjäger so nervös und unentschlossen, dass sie danebenschießen und das Tier verwunden. Und oft ist der Wildhüter gezwungen, die schmutzige Arbeit selbst zu erledigen und den schwer verletzten Löwen zu töten. Diese alles andere als romantisierenden Schilderungen veranlassten mich, über das Wesen eines Mannes nachzudenken, dem es Vergnügen bereitet, ein prachtvolles, vom Aussterben bedrohtes Tier zu töten und der für dieses Vergnügen auch noch Geld bezahlt. Was für ein aufgeblasenes Ego oder was für ein Minderwertigkeitskomplex führt wohl dazu, dass ein Mensch Spaß daran hat, den König der Tiere zu töten? Der erbärmlichste aller Menschen, der sich einen Spaß daraus macht, Gott zu spielen.

Die Jagdindustrie wird von eng vernetzten Syndikaten kontrolliert. Um Interessengruppen zu schützen, ist Unbefugten der Zutritt zu den Zuchtfarmen nicht gestattet. Trotzdem sickern manchmal Dokumentaraufnahmen durch und einige enthüllen, dass die Bedingungen, unter denen die Weißen Löwen auf den Farmen von Timbavati leben, schlichtweg erbärmlich sind. Einige Löwen leiden anscheinend an den Folgen von Inzucht, unter anderem an Knochendefekten, und man sieht im Film, wie sie ihre Hinterbeine nachziehen. Andere haben kein Fellbüschel am Schwanzende. Ein Film zeigte einen Löwen mit einer Wunde auf der Stirn, die nach einem Einschussloch aussah.

Am meisten erschüttert mich, dass junge Weiße Löwen auch in die Tierklinik Onderstepoort aufgenommen wurden, wo man sie am offenen Herzen operierte. Auf der physischen Ebene ist dies ein eindeutiger Hinweis auf genetische Schäden. Doch wenn man das Ganze auf der symbolischen Ebene betrachtet, sind die Implikationen sogar noch viel ernster. Neugeborene Löwenwelpen, deren Herzen bereits geschädigt sind, signalisieren etwas viel Schlimmeres als Gendefekte. In der

Mythologie überall auf der Welt ist der Löwe der Hüter des Menschen, das Symbol des menschlichen Herzens. In der Bibel handelt Daniels Traum zum Beispiel von einem geflügelten Löwen, der zur Erde herabsteigt und sein Herz einem Menschen gibt. In der Symbolik der ganzen Welt ist der Löwe mit dem Herzen des Menschen verknüpft, und zumindest die Löwenschamanen haben dies nie vergessen. Die letzten überlebenden Buschmann-Jäger und -Sammler ehren das Herz des Menschen als das Herz des Jägers, das Herz eines Sterns – das tapfere Herz, das reine Herz, das Löwenherz (*Tsau!*). Sie waren wirklich löwenherzig. Wir müssen uns fragen: Was ist mit unseren Herzen geschehen?

25

WEISSE LÖWEN: PROPHETEN DER ZUKUNFT

Wir leben in prophetischen Zeiten. Manche Menschen werden allmählich den Göttern ähnlich.
– Credo Mutwa

Während ich die Anleitung meines Mentors schmerzlich vermisste, wuchs meine spezielle Verbundenheit mit den Löwen von Timbavati. Vor zehn Jahren hatte ich noch keine klare Vorstellung davon gehabt, was »übersinnlich« bedeutet, und vermutet, dass man es dabei mit Vorgängen und Phänomenen zu tun hat, die sich außerhalb der physischen und der Naturgesetze befinden.[1] Nun begriff ich, dass hellseherische Vorgänge ein Teil der Naturgesetze sind. Der englische Begriff dafür ist »psychic«, und »Psyche« bedeutet »Seele«; deshalb nahm ich an, dass es sich bei »übersinnlichen« oder telepathischen Kontakten zwischen verschiedenen Spezies vielleicht um eine Kommunikation auf der Seelenebene handelte – mit weit reichenden Folgen bei der Wiederherstellung des uralten Bandes zwischen Menschen und Löwen.

Ein Ereignis, das sich etwa zu dieser Zeit in Timbavati zutrug, erinnerte mich an dieses Seelenband.

HOCHWASSER IN MOZAMBIQUE

Im Februar und März 2000 starben Tausende in dem schrecklichen Hochwasser, das Mozambique verwüstete. In weiten Teilen von Timbavati und dem Kruger-Nationalpark (der an Mozambique grenzt) gab es beträchtliche Schäden. Zum Glück blieb Leonards Camp unversehrt, doch die wolkenbruchartigen Regengüsse hielten noch zwei volle Monate an. Die Erde war so durchweicht, dass selbst Wildhüter in ihren robusten Allradfahrzeugen nicht mehr auf die Straßen hinausfuhren, weil sie fürchteten, im Schlamm stecken zu bleiben.

Meine Schwester Serena und Faith, die ältere ihrer beiden Töchter, wollten mich in Timbavati besuchen. Sie wurden von Richard Wicksteed begleitet, einem Dokumentarfilmer, den ich auf meiner schamanischen Reise kennengelernt hatte und der inzwischen ein enger Freund geworden war. Nachdem wir die ersten paar Tage in der Hütte damit verbracht hatten, dem unablässigen Trommeln des Regens auf dem Schilfdach zuzuhören, beschlossen wir, eine Fahrt zu riskieren, um nach Wild Ausschau zu halten. Nachdem ich aus medialen Quellen von meiner Verbindung zu den Weißen Löwen erfahren hatte, sehnte ich mich danach, Ingwavuma, meinen speziellen »geflügelten Löwen«, wiederzusehen. Seit seinem ersten Erscheinen auf dem Rollfeld war ich viele Male in Timbavati gewesen. Er suchte mich zwar regelmäßig in meinen Träumen auf, und ich hatte auch häufig sein Gebrüll gehört, aber leibhaftig hatte ich ihn seitdem nicht wiedergesehen.

In den Zeitungen hatten wir gelesen, dass viele Tausend Menschen ertrunken und noch viel mehr obdachlos geworden waren. Tiere, die natürlich ebenfalls gelitten hatten, wurden nicht erwähnt. Ich fürchtete, dass Ingwavuma im Hochwasser verletzt worden sein könnte, und hatte keine Möglichkeit, seinen Aufenthaltsort ausfindig zu machen. Seit seinem Erscheinen auf dem Rollfeld war er zum dominierenden Männchen des Gebiets aufgestiegen: Timbavatis König der Löwen. Doch man hatte ihn schon seit über zwei Monaten nicht mehr in der Gegend gesehen, dann hatte das Hochwasser eingesetzt, und darum machte ich mir Sorgen. In den letzten Regentagen hatte ich mit Maria und ihrem Knochenorakel gearbeitet und war sehr erleichtert, als sie mich informierte, dass Ingwavuma wohlauf sei. Außerdem sagte sie mir, dass mein Löwe sich zeigen und mich begrüßen würde, sobald sich der Himmel aufklärte. Sie erklärte, dass es darum ginge, dass ich ihn »in Gedanken« zu mir rief.

An diesem Abend beschlossen wir, dem Sturm zu trotzen, und fuhren los, um nach Wild zu suchen. Wir waren tagelang tatenlos in den Rundhütten eingesperrt gewesen und entsprechend rastlos. Wir zogen unsere Anoraks an und gingen hinaus in den regennassen Abend. Obwohl wir mit einem Allradfahrzeug unterwegs waren, achteten wir darauf, die Wege nicht zu verlassen, damit wir nicht bis zur Achse im Schlamm stecken blieben. Folglich sahen wir überhaupt kein Wild.

Auf meine Bitte fuhr uns Rexon, ein Wildhüter, zum Rollfeld. Dort hielten wir den Landrover an. Nachdem er zur Sicherheit mit seinem Scheinwerfer in die Finsternis geleuchtet hatte, erlaubte Rexon uns auszusteigen. Der Regen hatte einen Augenblick aufgehört, und ich saß mit der damals fünfjährigen Faith auf dem nassen Teer. Ich erinnerte mich an Marias Worte und erklärte Faith, dass sie und ich nun »in Gedanken« nach Ingwavuma rufen würden. Wir schlossen beide die Augen, und ich stellte fest, dass ich ihn ganz deutlich sehen konnte, genau so, wie er mir in meinen Träumen erschien: ein majestätisches Antlitz mit einem intensiven Ausdruck der Weisheit und Macht.

Einen Augenblick später begann in der Nähe ein Löwe zu brüllen. Rexon hatte im Lauf seiner jahrelangen Erfahrung als Fährtensucher im Busch gelernt, vorsichtig zu sein, und befahl uns, sofort wieder in den Landrover zu steigen. Wir gehorchten. Das vertraute Gefühl der Vorfreude und Aufregung stieg in mir auf, als wir in die Richtung fuhren, aus der das Löwengebrüll kam. Wir konnten den Weg nicht verlassen, aber das machte nichts. Wir mussten nicht nach dem Löwen suchen: Der Löwe kam, um uns zu begrüßen.

Wie Gold blitzte er in unserem Scheinwerferlicht auf, ein lebendiges Beispiel für die aus Gold getriebenen Masken der Sonnengötter aus alter Mythologie. Der Löwe sah mich direkt an, mit jenem intensiven, allwissenden Ausdruck, den ich aus meinen Träumen so gut kannte. Rexon erkannte ihn sofort: Ingwavuma.

Ich war verblüfft und voller Demut. Von allen Tieren zeigte sich ausgerechnet *mein* Löwe, in diesem Augenblick, an diesem symbolischen Ort mitten in der Wildnis von Timbavati, unter solchen Wetterbedingungen – es war ein ungeheures Erlebnis, das von Richard Wicksteed, der neben mir saß, auf Film festgehalten wurde. Unsere Gruppe kehrte in einem Zustand sanfter Euphorie ins Lager zurück. Ich war begeistert vom Anblick meines Löwen und erleichtert, dass er in Sicherheit war. Vor allem aber spürte ich eine »Zusammengehörigkeit«, so tief, als seien wir durch eine Nabelschnur miteinander verbunden.

Dasselbe Gefühl hatte ich bei der Geburt der Löwin Tendile gehabt. Die Vorstellung, dass Faith und ich Ingwavuma möglicherweise irgendwie herbeigerufen hatten – telepathisch oder »übersinnlich« –, verlieh meinem Leben einen ganz neuen, sehr persönlichen Sinn.

Dies war eins von mehreren Zeichen, die ich erhalten hatte und die mir versicherten, dass ich eines Tages in der Lage sein würde, von meiner Welt in die seine überzuwechseln und wieder zurück. Schamanen wissen, dass jedes Lebewesen auf diesem Planeten einen Geist beziehungsweise eine Seele besitzt. Die Kunst des Schamanen besteht darin, Grenzen zu überschreiten, und die größte Herausforderung ist die Überschreitung der scheinbaren Grenze zwischen der physischen Welt und der Welt der Geister. Im Rahmen der Tradition des Schamanen fürchtete ich mich nicht mehr vor dem Umgang mit der Welt der Ahnengeister. Schon seit einiger Zeit erhielt ich meine größten Inspirationen und Ermutigungen durch Botschaften aus spirituellen Quellen, die anscheinend jeden meiner Schritte leiteten.

Genau wie während meines surrealen Zoobesuchs mit Mutwa in seinem vollen Sanusi-Ornat fühlte ich mich während meiner Erfahrungen mit Medien wie in einem Märchen. Nur war das mythische Reich realer als die Alltagswirklichkeit. Es war zwar sehr geheimnisvoll, aber es gab dem Leben einen tiefen Sinn.

Ich arbeitete eng mit dem Medium Jackie Te Braake zusammen, aber es gab auch noch andere. Mich beeindruckte, dass die Informationen einander nie widersprachen, obwohl sie aus verschiedenen Quellen stammten. Zu meiner Überraschung erfuhr ich, dass es besondere Geistwesen gab, die verschiedene Channels wählten, um ihre Botschaften zu übermitteln. Medien zufolge existieren die erleuchteten Wesen, die wir Engel nennen; sie können vorübergehend körperliche Gestalt annehmen, obwohl sie normalerweise in einer andersdimensionalen Realität verweilen. Das eine Medium hatte mir damals zwei bestimmte Namen mitgeteilt, und als ich diesem Hinweis folgte, erfuhr ich, dass eine Gruppe »aufgestiegener Wesen« (einst Menschen, nun in der Welt der Engel – manchmal nennt man sie auch »aufgestiegene Meister«[2]) von den geistigen Reichen aus die Menschheit führt. Ich neige dazu, diese Auffassung mit Mutwas Vorstellung von den Abangafi Bapakade, den Wesen halbgöttlichen Ursprungs, und mit der ägyptischen Idee der löwenhaften Sternenwesen zu verbinden. Wie es sich herausstellte, stand der Name »Graf St. Germain« für einen löwenhaften aufgestiegenen Meister, der mir über eine ganze Reihe verschiedener Medien Informationen zukommen ließ. Seine Charaktereigenschaften waren denen des legendären Königs Salomo aus dem Alten Testament sehr ähnlich; nicht nur, was die Identifizierung mit dem Löwensymbol anging, sondern auch in Bezug auf die Lehre vom Gold als Reichtum sowohl in materieller als auch in alchemistischer Hinsicht – der Weg zur höchsten Seelenessenz. Laut Mutwa war König Salomo, »der Alchemist«, nicht nur für seine Weisheit, sondern auch für seine Magie berühmt. Er benutzte sein Schwert weniger als Waffe zum Blutvergießen, sondern vielmehr wie einen Zauberstab. Adrian Gilbert, der sein Wissen aus einer völlig anderen Quelle bezog, hatte mit mir über Salomos Tempel gesprochen, der astronomisch nach der himmlischen Konstellation des Löwen ausgerichtet war und somit die Idee vom Löwen als Sterntier bestätigte.[3]

Der andere Name, den ich von dem Medium empfangen hatte, lautete Serapis Bey. Wie es sich herausstellte, war er ein aufgestiegener Meister, der mit reinem weißem Licht identifiziert wurde und somit eng mit der Symbolik der Weißen Löwen verbunden war. Ob man sie nun als Engel, aufgestiegene Meister, Geistführer oder löwenhafte Sterngötter versteht – ich stellte fest, dass diese Intelligenzen aus den Reichen der Ahnen Botschaften von erstaunlicher Unterweisung und Weisheit vermittelten.

Für mich war es zwar eine neue Erfahrung, aber ich reimte mir zusammen, dass das Empfangen von Weisheit von andersdimensionalen Ebenen eine lange Tradition besaß. Zum Beispiel werden Edgar Cayces »Lesungen« über die Bedeutung der Sphinx und der Pyramiden (die unter Hypnose entstanden) heute häufig von Gelehrten und Archäoastronomen wie Graham Hancock und Robert Bauval zitiert. Die Texte unserer Bibel berichten von Weisen, denen ihre Weisheit anscheinend aus den Reichen der Engel vermittelt wurde. Religiöse Meditationen zielten zu allen Zeiten darauf ab, eine direkte Verbindung beziehungsweise einen »Kanal« zwischen dem Eingeweihten und Gott oder den Göttern zu schaffen und dadurch höhere Weisheit zu empfangen.[4]

Inzwischen nennt man diese Technik »Channeln«, und es besteht die Gefahr, sie als New-Age-Masche abzutun, ohne ihren möglicherweise uralten schamanischen Ursprüngen Beachtung zu schenken. Ob die Medien, die solche Botschaften »channeln«, nun ein »höheres Selbst« anzapfen, das in ihnen selbst liegt, oder ob sie die Fähigkeit haben, auf telepathischem Weg in die tiefste Seele ihres Objekts einzudringen, oder ob es tatsächlich außerhalb unserer Ebene Geistwesen oder Engelführer gibt, die durch sie sprechen, war für mich nicht entscheidend. Das Wichtigste für mich war, dass die »gechannelten« Informationen für meine Suche nach der Bedeutung hinter den Geheimnissen der Weißen Löwen sachdienlich waren. Ein Faden zog sich durch all meine Gespräche mit diesen Geistwesen, ein kontinuierlicher und konsistenter Faden, der mir beim Entwirren der Geheimnisse als unschätzbare Rettungsleine diente.

Zerbrechliches Gleichgewicht

Als ich das nächste Mal in Ingwavumas Gebiet zurückkehrte, war das katastrophale Hochwasser zurückgegangen. Das ganze Land Mozambique, das zu den ärmsten Ländern der Erde gehört, bemühte sich um einen Neubeginn.

Diese Naturkatastrophe führte mir die Zerbrechlichkeit unserer Erde sehr eindringlich vor Augen. Die Wildnis, die Steppe von Timbavati existiert in einem zarten Gleichgewicht von Naturkräften, über die einerseits ein Konsortium reicher Grundbesitzer herrscht und andererseits die natürlichen Hüter des Landes, die Löwenrudel. Zum ersten Mal begann ich zu erfassen, wie weit sich die Gesetze und Ziele des Menschen vom solaren *Logos*, dem Gesetz der Sonne auf Erden, tatsächlich entfernt haben.

Meine Reise in den afrikanischen Schamanismus hatte mich eine ganz neue Betrachtungsweise der Idee von »Besitz« gelehrt. Nur weil ein Mensch es sich leisten kann, ein Stück Land zu kaufen, hat er noch lange nicht das Recht, die natürlichen Ressourcen dieses Landes aus Gewinnsucht zu zerstören. Nur weil ein Mensch es sich leisten kann, ein Tier zu kaufen, hat er noch lange nicht das Recht, dieses Tier zu quälen. Im alten Afrika war die Vorstellung von Besitztum sehr differenziert: Die Funktion des Königs oder Häuptlings bestand darin, das Land zu beschützen; er »besaß« es nicht.

Mithilfe seiner Schamanen-Ratgeber wirkte der König im Einklang mit den Kräften der Ahnen, die man als Gottes Vermittler verstand und die über das Land wachten. Diese Auffassung der natürlichen Ordnung der Dinge ist heute fast vollständig zerstört.

Selbst in den wenigen Jahren, die vergangen waren, seitdem ich meine Suche nach der wahren Bedeutung der Weißen Löwen begonnen hatte, wurden der natürlichen Ordnung irreparable Schäden zugefügt. Jahrtausendealte Strukturen brachen zusammen. Die Löwe-Mensch-Tradition des ersten Menschen, die ungezählte Zeitalter überdauert hat und deren Ursprünge lange vor den fernen Hominiden-Säbelzahnkatzen-Ereignissen in den Höhlen des Sterkfontein-Tals zu suchen sind, hat leider ihr Ende erreicht. Heute lösen sich die ältesten Lebensstrukturen auf der Erde mit einer verheerenden Geschwindigkeit auf. Zusammen mit dem Verlust von Regenwäldern und den seltenen Tierarten sind unsere ältesten Eingeborenenkulturen, die Buschmänner, die australischen Ureinwohner, die amerikanischen Indianer und viele andere Vertreter der sogenannten zwölf Urstämme der Menschheit, deren ursprüngliche Weisheit in diesen Zeiten des Wandels so dringend benötigt würde, so gut wie ausgestorben. Wenn die ältesten Völker der Welt, die Jahrtausende unversehrt überstanden haben, in unserer Zeit von der Erde verschwinden – was sagt dies über die Zeit, in der wir leben? Es liegt auf der Hand, dass wir uns offenbar rasend schnell auf eine Art globaler Massenselbstzerstörung zubewegen.

Geballte Löwenkraft

Es ist extrem ernüchternd, dem Zusammenbruch der natürlichen Ordnung ins Auge zu sehen. Man kann sehr leicht den Mut verlieren und glauben, man sei unfähig, irgendeinen positiven Einfluss auszuüben. Wenn sich in mir nicht allmählich ein Plan abgezeichnet hätte, wenn sich ein Gefühl von Lichtkraft in mir nicht aufgebaut und verstärkt hätte, wäre ich vielleicht verzweifelt. Stattdessen versuchte ich, als ich wieder in Timbavati war, Kraft zu sammeln. Ich lauschte der ältesten Weisheit in den Klängen der Wildnis und suchte die Erde nach Zeichen ab. Die Nachmittage verbrachte ich mit den Fährtensuchern Rexon und Foreman; zu Fuß verfolgten wir Tierfährten durch das komplexe Netz verschiedener Lebensräume, die alle voneinander abhingen, und kehrten in der Dämmerung ins Lager zurück. Morgens lag ich in der Hitze in einer Hängematte unter einem Mopane-Baum vor meiner Hütte; ich beobachtete die fast durchsichtigen Geckos, die sich um die Borke schmiegten, hörte dem süßen Lied des Paradiesschnäppers zu (*tschira-wiet-zwiet-zwiet*) und fragte mich, wie lange diese kostbaren letzten Phasen des natürlichen Gleichgewichts sich noch behaupten würden.

Aus irgendeinem Grund hatten Löwen vor nicht allzu langer Zeit angefangen, in großer Anzahl nach Timbavati zu wandern, wodurch sich dort eine der dichtesten Löwenbevölkerungen der Erde gebildet hat.[5] Ich fragte mich nach dem Grund dafür. Dem Gesetz der Löwenschamanen und den Naturgesetzen zufolge hat alles einen Sinn und eine höhere Bedeutung. Was bedeutete es wohl, dass die Löwen nach dem heiligen Land der Löwen strömten?

Während ich darüber nachdachte, schloss ich die Augen und schaukelte in meiner Hängematte, und die Flecken des Sonnenlichts tanzten über mein Gesicht. Ich bemühte mich, keine einfache Erklärung zu erwarten, sondern einfach nur zu lauschen. Fern im Norden konnte ich mir die unvergleichliche Sphinx vorstellen, in ihrer exakt nach Osten ausgerichteten Position, wie sie in die Sonne blickte, und unter ihren Pfoten das Symbol der *Akeru*, der Löwen, die einander den Rücken zuwenden und den Nilmeridian definieren. Ich erinnerte mich nun, wie Adrian Gilbert mit mir über seine These gesprochen hatte, dass dieser Meridian das Tor zur Rückkehr zu dem Reich Duat, zum »Sternenfluss«, repräsentiert.[6] War dies von Bedeutung?

Die ägyptischen Bestattungstexte beschreiben den Aufstieg der Seele des Pharao in den Sternenschauer, der sich wie ein Bogen über diesem Meridian wölbt, während die vier Sternenschächte der Großen Pyramide angeblich der Kanal sind, der der Seele des Pharao ihren Aufstieg durchs »Sternentor« ermöglicht.[7] Die Sphinx selbst symbolisiert das Sternbild des Löwen, während die Sternenschächte der Goßen Pyramide nach dem Gürtel des Orion und dem Sirius ausgerichtet sind, jenen besonderen Himmelskörpern, die Mutwa mit den Löwengöttern des Zeitbeginns identifiziert hatte. Diese Sternenschächte sind auf dem Meridian genau nach Süden ausgerichtet, und mir fiel plötzlich wieder ein Hinweis von Mutwa ein: Timbavati ist nicht nur der Ort, an dem die Sternengötter einst in Gestalt der Weißen Löwen erschienen, sondern auch der Ort, an dem der Wiederaufstieg zu den Sternen stattfinden kann.

Dieser Gedanke schien zwar weit hergeholt zu sein, aber ich konnte trotzdem die Möglichkeit nicht ganz von der Hand weisen, dass die Löwen sich wie die alten Pharaonen auf dieser Zeitlinie versammelten, um sich auf die Rückreise ihrer Seelen zu den Sternen vorzubereiten. Wenn Löwen Sternentiere sind und wenn sie von überallher nach diesem heiligen Meridian strömen, dann sollten wir uns fragen: Warum?[8]

GOLDENE ERLEUCHTUNG

Aufgrund meines Wissens über die Löwen und alles, was sie für uns Menschen symbolisieren, sah ich immer klarer die metaphysische Bedeutung der konkreten Ereignisse auf der Erde. Informationen von der spirituellen Ebene (manche stammten von den Ahnen, die durch Löwenschamanen sprachen, und andere waren gechannelte Botschaften) halfen mir, die tieferen Ursachen der Naturkatastrophen, die in unserer Zeit stattfanden, zu erkennen.

Der Schamanismus lehrt, dass sich hinter konkreten Ereignissen eine klare metaphysische Logik verbirgt. Verheerende Vulkanausbrüche, Überschwemmungen und Tsunamis stimmen mit den prophetischen Warnungen in heiligen Texten überall auf der Welt überein, die das Ende der Erde durch Erdbeben und Überschwemmungen beschreiben. Die Maya nannten vier Zeitalter (oder »Sonnen«) und sagten voraus, dass unser Zeitalter (unsere »Sonne«) in Erdbeben enden wird, weil die Menschheit unvollkommen ist. Da der Mensch seiner Verantwortung nur unzureichend nachkommt, ist die Welt auf ewig sowohl direkt als auch indirekt bedroht. Mir scheint, dass diesen heiligen Texten eine einwandfreie Logik zugrunde liegt. Viele Länder der Erde fahren beispielsweise immer noch unbeirrt damit fort, unter der Erdkruste Atombomben zu zünden – aber können wir auch nur ahnen, welche Auswirkungen damit verbunden sind?[9] Ist es da ein Wunder, dass sich unsere Erde krümmt?

Ich schloss aus den wissenschaftlichen sowie den schamanischen Informationen, die ich erhalten hatte, dass die Naturkatastrophen die Folge der destruktiven menschlichen Haltungen und Praktiken sind, die unser Überleben auf diesem Planeten gefährden. Die Lösung liegt in der Erde selbst und darin, dass wir uns wieder mit ihr verbinden. Endlich fangen unsere modernen Wissenschaftler an, die Erde als lebendigen Organismus zu begreifen.[10]

Wir neigen dazu, die Evolution ausschließlich als physiologisches Phänomen zu betrachten. Aber wenn man nach den Schamanen und den Löwenahnengeistern gehen kann, dann wird die Menschheit zum gegenwärtigen Zeitpunkt auf der Ebene der spirituellen Evolution gefordert: Wir müssen unser Bewusstsein erweitern. In seinem gegenwärtigen Zustand kann unser kollektives Bewusstsein uns nur in eine Katastrophe führen.

RÜCKKEHR DES WEISSEN LÖWEN

Seit ich mich ursprünglich auf meiner Suche nach Wissen auf diese Reise begeben hatte, war mir das Privileg zuteil geworden, eine Fülle an Informationen durch verschiedene geistige Quellen zu erhalten. Und allmählich teilte man mir auf einer persönlichen Ebene die Gründe für diese hohe Ehre mit.

Im Lauf der Jahre war mein Bewusstsein durch die Informationen, die ich erhielt, herausgefordert worden. Die Löwenahnen, die durch Maria sprachen, hatten mir gesagt, dass ich viele, viele Leben in Timbavati verbracht hatte, und dies stimmte mit Mutwas Aussage überein, dass ich eine »Brücke« mit einer langen Ahnengeschichte in Afrika sei, eine Nahtstelle zwischen Schwarz und Weiß. Ich wurde angewiesen: »Erinnere dich daran, wer du bist« – als hätte nicht einmal ich selbst meine wahre Identität bisher ganz verstanden. Nun erzählte mir ein gechannelter Geist eine ungewöhnliche Geschichte:

Vor vielen, vielen Jahren kamst du zur Erde, um der Menschheit zu dienen, als Wesen aus reinem Licht und reiner Wahrheit. Ein sirianisches Lichtwesen. Die Gestalt, die du annahmst, war eines Weißen Löwen. Du warst eine Weiße Löwin und wurdest begleitet von deiner Zwillingsflamme, einem großen Weißen Löwen. Ihr wart Tiere der Wahrheit und hattet das Wissen in euch. Und der Ort, an dem ihr lebtet, ist der Ort, den du jetzt Timbavati nennst. Dann kamen die Jäger, die die Macht der Weißen Löwen für sich haben wollten. Sie vergessen, dass es unmöglich ist, die Macht des Lichts mit Gewalt zu nehmen, denn diese befindet sich ewig außerhalb ihres Zugriffs. Ein Jäger tat so, als wollte er den erhabenen Wesen Opfer darbringen, aber das war nur ein Mittel zu dem Zweck, sich Zugang zu ihrem heiligen Land zu verschaffen, wo er versuchen konnte, die Lichtkraft zu stehlen. Und dabei geschah es, dass ihr getötet wurdet, Geliebte, du und dein Löwengefährte. Aber ihr seid nicht gestorben, denn ihr wart unsterbliche sirianische Wesen. Stattdessen sprangen eure Geister in die Körper von Menschen. Du würdest dies vielleicht Transmigration nennen – vielleicht kennst du den Ausdruck? Und so geschah es, dass du übergegangen bist und die Gestalt und den Körper eines Menschen angenommen hast, um der Menschheit zu dienen – doch die Seele des Weißen Löwen hast du behalten.

Meine Reise in den Löwenschamanismus hatte mich an einen Punkt geführt, an dem mir keine andere Wahl mehr blieb: Ich musste die Informationen von der spirituellen Ebene mit größtem Respekt und größter Neugier behandeln. Ich hielt mich an Marias Anweisung, niemals zu vergessen, dass Löwen Gottes jeden meiner Schritte begleiteten, und deshalb fühlte ich mich trotz der Zweifel, die mich oft plagten, stark, getragen und beschützt. Manchmal kamen mir meine Entdeckungen so weltentrückt vor, dass ich mich fragte, wie ich jemals die richtigen Worte finden sollte, um sie anderen mitzuteilen. Doch in meinem Herzen zweifelte ich längst nicht mehr an der Existenz dieser Löwenführer – ihre Gegenwart war auf zu vielen subtilen Weisen offenkundig, über zu viele Jahre hinweg und mit zu vielen unglaublichen Koinzidenzen, um sie übersehen zu können. Mit jedem Schritt, den ich in der Wildnis von Timbavati tat, prägten sich meinem Bewusstsein dieselben Gedanken ein. Wann werden die Weißen Löwen diese Wildnis wieder durchstreifen? Und wenn es so weit ist – werden wir Menschen dann fähig sein, sie wieder auf der Erde willkommen zu heißen?

Ob wir als Spezies überhaupt noch eine Zukunft haben, wird letzten Endes davon abhängen, wie wir die Weißen Löwen (und ebenso alle anderen Lebensformen in der Natur) verstehen, wie wir sie behandeln und wie wir sie ehren und respektieren. Für mich war es eine tiefe Befriedigung, dass die gechannelten Quellen Mutwas Worte bestätigten: Die Weißen Löwen *werden* überleben, sie werden am Ende dieses Zeitalters die letzten Tiere sein und im neuen Zeitalter werden die Weißen Löwen »wieder über diesen Planeten herrschen«. Zum jetzigen Zeitpunkt müssen wir uns jedoch dringend mit unserem eigenen Überleben befassen.

Jäger und Gejagte

Durch diese neuen Informationen aus geistigen Quellen mit Klarheit erfüllt, kehrte ich in die Wirklichkeit mit ihren Trophäenjägern und gefangenen Weißen Löwen zurück.

Falls die göttliche Absicht hinter den Weißen Löwen unter anderem ein Schlaglicht auf unser Wertsystem werfen will – finanzieller Wert im Gegensatz zum höheren geistigen Wert –, dann steht hier nicht nur der Materialismus der Leute auf dem Prüfstein, die die Weißen Löwen züchten und erschießen, sondern das Wertsystem der gesamten Menschheit.

Und wenn es unserem Verstand schwerfällt, die geheimnisvolle Vorstellung von den Weißen Löwen als Wächter unserer Seelen zu begreifen – könnte dann die schlichte Antwort nicht lauten, dass wir vergessen haben, dass wir eine Seele besitzen?

Verwundete Heiler

Die Schamanen glauben, dass für jeden getöteten Löwen ein Mensch, der mit dieser Gräueltat in Verbindung steht, seine Seele verliert. Was genau ist ein Mensch ohne Seele? Das ist schwer vorstellbar, aber wie auch immer es sein mag, eine Menschenseele für das Leben eines Löwen lässt auf eine äußerst unerbittliche Wechselbeziehung schließen. Immer wenn ich nach Timbavati zurückkehrte, fuhr ich an einem Hinweisschild der Jagdcamps vorbei, und mir wurde von dem dreisten Euphemismus jedes Mal ganz schlecht, denn dort stand: »ZUCHTPROJEKT WEISSER LÖWEN«.

In der Werbebroschüre dieser Farm bezeichnet der Besitzer sich selbst schamlos als »PROFESSIONELLER JÄGER« und »ZÜCHTER VON WEISSEN LÖWEN«. Da muss man sich nicht einmal bemühen, zwischen den Zeilen zu lesen.

Es verwirrte mich nach wie vor, warum der Schöpfer es zulassen sollte, dass die Weißen Löwen als Trophäen niedergemäht werden. Wenn sie wirklich Kinder des Sonnengottes sind, warum ließen sie es dann zu, so schrecklich misshandelt zu werden?

Dieselbe Frage kann man natürlich auch in Bezug auf Credo Mutwa stellen. Wenn er so mächtig ist, warum steht der Sohn des Ra dann nicht auf und verteidigt sich gegen den demütigenden Hohn und die brutalen körperlichen Angriffe? Und was seine Gesundheit angeht – warum heilt sich der große Schamane nicht einfach selbst? Maria hatte mir erklärt, es sei eine der ältesten Sanusi-Regeln, dass ein Heiler sich nicht selbst heilen darf. Als ich Maria fragte, warum ein so großer Mann wie Mutwa, der die geheimsten Heilkünste kennt, so viel persönliches Leid und einen so schlechten Gesundheitszustand ertragen musste, antwortete sie: »Es gibt keinen höheren Schamanen als Mutwa – nur Gott. Nur Gott kann ihn heilen.«

Man kann unschwer Parallelen zur Christusidee ziehen: dem größten verwundeten Heiler, der für die Sünden der Menschheit stirbt. Warum erlaubte Jesus, Gottes Sohn, den einfachen Menschen, ihm Schaden zuzufügen? Warum ließ Gott zu, dass seinem geliebten Sohn Leid geschah? Die Antwort kann nur lauten: in der Hoffnung, spirituelles Bewusstsein in der Menschheit zu erwecken. Die Weißen Löwen sind ein archetypisches Symbol für den verwundeten Heiler, den verletzten Gott, dessen Leben oder Tod anscheinend in den Händen der Menschheit liegt.

Die Menschheit hat Willensfreiheit und kann sich das Ergebnis aussuchen. Wie wird es aussehen?

Das Erinnerungsvermögen des modernen Menschen reicht anscheinend nur bis zum Beginn des letzten astrologischen Zeitalters (der Fische) zurück, nämlich die zweitausend Jahre bis zur Geburt Christi. Aus diesem Grund betrachten Christen Christus als den eingeborenen Sohn Gottes. Wenn unser Bewusstsein weiter in die Vergangenheit reichen würde, dann wüssten wir, dass es viele solche »Kinder Gottes« gegeben hat, die in der Hoffnung auf die Erde geschickt wurden, in der Menschheit ein spirituelles Bewusstsein zu erzeugen.

Quetzalcoatl, Osiris, Mithras, Mwelinqangi – wenn wir uns in die Mythologie hinter diesen Figuren vertiefen, können wir leicht erkennen, dass sie für dasselbe göttliche Bewusstsein eintraten, für das auch Christus lebte und starb, und dass sie sich ebenso für die unvollkommene Menschheit opferten wie er. Hinter all diesen strahlenden altruistischen Figuren existiert etwas, was man als »Christusbewusstsein« bezeichnen könnte.

Ich erkannte nun, dass wir die geflügelten Löwen ebenso wie Quetzalcoatl, den gefiederten katzenhaften Gott des alten Amerikas, oder Horus, den falkenköpfigen Löwengott der Ägypter, oder Mithras, den Löwenschamanen-König Mesopotamiens, mit unserem eigenen solaren Löwengott gleichsetzen können: Christus mit seiner Dornenkrone. Sie alle litten nicht für ihre eigenen Sünden, sondern für unsere. Als Löwen Gottes sind die Weißen Löwen himmlische Symbole, die uns daran erinnern, dass es bei der menschlichen Evolution nicht nur um den physischen Aspekt beziehungsweise die Gene geht, sondern letzten Endes um den geistigen oder seelischen Aspekt. Unsere erste Aufgabe besteht darin, uns bewusst zu werden, dass wir nicht nur physische Menschen sind, sondern ethische und spirituelle Wesen, die zu Fleisch geworden sind.

Tod eines Löwenkönigs

Bei den Grundbesitzern von Timbavati ist es Sitte, einmal jährlich durch eine Löwenjagd Spendengelder zu sammeln. Leider war diese Zeit wieder einmal gekommen. Ein Besitzer eines Jagdcamps in Timbavati informierte mich zu meinem Entsetzen, dass der beste Preislöwe, den sie den Trophäenjägern in Aussicht stellten, Ingwavuma sei. Mein erster Gedanke war: warum ausgerechnet mein Löwe von allen Löwen in Timbavati? *Warum überhaupt irgendein Löwe?*

Angewidert kehrte ich in meine strohgedeckte Rundhütte zurück. Ich war verzweifelt und hilflos. Fieberhaft überlegte ich, ob ich noch irgendetwas unternehmen konnte. Die meisten Leute, die Timbavati verwalten, sind intelligent und wohlhabend, aber von einigen Ausnahmen abgesehen betrachteten sie die kontrollierte Jagd als ganz vernünftige Praxis: als eine Möglichkeit, der Region Einnahmen zu verschaffen. Der oberste Jagdaufseher von Timbavati mochte zwar persönlich gegen die Jagd sein, aber leider musste er sich den Wünschen der Grundbesitzer beugen.

Vielleicht hätte ich ein Argument zur Rettung Ingwavumas gehabt, wenn ich erklärte, dass er möglicherweise das weiße Gen trug. Aber erst wenn ein ockerfarbener Löwe weiße Nachkommen zeugt, weiß man mit Sicherheit, ob er das weiße Gen tatsächlich trägt oder nicht. Die wohlhabenden, meist europäischen Grundbesitzer wären wohl kaum besonders beeindruckt gewesen, wenn ich Maria als Quelle meines Wissens angeführt hätte, denn entweder ignorierten sie das traditionelle Wissen der Sagoma oder sie wussten gar nichts davon.

Die Wildhüter Pierre Gallagher und Grant Furniss hatten »Identi-Kits« für die wichtigsten dominierenden Männchen zusammengestellt, darunter auch Ingwavuma – aber sie hatten das getan, um die Löwen zu schützen. Ironischerweise wurde das Identi-Kit nun von Jägern zur Identifizierung ihrer Beute benutzt. Das Wort »Identi-Kit« klingt, als würde man mit seiner Hilfe einen menschlichen Banditen jagen, doch die Jäger sind keineswegs hinter einem Kriminellen her, sondern sie wollen den Kopf des Königs, des Löwenkönigs, ein lebendiges Beispiel für die heiligen Gesetze der Herrschaft, der sein Gebiet mit Würde, Weisheit, Mut und Stolz regiert. Wir Menschen täten wahrlich gut daran, uns an diese Gesetze zu halten.

Ein Grundbesitzer sagte mir, man habe Ingwavuma den anderen Löwen von Timbavati als Opfer vorgezogen, weil seine Welpen angeblich nicht überlebten. Aber wären Ingwavumas Gene nicht so stark gewesen, wäre er schon längst vertrieben worden – durch das Naturgesetz. Auf dominierende Löwen, die ein Gebiet beherrschen, wird von den jüngeren Männchen ein gewaltiger Druck ausgeübt. Manchmal bilden diese in ihrer Bemühung, die Herrschaft zu übernehmen, Bündnisse von bis zu fünf oder noch mehr Mitgliedern. Zu seiner Zeit hatte Ingwavuma viele derartige Umsturzversuche überlebt. Seine Herrschaft hatte für einen Löwen lange gedauert und war vor allem aufgrund seines Einzelgängertums so eindrucksvoll gewesen. Es hätte keinen deutlicheren Beweis für die Kraft seiner Gene geben können.

Seit ich vom nahen Tod meines Löwen erfahren hatte, hatte ich eine Vision, der ich hilflos ausgeliefert war: Ich sah sein majestätisches, stolzes Antlitz, von einem Tierpräparator zu einem künstlichen Zähnefletschen verzerrt, und mit Murmeln in seinen Augenhöhlen. Man würde Ingwavumas goldene Augen, die dem »heiligen Auge« der Ägypter so ähnelten (mit den drei Tränendrüsen, die die Strahlen Gottes symbolisieren), ausstechen und sie durch künstliche Glasaugen, hergestellt in einer deutschen Fabrik, ersetzen.

Ich stellte mir nun sein Fell vor, grausig ausgebreitet an einer Wand in der Nachäffung eines fünfzackigen Sterns. Mutwa hatte mich auf diese fünf Kraftpunkte hingewiesen und erklärt, sie seien das Symbol und die Quelle der Sternenkraft – und nun würden sie ihrer Macht beraubt sein, leblos und bedeutungslos. Ich sah seine vier Pfoten an eine Wand genagelt wie ein Kruzifix, und mir fiel die Christusfigur ein. Ich erinnerte mich, im Neuen Testament gelesen zu haben, dass im Augenblick vom Kreuzestod Jesu »die Erde bebte«.[11] Wenn der Löwe unser Wächter ist und die vier Ecken der Welt im Gleichgewicht hält, wie unsere heiligen Texte uns in Erinnerung rufen, was bedeutet es dann, einen Löwen zu töten? Warum bringen wir unsere kostbare Erde aus dem Gleichgewicht?

Erschöpft zog ich mich in mein Rondavel zurück, wo ich eine elende, beklemmende Nacht verbrachte. Immer wieder wachte ich auf und erkannte, dass ich von Mutwas heiligen Waffen des Geistes geträumt hatte: dem Bogen mit den drei Pfeilen, die die Strahlen und Kräfte Gottes symbolisieren. Mehr als je zuvor sehnte ich mich verzweifelt danach, den Aufenthaltsort des Löwenschamanen ausfindig zu machen. Ich dachte an das Schutzgebet, das er vor einer Löwengeneration für Ngwazi gesprochen hatte: Dieser große Löwe war daraufhin von der Kugel des Jägers verschont worden. In meinem Kopf hallten Mutwas Worte wider: »Ich gehöre der Geschichte an, Madam, Sie sind die Zukunft. Schärfen Sie Ihr Schwert und Ihren Speer des Geistes... Entwickeln Sie die Gaben, die Gott Ihnen geschenkt hat!« Und ich erinnerte mich an Maria Khosas ausdrückliche Anweisung, niemals die Nabelschnur zu vergessen, die mich mit Tendile verband: das Band der Löwentochter, das schon lange vor dieser Lebenszeit existiert hatte. Timbavatis Löwen-Sangoma hatte mir gesagt, falls ich je umgebracht werden sollte, würde der Zorn dieser matriarchalen

Weißen Löwin ungehemmt über ihre Tierwärter hereinbrechen. Nun spürte ich den umgekehrten Impuls: Ich wusste, wenn Ingwavuma erschossen werden sollte, dann würde ich zu den Waffen greifen, auch zu Mutwas geistigen Waffen, und so lange kämpfen, bis meine Zeit auf Erden abgelaufen war. In meinem verzweifelten Halbschlaf wusste ich, dass dies eine Sache war, für die ich zu sterben bereit war.

Als ich vor dem Morgengrauen erwachte, war mir plötzlich klar, dass ich genau wusste, was zu tun war. Auf der Stelle suchte ich Maria auf und erzählte ihr von der bevorstehenden Jagd. Sie hörte aufmerksam und ernst zu. Dann antwortete sie: »Niemand wird diesen Löwen anrühren. Geh nun und ruh dich aus.«

Der Tag verging. Dann noch einer und noch einer. Erst Wochen später begriff ich endlich, dass meine Gebete erhört worden waren. Berichten zufolge hatten die Trophäenjäger beim Aufspüren Ingwavumas die größten Schwierigkeiten und Unannehmlichkeiten. Die geheimnisvolle Tatsache war, dass er anscheinend aus dem Gebiet verschwunden war, als hätte er instinktiv die Gefahr gespürt. Schließlich gaben die Jäger ihre Suche auf.

Leider Gottes endete ein anderer großer Löwe als Trophäe an der Wand eines Jägers – aber zumindest blieb mein Löwenkönig verschont. Aber wie lange?

26

Eiszeiten und Schneelöwen

Das Königtum kommt vom Himmel. In einem Zulusprichwort werden die Anführer dazu aufgefordert, ihren Geist mit den Göttern im Himmel zu verbinden, denn von dort rühren das Königtum und das Gesetz her.

– Credo Mutwa

Ich hatte das Gefühl, dass mein Ahnenlöwe mir stets folgte und mich sogar behütete, wenn ich schlief. Zu gewissen Zeiten war seine Gegenwart in meinem Alltag fast greifbar. Nachdem er nun mit knapper Not der Kugel eines Jägers entkommen war, empfand ich unsere Verbundenheit noch stärker.

Wenn es stimmte, was Maria gesagt hatte, dass ein »Seelenband« zwischen mir und diesem Löwen existierte (der mein Ahnengeistführer und geistiger Bruder war), dann wusste ich allmählich zu schätzen, welche Bedeutung dies im normalen Alltag haben konnte. Seine unsichtbare Gegenwart beschützte mich sogar in der Stadt. In meinen Träumen prangte noch immer Ingwavumas stolzes Gesicht, aber er brüllte nun nicht mehr, als müsse er sich Gehör verschaffen. Insgesamt wirkte er nun eher friedlich. In einem Traum trottete er an meiner Seite durch die Steppe von Timbavati. Als ich den Blick senkte, bemerkte ich, dass meine Füße und auch meine Hände Löwenpfoten waren. Dies nahm ich als Zeichen, dass es mir eines Tages gelingen würde, in seine Welt überzuwechseln – denn schließlich erschien er auch gelegentlich in meiner.

Ich reiste nach London, um einige der gechannelten Informationen, die ich erhalten hatte, genauer zu untersuchen und festzustellen, ob sie wissenschaftlich fundiert waren. Ich fühlte mich besonders in den Straßen von London heimisch, aber diesmal war alles anders. Der Löwenwächtergeist beschützte mich.

Die Erde im Gleichgewicht

Ich erreichte den überfüllten Trafalgar Square, wo die Nelsonsäule steht, an seinem Fuß Landseers berühmte Bronzelöwen, die exakt nach den vier Himmelsrichtungen ausgerichtet sind. Ich blieb stehen und überlegte einen Augenblick. Früher war ich auf dem Weg zu meinem damaligen Job in einer Werbeagentur Hunderte von Malen an diesem Symbol vorbeigegangen, doch nun hielt ich zum ersten Mal inne, um die Bedeutung zu erspüren, die dem Denkmal zugrunde lag.

Das Löwensymbol behütet nicht nur die Erde, sondern auch die Erdachse. In den uralten Mythologien wird die Erde von vier löwenhaften Tierfiguren im Gleichgewicht gehalten. Mutwa nennt vier Löwenbrüder als Hüter der Hauptachse der Erde. Und hier, in einer der zivilisiertesten Städte der Welt, wo es seit vielen Jahrhunderten keine leibhaftigen Löwen mehr gegeben hat, lebt das Löwensymbol weiter.

Die Tagundnachtgleiche und das damit verbundene Phänomen der Präzession zählen zu den wichtigsten Begriffen in der alten wie auch der modernen Astronomie.

Doch die astronomischen Prinzipien, die der Tagundnachtgleiche zugrunde liegen, erhellen nur einen Teil der Zusammenhänge. Die Astronomen-Priester des alten Afrikas (zu denen auch Mutwa gehört) wussten, dass jedes kosmische Ereignis eine Bedeutung hat. Deshalb sollte man gleichermaßen die astrologischen Prinzipien hinter der Tagundnachtgleiche untersuchen; mit anderen Worten: den kausalen Zusammenhang zwischen Ereignissen auf der Erde und himmlischen Ereignissen zu diesem Zeitpunkt.[1]

Vom Standpunkt der Astronomie ist die Tagundnachtgleiche der Augenblick von allergrößter Bedeutung im Jahreskreis, denn das Verhältnis der Erde zur Sonne ist nun völlig ausgeglichen – Tag und Nacht sind gleich lang. Dies ist auch der einzige Zeitpunkt im Jahr, zu dem die Sonnenstrahlen die irdischen Längengrade auf ihrer ganzen Länge *genau zur gleichen Zeit* berühren. Beim Nilmeridian des Zeitbeginns beispielsweise ist die Tagundnachtgleiche der Tag des Jahres, an dem die Sphinx und die Löwen in Timbavati den Sonnenaufgang *gleichzeitig* erleben.

Tagundnachtgleiche und Präzission waren Begriffe, die ich mir ständig ins Gedächtnis rufen musste, wenn ich mit den Botschaften arbeitete, die man mir aus dem Reich der Ahnengeister übermittelt hatte.

Da Löwen mit dem Sonnensymbol verbunden sind, weisen die »Löwenbrüder« in den vier Himmelsrichtungen auf die Drehung unserer Erde um ihre eigene Achse hin, wobei die Sonne in ihrer jetzigen Position zum Zeitpunkt der Tagundnachtgleiche im Osten auf- und im Westen untergeht. Unsere Erde befindet sich in einem äußerst zerbrechlichen Gleichgewicht. Sollte dieses Gleichgewicht gestört werden, würde dies ungefähr der Hölle auf Erden entsprechen – einem Treibhaus mit Überschwemmungen, Erdbeben, Feuer, Seuchen, Hochwasser und Finsternis.

Lautes Stimmengewirr und der Gestank von Autos, aus deren Auspuffen schwarze Rauchschwaden quollen, rissen mich plötzlich aus meiner Träumerei und zurück in die Straßen Londons. Ich setzte meinen Weg zu den öffentlichen Bibliotheken fort, um Nachforschungen zu den Informationen anzustellen, die ich von geistigen Quellen im Hinblick auf die Weißen Löwen und die Eiszeittheorie erhalten hatte.

Eislöwen

Zu den wichtigsten Informationsbruchstücken, die mir die Ahnengeister übermittelt hatten, gehörte ein impliziter Zusammenhang zwischen Eiszeiten und astrologischen Zeitaltern des Löwen – ein Zusammenhang, der auch für das Erscheinen der Weißen Löwen in unserer Gegenwart von weitreichender Bedeutung ist.

Dies waren die Worte des Geistführers:

> Wenn der Mensch die Boten des Lichts in seiner Welt zerstört, dann friert er das Bewusstsein ein, und zwar durch Angst. Leider scheint dies ein wiederkehrendes Phänomen auf eurem Planeten zu sein, denn die Menschheit zerstört die Lichtbringer, darunter auch die Weißen Löwen, die Quintessenz der Lichtwesen. Jedes Mal, wenn

das Bewusstsein aufgrund von Angst einfriert, entsteht eine Eiszeit. Nur wenn es einen Herzenswandel durchmacht und wenn das Löwenherz die Erde während eines Löwenzeitalters wieder erwärmt, erlebt ihr das große Auftauen.[2]

Aufgrund ihrer höchst esoterischen Sprache bedurfte es einer gezielten Anstrengung, diese Botschaft zu interpretieren. Zunächst erschien mir die Vorstellung, dass das »Bewusstsein« klimatische Bedingungen beeinflusst, völlig neu – doch dann fiel mir wieder ein, welche Fragen das Erdbeben in der Türkei für mich aufgeworfen hatte. Dem schamanischen Denken zufolge wurde der zweite Aufruhr in der Türkei (politischer Natur) vielleicht durch eine Veränderung des menschlichen Bewusstseins verhindert, die ihrerseits eine Folge der Naturkatastrophe war.

Bald wurde mir klar, dass die Botschaft zwei Schlussfolgerungen bestärkte, die ich erst kürzlich gezogen hatte. Erstens ist das plötzliche Wiederauftauchen des weißen Gens ein Vorbote der bevorstehenden Eiszeit. Und zweitens sind die Weißen Löwen im Zusammenhang mit dem bevorstehenden astrologischen Zeitalter des Löwen von Bedeutung.

Mutwa verknüpfte reale Löwen mit dem himmlischen Sternbild des Löwen, und deshalb war auch ich davon ausgegangen, als ich mich bemühte, die astrologischen Prinzipien der afrikanischen Kosmologie zu verstehen. Ich sah hier auch einen Zusammenhang zu den von westlichen Archäoastronomen gezogenen Schlüssen, dass die Sphinx von Gizeh zu Beginn des letzten Löwenzeitalters gebaut wurde (der Zeitspanne, in der die Konstellation des Löwen während der Frühjahrs-Tagundnachtgleiche hinter der Sonne steht). Dass eine Zivilisation ein großes Löwendenkmal errichtete, um die vorherrschende Himmelskonstellation zu zelebrieren, ergab Sinn. Interessanterweise fiel dieses letzte Löwenzeitalter mit dem Ende der letzten Eiszeit zusammen, dem großen Schmelzen vor etwa 11 500 Jahren, das die warme zwischeneiszeitliche Periode einleitete, die sogenannte Nacheiszeit oder Neuzeit. Laut der modernen Evolutionstheorie beinhaltet dieses Zeitalter die gesamte Entwicklung der menschlichen Zivilisation, und an ihrem Ende leben wir, die modernen Menschen.

Wenn die Sphinx am Ende der letzten Eiszeit gebaut wurde, bedeutet dies, dass die Löwen damals höchstwahrscheinlich weiß waren. Ein weißes Fell hätte in der Gletscherlandschaft einen selektiven Vorteil bedeutet. Der Gedanke, dass die Sphinx nach dem Vorbild eines Weißen Löwen gestaltet wurde – und somit nach der Ursprungsrasse der heutigen ockerfarbenen Löwen –, liefert eine verlockende Wechselbeziehung zwischen Weißen Löwen als Eiszeittiere im Zeitalter des Löwen.

Wesentlich aktueller ist die weiterhin unbeantwortete Frage, warum die Weißen Löwen in unserer Epoche wieder aufgetaucht sind. Die gechannelte Information über die »Menschheit, deren Bewusstsein aus Angst einfriert« wirft ein ganz neues Licht auf das Thema der Weißen Löwen als genetische Vorboten eiszeitlicher Bedingungen. Sie scheint darauf hinzuweisen, dass die Weißen Löwen Frühwarnsignale sind, die uns die Gefahr zum Bewusstsein bringen wollen, dass die tyrannische Einstellung des Menschen zur Natur uns in die nächste Eiszeit zu stürzen droht.

Löwe der Gelehrsamkeit

Obwohl ich sie selbst nicht ganz verstand, war ich entschlossen, dass die Botschaft über die Weißen Löwen und die Eiszeiten, die ich von der spirituellen Ebene empfangen hatte, nicht auf taube Ohren stoßen durfte. Ich nutzte meine Zeit in England, um meine früheren Lieblingsorte in Oxford und Cambridge wieder aufzusuchen, wo ich Ausweise für die wissenschaftlichen Bibliotheken ergattern konnte. Mir war zwar nicht ganz klar, wonach ich eigentlich suchte, aber dafür wusste ich umso besser, wie mühsam und schweißtreibend wissenschaftliche Recherchen normalerweise sind. Umso überraschter war ich, als die idealen Referenzwerke mir praktisch in den Schoß fielen. Es war fast, als sei mein weiser Löwe mit mir in der Bibliothek, als stünde er auf den Hinterbeinen vor den Regalen und zöge mit den Pfoten Bücher, Manuskripte und Zeitschriften heraus, die er mir dann genau in dem Moment, in dem ich sie brauchte, überreichte.

Die Teile des Eiszeit-Puzzles fügten sich eines nach dem anderen zusammen. Innerhalb kürzester Zeit hatte ich alles gefunden, was ich brauchte, um die Wechselbeziehung zwischen der Eiszeit und dem Zeitalter des Löwen zu bestätigen. Ich hatte noch nie eine so erleuchtende wissenschaftliche Recherche erlebt. Fast fühlte es sich an, als würde ich selbst überhaupt keine Arbeit leisten, sondern nur zuhören und mich intensiv auf das konzentrieren, was mir gesagt wurde.

Nach den Gesetzen der Präzession befindet sich die nördliche Halbkugel an der Schwelle des Wassermannzeitalters, während die südliche Halbkugel vor dem Löwenzeitalter steht. Die moderne Wissenschaft hat nun ebenfalls festgestellt, dass es einen Zusammenhang zwischen den Zyklen der Eiszeiten und den Präzessionszyklen und wiederum einen Zusammenhang zwischen der menschlichen Evolution und diesen Eiszeitzyklen gibt. Die Wechselbeziehung zwischen Eiszeiten und Präzession wurde vor fast hundert Jahren von dem jugoslawischen Astronom Milutin Milankowitsch entdeckt. Milankowitschs Präzessionsmodelle der Eiszeiten wurden kürzlich durch unabhängig durchgeführte Forschungen bestätigt, bei denen tief am Grund von Ozeanen erbohrte mikroskopisch kleine Sedimentkerne analysiert wurden.

Viele Evolutionsforscher haben nun einen direkten Zusammenhang zwischen Eiszeitzyklen und menschlicher Entwicklung festgestellt. Das heißt, die menschliche Evolution ist durch Eiszeiten bedingt. Darüber hinaus korrespondieren die evolutionären Ereignisse mit der prähistorischen Löwe-Mensch-Interaktion. Bob Brains Forschungen in den Höhlen von Sterkfontein unterstützen diese wissenschaftlichen Evolutionsmodelle.

Weitere Informationen wurden von den Bücherregalen heruntergereicht und bekräftigten diese Theorie. Meine endgültige Schlussfolgerung war, dass die Weißen Löwen Vorboten einer drohenden Eiszeit im bevorstehenden Löwen-/Wassermannzeitalter waren.

Mein wichtigstes Ziel war nun, mein Buch möglichst ohne weitere Verzögerung herauszubringen – in der Hoffnung, dass es dazu beitragen könnte, ein wenig Einfluss auf die gegenwärtigen Umstände auf unserer Erde und die ökologische und psychologische Krise, in der wir uns befinden, zu nehmen.

Schamanen, die die rasch herannahende Zukunft sehen können, glauben, dass unsere Erde kurz vor einer Katastrophe steht, weil ihre menschlichen Bewohner ein kritisches Ungleichgewicht erzeugt haben. Wenn wir nur unsere Augen und unser Bewusstsein öffnen würden, könnten wir die Ursachen, Gründe und Konsequenzen und ihre Muster ganz klar ausmachen.

Von Löwen zu sprechen, die »vorwarnen«, impliziert, dass sie ein »Bewusstsein« besitzen. Davon bin ich überzeugt. Aber ich glaube, dass es ganz anders ist als das Ichbewusstsein, das den Menschen allzu vertraut ist, vielmehr haben sie das Bewusstsein der Urquelle oder des Schöpfers, gleichzusetzen mit dem solaren *Logos*. Wie die afrikanischen Schamanen nehme ich an, dass die Weißen Löwen Lichtboten sind: Löwen Gottes.

Auf diese Weise wurden mir die Worte des geistigen Meisters allmählich klar: »Wenn der Mensch die Boten des Lichts in seiner Welt zerstört, dann friert er das Bewusstsein ein.« Der schlechte Umgang der Menschheit mit dem Planeten und die Folgen dieser Misswirtschaft haben Angst auf der Erde eingeflößt, und das aus gutem Grund.

Der Gedanke an eine Eiszeit, an eine unmittelbar bevorstehende Apokalypse und globale Katastrophe ist äußerst furchterregend, aber laut der Botschaft der Weißen Löwen sollen wir nicht unserer Angst erliegen. Sie sind hier als ein Symbol, das uns helfen kann, die Angst zu überwinden und das Bewusstsein, das uns in die Zerstörung führt, zu verändern. Als das Symbol des menschlichen Herzens sind sie hier, um uns die Fähigkeit zu lehren, mutig und wahrhaftig löwenherzig zu sein. Wir können uns als Spezies weiterentwickeln – nicht nur physisch, sondern auch spirituell. Wir können die Angst überwinden, wenn wir uns von den Prinzipien des Muts, des Glaubens und der Liebe leiten lassen. Im schamanischen Verständnis ist Liebe der Glaube an eine göttliche Präsenz. Sie ist das Wissen, dass wir nicht allein sind, dass wir alle miteinander verbunden sind, dass wir alle eins sind.

In der Tretmühle unserer Konsumgesellschaft empfinden wir vielleicht Ohmacht angesichts der fortschreitenden Zerstörung unserer Erde. Doch das ist gar nicht so. Ich glaube nicht, dass wir hilflos sind. Sobald wir anfangen, an das Licht in uns zu glauben und diesem Licht zu erlauben, uns zum richtigen Handeln zu führen, werden wir höchst mächtig und effektiv.

Es gibt viele Möglichkeiten, sich aufs Neue zu verbinden. Natürlich müssen wir nicht unbedingt den Löwen als Symbol wählen. Unser Totem könnte auch die Taube sein, die wir auf dem Trafalgar Square füttern, oder die streunende Katze, die wir aus der Gosse retten, oder das Gemüse, das wir in unserem Garten pflanzen, oder sogar der Kristall, über den wir uns freuen, weil sein Licht unser Haus erhellt. Es gibt viele Möglichkeiten, wieder in die Erde und ihren Reichtum zu investieren. Es gibt viele Möglichkeiten, für all die Dinge, die wir bekommen haben, etwas zurückzugeben. Wichtig ist, dass wir anfangen, die Verbindungen zu knüpfen.

Die Wahrheit ist, dass wir sehr wohl etwas daran ändern *können*.

Der erste Schritt besteht darin, uns unseren Ängsten zu stellen und sie zu überwinden. Angst kann uns daran hindern, an unsere eigene innere Leuchtkraft zu glauben. Das Löwensymbol ist keine leblose Bronze- oder Marmorstatue, die die Eingänge unserer Parlamentsgebäude bewacht. Der Löwe lebt. Er lebt im Mut und in der Wahrheit und im Licht von jedem von uns. Wie Christus und all die anderen Avatare des Lichts, die in physischer Gestalt auf diesem Planeten weilten, ist der Weiße Löwe als Leuchtfeuer hier auf der Erde, um uns zu führen, dieses Licht in uns zurückzugewinnen.

Die Geheimnisse des Weißen Löwen führen uns nicht nur zurück zu den evolutionären Ursprüngen unserer Spezies, sondern auch in unsere Zukunft. Ich glaube, dass man uns die seltenste Gelegenheit bietet, die Prinzipien des Goldenen Zeitalters noch einmal zu erleben, in Übereinstimmung mit göttlichen Symmetrien, die sich innerhalb unserer Erde offenbaren – und zwar an der Schwelle des potenziell katastrophalen Löwe-Wassermann-Zeitalters.

Ich glaube, dass die Frage, ob es für das menschliche Leben auf diesem Planeten eine Zukunft gibt, in diesem evolutionären Augenblick davon abhängt, ob die Menschheit die Kraft hat, als Spezies ihr Bewusstsein zu erweitern. Als Hüter der Seelenessenz der Menschheit öffnen uns die Weißen Löwen das Tor zu anderen Dimensionen – vor allem zu der fünften Dimension der spirituellen Seelenentwicklung, wie sie von geistigen Quellen bezeichnet wird.[3] Dies klingt vielleicht esoterisch, aber aufgrund meiner eigenen beschränkten Erfahrungen mit den Wirklichkeiten anderer Dimensionen glaube ich, dass das, was uns heute als übernatürlich erscheint, im Lauf der Zeit ganz normal sein wird – falls wir den Mut haben, den Weg zur spirituellen Evolution der menschlichen Seele einzuschlagen.

Das Sternentier kehrt zu den Sternen zurück

Am 22. August 2000 wurde Ingwavuma als Jagdtrophäe erlegt. Zur Zeit dieser Tragödie hielt ich mich noch in London auf. Ich erinnere mich an eine Nacht voller quälender Träume und danach wusste ich, dass ich nach Timbavati zurückkehren musste. Als ich in Ingwavumas Territorium eintraf, erfuhr ich, was sich in meiner Abwesenheit dort zugetragen hatte.

Nach der vergeblichen Suche nach ihm hatte man die jährliche Abschussquote von Timbavati erreicht, indem man ein unbekanntes herumziehendes Männchen erlegte. Doch die Quote des Vorjahres war noch nicht erreicht. Nach einem längeren Streifzug durch die Wildnis war er in sein Königreich Timbavati zurückgekehrt. Dort wurde er erschossen. Das Bild, das ich empfing, war das von Ingwavuma, wie er direkt auf die Trophäenjäger zuschritt, stolz und herausfordernd, und den Menschen eine Wahl anbot. Und sie zahlten 35 000 Dollar für das Vergnügen, ihn zu töten.

Meine diesbezüglichen Gefühle lassen sich nur sehr schwer beschreiben. Es war, als würde das Licht ausgehen. Mein wichtiges Familienmitglied war erschossen worden, im Stil einer Hinrichtung. Und mit seinem Tod an diesem günstigen Tag war alles, was ich bisher in der Theorie in Erfahrung gebracht hatte, nur allzu real geworden. Er starb am Spätnachmittag, als die Sonne über Timbavati unterging, am letzten Tag des Monats, der vom Sternbild des Löwen regiert wurde, zur Jahrtausendwende. Der Schuss wurde kurz vor 18.00 Uhr abgefeuert. Der Zeitpunkt ist zutiefst ergreifend. Dank meiner Studien der alten Astrologie konnte ich nun feststellen, dass an diesem Tag, und nur an diesem Tag, zu genau diesem Zeitpunkt die untergehende Sonne perfekt nach Regulus ausgerichtet war, dem Herzstern der Löwenkonstellation.[4] Regulus ist der Stern, den Credo Mutwa das Herz des großen Himmelslöwen nannte. Regulus ist der Stern, den Adrian Gilbert mit Jesus Christus identifizierte. Sowohl Mutwa als auch Gilbert bestimmen diesen einzigartigen Augenblick, in dem die Sonne Regulus passiert, als Symbol für die Geburt oder den Tod eines Löwenkönigs. Und folglich die Entstehung oder den Untergang eines Königreichs auf Erden.

Dies war die Bestätigung dafür, dass mein großer Timbavati-Löwe tatsächlich heilig war. Ich weinte, weil er auf Erden unter so schrecklichen und allzu realen Umständen leiden musste, damit ich seinen himmlischen Rang begreifen konnte. Ingwavumas Bedeutung als Sternentier stand über den ganzen Himmel geschrieben. Und was mich anging: Ich hatte meinen Schutzengel verloren, den goldenen Löwen mit unsichtbaren Flügeln, der die zukünftigen Sternenlöwen von Timbavati zeugen sollte.

27

DER LÖWE VON JUDA

Unsere tiefste Angst ist nicht, dass wir unzulänglich sind, unsere tiefste Angst ist, dass wir unermesslich machtvoll sind. Es ist unser Licht, das wir fürchten, nicht unsere Dunkelheit.

– Nelson Mandela (aus seiner Antrittsrede)

In meiner Verzweiflung und Trauer suchte ich bei Gareth Patterson Trost. Während der letzten beiden Jahre hatten wir viel Zeit damit verbracht, Ideen auszutauschen. In seinem tapferen Kampf für den Schutz der Löwen hatte er sich stets auf seine eigenen Erfahrungen mit Löwen bezogen. Nach unseren vertraulichen, herzlichen Gesprächen hatte er nun den Mut, seine spirituellen Erfahrungen mit Löwen zum ersten Mal der Öffentlichkeit zu präsentieren.

In seiner Anteilnahme an Ingwavumas Tod versuchte Gareth, mich mit den liebevollen Worten zu trösten: »Ich kann dir nur sagen, dass dein Löwe als Führer bei dir bleiben wird.«

BOTSCHAFT VON INGWAVUMA

Meine Trauer war umso tiefer, weil ich wirklich geglaubt hatte, Ingwavuma sei beschützt. Verzweifelt und verwirrt versuchte ich, Jackie Te Braake zu kontaktieren und um eine Sitzung zu bitten. Leider war sie gerade nicht da, deshalb musste ich mich an ein Medium in Kapstadt wenden, dem ich noch nie begegnet war. Ich hatte von verschiedenen Seiten gehört, dass sie auf ihrem Gebiet gut war, und teilte ihr wie üblich zunächst keinerlei Informationen über mich mit. Als ich ankam, erklärte ich einfach, dass ein Verwandter von mir gestorben sei und dass ich wissen wollte, ob er eine Botschaft für mich hatte, und nannte ihr den Namen Ingwavuma.

Nach einer kurzen Meditation fing sie an, mir meinen Verwandten zu beschreiben. Sie sagte, sie sähe einen majestätischen und sehr weisen Mann, der auf einem hohen Felsen stand und über sein Land blickte. Er sähe aus wie ein großer Häuptling oder König und hielte irgendeinen Stab in einer Hand. Dann beschrieb sie sein stolzes Gesicht, es sei bedeckt »mit sehr vielen ockerfarbenen Barthaaren« – und nun musste ich trotz meiner Trauer lachen und rief, dass sie in Wirklichkeit über einen Löwen sprach. Sie lachte ebenfalls. Sie hatte natürlich angenommen, dass ich einen menschlichen Verwandten gemeint hatte.

Dann wurde die Sitzung wieder ernst. Da sie nun wusste, dass sie einen Löwen vor sich sah, war das Bild klarer. Sie sah, wie Ingwavuma durch die Steppe lief und dann mit einem tiefen Knurren direkt auf die Jägergruppe zutrottete, als wollte er sagen: »Also gut, ich bin bereit. Gebt euch Mühe.«

Diese Einzelheit bewegte mich tief. Sie gab zu verstehen, dass er irgendwie seinen Tod vorhergesehen und akzeptiert hatte. Plötzlich erinnerte ich mich an Mutwas Worte, dass Tarnung ein Werk der Seele sei. Dies impliziert, dass die Seele eines Tieres, das für seine Jäger sichtbar wird, sein Schicksal gewählt hat. So schwer es mir auch fiel, diese Version der Wahrheit zu akzeptieren – ich verstand nun, dass Ingwavuma auf der Seelenebene bereit gewesen war, sich um der Menschheit willen zu opfern.

Mein Löwe hatte tatsächlich eine Botschaft für mich. Sie lautete: »Trauere nicht um mich, Geliebte. Du hast viel zu tun, Lichtarbeiterin. Ich bin immer bei dir.«

Ich trauere immer noch jeden Tag um Ingwavuma, aber ich setze die Arbeit fort in der Überzeugung, dass ich etwas verändern kann. Und was den Tod meines Löwen angeht, erinnere ich mich an die zutiefst beunruhigende Information zum Thema Löwenjagd, die ich über schamanische Quellen empfangen hatte: »Für jeden getöteten Löwen geht die Seele eines Menschen verloren.«

Was mit dieser Äußerung ausgedrückt wird, bezieht sich auf die ewige Verdammnis. Es hat nicht nur mit der groben Gerechtigkeit nach menschlicher Art zu tun: Auge um Auge, Zahn um Zahn. In dieser Wechselbeziehung geht es um eine *Seele* für ein *Leben*: eine Menschenseele für ein Löwenleben. Diese Gewichtung der Waagschalen klingt nach göttlicher Gerechtigkeit.

Da Schamanen die Schwelle zwischen dieser Welt und der geistigen Welt überschreiten können, ist der Tod für sie an sich kein Thema. Schließlich ist die Natur selbst ein ständiger Kreislauf von Geburt, Fortpflanzung und Tod. Der Tod ist somit ein natürlicher Teil des Lebens und der Wiedergeburt. Wenn wir den Tod in unserem Leben verdrängen, beweist dies nur, dass wir uns von der Wirklichkeit abgeschnitten haben. Sicher ist, dass wir alle früher oder später sterben werden. Die Frage, die sich stellt, ist: Was geschieht mit unseren Seelen? Die Schamanen wissen, dass alles, was in der wirklichen Welt existiert, eine Seele besitzt und dass deshalb letzten Endes nichts stirbt. Ich weiß, dass Ingwavuma nicht gestorben ist. Er lebt immer noch. Er führt mich noch immer von der geistigen Welt aus. Die Tragödie ist, dass eine Menschenseele durch die Tötung Ingwavumas gestorben ist.

Unsere ältesten Moralgeschichten lehren uns, dass wir unsere Seele verlieren, wenn wir sie verkaufen. Wenn wir uns an die Finsternis statt an die Erleuchtung verkaufen, dann werden wir in ewiger Dunkelheit existieren. Und wenn wir den Sonnengott töten, dann töten wir die Sonne in unserem Leben und unsere Seele stirbt mit der sterbenden Sonne.

Was die Zukunft betrifft: Ich weiß, dass etliche von Ingwavuma gezeugte Löwenwelpen in Timbavati weiterleben. Einige haben eine erstaunlich helle Farbe. Ein Paar hat grüne Augen. Das bedeutet wohl, dass sie das weiße Gen tragen.

Ich glaube, dass die Weißen Löwen eines Tages in ihr rechtmäßiges Königreich Timbavati zurückkehren werden. Aber ich glaube nicht, dass sie sich uns Menschen noch einmal zeigen werden. Zumindest nicht, solange das menschliche Bewusstsein nicht bereit ist, sich weiterzuentwickeln, und solange wir Menschentiere nicht willens sind, unsere Herzen der wahren Bedeutung zu öffnen, die uns die Weißen Löwen nahebringen.

LÖWE UND LAMM VON JUDA

In den Monaten, die auf Ingwavumas Tod folgten, unternahm ich eine Pilgerreise nach Legogotsi, dem Löwenberg über dem Weißen Fluss. Er liegt neben einer Region namens Jerusalem, und die Legenden der Swazi-Ältesten besagen, dass Legogotsi mit der Kreuzigung Christi assoziiert wird.[1] Auf dem Gipfel des vulkanischen Löwenbergs, zwischen uralten Buschmann-Felsmalereien, stieß ich auf eine christliche Missionsschule. Dort lernte ich einen Mann namens Dr. Johannes Malherbe kennen; er war der Leiter dieser Einrichtung und entpuppte sich als sehr gebildeter und aufgeklärter Mensch.

Ich hatte Jesus immer mit der Idee des Lamms in Verbindung gebracht. Während auf das Symbol des Lamms (sowie des guten Hirten) häufig zurückgegriffen wird, denn es weckt sanfte, gütige Vorstellungen und wir können es leicht einordnen, sind in Wirklichkeit die Ursprünge Christi eindeutig löwenhafter Natur. Darauf wird in der Bibel sehr oft hingewiesen.

Malherbe zeigte mir die Bibelstellen, die Christus mit dem Löwen gleichsetzen. Die Bibel sagt, dass Jesus aus dem Stamm Juda stammt. Im 1. Buch Mose wird erklärt, dass die Menschen vom Stamm Juda das Löwenvolk sind. Jakob sagt über seinen geliebten Sohn: »Juda ist ein junger Löwe. Du bist hoch gekommen, mein Sohn, durch große Siege. Er ist niedergekniet und hat sich gelagert wie ein Löwe und wie eine Löwin; wer will sich wider ihn auflehnen? Es wird das Zepter von Juda nicht entwendet werden...«[2] Jakob war der Vater Judas, aus dessen Blutlinie König David geboren wurde, der seinerseits König Salomo zeugte. In späterer Zeit wurde aus dieser Linie Joseph geboren, »... den Mann Marias, von welcher ist geboren Jesus, der da heißt Christus«.[3] Diese Genealogie Jesu aus dem jüdischen Löwenstamm David wird in der Bibel immer und immer wieder angeführt.

Die Frage ist also: Wenn wir Jesus Christus nicht im *wörtlichen* Sinn als Sohn Gottes, den Löwen von Juda und den König aller Könige verstehen, wie sollen wir ihn dann begreifen? Als normalen Sterblichen?

Die Bibel erklärt eindeutig, dass Jesus Christus sowohl Mensch als auch Gott ist. Die vier Evangelisten stellen diese Frage viermal und beantworten sie auch viermal. Jeder von einer anderen Warte aus, stellen Matthäus, Markus, Lukas und Johannes dieselbe Frage: Wenn Jesus der Sohn Davids aus der Löwenlinie Juda war, wie kann er dann zugleich der Sohn Gottes sein?

Alle vier Evangelisten kommen zu demselben Schluss: Jesus ist sowohl der Sohn Gottes als auch der Menschensohn.[4]

Im Buch der Offenbarung wird Jesus Christus selbst zitiert; er sagt: »Ich, Jesus, ... bin die Wurzel des Geschlechts David, der helle Morgenstern.«[5]

STERNENGÖTTER

Wir sind in der Natur von bedeutungsvollen Symbolen umgeben. Das Dumme ist, dass die meisten von uns nicht mehr wissen, wie man sie auslegt, oder, was noch schlimmer ist: Die meisten sehen sie gar nicht mehr. Bezeichnenderweise wurden Kindergeschichten auf der ganzen Welt vom Symbol des Weißen Löwen als leitendem Licht für unsere zukünftigen Generationen inspiriert. Wir Erwachsenen können sie, wenn wir wollen, als Kindermärchen abtun – oder wir können uns dafür entscheiden, die Wahrheit in ihnen zu erkennen, die auf geschickte Weise als Geschichten verkleidet wurde, an die Kinder (noch unbeeinflusst von unserer künstlichen Welt) nach wie vor glauben.

In C. S. Lewis' berühmtem Kinderbuch *The Lion, the Witch, and the Wardrobe* (dt.: »Der König von Narnia«) steckt zum Beispiel eine tiefe Botschaft für unsere Kinder, die wir Erwachsenen anscheinend vergessen haben. In Lewis' Geschichte hat Aslan, der Löwe, christusähnliche Assoziationen. Der Löwe symbolisiert das Licht und die Hexe die Finsternis, während der Schrank als ein Mittel zur Veränderung (oder Entwicklung) verstanden werden könnte: die schamanische »fünfte Dimension«, durch die die Menschheit reisen muss, um den Pfad der Seele zu erreichen.

Entsprechend braucht der Löwe im *Zauberer von Oz* ein Herz, das ihn mit Lebenskraft erfüllen soll. In dem alten deutschen Märchen *Die wahre Braut* erscheint ein strahlender Weißer Löwe als engelhafte Wächtergestalt, als die Prüfungen und Gefahren des Lebens die Heldin zu überwältigen drohen. In einem weiteren Kinderbuch namens *Der Schmetterlingslöwe* wird ein echter Weißer Löwe treffenderweise sogar zu einem Geistwächter.[6]

Es genügt nicht, dass wir Erwachsenen dieses immer wieder aus dem menschlichen Bewusstsein auftauchende Symbol als »Archetyp« bezeichnen und die Sache damit auf sich beruhen lassen. Nur wenn wir befriedigende Antworten darauf finden, warum dieser Archetyp so tief in unseren Erinnerungen verwurzelt ist und woher er ursprünglich stammt, werden wir die Wahrheit finden. Der Löwe als Sonnengott oder Sternentier ist ein Teil unseres kollektiven Unterbewusstseins und manifestiert sich in der ganzen Welt, denn dieses Symbol hat Bedeutung und Gültigkeit. Es wird nicht einfach verschwinden.

Ich hatte zwar lange gebraucht, um aufzuwachen, aber Ingwavumas Tod hatte mich aus meiner Unbewusstheit herausgerissen. Auf dem Löwenberg Legogotsi gab ich das stumme Versprechen, nie wieder eine Botschaft zu übersehen, die mir die Natur übermittelte.

Die Präsenz des ursprünglichen Schöpfergottes manifestiert sich in der gesamten ursprünglichen Schöpfung: der Natur. Gott lebt in allen wilden und wundervollen Lebewesen, die diesen Planeten bevölkern. Gott lebt in den Weißen Löwen und manifestiert seine Gegenwart durch sie.

Wir dürfen nicht vergessen, dass Jesus direkt mit der Tier- und Pflanzenwelt und den Naturgesetzen verbunden ist – im Gegensatz zu so vielen von uns, die sich von der Welt der Natur entfremdet haben. Als Jesus vierzig Tage in der Wüste verbrachte, war der Sohn Gottes »bei den Tieren, und die Engel dienten ihm«.[7] Christus war eins mit der Natur. Tatsächlich wird das Wort *Logos* (Gottes Gesetz auf Erden, das Naturgesetz) als der Titel Christi benutzt.[8]

Wir alle kennen die Beschreibung Jesu als das »Opferlamm Gottes, das die Welt von ihren Sünden befreit«. Aber auch wenn das Lamm das sanftmütige, freundliche Bild eines Christus ist, mit dem wir uns wohl fühlen, sollten wir nicht die Augen vor seinen wahren gottesgleichen löwenhaften Fähigkeiten verschließen. Johannes Malherbe war der Meinung, dass nur der gläubigste Christ in der Lage sei, mit der Vorstellung von Jesu als Löwe umzugehen. In seinem Gedicht »Der Tiger« kämpft William Blake mit der Vorstellung, dass derselbe Gott, der das Lamm schuf, auch die »schreckliche Symmetrie« der Raubkatze hervorbrachte. Sowohl das Lamm als auch der Löwe sind Lichtsymbole, aber Christus als Löwengott mag manch einem Angst und

Jesus, umgeben von der Vielfalt der Natur. Basiert auf mittelalterlichen Manuskripten, die veranschaulichen, dass die Christusfigur eins mit der ganzen Schöpfung ist. Auf der einen Seite wird er von dem Löwen und auf der anderen Seite von dem Lamm flankiert.

Schrecken einjagen – denn dies beinhaltet die Macht zu zerstören. Doch wir sollten der Wahrheit ins Auge sehen: Gottes Gericht wird in der Bibel häufig mit einem Löwenangriff verglichen.[9]

In der Offenbarung des Johannes, dem letzten Buch der Bibel, werden wir angewiesen: »Weine nicht! Siehe, es hat überwunden der Löwe, der da ist vom Geschlecht Juda, die Wurzel Davids, aufzutun das Buch und zu brechen seine sieben Siegel.«[10]

Dies korrespondiert direkt mit dem 1. Buch Mose, wo Jakob seinen Sohn Juda als jungen Löwen bezeichnet und prophezeit: »Es wird das Zepter von Juda nicht entwendet werden.«[11] Doch kein Löwe, sondern vielmehr ist es das Opferlamm, das die sieben Siegel öffnet. Johannes prophezeit über das Zerbrechen der Siegel: »Und ich sah, und siehe, mitten zwischen dem Stuhl und den vier Tieren und zwischen den Ältesten stand ein Lamm, wie wenn es erwürgt wäre.«[12]

Dieses Lamm ist natürlich Christus, der Löwe von Juda, der letztlich den Löwen und das Lamm, das Raubtier und das Beutetier, miteinander versöhnt, denn in ihm sind alle eins.

In der Bibel wird prophezeit, dass am Ende der Welt das Lamm Gottes aussieht, »wie wenn es erwürgt wäre«. Doch ich wusste nur allzu gut, dass es in unserer Zeit nicht nur das Lamm ist, sondern auch der Löwe Gottes selbst, der heilige Weiße Löwe von Timbavati, der der menschlichen Habgier zum Opfer fällt.

Auf dem Ölberg beschreibt Jesus seinen Jüngern das Ende der Welt. Seine Worte werden viermal berichtet, in allen vier Evangelien. Als seine Jünger ihn fragen, woran sie die »Wiederkunft« erkennen sollen, erklärt er, dass es »viele Betrüger und viele falsche Propheten« geben wird. Er spricht davon, dass sich ein Volk gegen das andere erheben wird und ein Königreich gegen das andere, und erwähnt Erdbeben und Hungersnöte. Er erwähnt auch den Propheten Daniel und seine apokalyptischen Träume.[13]

Christus, der Löwe von Bethlehem

Kurz nachdem ich die Missionsstation auf dem Legogotsi verlassen hatte, erhielt ich eine weitere Botschaft über die Weißen Löwen, die meines Erachtens von höchster Wichtigkeit war. Es wäre Anmaßung, mir einzubilden, dass mein eigenes Bewusstsein eine Rolle bei den Ereignissen einnahm, die sich nun um die Weißen Löwen herum abspielten.

Ich erhielt die Nachricht, dass in Bethlehem – das heißt in Bethlehem, Südafrika – etwa zwei Jahre zuvor ein Weißer Löwe geboren worden war.

Ich wusste schon lange von den Löwenzuchtcamps im Free State in Südafrika. Nun erfuhr ich, dass ein weißes Männchen aus dem ursprünglichen Timbavati-Bestand in einem dieser Camps in der Stadt Bethlehem bei Clarens gefangen gehalten wurde.[14] Da ich geschworen hatte, nie mehr einen Hinweis zu missachten, den mir die Natur schickte, entging mir keineswegs die heilige Symbolik eines in Bethlehem geborenen Löwen.

DIE WIEDERKUNFT

Von Sterkfontein nach Bethlehem, von der Wiege der menschlichen Spezies zum namensgleichen Ort der Geburt Christi – dies erschien mir als eine wahrhaft unglaubliche aus dem Leben gegriffene Geschichte, die auf das Kommen des neuen Messias anspielte. Ich wusste, dass das Wort *Christus* dasselbe bedeutet wie das Wort *Buddha* oder *Quetzalcoatl*, der weiße Gott der Anden: der Erleuchtete. Dieselben heiligen Assoziationen gelten für die Weißen Löwen als Träger der Erleuchtung. Für mich war die Ankunft des Weißen Löwen in Bethlehem eine Verlautbarung, dass die legendären Erleuchtungsträger der alten Schriften kein Mythos sind, sondern lebendige Wirklichkeit.

Die Stadt Bethlehem im Free State liegt in den Ausläufern der Drakensberge. Aufgrund ihrer Höhenlage ist Bethlehem oft die kälteste Stadt Südafrikas. Manchmal schneit es dort mitten im Sommer, nämlich zur Weihnachtszeit. Der Gedanke an einen Weißen Löwen im Schnee zur Weihnachtszeit, wenn in Bethlehem, Südafrika und auf der ganzen südlichen Halbkugel Sommer herrschte, war höchst unwahrscheinlich – und doch irgendwie passend. Man nennt die Gegend in perfektem Einklang mit der Goldsymbolik der Weißen Löwen das Goldene Tor; und sie gilt als eine der reichsten Fundgruben von Buschmann-Malereien im ganzen Land. Die Berge sind mit schamanischen Raubkatzen-Botschaften übersät. Erfüllt vom wahren Geist der Verbundenheit von Mensch und Tier, zeigen Buschmann-Malereien in den umgebenden Bergen Raubkatzen, die menschliche Figuren überlagern, und umgekehrt menschliche Figuren, die Raubkatzen überlagern, fast als würden sie das Löwe-Mensch-Ereignis voraussagen, das sich hier später abspielen sollte.[15] Tatsächlich befinden sich die wichtigsten aller Löwenschamanen-Malereien (von Coerland und Clocolan) in den Bergen, die Bethlehem umgeben.[16]

Doch nicht alles, was glänzt, ist auch Gold. In Wirklichkeit ist Bethlehem das schwarze Herz der Löwengatterjagd in Südafrika.

Wie zum Hohn seines Namens ist der sogenannte Free State ein Gefängnis für wilde und wundervolle Wesen. Löwen, die in Bethlehem im Free State zur Welt kommen, sind weder frei geboren noch dürfen sie frei sterben. Sie sind in Freigehegen eingesperrt und zum Abschuss für Trophäenjäger freigegeben.

Der Besitzer der Farm, auf der der Weiße Löwe geboren wurde, stilisiert sich selbst als eine Art »Rambo« und ist ein allseits bekannter Löwentrophäenzüchter und -jäger.[17] Er meinte, das weiße Gen sei hier aufgetaucht, weil er Glück gehabt hatte. Er hatte tatsächlich nicht vorher wissen können, dass die ockerfarbenen Löwen, die er angeblich von einer »Zuchtfarm« außerhalb von Timbavati gekauft hatte, das Gen trugen. Während unserer häufigen Diskussionen schwärmte er mir gegenüber ganz offen von seiner Liebe zur Jagd vor. Die ganze Situation ist total paradox. Auf der Titelseite der Werbebroschüre für sein Jagdhotel prangt ein majestätisches Bild von Zeus, dem Vater der Weißen Löwen von Bethlehem. Auf der Rückseite derselben Broschüre sieht man seine lächelnde Tochter mit einem Löwenjungen im Arm und darüber steht: »In der Jagdsaison veranstalten wir Trophäen- und Biltong-Jagden. Unsere hervorragenden Schlachteinrichtungen stehen Ihnen zur Verfügung.« Er drückt echte Zuneigung zu den Löwen aus, die er selbst aufgezogen hat – aber er liebt das Geld noch mehr. Es macht ihm nichts aus, Löwenwelpen direkt nach ihrer Geburt der Mutter wegzunehmen, sie dann zusammen mit seinen Töchtern in seinem Haus mit der Flasche aufzuziehen und sie schließlich in das Freigehege zu sperren und zu verkaufen, sodass sie als Trophäen abgeschossen werden. Warum sollte es ihm etwas ausmachen? Er lebt in einer Gesellschaft, die dazu neigt, in wilden Tieren einen potenziellen finanziellen Gewinn zu sehen, in einem Land, dessen Gesetzgebung die Löwenjagd ausdrücklich genehmigt, in einer Welt, in der Menschen von überallher anreisen und Geld für das Töten von Löwen bezahlen, um sich daraufhin nicht etwa als »Mörder« zu bezeichnen, sondern als »Helden«.

Der Farmbesitzer aus Bethlehem nannte seinen Weißen Löwen »Rambo«. Doch von seinem Wärter, einem sanften Mann, der bei der Aufzucht half, wurde dieser spezielle Weiße Löwe in »Aslan« umgetauft.

Dann erfuhr ich, dass Tendiles Besitzer entschlossen war, sie mit Aslan zu paaren, denn eine Paarung von zwei Weißen Löwen garantiert einen ganzen Wurf kostbarer Weißer Löwenwelpen. Diese Vorstellung verursachte mir Albträume. Meine schlimmste Befürchtung war, dass man Tendile erst zur Aufzucht benutzen und dann als Trophäe abschießen würde. Wenn ich daran dachte, dass man sie umbringen würde, war mir, als hätte man die Sonne ausgeschaltet. Im vergangenen Jahr hatte ich sie häufig in ihrem Gehege bei Sterkfontein besucht. Ich streichelte sie und spielte mit ihr, als sei sie eine große Hauskatze, aber ich machte mir dabei keine Illusionen: diese Weiße Löwin hatte das gottgegebene Recht, Leben zu geben und zu nehmen. Der Mann, der bei der Aufzucht von Aslan in Bethlehem half, schildert etwas Ähnliches: Er beschreibt, dass er das Gehege betrat und sich plötzlich wie am Boden festgenagelt wiederfand, völlig bewegungsunfähig durch das volle Gewicht Aslans, der auf ihm stand. Er starrte direkt in die laserblauen Augen des riesigen Löwen und sah, wie sich die Entscheidung zwischen Leben und Tod darin spiegelte, bevor der große Weiße Löwe anfing, sein Gesicht mit seiner rauen Zunge zu lecken.

Die Weißen Löwen von Bethlehem tragen den solaren *Logos*, Gottes Gesetz, in sich. Und doch gibt es immer noch blinde, ignorante Menschen, die ihren Zorn herausfordern. Ich glaube nicht, dass der Schöpfer die Geburt seiner Löwen im gottverlassenen Land der Löwentrophäenjagd erlaubte, weil *Homo sapiens* beschloss, sie dort zu züchten. *Er schickte seine Löwen Gottes nach Bethlehem*, um uns Licht zu bringen. Um zu begreifen, warum diese Erleuchtungsträger genau dort geboren wurden, sollten wir uns daran erinnern, dass die Weißen Löwen nicht nur das gewinnsüchtige rabenschwarze Herz der Trophäenjäger anleuchten, sondern auch das geschwärzte Wertsystem der Menschheit.

Gott hat uns die Wahl leicht gemacht: Er sandte uns ein magisches, in der Natur geborenes Geschöpf von fantastischer Schönheit und majestätischem Mut als Bote. Entscheiden wir uns nun dafür, die Geschöpfe der Erde zu schützen oder sie zu vernichten und als Trophäen an die Wand zu hängen?

Baby von Bethlehem

Im ersten Jahr des neuen Jahrtausends kam ein weiterer Weißer Löwe auf einer Trophäenzuchtfarm im Free State zur Welt, diesmal ein Weibchen. Sie wurde am Weihnachtstag in Bethlehem geboren.

Während einer meiner ersten Begegnungen mit Mutwa hatte mir mein Lehrer erklärt, dass die langen Geschichten in der mündlichen Überlieferung der Sanusis kein Ende haben. Als er mir zum ersten Mal die Geschichte der Weißen Löwen anvertraute, schien es, als hätte Mutwa eine Schriftrolle aus seinem Gedächtnisspeicher ausgewählt und von der Vergangenheit bis zur Gegenwart aufgerollt – und da lag sie nun, bereit, sich in die Zukunft hinein weiter aufzurollen. Nun fühlte ich deutlicher als je zuvor, dass ich ein Teil der sich aufrollenden Schriftrolle war, die von der Legende der Weißen Löwen berichtet.

Als ich Marah, dieses kleine Löwen-Lamm, nur wenige Tage nach ihrer Geburt in meinen Armen hielt, schloss ich einen feierlichen Pakt mit ihr: dass ich nicht ruhen würde, bis ich sie aus dem Gatterjagdcamp befreit und in das Land zurückgebracht hätte, das ihre angestammte Heimat ist: Timbavati.

Ich glaube, dass die Ankunft dieser prophetischen Löwin das Werk eines göttlichen Schöpfers ist, der heute und zu allen Zeiten in allen Belangen der Menschheit allgegenwärtig ist. Wir alle kennen die Ereignisse, die sich vor zweitausend Jahren in Bethlehem abgespielt haben und in der Kreuzigung des Gottessohnes gipfelten – es bleibt abzuwarten, wie die Menschheit die heutigen Löwenkinder Gottes behandeln wird. Unser eigenes Verhalten der Erde und allen Geschöpfen Gottes gegenüber besiegelt unser Schicksal.

Als er nach Gottes größtem Gebot gefragt wurde, antwortete Jesus:

> »... der Herr, unser Gott, ist ein einiger Gott; und du sollst Gott, deinen Herrn, lieben von ganzem Herzen, von ganzer Seele, von ganzem Gemüte und von allen deinen Kräften.« Das ist das vornehmste Gebot. Und das andere ist ihm gleich: »Du sollst deinen Nächsten lieben wie dich selbst.« Es ist kein anderes Gebot größer denn diese.[18]

Wir Menschen vergessen, dass unser »Nachbar« nicht einfach das Mitglied der Spezies *Homo sapiens* ist, das nebenan auf der anderen Seite des Zauns lebt. Unser »Nachbar« ist jede einzelne wunderbare Schöpfung – Pflanze, Tier und Mineral –, die gemäß dem Naturgesetz und Gottes Willen diesen Planeten mit uns teilen soll. Im großen Lebenskreis sind wir alle miteinander verbunden, sind wir alle eins.

Es ist an der Zeit, dass wir anfangen uns zu erinnern. In Übereinstimmung mit den ältesten Prinzipien des Christusbewusstseins ist die symbolische Botschaft der Weißen Löwen rein und einfach und wird aus purer Liebe überbracht. Die Botschaft des Weißen Löwen ist wie immer die gleiche: Rettet die Welt.

RETTER DER WEISSEN LÖWEN

Über die Endzeit sagt Jesus: »Bald aber nach der Trübsal derselben Zeit werden Sonne und Mond den Schein verlieren, und Sterne werden vom Himmel fallen, und die Kräfte der Himmel werden sich bewegen.«[19] In dieser prophetischen Zeit werden sich die Ereignisse auf Erden sehr deutlich am Himmel manifestieren. Jesus sagt uns: »Und alsdann wird erscheinen das Zeichen des Menschensohnes am Himmel.«[20]

Für mich signalisierte Ingwavumas Tod den Untergang eines Königreichs auf Erden mit einem unheilvollen Nachhall der prophetischen Worte Christi über die Zeichen am Himmel, die dem Ende der Welt vorangehen. Erdbeben sind frühe Warnsignale, dass wir nicht die Herren dieses Planeten sind, so sehr wir auch das Gegenteil glauben möchten. Wir mögen glauben, dass wir die Macht des Königs der Tiere in von Menschenhand gemachten Gehegen kontrollieren können. Wir mögen glauben, dass wir die heiligen Kinder des Sonnengottes als ausgestopfte Trophäen züchten können. Wir mögen glauben, dass wir die Genetik manipulieren können. Doch mit solchen Überzeugungen werden wir vollkommen irregeführt. Wir können die Natur nicht beherrschen: Die Natur ist eins mit Gott, dem Herrn.

Manchmal mache ich mir Gedanken über den Trophäenjäger, der Ingwavuma getötet hat, und darüber, was ihn veranlasste, diese Grausamkeit zu begehen. Seine Entscheidung war offensichtlich eine bewusste gewesen, aber zugleich eine ohne Bewusstsein. Ob er es weiß oder nicht, aber er trägt das Blut meines Löwen in seiner Seele.

Wenn ich Schmerz und Wut angesichts der Behandlung dieses großen Königs und seiner königlichen Linie empfinde, erinnere ich mich jedoch an Ingwavumas Botschaft an mich, nicht Trübsal zu blasen und nicht zu trauern, sondern mich wieder auf den Weg zu machen und die Lichtarbeiter in dem zu unterstützen, was, wie ich inzwischen glaube, ein großer Plan auf Erden ist. Mir ist klar, dass es mir als Löwin Gottes nicht zusteht, ein Urteil zu fällen. Das überlasse ich in aller Demut einer höheren Macht.

Zur Zeit der ersten Veröffentlichung dieses Buches im Jahre 2001 war die Situation im Hinblick auf Raubtierzucht und -jagd in Südafrika düster und die Behandlung der kostbarsten Tiere der Erde war zumindest verwerflich. Jetzt, im Jahre 2010, wenn dieses Buch als Neuauflage erscheint, ist die Situation irgendwie besser – und irgendwie schlechter. Nach einem über zehnjährigen Feldzug zusammen mit anderen Tierrechtsgruppen und Naturschützern war ich erleichtert, als die südafrikanische Regierung 2009 schließlich die Löwengatterjagd verbot. Aber bis dahin wurden Tausende von Löwen für den Abschuss gezüchtet, und über ihr Schicksal muss noch entschieden werden. Eingedenk der schamanischen Ansicht, dass für jeden getöteten Löwen eine menschliche Seele verloren geht, bleibt uns die düstere Aussicht auf eine seelenlose Gesellschaft.

Jedoch im Laufe des vergangenen Jahrzehnts haben sich viele, viele Tausende von Menschen einer aufgeklärten und verantwortlichen Lebensweise in Liebe und Respekt für Mutter Erde verschrieben, und sie folgen aktiv dem Weg ihrer Seele.

Die Botschaft der Weißen Löwen – die Botschaft der Natur – entfaltet sich genau in diesem Augenblick. Sie ist strahlend. Sie ist großartig. Und es ist nicht zu spät.

Wir alle wissen, was nötig ist. Wir müssen die Weißen Löwen schützen, so wie wir alle Lebensformen auf unserem Planeten schützen müssen. Wir müssen aufhören, unserem Planeten zu schaden. Wir müssen endlich die Zeichen sehen, die uns in jedem einzelnen Aspekt unserer natürlichen Welt gezeigt werden. Wir müssen aufhören, das Leben ausschließlich vom finanziellen Standpunkt zu betrachten, denn letzten Endes sind materielle und spirituelle Werte ein und dasselbe. Wir müssen endlich für den Zustand unserer Erde Verantwortung übernehmen. Wir müssen aufhören, blindlings in unseren selbst verursachten Untergang hineinzulaufen. Wir müssen einen Augenblick innehalten – und endlich aufwachen.

Unser Weg zur spirituellen Evolution ist leuchtend klar. Wir alle müssen unsere eigene, einzigartige Reise zur Erleuchtung antreten. Wir leben an der Schwelle einer evolutionären Veränderung, und das bedeutet, dass neues Terrain betreten wird und ein neues Bewusstsein erwacht. Die Wahrheit ist von allergrößter Wichtigkeit – wir haben kein Dogma, kein Patentrezept und keine falschen Maßstäbe, denen wir folgen können. Alles, was wir haben, ist die Wahrheit in unseren Seelen. Ich glaube, die meisten Menschen möchten lieber dem Licht folgen und die Erde heilen, statt sie zu zerstören, aber wir haben nicht den Mut, das Löwenherz, unserer individuellen Wahrheit auf dem Weg zur Erleuchtung zu folgen. Wenn wir unserer Furcht nachgeben, vergraben wir unser »Gold« unter dem falschen Wertsystem unserer Gesellschaft und versuchen, uns damit zu trösten, dass wir keinen Einfluss darauf haben, was in der Welt geschieht, und auch nicht dafür verantwortlich sind.

Potenziell haben wir alle die Kraft des Lichts in uns. Der allererste Schritt besteht darin, unsere Ängste zu überwinden. Dann werden unsere Herzen die Richtung weisen.

Wenn wir uns nicht nach den Kräften des Lichts, des Sonnenlichts, der Lichtenergie ausrichten, die allen Geschöpfen und Lebensformen auf dieser Erde den Atem des Lebens verleihen, dann richten wir uns nach der Finsternis aus. Wenn wir in unserem individuellen Leben die heilige Geometrie und die heiligen Prinzipien des Gleichgewichts und der Harmonie mit den Naturgesetzen der Sonne, dem solaren *Logos*, nicht wiederherstellen, steuern wir zwangsläufig auf entsetzlichen Aufruhr und Chaos zu. Die kosmischen Gesetze unseres Universums sind sinnvoll und vollkommen logisch, wir Menschen sind es vielmehr, die ihre göttliche Logik verloren haben.

In der dunklen und schwierigen Zeit, die uns bevorsteht, gibt es zwei Wahrheiten, die wir auf unserer Suche nach goldener Erleuchtung nie vergessen dürfen. Der Löwe ist das Symbol der Seelenessenz der Menschheit. Und die Seele ist ewig.

NACHSATZ

Und der Sonnengott sprach: »Du bist nicht mehr am Leben, Mbube, aber du sollst bis zum Ende der Zeit hier zwischen den Sternen bleiben. Die wirst eins sein mit den Sternen und das Schicksal vieler Menschen auf der Erde bestimmen.

– Credo Mutwa, über die Entstehung der Löwenkonstellation am Himmel

Anfang des neuen Jahrtausends nahmen Credo Mutwa und ich unseren Kontakt wieder auf. Wir stehen in beständiger, enger Verbindung zueinander. Es besitzt nun ein kleines Stück Land in den Ausläufern der Magaliesberge, das an das Tal von Sterkfontein grenzt. Immer häufiger unternehmen Menschen aus der ganzen Welt Pilgerreisen, um Mutwa zu sehen. Als ich ihn nach der Botschaft fragte, die ich über ein Medium erhalten hatte – dass er »der älteste Sohn des Ra« sei –, schmunzelte er und antwortete: »Würde sich der Sohn des Ra von seiner bösen Stiefmutter den Hintern versohlen lassen?«

Trotz aller Hindernisse bemüht er sich, weiteres Material aus den mündlichen Überlieferungen drucken zu lassen. Sein Gesundheitszustand ist zwar nicht robust, aber stabil.

Am 22. April 2001, während der Herstellung der Erstausgabe dieses Buches, starb Maria von Timbavati. Ihren Tod unmittelbar vor der Herausgabe empfand ich als ein unsäglich trauriges zeitliches Zusammentreffen. Offenbar war es ihr nicht bestimmt, zu ihren Lebzeiten die Anerkennung zu bekommen, die sie so sehr verdient hatte. Doch ich glaube inzwischen, ebenso wie Maria selbst, dass die Löwen und Löwinnen Gottes aus dem Reich der Ahnen sogar auf noch wirkungsvollere Weise Gutes tun können.

Nachwort des Verlegers:
Marahs Geschichte

Im Jahre 2002 gründete Linda Tucker den **Global White Lion Protection Trust** (Stiftung WLT zur Erhaltung der Weißen Löwen) mit dem Ziel, die Weißen Löwen zu schützen, die weiterhin von der Trophäenjagdindustrie bedroht sind, sowie das eingeborene Wissen, demzufolge diese Tiere heilig sind.

2003 schloss Linda sich mit dem Löwenökologen Jason Turner zusammen, und gemeinsam mit ihren Beratern vom **Global White Lion Protection Trust** gelang es ihnen – obwohl sie so gut wie keine Chancen auf Erfolg hatten –, Marahs Freiheit aus dem Gatterjagdcamp zu erstreiten. Eine Zeit lang nach ihrer Rettung musste Marah in einem Zoo untergebracht werden, und diese Einrichtung wiederum weigerte sich, Marah herauszugeben, da sie als erstklassiges Zuchtexemplar beurteilt wurde. Wieder einmal mussten Linda Tucker und ihr getreues Team Marahs Freiheit gerichtlich durchsetzen.

Während der Kampf um die Betreuung von Marah seinen Verlauf nahm, brachte die wunderschöne Löwin ihren ersten Wurf schneeweißer Jungen in einer Betonzelle zur Welt. Sie wurden von den einheimischen Stammesältesten Regeus, Letaba und Zihra genannt. Ihre Namen bedeuten »erster Strahl des Sonnenlichts« in drei verschiedenen Wurzelsprachen, obwohl sie in den folgenden neun Monaten die Sonne nicht zu sehen bekommen sollten.

Auf dem Gerichtsweg erstritt der White Lion Trust, dass Marah ihre Jungen allein aufziehen durfte, ohne jegliche menschliche Einmischung, weil dies von entscheidender Bedeutung für ihren Auswilderungsprozess war. Inzwischen ging es nicht nur um Marahs Freiheit, sondern auch um die ihrer drei kostbaren Welpen. Sie waren Marahs Familie, und Linda konnte sie nicht im Stich lassen – hätte dies doch für sie ein Leben in Gefangenschaft bedeutet. Schließlich gewann der White Lion Trust den langwierigen Kampf, und die Mutter und alle drei Welpen wurden vom Zoo in ein Schutzgebiet im Karoo-Becken geflogen. Ermöglicht wurde dies durch die außergewöhnliche Liebe und Schirmherrschaft von Mireille Vince, einer der ersten Förderer des White Lion Trust, die die Kosten für alle vier Löwen übernahm.

Jedoch war dieser Zufluchtsort nur der nächste Schritt auf Marahs langem Weg zur Freiheit. Da Timbavati der einzige endemische Geburtsort der Weißen Löwen ist, wurde Linda dazu verpflichtet, sie in ihre angestammte Heimat zurückzubringen.

Der nächste bedeutende Schritt war der Erwerb von strategischen Landstrichen in der Timbavati-Region, die von afrikanischen Stammesältesten als das Heilige Kernland der Weißen Löwen bestimmt wurden, wo die Wiedereinbürgerung von Marah und ihren Jungen gefahrlos erfolgen konnte.

Viele Einrichtungen, die Weiße Löwen in Gehegen gefangen halten, behaupten, dass diese genetischen Raritäten niemals in der Wildnis überleben können. Marah bewies, dass sie im Irrtum sind, denn bereits wenige Wochen nach ihrer Freilassung in ihren natürlichen Lebensraum lernte sie zu jagen und für ihre Jungen zu sorgen.

Heute lebt Linda Tucker in diesem Wildschutzgebiet für Weiße Löwen zusammen mit ihren zwei Rudeln, die in ihrer natürlichen Umgebung frei umherstreifen. Marahs zwei Söhne sind inzwischen Teil eines integrierten Rudels, nachdem sie sich mit zwei goldgelben Löwinnen aus dieser Region zusammengetan haben. Marahs Tochter Zihra dagegen hat ihr eigenes Rudel mit drei schneeweißen Welpen. Deren Vater ist ein prachtvolles Männchen aus einer anderen Zuchtlinie.

Von dem Tag im Jahre 2005 an, als Marah und ihre Welpen in die Freiheit entlassen wurden, wuchs die Zahl der Geburten Weißer Löwen unter natürlichen Bedingungen in der größeren Timbavati-Region.

Linda arbeitet mit dem eingeborenen Tsonga-Volk zusammen, um eine Naturerbestätte der Weißen Löwen erklären zu lassen, und sie setzt ihren Kampf für den Schutz der Weißen Löwen fort. 2009 erklärte sich die südafrikanische Regierung schließlich bereit, die berüchtigte Gatterjagdindustrie zu verbieten. Trotzdem bleiben die Weißen Löwen weiterhin gesetzlich schutzlos – regional, überregional und international – und tragischerweise werden diese seltenen Tiere noch heute legal in der Wildnis Timbavatis gejagt.

ANMERKUNGEN

Anmerkungen zu Kapitel 1: Timbavati

1 Sirius ist der Stern, der in der südlichen Hemisphäre auf das Sternbild Orion folgt. Er hat in vielen alten Kulturen, auch den afrikanischen, eine zentrale Bedeutung.

Anmerkungen zu Kapitel 2: Maria, Löwenkönigin von Timbavati

1 Traditionell schnupfen afrikanische Schamanen Schnupfpulver wie Buchu oder sogar handelsüblichen Schnupftabak, um den Weg zum Ahnenreich frei zu machen.

2 Ein solcher Glaube war meiner westlichen Denkweise zwar fremd, doch auf ihm beruht offenbar der rituelle Verzehr von Organen des Löwen, zum Beispiel des Herzens oder der Milz, bei primitiven Stämmen. Auf diese Weise suchten sie die Identität des Tieres sich zu eigen zu machen.

Anmerkungen zu Kapitel 3:
Löwen Gottes: Menschen mit Löwenidentität

1 Siehe die Werke von David Lewis-Williams, Thomas Dawson und Peter Garlake, denen nun von ähnlichen Theorien im Hinblick auf die prähistorischen Höhlenmalereien Europas, zum Beispiel im französischen Lascaux, entsprochen wird.

2 Bei seinen Betrachtungen über das Thema Schamanismus benutzt Ken Wilbur den Begriff »typhonisch« für jegliche halb menschliche, halb tierische Figur, damit beschreibt er auch die Bewusstseinsform, die für das Paläolithikum typisch war. Siehe *Up from Eden*. Statt »typhonisch« bevorzuge ich den allgemein üblicheren Begriff »therianthropisch«.

3 Frazer berichtet von demselben Phänomen: »In afrikanischen Stämmen findet sich sehr häufig der Glaube... dass die herrschenden Häuptlinge als Löwen weiterleben.« *The Golden Bough*, »Adonis, Attis, Osiris«, Band 2, S. 287.

4 Eine vergleichende Diskussion der hierarchischen Beziehungen zwischen Löwe und Häuptling, Löwenschamane und Ahnengeist bei den Maschona-Stämmen um Groß-Simbabwe findet sich in

Bourdillons *The Shona People*: »Der territoriale Besitzanspruch der Löwengeister im Einflussgebiet eines Häuptlings... bezieht sich auf das Land und seine Fruchtbarkeit, nicht auf das Wohlergehen von Einzelnen« (S. 255). Er sagt, dass Löwe und Herrscher stets austauschbar sind: »Die Löwengeister üben die Kontrolle über ihr Gebiet aus, indem sie den Häuptling des Landes ernennen und unterstützen.«

5 In den Territorialgebieten des alten Afrikas herrschte eine direkte Kommandostruktur: Löwengeister wirken durch Löwenschamanen und heißen den Löwenhäuptling gut. Das Umgekehrte trifft nicht zu: Häuptlinge können keine Löwenschamanen ernennen. Siehe Lan, *Guns and Rain*.

6 Außerdem gibt es eine tibetische löwenköpfige Göttin namens Senge-dong-ma, die ägyptische löwenköpfige Göttin Sekhmet sowie die hinduistische Erdgöttin Doorgah, die auf einer Katze reitet.

7 Laurens van der Post, »The Other Side of Silence«, Vortrag vor dem World Wilderness Congress, herausgegeben unter dem Titel *Voices of the Wilderness*, S. 9.

8 Die meisten Nachschlagewerke bieten eine ähnliche Erklärung, zum Beispiel Oxford English Dictionary, Advanced Learners, Fourth Edition, OUP, 1989.

9 Gareth Patterson berichtet in seinem Buch *With My Soul Amongst Lions* von mehreren intimen Erfahrungen, die eine Kommunikation mit dem Reich der Löwengeister nahelegen. Siehe sein Bericht über Batian, seinen geliebten, von ihm selbst aufgezogenen Löwen, der von Menschen getötet wurde und dessen Halsband an seinem zweiten Todestag wieder auftauchte, S. 152–3.

10 Siehe Evan Hadingham, *Lines to the Mountain Gods: Nazca and the Mysteries of Peru*, den Abschnitt mit dem Titel »When men turn into jaguars«, S. 270.

11 Verschiedene Praktiken, wie etwa Mord, um an Körperteile zu kommen (bekannt als »muti-killing«), werden noch heute ausgeübt und von der Presse auf makabere Weise ausgeschlachtet.

12 Siehe zum Beispiel den assyrischen Rollzylinder im Britischen Museum. Entscheidend ist, dass das Symbol dieser Löwengöttinnen der Stern ist.

Anmerkungen zu Kapitel 4: Löwenpriester Afrikas

1 Watson, *Return of the Moon: Versions from the/Xam*. Alle Buschmann-Zitate in Epigraphen stammen aus diesem Werk.
2 Man beachte, dass der geheime Händedruck der Freimaurer ähnlich beschrieben wird: »Bei dem Löwenpfoten- oder Adlerklauen-Griff drückt man mit den Fingerspitzen fest auf die Sehnen des rechten Handgelenks.« Knight und Lomas, *The Hiram Key*, S. 16.
3 Im Kontext der spannungsreichen Rassenbeziehungen in Südafrika hat dieser Glaube Mutwas, der auf seinem mündlich überlieferten Wissen beruht, zu seinem schlechten Ruf beigetragen.
4 Die Buschmänner erleben Kia, die übersinnliche Macht der Trance, als unsichtbare Pfeile, die aus der Geisterwelt in ihre Körper geschossen werden. Man glaubte, dass unsichtbare »Pfeile der Macht« die schamanischen Kräfte aktivierten. Siehe Katz, *Boiling Energy*, und Garlake, *The Hunter's Vision: Prehistoric Art of Zimbabwe*, S. 144.
5 Mutwa erzählt die Geschichte von Mageba ausführlich in seinen Tiergeschichten, die unter dem Titel *Isilwane, the Animal: Tales and Fables of Africa* erschienen sind, S. 152–3.

Anmerkungen zu Kapitel 5: Credo: das Wort Afrikas

1 Mutwa, *Song of the Stars*, S. 57.
2 De Santillana drückt es so aus: »Ein Schamane wird von den Geistern erwählt, das heißt, er kann sich seinen Beruf nicht aussuchen.« *Hamlet's Mill*, S. 122.
3 Mutwa, *op. cit.*, S. 59.
4 *Ibid.*, S. 60.
5 Laut Mutwa gehörten zu den großen Heilern, die für seine Ausbildung und Initiation verantwortlich waren, Myna Mkhaliphi, Telaphakathi Zwane, Mankanyezi Jabane, Chikerema, Chiringa Mwesi und Simbasultani Mutsoni.
6 Siehe seine Widmung in *Song of the Stars*.
7 Mutwa, *Indaba, My Children*, Einführung (Ausgabe Kahn & Averill).
8 *Ibid.*, Einführung, ix.
9 *Ibid.*, xiii.
10 *Song of the Stars*, S. 61.

11 Zeitschrift *Drum*, Heft 310, 13. August 1998, S. 43.
12 *Ibid.*
13 *Song of the Stars*, S. 44.
14 *Ibid.*
15 *Ibid.*, S. 65.
16 *Ibid.*
17 Der Begriff stammt von Jung und bezieht sich auf den Archetyp eines Schamanen, der andere durch sein eigenes Leiden heilt. Dies ist insbesondere in Bezug auf die Weißen Löwen relevant, und man könnte sogar einen Vergleich mit Jesus Christus ziehen, dem großen Heiler, der für die Sünden der Menschheit litt.
18 Mutwa, *Song of the Stars*, S. 83.
19 *Twak* bedeutet auch Schnupftabak oder Tabak; eine von Schamanen, die in die Geisterwelt überwechseln wollen, häufig benutzte Substanz.
20 Zu die Buschmänner als die ersten echten Menschen siehe H. J. und Janette Deacon, *Human Beginnings in South Africa: Uncovering the Secrets of the Stone Age*, vor allem das Kapitel »The First True Humans«. Die Ahnen der heute noch lebenden Buschmänner, Paläoanthropologen als »Proto-Khoisan« bekannt, waren die ersten echten *Homo sapiens sapiens*, die auf Erden wandelten, wie genetische, linguistische und archäologische Beweise zeigen. Sie tauchten vor etwa 140 000 Jahren in Südafrika auf.
21 Schockierende Dokumentationen, Fotos und Archivaufzeichnungen über die systematische Ausrottung der Buschmann-Gemeinschaften finden sich in Skotnes, *Miscast: Negotiating the Presence of the Bushmen*, passim.
22 Das Erdferkel oder das Pangolin gilt als heiliges Tier und Symbol der Sangomas.
23 Es wäre falsch, die traditionellen Hüter der Stammesgeschichte als »Bruderschaft« zu bezeichnen, denn in der großen afrikanischen Tradition ist ein matriarchales System des ererbten Wissens genauso relevant.
24 Mutwa, *Indaba, My Children*, viii (Ausgabe Kahn & Averill).
25 Van der Post, *The Lost World of the Kalahari*, S. 224.
26 Reinhart, *Chiron and the Healing Journey*, S. 14.

Anmerkungen zu Kapitel 6:
Jäger oder Gejagte?

1 Man sollte vielleicht hinzufügen, dass sich Leoparden und Paviane in vielen Gegenden Südafrikas immer noch die Wohnstätten teilen und ihre Beziehung von unnachgiebiger Feindseligkeit geprägt ist – Leoparden töten Paviane und Paviane rotten sich gegen Leoparden zusammen. Siehe Eugène Marais' *The Soul of the Ape* und Lawrence Greens *Karoo*.
2 Brain, *The Hunters or the Hunted?*, S. 157.
3 Chatwin, *The Songlines*, S. 284.
4 *Ibid.*, S. 283.
5 *Ibid.*, S. 284.
6 In Afrika wurde der *Homo erectus* kürzlich als *Homo ergaster* klassifiziert; aber im Zusammenhang mit einer Erörterung des aufrechten Ganges ziehe ich den Begriff »erectus« vor.
7 Leakey, *The Making of Mankind*, S. 58.
8 *Ibid.*, S. 61.
9 Brain, *The Hunters or the Hunted?*, S. 273. Die Funde der Ausgrabungsstätte in Sterkfontein untermauern zwar die Idee eines raubtierartigen Ursprungs unserer Spezies; doch inzwischen ist das Ganze etwas komplizierter geworden, denn zu Member 5 gehören mehrere verschiedene Schichten.
10 *Ibid.*, S. 273.
11 Siehe den Abschluss von C. K. Brains Vortrag mit dem Titel »Do we owe our intelligence to a predatory past?«, der im Rahmen der James-Arthur-Reihe über die Evolution des menschlichen Gehirns im Jahr 2000 in New York gehalten wurde.
12 Dr. S. L. Washburn gab 1957 seiner Studie *Australopithecus: The Hunters or the Hunted?* eigentlich nur im Scherz diesen Titel.
13 Mutwa, *Song of the Stars*, S. 81.
14 *Ibid.*, S. 82.
15 *Ibid.*, S. 82.
16 *Ibid.*, S. 82–3.
17 *Ibid.*, S. 83.
18 *Ibid.*, S. 83.
19 Brain, *op. cit.*, S. 273.

20 *Ibid.*, S. 3.
21 In der Geschichte spielt der Schakal (die traditionelle Trickster-Figur) eine Hauptrolle, denn er stiehlt die Feuerwerkzeuge und gibt sie dem Menschen.
22 Mutwa, *op. cit.*, S. 90.
23 *Ibid.*, S. 94.

Anmerkungen zu Kapitel 7:
Große Jäger und mächtige Raubtiere

1 Mutwa, *Isilwane, the Animal*, S. 35.
2 Mehr zur Symbolik der Katze in den Kulturen der Welt siehe Saunders, *Animal Spirits*, S. 70–1.
3 Mutwa erkundete den Steinbruch zusammen mit dem Anthropologen Adrian Boshier (und Thema von Lyall Watsons Buch *Lightning Bird*). Aufgrund seiner hitzebeständigen Eigenschaften wurde Pyrophyllit, der sogenannte »Wunderstein«, von der ehemaligen südafrikanischen Verteidigungsarmee abgebaut und als Dämmer in Raketen (damit das Metall nicht schmolz) sowie zur Verkleidung der Wände von Hochtemperaturöfen benutzt. Während des Abbaus entdeckte man mitten im Pyrophyllitgestein an die zweihundert golfballgroße Kugeln. Eine dieser Kugeln befindet sich noch immer im Besitz des Klerksdorp Museum. Ein weiterer Hinweis auf die Bedeutung dieses Ortes: Früher war der Steinbruch-Hügel mit uralten Buschmann-Gravierungen geschmückt. Einige davon werden ebenfalls im Klerksdorp Museum aufbewahrt.
4 Zu dieser theoretischen Behauptung gibt es ein Pendant in der revolutionären wissenschaftlichen Forschung des bekannten Historikers und Anthropologen Giorgio de Santillana, der seinen wissenschaftlichen Ruf riskierte, als er zusammen mit einer seiner Studentinnen, Hertha von Dechend, ein höchst kontroverses Werk namens *Hamlet's Mill: An Essay on Myth and the Frame of Time* veröffentlichte. Aufgrund der Komplexität des Themas und des originellen Ansatzes war es einer größeren Leserschaft nicht gerade zugänglich. Erst heute erkennt man allmählich den tatsächlichen Wert von de Santillanas Forschungen an, nachdem Popularisatoren wie Graham Hancock und andere seine Theorien aufgegriffen haben.

De Santillana verbrachte sein Leben damit, an Ausgrabungsstätten nach den Anfängen des wissenschaftlichen Denkens zu suchen. Aus seinen Funden schloss er, dass es auf eine vergessene jungsteinzeitliche Zivilisation zurückgeht, die vortreffliche intellektuelle und technologische Meisterleistungen vollbrachte: eine Rasse »längst vergessener Newtons und Einsteins«.

Noch kontroverser ist de Santillanas Auffassung, dass die Schamanen als Eingeweihte in uraltes Wissen und geheime Praktiken die Nachkommen dieser uralten Zivilisation sind.

5 Frazer, *The Golden Bough*, S. 221–3. Bei Frazer ist auch nachzulesen, wie der Mageninhalt der Buschmann-Jäger die Hetzjagd beeinflusste, S. 495.
6 Der Film *The Great Dance* von Craig Foster enthält etliche Anregungen für den bevorstehenden Film über Löwenschamanismus, den wir mit Richard Wicksteed planen.
7 Liebenberg, *The Art of Tracking*, Einführung, ix. In späteren Diskussionen erklärte Liebenberg, er glaube, dass eine lange Verfolgungsjagd, bei der man einem bestimmten Wild tagelang ununterbrochen folgt, schließlich zu einem Trancezustand führt. Es ist verständlich, dass sich der Jäger, nachdem er sich so lange ausschließlich auf dieses Wild konzentriert und einen Zustand der physischen Erschöpfung erreicht hat, buchstäblich untrennbar mit dem Wild verbunden fühlt, das er jagt.
8 Garlake, *The Hunter's Vision*, S. 145.
9 Mutwa, *My People*, S. 121.
10 Man vergleiche diese mit den anderen Bildern von Löwen mit Stoßzähnen, zum Beispiel in Coerland und Cloclolan.
11 Siehe zum Beispiel das Grab von Ramses VI., wo Löwen in Wächterhaltung zu Füßen der Königin dargestellt sind.
12 Siehe die Bildfolge im nördlichen Fries des Tempels der Hatschepsut.
13 Balandier and Macquet, *Dictionary of Black African Civilisation*, S. 215.

Anmerkungen zu Kapitel 8:
Symbol der Evolution

1 Brains Vortrag »Do we owe our intelligence to a predatory past?«, James-Arthur-Reihe über die *Evolution des menschlichen Gehirns*, S. 2.

2 Eine intelligente Diskussion über die Grenzen des Separatismus und der wissenschaftlichen Methode findet sich im Buch der NASA-Forschungswissenschaftlerin Barbara Ann Brennan, Hands of Light: A Guide to Healing through the Human Energy Field, S. 21–8, insbesondere der Abschnitt mit dem Titel »Beyond Dualism – The Hologram«, S. 25.
3 Zum Stoßzahn-Symbol siehe Garlake, The Hunter's Vision: Prehistoric Art of Zimbabwe, S. 146. Allen diesen Bildern scheint es gemein zu sein, dass sie sich in einem Prozess des Wandels befinden.
4 Marshall Thomas, The Old Way.
5 Mutwa, Song of the Stars, S. 58–9.
6 Reader's Digest, Vanished Civilizations, S. 11.
7 Clottes and Lewis-Williams, The Shamans of Prehistory, S. 45.
8 Song of the Stars, S. 59. Abangafi heißt »sie, die nicht sterben« und Bapakade »die aus der Ewigkeit«. Laut Mutwa wird dieser Begriff in Song of the Stars fälschlicherweise als »Abangafi Bakafi« wiedergegeben.
9 Oken, Complete Astrology (verbesserte Auflage), S. 94.
10 Manchmal Nrisimha genannt. Siehe Campion and Eddy, The New Astrology, S. 52.
11 In der weltweiten Symbolik wird der Löwe oft mit der Flamme assoziiert. Die alte Astrologie bezeichnet den Löwen zum Beispiel als Feuerzeichen.
12 Mehr über Brains Untersuchung über die verbrannten Knochen in Swartkrans in Swartkrans: A Caves Chronicle of Early Man, Kapitel 10: »The Occurrence of burnt bones at Swartkrans and their implications for the control of fire by early hominids«.
13 Für die Implikationen der Beherrschung des Feuers siehe Brain and Watson, A Guide to the Swartkrans Hominid Cave Site, passim.
14 Tobias, The Brain in Hominid Evolution, passim.
15 In der Geschichte »How the cat came to live with human beings« wird Kintu Kinto geschrieben.
16 Mutwa, Isilwane, S. 36.
17 Siehe die Ergebnisse von Julia Lee-Thorp, »The Hunters or the Hunted Revisited«, passim.

Anmerkungen zu Kapitel 9:
Die Weißen Löwen dem Großen Wissen zufolge

1 Mutwa, *Isilwane*, S. 16.
2 *Ibid.*
3 *Ibid.*, S. 15–6.
4 Es gibt wenige Aufzeichnungen über diese Jäger und Wilderer. Einige Hintergrundinformationen findet man in dem Artikel »Timbavati's heritage triumphs over poaching«, *The Star*, Juni 1991.
5 Einer von vielen Artikeln über die Entdeckung der Coelacanthen: *Mail & Guardian*, 9. – 15. Februar 2001, S. 5.
6 Mutwa, *Indaba, My Children*, vii (Ausgabe Kahn & Averill). Zu dem »hohen Fluch«, der über diejenigen verhängt wird, die das mündlich überlieferte Wissen verändern, siehe viii. Man darf jedoch nicht vergessen, dass bei der englischen Übersetzung gewisse Veränderungen vorgenommen wurden.
7 Die schneeweiße Elenantilope mit ihrem einzelnen Horn erinnert an das mythische Wesen, das wir als Einhorn kennen. Mutwa sagte mir später, sein Name in der großen Tradition sei »Mbuti Yanebange«. Dieses legendäre Tier ist auf Buschmann-Malereien abgebildet; siehe Know-Shaw, »Unicorns on rocks: The expressionism of Olive Schreiner«.
8 Mutwa nannte später das Jahr 1906, nach dem Aufstand der Zulu, während dessen Dinizulu schwere Verletzungen unter den Briten erleiden musste. Als Entschädigung für die Züchtigungen schenkten Bapedi-Händler ihm den weißen Kaross.
9 Möglicherweise wurden nicht die Steine selbst, sondern nur das Wissen von Simbabwe nach Timbavati gebracht. Als ich Mutwa danach fragte, räumte er diese Möglichkeit ein.
10 Interessanterweise ist der Wolf kein afrikanisches Tier, im Gegensatz zu Hyäne und Schakal.

Anmerkungen zu Kapitel 10: Die Genetik der Weißen Löwen

1 McBride, *The White Lions of Timbavati*, S. 113.
2 Der Ort, an dem McBride die Weißen Löwen zuerst entdeckte, liegt etwa in der Mitte von Timbavati (auf ca. 24° Süd 22' und 31° Ost 20') und heißt heute Vlakgesigt.

3 McBride, *op. cit.*, S. 54.
4 *Ibid.*, S. 53–5.
5 *Ibid.*, S. 56.
6 *Ibid.*, S. 114.
7 *Ibid.*, S. 114.
8 *Ibid.*, S. 112.
9 »Spielart« (engl.: sport): »ein Tier, das irgendwelche anomalen Variationen vom Elternbestand oder Typus aufweist, insbesondere in Form oder Farbe; eine neue, auf diese Weise entstandene Abart«. *Shorter Oxford English Dictionary*, S. 2086.
10 Für weitere Informationen über genetische Mutation aufgrund von Kometeneinschlag siehe Robert Ardrey und andere, die einen Zusammenhang zwischen Meteoriteneinschlägen und genetischen Mutationssprüngen in der menschlichen Evolution vermuten. In seinem Buch *African Genesis* führt Ardrey die sogenannte »Gehirnexplosion« auf einen Meteor oder kleinen Asteroiden zurück, der vor etwa 700 000 Jahren über dem Indischen Ozean explodierte.

Anmerkungen zu Kapitel 11:
Groß-Simbabwe: Ruhestätte des Löwen

1 Siehe zum Beispiel den Artikel aus der Londoner *Times* vom 5. März 1951: »Die Eingeborenen dieses dunklen Winkels von Afrika wären mit der Anfertigung der hervorragenden Steinmetzarbeiten der vergessenen Architekten von Groß-Simbabwe genauso überfordert gewesen wie mit dem Bau einer Eisenbahnlinie vom Kap bis nach Kairo.«
2 Präsident Robert Mugabe behauptet zum Beispiel, ein direkter Nachkomme der ursprünglichen Dynastie zu sein, die Groß-Simbabwe baute.
3 Vielleicht gibt es hier Parallelen zu den geheimnisvollen bärtigen Reisenden, die den alten Legenden vieler Kulturen zufolge die Weisheit in die Welt brachten.
4 Mutwa verglich den Stil dieses Schwerts mit der berühmten »Weißen Dame«, einer Buschmann-Felsmalerei am Brandbergmassiv, die, wie er behauptet, wichtige Hinweise auf die Geschichte Simbabwes enthält.

5 Manche Gelehrte übersetzen Monomotapa mit »Herr der Bergwerke« – siehe Hall and Neal, *The Ancient Ruins of Rhodesia*, xiii. Keane schreibt in *The Gold of Ophir*, dass *tapa* »graben« oder »ausgraben« bedeutet und somit Bergwerk heißt. Laut Mutwa stimmt dies nicht. Er sagt, das ursprüngliche Wort entstamme dem Begriff Mwene Mutaba: »König der ganzen Welt«.
6 Für nähere Einzelheiten siehe *Indaba, My Children*. Darin äußert sich Mutwa voller Ekel und Scham über Simbabwe und nennt es »einen Ort, den wir vergessen müssen«. Seinem Wissen gemäß geschahen »an diesem Ort böse, unmoralische Dinge«, dessen ursprünglicher Name »Luvijiti« lautet, eine verfluchte Bezeichnung. Was Mutwa beschreibt, klingt wie ein Echo auf die Geschichte von Atlantis: Vor ihrer völligen Zerstörung verfiel die große Zivilisation von Zima-Mbje in Dekadenz, Sklaverei und Grausamkeit. Als Beispiel nennt Mutwa den Versuch, die schönsten Mädchen mit Löwen zu kreuzen, um eine Superrasse zu züchten, die den Mut und die Wildheit des Löwen sowie menschliche Intelligenz in sich vereinen sollte. Solche gentechnologischen Praktiken mit der königlichen Blutlinie und dem König der Tiere verfälschen die edlere Botschaft des Löwenschamanismus in hohem Maße (*Indaba, My Children*, Kahn & Averill, S. 70). Aus heutiger Sicht mögen solche Praktiken abwegig erscheinen, aber vielleicht sind sie im Zusammenhang mit den heute wieder aktuellen Gefahren der Genmanipulation und Ideen, eine Superrasse zu züchten, sogar wieder relevant.
7 Die rhodesische Kommission für Nationaldenkmäler veröffentlichte ihre Funde 1961 in einem *Occasional Paper of National Museums*. C. K. Cooke, Direktor der Kommission für historische Denkmäler, vertritt die heute noch immer geltende orthodoxe Auffassung: »Bei den wissenschaftlichen Ausgrabungen von 1906 bis zum heutigen Tag wurde nichts gefunden, was auf nichtafrikanische Ursprünge des gesamten Ruinenkomplexes hinweist.«
8 Siehe zum Beispiel den Artikel vom 5. März 1951 in der Londoner *Times*: Simbabwe wird darin als »eine Ansammlung von glorifizierten Kraals« bezeichnet, die »erst vor relativ kurzer Zeit gebaut wurden«.
9 Siehe Keane, *The Gold of Ophir*, passim.

10 Siehe Hall/Neal und Johnson, *passim*.
11 Siehe zum Beispiel 1. Buch Mose, 10. Kapitel.
12 Siehe Keane, x, für einen Kommentar zu Simbabwes mögliche Verbindung zu König Salomo und der Königin von Saba, sowie die Schriften von Carl Mauch, einem Geologen und Entdecker des 19. Jahrhunderts, bearbeitet und übersetzt von E. O. Bernard, 1971.
13 Mutwa informierte mich später, dass das Land Punt das heutige Botswana sei.
14 Siehe Keane, auch Peters und seine Spekulationen über die Statuette von Thotmes III. (Neffe der Königin Hatschepsut) in der *Times*, 20. August 1901.
15 Keane, *op. cit.*, S. 33.
16 Cooke, Vorwort zur Neuauflage von *The Ancient Ruins of Rhodesia*.
17 In ihrer vergleichenden Untersuchung der Metallverarbeitungswerkstätten stellen Hall und Neal fest, dass die alte Goldschmiedekunst wesentlich höher entwickelt war als die der jüngeren Vergangenheit – siehe *The Ancient Ruins of Rhodesia*, Kapitel VII.
18 Einen detaillierten Bericht über die Kontroverse um das goldene Nashorn von Mapungubwe zeigt die Dokumentation *Mapungubwe: Secret of the Sacred Hills*, produziert 1999 von Katerina Weineck und Lance Gewer für die South African Broadcasting Corporation.
19 Siehe zum Beispiel Londoner *Times* vom 5. März 1951.
20 Ein Großteil von de Barros' Originaltext wurde von Keane in *The Gold of Ophir* übersetzt.
21 De Barros in Keane, *op. cit.*, S. 3–6.
22 Brain, *Swartkrans*, S. 1.
23 *Ibid.*
24 Mutwa, *Isilwane*, Fabel mit dem Titel »How the cat came to live with human beings«, S. 35.
25 Mutwa, *Indaba, My Children*, S. 167 (Ausgabe: Blue Crane).
26 Trotz der u. a. bei der Denkmalskommission vorherrschenden Meinung, dass ihre Forschung unzeitgemäß sei, nahmen Hall und Neal Anfang des letzten Jahrhunderts die Auffassung der heutigen Archäoastronomen über die fundamentale Bedeutung Groß-Simbabwes vorweg, was die Ausrichtung nach den Himmelsrichtungen, dem Zyklus der Jahreszeiten und dem heliakischen Aufgang bestimmter Sterne angeht. Siehe *The Ancient Ruins of Rhodesia*,

S. 109. Keane erwähnt, dass die Tempel nach exakten mathematischen und astronomischen Prinzipien erbaut wurden, nennt aber keine Einzelheiten.

Anmerkungen zu Kapitel 12: Simba: goldener Löwenschrein

1 Siehe zum Beispiel Marsh, *Unsolved Mysteries of Southern Africa*, S. 74.
2 Die Wurzel dieses Wortes findet sich im Sanskrit: *simha* bedeutet Löwe. Siehe Wischnus Inkarnation als Narasimhu, dessen Form halb Mensch, halb Löwe war, in Saunders, *Animal Spirits*, S. 29.
3 Die historische Beziehung zwischen Mapungubwe und Simbabwe ist klar dokumentiert. Man nimmt an, dass beide Orte von derselben Kultur erbaut wurden, die ihre Hauptstadt verlegte.
4 Summers argumentiert in *Ancient Mining in Rhodesia*, dass man hier wahrscheinlich vom 8. bis zum 17. Jahrhundert n. Chr. Gold gewann. Dies widerspricht der Auffassung, dass die Ägypter und König Salomo ihr Gold aus Simbabwe bezogen.
5 *Mhondoro* hat zwei Bedeutungen: ein Löwe, der von einem Medium besessen ist (also ein Schamane in Gestalt eines Löwen), oder ein Medium für die königlichen (löwenhaften) Ahnengeister.
6 *Wadzimu* ist der Plural für (Ahnen-)Geister (im Singular *mudzimu*). Ich fragte mich, ob *sim*, das Wurzelwort für Gold, sowohl in *Tsimbawati* (Timbavati) als auch in *Dsimbabwe* (Simbabwe) enthalten sei, und dachte an Mutwas Worte: »In Timbavati wurde viel Metall verhüttet.«
7 Aschwanden, *Karanga Mythology*, S. 241–2.
8 »Der Ursprung eines Ahnenschreins ist ein Ort, an dem die Leiche eines Königs oder eines großen Häuptlings mumifiziert wird… Imba ist der Begriff für Haus und Familie…« Herbert Aschwanden, der sich lange Zeit mit den Überzeugungen der Karanga beschäftigt hat, bestärkt zwar die in Schulbüchern übliche Interpretation des Wortes *Simbabwe*, kommt aber auf Umwegen auf die Assoziationen mit Löwen. Er bemerkt dazu: »Die enge Verbindung zwischen dem Schrein und den Ahnen wird durch die Gegenwart des ›Löwen des Ahnen‹ am Schrein bestätigt.« Aschwanden, *op. cit.*, S. 244.
9 Siehe zum Beispiel Aschwanden, *op. cit.*, S. 244.

10 Aschwanden, *Karanga Mythology*, S. 239.
11 Leider gehört Mutwas Buch über die Lembas zu seinen vielen immer noch unveröffentlichten Werken.
12 Tudor Parfitt entnahm den Lemba Genproben. Tests durch Biologen in London ergaben, dass die Genealogie der Lemba direkt mit der der hadramautisch-jemenitischen Juden verwandt ist. Saunders, *Invisible Races*, S. 90.
13 Näheres siehe Gareth Pattersons Exposé *Dying to be Free: The Canned Lion Scandal*.
14 Parfitt, *Journey to the Vanished Land*, S. 180.
15 *Ibid.*, S. 107.
16 *Ibid.*, S. 158–9.

Anmerkungen zu Kapitel 13:
Löwenpriester und Adlerschamanen

1 Hier spielt Mutwa auf Hamlets Worte an den Verstandesmenschen Horatio an.
2 Diese Praktik wird in *Isilwane*, S. 21, beschrieben.
3 Leider können ähnliche Kräfte offenbar von dunklen Mächten ausgenutzt werden.
4 Siehe Campion and Eddy, *The New Astrology*, S. 52.
5 Das Symbol der wilden Löwin wird häufig mit der Erdenmutter, der Magna Mater, assoziiert. Siehe Cirlot, *Dictionary of Symbols*, S. 182.
6 Für nähere Informationen über Horus als solaren Löwen-Falken-Gott siehe Wallis Budge, *Gods of the Egyptians*, *passim*.
7 Mutwa wies auf eine ganze Reihe von Göttinnen des ägyptischen Pantheons mit unleugbar afrikanischen Zügen hin. Andere, zum Beispiel John Anthony West, haben auf die negroiden Züge der Sphinx selbst hingewiesen.
8 Professor Berry Fell von der International Epigraphic Society of California ist für seine Entzifferung der Osterinsel-Inschriften bekannt. Mutwa zeigte ihm dieses Objekt, und er bestätigte dessen Authentizität, konnte aber die Texte nicht umfassend entziffern. Fell glaubte, dass die Botschaft vielleicht mit den Zehn Geboten zusammenhing.
9 Für die Bedeutung von Delphinen und Walen als »Hüter von Archiven« in der großen afrikanischen Tradition siehe Mutwas Ar-

tikel »Born under African Skies«, Zeitschrift *Drum*, Heft 203, November 1996, S. 24.
10 Mutwa sagt, dass der Tempel sich in Venda befand (das ebenfalls auf dem Gizeh-Timbavati-Meridian liegt).
11 Siehe zum Beispiel Summers, *Ancient Mining in Rhodesia*. Unter Zuhilfenahme von Gutachten, die auf Untersuchungen von Proben von der Stätte mit der Radiocarbonmethode basierten, schloss er: »Kein Wissenschaftler oder Archäologe kann Theorien akzeptieren, die den Bau von Simbabwe vor Tausenden von Jahren datieren, egal in welcher Bauphase; und aus demselben Grund wird auch der Gedanke an eine Verbindung zur Königin von Saba oder zu Salomo zurückgewiesen.« Siehe auch den Artikel in der Londoner *Times* vom 5. März 1951.
12 Epigraphie ist das Studium und die Zuordnung alter Inschriften.
13 Siehe den Artikel über Mutwas »heilige Tafel« in *Epigraphic Society Occasional Publication*, Band 12, Teil 1, 1984, Nr. 284. Der »sprechende Stein« wird auch *Twe ya bula bula* genannt.
14 Laut Mutwa handelt es sich hier um das Volk, das sich Balubetu oder Baschapa nennt.
15 Der hermetischen Lehre zufolge gibt es anscheinend zwei Nachkommen des Sirius: das Volk der Wale und Delphine und das Löwenvolk. Das Volk der Wale und Delphine symbolisiert die ersten vier »Zeitalter« des Menschen. Der Löwe ist das Symbol der fünften Rasse im fünften Zeitalter sowie der Rassen vergangener und zukünftiger Zeitalter. Siehe auch den Zusammenhang zwischen Löwe und Stern im »Siegel Salomos« oder im »Schild Salomos« in der mittelalterlichen jüdischen Mystik, Liungman, *Dictionary of Symbols*, S. 298. Für nähere Informationen über die Bedeutung des Löwen in Salomos Tempel siehe Gilbert, *Signs in the Sky*.
16 Siehe Bell, *Somewhere over the Rainbow*, S. 198. Bei der Beschreibung des Venda-Gebiets erwähnt der Autor den Sangoma und traditionellen Heiler Maschudu Dima. Dieser schildert einen Weißen Löwen, der den Thathe-Vondo-Wald beschützt, und erklärt: »Man kann ihn um Mitternacht brüllen hören, aber man kann ihn nicht sehen.« Bell schreibt: »Man erzählt sich, dass ein Häuptling namens Nethathe ein Zauberer war, der sich in Tiere verwandeln konnte, um sein Volk zu beobachten. Da man Löwen mehr fürch-

tete als alle anderen Kreaturen, nahm sein Geist natürlich diese Form an, um sein Grab zu bewachen.«

Anmerkungen zu Kapitel 14: Unterirdischer Goldfluss

1 Beim Volk der Schilluk, einem Stamm im südlichen Sudan, gibt es ebenfalls einen Mythos, demzufolge ihr großer König Reth von einer Flussgöttin und dem Himmelsgott Nyikang abstammte. Er führt einen Kampf mit der Sonne und teilt die Gewässer des Weißen Nils – somit wird die doppelte Nahtstelle zwischen Fluss und Himmel hervorgerufen. Dieses nordafrikanische Volk lebte ebenfalls am Ufer des Nils, wenn auch Tausende von Kilometern von Gizeh entfernt.
2 Bauval and Gilbert, *The Orion Mystery*, S. 124.
3 Siehe zum Beispiel Cirlot, *Dictionary of Symbols*, S. 190. Für das Löwensymbol und seine Verbindung zu Gold und Wasser siehe Bailey, *The Caves of the Sun*, S. 139–43.
4 Siehe zum Beispiel »Gold Production in Matabeland« von dem Bergbauingenieur Telford Edwards, *Bulawayo Chronicle*, 26. Juni 1897, und Keane, *The Gold of Ophir*. Außerdem Hall and Neal, *The Ancient Ruins of Rhodesia*, die anführten, dass die Goldfelder von Monomotapa des Zentrum der Goldproduktion waren und dass andere Zivilisationen wie Ägypten und Arabien Gold von dort importierten. Anfang des letzten Jahrhunderts zitierten Gelehrte zahlreiche Auszüge aus dem Alten Testament und schlossen: »Eins scheint zweifelsfrei festzustehen: In Simbabwe wurde tausend Jahre vor der christlichen Zeitrechnung in großem Maßstab Gold gewonnen. Das Land wurde von frühsemitischen Rassen um das Rote Meer herum kolonisiert, nämlich von Juden, Phöniziern und Westarabern.« Hall and Neal, S. 32. Die genaue Datierung der Goldproduktion ist allerdings bis heute umstritten.
5 Für detaillierte Beschreibungen der frühen Apparaturen zum Schmelzen von Gold im Gebiet von Simbabwe siehe Hall and Neal, *The Ancient Ruins of Rhodesia*.
6 *Minerals Yearbook*, Area Reports, International United States Government Printing Office, 1999, S. SS2.
7 Übersetzt von Keane, *The Gold of Ophir*, S. 3–4.
8 Zitiert von Keane, *op. cit.*, S. 15.

9 Für den Zusammenbruch der Goldproduktion in den Jahren 1943 bis 1947 siehe Wilhelm van Royen, *Mineral Resources of the World*, S. 125–7. 1970 produzierte Südafrika 68% des gesamten Goldes weltweit; siehe *Minerals Yearbook*.

Anmerkungen zu Kapitel 15:
Der geflügelte Löwe von Timbavati

1 In einigen Bibelversionen wird das Wort »Herz« durch »Verstand« oder »Gemüt« ersetzt.
2 Später sollte ich entdecken, dass Graf St. Germain und Serapis Bey Titel sind, die man Geistwesen (den sogenannten aufgestiegenen Meistern) zuschreibt, die Ereignisse in der physischen Welt aus dem Reich der Ahnengeister lenken.

Anmerkungen zu Kapitel 16:
Das Spiel der Allmacht mit den Kindern des Sonnengottes

1 Daniel 6, 23.
2 Siegfried und Roy begannen das Projekt »Weißer Tiger« zwei Jahrzehnte zuvor, als sie dem Maharadscha von Rewa begegneten, der für den Schutz der indischen Tier- und Pflanzenwelt verantwortlich ist. Typischerweise ist auch die königliche Ahnenreihe des Maharadschas mit Raubkatzen verknüpft. Statt Löwen zieren dort traditionell heilige Tiger das königliche Wappen. Interessanterweise waren diese Tiger schneeweiß. Man beachte, dass es in der europäischen Heraldik ebenfalls Weiße Löwen gibt, zum Beispiel den Weißen Löwen von Mortimer, der das Badge des Hauses York trägt: die weiße Rose »en soleil«. Auf den Abbildungen hält der Löwe einen Schild, auf dem »ein weiteres Badge von York eingraviert ist, die weiße Rose ›en soleil‹«, und steht vor der Sonne, dem Wahrzeichen des Königs.
Wie die Löwen von Timbavati waren die mythischen Weißen Tiger eine Phantomrasse, von der man glaubte, sie seien eine Reinkarnation der Götter. Schon lange vor ihrem plötzlichen Auftauchen waren sie das Thema vieler Legenden und Mythen. Als der Maharadscha 1951 in den Wäldern von Rewa einen jungen Weißen Tiger entdeckte, nahm er ihn mit in seinen 120-Zimmer-Palast und die dortigen Gärten, wo später die königlichen Tiger

gezüchtet wurden. Sein Sohn, der heutige Maharadscha, trat in den 1970er-Jahren mit der Idee eines gemeinsamen Zuchtprojekts an Siegfried und Roy heran.

3 Dank des gemeinsamen Zuchtprojekts kann man nun die Erbgutmuster der Jungtiere von Las Vegas und Johannesburg systematisch analysieren: Dabei wird für jeden neugeborenen Löwen ein DNA-Fingerprint erstellt. Mithilfe dieser Informationen können genetische Fragen beantwortet werden, aber auch, was noch dringender ist, Möglichkeiten aufgezeigt werden, um das Überleben der weißen Abart zu gewährleisten. Das genetische Phänomen der Weißen Tiger von Rewa entspricht dem der Weißen Löwen von Timbavati: Beide sind das Produkt einer unerklärten mutierten Pigmentierung. Ebenso wie die ockerfarbenen Löwen von Timbavati sind die goldfarbenen Tiger von Rewa Träger des weißen Gens.

Anmerkungen zu Kapitel 17: Weiße Löwen und Zauberer

1 Der »Geheime Garten« von Siegfried und Roy ist einer von mehreren Spielplätzen für die Weißen Löwen; gut gestaltet, enthält er Höhlen und Felsvorsprünge, Teiche und Springbrunnen, Steingärten, Palmen und wellige Rasenflächen. Der Dschungelpalast ist ihr privates Heim, ein spektakuläres Klettergerüst von einem Herrenhaus. Little Bavaria (Klein-Bayern) ist ein ausgedehntes Wunderland von einem natürlichen Lebensraum, in dem die Löwen regelmäßig trainiert und frei gelassen werden, um umherzustreifen. Das Freigehege umfasst 4 km^2 völlig unberührter Natur und ist ein in allen Einzelheiten gut geplantes und organisiertes Tiergehege. Aufgrund dieser und noch anderer Faktoren schloss Dr. Condy, dass die Raubtierzucht von Siegfried und Roy ausgezeichnet sei, auch wenn sie keine qualifizierten Naturschützer im herkömmlichen Sinn sind.

2 Siegfried and Roy (mit Annette Tapert), *Mastering the Impossible*, S. 15.

3 *Ibid.*, S. 21.

4 *Ibid.*, S. 15.

5 *Ibid.*, S. 15.

6 »Dies war weder das erste noch das letzte Mal, dass ich einem meiner Tiere meinen Schutz zu verdanken hatte«, schreibt Roy.

Siehe das frühe Beispiel von seinem Hund Hexe, in *Mastering the Impossible*, S. 4–5.
7 *Ibid.*, S. 4–5.
8 Für Statistiken über die Löwen der Serengeti siehe David Mac-Donald, *The Velvet Claw*, S. 68.
9 Blythe wurde 1932 von George Palmer, einem ehemaligen Piloten der US-Armee, auf einer privaten Expedition entdeckt. Menschliche Figuren sind neben riesigen Raubkatzen dargestellt, manche sind über 35 Meter groß. Ebenso wie die berühmten Bilder in der peruanischen Nazca-Ebene stellte man diese Wüstenzeichnungen her, indem man die Oberfläche des Gerölls abkratzte, sodass die hellere Farbe darunter sichtbar wurde. Vielleicht existieren sie schon seit vielen Jahrhunderten. Erst im 20. Jahrhundert mit der Entwicklung der Luftfahrt entdeckte man die Bilder von Blythe und andere ähnliche Bodenzeichnungen.
10 In einem Kapitel mit der Überschrift »When Men turn into Jaguars« behauptet Evan Hadington, dass diese vierbeinigen Wesen in der Wüste von Blythe Berglöwen oder Jaguare sind. Er erinnert uns: »Für die Mojave-Heiler oder Schamanen gehörten diese Tiere zu den wichtigsten übernatürlichen Geschöpfen, mit denen sie traditionell in ihren Träumen Kontakt aufnahmen.« Hadingham, *Lines to the Mountain Gods: Nazca and the Mysteries of Peru*, S. 270.

Anmerkungen zu Kapitel 18: Löwe, Tier der Sterne

1 Siehe zum Beispiel Hadingham, *Lines to the Mountain Gods*, S. 272; für Erörterungen über Quetzalcoatl als gefiederten Raubkatzen-Gott siehe Willis, *World Mythology*, S. 239.
2 Siehe zum Beispiel Anthony F. Aveni: *Nazca – Eighth Wonder of the World.*
3 Man beachte, dass die Chinesen das Sternbild Löwe Sza/Tze! nennen; Campion und Eddy, *The New Astrology*, S. 51.
4 Van der Post, *The Heart of the Hunter*, S. 46.
5 Bleek, *Bushman Folklore*, S. 218.
6 Johannes 1, 1.
7 Regulus ist der Stern im Zentrum der Löwe-Konstellation; er heißt auch Cor Leonis, das Löwenherz. Siehe *The New Astrology*, S. 52.

Mutwa nannte diesen roten Herzstern des Löwen »Mthalhinkosi« oder »Winsinkosi«.

8 Dieses Lied wurde durch Miriam Makeba berühmt und von Gallo Records auf der ganzen Welt vertrieben. Für weitere Informationen über diese Geschichte siehe *The Sunday Times*, 4. Juni 2000, S. 5.

9 Mutwa spricht vom Tierkreis oder *Mulu-Mulu* in *Song of the Stars* und in seinem Artikel »Born under African Skies«, *Drum*, Band 203, November 1996, S. 22–4, S. 104–5, S. 107–9.

10 Der hermetische Grundsatz »Wie oben, so unten«. In der großen afrikanischen Tradition gibt es nicht zwölf Tierkreiszeichen, sondern dreizehn. Das dreizehnte (Umkhomo, der Wal) wird mit Schamanismus und andersdimensionaler Wirklichkeit assoziiert, bezeichnet als »Indidamadoda«, was »Verwirrer der Menschen« bedeutet. Siehe Mutwas Geschichte über den verwundeten Heiler Ngoza, der unter diesem dreizehnten Tierkreiszeichen geboren wurde, in *African Signs of the Zodiac*, S. 78–9.

11 Mutwa assoziiert ihn auch mit Sozabile, dem großen Jäger und Heiler der Schütze-Konstellation. Für weitere Informationen über Sozabile siehe »Born under African Skies«, *op. cit.*

12 Sirius wird auch der »Hundsstern« genannt. Das Sternbild Löwe ist Orions »Löwenfreund«.

13 Sirius steht auch im Zusammenhang mit Walisango, dem Hund, Beschützer des *Mulu-Mulu* oder »Schließer des Tores«, und kann somit wahrscheinlich mit dem Sothis-Zyklus oder den »Hundstagen« der alten Ägypter verglichen werden. Siehe Credo Mutwas Aufsatz »Born Under African Skies«, *Drum*, Band 203, November 1996, S. 24. Sirius wird auch »Inja Ebomwu« genannt.

14 Er hat auch reptilienartige Eigenschaften. Siehe Icke, *The World's Biggest Secret*. Man beachte, dass einige von Mutwas wichtigsten Äußerungen in Ickes Werk falsch interpretiert wurden.

15 In der großen afrikanischen Tradition ist ein Schädel ein heiliges Objekt und nicht etwas potenziell Böses, wie man im Westen glaubt (zum Beispiel die Piratenflagge mit Schädel und gekreuzten Knochen). Für jüngere westliche Untersuchungen über dieses Phänomen siehe Morton and Thomas, *The Crystal Skulls*.

16 1996 konsultierte das British Museum of Mankind Credo Mutwa

als Sachverständigen wegen mehr als 5000 afrikanischer Artefakte im Museumsbesitz. Darunter befinden sich Artefakte, die mit astrologischem Wissen zu tun haben, zum Beispiel ein wichtiger mit Perlen verzierter Gegenstand, der in mit farbigen Diamanten besetzten Abschnitten eingeteilt ist und von afrikanischen Astronomen-Priestern zur Berechnung der Monate des Jahres benutzt wurde. Benison Makele erwähnt dies in seinem Artikel »African Soul still Held Captive in Europe«, *City Press*, 22. Dezember 1996.

17 Die Mythologie der Dogon und ihr Verhältnis zum Doppelsternsystem Sirius wurde von Robert Temple in seinem Bestseller *The Sirian Mystery* veröffentlicht. Siehe auch Griaule, *Conversation with Ogotemelli*. Die Mythologie der Dogon beschrieb ausführlich den unsichtbaren Begleiter des Sirius, den »Zwergstern« (Astronomen als »Sirius B« bekannt), bevor er von westlichen Astronomen entdeckt wurde.

18 Mutwa erzählte mir von gewissen »Sternenrassen« in Afrika, die über Sternenwissen verfügen: die Buschmänner, Ndebele, Maschona, Zulu und Dogon.

19 Die Zulu sagen, dass sie zur Erde durch den Weltraum herabgestiegen sind. Laut Mutwa ist das Reisen im Weltall *Ukuzulu*.

20 Vor seiner Rede hatte Mutwa den Vergleich zu den Dohlen in England gezogen: »Sehr hässliche Vögel im Tower von London ... die die englische Monarchie seit vielen Jahrhunderten am Leben erhält. Es heißt, wenn diese Dohlen sterben, werden auch England und sein Volk aufhören zu existieren.«

21 Laut Mutwa war die Reinkarnation im alten Afrika eine Glaubensgrundlage.

Anmerkungen zu Kapitel 19: Geburtsstätte der Götter

1 Zitiert in Chatwin, *The Songlines*, S. 208.
2 Dr. Grant Parker von der University of Michigan Classical Studies, in seiner Vorlesungsreihe über den »Nil in Mythos und Kunst«, Kapstadt, 1. August 2000.
3 Joachim-Ernst Behrendt, *Nadha Brahma: The World is Sound*.
4 Siehe zum Beispiel die Arbeit an den Emissionsfrequenzen von Steinen: Elkington, *In the Name of the Gods*.
5 Ausgehend von einem Hinweis, den er in Schwaller de Lubiczs

Werk fand, wandte sich West an die geologischen Abteilungen verschiedener Universitäten. Robert Schoch, Geologieprofessor an der Universität Boston mit dem Spezialgebiet Stratigrafie, bestätigte, dass die Verwitterung der Sphinx auf Wasser zurückzuführen sei und nicht auf Erosion durch Sand und Wind. Er führte an, dass die Oberfläche keine Hochwasserschäden aufweist, sondern Spuren von Niederschlag (Regen). Dies verlegt das Entstehungsdatum der Sphinx um viele tausend Jahre zurück in eine Zeit, in der das ägyptische Klima feucht, regnerisch und gemäßigt war (noch kein Wüstenklima).

Im Oktober 1992 legte West schließlich seine Ergebnisse auf der Jahrestagung der Geological Society of America (Amerikanische Geologische Gesellschaft) in San Diego vor, worauf 275 Geologen ihre Hilfe bei dem Projekt anboten. Später legte er das Material auch der American Association for the Advancement of Science (Amerikanische Vereinigung zur Förderung der Wissenschaft) vor. Diese Beweise für eine Erosion aufgrund von Niederschlag bildeten die Grundlage für Hancocks Bestseller *Fingerprints of the Gods*.

6 Für ausführliche Beispiele für die technische Perfektion der Sphinx und der Pyramiden siehe Tompkins, *Secrets of the Great Pyramid*; LeMesurier, *Decoding the Great Pyramid*; Bauval and Hancock, *Keeper of Genesis*, passim. Außerdem Hancock, *Fingerprints of the Gods*, Kapitel 48.

7 Mutwas Standpunkt wird durch Georgio de Santillanas Werk unterstützt, der die Urvölker als »längst vergessene Einsteins« verstanden wissen will.

8 West diskutiert das »Wort« in *Serpent in the Sky*, S. 69.

9 *Logos* bedeutet nicht einfach »Wort«, sondern eher so etwas wie »Gesetz« oder »Erlass«, also die Wahrheit hinter dem Naturgesetz. Siehe Gilberts Erörterung dieser Vorstellung in seiner Einführung zu *Hermetica: The Writings attributed to Hermes Trismegistus*, editiert und übersetzt von Walter Scott, S. 9.

10 Siehe *The Illustrated Bible Dictionary*, S. 908.

11 Laurens van der Post, *The Heart of the Hunter*, S. 46.

12 Gilberts Untersuchungen der heiligen Lehren der Mittelamerikaner (*The Mayan Prophecies*) und der alten Ägypter (*The Orion Mys-*

tery) sowie der unbekannten Ursprünge von vertrauteren christlichen Lehren (*Magi* und *Holy Kingdom*) halfen ihm, über die Kontinente hinweg Parallelen zu entdecken. Er bezieht die mittelamerikanische Kosmologie auf die Sphinx-Frage sowie auf christliche und altmesopotamische Mysterien.

13 Siehe zum Beispiel das Wandrelief an Denderas Treppe: Es zeigt eine Prozession von Priestern in Löwenmasken zu Ehren der Göttin Sekhmet.
14 Banlandier and Macquet, *op. cit.*, S. 215. Für weitere Informationen über die Priester-Löwen im Tempel von Heliopolis siehe Spence, *Myths and Legends of Ancient Egypt*.
15 Siehe Gilbert, *Magi*. Für den Vergleich zwischen Horus und Herkules
16 Rundle Clark, *Myth and Symbol in Ancient Egypt*, S. 146.
17 Für eine Erörterung über Horus, Bast und Hathor als löwenhafte Wesenheiten siehe West, *The Traveller's Key to Ancient Egypt*, S. 394. Für das Löwensymbol im alten Ägypten, das mit Bast und Hathor assoziiert wird, und das Löwinnensymbol der Sphinx, das »die Zerstörerin« genannt wird, siehe Wallis Budge, *Egyptian Language*, S. 61.
18 Rundle Clark, *Myth and Symbol in Ancient Egypt*, S. 160.
19 Siehe Bauval and Hancock, *Keeper of Genesis*, S. 71–3. Andere Archäoastronomen wie John Anthony West, Adrian Gilbert und David Elkington teilen diese Überzeugung.
20 Bauval and Hancock, *op. cit.*, S. 230–3; Gilbert, *Magi* und *Signs in the Sky*, passim.
21 Eine andere Perspektive des schamanischen Entwicklungsweges, der mit dem Heldenweg versöhnt ist (Osiris im Gegensatz zu Horus), findet sich in Wests Erörterung der beiden Wege, die zur Quelle zurückführen, *Serpent in the Sky*, S. 83. Für die Gleichsetzung von Osiris und Christus siehe Gilbert, *Signs in the Sky*, und Elkington, *In the Name of the Gods*, passim.
22 Siehe *Magi* und *Signs in the Sky*.
23 Siehe Gilberts Beschreibung dieses Händedrucks zwischen dem mithraischen König von Kommagene und Herkules auf dem Steinrelief von Arsameia in *Magi*, S. 151.
24 Siehe Bauvals und Hancocks Erörterung von *Zep-Tepi* in *Keeper of Genesis*, S. 219.

25 Siehe die Erörterung über die Hieroglyphe *Rwty* und die Löwengötter in Verbindung mit Löwenwächtern in *Keeper of Genesis*, S. 165.
26 Siehe die Erörterung zum Thema Atum des Schweizer Ägyptologen Edouard Naville, zitiert in *Keeper of Genesis*, S. 164; siehe auch S. 166. Man vergleiche die löwenhaften Züge der wichtigsten ägyptischen Himmelskörper einschließlich des Schöpfergottes selbst mit den mittelamerikanischen Pantheons, die sich auf genau dieselbe katzenhafte Vorstellung stützen.
27 Wallis Budge, *Egyptian Language*, S. 61.
28 Die Inschrift der Stele von Thutmosis IV., die zwischen den Vorderpfoten der Sphinx steht, verdeutlicht, dass die Sphinx ein Ausdruck des Horus-Königs ist. Siehe auch West, *The Traveller's Key to Ancient Egypt*, S. 72.
29 Siehe zum Beispiel Robert Masters Einführung zu West, *Serpent in the Sky*, xv.
30 Siehe zum Beispiel Gilberts und Bauvals Erörterung über *Zep Tepi* in *The Orion Mystery*, S. 189; auch Bauvals und Hancocks verschiedene Erörterungen in *Keeper Of Genesis*, besonders in Kapitel 17; und Hassan, *Excavations at Giza*, S. 265.
31 Für einige wissenschaftliche Fortschritte in Bezug auf die Vorstellung von stellaren Einflüssen auf Ereignisse auf der Erde siehe Gribbin and Plagemann, *The Jupiter Effect*. Darin ist von einer möglichen kausalen Interaktion zwischen »der Erde, der Sonne und den Planeten« die Rede. Siehe auch das Werk des Greenwicher Astronomen Percy Seymour, *Astrology: The Evidence of Science*. Eine statistische Analyse der Astrologie findet sich in Michel Gauquelins Werken *Planetary Heredity* und *Cosmic Influences on Human Behaviour*. West verteidigt die Astrologie in *The Case for Astrology*.

Anmerkungen zu Kapitel 20:
Löwe der Wüste, Löwen der Steppe

1 West schließt aus den Proportionen der Sphinx, dass die heutige Statue die restaurierte Version einer ursprünglichen Löwenskulptur ist; siehe *Traveller's Key to Ancient Egypt*.
2 20 m hoch x 11,5 m breit.

3 Bauval and Hancock, *Keeper of Genesis*, S. 74.
4 Matthäus 24, 29.
5 Matthäus 24, 30.
6 Siehe Gilbert, *Signs in the Sky*, passim, und Elkington, *In the Name of the Gods*, passim.
7 Für das T-Kreuz als »Tau« siehe Fontana, *The Secret Language of Symbols*, S. 57.
8 Siehe zum Beispiel *The Shorter Oxford English Dictionary on Historical Principles*, S. 453.
9 Siehe *The Illustrated Bible Dictionary*, S. 908.
10 Siehe Gilbert, *Signs in the Sky*, Anhang 3 »Lion of God«, S. 307. Auch *Magi*, S. 222–7.
11 Plutarch beobachtete zum Beispiel, dass die Ägypter »den Löwen ehren, und sie schmücken die Eingänge zu ihren Schreinen mit Löwenköpfen, deren Maul weit aufklafft, denn der Nil überschwemmt seine Ufer, wenn die Sonne zum ersten Mal in Konjunktion mit dem Löwen tritt«.
12 Für die Gründe, die ihn zu diesem Schluss führten, siehe Gilbert, op. cit.
13 Die astronomisch-astrologische Vorstellung von der Präzession spielt auch in der heutigen Astronomie noch eine große Rolle. Die astrologischen »Zeitalter« definieren sich durch den Zeitraum, in dem ein bestimmtes Sternbild – in diesem Fall der Löwe – zum entscheidenden Zeitpunkt der Frühjahrs-Tagundnachtgleiche den Hintergrund der Sonne bildet. Die Präzession ist die scheinbare Bewegung des Sternenbandes, das die Erde umgibt, sodass die Konstellationen in diesem Band sich etwa alle 2200 Jahre von einem Tierkreiszeichen zum nächsten zu verändern scheinen.
14 Archäoastronomen wie Adrian Gilbert, Robert Bauval und Graham Hancock befürworten die These, dass die Baudenkmäler von Gizeh eine irdische Sternenkarte darstellen, die dazu dient, einen entscheidenden Zeitpunkt zu bestimmen; siehe Gilbert, *The Orion Mystery* und *Signs in the Sky*; und Hancock, *Fingerprints of the Gods* und *Heaven's Mirror*.
15 Die Stele selbst ist zwar lange Zeit nach der Sphinx entstanden, doch das Doppellöwenmotiv ist als einer der ältesten Archetypen in dieser Region bekannt. Siehe zum Beispiel die Forschungen des

ägyptischen Gelehrten Bassam el Shammaa, Vortrag auf der Annual Quest for Knowledge Conference, März 1998.
16 Im Hinblick auf die Frage nach König Salomos Tempel auf der Südhalbkugel war Gilbert besonders hilfreich. In seinem Buch *Signs in the Sky* weist er darauf hin, dass David und sein Sohn Salomo die Löwenkönige aus dem Stamm Juda waren. Um 900 v. Chr. baute Salomo den ersten Tempel, in dem die Bundeslade mit den Steintafeln des Moses, in denen die Zehn Gebote eingemeißelt waren, untergebracht wurde (siehe *Signs in the Sky*, S. 157–8). Sogar heute noch ist auf den Vorhängen zum Schutz der Tora das Symbol der Zwillingslöwen abgebildet, und der sechszackige Davidsstern erinnert an den sechszackigen Sirius. Siehe die Illustration dazu in *Signs in the Sky*, neben S. 239. Die Verbindung zwischen Löwe und Pentagramm ist erhalten geblieben, wobei das Pentagramm in der mittelalterlichen jüdischen Mystik als »Salomos Siegel« oder »Salomos Schild« bezeichnet wurde. Siehe Liungman, *Dictionary of Symbols*, S. 298. Aufgrund von Tonscherben aus Palästina kann dieses Symbol auf 4000 v. Chr. zurückdatiert werden, und zwischen 300 und 150 v. Chr. war es das offizielle Stadtwappen und Siegel von Jerusalem; siehe Liungman, *op. cit.*, S. 298.
17 Venda, der Ort, an dem sich laut Mutwa der Tempel befand, liegt in der Nähe des Nilmeridians.
18 »Sekhmet wurde im alten Ägypten als weibliche Figur mit dem Kopf einer Löwin dargestellt«, schreibt West. »In der Mythologie war es Sekhmet, die die göttliche Rache vollzog, wenn die auf Abwege geratenden Menschen vergaßen, die Götter zu verehren, und die Sache selbst in die unwissende Hand nahmen. Ihre zerstörerischen Wutausbrüche sollten die rechtmäßige Ordnung wiederherstellen, sie war die Göttin der Heilung... aber sie heilte mit Feuer.« West, »Sekhmet Speaks«, in der Zeitschrift *Quest for Knowledge*. Für Legenden, in denen löwenköpfige Götter mit der Sphinx verbunden sind, siehe Hunt-Williamson, *Secret Places of the Lion*: »Die Pyramide war der Ort der ›zweiten Geburt‹, der ›Schoß der Geheimnisse‹. Der Überlieferung zufolge lebte in ihren Tiefen ein unbekanntes Wesen namens ›Bewohner‹. Dies war ein löwenköpfiger Meister, den wenige Menschen je zu Gesicht bekamen.« Hunt-Williamson, *op. cit.*, S. 21.

19 Siehe zum Beispiel Lawton and Ogilvie-Herald, *Giza: The Truth*; und Bauval: *The Secret Chamber*.

Anmerkungen zu Kapitel 21: Der Nilmeridian: heiliges Land des Nordens, heiliges Land des Südens

1 Für eine kurze Zusammenfassung einiger Präzisionsmaße der Sphinx und der Pyramiden siehe Bauval and Hancock, *Keeper of Genesis*, S. 40–4; Hancock, *Fingerprints of the Gods*, Kapitel 48; LeMesurier, *Decoding the Great Pyramid, passim*.
2 Siehe LeMesurier, *op. cit.*, S. 12.
3 Siehe LeMesurier, *op. cit.*, S. 12.
4 Siehe LeMesurier, *op. cit., passim*, oder Hancock and Faiia, *Heaven's Mirror*, S. 54.
5 Für weitere Einzelheiten über die Große Pyramide und das Nildelta als Messinstrumente siehe Tompkins, *Secrets of the Great Pyramid, passim*, und LeMesurier, *op. cit*.
6 Für eine schematische Darstellung siehe Alford, *When the Gods Came Down*, S. 146.
7 Tompkins, *op. cit.*, S. 46.
8 Geologisch betrachtet, hat der Nil erst vor relativ kurzer Zeit sein Bett gegraben und ein Delta gebildet, nämlich im Quartär. Ablagerungen an den Flussufern bezeugen, dass im sogenannten Tertiär, der vorangegangenen Epoche, das Mittelmeer das Nildelta bedeckte: Wie ein schmaler Fjord reichte es bis nach Assuan. Siehe Schwaller de Lubicz, *Sacred Science*, S. 945. Er weist auf die bedeutsamen geologischen Anomalien des Nils hin und erwähnt die »ungebrochene Tradition« des Ursprungs des Deltas als Schwemmland und der Existenz eines Golfs im Meer, bevor der Nil die Erde anschwemmte, wodurch die Sphinx schließlich im Schwemmsand versank. Vielleicht ist Mutwas Großes Wissen Teil dieser ungebrochenen mündlichen Überlieferung.
9 Eine vollständige Erörterung dieses Themas findet sich in Sobel, *Longitude*.
10 Präziser ausgedrückt, liegt die Südgrenze von Sokar auf 24°N (plus 6'), während Timbavatis Nordgrenze auf 24°S (plus ca. 11') liegt. Darum entspricht Timbavatis Nordgrenze vom Breitengrad her dem Standort von Mapungubwe (30°O, 24'S).

11 Überaus schmerzlich ist die Tatsache, dass sich das Gatterjagd-Trophäenprojekt an den Grenzen Timbavatis, bei dem Weiße Löwen zur Trophäenjagd gezüchtet werden, genau am östlichen Punkt auf 31° 14' liegt. Für nähere Einzelheiten über diese verwerfliche Praxis, Löwen zum Abschuss zu züchten, siehe Kapitel 24.

12 Für die Koordinaten des heiligen Landes Unterägypten (das auf der Landkarte oben erscheint) siehe Alford, *op. cit.*, S. 146. Philae ist die zuletzt identifizierte heilige Stätte (24°N), die mit Timbavatis Nordgrenze korrespondiert.

13 In letzter Zeit hat die Tatsache, dass einer der beiden südlichen »Sternenschächte« der Großen Pyramide auf Sirius ausgerichtet ist, großes Aufsehen erregt. Siehe Bauval and Gilbert, *The Orion Mystery*, sowie Hancock and Bauval, *Keeper of Genesis*. Sirius ist der helle Stern, auf dem das ägyptische Kalendersystem, der sogenannte Sothis-Kalender, basiert. Laut Mutwa stammte das Leben auf der Erde ursprünglich vom Planetensystem des Sirius.

14 Orion wird mit dem Schöpfergott Matsieng assoziiert, der auch die Löwen auf die Erde brachte. Mutwa erzählte mir, dass es gewisse »Sternenstämme« in Afrika gab, die über Sternenwissen verfügten. Während das Volk der Ndebele das Wissen um den Mbube-Stern Orion (*Umhabi* – »das weit wandernde Sternbild«) besitzt, ist die Geschichte des Sirius unter anderem den Dogon im Sudan bekannt.

15 Der zweite der beiden südlichen Sternenschächte der Großen Pyramide ist nach dem Gürtel des Orion ausgerichtet. Archäoastronomen behaupten, dass diese Sternenschächte den Aufstieg der Seele des Pharao zu ihrem Sternenursprung Sirius und Orion repräsentierten. Mutwa schreibt den Ursprung des Lebens auf der Erde besonders dem mittleren Stern des Gürtels zu: Al Nilam, der Stern, den das Nbebele-Volk Mbube nannte – »Löwe der Dunkelheit«.

16 Fast alle heutigen Archäoastronomen (darunter Gilbert, West, Bauval und Hancock) identifizieren das Sternbild Löwe als diejenige Konstellation, die die löwenhafte Sphinx exakt widerspiegelt. Laut Mutwa steht im *Mulu-Mulu*, dem afrikanischen Tierkreis, das Sternbild Löwe (*Mbube Edingile*) in kausalem Zusammenhang mit der Entwicklung der Löwen auf der Erde.

17 Die Sphinx selbst symbolisiert das Sternbild Löwe, aber Gelehrte

wie Gilbert glauben, dass die Vereinigung der Sonne mit dem Herzstern des Löwen den Augenblick der Löwe-Mensch-Identität symbolisiert, die durch die Sphinx verkörpert wird. Außerdem behauptet Mutwa, dass die Konjunktion der Sonne mit Regulus in der großen afrikanischen Tradition ein entscheidender Augenblick ist: Er symbolisiert sowohl die Geburt als auch den Untergang einer großen Epoche.

18 Siehe zum Beispiel Bauval and Hancock, *Keeper of Genesis*, S. 205.
19 Weitere Erläuterungen siehe Bauval and Hancock, *op. cit.*, S. 219.
20 Beispiele für den Löwen in Verbindung mit dem Goldenen Schnitt finden sich auf den Wandreliefs in den Gräbern von Mere-Ruka und Sakkara sowie im Tempel von Karnak.
21 Jüngste Untersuchungen der Qualität des Goldschmucks in den altafrikanischen Gräbern im Kruger-/Timbavatigebiet haben ergeben, dass das Gold unter Tage und nicht im Tagebau gewonnen wurde – ein weiterer Hinweis darauf, wie hoch entwickelt die damalige Kultur war. Für weitere Forschungsergebnisse zu den Goldfunden und der hoch entwickelten Gesellschaft, die sie hergestellt haben muss, siehe den Dokumentarfilm *Mapungubwe: Secrets of the Sacred Hill*, South African Broadcasting Corporation, 1999, produziert von Katerina Weinek und Lance Gewer.
22 Zu den auffälligsten Besonderheiten des äthiopischen Königreiches Aksum im Niltal gehören die gewaltigen Steinobelisken, die bis zu 33,5 m hoch sind. Siehe Larousse, *Encyclopedia of Archaeology*, S. 10.
23 Siehe Artikel »Is the coelacanth cursed?« von Niki Moore, *Mail & Guardian*, 9. bis 15. Februar 2001, S. 5.
24 In seinem Buch *The Runaway Brain: The Evolution of Human Uniqueness* über die Evolution der menschlichen Rasse gab Christopher Wills dem Kapitel über das Rift Valley den Titel »The birth canal of our species«.
25 *Past Worlds: The Times Atlas of Archaeology*, S. 54.
26 Was die unterirdischen Wasserläufe angeht, wissen wir, dass ein unterirdischer Fluss, der ebenso viel Wasser führt wie der Nil, in Ägyptens Nachbarstaat Libyen angezapft wird. Staatschef Gaddafi hat ein Team koreanischer Ingenieure damit beauftragt, dieses Wasserreservoir nutzbar zu machen.

Anmerkungen zu Kapitel 22: Gold: unterirdische Sonne

1 Chevalier und Geerbrant, zwei französische Erforscher antiker Symbolik, schreiben in ihrem Buch über Symbole, dass das Sternbild Löwe das Prinzip der Evolution beziehungsweise der »Metamorphose« symbolisiert (S. 577). Zur Symbolik der Zahl 5 erklären sie, dass sie sowohl für die biologische als auch für die spirituelle Evolution der Menschheit steht (S. 254–5).
2 Jüngere Forschungsergebnisse führender Astrophysiker zeigen, dass die Vulkanaktivität des flüssigen Erdkerns im direkten Zusammenhang mit der Sonnenaktivität steht. 1977 identifizierten die prominenten Astrophysiker John Gribbin und Stephen Plagerman aus Cambridge »einen kausalen Effekt, der die Sonnenaktivität... mit geomagnetischen Störungen in der Ionosphäre der Erde verbindet, ausgelöst durch energiereiche Partikel von der Sonne«. Daraus schlossen sie: »Die gesamte Seismizität der Erde ist mit der Sonnenaktivität verbunden.« *The Jupiter Effect*, S. 93.
3 Chatwin, *The Songlines*, S. 81.
4 Einige Forschungen weisen darauf hin, dass dies so gewesen sein könnte. Siehe zum Beispiel Robert Ardrey, *African Genesis*.
5 BBC-Serie *Earth Story*, Folge 3: *Ring of Fire*.
6 Siehe *Ore Genesis: The State of the Art*, Sonderausgabe Nr. 2, Society for Geology Applied Mineral Deposits, Springer-Verlag 1982, S. 38.
7 In der Geologie, Chemie und Planetenphysik geht man allgemein davon aus, dass die meisten Elemente, vor allem Gold, in den Lebenszyklen der Sterne sowie in dem Prozess, durch den diese Sterne sich zu Sonnensystemen entwickeln, entstehen. Unsere Sonne, der Stern im Zentrum unseres Sonnensystems, ist die Kernenergie, die der molekularen Zusammensetzung des Goldes zugrunde liegt. Siehe zum Beispiel die Abhandlung von Stephan Rosswog an der Universität von Leicester über Alchemie von Gold und Sternenenergie.
8 Cirlot, *Dictionary of Symbols*, S. 114.
9 *Ibid.*, S. 304.
10 Schneider, *El origin musical de los animales-simbolos en la mitologia y la escultura antiguas*; Cirlot, Einführung.

11 Man beachte die Verbindung mit dem grünen Löwen aus der alchemistischen Theorie.
12 Dies steht im Zusammenhang mit den vier Winkeln der Welt und den vier Tieren.
13 Cirlot, *op. cit.*, S. 114.
14 Siehe zum Beispiel Keanes Studie der Goldfelder von Simbabwe in *The Gold of Ophir*.

Anmerkungen zu Kapitel 23: Tendile, Weiße Löwenmutter

1 Siehe Hesiods *Works and Days*, beschrieben in Bruce Chatwins *The Songlines*, S. 226.
2 Mutwa selbst bezeichnet dieses Gold als »monoatomisches Gold«, obwohl Geologen, mit denen ich sprach, dessen Existenz bezweifeln.
3 Wasserman, *The Art and Symbols of the Occult*, S. 91–3.
4 Siehe Gilbert, *Signs in the Sky*, S. 307.
5 Die Idee der Wiedergeburt steht im Mittelpunkt der altägyptischen wie auch der altafrikanischen Glaubenssysteme.
6 Dieses Zitat entstammt dem ältesten noch erhaltenen geschriebenen Text der Welt, dem Ägyptischen Totenbuch. Für eine Erläuterung über Ra als »das Wort« siehe West, *Serpent in the Sky*, S. 69.
7 Naturschützer erklären, dass das Verhalten, neugeborene Jungen im Stich zu lassen, direkt von der Größe des Territoriums der Löwen abhängt.
8 Gribbin and Cherdas, *The Monkey Puzzle*, S. 207.
9 McBride, *op. cit.*, S. 112.

Anmerkungen zu Kapitel 24: Trophäenjagd

1 In Zusammenarbeit mit der kritischen ITN-Dokumentarsendung »The Cook Report« und unter Verwendung von Videoaufnahmen, die man ihm gegeben hatte, hielt Patterson Gatterjagden auf Löwen im Film fest. Für Details siehe Gareth Pattersons Exposé *Dying to be free: The Canned Lion Scandal*.
2 Siehe den Bericht über Mfuwa Malatjies Gerichtsverhandlung in *Mail & Guardian*, 20. bis 27. April 2000, S. 3.

Anmerkungen zu Kapitel 25: Weiße Löwen: Propheten der Zukunft

1 Siehe die Lexikondefinition des Wortes »psychic« (»übersinnlich«), zum Beispiel *Oxford English Dictionary*: »bezieht sich auf oder bezeichnet Eigenschaften oder Phänomene, die anscheinend nicht mit den Naturgesetzen erklärt werden können, vor allem im Zusammenhang mit Telepathie oder Hellsehen... oder bezieht sich auf die Psyche oder das Seelisch-Geistige«.
2 Siehe *Many Lives, Many Masters* des Psychiaters Dr. Brian Weiss für eine umfassende Dokumentation dieses Phänomens. Außerdem das Werk von Magdel Shakleton, Doktor der Physik und Medizin (UCT), die in ihren späteren Lebensjahren mit gechannelten Informationen von den Meistern arbeitete: *Georgina and her Guardian Angels*. Die ersten dokumentierten Kontakte mit aufgestiegenen Meistern stammen wahrscheinlich von Helena Blavatsky, einer Hellseherin des 19. Jahrhunderts. Siehe ihre Werke *The Secret Doctrines* und *Isis Unveiled*.
3 Gilbert, *Signs in the Sky*, S. 167–70.
4 C. G. Jungs Theorien über das kollektive Unbewusste und sein Begriff der »Synchronizität« (»ein akausales verbindendes Prinzip«, das zusätzlich zu der wissenschaftlichen Methode von Ursache und Wirkung wirkt) erklären viele Phänomene, die sich der Vernunft zu widersetzen scheinen. Für Jung war das Übernatürliche größtenteils ein Produkt von Archetypen, die einer ursprünglichen Quelle oder einer höheren Wirklichkeit entstammen. Somit könnte das Channeln von Informationen die Fähigkeit gewisser Individuen darstellen, bewusst oder unbewusst diese »Superebene« höherer Weisheit anzuzapfen. Siehe dazu auch Carlos Castaneda, *Tales of Power*, über das »Tonal« (Alltagswirklichkeit) und das »Nagual« (geistige Ebene).
5 Die Behörden von Timbavati haben den Magisterstudenten Jason Turner mit der Untersuchung beauftragt.
6 Siehe Gilberts Erörterungen dieses Themas in *The Orion Mystery*, S. 123, und seine späteren Forschungsergebnisse in *Signs in the Sky*. Er konzentriert sich dabei auf Rostau (Gizeh).
7 Siehe die Schriften der Ägyptologen und Astronomen Professor

Alexander Badawy und Dr. Virginia Trimble über die Luftschächte als astronomische Instrumente und die darauf basierenden Theorien von Gilbert, Hancock und Bauval.
8 Die Löwen in dem angrenzenden Kruger-Nationalpark sind mit TBC und einer tierischen Form von HIV infiziert; beides sind letztlich von Menschen verursachte Probleme. Selbst »Wildparks« sind kein sicherer Zufluchtsort mehr.
9 Im Januar 2001 starben Zehntausende von Menschen bei einem Erdbeben in Indien. Kurz vor dieser »Naturkatastrophe« waren im selben Gebiet Atombomben gezündet worden.
10 Siehe die BBC-Dokumentationsreihe *Earth Story*.
11 Matthäus 27, 15.

Anmerkungen zu Kapitel 26: Eiszeiten und Schneelöwen

1 Der Name, den Mutwa während seiner Sanusi-Einweihung erhielt, hat mit der Beobachtung der Sterne zu tun.
2 Azti, gechannelt von Jackie Te Braake.
3 Die Realität der fünften Dimension führt *Zeit* (eine Dimension) und *Raum* (drei Dimensionen) zu einer Raum-Zeit-Verbindung zusammen. Symbolisch wird sie durch einen fünfzackigen Stern oder die Mitte des Kreuzes ausgedrückt.
4 Am Tag, an dem Ingwavuma starb, standen die Sonne und Regulus genau auf 20° 50' im Sternbild Löwe. Plutarch hob die Bedeutung hervor, die dieser Augenblick für die Ägypter hatte, die »den Löwen ehren ... denn der Nil tritt über die Ufer, wenn die Sonne zum ersten Mal mit dem Löwen in Konjunktion tritt«.

Anmerkungen zu Kapitel 27: Der Löwe von Juda

1 Häuptling Masoyi und Solomon Mabuza, der Stammesälteste der Swazi, sind dieser Auffassung.
2 1. Buch Mose 49, 9–10.
3 Matthäus 1, 16.
4 Siehe Matthäus 1, 1–17, Markus 12, 35, Lukas 21, 44, Johannes 7, 41.
5 Offenbarung 22, 16.
6 Michael Morpurgo, *The Butterfly Lion* (New York: HarperCollins, 1996). Siehe auch *The Roi Leo*, eine in Kanada ausgestrahlte Kin-

derzeichentrickserie, in der zwei Weiße Löwen, Vater und Sohn, die Hauptrollen spielen.
7 Markus 1, 12.
8 *The Illustrated Bible Dictionary*, Teil 2, S. 908. Für eine detaillierte Erörterung über Christus als *Logos* siehe Freke and Gandy, *The Jesus Mysteries*, S. 82–5.
9 Siehe Jesaja 38, 13, Klagelieder 3, 10, Hosea 5, 14, 13, 8.
10 Offenbarung 5, 5.
11 1. Buch Mose 49, 10.
12 Offenbarung 4, 6.
13 Matthäus 24, 15, Markus 13, 14.
14 Man beachte, dass der Winkel der Ost-West-Passage in der Großen Pyramide so berechnet wurde, dass ihre Verlängerung direkt durch die jüdische Stadt Bethlehem führt; siehe LeMesurier, *Decoding the Great Pyramid*, S. 19.
15 Siehe Friedrich Ruhe zu städtischen Knotenpunkten (abgedruckt 1989 im *South African Archaeological Bulletin*).
16 Eine umfassende Untersuchung der Buschmann-Malereien in dieser Gegend findet sich in Woodhouse, *The Rock Art of the Golden Gate*.
17 Siehe Pattersons Exposé über die Löwengatterjagd: *Dying to be Free*, S. 115–7, sowie *Mail & Guardian*, 2. bis 9. Februar 1998, Artikel über Marius Prinsloos Anzeige: »Erlegen Sie einen Löwen für 25 000 Rand«.
18 Markus 12, 29–31.
19 Matthäus 24, 29.
20 Matthäus 24, 30.

GLOSSAR

Afrikaans: südafrikanische Sprache, die sich aus dem Holländischen entwickelte und von weißen Südafrikanern holländischer Abstammung sowie von vielen anderen Südafrikanern gesprochen wird.
Afrikaner: weiße Südafrikaner holländischer/hugenottischer Abstammung.
Akeru: »die Löwen von heute«. Häufige altägyptische Darstellung zweier Löwen, die einander den Rücken zukehren.
Äquinoktium: Frühjahrs- und Herbst-Tagundnachtgleiche. Von mystischer Bedeutung für die Buschmänner, die alten Ägypter und die Löwenpriester Afrikas.
Archäoastronomie: Studium der Ausrichtung heiliger Baudenkmäler nach Himmelskörpern.
Avatar: göttliches Ebenbild auf Erden; ursprünglich Sanskrit: »Abstieg«.

Biltong: in der Sonne getrocknete Fleischstreifen.
Boma: schützender Kreis aus Schilf und Dornenbüschen, der Menschen und Tiere in der afrikanischen Steppe Zuflucht bietet.
Buchu: duftende südafrikanische Pflanze, die für medizinische und rituelle Zwecke benutzt wird.

Dongas: tief eingeschnittene Bodenerosion in Südafrika.

Epigraphie: Studium und Klassifizierung alter Inschriften.

Famba kahle! (Tsonga): Geh wohl!
Famba famba (Tsonga): Gehen.

»Gehirnexplosion«: die dreifache Vergrößerung des menschlichen Gehirns, die mit dem Entwicklungssprung vom *Australopithecus africanus* zum *Homo erectus* einhergeht. Man nimmt an, dass dieser Sprung mit der Entwicklung der Sprache und der sozialen Organisation zusammenhing.
Geodätische Ausrichtung: die Ausrichtung von Baudenkmälern, ar-

chäologischen Stätten oder Mineralvorkommen nach den wichtigsten Meridianen der Erde.
Greif: vierfaches Fabeltier und Symbol der Weisheit und Wahrheit, das Adler, Löwe, Schlange und Mensch in sich vereint.

Heliakisch: dieser astronomische Begriff bezeichnet den Aufgang gewisser Sterne, während unsere Sonne noch sichtbar ist.
Hermetik: mystisches System, das angeblich auf den ägyptischen Weisheitsgott Thoth zurückgeht. Die altgriechischen Philosophen nannten ihn Hermes Trismegistos.
Hochveld: Hochland-Steppenplateau im Norden Südafrikas, das bis Simbabwe reicht.
Hottentotten: abfälliger Name der Kolonialherren für die nomadischen Hirtenstämme der Khoikhoi, denen die holländischen und englischen Siedler in Südafrika begegneten.

iBubhezi: Zuluwort für Löwe: »Er, der richtet«.
Inyanga: Heiler, der mit traditionellen Kräutern arbeitet.
Inyanga ya Ngala: Tsonga für Löwen-Sangoma.

Kaross: Mantel oder Umhang aus Tierhaut.
Kommagene: antike Zivilisation zwischen dem Euphrat und dem Taurus-Gebirge.

Ley-Linien: geodätische Kraftlinien.
Lion Lager: beliebtes südafrikanisches Bier.
Löwenberge: viele Berge in Südafrika sind nach Löwen benannt, und es heißt, dass sie wie Löwen brüllen. Oft werden dort schamanische Einweihungen durchgeführt und auf vielen findet sich Buschmann-Felsenkunst.

Maroche: spinatartiges traditionelles südafrikanisches Gemüse (auch Marogo geschrieben).
Mathimba: Tsonga für »Kraft«, insbesondere geistige und rituelle Macht.
Matsieng: Setswana-Name für das Sternbild des Orion; laut Mutwa ist Matsieng der ewige Wanderer, der große Jäger.

Mbira: Fingerklavier aus Metall oder mit einer Schilftastatur, an ein hölzernes Klangbrett gebunden und oft mit einem Kalebassen-Resonator verbunden. Viele Mbira-Typen werden mit Ahnengeistern assoziiert, zum Beispiel *Mbira Dzavadzimu*, das MaShona »Mbira der Ahnen«.
Mealie-Mehl: gemahlener Mais, Grundnahrungsmittel in ganz Südafrika.
Member: dieser archäologische Begriff bedeutet so viel wie »Ausgrabungs-Teilschicht«.
Mopane: Bäume der südafrikanischen Steppe, dessen Früchte verzehrt und zur Herstellung von traditionellen Getränken verwendet werden.
Muti: traditionelle Medizin, die sowohl zum Heilen als auch zum Verhexen benutzt wird.

»Nachhaltige Nutzung«: der Gedanke, dass Naturschutzgebiete sich finanziell selbst tragen müssen – wenn Tiere für den Tourismus und die Jagdindustrie kommerziell lukrativ sind, wird ihre Art erhalten; in den meisten südafrikanischen Ländern die offizielle politische Linie.
Ndebele: afrikanischer Zweig des Zulustamms, der, angeführt von seinem König Mzilikazi, vor Schaka floh und sich nach einem epischen Eroberungszug in Südafrika und Simbabwe ansiedelte.
Nkulunkulu (Zulu)*:* großer Schöpfergeist.

Ogham: verlorene piktografische Sprache, die in alten Zeiten weltweit benutzt wurde. In Afrika vielleicht noch immer in Gebrauch.

Paläoanthropologie: Studium des prähistorischen Menschen.
Präzession: der Kreislauf der Sternbilder, die durch alle Zeiten jeweils zur Tagundnachtgleiche den Hintergrund der aufgehenden Sonne bilden. Zum Beispiel steht im Zeitalter des Löwen zum Zeitpunkt des Äquinoktiums das Sternbild Löwe kurz vor dem Sonnenaufgang genau im Osten. Laut der Präzessionstheorie der modernen Archäoastronomen (übereinstimmend mit geologischen Verwitterungsmustern) entstand die Sphinx ca. 10 500 v. Chr., als sich die nördliche Erdhalbkugel im Zeitalter des Löwen befand.

Rara Avis: seltene Spezies, wörtlich: »seltener Vogel«.
Rondavel: traditionelle runde, schilfgedeckte afrikanische Behausung. Die Wände bestehen aus Flechtwerk mit Lehm.

Sangoma: afrikanischer Heiler/Wahrsager/Priester. Die höchsten Sangoma-Eingeweihten heißen in der Zulutradition *Izanusi* (Singular: *Isanusi*).
Sanusi: Eingeweihter der Sangomas (Plural: *Izanusi*). Steht ein Artikel davor, verschwindet das »i«. Ich habe mich dafür entschieden, dieses Wort genauso zu benutzen wie das Wort »Sangoma«, das ins südafrikanische Englisch eingegangen ist.
Schangaan: kann verächtlich gemeint sein; richtiger ist Tsonga, ein afrikanischer Stamm, der in Südafrika, Simbabwe und Mozambique lebt.
Sharpeville-Massaker: 1960 erschoss die Apartheidpolizei mehr als 60 Menschen, die vor einer Polizeiwache dagegen protestierten, unter Haftandrohung den »Eingeborenenpass« tragen zu müssen.
Songlines: Wanderwege quer durch Australien, die von den australischen Ureinwohnern verwendet wurden, um die Welt in die Schöpfung zu »singen«.
Soweto-Aufstand: 1976 begann die Jugend von Soweto eine Straßenrevolte, an der bald ganz Südafrika teilnahm. Dieser Aufstand spielte dann bei der Abschaffung der Apartheid einen entscheidenden Faktor.
Steppenhexe: entwurzelte Büsche, die, vom Wind getrieben, durch die Wüste rollen.
Sterk (afrikaans): stark.

Taphonomie: das Studium von Höhlenablagerungen durch Paläoanthropologen.
Therianthrop, therianthropisch: halb menschliche, halb tierische Figuren in der afrikanischen magischen Felsenkunst.
Tsonga: siehe Schangaan weiter oben. Tsonga ist sowohl ein Stamm als auch die Bezeichnung seiner Sprache.
Twak: Schnupftabak, Tabak, Dagga (Marihuana).
Twasa: Krankheit, die in Form vieler physischer und psychischer Störungen auftreten kann und anzeigt, dass die Ahnen jemanden zum

Sangona berufen. Auch die Initiationsphase, die beim Schamanen zum Zustand eines erweiterten oder höheren Bewusstseins, einer geschärften Wahrnehmung oder einer Offenbarung führt.

uBaba: afrikanisches Wort für Vater oder Patriarch.

Veld: Busch, Steppe, afrikanische Wildnis.
Venda: afrikanischer Stamm im Norden Südafrikas und im Süden Simbabwes, verwandt mit den Völkern der Maschona und Karanga, angeblich Abkömmlinge der Rozvi-Kultur, die Groß-Simbabwe baute.

WaNdau: mythischer, uralter afrikanischer Löwenpriester, laut Mutwas Großem Wissen halbgöttlichen Ursprungs.
Wüstenrose (Impalalilie): schöne südafrikanische Wildblume.

/**Xam:** Buschmann-Stamm vom Kap, durch kolonialen Völkermord ausgerottet.
Xhosa: Xhosa-sprechende Stämme in Südostafrika. Die Sprache und spirituelle Kultur vieler Xhosa-Klans weist starke Buschmann-Einflüsse auf.

Zoomorphen: Gottheiten in Tiergestalt.
Zulu: Zulu sprechende Stämme in Südostafrika. Berühmte militärische Strategen; ihre Sangomas werden als mächtige Schamanen tief verehrt. Laut Mutwa bedeutet das Wort *Zulu* »Raum zwischen den Sternen«.

BIBLIOGRAFIE

Afrika

Aschwanden, Herbert, *Karanga Mythology*, Übers. Ursula Cooper, Mambo Press, Harare, 1989

Bourdillon, Michael, *The Shona People*, Mambo Press, Harare, 1976

Balandier, Georges/Jacques Macquet, *Dictionary of Black African Civilization*, Leon Arniel Publishers, New York, 1974

Chidester, David, *Religions in South Africa*, Routledge, London, 1992

Coetzee, P. H./A. P. J. Roux, Hrsg., *Philosophy from Africa: A Text with Readings*, International Thompsons, London, 1968

Green, Lawrence George, *Karoo*, Howard Timmins, Kapstadt, 1955

Griaule, Marcel, *Conversations with Ogotemelli: An Introduction to Dogon Religious Ideas*, Oxford University Press, 1975

Grant, Michael/John Hazel, *Gods and Mortals in Classical Mythology: A Dictionary*, Dorset Press, New York, 1979

Makele, Benison, »African Soul Still Held Captive in Europe«, *City Press*, 22.12.1996

Marsh, Rob, *Unsolved Mysteries of Southern Africa*, Struik, Kapstadt, 1994

Michael, Gelfand, *The Spiritual Beliefs of the Shona*, Mambo Press, Harare, 1982

Mutwa, Credo, *African Signs of the Zodiac*, Stzruik, Kapstadt, 1997

Mutwa, Credo, *Indaba, My Children*, Blue Crane Books, Johannesburg, ohne Datum

Mutwa, Credo, *Indaba, My Children*, Kahn & Averill, London 1985, 1994 (dt.: *Indaba: ein Medizinmann der Bantu erzählt die Geschichte seines Volkes*, München, Goldmann, 1987)

Mutwa, Credo, *Isilwane, the Animal: Tales and Fables of Africa*, Struik, Kapstadt, 1996

Mutwa, Credo, *My People: The Incredible Writings of a Zulu Witchdoctor*, Blue Crane Books, Johannesburg, ohne Datum (dt.: *Mein Volk – mein Afrika. Die unglaublichen Berichte eines Zulu-Zauberers aus Südafrika*, St. Gallen, D-Dr. Spescha, 2004)

Parfitt, Tudor, *Journey to the Vanished Land: The Search for the Lost Tribe of Israel*, Hodder & Stoughton, London, 1992

Tyrrell, Barbara, *Tribal People of Southern Africa*, Books of Africa, Kapstadt, 1971

Tyrrell, Barbara, *Her African Quest*, Lindlife, Kapstadt, 1996

Ägyptologie und Archäoastronomie

Alford, Alan F., *When the Gods Came Down*, Hodder & Stoughton, London, 2000

Bauval, Robert, *The Secret Chamber: The Quest for the Hall of Records*, Random House, London, 1999

Bauval, Robert/Adrian Gilbert, *The Orion Mystery: Unlocking the Secrets of the Pyramids*, Mandarin, London, 1997 (dt.: *Das Geheimnis des Orion. Nach mehr als 4000 Jahren wird das Geheimnis der Pyramiden gelöst*, München, Knaur, 1996)

Bauval, Robert/Graham Hancock, *Keeper of Genesis: A Quest for the Hidden Legacy of Mankind*, Mandarin, London, 1997 (dt.: *Der Schlüssel zur Sphinx: auf der Suche nach dem geheimen Ursprung der Zivilisation*, München, List, 1996)

Flinders, W. M., *Personal Religion in Egypt before Christianity*, Harper & Bros., London, 1909

Gardiner, Sir Alan, *Egyptian Grammar*, Griffith, Oxford, 1978, 3. Auflage, Erstveröffentlichung 1929

Gilbert, Adrian, *Signs in the Sky: Prophecies for the Birth of a New Age*, Bantam, London, 2000

Gilbert, Adrian, *Magi: The Quest for a Secret Tradition*, Bloomsbury, London, 1997 (dt.: *Der Stern der Weisen: das Geheimnis der heiligen drei Könige*, Bergisch Gladbach, Lübbe, 2000)

Hancock, Graham, *Fingerprints of the Gods: A Quest for the Beginning and the End*, Mandarin, London, 1995 (dt.: *Die Spur der Götter: das sensationelle Vermächtnis einer verschollenen Hochkultur*, Bergisch Gladbach, Lübbe, 1995)

Hancock, Graham/Santha Faiia, *Heaven's Mirror: Quest for the Lost Civilization*, Michael Joseph, London, 1998 (dt.: *Spiegel des Himmels. Das Vermächtnis der Götter, die Entschlüsselung der großen Menschheitsrätsel*, München, Lichtenberg, 1998)

Hassan, Selim, *The Sphinx: Its History in the Light of Recent Excavations*, Government Press, Kairo, 1949

LeMesurier, Peter, *Decoding the Great Pyramid*, Element, Dorset, 1999

Lawton, Ian/Chris Ogilvie-Herald, *Giza: The Truth*, Virgin, London, 1999

Parker, Richard A., *The Calendars of Ancient Egypt*, University of Chicago Press, 1950

Spence, Lewis, *Myths and Legends of Ancient Egypt*, Harrap, London, 1915

Schwaller de Lubicz, R. A., *Sacred Science: The King of Pharaonic Theocracy*, Inner Traditions International, New York, 1961 und 1988

Wallis Budge, E. A., *Hieroglyphic Dictionary*, Dover, New York, Band 1, S. 22–3

Wallis, Budge, E. A., *Egyptian Language*, Dover, New York, 1977

West, John Anthony, *Serpent in the Sky: The High Wisdom of Ancient Egypt*, Quest, London, 1993 (dt.: *Die Schlange am Firmament. Die Weisheit des alten Ägypten*. Frankfurt am Main, Zweitausendeins, 2000)

West, John Anthony, *The Traveler's Key to Ancient Egypt*, 2. Auflage, Quest, London, 1995 (dt.: *Die Heiligtümer des alten Ägypten. Reiseführer*, Frankfurt am Main, Zweitausendeins, 2000)

Wilson, Colin, *From Atlantis to the Sphinx, Recovering the Lost Wisdom of the Ancient World*, Virgin, London, 1996

Zausich, Karl-Theodor, *Discovering Egyptian Hieroglyphs*, Übers. Ann Macy Roth, Thames & Hudson, London, 1992

Allgemeines

Chatwin, Bruce, *The Songlines*, Picador, London, 1987 (dt.: *Traumpfade*, Frankfurt am Main, Fischer Taschenbuch, 2008)

Knox-Shaw, Peter, »Unicorns on Rocks: The Expressionism of Olive Schriener«, *English Studies in Africa*, Band 40, Nr. 2, S. 13–32

Marais, Eugène, *Soul of the Ape*, Human & Rousseau, Kapstadt, 1969

Mountford, Charles P., *Aboriginal Paintings*, Collins Fontana, Glasgow, 1964

Oxford English Dictionary, Advanced Learner's Edition, 4. Auflage, Oxford University Press, 1989

Shorter Oxford English Dictionary, Clarendon Press, Oxford, 1980

Shorter Oxford English Dictionary on Historical Principles, Band 1, Clarendon Press, London, 1973

Siegfried and Roy (with Annette Tapert), *Mastering the Impossible*, William Morrow & Co., New York, 1992 (dt.: *Meister der Illusion. Die Geschichte eines Welterfolgs*, München, Bruckmann, 1992)

Sobel, Dana, *Longitude*, Forth Estate, London, 1995

Watson, Lyall, *Lightning Bird. The Story of One Man's Journey into Africa's Past*, Hodder & Stoughton Ltd., London, 1982

Watson, Lyall, *Supernature: The History of the Supernatural*, Coronet/Hodder, London, 1973 (dt.: *Geheimes Wissen. Das Natürliche des Übernatürlichen*, Frankfurt am Main, Eschborn, 2001)

Willock, Colin, *Africa's Rift Valley, The World's Wild Places Series*, Time-Life Books, New York 1974

Van der Post, Laurens, »The Other Side of Silence«, Vortrag vor dem World Wilderness Congress, veröffentlicht unter dem Titel *Voices of the Wilderness*, Hrsg. Ian Player, Jonathan Ball, Johannesburg 1979

Allgemeinwissenschaften

Gribbin, John, *The Hole in the Sky*, Corgi, London, 1988

Leakey, Roger, *The Sixth Extinction*, Weidenfeld & Nicolson, London 1996

Needham, J., *Science and Civilization in China*, Cambridge University Press, 1962 (dt.: *Wissenschaft und Zivilisation in China*, Teil 1, Frankfurt am Main, Suhrkamp, 2001)

Schnell, Jonathan, *The Fate of the Earth*, Picador, London, 1982

Singer, Charles, *A Short History of Scientific Ideas to 1900*, Oxford University Press, 1959

Thompson, Damian, *End of Time*, Sinclair-Stevenson, London, 1996

Alte Mysterien

Aveni, Anthony F., *Nazca: Eigth Wonder of the World*, British Museum, 2000

Aveni, Anthony F., Hrsg., *The Lines of Nazca*, American Philosophical Society, Independence Square, Philadelphia, 1990

Aveni, Anthony F., *Archaeoastronomy in Pre-Columbian America*, University of Texas Press, 1975

Baigent, Michael, *Ancient Traces: Mysteries in Ancient and Early History*, Penguin, Harmondsworth, 1999 (dt.: *Spiegelbild der Sterne.*

Das Universum jenseits der sichtbaren Welt, Teilausgabe von Ancient Traces, München, Droemer Knaur, 2001; Das Rätsel der Sphinx. Sensationelle Spuren einer Zivilisation zwei Millionen Jahre vor unserer Zeit, Teilausgabe von Ancient Traces, München, Droemer Knaur, 2002)

Bailey, James, The God Kings and the Titans: The New World Ascending in Ancient Times, Hodder & Stoughton, London, 1973

Coe, Michael D., »Native Astronomy in Mesoamerica«, in Archaeoastronomy in Pre-Columbia America, Hrsg. Anthony F. Aveni, University of Texas, 1975

Cotterell, Maurice/Adrian Gilbert, The Maya Prophecies: Unlocking the Secrets of a Lost Civilisation, Element, London, 1995 (dt.: Die Prophezeiungen der Maya. Das geheime Wissen einer untergegangenen Kultur, München, Econ, 2000)

Drummond, William, Oedipus Judaicus: Allegory in the Old Testament, Bracken Books, London, 1996

Elkington, David, In the Name of the Gods: The Mystery of Resonance and the Prehistoric Messiah, Green Man Press, Sherbourne, 2001

Freke, Timothy/Peter Gandy, The Jesus Mysteries: Was the Original ›Jesus‹ a Pagan God?, Thorsons, London, 1999

Gardiner, Sir Alan, Egyptian Grammar, 3. Auflage, Erstveröffentlichung 1927, Griffith, Oxford, 1978

Goetz, Delia (Übers.), Popol Vuh: The Sacred Book of the Ancient Quiche Maya, University of Oklahoma, 1991

Hadington, Evan, Lines to the Mountain Gods: Nazca and the Mysteries of Peru, Harrap, London, 1987

Knight, Christopher/Robert Lomas, The Hiram Key: Pharaohs, Freemasons and the Discovery of the Secret Scrolls of Jesus, Arrow, London, 1997 (dt.: Unter den Tempeln Jerusalems: Pharaonen, Freimaurer und die Entdeckung der geheimen Schriften Jesu, Rottenburg, Kopp, 2007)

Larousse Encyclopedia of Archaeology, Hamlyn, London, 1972

Moorehead, Alan, The Blue Nile, Hamish Hamilton, London, 1962

Morrison, Tony, Pathways to the Gods: The Mystery of the Andes Lines, Michael Russell, London, 1978

Morrison, Tony, The Mystery of the Nazca Lines, Vorwort von Maria Reiche, Nonesuch Expeditions Ltd. (Erstausgabe), London, 1987

Taube, Karl Andreas, »The Major Gods of Ancient Yucatan«, *Studies in Pre-Columbian Art and Archaeology*, Nr. 32, Dumbarton Oaks, 1992

Temple, Robert, *The Sirian Mystery*, St. Martin's Press, New York, 1977

The World's Last Mysteries, Reader's Digest, Sydney, 1977

Tompkins, Peter, *Secrets of the Great Pyramid*, Penguin, Harmondsworth, 1973

Vanished Civilisations, Reader's Digest, Sydney, 1983

Astrologie

Campion, Nicholas/Steve Eddy, *The New Astrology: The Art and Science of the Stars*, Bloomsbury, London 1999

Ertel, Suitbert/Kenneth Irving, *The Tenacious Mars Effect*, Urania, London, 1996

Gauquelin, Michel, *Cosmic Influences on Human Behaviour*, Aurora, New York, 1994

Gauquelin, Michel, *Planetary Heredity*, ACS, San Diego, 1966

Hodgson, Joan, *Astrology: The Sacred Science*, The White Eagle Publishing Trust, Liss, Great Britain, 1978

McDonald, Marianne, *Star Myths: Tales of the Constellations*, Friedman Group, 1996

Mutwa, Credo, »Born under African Skies«, *Drum*, Südafrika, Heft 203, Nov. 1996

Mutwa, Credo, *African Signs of the Zodiac*, Struik, Kapstadt, 1997

Mutwa, Credo, *Song of the Stars: The Lore of a Zulu Shaman*, Hrsg. Stephen Larsen, Station Hill Openings, Barrytown Ltd., New York, 1996

Oken, Alan, *Complete Astrology* (revised edition), Bantam, London, New York, 1988

Parker, Derek and Julia, *A History of Astrology*, André Deutsch, London, 1983 (dt.: *Astrologie. Ursprung, Geschichte, Symbolik*, München, Heyne, 1988)

Reinhart, Melanie, *Chiron and the Healing Journey: An Astrological and Psychological Perspective*, Arcana, London, 1989

Seymour, Percy, *Astrology: The Evidence of Science*, Penguin, Harmondsworth, 1988

West, John Anthony, *The Case for Astrology*, Viking/Arkana, London, 1991

Astronomie und Astrophysik

Baker, David, *Larousse Guide to Astronomy*, Larousse, New York, 1980

Boslough, John, *Beyond the Black Hole: Stephen Hawking's Universe*, Collins Fontana, Glasgow, 1984

Davies, Paul, *How Things Are: A Scientific Tool Kit for the Mind*, Hrsg. John Brockman/Katinka Matson, Weidenfeld & Nicolson, London, 1995

Davies, Paul, *The Fith Miracle: The Search for the Origin of Life*, Allen Lane, London, 1998

Gribbin, John/Stephen Plagemann, *The Jupiter Effect*, Collins Fontana, Glasgow, 1977

Gribbin, John, *In Search of the Edge of Time*, Penguin, Harmondsworth, 1995 (dt.: *Jenseits der Zeit. Experimente mit der 4. Dimension*, Essen, Bettendorf, 1994)

Gribbin, John, *In Search of Schrodinger's Cat: Quantum Physics and Reality*, Black Swan/Transworld, London, 1984 (dt.: *Auf der Suche nach Schrödingers Katze. Quantenphysik und Wirklichkeit*, München, Serie Piper, 2004)

Gribbin, John, *Stardust: The Cosmic Recycling of Stars, Planets and People*, Allen Lane, London, 2000 (dt.: *Geschöpfe aus Sternenstaub. Warum wir nicht einzigartig sind*, München, Piper, 2005)

Krauss, Lawrence, *The Fifth Essence: The Search for Dark Matter in the Universe*, Vintage, London, 1989

Moore, Patrick, *Countdown!: or, How Nigh is the End?*, Michael Joseph, London, 1983

Taylor, John, *Black Hole: The End of the Universe?*, Collins Fontana, Glasgow, 1974

Buschmänner

Bleek, Dorothea F., *Lecture on the Bushmen*, University of Cape Town, 1924

Bleek, Dorothea F., *Customs and Beliefs of the Xam Bushmen*, University of Cape Town Bantu Studies, Ausgaben 5, 6, 7 und 9, ohne Datum

Bleek, Dorothea F., *Lecture on Bushmen*, University of Cape Town, 1924 (Notizen der Sprecherin)

Bleek, W. H. I./L. C. Loyd (collected by), *Specimens of Bushman Folklore*, Allen, London, 1911

Bleek, W. H. I./L. C. Loyd, *Mantis and his Friends: Bushman Folklore*, Maskew Miller, Kapstadt, 1923

Bleek, W. H. I., *Researches into the Bushmen Language and Customs*, Manuskript, 1873

Bleek, W. H. I., *Report of Dr. Bleek Concerning His Researches into the Bushman Language and Customs, Presented to the Honorable The House of Assembly by Command of his Excellency, the Governor*, Manuskript, ohne Datum

Deacon, H. J./Jeanette Deacon, *Human Beginnings in South Africa: Uncovering the Secrets of the Stone Age*, David Philip, Kapstadt, 1999

Fourie, Coral, *Living Legends of a Dying Culture*, Ekogilde, Hartebeespoort, 1994

Garlake, Peter, *The Hunter's Vision: The Prehistoric Art of Zimbabwe*, University of Washington Press, 1995

Katz, *Boiling Energy, Community Healing among the Kalahari Kung*, Harvard University Press, 1982

Johnson, R. Townley, *Major Rock Paintings of Southern Africa*, David Philip, Kapstadt, 1991

Lewis-Williams, David/Thomas Dowson, *The Images of Power: Understanding Bushman Rock Art*, Southern Book Publishers, Johannesburg, 1989

Lewis-Williams, David, *The Imprint of Man: The Rock Art of Southern Africa*, Cambridge University Press, 1983

Lewis-Williams, David, »Testing the Trance Explanation of Southern African Rock Art: Depictions of Felines«, in *Bolliteno del Centro Communo di Studi Preistorici* 22, 1995

Liebenberg, *Art of Tracking, The Origin of Science*, David Philip, Kapstadt, 1990

Skotnes, Pippa, *Miscast: Negotiating the Presence of the Bushmen*, Universität von Kapstadt, 1996

Van der Post, Laurens, *The Lost World of the Kalahari*, Penguin, Harmondsworth, 1958 (dt.: *Die verlorene Welt der Kalahari*, München, Diogenes, 2006)

Watson, Stephen, *Return of the Moon: Versions from the/Xam*, Carrefour Press, Kapstadt, 1991

Woodhouse, Bert, *The Rain and its Creatures: As the Bushmen Painted Them*, William Waterman, Johannesburg, 1992

Woodhouse, Bert, *The Rock Art of the Golden Gate*, William Waterman, Johannesburg, 1996

Esoterik

Blavatsky, Helena, *Isis Unveiled: A Master Key to the Mysteries of Ancient and Modern Science and Theology*, Bouton, New York, 1893 (dt.: *Isis entschleiert*, Grafing, Aquamarin, 2003)

Blavatsky, Helena, *The Secret Doctrine: The Synthesis of Science, Religion and Philosophy*, Aryan Theosophical Press, Point Loma, 1925 (dt.: *Die Geheimlehre. Die Synthese von Wissenschaft, Religion und Philosophie*, Satteldorf, Adyar, Theosophische Verl.-Ges., 1999)

Berendt, Joachim-Ernst, *Nadha Brahma: The World is Sound*, East West Publications, London, 1983 (dt.: Nada Brahma: Die Welt ist Klang, Frankfurt am Main, Suhrkamp, 2007)

Berendt, Joachim-Ernst, *Nada Brahma: The World is Sound – Music and the Landscape of Consciousness*, East West, Großbritannien, 1988

Brennan, Barbara Ann, *Hands of Light: A Guide to Healing through the Human Energy Field*, Bantam, 1987 (dt.: *Licht-Arbeit. Das Standardwerk der Heilung mit Energiefeldern*, München, Goldmann, 1998)

Chatwin, Bruce, *What Am I Doing Here*, Jonathan Cape, 1989 (dt.: *Was mache ich hier*, Frankfurt am Main, Fischer, 2003)

Clow, Barbara Hand, *Signet of Atlantis: War in Heaven Bypass*, Bear & Co., Santa Fe, 1992 (dt.: *Das Siegel von Atlantis. Kein Krieg mehr im Himmel*, Frankfurt am Main, Zweitausendeins, 1993)

Clow, Barbara Hand, *The Pleiadian Agenda: A New Cosmology for the Age of Light*, Bear & Co., Santa Fe, 1995 (dt.: *Plejadisches Kursbuch. Fahrplan für das Zeitalter des Lichts*, München, Goldmann, 1997)

Filotto, Guiseppe, *The Face on Mars*, Exact Print, Kapstadt, 1995

Hope, Murry, *The Sirius Connection: Unlocking the Mysteries of Ancient Egypt*, Element, Dorset, 1990 (dt.: *Im Zeichen des Sirius. Das Rätsel der ägyptischen Vorzeit*, München, Heyne, 1999)

Kollerstrom, Nick/Mike O'Neill, *The Eureka Effect: The Celestial Pattern in Scientific Discovery*, The Urania Trust, London, 1996

Morton, Chris/Ceri Louise Thomas, *The Mystery of the Crystal Skulls*, Thorsons, 1977 (dt.: *Tränen der Götter. Die Prophezeiung der 13 Kristallschädel*, Bern, München, Wien, Scherz, 1998)

Shackleton, Madgel, *Georgina and her Guardian Angels*, Kima Global, Kapstadt, 2000

Masters, Robert, *The Goddess Sekhmet: Psycho-Spiritual Exercises of the Fifth Way*, Llewellyn Publications, 1991

Musaios, *The Lion Path: You Can Take It With You*, Golden Sceptre, Berkeley, 1988

Turkington, Kate, *There's More to Life than Surface*, Penguin, Johannesburg, London, 1998

Wilson, Colin, *Alien Dawn: An Investigation into the Contact Experience*, Virgin, London, 1996

Wilber, Ken, *Up from Eden*, Routledge & Kegan Paul, London, 1981 (dt.: *Halbzeit der Evolution. Der Mensch auf dem Weg vom animalischen zum kosmischen Bewusstsein*, Frankfurt am Main, Fischer Taschenbuch, 12. Aufl., 2009)

Weiss, Dr. Brian, *Many Lives, Many Masters*, Simon & Shuster, New York, 1988

Evolutionstheorie

Ardrey, Robert, *The Hunting Hypothesis: A Personal Conclusion Concerning the Evolutionary Nature of Man*, Collins Fontana, Glasgow, 1996

Ardrey, Robert, *African Genesis: A Personal Investigation into the Animal Origins and Nature of Man*, Collins Fontana, Glasgow, 1961

Brain, C. K., »Do We Owe Our Intelligence to a Predatory Past?«, Vortrag für die James-Arthur-Reihe über die Evolution des menschlichen Gehirns, New York, 2000

Brain, C. K., »Hominid Evolution and Climatic Change«, *South African Journal of Science*, 1981, Band 77

Brain, C. K., *The Hunters or the Hunted?: An Introduction to African Cave Taphonomy*, University of Chicago Press, 1981

Brain, C. K., *Swartkrans: A Cave's Chronicle of Early Man*, Transvaal Museum Monografie Nr. 8

Brain, C. K./V. Watson, *A Guide to the Swartkrans Hominid Cave Site*, Transvaal Museum, 1992, Band 35

Bronowsky, J., *The Ascent of Man*, BBC, London, 1981

Coon, C. S., *The Hunting Peoples*, Jonathan Cape, London, 1971

Gribbin, John/Jeremy Cherfas, *The Monkey Puzzle: A Family Tree*, The Bodley Head, London, 1982

Johanson, Donald/Edgar Blake, *From Lucy to Language*, Witwatersrand University Press, Johannesburg, 1996

Leakey, Richard E., *The Making of Mankind*, Michael Joseph, London, 1981

Lee, R. B./I. de Vore, Hrsg., *Man the Hunter*, Aldine, Chicago, 1968

Lee-Thorp, Julia, »The Hunters or the Hunted Revisited«, *Journal of Human Evolution*, Academic Press, New York, Dezember 2000

Marshall Thomas, Elizabeth, »The Old Way«, *The New Yorker*, 15. Oktober 1990

McKee, Jerrey K., *The Riddled Chain*, Rutgers University Press, Piscataway, New Jersey, 2000

Morris, Desmond, *The Naked Ape: A Zoologist's Study of the Human Animal*, Jonathan Cape, London, 1967 (dt.: *Der nackte Affe*, München, Droemer Knaur, 1970)

Ruhe, Friedrich, »Node Sites«, *South African Archaeological Bulletin*, Johannesburg, 1989

Sheldrake, Rupert, *The Presence of the Past*, Collins Fontana, Glasgow, 1988 (dt.: *Das Gedächtnis der Natur. Das Geheimnis der Entstehung der Formen in der Natur*, Sonderausgabe, 8. Aufl., München, Scherz, 1998)

Tobias, Phillip V., *The Brain in Hominid Evolution*, Columbia University Press, New York, London, 1971

Wills, Christopher, *The Runaway Brain: The Evolution of Human Uniqueness*, Flamingo, London, 1995

Geologie

Edwards, Telford, »Gold Production in Matabeleland«, *Bulawayo Chronicle*, 26.6.1897

Minerals Yearbook, Area Reports, International United States Government Printing Office, Washington, DC, 1999

Ore Genesis: The State of the Art, special publication no 2 of the Society for Geology Applied Mineral Deposits, Springer-Verlag, Berlin, 1982

Van Royen, William, *Mineral Resources of the World*, Constable, 1952

Woodhouse, H. C., *Archaeology in Southern Africa*, Purnell, Kapstadt, 1971

Groß-Simbabwe

Beach, D. N., *War and Politics in Zimbabwe 1840–1900*, Mambo Press, Harare, 1986

Beach, D. N., *Zimbabwe Before 1900*, Mambo Press, Harare, 1984

Garlake, Peter, *Great Zimbabwe Described and Explained*, Zimbabwe Publishing House, Harare, 1982

Jones, Dr. Neville, Hrsg., *Guide to the Zimbabwe Ruins*, Secretary, Harare (Salisbury), 1949, Neuauflage 1960

Hall, R. N./W. G. Neal, *The Ancient Ruins of Rhodesia*, Methuen, London, 1906

Keane, A. H., *The Gold of Ophir*, Edward Stanford, London, 1901

Mallows, Wilfrid, *The Mystery of Great Zimbabwe: The Key to a Major Archaeological Enigma*, Robert Hale, London, 1985

Mufuka, Ken, *Dzimbahwe: Life and Politics in the Golden Age 1100–1500 AD*, Harare Publishing House, Harare, 1983

Summers, Roger, *Ancient Mining in Rhodesia and Adjacent Areas*, Trustees of the National Museums of Rhodesia, Salisbury, 1969

Walker, P. J./J. G. Dickens, *An Engineering Study of Dry-Stone Monuments in Zimbabwe*, Dept. of Civil Engineering, University of Zimbabwe, 1992

Heilige Texte

Hermetica: The Writings Attributed to Hermes Trismegistos, Hrsg. und Übers. Walter Scott, Vorwort von Adrian Gilbert, Solos Press, Shaftesbury, Dorset, 1993

The Illustrated Bible Dictionary, Teil 2, Hodder & Stoughton, London, 1962

Klimakunde

Brain, C. K., »The Evolution of Man in Africa: Was it a Consequence of Cainozoic Cooling?«, Alex L. du Toit-Gedenkvorlesung vor der Geological Society of South Africa, 1979

Dawson, Alastair G., *Ice Age Earth: Late Quaternary Geology and Climate*, Routledge, London 1992

Goudie, Andrew, *Environmental Change: Contemporary Problems in Geography*, 3. Auflage, Clarendon Press, Oxford, 1992

Partridge, Timothy, *Cenozoic of Southern Africa*, Oxford, New York, 2000

Schwarzacher, Elsevier, *Cyclostratigraphy and the Milankovitch Theory*, Elsevier, Amsterdam, New York, 1993

Tyson, Peter, *Weather and Climate of Southern Africa*, Oxford University Press, 2000

Van Anged, Tjeerd H., *New Views on an Old Planet: A History of Global Change*, 2. Auflage, Cambridge, 1994

Kosmologie

Hetherington, Norris S., Hrsg., *Encyclopedia of Cosmology*, Garland, New York, 1993

Gribbin, John, *Companion to the Cosmos*, Widenfeld & Nicholson, London, 1996

Velikovsky, Immanuel, *Worlds in Collision*, Victor Gollancz, London 1951 (dt.: *Welten im Zusammenstoß*, dt. Neuausgabe, 1. Aufl., Wöllsdorf, White, 2005)

Schamanismus

Castaneda, Carlos, *The Fire from Within*, Black Swan, London, 1984 (dt.: *Das Feuer von innen*, 14. Aufl., Frankfurt am Main, Fischer Taschenbuch, 2004)

Castaneda, Carlos, *Tales of Power*, Arkana, London, 1974 (dt.: *Der Ring der Kraft. Don Juan in den Städten*, Frankfurt am Main, Fischer Taschenbuch, 2001)

Clottes, Jean/David Lewis-Williams, *The Shamans of Prehistory: Trance and Magic in Painted Caves*, Harry N. Abrams, New York, 1996

Halifax, Joan, *Shaman: The Wounded Healer*, Thames & Hudson, London, 1982 (dt.: *Schamanen, Zauberer, Medizinmänner, Heiler*, Frankfurt am Main, Insel, 1983)

Krige, E. Jensen/J. D. Krige, *The Realm of the Rain Queen: A Study of the Pattern of Lovedu Society*, Oxford University Press, 1996

De Santillana, Giorgio/Hertha von Dechend, *Hamlet's Mill: An Essay on Myth and the Frame of Time*, Macmillan, London, 1969

Symbolismus und Mythologie

Bailey, Adrian: *The Caves of the Sun: The Origins of Mythology*, Random House, London, New York, 1977

Campbell, Joseph, *Primitive Mythology: The Masks of God*, Arkana,

London, 1991 (dt.: *Mythologie der Urvölker. Die Masken Gottes*, Basel, Sphinx, 1991)

Chevalier, Jean/Alain Gheerbront, *Dictionnaire des Symboles*, Seghers, Paris, 1991

Chevalier, Jean, *Penguin Dictionary of Symbols*, Übers. John Buchanan-Brown, Penguin, London, 1996

Cirlot, J. E., *Dictionary of Symbols*, Routledge & Kegan Paul, London, 1962, 1971

Felgg, Graham, *Numbers: Their History and Meaning*, Penguin, Harmondsworth, 1983

Fontana, David, *The Secret Language of Symbols: A Visual Key to Symbols and their Meanings*, Chronicle Books, San Francisco

Frazer, Sir James, *The Golden Bough: A Study in Magic and Religion*, Macmillan, London, 1963 (dt.: *Der goldene Zweig. Das Geheimnis von Glauben und Sitten der Völker*, Reinbek, Rowohlt Taschenbuch Verlag, 5. Aufl., 2004)

Goodman, Frederick, *Magic Symbols*, Brian Todd, London, 1989

Grimal, Pierre, Hrsg., *Larousse World Mythology*, Hamlyn, London, 1965, 1973

Hartner, W., »The Earliest History of the Constellation in the Near East and the Motif of the Lion-Bull Combat«, *Journal of Near Eastern Studies* 24, 1965

Herberger, Charles F., *The Riddle of the Sphinx: Calendric Symbolism in Myth and Icon*, Vantage, New York, 1979

Liungman, Carl G., *Dictionary of Symbols*, W. W. Norton, New York, 1991

Saunders, Nicholas J., *Animal Spirits: the shared World of Sacrifice, Ritual and Myth, Animal Souls and Symbols*, Living Wisdom Series, MacMillan, London, 1995

Singh, Madanjeet, *The Sun in Myth and Art*, Thames & Hudson, London, 1993

Tresidder, Jack, *Dictionary of Symbols, An Illustrated Guide to Traditional Images, Icons and Emblems*, Duncan Baird, London, 1997

Wasserman, James, *The Art and Symbols of the Occult*, Tiger Books, London, 1993

Willis, Roy, *World Mythology*, Henry Holt, New York, 1993

Weiße Löwen

McBride, Chris, *The White Lions of Timbavati*, Ernest Stanton, London, 1977 (dt.: *Die weißen Löwen von Timbavati*, München, Droemer Knaur, 1982)

McBride, Chris, *Operation White Lion*, St. Martin's Press, New York, 1981

Morpurgo, Michael, *The Butterfly Lion*, Collins Children's Books, London, 1996 (dt.: *Der Schmetterlingslöwe*, Hamburg, Carlsen, 1999)

NAMEN- UND PERSONENREGISTER

Abangafi Bapakade 158, 385, 429, 442

Ägypten
– und altes Afrika 11–13, 62–64, 67, 78, 83, 98, 105, 166
– allsehendes Auge 245
– Denkmäler/Monumente 140, 163, 232, 247, 334, 341, 371
– Geheimnisse 139, 141, 235, 238, 246, 329, 341, 352
– Kalender 183
– Kosmologie 133, 253, 338, 357, 367, 403
– Löwen 8, 16, 53, 61, 155, 163, 239, 257, 337, 338, 343, 348, 413
Totenbuch 335

Akeru 348, 356, 366–368, 429, 446

Amarawa 88–90, 92–96, 157, 241–245, 255, 259, 368, 387, 442

Androkles 82, 125, 151–152, 159, 301–302, 389

Aslan 471, 476–477

Atamgatis 56

Atum 347–348

Australopithecus/Australopithecina 112, 113, 115–116, 121, 123, 125, 128, 135, 144–145, 160–161, 315, 320

Badoeis (Volk in Java) 59, 153

Barotse (Volk) 100–102, 104, 105, 106, 321

Bast (Göttin) 340

Bauval, Robert 130, 253, 359, 363, 371, 377, 382, 443

Bethlehem (Südafrika) 474–476, 477–478

Brain, C. K. (Bob) 112–119, 122–123, 125–126, 137, 143–162, 164, 212, 315, 350

Buddha 152, 159, 475

Buschmann (Khoisan) 88, 101, 103–105, 107–108, 162, 194
– Antilopenritual 33, 67
– Ausrottung 104, 155–156
– Jagd/Jagdmagie 50, 132–135, 153, 163, 303
– Kunst 134, 136, 148–149, 158, 201, 203, 470, 475
– Löwen 155–156, 239
– Tagundnachtgleiche 77, 262
– Tsau! (Sternentier) 308, 313–314, 315–316, 328, 336, 341, 357, 359, 381, 382, 385, 405, 437
Überzeugungen 155–156, 166, 237, 336, 360, 394, 437

Chatwin, Bruce 111–112, 114–115, 160, 206

Christus (Jesus) 251, 340, 359, 451, 454, 475, 478, 479

- als Logos 361, 451–454, 472
- als Löwe von Juda 159, 360–361, 362, 470–471, 474
- Christusbewusstsein 284, 344, 452, 479
- Löwen 152, 464, 470–471, 473, 474–475
- Osiris 340, 359–362
- Regulus 465
- Sonne 361
- Sternbild Löwe 359

Daniel 159, 263, 284, 389, 474
Dart, Raymond 117, 146–147
Dendera (Tempel) 338
De Santillana, Giorgio 93
Dingane (Häuptling) 54, 76
Dinizulu (Häuptling) 54, 183, 190
Dinofelis (Säbelzahnkatze) 113–114, 137–138, 164, 172–173

Freya 57

Gilbert, Adrian 130, 253, 328, 337, 341, 344–345, 351–352, 355, 359, 361–363, 368, 373, 376–377, 382, 443, 446, 465
Giriwana (Krieger) 52–54, 58
Gizeh 130, 231, 233, 246–247, 253, 257, 262, 328–330, 341–342, 348–349, 353, 355, 359, 363–365, 368, 370–371, 376–377, 379–382, 384, 386, 392, 394–395, 401–402, 407, 413–414, 420, 423, 460

Greif (Tier der Wahrheit) 158, 240, 247, 261, 267, 271, 343, 367, 371, 412
Groß-Simbabwe
- und Ägypten 206, 247, 328, 363, 413
- und Timbavati 202, 215, 217, 230, 231, 233, 246, 328
- Artefakte 204, 207, 208, 217
- Erde-Stern-Verbindung 318, 322
- Gold 206–208, 258
- goldener Löwe 205, 217–219, 223–224, 414
- heilige Stätte 185, 201, 205, 212–215, 222, 328, 369
- klingende Steine 185, 214, 333
- Ursprünge 201–203, 204, 224

Hancock, Graham 130, 359, 363, 377, 443
Hatschepsut (Königin) 207
Hathor 340
Herkules 339, 345–346
Hieronymus, hl. 158
Hohlenstein-Stadel 158
Homer 97
Horus 238, 247–248, 338, 344, 347–349, 357–361, 367, 370, 381–382, 385–387, 392, 408–409, 452

Ingwavuma 268, 313, 338, 400–406, 414–415, 423, 440–442, 452–455, 465, 467–469, 479

Jerusalem (Südafrika) 188, 470
Johannesburg (Zoo) 286–288, 292–294, 309, 323, 325, 327, 329, 341

Kapama (Häuptling) 54, 55
Krischna 152, 159
Kybele 56

Lemba (Volk) 224–225, 229–230, 251
Lewis-Williams, David 136
Löwengötter/-göttinnen 157, 241, 246, 279, 348–349, 351, 353, 357, 368–370, 382, 387, 452, 472
Luxor 329, 333–334, 337

Maat 335
Machairodontinae 113
Magigwana (König) 52–54, 58
Marah 15, 478, 485
Marais, Eugène 158, 267, 328, 470
Markus, hl. 158, 267, 328, 470
Marshall Thomas, Elisabeth 155, 162
Maschona (Volk) 204, 208–209, 217, 218–219, 222, 322
Matsieng 319, 339, 360, 387
Maya 202, 447
McBride, Chris 169, 182, 190–194, 196, 198, 427–429
Mhondoro (Löwengeister) 220–221
Milankowitsch, Milutin 462

Mithras 152, 383, 452
Monjubosatsu 57
Mwelinqangi 248, 280, 360, 452

Orion 247, 253, 316–317, 319, 322, 339–340, 344, 357, 359–361, 364, 377, 382–383, 446
Osiris 247, 340, 342, 344, 359–361, 452

Patterson, Gareth 62, 229–230, 279, 282, 424, 431, 434, 467

Quetzalcoatl 361, 452, 475

Ra 61, 207, 282, 422–423, 427, 451, 482
Regulus 315, 322, 342, 361, 383, 465
Reinhart, Melanie 108
Rhea 57
Rift Valley (Ostafrika) 396, 398, 401, 407–408
Rostau 378, 380–381

Salomo (König) 203–204, 206–207, 250–251, 367, 443, 470
Schaka (Häuptling) 54, 181, 280
Schelumi (siehe auch Salomo) 224–225, 229, 244, 250–251, 249, 367
Sekhmet 203, 233, 242, 340, 349, 351, 368–369, 387

Siegfried und Roy 279,
287–299, 301, 303–309
Simbabwe
– Archäoastrologie 185–186
– Bedeutung 202–214,
217–219, 226–222,
226–227, 230–231, 233,
247, 414
– Kunst 134
– Zeremonien 185, 201, 311
Sirius 25, 249, 255, 319–320,
322, 357, 382, 446
Sokar 378, 380, 381, 383,
393
Sonnengötter/-göttinnen
19, 85, 247, 279–281, 286,
307, 338, 361, 403, 406,
422–423, 441, 451, 469,
472, 479, 483
Sphinx 41, 130, 140, 141, 163,
248
– als Äquinoktialanzeiger
362–366
– als Greif 158, 367, 371
– und Timbavati 233, 253,
257, 381, 459
– Horus 247, 342, 349
– Rätsel der 139–141, 231,
308, 329–341, 352, 357,
363, 381, 386
– Sternbild Löwe 342, 353,
356, 382, 446
– Weiße Löwen 139, 225, 231,
263, 379, 381, 401, 461

Sterkfontein 112–113,
115–126, 128–132, 139–140,
144–147, 206, 212, 308,
339–340, 344–345, 350, 356,
396, 407, 424, 432–433, 445,
462, 475, 477, 482
Sternengötter 77, 247, 427,
443, 447, 471
Summers, Roger 218–219
Swartkrans 112, 114, 117–118,
145, 148, 160, 164, 172, 212,
350

Te Braake, Jackie 419–423,
427, 442, 467
Tendile 416–427, 432, 442,
454, 476–477
Tobias, Philip 315
Turkington, Kate 61–62

Van der Post, Laurens 59, 107,
313, 336
Venda 249, 251
Viktoriasee 208, 380, 407

West, John Anthony 130, 328,
330, 333, 349, 355, 362–364,
366, 391
Wicksteed, Richard 219–222,
270, 440–441
Wischnu 152

Ziko Schesi (Zulu-Schamane)
76

www.Allegria-WeisseLoewen.de

Der Spirit der Weißen Löwen

- Hauptseite
- Neuigkeiten und Publikationen
- Weiße Löwen
- Naturschutz
- Im Blickpunkt
- Helfen Sie uns
- Arbeiten Sie mit!
- Kontakt/Impressum

Informieren und Engagieren

Die deutsche Website zum Thema »Weiße Löwen« – aktuelle Informationen zu Linda Tucker und dem Global White Lion Protection Trust. Hier finden Sie News und Publikationen, Informationen über Weiße Löwen und Naturschutz und Anregungen zur Mitarbeit in deutscher Sprache. Sie erfahren mehr über die Arbeit von Linda und sehen laufend neue Photos von den Löwen in Timbavati. Ein Kurzfilm zeigt Linda bei der Arbeit mit den Löwen. Hier können Sie auch Kontakt zu deutschen Unterstützern von Timbavati aufnehmen und finden die News aus der englischen Site ins Deutsche übersetzt.

www.whitelions.org

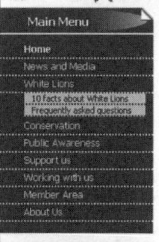

Global White Lion Protection Trust

Contact us

Main Menu

Home
News and Media
White Lions
  10 facts about White Lions
  Frequently asked questions
Conservation
Public Awareness
Support us
Working with us
Member Area
About Us

Quicklinks

» Our Newsletter
» Give a Day of Freedom

Member Login

Member login for access to special features.

Username

Hilfe für den Global White Lion Trust

Die Tierschützer im Naturreservat Timbavati brauchen dringend Unterstützung, um das Überleben der Weißen Löwen zu sichern. Erfahren Sie, wie es möglich ist, dem »White Lion Trust« zu helfen. Sie können an einem Wettbewerb teilnehmen, Mitglied werden und vielleicht – mit etwas Glück – im Busch auf Fährtensuche gehen. Linda Tucker benötigt Spenden für die Weiterführung ihres Projektes. Sie können auch Mitglied des Global White Lion Trust werden. In jedem Vierteljahr wird einem Mitglied ermöglicht, zusammen mit einer Begleitperson zwei Tage lang das Wiedereinführungsprojekt des Weißen Löwen in Tsau zu besuchen. Sie können an Löwen-Überwachungsfahrten teilnehmen und einen erfahrenen Spurenleser zu Fuß begleiten, der die Fährten der verschiedenen Beute- und Raubtiere in der Heimat des Weißen Löwen erklärt. Außerdem erhalten die Besucher die Gelegenheit, Linda Tucker sowie den Löwen-ökologen Jason Turner persönlich kennen zu lernen. Wer länger bleiben kann und möchte, kann auch als Praktikant oder Volontär den WLT unterstützen.

Weitere Informationen über den White Lion Trust sowie über den Wettbewerb und die Möglichkeiten, die Tierschützer aktiv zu unterstützen, finden Sie im Internet in englischer Sprache unter
www.whitelions.org

Jetzt auf
DVD VIDEO

Ein Video-Seminar, das neuen Lebensmut gibt

Allegria

LOUISE L. HAY
Grenzen überwinden
€ [D+A] 24,95 / sFr 47,50
ISBN 978-3-7934-2165-8

In dieser legendären Seminaraufzeichnung vermittelt Louise L. Hay den Kern ihrer Botschaft zur Gesundung von Körper, Geist und Seele – eine Botschaft, die in Deutschland schon über 2,5 Millionen begeisterte Leser fand.

Im Dialog mit der Seele

HORST KROHNE
Geistheilung
Dialog mit der Seele
Geb. € [D] 18,00
€ [A] 18,50
sFr 32,90
ISBN 978-3-7934-2186-3

Horst Krohne fragt nicht, warum wir krank werden, sondern wie wir gesund werden können. Das von ihm in diesem Buch dargelegte Prinzip der Geistheilung beruht auf der Vorstellung, dass durch geistige Beeinflussung und Unterstützung der Patient sein körpereigenes Energiefeld wieder in den gesunden Urzustand zurück versetzen kann. Im Mittelpunkt stehen dabei Krohnes Erfahrungen mit dem Chakra-System, zu dem er in diesem Buch die erstaunlichen Behandlungsergebnisse der letzten fünf Jahre verarbeitet.

Jetzt auf

DVD VIDEO

Allegria

Der Sensationserfolg aus den USA jetzt in den deutschen Kinos

LOUISE L. HAY
You Can Heal Your Life
Der Film
€ [D+A] 24,95 / sFr 47,50
ISBN 978-3-7934-2157-3

Unter der Regie von Hollywood-Regisseur Michael Goorjian entfaltet sich in großartigen Bildern die Geschichte einer spirituellen Sucherin, die mit Louise L. Hay zu einem neuen Leben findet.

Die Selbstanwendung der Energetischen Medizin

UWE ALBRECHT
Heilapotheke
Werde Dein eigener Heiler
316 Karten,
€ [D] 29,99
€ [A] 30,90, sFr 49,90
ISBN 978-3-7934-2212-9

Inner Wise® ist ein einzigartiges neues System der energetischen Medizin, das hilft, die richtige Energie zur energetischen Balancierung zu finden und für den Selbstheilungsprozess zu aktivieren. Mit Hilfe der unter Anleitung der Testkarten gezogenen Heilsinfonie-Kärtchen lässt sich über einen Nummern-Code im Begleitbuch eine bestimmte Heilenergie finden. Diese Energie wird auf das beiliegende Amulett übertragen und entfaltet von dort im Sinne der energetischen Medizin ihre Wirkung. Das Amulett hat keine »magische« Bedeutung, sondern ist ein autosuggestiver Anker, wie er in verschiedenen Therapien Anwendung findet.

Das spannendste Buch des neuen Jahrtausends

Allegria

**JAMES REDFIELD
Die zwölfte Prophezeiung
von Celestine**
Deutsche Erstausgabe
Geb., 320 Seiten,
€ [D] 19,99
€ [A] 20,60, sFr 33,90
ISBN 978-3-7934-2205-1

Das Vermächtnis von Celestine birgt eine neue Einsicht, mit der die Welt verändert werden kann. Die Suche nach der Zwölften Prophezeiung entwickelt sich zum Kampf für eine freie, selbstbestimmte Spiritualität, die der Menschheit das Überleben sichern soll. Wer die Zwölfte Prophezeiung erfüllt, kann die Menschheit vernichten oder in eine neue Zukunft führen. Am Berg Sinai beginnt ein tödlicher Kampf zwischen den Fundamentalisten der alten Weltreligionen und einem kleinen Kreis von Menschen, die die wahre Botschaft von Celestine verstanden haben...

Mander
34466 Wolfhagen

Tucker, L: Löwenfrau
LIBRI 6953085   IB
08.10.12
SAENGER